Wissenschaftliche Untersuchungen zum Neuen Testament

Begründet von Joachim Jeremias und Otto Michel
Herausgegeben von
Martin Hengel und Otfried Hofius

52

Jesus
Der Herr der Kirche

Aufsätze zur biblischen Theologie II

von

Otto Betz

J. C. B. Mohr (Paul Siebeck) Tübingen

CIP-Titelaufnahme der Deutschen Bibliothek

Betz, Otto:
Aufsätze zur biblischen Theologie / von Otto Betz. – Tübingen :
Mohr.
NE: Betz, Otto: [Sammlung]

2. Jesus, Der Herr der Kirche. – 1990
   (Wissenschaftliche Untersuchungen zum Neuen Testament ; 52)
   ISSN 0512-1604
   ISBN 3-16-145505-3
NE: GT

© 1990 J. C. B. Mohr (Paul Siebeck) Tübingen.

Das Buch wurde aus der Bembo-Antiqua von Gulde-Druck GmbH in Tübingen gesetzt, dort auf neutral geleimtes Werkdruckpapier der Papierfabrik Niefern gedruckt und von der Großbuchbinderei Heinr. Koch KG in Tübingen gebunden.

Vorwort

Der zweite Band der Gesammelten Aufsätze zur Biblischen Theologie führt das Thema des ersten fort: Stand in diesem „Jesus, der Messias Israels" im Mittelpunkt, so wird jetzt das apostolische Zeugnis vom Herrn der Kirche betrachtet. Beide, der irdische Jesus und der verkündigte Christus, gehören viel enger zusammen, als dies in der Forschung angenommen wird; dieser Sachverhalt wird – so darf ich hoffen – aus dem zweiten Band ersichtlich.

Gleich geblieben ist meine Art des Umgangs mit den neutestamentlichen Texten, die vornehmlich vom Alten Testament her gedeutet werden. Jesus hat ja das Gesetz und die Propheten als Weisung seines himmlischen Vaters geachtet und sie durch sein Lehren, Leben und Leiden befolgt. Dementsprechend verkündigten die Apostel, die heiligen Schriften würden durch den Tod, die Auferstehung und Erhöhung des Herrn erfüllt; diesem Nachweis galt ihr theologisches Bemühen. Der Exeget der Kirche sollte sich auch von dieser Grundeinsicht stets leiten lassen und auf ihr seine Hermeneutik aufbauen. Auf vorbildliche Weise hat das etwa J. A. Bengel getan, der im Alten Testament das Neue verborgen und im Neuen Testament das Alte geoffenbart sah. Die Überzeugung von der organischen Einheit der beiden Testamente, sowie die Kenntnis des Judentums zur Zeit Jesu, schützt am ehesten gegen eine vorschnelle oder von Vorurteilen bestimmte Kritik. Die Marxsche Maxime, man müsse die Welt verändern anstatt sie zu interpretieren, ist für die Ausleger der Bibel noch weniger brauchbar als sie es heute für die Politiker sein mag. Wir sollten den Text nicht primär kritisch rekonstruieren, sondern dessen kanonische Gestalt respektieren (B. Childs); mit A. Schlatter gilt es, den Gegenstand zu „sehen", ihn von seinen Voraussetzungen her zu verstehen. Solche „beschauliche" Exegese braucht nicht weniger wissenschaftlich, kreativ oder auch spekulativ zu sein als die literarkritische im engeren Sinn. Denn um den Autoren des Neuen Testaments folgen zu können, muß man sich ihrer Denkweise anbequemen; das ist nicht immer ganz einfach. Ein Paulus, der den Berg Sinai mit Hagar sprachlich verband (Gal 4,24), oder Johannes, der Siloah als „Gesandter" übersetzte (Joh 9,7), konnte offensichtlich exegetische Wege gehen, von denen sich unsere Schulweisheit nichts träumen läßt. Die letztere soll freilich nicht verachtet werden. Denn beim Spekulieren nach rabbinischer Art kann man leicht aus der Bahn geraten oder auch die Wirkung eines Schriftworts überschätzen. Nur sollte uns solche Gefahr nicht daran hindern, auf dem Weg zur Erkenntnis voranzugehen.

Das Ausmaß der bisher unveröffentlichten Arbeiten ist in diesem zweiten Bande größer als im ersten, die Zahl der englischsprachigen stark geschrumpft. Und manche der älteren Aufsätze sind durch Postscripta ergänzt, die sich mit kritischen Einwänden und dem Fortgang der Forschung beschäftigen; vor allem wird in ihnen von der soeben erschienenen, ungemein wichtigen Konkordanz zu den bisher unveröffentlichten Qumrantexten Gebrauch gemacht.

Herzlich danke ich den Herren Kollegen M. Hengel und O. Hofius sowie dem Tübinger Verlag J. C. B. Mohr (Paul Siebeck) dafür, daß sie auch diesen zweiten Band in die stolze Reihe der Wissenschaftlichen Untersuchungen zum Neuen Testament aufgenommen haben. Solcher Dank gilt auch den Freunden Dr. W. Grimm und Dr. R. Riesner für ihre Ermutigung und Vorarbeit und – last not least – Herrn Paul-Gerhard Roller für seine unermüdliche Mitarbeit. Seine fachliche Kompetenz ließ ganz vergessen, daß er nur „ungeprüfte" wissenschaftliche Hilfskraft war; als Computerfachmann hat er auch das Register erstellt.

Tübingen, im November 1989   Otto Betz

Inhaltsverzeichnis

VIII. Zur exegetischen Methode

V. Die Qumrangemeinde und die Jerusalemer Urgemeinde

23. Der heilige Dienst in der Qumrangemeinde und bei den ersten Christen[1]

1. Der heilige Dienst in der essenischen Qumrangemeinde

a) Die priesterliche Heiligkeit der Essener, ihre Spiritualisierung und Ausweitung (Ez 44,15)

In seiner Schrift »Quod omnis probus liber sit« bezeugt der jüdisch-hellenistische Philosoph Philo von Alexandria, bei den Essenern habe die Liebe zu Gott in einer das ganze Leben durchherrschenden und auch dem Nächsten zugewandten Heiligung ihren Ausdruck gefunden[2]. Nach seiner Meinung waren diese speziellen Vertreter des Judentums die Frommen schlechthin (§ 91). Ja, ihr Name »Essener« (*'Εσσαῖοι*) sei – freilich in einer sprachlich nicht exakten Weise – vom Begriff *ὁσιότης* = ›Frömmigkeit‹ herzuleiten (§ 75); sie seien in einem ausgezeichneten Sinne ›Gottes Diener‹ (*θεραπευταὶ θεοῦ* ibid.). Dabei bringen sie aber keine tierischen Opfer dar, sondern halten es für richtig, ihre Gesinnung als eine Gott würdige ›heilige‹ Gabe zu opfern[3]. Somit hat Philo die Frömmigkeit und Reinheit der Essener zum Opferkult der Priester in Beziehung gesetzt. M. E. ist dieser in der Tat das große Vorbild der jüdischen Sondergemeinde und der Grund für die Besonderheiten der vita communis der Essener. Wer dem heiligen Gott im Tempel dient, muß mehr noch als ein gewöhnlicher Frommer heilig – und das bedeutet zunächst einmal: rituell rein – sein. Aber nach Philo ist bei den Essenern die Heiligkeit des Priesters in zweifacher Hinsicht geändert: 1. Sie

---

[1] Verkürzte Fassung des auf Französisch erschienenen Aufsatzes: Le Ministère cultuel dans la Secte de Qumran et dans le Christianisme primitif, in: Qumran et les Origines du Christianisme (Recherches Bibliques IV, Louvain 1959 [Übersetzer M.l'abbé De Caevel], S. 162–202). Eine verkürzte englische Übersetzung bot L. Sabourin, Early Christian Cult in the Light of Qumran, in: Religious Studies Bulletin Vol. 2, No. 2 April 1982, S. 73–85.

[2] § 84: *τὴν παρ' ὅλον τὸν βίον συνεχῆ καὶ ἐπάλληλον ἀγνείαν*, vgl. Apologie § 1.

[3] § 75. *ὁσιότης* bezeichnet die innere Reinheit und Frömmigkeit, im Unterschied von der kultischen Praxis im Gottesdienst (*θρησκεία*), vgl. ThW NT V,492. In den LXX ist *ὅσιος* Wiedergabe von חסד. Diese Essener gehen auf die Chasidim, die Frommen in der Zeit der Religionsnot unter Antiochus Epiphanes, zurück.

erstreckt sich nicht nur auf die relativ kurze Zeit des Diensts im Tempel, sondern auf das ganze Leben; 2. sie bezieht sich nicht auf die Darbringung tierischer Opfer, sondern auf die Weihe und Heiligung der Gesinnung. Der priesterliche Dienst ist demnach verinnerlicht, vergeistigt; er wird ferner auf alle Glieder der Gemeinde ausgedehnt. Wir haben zu prüfen, inwiefern dieses Urteil Philos über die Essener durch die Texte aus Qumran bestätigt wird, die ja als originale Zeugnisse der Essener gelten. Denn die Neigung Philos, den Kult Israels zu spiritualisieren, ist bekannt[4]; es könnte sein, daß ihr auch die Essener zum Opfer gefallen sind, zumal Philo sie als ein leuchtendes Beispiel einer wahrhaft freien Existenz seinen griechischen Lesern vor Augen stellt[5]. Denn im Alten Testament und im frühen Judentum spielten der Jerusalemer Tempel und der in ihm vollzogene Opferkult eine große Rolle, und in den Kreisen der Priester dachte keiner daran, diesen Kult zu vergeistigen.

Der Begründer der Qumrangemeinde, der ›Lehrer der Gerechtigkeit‹, war ja ein Priester (4 Q Ps 37,2,19; vgl. 1 Qp Hab 2,7f.). Die Gemeinde gliederte sich in zwei Hauptgruppen, den Klerus und die Laien (1 QS 5,2; CD 4,2—4). Diese hierarchische Struktur soll auch am Ende der Zeit fortbestehen, zumal dann zwei Messiasgestalten, ein Messias aus Aaron und ein Messias aus Israel, den Klerus und die Laien vertreten (1 QS 9,11). Jedesmal, wenn die Stände der Gemeinde aufgezählt werden, stehen die Priester an der Spitze; es folgen die Leviten und dann die Israeliten = Laien (1 QS 2,19—21) oder auch Leviten, Laien und Proselyten (CD 14,3ff.). Diese Reihenfolge wird bei der feierlichen Erneuerung des Bundes eingehalten (1 QS 2,19ff.; CD 14,3), oder wenn sich die Gemeinde zur Beratung oder zur gemeinsamen Mahlzeit versammelt (1 QS 6,8f.; CD 14,6). Und beim Mahl der messianischen Vollendung sitzt nicht nur der Hohepriester, sondern auch die Gruppe der anderen Priester noch vor dem Gesalbten, der die Israeliten anführt (1 QSa 2,11ff.), d. h. dem Messias aus Davids Haus. Dieser folgt auch dem Rat seines priesterlichen Kollegen, des Experten in Fragen des Gesetzes (4 Qp Jes 11,7).

Aber trotz dieser priesterlichen Prärogative, die gerade auch beim äußeren Bild und den Veranstaltungen der Gemeinde hervortritt, hat Philo nicht ganz unrecht, wenn er von einer Vergeistigung und Verallgemeinerung des priesterlichen Dienstes spricht. Schon die Tatsache, daß sich die Qumrangemeinde als jüdische Sekte verstand, deutet eine mögliche Veränderung der herkömmlichen Überlieferung an. Die offene Kritik am herrschenden Priestertum in Jerusalem und die Trennung vom Tempelkult, die das Leben dieser Büßer in der Wüste mit sich brachte, zwangen dazu, den in der Tora

---

[4] Vgl. dazu H. WENSCHKEWITZ, Die Spiritualisierung der Kultusbegriffe, in: Angelos Bd. IV, Leipzig 1932, S. 131 ff.

[5] Das zeigt schon der Titel der Schrift, in der Philo die Essener erstmals ausführlich darstellte: »Daß jeder rechtschaffene Mensch frei sei.«

geforderten Opferdienst umzudeuten und der veränderten Lage anzupassen. Es fehlte in Qumran nicht an Priestern, im Gegenteil: Man erhob den Anspruch, von der rechtmäßigen, weil zadokidischen, Priesterschaft geführt zu sein. Aber man hatte keinen Altar, auf dem man legitime Opfer hätte darbringen können. So lag es nahe, einen von den in Qumran hochgeschätzten Propheten Israels gewiesenen Weg einzuschlagen und zu behaupten, der Gehorsam gegenüber dem Gesetz, das Lobopfer der Lippen, sowie der Erweis von Demut und Liebe gegenüber dem Nächsten, seien Gott wohlgefälliger als das Blut und Fett geschlachteter Tiere[6].

Führte die Trennung vom Zentralheiligtum zur Vergeistigung des Opferkults, so die Erwartung des Endes und der Ankunft Gottes zur Ausdehnung und Verallgemeinerung des priesterlichen Dienstes. Die Gemeinde sollte gleichsam ein heiliges Volk und ein Königtum von Priestern sein (Ex 19,5f.). Denn wenn die Wehen der Endzeit, der Krieg gegen die Mächte der Finsternis und die kosmischen Erschütterungen des Weltalls überstanden sein werden, sollen die Erwählten mit den Engeln Gottes eine einzige, große Gemeinde der Heiligen bilden. Dieser Berufung wollten die Essener leben und deshalb eine Gemeinde von »heiligen Männern« (1 QS 5,13), von »Kindern der Wahrheit und herrlichen Reinheit« bilden (1 QS 4,5). Denn die Engel sind die ›Heiligen‹ par excellence[7]; nur als solche können sie bei ihrem Dienst vor dem heiligen Gott bestehen. Der Priester, der im Heiligtum in die Nähe Gottes tritt, muß besonders rein sein, desgleichen das Volk, zu dem Gott kommt, um bei ihm Wohnung zu machen. Die Herabkunft Gottes zum Berg Sinai und die dadurch gebotene Heiligung Israels wurden in Qumran besonders beachtet (vgl. Ex 19,10f.), dazu auch die einmütig erklärte Bereitschaft des Volkes, alles zu tun, was Gott befiehlt (Ex 19,8). Für die praktische Durchführung dieses Ideals wurde meines Erachtens der Entwurf benützt, den Ezechiel für den Dienst am zukünftigen Heiligtum in Jerusalem verkündigt hatte (Ez 43,18–44,26).

b) Die Ausdehnung und Verallgemeinerung des priesterlichen Dienstes (Ez 44)

Die Qumrangemeinde erwartete, nach der großen messianischen Wende werde der priesterliche Dienst in einem neuen Jerusalem und neuen Tempel vollzogen[8]. Alle, die jetzt zum Reich des Lichtes gehören und im Geist der

---

[6] Amos 5,21ff.; Jes 1,10ff.; Jer 7,21ff.; vgl. Hos 6,6; Micha 6,8; dazu 1 QS 9,3f.; 4 Q Florilegium.

[7] 1 QM 1,16; 10,12; 12,1.4.7; vgl. Jes Sir 42,17; Jub 17,11. Zur endzeitlichen Gemeinschaft der irdischen und der himmlischen Heiligen vgl. 1 QS 11,7f.; 4,22; 1 QSb 3,6; 4,23; 1 QH 6,13.

[8] Das zeigen die Fragmente, die eine Beschreibung des himmlischen Jerusalem bieten (1 Q 32 in Qumran Cave 1, Oxford 1955, S. 134), ferner die Darbringung der Schaubrote im Tempel (M. BAILLET, Fragments araméens de Qumran, RB 1955 [LXII, S. 228ff.]). Nach Philo bildet

Wahrheit wandeln, werden dann einen »Kranz der Glorie und ein Gewand der Herrlichkeit im ewigen Lichte« tragen (1 QS 4,7); das sind Insignien priesterlicher Art (vgl. T Levi 8,5–10; Lev 8). Die Priestertora Ez 44,15 ist in der Damaskusschrift zitiert (CD 3,21–4,2) und auf Gestalt und Gliederung der Gemeinde angewendet (4,2–4). Der Ausdruck הכוהנים הלויים בני צדוק, der in Ez 44,15 den höchsten Stand des Kultpersonals, nämlich die levitischen Priester aus dem Hause Zadok bezeichnet, gilt nach der Wiedergabe und Auslegung in der Damaskusschrift den drei Gruppen der Gemeinde: Alle, Priester, Leviten und Laien[9], dürfen Gott nahen und ihm dienen (CD 3,21f.; 4,2f.); sie sind berechtigt, das Heiligtum zu betreten und am Tisch Gottes zu stehen. Diese Auslegung widerspricht der Absicht Ezechiels. Er wollte den heiligen Dienst eingrenzen und nur den Priestern aus dem Geschlecht Zadoks die Darbringung der Tempelopfer zugestehen; die Leviten sind deshalb degradiert und für Hilfsdienste vorgesehen (Ez 44,10). In Qumran ist das anders. Zwar stehen die Priester auch dort an der Spitze und sind bei allen Entscheidungen tonangebend: Nur die Aaronssöhne sollen bei der Rechtsprechung und bei Besitzangelegenheiten »herrschen« (1 QS 9,7; vgl. 5,2). Gerade diese Bestimmung ist m. E. Ez 44,24a entnommen, wonach die Priester zu Gericht sitzen und nach den Rechtssatzungen Gottes entscheiden sollen. Ebenso ist ihnen das Privileg der Lehre vorbehalten: Die Priester belehren das Volk über die Unterscheidung von rein und unrein (Ez 44,23). Diese Weisung ist in CD 7,17f. aufgenommen: »Man soll zwischen rein und unrein scheiden und (den Unterschied) zwischen dem Heiligen und dem Profanen lehren«; auch gibt der priesterliche »Aufseher über die Vielen« Auskunft über alle Rechtssätze der Tora (CD 14,7f.). Aber die Vergeistigung des Tempelkults bei den Essenern ermöglichte eine Aufwertung der Laien und deren Einbeziehung in den heiligen Dienst, der somit demokratisiert wurde. Denn auch die Laien galten ja als »Zadokiden« (בני צדוק CD 4,4). Ein Wortspiel hat m. E. diese Ausweitung des priesterlichen Dienstes erlaubt: Die wahren »Zadokiden« (בני צדוק) sind die »Söhne der Gerechtigkeit« (בני צדק 1 QS 9,14; nach 4 QSe), und diese Würde erwirbt man in der Schule des »Lehrers der Gerechtigkeit« (מורה צדק), d. h. in der Gemeinde von Qumran.

Äußerlich wird diese Erweiterung des priesterlichen Ideals daran sichtbar: Das weiße Leinengewand, das nach Ez 44,17–19 vom Priester während seines Dienstes im Tempel getragen werden soll, ist nach Josephus (Bell

---

das ganze jüdische Volk eine priesterliche Gemeinschaft im Dienst für die Menschheit (Spec Leg 2,163). Diese privilegierte Stellung unter den Völkern verdankt es seinen ethischen Qualitäten und seiner Erziehung durch die Tora (ibid. 2,164). Vgl. H. Wenschkewitz a.a.O. S. 139.

[9] Durch die Einfügung der Kopula Waw vor den Begriffen »Leviten« und »Zadokiden« wird die Näherbestimmung der legitimen Priester bei Ezechiel zu einer Bezeichnung zweier weiterer Gruppen.

2,131.137) für jedes Mitglied der Essener vorgesehen und wird von ihm für die heilige Mahlzeit angelegt. Denn alle Vollmitglieder der Gemeinde sind »Heilige« und deshalb auch zu einem priesterlichen, Sühne schaffenden Dienst und zum Gericht an den Gottlosen berufen (1 QS 8,6; vgl. 1 Kor 6,2). Geheiligt werden sie dadurch, daß sie ihr ganzes Erkenntnisvermögen, ihre (körperliche) Kraft und ihren materiellen Besitz in die Gemeinschaft Gottes hereinbringen, damit sie dort nach den Geboten Gottes, nach Seinen Wegen und Seinem gerechten Rat geläutert werden (1 QS 1,11.13). Das Mitglied der Qumrangemeinde hat sich gleichsam selbst als ein lebendiges Opfer Gott dargebracht (vgl. Röm 12,1). Es gehört nun mit allem, was es hat, zum lebendigen geistlichen Heiligtum, das von dieser Gemeinschaft dargestellt wird. Im geistlich verstandenen Kult sind Priesterschaft und Heiligtum, Opfernde und Opfer, eins. Wer sich von der in der Gemeinde gelebten Wahrheit Gottes läutern läßt, wird zum Diener und zum Eigentum Gottes. Er ist heilig wie ein Priester und wie die Opfergabe, ein lebendiger Baustein im Tempel, in dem Gott heiligen Haus (vgl. 1 QS 8,7f.; 9,2; CD 3,19−4,4). Die Sühne für Volk und Land, die durch den Opferkult im Jerusalemer Tempel erwirkt werden soll, geht nach 1 QS 8,5−9; 9,4−6 von der Heilsgemeinde aus; sie stellt das wahre, geistliche, Heiligtum dar. Dabei ist die Bewahrung des Landes das eigentliche Ziel ihres heiligen, sühnenden, Dienstes, während dessen gottlose Bewohner die Vergeltung für ihre Taten erfahren sollen (1 QS 8,6f.). Wie in 1 Kor 6,2 sind auch hier die Heiligen als Vollzugsorgane im Gericht Gottes gedacht, wobei sie wohl in erster Linie als Zeugen auftreten. Diese endzeitliche Aufgabe ist nicht einem bestimmten Stand, etwa den Priestern, vorbehalten, sondern allen Gliedern der Gemeinde anvertraut.

Die Ausweitung der Priesterstora in Ez 44 hat demnach eine Vergeistigung des Kults zur Folge. Das zeigt sich auch an der Deutung anderer Verse dieses Kapitels. Nach Ez 44,7−9 sollen Fremde und Unbeschnittene vom Dienst am idealen Heiligtum ausgeschlossen werden, weil sie dieses entweihen würden; an ihre Stelle treten die degradierten Leviten (44,9−14). Ezechiel charakterisiert die Fremden als »unbeschnitten an Herz und Fleisch« (ערלי לב ובשׂר 44,9). In der Qumrangemeinde, der nur Juden angehörten, wurde die Beschneidung des Herzens betont: Die »Vorhaut des Triebs« muß beschnitten (1 QS 5,5) und die Halsstarrigkeit behoben werden; das geschieht dadurch, daß man im Leben der Gemeinde »herzliche Liebe und demütigen Wandel« bewährt (1 QS 5,4). Wie das Opfer so wird demnach auch die Beschneidung in geistlichem, ethischem, Sinne gedeutet. Das geschieht auch beim Götzendienst, der nach Ez 44,10.12 im Gegensatz zum wahren Gottesdienst steht: Israel sei ihm immer wieder verfallen, und auch die Leviten hätten ihn nicht entschlossen abgewehrt. Nach der Gemeinderegel von Qumran sind die »Götzen des Herzens« gefährlich (1 QS 2,11); auch diese Wendung stammt von Ezechiel (14,4). Gemeint sind in 1 QS 2,11 die scheinheiligen Absichten, die man beim Übertritt in die Gemeinde haben

kann: Man möchte die Heilsverheißungen dieser endzeitlichen Bundesgemeinde ererben, aber seinen Eigenwillen nicht aufgeben und den Wandel
nicht ändern; man will dem neuen Bund angehören, aber bewußt der alte
Adam bleiben (vgl. 1 QS 2,12—14). Dieses egoistische Vorhaben gilt als
Götzendienst; die »Götzen des Herzens« meinen somit die bewußt bejahte,
weiterhin als Norm des Handelns beibehaltene »Härtigkeit des Herzens«
(2,14) bzw. den »Stolperstein« (מכשול = σκάνδαλον), den man selbst vor sich
auf den Weg des Heils legt (1 QS 2,12). Solch ein Heuchler wird von der
Gemeinde feierlich verflucht (1 QS 2,11 f.), und zwar genauso wie ein Mann
des »Belialsloses«, welcher der Gemeinde feindlich gesonnen ist und sich gar
nicht erst um eine Aufnahme bemüht (vgl. 1 QS 2,5).

Diese Spiritualisierung des priesterlichen Dienstes bedeutet freilich nicht,
daß die Opfer als reale Größen verschwinden. Sie werden in CD 11,17—20
erwähnt, wobei verfügt wird, daß nur ein rituell reiner Mensch Opfergaben
für den Tempel abgeben darf (Z. 17f.20). Denn nach Ez 44,13 sind solche
Gaben hochheilig; deshalb dürfen auch die treulos gewordenen Leviten
nichts mit ihrer Darbringung zu tun haben (44,10—13).

Der heilige Dienst hat vor allem auch die Festtage als solche zu würdigen.
Deshalb wird in Ez 44,24b den Priestern geboten, sie sollen Gottes »Ordnungen und Satzungen an allen Festen beachten und die Sabbate heilig
halten«. Die genaue Einhaltung der Sabbatruhe war ein besonderes Anliegen
der Essener (CD 6,18; 10,14—11,23), und bei den Festen war schon das
richtige Datum von großer Bedeutung. Man wollte sie ja gemeinsam mit
der Gemeinde der Engel begehen, d. h. nach dem heiligen Kalender, der im
Himmel auf ehernen Tafeln geschrieben steht (Jub 6,17; 50,3). Diesen Kalender hat man in der Gemeinde des neuen Bundes im Land Damaskus »gefunden« (CD 6,18f. כמצאת). Das Hebopfer der Lippen (1 QS 9,4f.26f.) richtet
sich nach dem »Gesetz der Zeit«, dem »eingegrabenen Gesetz« (1 QS 9,14;
10,5—8), das Gott der Schöpfung eingeprägt hat und durch den Gang der
Gestirne allen offenbart. Das beständige Lobopfer der Lippen (Ps 34,2) hat
eine sühnende Wirkung wie das Tamidopfer im Tempel, zumal es mehr
wiegt als »das Fleisch von Brandopfern und das Fett von Schlachtopfern«
(1 QS 9,4f.); auch ein vollkommener Wandel kommt einer wohlgefälligen
Opfergabe gleich (ibid., vgl. 1 Sam 15,22).

c) Die rituelle Reinheit im heiligen Dienst (Ez 44,17—20.23)

Nach Josephus (Ant 18,19) stellen die Reinigungsriten der Essener einen
Ersatz für die Opfer im Tempel dar. Auch haben sie sühnende Wirkung für
den, der sie an sich vollzieht (1 QS 3,4); wirksam sind sie freilich nur dann,
wenn sich der Geist den Geboten beugt (3,6f.). Aber wie die Demokratisie-
rung des heiligen Dienstes den Vorrang der Priester nicht aufhebt und seine
Spiritualisierung keine grundsätzliche Absage an den Opferkult im Tempel

bedeutet, so schließt auch die Forderung der Reinheit des Herzens die Notwendigkeit ritueller Reinheit nicht aus. Gerade sie wird zum Zeichen einer weitgehenden und alle Stände erfassenden Ausweitung des priesterlichen Ideals. Wir sahen das beim Leinengewand, das nach Ez 44,17 der Priester beim Tempeldienst tragen und danach wieder ablegen soll (Ez 44,19); es ist in Qumran für die gesamte zum Mahl versammelte Gemeinde vorgeschrieben (Josephus Bell 2,131). Das gleiche gilt von der dem Mahl voraufgehenden Waschung, dem Tauchbad (Bell 2,129). Es wird in Lev 22,6 dem Priester befohlen, der unrein wurde. Das Mahl in Qumran ist heilig und der Speisesaal ein heiliger Raum (Bell 2,130).

Die Belehrung über rein und unrein war ein Hauptthema in Qumran, so wie sie zur wichtigsten Aufgabe des rabbinischen Lehrers wurde. In Ez 44,23 ist sie als Pflicht und Privileg des Priesters bezeichnet. Wir sahen, wie man in Qumran diesen Satz übernommen und weitergebildet hat (CD 6,17–19); auch die heiligen Zeiten gehören zu dem, was man vom Profanen ausgrenzen und »unterscheiden« muß (Z. 18f.). Dieser Abschnitt setzt mit der Kritik am offiziellen Opferkult und der Pflicht zur Absonderung vom Tempel ein (6,12–16). Auch Jerusalems Priesterschaft gehört demnach zu den unheiligen Dingen, die man vom Reinen unterscheiden und von denen man sich selbst trennen und scheiden muß. So wurde Ezechiels Kritik am bisherigen Kult (44,6ff.) in Qumran aufgenommen und fortgesetzt.

Solche Reinheitsbestimmungen finden sich auch in der Qumran verwandten pseudepigraphischen Literatur, vor allem im Jubiläenbuch und im Testament Levi. In Jub 21,16 weist Abraham seinen Sohn Isaak darauf hin, wie er sich beim Opfern verhalten soll. Dabei fällt die Forderung der rituellen Reinheit besonders auf:
»Zu jeder Zeit sei an deinem Körper rein
und wasche dich mit Wasser, bevor du zum Altaropfer gehst!
Wasche deine Hände und Füße, bevor du an den Altar willst;
bist du mit dem Opfer fertig, so wasche dir abermals Hände und Füße!«
Abgesehen von der speziellen Waschung unmittelbar vor dem Opfern wird eine permanente Reinheit des Leibes verlangt.

Ähnlich zeigte Isaak dem Levi, wie er vor dem Opfer sich waschen solle (T Levi 9,7ff.). Auch im aramäischen Fragment des Testaments Levi wird solche Unterweisung Levis durch Isaak berichtet. Vor dem Betreten des Gotteshauses soll er sich waschen (סחה Z. 19; רחע Z. 21) und sein Priestergewand anlegen. Vor Unzucht und Unreinheit wird er gewarnt, dazu vor einer nicht standesgemäßen Heirat (Z. 16f.). Diese Mahnung zur Reinheit wird mit der Nähe zu Gott und all seinen Heiligen (קדישוהי Z. 18) begründet. All dies entspricht der Reinheit, die in der Qumrangemeinde von allen ihren Gliedern verlangt wurde, und unterstreicht die These, daß ihr heiliges Leben am Dienst der Priester orientiert war. Ihr Mahl wurde von einem Priester zubereitet (Jos. Ant 18,22); nach Hippolyt (adv.Jov. II,14) enthielten sich die Essener auch von Wein und dem Verzehr von Fleisch.

d) Die Weltflucht der Qumrangemeinde (Ez 44,6–10; Dt 33,9)

Die Pflicht, über rein und unrein, heilig und profan, zu lehren und aufzuklären, wird – wie oben erwähnt – in CD 6,17 f. von Ez 44,23 übernommen; ihr wird dort die scharfe Kritik am offiziellen Opferkult in Jerusalem vorangestellt (6,12 f.). Das Gebot der Stunde ist es deshalb, sich von den »Kindern des Verderbens« zu trennen (CD 6,14; 1 QS 5,10; 8,13): Wer dank seiner priesterlichen Erziehung zwischen rein und unrein unterscheiden kann (בין הבדיל CD 6,17 f.), der »scheidet sich selbst von« (מן הבדל) der Welt, auch von der heiligen Stadt mit ihrem Heiligtum. Denn sie muß ihm als Wohnbereich von Frevlern und Gottlosen (1 QS 5,10) und somit als Quelle von Unreinheit erscheinen. Schuld daran sind vor allem die Priester, die in drei Netzen des Teufels: der Hurerei, des Geldes und der Unreinheit des Heiligtums, gefangen sind (CD 4,15). Und das meint konkret die laxe Handhabung der Ehegebote (CD 4,17; vgl. Ez 44,22), unrechten Gewinn aus den Abgaben für den Tempel (ibid.; 6,15 f.) und die Benutzung eines falschen Festkalenders (CD 6,17–19). Dadurch wird der Kult, der Sühne schaffen sollte, sinnlos; denn er ist selbst sündig, unrein.

Die Trennung der Büßer vom Wohnbereich der Frevler (1 QS 8,13) und ihr Exodus in die Wüste (ibid.) gleicht der Trennung Noahs von der zum Verderben bestimmten Sintflutgeneration und dem Auszug Israels aus Ägypten. Er hat eine Parallele in 2 Kor 6,14–18, dem Aufruf des Paulus, sich von den Ungläubigen und Götzen zu trennen: »Zieht aus ihrer Mitte aus und trennt euch, spricht der Herr« (vgl. 2 Kor 6,17). Dieser Befehl findet sich nicht etwa in Ez 44, sondern in Jes 52,11 (vgl. Jer 51,45), wobei das paulinische ἀφορίζεσθαι dem sektiererischen הבדל der Qumranschriften entspricht. Und doch meint der Apostel eben nicht die räumliche Trennung, sondern eine innere, ethische, Distanz zur unreinen Welt, die ›Entweltlichung‹. Dagegen bedeutet für den Essener die Buße als Umkehr auch die räumliche Abkehr von der gewohnten Umgebung (1 QS 5,1), d. h. einen real gemeinten Exodus. Das kommt daher, daß er sich vor einer rituellen Verunreinigung fürchtet; eine gottlose Gesellschaft befleckt auch den Reinen, dem eben nicht alles rein sein kann. Das Selbstverständnis der Qumrangemeinde war aus diesem Grunde sektiererisch; sie definierte sich durch ihr Verhalten und ihre Sprache klar als »Sekte« (vgl. das Verbum בדל[ה]). Der Auszug aus der Welt bedeutete auch die Trennung von den leiblichen Angehörigen. Sie wird in der hl. Schrift vom Priesterstamm Levi gerühmt (Dt 33,9); das Orakel für Levi im Mosesegen (Dt 33,8–11) ist in den Testimonia aus der Höhle 4 aufgeführt. Josephus betont die Distanz zu den Verwandten, auf die der Essener auch nach seinem Eintritt in die Gemeinde bedacht ist. Denn allen Menschen gegenüber soll er wohltätig sein, die eigenen Verwandten ausgenommen (Bell 2,134). Den Leviten galt die Ehre Gottes mehr als das Leben der leiblichen Brüder (Ex 32,27–29).

Auch Gott unterscheidet und scheidet aus, und die Qumrangemeinde ahmt sein Beispiel nach. Ihre Mitglieder sind dazu verpflichtet, »alles zu lieben, was Er erwählt hat, und alles zu hassen, was Er verworfen hat«, und so sich fernzuhalten von allem Bösen (1 QS 1,3 f.). Gott hat im voraus über alle Menschen zum Guten oder Bösen entschieden, und ihr Leben bestätigt »Seinen herrlichen Plan« (1 QS 3,16): Sie sind entweder Söhne des Lichts und der Gerechtigkeit, oder aber Söhne der Finsternis und des Frevels (1 QS 3,20 f.).

e) Das »mönchische« Leben in Qumran (vgl. Ez 44,22.28)

Drei Merkmale essenischer Existenz wurden von den antiken Berichterstattern und vor allem vom Propagandisten dieser wahrhaft freien Männer, Philo, besonders bewundert und gerühmt, nämlich aa) der Verzicht auf eigenen Besitz (ἀχρήματοι καὶ ἀκτήμονες Philo Q §77) und die dadurch bedingte Gütergemeinschaft mit gemeinsamem Mahl (ὁμοδίαιτον, ὁμοτράπεζον Q §86; Ap §11; vgl. 5.12), bb) die Ehelosigkeit (Ap §14; vgl. Plinius hist. nat. V,17: »sine ulla femina«), cc) die vorbildliche Gemeinschaft, die ein sorgloses und wahrhaft freies Leben bis ins hohe Alter ermöglicht (Ap 13). Aber diese besonders auffallenden Eigenschaften des essenischen Lebens wurden philosophisch und psychologisierend und damit falsch begründet: Der Verzicht auf Besitz mit Verwerfung der Habgier, dazu Genügsamkeit und Friedensliebe (Philo Q §77 f.; 84; Ap §4.11) oder mit der Verachtung des Reichtums, der sinnlichen Freuden und der Leidenschaften (Josephus Bell 2,120−122.141). Ebenso ist die Ablehnung der Ehe psychologisch motiviert, so etwa mit der Zügellosigkeit und Streitlust der Frauen (Josephus Bell 2,121; Ant 18,21), denen dann Philo auch noch Egoismus und Ehrgeiz oder die Neigung zur Zauberei zuschreibt, alles Eigenschaften, die einem harmonischen und wahrhaft freien Leben in der Gemeinschaft abträglich sind (Ap §14−17). Die Liebe zu Gott, zur Tugend und zum Mitmenschen waren nach Philo die Grundlagen der essenischen Rechtschaffenheit und Reinheit, sie ermöglichten auch das vorbildliche gemeinschaftliche Leben (Q §83 f.; Ap §17 f.). Aber das sind meist untergeschobene und auf den griechischen Leser zugeschnittene Motive, vor allem was die Besitz- und Ehelosigkeit anlangt. In Wirklichkeit war die im christlichen Mönchtum ähnlich wiederkehrende Frömmigkeit der Essener dem Alten Testament und einer unermüdlich betriebenen, radikalisierenden Schriftauslegung entsprungen. Vor allem hat der in der Tora und bei Ezechiel vorgeschriebene Dienst der Priester in letzter Konsequenz zu dieser Existenz der ἐγκράτεια, besser: der äußeren und inneren Reinheit, geführt. Das ist auf den ersten Blick höchst verwunderlich. Denn nichts lag dem alttestamentlichen Frommen ferner als der Verzicht auf Eigenbesitz und Ehe, die er als Segnungen Gottes verstand und als mit der Schöpfung begründete Ordnungen ansah (Gen 1,26−30); auch die Priester des Alten Bundes pflegten zu heiraten, und die Sadduzäer in Jerusalem waren teilweise reich. Wie konnte dann diese ganz andersartige, in der Geschichte des jüdischen Volkes nie wiederholte, »mönchische« Lebensweise mit dem Alten Testament begründet werden? Wo ließ sich eine entsprechende Weisung finden? M. E. diente auch dafür als Quelle eine radikal verstandene, vergeistigte und auf die Laien ausgedehnte Priestertora und speziell die für eine ideale Zukunft gedachte gottesdienstliche Anweisung von Ezechiel Kap. 44; mit ihr verbunden wurde die Sinaitradition (vor allem Ex 19).

aa) Reinheit in ökonomischer Hinsicht: Der Verzicht auf Privateigentum (Ez 44,28)

Die Absage an Geld und Eigenbesitz entsprang in Qumran nicht etwa asketischem Streben oder der Ablehnung des Luxus als einer Krankheit für Leib und Seele (Josephus Bell 2,120; Philo Ap § 11). Dahinter stand eher eine für die Priester geltende Weisung Gottes, wie sie Ez 44,28 erscheint: »Es soll ihnen ihr Erbteil sein, daß Ich ihr Erbe bin. Und Eigentum sollt ihr ihnen nicht geben in Israel, denn Ich bin ihr Eigentum.« Das bedeutet, daß der Priester von Gott selbst versorgt wird. In einer paraphrasierenden Wiedergabe von Ez 44,28 wurde Levi verheißen: »Vom Anteil des Herrn sollst du dein Leben fristen, und Er selber soll dir Acker, Weinberg, Frucht und Gold und Silber sein« (T Levi 2,12). Philo konnte diese Entweltlichung sogar so deuten: Die Leviten wenden sich von den Elementen der Erde ab, ja, der Himmel und die ganze Welt sind ihnen ein unwürdiges Erbteil (Sacr. Ab.et C. 126). Weil Gott als der Heilige das Erbe und Eigentum der Priester sein will, sollen diese keinen materiellen Besitz aufweisen; weil sie dem Herrn dienen, kann neben ihm nicht auch der Mammon ihr Herr sein. Eigentum wird dadurch legitim und rein, daß es abgegeben, der Gemeinschaft der Reinen und Diener Gottes übergeben wird (1 QS 1,11−13). Aus Ez 44,28 folgerte man in Qumran: Weil Gott Erbe und Eigentum seiner Diener sein will, sollen diese sich mit allem, was sie haben, Gott übergeben; das geschieht konkret so, daß sie der Gemeinde als dem »Rat Seiner Gerechtigkeit« auch ihr Vermögen aushändigen. Freilich erfolgt die völlige Verschmelzung dieses Vermögens mit dem Besitz der Gemeinde erst nach zwei Jahren Probezeit, wenn der Bewerber sich in der Lebensordnung der Gemeinde hinreichend bewährt hat (1 QS 6,19), wenn er gelernt hat, daß die Wahrheit Gottes und seine Gebote nicht gegen Geld zu tauschen sind (1 QH 14,20).

Sündhafter Besitz befleckt und vereitelt den heiligen Dienst. Die Furcht vor einer Befleckung durch die unreine Außenwelt war so groß, daß von der Gemeinde ausgeschlossene Essener nichts von hilfsbereiten Menschen annehmen und lieber elendiglich zugrunde gehen wollten (Josephus Bell 2,143); auf Reisen befindliche Ordensleute wurden bei deren Niederlassungen durch eigens eingesetzte Beamte versorgt (2,125).

*bb) Reinheit in geschlechtlicher Hinsicht: Der Verzicht auf die Ehe
(vgl. Ez 44,22)*

In Ez 44,22 werden den Priestern Auflagen hinsichtlich der Ehe gemacht:
Sie dürfen keine verstoßene Frau oder Witwe heiraten, es sei denn die eines
verstorbenen Priesters; eine aus Israel stammende Jungfrau ist der rechte
Partner. Denn jede andere Frau würde die für den Priester notwendige
Reinheit verletzen. Die Nähe Gottes, in die sich der Priester während seines
Dienstes begibt, erfordert weitere Maßnahmen der Heiligung, vor allem
sexuelle Abstinenz (vgl. Ex 19,15; 1 Sam 21,5f.). In der Qumrangemeinde
und den ihr verwandten Kreisen hat man diese letztere Bestimmung erweitert: Im Jubiläenbuch ist der geschlechtliche Verkehr am Sabbat verboten
(50,7f.), die Damaskusschrift duldet ihn nicht in Jerusalem (CD 12,1). Nach
dem aeth Hen 83,2; 85,3 wird durch Enthaltsamkeit der Empfang von
Offenbarungen begünstigt. M. E. haben zwei Beweggründe zu dem so
ungewöhnlichen Verzicht auf Ehe bei den Essenern geführt: Einmal die
Tatsache, daß man in Qumran für die Ankunft Gottes und die Gemeinschaft
mit seinen Engeln stets bereit sein wollte; solche Bereitschaft erfordert
geschlechtliche Abstinenz (Ex 19,15). Das am Sinai lagernde Volk Israel
kannte den Termin der Theophanie (Ex 19,10f.). Für die Qumrangemeinde
lag er – trotz aller Berechnungen – im dunkeln, so daß man eigentlich immer
wachsam und rein sein mußte. Darüber hinaus verstand sich die Qumrangemeinde als Heerbann im heiligen Krieg; die Engel gingen im Lager unsichtbar aus und ein (1 QM 7,6). Auch die Streiter Gottes hatten sich vor geschlechtlicher Befleckung zu hüten (Dt 23,11; 1 Sam 21,6; 2 Sam 11,5ff.).
Die Vereinigung beider Motive mußte in einer Gemeinschaft, die Gott in
Heiligkeit dienen, alle Gebote erfüllen und sich vor der Welt rein erhalten
wollte, zum Verzicht auf die Ehe führen; diese war nur in einem besonderen
Zweig des Essenerordens gestattet und sollte dort der Erzeugung von Kindern dienen (Josephus Bell 2,161).

cc) Die Reinheit der »Einung« (Jachad Ex 19,8)

Philo rühmte die über jede Vorstellung erhabene »Gemeinschaft« *(κοινωνία)* der Essener (Q § 84), die sich durch gemeinsames Wohnen, Essen, in
gleicher Kleidung usw. bekundet (Q § 85). In den Qumranschriften wird der
Gemeinschaftsgedanke durch den Begriff יחד wiedergegeben, der sowohl
als Adjektiv = ›zusammen‹ wie auch als Nomen = ›Einung‹ gebraucht und
geradezu eine Selbstbezeichnung für die Gemeinde ist: Gemeinsam soll man
essen, beten und sich beraten, auch wo nur zwei oder drei an einem Orte
zusammen sind (1 QS 6,1−3). Und die »Ordnung der Einung« (סרך היחד)
stellt die verfaßte Heilsgemeinde dar, die den Bund mit Gott durch Gesetzesgehorsam bewahrt (1 QS 1,16f.).

Dieser zuletzt erwähnte Anspruch und der Ausdruck »Einung« gehen
m. E. auf die Tradition von Gesetzesempfang und Bundesschluß am Sinai
zurück (Ex 19f.24). Das Sinaigeschehen war nicht nur Vorbild für das
jährlich an Pfingsten begangene Bundesfest (1 QS 1,16−2,26), sondern auch
für den Gebrauch des Begriffs יחד als ›Einung‹, ›Gemeinschaft‹, der für das
Selbstverständnis der Qumrangemeinde so aufschlußreich ist. Das geht vor
allem aus der themaartigen Stelle 1 QS 1,16f. hervor, die von der Notwendigkeit und dem Sinn des jährlichen Bundesfestes in Qumran spricht: »Und
alle, die in die Ordnung der Einung eintreten, sollen in den Bund vor Gott
hinübergehen nach allem, was Er befohlen hat«... Diese Bestimmung ist
m. E. an der Stelle Ex 19,8, dazu auch an 24,3, orientiert. Danach versprach
»das ganze Volk zusammen (יחדיו) und sagte: ›Alles, was der Herr gesagt
hat, wollen wir tun!‹« (Ex 19,8); vgl. Ex 24,3: »Und Mose trat herzu und
berichtete dem Volk alle Worte des Herrn und alle Rechtssätze. Und das
ganze Volk antwortete mit einer Stimme und sprach: ›Alle Worte, die der
Herr gesprochen hat, wollen wir tun!‹« Die Einigkeit und Einstimmigkeit,
mit der Israel am Sinai das Tun aller Gebote Gottes versprochen hatte,
machte starken Eindruck auf die Rabbinen und auch auf die Qumrangemeinde: Der von der ›Einung‹ verkörperte Gottesbund erwartete von seinen
Mitgliedern, daß sie alles tun, was Gott im Gesetz befohlen hat. Der Vergleich von Ex 19,8 und 1 QS 1,16f. ergibt, daß die Selbstbezeichnung יחד =
›Einung‹ aus der Sinaiperikope abgeleitet ist.

2. Der heilige Dienst der ersten Christen

a) Die Urgemeinde

Das Bild, das Lukas von der Jerusalemer Urgemeinde zeichnet, gleicht in
mancher Hinsicht dem der Essener und ist doch an wichtigen Punkten
anders. Unterschiedlich ist auch die Begründung. Haben so gut informierte
Zeitgenossen wie Philo und Josephus den Essenern unzutreffende Motive
unterstellt, so könnte das auch vom Leben der Urgemeinde gelten: Hat
Lukas es richtig dargestellt und beurteilt? Können uns auch hier die Texte aus
Qumran etwas weiterhelfen?
    M. E. geht aus ihnen zunächst einmal hervor, daß Lukas nicht einfach ein
nach griechischem Muster angefertigtes Ideal geboten hat. E. Haenchen[10]
denkt etwa bei der Gütergemeinschaft (Apg 2,44; 4,32), die er im Ausdruck
ἅπαντα κοινά schlagwortartig charakterisiert sieht (ibid.), an ein »griechisches
Element« (S. 194); es sei bei Plato und Aristoteles belegt. Lukas wollte

---

[10] Die Apostelgeschichte, Göttingen 1956, vor allem S. 100, 192−195.

zeigen, daß »in der ersten Gemeinde das griechische Gemeinschaftsideal verwirklicht war« (ibid.). Dabei habe er »aus wenigen Einzelfällen« (4,36f. Barnabas; 5,1 ff. Ananias) »verallgemeinert« (S. 195); von der zwangsweisen Gütergemeinschaft der Essener seien die ersten Christen weit entfernt gewesen. Das Summarium Apg 2,42–47 habe Lukas frei gebildet und mit ihm das ideale Gemeindeleben dargestellt, das er für die Urgemeinde annahm; die einzelnen Steine für dieses Mosaik seien Kap. 4 und 5 entlehnt (S. 100). Aber dieses Urteil wird der Sache nicht gerecht. Natürlich ist das erste Summarium lukanische Bildung; aber es ist nicht etwa nur ein unhistorisches Ideal. Schon der erste Satz (V. 42) erinnert an die idealisierend geschilderte κοινωνία der Essener bei Philo (Q 85f.), und diese ist mit dem dreifachen יחד = ›zusammen‹ in 1 QS 6,2f. zu vergleichen: »Gemeinsam sollen sie essen (vgl. Apg 2,46), gemeinsam beten (ibid.), gemeinsam sich beraten.« Auch in der Urgemeinde konnte es sich nicht nur um wenige Einzelfälle von Besitzabgabe gehandelt haben; vielmehr war die urchristliche Gütergemeinschaft zumindest anfangs grundsätzlicher Art. Und wie Philo auf die vorbildliche Gemeinschaft stolz war und sie den Griechen als Konkretion und Modell wahrer Freiheit verkündigte, so hat Lukas die κοινωνία der Jerusalemer Christen bewundert, freilich auch deren Schwierigkeiten nicht verhehlt (Apg 6,1). Aber in beiden Fällen war das ideale, zum Teil auch mit griechischen Farben ausgestattete, Gemälde durch eine geschichtliche, jüdische, Wirklichkeit gedeckt. Und doch war in der Urgemeinde manches anders als in Qumran: 1. Es fehlte die Distanz zu Jerusalem und die Kritik am dortigen Priestertum. Denn täglich beteten die Christen gemeinsam (vgl. יחד יברכו, 1 QS 6,2) im Tempel (Apg 2,46). Aber sie waren dort nur am Lobopfer der Lippen beteiligt (V. 47); denn das endgültige Opfer hatte Christus auf Golgatha dargebracht. 2. Die ersten Christen fanden nicht nur Bewunderung, sondern auch Liebe beim Volk (Apg 2,47). Zwar urteilten sie ähnlich wie die Qumransekte über »dieses verkehrte«, dem Verderben entgegengehende, »Geschlecht« (V. 40). Aber sie suchten allen zu dienen, sogar durch Zeichen und Wunder (V. 43), wie Jesus sie getan hatte. 3. Die rituelle Reinheit spielte offensichtlich keine Rolle mehr; von Priestern ist nicht mehr die Rede. Barnabas war zwar Levit (4,36), aber das ist nicht mehr Ausdruck für einen in der Gemeinde bestehenden klerikalen Rang. Das Priestertum aller Gläubigen war vollständig und Ex 19,5f. erfüllt (vgl. 1 Petr 2,9). Worin war dieses christliche Gemeinschaftsleben begründet? Man darf im irdischen Jesus den Urheber des heiligen Dienstes der Jünger sehen.

b) Jesus und die Jüngergemeinschaft (Ezechiel 34)

aa) Jesus hatte die Bußtaufe Johannes des Täufers anerkannt und angenommen; aber er stammte nicht wie dieser von Priestern ab. Johannes hatte nicht nur das Tauchbad für die Bußwilligen, die Predigt vom kommenden

Gericht und Messias von Qumran übernommen, sondern blieb auch für
seine Person der dort geltenden rituellen Reinheit verpflichtet. Das beweist
vor allem sein Aufenthalt in der Wüste, der wie in Qumran unter die
Weisung Jes 40,3 gestellt ist (Mk 1,2; Joh 1,23; vgl. 1 QS 8,14), ferner die
damit verbundene, asketische, Lebensweise: der Mantel aus dem Haar von
Kamelen und die Speise von Heuschrecken und wildem Honig (Mk 1,6; Mt
11,8f.). Aber Johannes war als Rufer in der Wüste stärker um das Heil seiner
Landsleute besorgt und hatte deshalb seinen heiligen, priesterlichen Dienst –
abseits von Tempel und Opferkult – ganz auf die Sühne und Tilgung der
Sünden ausgerichtet (Mk 1,4). Ebenso tat dies Jesus. Er sah in Johannes nicht
einen großen Priester, sondern den größten aller Propheten (Mt 11,11) und
einen Lehrer und Mehrer der Gerechtigkeit (Mt 21,32; vgl. 3,15). Und bei
der Taufe, die Jesus von Johannes empfing (Mk 1,9–11), geschah eine
Geistesverleihung vom Himmel her, wie sie ähnlich in Qumran (1 QS
4,20–22), von Johannes (Mk 1,7f.) und in T Levi 18,6 bei der Einsetzung des
endzeitlichen Hohenpriesters erwartet wurde. Aber sie galt nach Mk 1,9–11
dem Messias aus Davids Haus (vgl. 12,35–37), der gleichsam die Aufgabe
des in Qumran erhofften Messias aus Aaron mit übernahm. Das läßt die der
Taufe Jesu ähnliche Verklärung erkennen. Denn nach ihr erschien Jesus den
Jüngern als der »Heilige Gottes«, dessen Gestalt verwandelt wurde und
dessen Gewand in einem überirdisch klaren Weiß erstrahlte (Mk 9,3; vgl.
T Levi 8,2ff.). Damit wird der Menschensohn bezeichnet, der sich selbst als
Opfer darbringen wird (Mk 9,12), aber auch der Gottesknecht, der für die
Ungerechten leidet, stirbt und deshalb von Gott erhöht und verherrlicht
werden soll (Jes 52,13ff., vgl. syr Bar 51,3–12). Jesus wurde nach Mk
9,2–12 für diesen heiligen Dienst investiert.

Man kann das ganze Wirken Jesu als heiligen Dienst bezeichnen. Als der
mit dem heiligen Geist Gesalbte war er der »Heilige Gottes« (Mk 1,24; Joh
6,69; vgl. Lk 1,35; Apg 3,14). Das ist weniger eine Statusbezeichnung als
vielmehr Beschreibung für seinen heiligen Dienst. Mit der Kraft des heiligen
Geistes trat Jesus den unreinen Geistern in den Weg und brach in das Reich
des Teufels ein (Mt 12,28f.). Er »heiligte« die Menschen, indem er ihre
Krankheiten und Sünden wegtrug und sie so vor dem richtenden Zorn
Gottes bewahrte (Mt 8,17). Der Name »Jesus« = ›Gott rettet‹ enthält das
Programm seines messianischen Dienstes: Er wird das Gottesvolk »retten«,
aber nicht wie ein König von dessen Feinden, sondern wie ein Priester von
den Sünden (Mt 1,21). Gerade den im Tempel weilenden Frommen galt
Jesus deshalb als Bringer des Heils für das Gottesvolk (Lk 2,30). Nach Röm
15,8 hat Jesus der Beschneidung gedient. Die Vollendung dieses Dienstes
bestand in der Hingabe des eigenen Lebens; es wurde vom messianischen
Gottesknecht als ein Opfer (Jes 53,10), als Lösegeld ($\lambda\acute{\nu}\tau\rho\nu$) für die Vielen
dargebracht (Mk 10,45; 14,24; vgl. Jes 43,3f.). Der Verfasser des Hebräer-
briefs, der den Christus aufgrund seines Kreuzestodes als den endzeitlichen
Hohenpriester und Diener im himmlischen Heiligtum verkündigte, hat

auch im Blick auf den irdischen Jesus und dessen heiligen Dienst durchaus die Wahrheit gesagt.

bb) Auf der anderen Seite waren der Dienst und das Verhalten Jesu auch unpriesterlich und unessenisch, vor allem deshalb, weil er sich nicht an die rituelle Reinheit der Priester und auch der frommen Laien gebunden wußte. Ohne Furcht vor Verunreinigung berührte Jesus einen Aussätzigen, als er diesen heilte (Mk 8,3f.). Auch das Verhalten seiner Jünger war nicht »heilig«, sondern eher anstoßerregend. Sie aßen ihre Speise mit ungewaschenen, d. h. nicht rituell gespülten Händen (Mk 7,5). Und Jesus verteidigte sie: Die Ausdehnung der priesterlichen Reinheit, wie sie die Pharisäer mit ihrer »Überlieferung«, der mündlichen Lehre, bezweckten, hielt er für Menschenwerk, das die Gebote Gottes manchmal auch aufheben kann (Mk 7,8f.). Die Aussöhnung mit dem Bruder hatte für Jesus Vorrang vor der Versöhnung mit Gott, die durch ein Opfer im Tempel erreicht werden soll (Mt 5,23f.). Gehorsam ist besser als Opfer (Mt 9,13; 12,7; vgl. Hos 6,6), und Recht, Barmherzigkeit und Treue sind wichtiger als das Verzehnten von Küchenkräutern (Mt 23,23).

Solche Rücksichtslosigkeit gegenüber der rituellen Reinheit war gerade auch von der Ausrichtung des messianischen Dienstes her geboten. Als Künder und Bringer der Gottesherrschaft konnte Jesus keine kultische Schranke dulden, die seinem Wirken im Wege gestanden hätte. Deshalb war nicht etwa Ez 44, sondern Ez 34, das Kapitel vom guten Hirten, die Magna Charta für seinen heiligen Dienst. Er verstand sich als messianischen Hirten, der zu den verlorenen Schafen Israels gesandt war (Mt 15,34; vgl. 9,36; Lk 15,1–7). Das bedeutete, daß er die Schwachen stärken, die Kranken heilen, gebrochene Glieder verbinden, Versprengte und Verirrte suchen mußte (Ez 34,4.12.16; vgl. Mk 2,17); der Menschensohn sollte Recht sprechen zwischen den fetten und mageren Schafen (V. 20, vgl. Mt 25,31ff.). Deshalb wandte sich Jesus primär an die Außenseiter, hielt mit den Zöllnern und Sündern Tischgemeinschaft (Mk 2,13–17; Lk 15,1f.) und wurde als Fresser und Weinsäufer verschrien (Mt 11,19). Im Unterschied zu den Pharisäern und Johannesjüngern fasteten Jesu Jünger nicht (Mk 2,18); sie lebten nicht mehr in der Zeit der Trauer über Israels Sünde, sondern in der Hochzeitsfreude, solange der messianische Bräutigam bei ihnen war (2,19). Und wenn Jesu Lebensführung radikal essenische Züge aufzuweisen schien, so waren diese von anderen Beweggründen als in Qumran getragen. Jesus war nicht verheiratet, aber wegen des kommenden Gottesreichs (vgl. Mt 19,12); er trug kein Geld bei sich (vgl. Mk 12,13–17), wegen seines Dienstes für Gott (Mt 6,24). Deshalb forderte er auch den reichen Jüngling auf, das Vermögen den Armen zu geben; es beschwert, wenn man Jesus nachfolgen will (Mk 10,21). Das Geld ist nicht als solches unrein, sondern ein Mammon der Ungerechtigkeit (Lk 16,9.11), und die Liebe zum Geld wird zum Götzendienst (Lk 12,16–21; 16,19–31). Deshalb ist es dazu da, hergegeben zu werden und Freunde zu erwerben (Lk 16,8f.). Die Armen werden selig

gepriesen (Lk 6,20), aber sie sollen auch geistlich arm sein, d. h. alles von
Gott erwarten und nicht etwa von einer selbst inszenierten Revolution (Mt
5,3). Die Armen gehören zu Gottes Haushalt. Was man ihnen gibt, ist Gott
gegeben (vgl. Did 13,4), und der Menschensohn erhält, was der Geringste
unter seinen Brüdern empfängt (Mt 25,40). Jesus hat das Gebot der Nächstenliebe dem ersten Gebot gleichgestellt, ohne dadurch der Ehre Gottes
Eintrag zu tun (Mt 22,39). Das Geld, das man vor die Apostel niederlegte
(Apg 4,37; 5,2), war gleichsam Gott dargebracht und heilig, weil es den
Heiligen diente. Diese konnten auch als die Armen bezeichnet werden (Gal
2,10), und es gab auch wirklich arme, unterstützungsbedürftige Christen in
Jerusalem (Röm 15,26).

Jesus hatte sich von seiner Familie getrennt und eine geistliche Familie
derer gegründet, die Gottes Willen tun (Mk 3,31–35); auch von seinen
Jüngern verlangte er, daß sie ihre Angehörigen verlassen und ihm folgen (Lk
9,57–62). Sie hatten auch ihren Besitz aufgegeben (Mt 19,27–29). Aber das
geschah nicht im Gehorsam gegenüber einer Priestertora, sondern in der
Erwartung des messianischen Reichs (Mt 19,28). Und der Bruch mit den
eigenen Hausgenossen wird nur durch die Kreuzesnachfolge gerechtfertigt
(Mt 10,35–39); nicht das Opfer der anderen (vgl. Ex 32,27ff.), sondern das
eigene Opfer wird verlangt.

cc) Alles erhält einen christologischen und staurologischen Bezug, die
Armut und auch die Waschungen. Obwohl die Jünger Jesu aus verschiedenen Berufen und religiösen Richtungen herkamen, ordneten sie sich ein in
den neuen, vom Messias bestimmten heiligen Dienst, der der alttestament-
lich-priesterlichen Tradition und nicht griechischen Idealen verpflichtet war.
Sie praktizierten eine an Qumran erinnernde Gütergemeinschaft. Judas
Ischarioth trug den Beutel (Joh 12,6; 13,29); er übte damit im Jüngerkreis
eine Funktion aus, die der eines ἐπιμελητής oder ταμίας entsprach. Aber die
Offenheit dieser Gruppe wird daraus ersichtlich, daß ihr auch Frauen mit
ihrem Vermögen dienten (Lk 8,3) und daß das gemeinsame Mahl keine
exklusive Feier war (Mk 6,37). Die Gruppe um Jesus war arm und litt
dennoch keinen Mangel (Lk 22,35).

Diese Armut konnte christologisch und auch geistlich gedeutet werden:
Obwohl Jesus Christus reich war, wurde er arm um unseretwillen, damit
wir durch seine Armut reich würden (2 Kor 8,9). Paulus bezieht sich in dieser
Aussage auf den in Phil 2,6–11 beschriebenen Dienst des Gottessohnes, der
sich seiner göttlichen Macht und Herrlichkeit entäußerte bis hin zur »Armut« des Todes am Kreuz.

Auch die rituelle Reinheit erhält einen neuen Sinn, wie die in Joh 13
berichtete Fußwaschung zeigt. Jesus war im Begriff, zu Gott zu gehen (Joh
13,3). Aber er reinigte nicht sich selbst durch ein Tauchbad, wie die Priester,
die sich Gott nahten. Vielmehr wusch er seinen Jüngern die Füße und
verrichtete so als Meister einen Sklavendienst (V. 5). Mit der Fußwaschung
wird jede hierarchische Ordnung und rituelle Schranke durchbrochen und

das neue Ordnungsprinzip illustriert, daß der Größte der Diener von allen sein soll (Mk 10,43f.). Aber die Fußwaschung gibt auch Anteil an Jesus, der für die Seinen in den Tod geht (Joh 13,8). Mit ihr wird die Frucht der freiwillig, ja vollmächtig vollzogenen (vgl. 10,18) Lebenshingabe verteilt. Jesus heiligt sich durch diesen Tod, damit die Jünger in der Wahrheit geheiligt seien (Joh 17,19). Diese Wahrheit besteht in der Menschwerdung des göttlichen Logos und in der Vollendung der Liebe Gottes am Kreuz. In diesem christologischen Sinne werden auch Waschung und Mahl der Christen, nämlich Taufe und Abendmahl, gedeutet. Die Taufe war eine Taufe auf Christus, und das gemeinsame Mahl das Mahl des Herrn. Beide schenken die Frucht seines Todes, nämlich die Vergebung der Sünden, und die Gabe des Geistes, den der Erhöhte vom Vater erbat.

Postscriptum

Die vor 30 Jahren vorgetragene These, das Leben der Qumran-Essener sei vornehmlich als heiliger Dienst zu verstehen und vor dem Hintergrund des Tempelentwurfs Ezechiels zu sehen, hat damals kein starkes Echo gefunden. In diesen Anfangsjahren der Qumranforschung wurde vielfach ein persischer und vor allem hellenistischer Einfluß auf die Essener geltend gemacht; für solch eine Beurteilung hatten Philo und Josephus gute Vorarbeit geleistet. In der Tat konnte sich auch das palästinische Judentum der geistigen Großmacht des Hellenismus nicht entziehen. Aber die Qumranschriften zeigten, daß sich die Essener primär als alttestamentliche Bundesgemeinde verstanden. Daß freilich auch die scheinbar unjüdische, mönchsartige Frömmigkeit von einer biblischen Grundlage getragen war, konnte nicht so leicht aufgewiesen werden, und noch weniger die Tatsache, daß sie durch eine Spiritualisierung, Ausweitung und auch Radikalisierung priesterlicher Grundsätze erreicht worden war. Darüber hinaus schien der von mir aufgewiesene Einfluß der Priestertora Ez Kap. 44 allzu einseitig bestimmt zu sein; aber dieses Kapitel wurde ja nicht als ausschließlicher, sondern – in Verbindung mit der Tradition von der Sinaigesetzgebung und vom heiligen Krieg – als besonders wichtiger Text geltend gemacht.

Meine These wird von der rund 20 Jahre später veröffentlichten Tempelrolle aus 11 Q unterstützt, die man mit J. Maier auch als ›Heiligkeitsrolle‹ bezeichnen kann[11]. Die Tempelrolle wurde zwar als Offenbarung Gottes an Mose stilisiert und war als Kultordnung Israels nach der Landnahme gedacht. Aber sie ist weitgehend am Tempelentwurf Ezechiels orientiert, vor

---

[11] Die Tempelrolle vom Toten Meer. UTB 1978, S. 13.

allem hinsichtlich der verschiedenen Bereiche der Heiligkeit und der Bauten
im Tempelbereich[12]. Die Gesamtanlage des in dieser Rolle beschriebenen
Tempels mit seinen Höfen, Vorbauten und Vorhallen, dem Altar usw. ist
vorwiegend von Ez Kap. 40 ff. beeinflußt; die Tempelrolle nimmt »die
wesentlichen Ziele des Entwurfs von Ezechiel auf« und gibt ihnen »in
optisch-symmetrischer Weise eine baulich ausgedehnte und funktionsfähige
Gestalt«[13]. Auch die Schilderung des salomonischen Tempels bei Eupole-
mos könnte vom Tempelentwurf Ezechiels beeinflußt sein[14], und sicher gilt
dies von der Darstellung des himmlischen Jerusalem in Offbg Kap. 21. Zwar
ist die Datierung der Tempelrolle umstritten. Denn man plädiert neuerdings
vielfach für eine vorqumranische Herkunft. Aber selbst solch eine Frühda-
tierung schließt nicht aus, daß die Gemeinde von Qumran, in deren Bereich
sie gefunden wurde, sich mit dem Tempelprogramm und dem Heiligkeits-
ideal dieser Rolle voll und ganz einverstanden erklärt hat. Und es gibt ja
Partien in dieser Rolle, die sich am besten mit historischen Sachverhalten der
Hasmonäerzeit in Verbindung bringen lassen, so etwa das Königsgesetz
oder die Auslegung von Dt 21,22 f.

Wenn also der von Ezechiel vorgesehene Tempel in Qumran als gottge-
wollt galt, dann könnte dies auch für den dort vorgeschriebenen heiligen
Dienst zutreffen. Denn das ideale Heiligtum blieb ein frommer Wunsch,
aber der heilige, priesterliche Dienst war durchführbar, wenn man ihn
vergeistigte und als Gebet und als gewissenhafte Einhaltung der Tora vollzog.

---

[12] A.a.O. S. 67–72; 92–97.
[13] HANS AAGE MINK, Tempel und Hofanlage in der Tempelrolle; in: FS J. Carmignac Rev Qu
1988, S. 273–285, besonders S. 276, 278, Anm. 13, 15; 280.
[14] M. DELCOR in FS J. Carmignac S. 260.

24. Die Proselytentaufe der Qumrangemeinde und die Taufe im Neuen Testament

Forscht man nach dem Ursprung der christlichen Taufe, so stößt man zunächst auf Johannes den Täufer. Mit ihm stand Jesus in enger Verbindung. Nach dem Zeugnis aller Evangelien ließ er sich vom Täufer taufen, erhielt nach Joh 1,37 aus dessen Kreis die ersten Jünger und taufte nach Joh 3,22f. zur gleichen Zeit wie dieser. Als Vorbild für die Johannestaufe hat man bisher – zumindest was die äußere Form des Vollzugs anlangt – weithin die jüdische Proselytentaufe angesehen[1]; besonders P. Billerbeck und J. Jeremias haben diese These mit gewichtigen Argumenten gestützt[2].

P. Billerbeck schließt aus einer Kontroverse zwischen der Schule Hillels und der Schammais, daß die Proselytentaufe im 1. nachchristlichen Jahrhundert feststehende Institution war, in eben dieser Zeit der Beschneidung gegenüber immer mehr in den Vordergrund trat und als das entscheidende Zeichen für die erfolgte Konversion bewertet wurde[3]. Allerdings gibt es auch Gegner dieser frühen Datierung[4].

Die neugefundenen Schriften der Qumrangemeinde zwingen dazu, die Frage nach der Herkunft der Johannestaufe und damit auch der christlichen Taufe erneut zu stellen, denn sie lassen erkennen, daß der Täufer in mancher Hinsicht den südlich von Jericho lebenden Essenern nahe gestanden haben muß. Sein asketisches Leben in der 'Araba und seine Botschaft von der nahe bevorstehenden Ankunft Gottes, dem Endgericht und der Notwendigkeit der Buße entsprechen dem Leben und der Lehre der Sekte. Deshalb liegt die Vermutung nahe, auch die von Johannes gespendete Taufe gehe auf einen Ritus der Sekte zurück. Zunächst hat es freilich den Anschein, als ob die

---

[1] Vergleiche dazu die Berichte bei N. A. DAHL, The Origin of Baptism, in: Interpretationes ad Vetus Testamentum pertinentes für Sigmund Mowinckel, Oslo 1955, S. 36–52; ferner: H. H. ROWLEY, Jewish Proselyte Baptism and the Baptism of John, in Hebrew Union College Annual, 15 (1940), S. 313–324.

[2] P. BILLERBECK, Kommentar zum Neuen Testament aus Talmud und Midrasch, Band I, München 1956, S. 102ff. J. JEREMIAS, Hat die älteste Christenheit die Kindertaufe geübt? Göttingen 1938, S. 9ff.

[3] Opus citatum, S. 102.

[4] Vgl. bei H. H. ROWLEY, opus citatum, S. 314–320.

Heiligung *(ἀγνεία)* der Essener[5] und die Taufe *(βάπτισμα)* des Johannes sich wesentlich voneinander | unterschieden. Josephus, der als einziger anschaulich vom Reinigungsbad berichtet[6], erwähnt ausdrücklich nur eine täglich erfolgende »Waschung« des Leibes, die jeder Essener an sich selbst vornimmt (Bell II, 129); die Johannestaufe ist dagegen ein einmaliger Akt, der vom Täufer an den Bußwilligen vollzogen wird. Die vorliegende Untersuchung soll zeigen, daß man bei dieser glatten Scheidung nicht stehen bleiben kann, wenn man die Frage der essenischen Reinigungsbäder genauer prüft.

1. Die tägliche Waschung der Vollmitglieder

Die tägliche Waschung erfolgt um 11 Uhr vor dem gemeinsamen Mittagsmahl (Bell II, 129). Die während des Vormittags an verschiedenen Stellen arbeitenden Männer der Sekte sammeln sich alle in kurzer Zeit an einem bestimmten Platz, gürten sich in ein Leinengewand und waschen so den Leib »in kalten Wassern« (ibid.). Dann geht man in den Speisesaal, der wie ein heiliger Bezirk betrachtet wird und den darum kein Andersgläubiger[7] betreten darf. Den Nichtmitgliedern ist der Zutritt verwehrt, weil sie nicht rein sind *(καθαροί)* wie die Männer der Sekte, die sich der heiligenden Waschung unterzogen (ibid.). Gleicht der Speisesaal einem Heiligtum, so das Mahl einem Opfer und vor allem dem gemeinsamen Essen des für die Priester bestimmten Anteils, der Teruma. Die Sekte, die vom Jerusalemer Tempel ausgeschlossen lebt (Ant XVIII, 19), hat einen großen Teil der Pflichten des diensttuenden Klerus auch den Laien unter ihren Mitgliedern auferlegt; sie versieht einen dauernden heiligen Dienst, der im Zeichen der baldigen Ankunft Gottes und der Einung seiner heiligen Gemeinden im Himmel und auf Erden steht. Das tägliche Reinigungsbad entspricht der Waschung, der sich der Priester vor dem Betreten des inneren Tempelbezirkes und dem Dienst am Altar unterzieht. Während dafür im Alten Testament das Waschen von Händen und Füßen gefordert wird (vgl. Ex 30,17−21;

---

[5] Ich setze die Qumrangemeinde, eine Sekte, mit den Essenern gleich und beziehe darum die Schriften aus den Höhlen und die Berichte des Josephus und Philo aufeinander.

[6] Bei Philo erscheint die Frömmigkeit *(ὁσιότης)*, die den Essenern den Namen gibt (Quod omnis probus liber sit § 75), vor allem als ethische; die starke Komponente der levitischen Reinheit tritt in seiner Darstellung nicht hervor. In den Schriften der Sekte finden sich zwar Anweisungen für das Bad, doch wird dieses nirgends beschrieben (siehe unten).

[7] *ἑτερόδοξος:* Damit ist nicht etwa ein Heide, sondern der Jude außerhalb der Sekte gemeint. Josephus verrät gerade durch diesen Begriff, daß er zwischen Pharisäern und Sadduzäern einerseits und den Essenern andererseits hätte deutlicher scheiden müssen, als in seinem Bericht über die drei jüdischen Religionsparteien zum Ausdruck kommt (Bell II, 119−166; Ant XIII, 171−173; XVIII, 11−22).

40,30−32), wird in der Sekte der ganze Leib gereinigt, das heißt ein Vollbad genommen (vgl. CD X, 10f.; TesLev 9,5; Aramäisches Fragment des Test-Lev 19f.; Jub XXI, 6). Denn zum heiligen Dienst kommt die Bereitschaft für den heiligen, von Gott selbst geleiteten Krieg der Endzeit, und für die Reinigung eines heiligen Kriegers ist nach Dtn 23,13 eine Waschung erforderlich, die nicht auf bestimmte Körperteile beschränkt ist[8]. Bei solch tauffreu|digen Frommen wie den Essenern mußte die Neigung zum Vollbad ohnehin groß sein, zumal sie sich auch bei den Rabbinen zeigt[9].

Wie aus diesen Angaben hervorgeht, hat das tägliche Bad levitischen Charakter.

2. Das Bad der Bewerber nach Josephus

Nun deutet Josephus an, daß es bei den Essenern verschiedene Stufen von Waschungen gibt. Er spricht nämlich davon, daß der Bewerber nach einer einjährigen Probezeit außerhalb der Sekte an den »reineren Wassern, die zur Heiligung dienen« *(καθαρώτερα τῶν πρὸς ἀγνείαν ὑδάτων)*, teilnehmen dürfe (Bell II, 138). Er müsse sich dann noch zwei weitere Jahre hindurch im enthaltsamen Leben bewähren, ehe er in die Genossenschaft aufgenommen und zu den gemeinsamen Mahlzeiten zugelassen werde (ibid., 138f.). Diese Bestimmung zeigt, daß das Reinigungsbad zu den elementaren Pflichten des Sektendaseins zählt, denn auch der Bewerber, der sein Probejahr außerhalb der Gemeinschaft verbringt *(ἔξω μένων* § 137), ist dazu angehalten, sich heiligenden Waschungen zu unterziehen. Das ist vorausgesetzt, wenn er nach Abschluß dieser Zeit an einem »reineren« Bade teilnimmt. Mit dem minder reinen außerhalb der Sekte kann wohl kaum eine im damaligen offiziellen Judentum übliche Waschung gemeint sein. Darauf weist die besondere Ausrüstung hin, die der Bewerber empfängt: eine kleine Axt, den »obenerwähnten Lendenschurz« *(περίζωμα)* und ein weißes Gewand *(λευκὴν ἐσθῆτα,* Bell II, 137). Sie zeigt, daß der Bewerber von Anfang an die besonders scharfen Reinheitsvorschriften beachten muß, die den Mitgliedern der Sekte auferlegt sind. Dabei ist Josephus ein kleines Versehen unterlaufen, denn er hat in seinem Essenerbericht bis dahin nirgends ausdrücklich einen Lendenschurz erwähnt. Dieser erscheint vielmehr erst in der Schilderung des zweiten Ordens der Essener (II, 160f.), in dem es auch Frauen gibt. Diese unterziehen sich ebenfalls einer Waschung, wobei sie sich in Kleider hüllen,

---

[8] Vgl. Lev 15,19ff.: wer durch Ausfluß unrein ist, bedarf des Vollbades.

[9] Wo im Gesetz das Waschen der Kleider befohlen war, wurde in der rabbinischen Exegese auch das Tauchbad als mit gefordert gesehen (vgl. besonders Mek Ex 19,10 (71b); BILLERBECK I, S. 102).

während die Männer den Lendenschurz tragen (II, 161). Josephus bezieht
sich mit der Wendung vom »oben erwähnten Lendenschurz« auf die Be-
schreibung des täglichen Bades der Essener, die ihre Lenden mit einem
Leinengewand gürten (ζωσάμενοι ... σκεπάσμασιν λινοῖς II, 129); damit ist eben
dieser Schurz gemeint. Der Lendenschurz stellt demnach das besondere
Gewand dar, das die männlichen Mitglieder der Sekte bei ihren heiligen
Waschungen tragen. Erhält ihn der Bewerber, so zeigt das, daß auch er zum
Bad verpflichtet ist.

Nun ist es notwendig, die von Josephus gegebenen Daten über den Weg
des Bewerbers nach der *Gemeinderegel* zu überprüfen, in dem ebenfalls eine
Aufnahmeordnung gegeben ist (VI, 13–23). Beide, Josephus und *Gemeinderegel,* stimmen darin überein, daß die letzte Stufe mit der Teilnahme an einem
Mahl erreicht wird (1 QS VI, 20) und daß dazu mindestens zwei volle Jahre
erforderlich sind (1 QS VI, 21). Ver|schieden ist, daß in der *Gemeinderegel* die
Aufnahme in den von der Sekte dargestellten Gottesbund hervorgehoben
wird, die nach einer unbefristeten Probezeit erfolgt (1 QS VI, 13–15) und
mit der eidlichen Verpflichtung auf die Tora verbunden ist (1 QS V, 7–10).
Sie steht am Anfang der beiden Jahre, die bis zur vollen Mitgliedschaft
erforderlich sind; nach Josephus werden jedoch die Eide auf die Satzung der
Sekte beim Abschluß der zweijährigen Frist abgelegt, die dem Probejahr
folgt (Bell II, 139). Das erste volle Jahr des Bewerbers schließt nach der
Gemeinderegel mit der Zulassung zur »Reinheit der Vielen« (טהרת הרבים
1 QS VI, 17); auch der Besitz wird dann der Sekte übergeben und die Arbeit
nach Anweisung ihres Leiters verrichtet (1 QS VI, 19f.). Josephus weiß
nichts von Änderungen in den beiden Novizenjahren; es hat den Anschein,
als habe er die unbefristete Probezeit (1 QS VI, 13f.) und das erste Novizen-
jahr (1 QS VI, 15–20) miteinander verschmolzen und als einjährige Frist der
Bewährung dargestellt. Die von ihm erwähnten »reineren Wasser« wären
dann der »Reinheit der Vollmitglieder« der *Gemeinderegel* gleichzusetzen.
Dem Begriff טהרה entspricht bei Josephus das Wort ἁγνεία; mit den רבים
sind die aus Priestern, Leviten und Laien bestehenden Mitglieder der Sekte
gemeint, die in der Vollversammlung Sitz und Stimme haben (1 QS VI,
8ff.); sie werden in 1 QS V, 13–18 die »heiligen Männer« (אנשי הקודש)
genannt. Wie die Wendung der »reineren Wasser« weist auch die Bezeichnung »Reinheit der Vollmitglieder« darauf hin, daß es ein Bad für die nicht
vollberechtigten Mitglieder der Sekte, die »Willigen«, gegeben haben muß.
Allerdings findet sich dafür in der *Gemeinderegel* keine entsprechende Bezeichnung.

3. Das Proselytenbad nach der Gemeinderegel

Die *Gemeinderegel* enthält eine eindringliche Warnung, die gegen ein magisches Mißverständnis der Reinigung gerichtet ist. Es heißt da:

».. . er wird nicht makellos durch Sühnehandlungen, und nicht wird er gereinigt durch Wasser[10], die vom Schmutz befreien, und nicht wird er geheiligt durch das Meer[11] und durch Flüsse, und nicht wird er rein durch irgendein Wasser, womit man sich wäscht. Unrein, unrein wird er sein allezeit, solange er sich weigert, sich den Rechtssätzen Gottes zu unterwerfen und sich nicht zurechtweisen läßt in der Gemeinschaft Seines Rates. Denn durch den Geist des Rates der Wahrheit Gottes werden die Wege eines Menschen entsühnt von all seinen Sünden, so daß er das Licht des Lebens schauen kann[12], und durch den Geist, der heilig ist für die Gemeinde, die in Gottes Wahrheit lebt, wird er von all seinen Vergehen rein, und durch | den Geist der Aufrichtigkeit und Demut wird seine Sünde gesühnt, und durch die demütige Beugung seiner Seele unter alle Gebote Gottes wird sein Fleisch rein, wenn er sich durch Reinigungswasser säubern läßt und sich heiligt durch Wasser, die man über ihn sprengt« (1 QS III, 4—9).

Der sachliche Stil der gesetzlichen Anordnungen in der *Gemeinderegel* ist an dieser Stelle durch Sätze gesprengt, die ihren »Sitz im Leben« in einer Predigt haben könnten. Emphatisch wird erklärt, daß selbst ein Bad in Flüssen und Meeren vergeblich ist ohne die Reinigung von der Sünde, die allein durch Gottes Geist geschehen kann. Selbst das Fleisch des Menschen, der sich im Bade wäscht, wird erst dann vom Schmutz befreit, wenn das Herz den Geboten Gottes gehorcht; soviel wichtiger als das äußere Zeremoniell ist die innere Reinheit.

Es ist wenig wahrscheinlich, daß solch eine Predigt an die »heiligen Männer« der Sekte gerichtet ist und sich auf das tägliche Bad bezieht, das die levitische Reinheit herstellt. Alles Gewicht ist in dieser Paränese auf die *innere Läuterung* gelegt. Nicht das Wasser, sondern der Geist Gottes ist das Mittel, das den Menschen von allen Verfehlungen frei macht. Dabei wird nicht gesagt, wie man den Geist Gottes empfängt und wie dieser die innere Reinigung bewirkt. Man muß jedoch beachten, daß der »heilige Geist« in enger Verbindung zur »Wahrheit Gottes« steht (1 QS III, 6f.). Die von Gott geschenkte Wahrheit ist Inbegriff der Lehre der Sekte; sie stellt, wie im Evangelium des Johannes, eine Wahrheit dar, die getan werden muß (1 QS I, 5; V, 3). Wie ein Vergleich der Stellen 1 QS V, 8f. und VI, 15 zeigt, ist die Wahrheit identisch mit der Tora Moses, wie sie aufgrund einer besonderen,

---

[10] במים 1 QS V, 13. Damit ist wohl wie in Erub 4b (vgl. BILLERBECK I, S. 108) das bekannte Wasser der Miqwa, der Badestelle, gemeint.

[11] ימים vgl. Mik 5,4: Alle Meere gelten wie eine Wasseransammlung (nach Gen 1,10); es heißt ימים, weil viele Meere darin sind (BILLERBECK I, S. 109).

[12] Vgl. dazu das Wort Jesu: »Selig sind, die reinen Herzens sind, denn sie werden Gott schauen« Mt 5,8.

den Ständen der Sekte gegebenen Offenbarung gelehrt wird. Wer im Dienst
dieser Wahrheit steht, unterwirft sich damit dem Prozeß der Läuterung,
ohne den die Waschung des Leibes unvollkommen bleibt.

Dient das tägliche Bad der Vorbereitung auf das heilige Mahl, so ist die in
1 QS III, 4–9 erwähnte Waschung auf die sittliche Neuordnung des Lebens
ausgerichtet. Beide haben also einen verschiedenen Zweck. Der Zweck eines
Zeremoniells bestimmt jedoch dessen Charakter entscheidend. Wie zum
Beispiel das Passahopfer ungültig ist, wenn das hiefür bestimmte Tier nicht
ausschließlich für den Zweck, Passahopfer zu sein, geschlachtet wird (mPes
5,2), so kommt es nach Chag 2,6 auch beim jüdischen Tauchbad auf die
Zweckbestimmung an; dabei geht es in Chag 2,6 wie beim täglichen Bad der
Essener um die rituelle Reinheit, die zum Verzehren heiliger Abgaben erfor-
derlich ist.

Eine ganz andere Situation ist vorausgesetzt, wenn in 1 QS III, 4–9 ein
Bad erwähnt wird, das ohne innere Läuterung wertlos ist. Diese beginnt
nach Ansicht der Sekte dann, wenn man sich ihrer Gemeinschaft anschließt.
Das Wissen (דעת), das der Eintretende mitbringt, seine körperliche Kraft (כוח)
und sein materieller Besitz (הון) werden dann gereinigt (1 QS I, 11–13),
wenn man die asketische Lebensweise der Sekte auf sich nimmt und sich der
Lehre (1 QS VI, 14) und später der gemeinsamen Arbeit (1 QS VI, 19) und
der kollektiven Vermögensverwaltung (ibid.) unterordnet. Das »Wissen« |
des Bewerbers, womit wohl die Lehren des offiziellen Judentums gemeint
sind, wird durch die »Wahrheit der Gebote Gottes« geläutert; beide, Wahrheit und Gebote Gottes, werden in 1 QS III, 7f. als Kräfte der inneren
Reinigung genannt. Von daher legt sich die Vermutung nahe, daß die
Mahnung 1 QS III, 4–9 an den Mann gerichtet ist, der in die Sekte eintritt,
und nicht etwa an die Vollmitglieder, die jahrelang im Dienst der Wahrheit
erprobt sind.

Diese Annahme wird durch weitere Beobachtungen bestätigt. Wer in die
Sekte eintritt, hat Buße zu tun. Buße ist Umkehr, und diese Umkehr ist für
die Sekte Abkehr von der Welt (1 QS V, 1) und Rückkehr zur Tora (ibid. V,
8), beziehungsweise zur Wahrheit (1 QS VI, 15). Nun wird die warnende
Rede über die rechte Reinigung 1 QS III, 4–9 gerade an den gerichtet, der
nicht stark genug sein sollte, Buße zu tun (III, 1), nicht wert, Wissen, Kraft
und sein Vermögen der Sekte zu übergeben (III, 2), damit sie durch die
Wahrheit Gottes gereinigt würden (III, 6f.). Dieser Appell paßt darum zur
Situation des Eintritts. Man kann ihn außerdem der Verfluchung des Heuchlers an die Seite stellen, die in 1 QS II, 11–18 aufgeführt ist, denn in beiden
Fällen wird davor gewarnt, im »Starrsinn des Herzens« weiterzuwandeln
(1 QS II, 14,26; III, 3). Nicht auf die äußerliche Zugehörigkeit zur Heilsgemeinde, sondern auf die wahre Buße kommt alles an. Nun gehört die
Verfluchung des Heuchlers eindeutig zum Zeremoniell des Bundesfestes, an
dem man in den von der Sekte dargestellten Gottesbund eintritt. Es liegt
demnach nahe, auch die Predigt über die rechte Reinigung zur Liturgie

dieses Festes zu zählen, zumal sie ohne Bruch an die Anordnung der alljährlichen Wiederholung des Bundeseintritts anschließt (1 QS II, 19 f.). Wenn sie von der rechten Reinigung handelt, so ist es sehr wahrscheinlich, daß der Bundeseintritt mit einer Art von Proselytentaufe verbunden ist: der Neueintretende erhält ein erstes Bad.

Dieses Bad hat nichts mit der täglichen Waschung vor dem Mahl zu tun, von dem der Novize auch nach dem Eintritt in den Bund für zwei Jahre ausgeschlossen bleibt (1 QS VI, 20 f.). Es könnte wohl auch die dazu erforderliche (levitische) Reinheit nicht verschaffen, genausowenig wie die jüdische Proselytentaufe dazu berechtigt, am Passahmahl teilzunehmen, wenn man am Rüsttag des Passah den Übertritt vollzieht; man braucht dazu ein weiteres, die levitische Unreinheit beseitigendes Bad (m Pes 8,8). Es geht in 1 QS III, 4−9 nicht um die Vorbereitung auf ein Ritual, sondern um die Bereinigung der Vergangenheit, und nicht zuerst um die Reinigung von äußerem Schmutz, sondern um die Tilgung von Sünden und Verfehlungen, mit denen die Seele durch das verkehrte Leben außerhalb der Sekte befleckt ist. Die Waschung des »Willigen« ist Zeichen der bußfertigen Bereitschaft zum neuen Leben im Geist und in der Wahrheit; sie gleicht der Bußtaufe, die Johannes der Täufer spendet, und hinter der Warnung 1 QS III, 4−9 steht wohl eine Taufparänese, wie sie ähnlich in den Briefen des Neuen Testamentes anklingt. Mit diesem Bad wird nicht etwa der Geist Gottes »empfangen«, obwohl er die innere Reinigung bewirkt. Der Geist ist an das Wort gebunden, er ist wie | die Wahrheit in der Satzung der Sekte gleichsam investiert und läutert den Geist des Menschen, der dem Gebot gehorcht. Zur Taufe kommt der »Willige« (נדב; מתנדב 1 QS V, 1.8; VI, 13 f.), der willig ist, sich der Wahrheit Gottes zu unterwerfen, nach der die Sekte lebt (1 QS I, 11). Nach dem Eintritt in den wahren Gottesbund und dem reinigenden Bad gehört er nun der Qumrangemeinde an: aus dem »Willigen« ist der »Novize«, der »Proselyt«, geworden, der den vierten Stand in der Sekte bildet (גר CD XIV, 3 f.). Der Begriff גר fehlt allerdings in der *Gemeinderegel,* der neben den drei vollberechtigten Ständen der Gemeinde (vgl. 1 QS II, 19−21) nur noch den »Willigen« nennt. Entscheidend für den Ablauf des Noviziats ist der Fortgang der inneren Reinigung; an den entscheidenden Punkten des Weges des Willigen steht nicht ein äußeres Zeremoniell, sondern die Prüfung über die theoretische und praktische Beherrschung der Tora im Vordergrund (vgl. 1 QS VI, 14−18), das heißt die Bewährung im enthaltsamen Leben (ἐγκράτεια; καρτερία Bell II, 138).

Das Bad, das der »Willige« beim Bundesfest erhält, läßt sich der jüdischen Proselytentaufe vergleichen. Für den Juden war es selbstverständlich, daß der heidnische Konvertit ein Tauchbad vollziehen mußte, wenn er an den Segnungen Israels teilhaben wollte[13]; auch die Sekte mußte darum die Reinigung des Juden fordern, der in ihre heilige Gemeinde aufgenommen

---

[13] Vgl. dazu BILLERBECK I, S. 102.

wurde und der ihr bis dahin als unrein, als »ein Heide und Zöllner« galt. Das Merkmal der essenischen Taufe des »Willigen« ist demnach, daß sie nicht einem Heiden, sondern einem Juden auferlegt wird; sie bestätigt nicht die erste Berührung mit dem Gesetz, sondern die Rückkehr zur Tora.

Auffallend ist die Ähnlichkeit zwischen dem Verfahren, das im rabbinischen Judentum bei der Aufnahme eines Proselyten angewandt wird, und dem Weg des »Willigen«, wie ihn die *Gemeinderegel* beschreibt. Auch von daher gesehen erhält das Vorhandensein einer essenischen »Proselytentaufe« einen hohen Grad von Wahrscheinlichkeit. Nach Jeb 47a wird der Proselyt zuerst nach seiner Bereitschaft, zum Judentum überzutreten, gefragt. Bestätigt er sie, lehrt man ihn einen Teil der leichten und einen Teil der schweren Gebote und zeigt ihm den Lohn, der den Gerechten in der zukünftigen Welt erwartet. Beugt er sich unter Gesetz und Verheißung, so wird er beschnitten; ist er geheilt, läßt man ihn das Tauchbad nehmen. Zwei Gelehrtenschüler stehen ihm dabei zur Seite und bringen einige Gebote zu Gehör.

Nach 1 QS VI, 13 wird jeder, der die Aufnahme in die Sekte begehrt, vom Leiter der Vollmitglieder geprüft. Wenn er »Zucht annimmt« (ישיג מוסר vgl. Jer 35,13), bringt man ihn in den Bund, damit er »zur Wahrheit zurückkehre und von aller Verkehrtheit weiche« (VI, 14f.). Demnach lernt der »Willige« erst nach seinem Eintritt in den Bund die »Wahrheit«, das heißt die Lehre der Sekte als ganze, kennen; bis zu diesem Zeitpunkt muß er »Zucht annehmen« und dabei nach einigen | Hauptregeln der Sekte sein Leben führen. Er gleicht darin dem heidnischen Proselyten, der zunächst nur einige Gebote erfährt. Wenn dem Heiden außerdem der Lohn im Jenseits mitgeteilt wird, so wird das auch für den Unterricht der Sekte gelten. Josephus sagt, die essenische Lehre von der Seele, das heißt dem doppelten Dasein nach dem Tode, halte wie ein Köder jeden fest, der einmal davon gekostet habe (Bell II, 158), und der Taufparänese 1 QS III, 4–9 folgt die Schilderung der beiden Geisterreiche (1 QS III,13–IV, 26), in der Lohn und Strafe deutlich erscheinen (1 QS IV, 7–9,11–14). Bildet das Bad den Abschluß beim Aufnahmeverfahren für den heidnischen Proselyten, so darf das auch beim Bewerber der Sekte, dem Willigen, erwartet werden, zumal bei ihm, dem gebürtigen Juden, die Beschneidung als äußeres Zeichen des Übertritts wegfällt.

4. Die endzeitliche Geisttaufe der Erwählten

Das Bad beim Bundeseintritt ist auf die große Reinigung ausgerichtet, die Gott in der Endzeit an den Erwählten vollzieht. Er wird

»dann alle Taten eines Mannes durch Seine Wahrheit läutern und den Bau des Menschen reinigend Sich zubereiten, um jeden verkehrten Geist aus dessen Fleisch zu entfernen[14]. Er wird ihn reinigen durch den heiligen Geist von allen bösen Taten und über ihn den Geist der Wahrheit wie Wasser sprengen, das von allen Greueln der Lüge reinwäscht« (1 QS IV, 20f.).

Die so von Gott Gereinigten erhalten Anteil an der Erkenntnis des Höchsten und an der Weisheit der Himmelssöhne; als die vollkommen Wandelnden besitzen sie die Einsicht, die nach Dan 12,10 den Geläuterten der Endzeit verheißen ist (vgl. äth Hen 49). Auch bei der endzeitlichen Taufe wird das Reinigungsmittel des Geistes dem der Wahrheit parallel gesetzt, denn auch jetzt noch geht es um die rechte Erkenntnis und den vollkommenen Wandel. Nun kann auch die Bundessatzung recht erfüllt werden: die von Gott Gereinigten sind zum ewigen Bund erwählt (1 QS IV, 22), sie sind Proselyten der endzeitlichen Gemeinde, in der die Heiligen des Himmels, die Engel, und die heiligen Männer auf Erden, die Erwählten, geeint sind (1 QS XI, 8). Die Proselytentaufe der Gegenwart wird von der Proselytentaufe der Endzeit übertroffen: die erstere ist Zeichen der Sinnesänderung, die zum neuen Wandel führt, mit der letzteren wird auch der Leib gewandelt und eine höhere Daseinsform erreicht. Der Erwählte, der jetzt noch der »Gesellschaft des Fleisches« angehört (1 QS XI, 9f.), empfängt alle Herrlichkeit Adams (1 QS IV, 23, CD III, 20), die als Krone der Herrlichkeit und als Gewand der Zier im ewigen Licht erscheint (1 QS IV, 7). Das Lichtgewand ist der neue himmlische | Leib, der dem der Engel gleicht, in deren Kreis man aufgenommen wird (vgl. äth Hen 62,16 mit 2 Kor 5,1 ff.). Der Geist Gottes, der für den Proselyten der Sekte vor allem ethische Bedeutung hat, hat für den Proselyten des Gottesreiches auch substantielle Wirkung, denn er verändert dessen äußere Gestalt.

5. Das alttestamentliche Vorbild der essenischen Proselytentaufe

Auch im Alten Testament gehören innere und äußere Reinigung zusammen; das zeigen vor allem die Einzugstora Ps 24,4 und die Rede Jes 1,10−17. Für beide, das Bad der Proselyten und die endzeitliche Reinigung durch Gottes Geist, bildet Hes 36, die Weissagung von der künftigen Erneuerung und Heiligung des Volkes, das Vorbild.

Den sündigen Wandel Israels vergleicht Hesekiel der Unreinheit einer Menstruierenden (36,17 כטמאת הנדה); auch nach der Anschauung der Sekte muß beim Bad des Proselyten und bei der endzeitlichen Reinigung die נדה durch Wasser bezie-

---

[14] Vgl. dazu den Exorzismus in der frühchristlichen Taufe (Kirchenordnung HIPPOLYTS, Koptischer Text., Texte und Untersuchungen, Neue Folge, 58, Kap. 45,9; 46,11). Der Priester salbt den Täufling mit dem Öl der Beschwörung und sagt: »Möge jeder Geist sich von dir entfernen!«

hungsweise Geist entfernt werden. Nach Hes 36,17.19 ist das Land durch die
Gottlosigkeit verunreinigt; auch die Sekte denkt so, denn es bedarf der Entsühnung
(1 QS VIII, 6; vgl. IX, 4). Beim endzeitlichen Reinigungsakt »sprengt« (זרק) Gott
das Wasser auf das heimgeführte Volk; ähnlich verfährt Er in der endzeitlichen Taufe
mit dem Reinigungsmittel des heiligen Geistes (נזה Hiphîl 1 QS IV, 21). Er will
damit erreichen, daß der Mensch rein werde (טהר, Hes 36,25; 1 QS IV, 21); dabei ist
die innere Reinheit entscheidend. Nach Hesekiel reinigt Gott das Volk mit Wasser
(36,25): außerdem verheißt Er, ihm ein neues Herz (36,26) und Seinen Geist zu geben
(36,27).

Die Sekte weicht hier in charakteristischer Weise ab: zwar wird auch bei
ihr die endzeitliche Reinigung von Gott selbst vollzogen, aber nicht durch
Wasser, sondern durch Seinen Geist und Seine Wahrheit. Waschung (Hes
36,25) und Geistbegabung (Hes 36,26 f.) werden in eins gefaßt: Gott reinigt
durch den Geist, der dem Wasser gleicht. Beim Bad des Proselyten dagegen
sind beide getrennt; hier wird der Leib durch Wasser gewaschen, jedoch
nicht von Gott. Dient bei Hesekiel der Geist dazu, daß Gottes Gebote und
Rechtssätze beobachtet und ausgeführt werden können (36,27), so wird die
Reinigung durch den Geist in der Sekte dadurch vollzogen, daß man die
Gebote und Rechtssätze Gottes auf solche Weise versteht und ausführt, wie
es den Priestern der Sekte durch Seinen Geist geoffenbart ist.

Aufschlußreich ist ferner, wie die Verheißung des neuen Herzens verstanden wird. Von einem fleischernen Herzen als endzeitlicher Heilsgabe will die
Sekte nichts wissen, denn gerade die Fleischlichkeit ist es, die den Menschen
unrein macht (vgl. 1 QH I, 21−23). Zwar spricht auch die Sekte vom
»steinernen Herzen« (1 QH XVIII, 21−26, so zu ergänzen 27 f.), aber in der
Endzeit wird nicht wie bei Hesekiel (36,26) das steinerne Herz, sondern der
verkehrte Geist aus dem Fleisch des Erwählten entfernt (1 QS IV, 20 f.).

Der Vergleich zeigt, daß die Sekte die Wirkung des Geistes zwar als eine
sakramentale, dem Wasser vergleichbare, beschreibt, jedoch | im Geist vor
allem eine offenbarende, zur Wahrheit führende, Kraft sieht, die den neuen
Wandel ermöglicht. Der Geist ist an das Wort gebunden. Daß jedoch der
sakramentale Charakter nicht fehlt, geht aus der Art der endzeitlichen Geisttaufe hervor, bei der auch der Leib des Menschen verwandelt wird.

6. Johannes der Täufer

Mit der Sekte ist Johannes der Täufer so nah verwandt, daß man mit Recht
vermutet, er sei in Qumran aufgewachsen[15]. Ist das richtig, so wäre Johan-

---

[15] So vor allem W. H. BROWNLEE, John the Baptist in the New Light of Ancient Scrolls, in K.
STENDAHL, The Scrolls and the New Testament, New York 1957, S. 35.

nes der Essener, der zwar in der Wüste verbleibt, sich jedoch von dort aus der von der Sekte aufgegebenen Welt zuwendet. Dadurch ist auch die Art seiner Taufe bestimmt, denn sie wird nur einmal und nicht an der eigenen Person, sondern an den Bußwilligen vollzogen. Johannes hat dabei an die Proselytentaufe der Essener angeknüpft, die den Eintritt in die zum endzeitlichen Heil bestimmte Gemeinde bestätigt. In beiden Fällen sind die Täuflinge Juden, und wie die essenische Proselytentaufe hat die Johannestaufe eschatologischen Charakter, denn der Getaufte ist zum Bürger des kommenden Gottesreiches designiert.

Wie die Sekte warnt auch Johannes vor einer falschen, magischen Einschätzung der Taufe, indem er die Notwendigkeit der inneren Umkehr und Läuterung betont. So läßt Josephus den Täufer verkündigen, die Taufe werde nur dann vor Gott angemessen erscheinen, wenn sie nicht der Vergebung der Sünden, sondern nur der Heiligung des Leibes dienen solle[16]; die Seele müsse nämlich schon vorher gänzlich durch Gerechtigkeit gereinigt sein[17]. Nach dieser Darstellung sind äußere und innere Reinigung so stark voneinander getrennt, daß die erstere im Grunde überflüssig erscheint. Das liegt daran, daß Josephus wie bei der Darstellung der Essener den eschatologischen Charakter von Taufe und Predigt des Johannes übersieht und beide auf die Ebene der Ethik projiziert.

Dieser Fehler ist bei den Synoptikern vermieden. Nach ihnen ist die Johannestaufe ein Zeichen der Buße, die zur Vergebung der Sünden führt (βάπτισμα μετανοίας εἰς ἄφεσιν ἁμαρτιῶν, Mk 1,4; vgl. Apg 19,4). Buße und Taufe sind eschatologische Notwendigkeit und gehören darum eng zusammen. Das zeigt die Predigt des Täufers. Das Urteil R. Bultmanns, sie sei wohl christliche Bildung[18], ist kaum richtig, denn sie zeigt auffallende Parallelen zu Geist und Sprache der Sekte und wird darum nicht weniger historisch sein als die Taufe selbst. Die Bußpredigt des Johannes wird von Matthäus und Lukas fast völlig gleich überliefert; sie ist lediglich nach Lukas an das Volk allgemein, nach Matthäus an die Pharisäer und Sadduzäer gerichtet (Lk 3,7; Mt 3,7). Im Munde des Täufers wird die Paränese zur prophetischen | Schelt- und Drohrede. Johannes wendet sich gegen die Heuchler, die durch die Taufe dem Gerichtszorn Gottes entgehen wollen, jedoch die bußfertige Gesinnung, die den neuen Wandel zeitigt, ganz vermissen lassen (Mt 3,8); die Warnung 1 QS III, 4—9 ist bei Johannes gleichsam mit der Verfluchung des Heuchlers in 1 QS II, 11—18 verbunden.

Schon mit der Anrede werden die Unbußfertigen entlarvt: Johannes schilt sie als »Otterngezücht« (γεννήματα ἐχιδνῶν, Mt 3,7 und Parallelen). Dieses Bildwort erscheint auch in den Hodajoth. Nach 1 QH III, 17 werden die »Kreaturen der Otter« (מעשי אפעה) im Gericht der Endzeit von den Pforten des Todes überwältigt. Sie

---

[16] ἐφ’ ἁγνείᾳ τοῦ σώματος; Ant XVIII, 117.
[17] ἅτε δὴ καὶ τῆς ψυχῆς δικαιοσύνῃ προέκκεκαθαρμένης, ibid.
[18] Geschichte der Synoptischen Tradition, Göttingen 1957, S. 263, und besonders S. 123.

stehen im Gegensatz zu den geistlichen Kindern des wahren Lehrers und Beters der *Hodajoth,* die in den Wehen der letzten Zeit das Licht der Welt erblicken[19]. Der Sekte begegnen die »Kreaturen der Otter« vor allem in den falschen Lehrern, zu welchen die »Weisen« der Welt zählen, die im endzeitlichen Sturm des Chaos jämmerlich Schiffbruch erleiden (1 QH III, 12f.). Jetzt sind sie allerdings noch sehr stark. In 1 QH II, 28 meint der Begriff »Otter« neben dem »Nichts« die den Beter bestürmende Macht des Bösen. Ihre Repräsentanten sind gesammelt im »Kreis des Nichts« und der »Gemeinde des Nichtsnutz« (1 QH II, 22), das heißt Beliaals. Die »Kreaturen der Otter« sind also Teufelssöhne. Wenig später erscheinen sie als »Gemeinde der Erweichungsforscher« (II, 32) oder als »Lügenträufler« (II, 31). Mit ihnen meint die Sekte wahrscheinlich die Pharisäer, die das Volk in die Irre führen. Allerdings ist nach dem Urteil der Sekte auch der sadduzäische Priesteradel zu Jerusalem in den Netzen Beliaals gefangen (CD IV, 13–21).

Die Wendung γεννήματα ἐχιδνῶν, Mt 3,7 und Parallelen meint demnach dasselbe wie מעשי אפעה in 1 QH III, 17, nämlich die geistigen Geschöpfe und Spießgesellen des Teufels; sie wird vom Täufer wie auch von der Sekte vor allem gegen Pharisäer und Sadduzäer gerichtet. Der Teufel ist es, der das Herz des Menschen mit allem Schlechten erfüllt (Mt 12,35), wenn er davon Besitz ergriffen hat (1 QS IV, 23); er berät sich mit dem Herzen des Menschen (1 QH VI, 21 f.). Er wird auch das Subjekt des ὑπέδειξεν, Mt 3,7 und Parallelen, sein: der Teufel gab den Heuchlern die Anweisung, sich taufen zu lassen, ohne doch wirklich Buße zu tun.

Johannes führt so die Erwartungen der Heuchler auf drastische Weise *ad absurdum.* Sie hoffen, Erben des Gottesreiches und damit Gotteskinder zu werden, und gehören in Wahrheit dem Teufel an. Teuflisch inszenierter Irrtum ist es auch, wenn sie sich darauf verlassen, Abraham zum Vater zu haben und damit Erben der ihm und seinem Samen gegebenen Verheißung zu sein. Vielmehr sind sie als Teufelskinder zum Verderben bestimmt; an ihrer Statt kann Gott dem Abraham aus Steinen Kinder erwecken (Mt 3,9 und Parallelen).

Der Täufer knüpft mit diesem Wort bewußt an die Polemik der Propheten an. So wirft Jeremia den vom kanaanäischen Kult bestimmten | Volksgenossen vor; »Sie sprechen zum Holz: ›Mein Vater bist du‹ und zum Stein: ›Du hast mich gezeugt!‹« (Jer 2,27). Der Täufer baut diesen Satz in den Jahweglauben ein: Gott kann aus Steinen Kinder erwecken. Dabei mag er an das Bild denken, nach dem die geistlichen Gotteskinder lebendige Steine in Seinem Heiligtum sind beziehungsweise ein unüberwindliches Bollwerk gegen den Ansturm des Bösen bilden (vergleiche 1 QS VIII, 5f.7f.9f.; IX, 4; 1 QH VI, 26; 1 Petr 2,5ff.). Jedenfalls unterscheidet Johannes wie die Sekte mit aller Deutlichkeit zwischen äußerer, fleischlicher und innerer, geistlicher Kindschaft. Nach 1 QH IX, 35 haben die »Kinder der Wahrheit« Gott selbst zum Vater.

Die geistige Zugehörigkeit tritt zwar erst in der Endzeit voll in Erscheinung, bleibt jedoch auch in der Gegenwart nicht völlig verdeckt. Sichtbarer

---

[19] Vgl. dazu meinen Aufsatz: Die Geburt der Gemeinde durch den Lehrer, in New Testament Studies, III (1957), S. 314–326.

Beweis für die bußfertige Gesinnung ist das Handeln des Menschen. Die
Werke des Menschen bilden auch den Maßstab beim Endgericht. Zum
Scheltwort kommt die Drohung: der Baum, der keine rechte Frucht bringt,
wird gefällt und verbrannt, die Axt ist ihm schon an die Wurzel gelegt (Mt
3,10); die Verdammten gleichen der Spreu, die vom Wind weggefegt wird
und zur Vernichtung im Feuer bestimmt ist (ibid., 3,12). Auch zu diesen
Bildern finden sich Parallelen in den Qumranschriften.

Der Beter der *Hodajoth* vergleicht seine Widersacher der »Spreu vor dem Wind«
(VII, 22f.). Grundlegend dafür ist Ps 1,4, wonach die Gottlosen wie Spreu sind, die
der Wind verweht (vgl. auch Dan 2,35). Nach dem *Genesisapokryphon* träumt Abraham auf dem Weg nach Ägypten, er sei eine Zeder. Männer kommen und wollen sie
abhauen und entwurzeln (XIX, 14f.).

Die Taufe des Johannes ist eine Wassertaufe (Apg 1,5; 11,16). Wenn in Apg
19,2 den Johannesjüngern die Kenntnis des heiligen Geistes abgesprochen
wird, so ist dies so zu verstehen, daß im Unterschied zur Taufe auf Christus
mit der Johannestaufe der heilige Geist nicht verliehen wird (Apg 19,3). Wie
die Proselytentaufe in Qumran hat die Johannestaufe ihr Ziel in der endzeitlichen Taufe: ein Stärkerer[20] wird die Bußwilligen mit dem heiligen Geist und
die Gottlosen mit Feuer, das heißt dem Feuerstrom des Endgerichtes, taufen[21].

7. Jesu Stellung zur Taufe

Jesu Auftreten unterscheidet sich nach dem Tode des Täufers wesentlich
von dessen Haltung. Bleibt der Täufer als der Rufer in der Wüste stehen, so
geht Jesus auch in die Welt hinein. Johannes wahrt – das zeigen auch seine
Kleidung und Nahrung – die von den Essenern beobachtete Distanz zur
unreinen Welt; die äußere Rein|heit bleibt ihm als dem Priestersohn wichtig.
Jesus weicht gerade an diesem Punkt vom Täufer ab. Das zeigt meines
Erachtens eine wenig beachtete Stelle, die durch Textverderbnis, vielleicht
durch eine bewußt vollzogene Korrektur, entstellt ist. Nach Joh 3,25 hätten
einige der Johannesjünger mit einem Juden (μετὰ 'Ιουδαίου) ein Streitgespräch über die Reinigung geführt. Nun spricht der Evangelist Johannes

---

[20] Mit dem »Stärkeren« könnte ursprünglich wie in Qumran Gott selbst gemeint gewesen
sein; es ist jedoch auch durchaus möglich, daß Johannes den Messias als das ausführende Organ
der endzeitlichen Geisttaufe angesehen hat (vgl. dazu TestLev 18).
[21] Mk 1,8 καὶ πυρί pauci codices außer P; vgl. dazu Mt 3,10.12; Lk 3,9.17 und W. H.
BROWNLEE opus citatum S. 42 und die dort von C. H. KRAELING beigetragene Stelle. Daß nur die
Feuertaufe ursprünglich sei (so R. BULTMANN, opus citatum S. 262), ist aufgrund von 1 QS IV,
20–22 unhaltbar.

sonst nur von »den Juden«, so daß mehrfach Konjekturen zu dieser Stelle vorgeschlagen worden sind. Am einleuchtendsten ist Baldenspergers Änderung μετὰ τοῦ 'Ιησοῦ. Demnach hätte bei Jesus und der Johannesgruppe eine verschiedene Auffassung in den Fragen der Reinigung bestanden. In der Tat vernachlässigt Jesus nach dem Zeugnis der Synoptiker die äußere Reinheit in einem Maße, wie dies einem Essener und auch dem Täufer nicht möglich gewesen wäre (vgl. Mk 7,1–23). Gerade darum kann er nicht nur in die verworfene Welt der Juden, sondern auch zu den Zöllnern und Sündern gehen und mit ihnen Gemeinschaft pflegen. So scheint er auch die Taufpraxis (Joh 3,22) bald aufgegeben zu haben. Denn seine Predigt vom Gottesreich und sein Bußruf sind nicht mit der Taufe verknüpft, die Seligpreisungen erwähnen den Mann, der reinen Herzens ist, und die Vergebung der Sünde wird auch ohne den Akt der Taufe zugesprochen (Mk 2,5).

Lediglich das Johannesevangelium berichtet ausführlich, von einer Reinigung, die Jesus an anderen vollzog: der *Fußwaschung.* Sie gleicht der essenischen Proselytentaufe insofern, als sie der endzeitlichen Geistverleihung voraufgeht, die durch den Auferstandenen erfolgt (Joh 20,22 f.). Auch wird bei der Fußwaschung wie bei der essenischen Proselytentaufe ausdrücklich betont, daß sie dem Unbußfertigen, dem Verräter, nichts nützt[22]; er ist und bleibt auch mit der Waschung unrein (Joh 13,10 f.; vgl. 1 QS III, 4 ff.). Das unreine Herz, der Satan im Herzen, macht die Reinigung unwirksam (Joh 13,2; vgl. 1 QS II, 11–18).

Andererseits stimmt die Fußwaschung mit dem täglichen Reinigungsbad der Vollmitglieder darin überein, daß sie zu einem heiligen Mahl gehört. Aber während man in Qumran vor dem Mahl, ja vor dem Betreten des Speisesaales das Bad vollzieht (Bell II, 129), geschieht die Fußwaschung während des Mahles (Joh 13,2–4). Ihre Bedeutung geht über das Mahl hinaus. Jesus wäscht außerdem den Jüngern nur die Füße, nicht auch die Hände und das Haupt (ibid., 13,9). Damit steht er im Gegensatz zur Bestimmung der *Damaskusschrift,* wo angeordnet wird, es müsse soviel Wasser zur Reinigung verwendet werden, daß | ein Mann bedeckt ist (CD X, 10 f.), aber auch zum Täufer, der im Jordan beziehungsweise in Ain Salim tauft, wo viel Wasser ist (Joh 3,23). Es kommt also vor allem auf die innere Reinheit an. Befremdlich für einen Essener ist auch, daß Jesus, der im Begriff ist, vor Gott zu treten (ibid., 13,3), die Waschung nicht an sich selbst vollzieht, sondern an den andern, die bleiben. Aber Jesus, der »Heilige Gottes« (ibid.,

---

[22] »Der Unbußfertige schaut Finsternis anstelle der Wege des Lichtes« (1 QS III, 3 vgl. Joh 13,30). Zur Charakteristik des Verräters wird in 1 QH 5,23 f. und Joh 13,18 die Stelle Ps 41,10 verwendet. Auffallend ist auch die Abfolge der Motive in Joh 13,1–11 und 1 QS II, 11–III, 11: a) der Heuchler im Kreis der Reinen (Joh 13,1–2 und 1 QS II, 11–18; II, 25–III, 6; dabei der Satan im Herzen Joh 13,2; Götzen im Herzen 1 QS II, 11.18; b) die Reinigung durch Wasser Joh 13,4–11; 1 QS III, 4–11; c) der Verräter-Heuchler bleibt trotz der Waschung unrein Joh 13,10 f.; 1 QS III, 4 f.

6,69), ist schon rein und bedarf darum keiner Waschung mehr, sondern gibt seinen Jüngern Anteil an seiner Reinheit. Besteht beim Bad der Essener die Gemeinschaft der Heiligen, die durch keinen Unreinen verletzt werden darf (1 QS V, 13), so verschafft die Fußwaschung die Verbindung mit dem Reinen, der die Waschung vollzieht. Er dient ihnen dabei in einer Weise, wie sie selbst in der dienstfertigen[23] Gemeinschaft der Essener unerhört ist: der Reine berührt und wäscht den Unreinen[24], der Lehrer und Herr seine Schüler (Joh 13,14)[25]. Die Fußwaschung wird damit Hinweis auf das Kreuz, an dem Jesus seinen heiligen Dienst krönt, indem er sich als Opfer für die anderen darbringt.

Nach dem Hebräerbrief hat das am Kreuz vergossene Blut Jesu reinigende Kraft, die sich mit der des Bades vergleichen läßt (vgl. Hebr 2,17; Röm 3,25; 1 Joh 2,2; 4,10 mit 1 QS III, 4; Ant XVIII, 19). Es heiligt und reinigt wie das Wasser (Hebr 10,10); seine einzigartige Wirkung, die keiner Wiederholung bedarf, kommt der des endzeitlichen, von Gott selbst vollzogenen Reinigungsaktes gleich (1 QS IV, 20−22). In der Apokalypse heißt es fast paradox, die Auserwählten hätten ihre Kleider im Blut des Lammes gewaschen und rein gemacht (Apk 7,14f.). Allerdings weist der Hebräerbrief auch auf die Waschung mit Wasser hin, wenn es gilt, sich Gott zu nahen: zum reinen Herzen gehört der mit reinem Wasser gewaschene Leib (Hebr 10,22). Darin zeigt sich das priesterliche Denken, das den Hebräerbrief kennzeichnet.

8. Die Geisttaufe beim Pfingstfest

Die von Gott vollzogene Reinigung durch den heiligen Geist, die in der Sekte für die Endzeit erwartet wird, läßt sich mit dem Pfingsterlebnis der ersten Christen vergleichen, wie es von Lukas in Apg 2 berichtet ist. In Qumran wurde Pfingsten, wohl das wichtigste Fest der Essener, als Bundesfest begangen[26], wobei die Proselyten in die Sekte aufgenommen wurden und die übrigen Mitglieder ihren Eintritt in den Gottesbund erneuerten (1 QS I−III). Im orthodoxen Judentum wurde mindestens seit dem 2. nachchristlichen Jahrhundert am Wochenfest der Gesetzgebung ge|dacht[27], und die Schriftlesung für den ersten Tag des Wochenfestes ist seit alter Zeit Ex

---

[23] Vgl. Bell II, 134; auch § 123−125.

[24] Vgl. dazu die strenge Scheidung zwischen den einzelnen Ständen der Sekte nach Bell II, 150.

[25] Vgl. dazu die Fußwaschung der Aseneth an Joseph, die als Ausdruck des demütigen Dienstes und der engen Gemeinschaft zwischen den beiden geistlichen Ehegatten zu bewerten ist (Joseph und Aseneth 20,1−5).

[26] Es wird am 15. des 3. Monats, einem Sonntag, gefeiert; J. T. MILIK, Dix Ans de découvertes dans le désert de Juda, Paris 1957, S. 71f. Vgl. dazu Jub 6,17ff.; 15,1; 16,12f.; 44,1−5.

[27] P. BILLERBECK, II, S. 601.

19—20[28]. Die biblische Sinaiperikope wurde von Philo und den Rabbinen haggadisch ausgeschmückt, und von den letzteren die Gesetzgebung als eine Kundgebung Gottes an die ganze Welt geschildert[29]. Gottes Stimme hätte sich dabei in 70 Zungen (Sprachen) geteilt, so daß jedes der 70 Völker die Tora in seiner eigenen Sprache verstehen konnte; jedoch nur Israel nahm sie an.

Im lukanischen Pfingstbericht erscheinen deutlich Züge der zum Bundesfest gehörenden und erweiterten Sinaitradition; diese sind mit dem Zeugnis von der endzeitlichen Geistausgießung verbunden.

Auf Bundesfest und Sinaitradition weisen in Apg 2:

1. Die theophanieartigen Erscheinungen (Apg 2,2 f.; vgl. Ex 19,16—18; 20,18);

2. der Lobpreis der großen Taten Gottes, der auch in dieser Zeit noch zum Bundesfest gehört (Apg 2,11; vgl. 1 QS I, 18—20);

3. das Reden in verschiedenen Zungen (= Sprachen), das nach der oben erwähnten spätjüdischen Tradition der Kundmachung des Gesetzes beim Bundesschluß dient;

4. Taufe und Eintritt in die Gemeinde (Apg 2,37—42), die auch nach der *Gemeinderegel* zum Bundesfest gehören.

Beim ersten Pfingstfest der Jerusalemer Gemeinde erfolgte auch die Ausgießung des heiligen Geistes. Sie gehört zur endzeitlichen Wiederaufrichtung des Bundes, da man ohne den heiligen Geist den Willen Gottes nicht recht verstehen und gegen den Widerstand des Bösen befolgen kann. Wenn das Bundesfest der ersten Christen gleichsam das Ereignis am Sinai rekapituliert, so nimmt die dabei erfolgende Geistausgießung die in Qumran erwartete endzeitliche Reinigung vorweg: sie ist die Geisttaufe, die vom Himmel her durch den Stärkeren vollzogen wird. Bundestradition und Geistausgießung sind in Apg 2 eng miteinander verbunden: der Wind (πνεῦμα) der Theophanie wird zum Hauch des heiligen Geistes (πνεῦμα), der das ganze Haus erfüllt (Apg 2,2), das Feuer der Blitze (Ex 20,18) ist zerteilt in feurige Zungen (Apg 2,3), und das Reden Gottes in verschiedenen Zungen (λαλεῖν ἑτέραις γλώσσαις), wie es in der spätjüdischen Sinaitradition erscheint, wird zum Hinweis auf das Zungenreden (λαλεῖν γλώσσαις), das auch bei Lukas den Empfang des heiligen Geistes kundtut (Apg 10,46). In der das Pfingstgeschehen erläuternden Predigt des Petrus wird die Geistausgießung als Erfüllung der Weissagung Joel 3,1—5 dargestellt. Die Tatsache, daß bei Joel kosmische Erscheinungen und pneumatisches Reden geweissagt sind (Joel 3,1—3), erleichtert die Verbindung des Prophetenworts mit der erweiterten Sinaitradition (vgl. Joel 3,3 mit Ex 19,16—18). |

Apg 2 unterscheidet sich jedoch von der essenischen Erwartung in mehreren Punkten. Einmal tritt das priesterliche Moment dem prophetischen

---

[28] P. Fiebig, Jüdische Wundergeschichten des neutestamentlichen Zeitalters, Tübingen 1911, S. 55.

[29] Vgl. die Belege bei P. Fiebig, Rabbinische Wundergeschichten, in Letzmanns Kleinen Texten, Nr. 78, S. 19—21, und Jüdische Wundergeschichten, S. 51—57.

gegenüber zurück: Joel 3,1–5, nicht Hes 36, ist das alttestamentliche Vorbild der Geisttaufe; darum steht nicht die Reinigung vom Sündenschmutz der Vergangenheit, sondern die Ausrüstung mit einer neuen Kraft im Vordergrund. Gleicht in 1 QS IV, 20–22 das Fluidum des Gottesgeistes seiner Wirkung nach dem Wasser, so ist es in Apg 2 vor allem dem Wind und dem Feuer ähnlich; dabei weist allerdings das »Ausgießen« *(ἐκχεῖν)* des Geistes ebenfalls auf das Wasser. Besonders wichtig ist, daß nicht Gott selbst, sondern der zu Seiner Rechten thronende Christus den heiligen Geist ausgießt (Apg 2,33). Der eschatologische Charakter des christlichen Pfingsten ist durch das endzeitliche Ostergeschehen bedingt, das ihm voraufgeht; darum wird nicht das neue Gesetz, sondern der Lobpreis von den großen Taten Gottes in allen Sprachen der Völker verkündigt (Apg 2,11). Schließlich aber fehlt die sichtbare Verwandlung der Leiblichkeit der Geistgetauften und deren Einung mit der Engelgemeinde. In dieser Hinsicht bleibt das Pfingstgeschehen hinter den Erwartungen der Sekte zurück, denn die Geistleiblichkeit ist auch für den Christen noch Gegenstand der Hoffnung.

Der Christ lebt im Vergleich zum Mitglied der Sekte und zu den Johannesjüngern in einem eigentümlichen Zustand zwischen Erfüllung und Erwartung, zwischen *ἤδη* und *οὔπω*. Einerseits steht auch für ihn die völlige Aufrichtung der Gottesherrschaft und die Vernichtung des Bösen noch bevor, andererseits fällt der Abglanz der endzeitlichen Herrlichkeit viel stärker in die Gegenwart herein, als es für die in Qumran und durch Johannes erzogenen Frommen vorstellbar wäre. Der Grund dafür ist die Auferstehung Christi. Die Apostel taufen auf den Namen Jesu; der Getaufte erhält dadurch Anteil an der Kraft des Erhöhten, den von ihm ausgegossenen Geist (vgl. Apg 2,33). Im übrigen gleicht die Taufe der Urgemeinde der Proselytentaufe in Qumran: sie muß von der Buße begleitet sein und bestätigt die Vergebung der Sünden (Apg 2,38); auch fällt die Verleihung des Geistes nicht unmittelbar mit dem Taufakt zusammen, was besonders aus Apg 8,15–17 hervorgeht. Sie kommt durch Handauflegung zustande, durch die einst Mose dem Josua die Kraft mitteilte, die er selbst besaß und die zur Führung eines Amtes erforderlich ist (Num 27,18–23)[30].

9. Der Geist der Sohnschaft

Jesus selbst hat nach den Berichten der Evangelisten bei seiner Taufe den Geist Gottes empfangen. Die *Taufe Jesu* läßt sich darum dem Pfingstfest vergleichen: erhalten beim letzteren die Jünger die Kraft Gottes, mit der sie

---

[30] Zur Handauflegung bei der Weihe von Bischof, Priester und Diakon, vgl. die Abschnitte 31–33 in der Koptischen Fassung der Kirchenordnung HIPPOLYTS.

ihren Auftrag in der Welt erfüllen sollen, so wird Jesus vor seinem Wirken in der Welt im Anschluß an seine Taufe durch Johannes mit Gottesgeist begabt, der aus dem geöffneten Himmel in Gestalt einer Taube auf ihn herabfährt | und auf ihm ruhend verbleibt (Mk 1,10 und Parallelen). Dabei wird Jesus durch eine Himmelsstimme, das heißt Gottesstimme, als Gottessohn proklamiert. Diese Proklamation steht in enger Beziehung zum Geistempfang, denn sie unterstreicht das Vollmaß und den endzeitlichen Charakter der dabei erfolgten Geistverleihung. Denn die Engel als die vollkommenen Geistwesen (*πνεύματα,* רוחות) sind »Himmelssöhne« (1 QS IV, 22), das heißt Gottessöhne; sie tragen das Wesen Gottes, der selbst Geist ist (vgl. Joh 4,24) an sich, so wie ein Kind das Wesen seines Vaters besitzt. Der Gottessohn macht die Getauften zu Gotteskindern durch den heiligen Geist. So versteht man auch, daß Paulus vom »Geist der Sohnschaft« *(πνεῦμα υἱοθεσίας)* sprechen kann, der im Gläubigen *ἀββὰ ὁ πατήρ* ruft (Röm 8,15). Auch die schwierige Stelle Joh 7,38 ist von dorther zu erklären: wer an Christus glaubt, aus dessen Leib *(κοιλία)* werden Ströme lebendigen Wassers fließen. Jesus meint, wie im folgenden Vers richtig gedeutet wird, den Geist, den die Gläubigen empfangen und kraft dessen sie neue, geistliche Kinder zeugen. Wie sehr der heilige Geist die lebenschaffende Kraft Gottes darstellt, wird daran deutlich, daß nach Matthäus und Lukas Jesus durch den heiligen Geist gezeugt wird. Allerdings ist es ein der Qumransekte und dem palästinensischen Judentum fremder Gedanke, daß der heilige Geist den Mannessamen ersetzt und einen Menschen von Fleisch und Blut zeugt. Die Zeugung zum Gottessohn steht scheinbar auch in Spannung zu der bei der Taufe erfolgenden Erhebung in den Stand der Sohnschaft. Daß jedoch für das Empfinden der Evangelisten beide Aussagen vereinbar waren, geht daraus hervor, daß sie noch eine weitere Geschichte anreihen, in der Jesus durch eine Himmelsstimme zum Gottessohn proklamiert wird: die Verklärung (vgl. Mt 17,5 mit 3,17). Wie zur Taufe Jesu gehört zur Verklärung der heilige Geist, obwohl er nicht ausdrücklich erwähnt wird. Denn die Verwandlung der äußeren Erscheinung Jesu in die der Engel und der in den Himmel aufgenommenen Gestalten Mose und Elia ist der Kraft des göttlichen Geistes zuzuschreiben. Sie geschieht für den Gläubigen beim Eschaton (vergleiche 1 Kor 15,42−44). Die Berichte von der Taufe und von der Verklärung Jesu haben auch soteriologische Bedeutung: die Taufe Jesu ist Vorbild für die Taufe des Christen und die Verklärung für die endzeitliche Verwandlung aller Gläubigen in eine geistliche, engelgleiche Leiblichkeit. Die vollkommene Geisttaufe Jesu ist die Auferstehung; sie ist für das Schicksal des Christen besonders wichtig. Nach den ältesten Traditionen wird Jesus erst mit ihr zum Gesalbten (Apg 2,32) und zum Gottessohn (Röm 1,4). Denn bei der Auferstehung wird Jesus ganz in die Geistleiblichkeit der himmlischen Wesen hineinverwandelt; Johannes beschreibt die pneumatische Seinsweise des Auferstandenen dadurch, daß er diesen durch verschlossene Türen gehen läßt (Joh 20,19). Nur in dieser Gestalt kann Jesus in das Himmelreich aufgenommen werden, das

Fleisch und | Blut nicht erben können (1 Kor 15,50). Alle Gläubigen, auch die Lebenden, müssen daher beim Einbruch des Eschaton in die pneumatische und unvergängliche Leiblichkeit umgestaltet werden (1 Kor 15,34 ff.; 2 Kor 5,1 ff.).

10. Der erhöhte Herr als Spender des Geistes

Der erhöhte Christus ist nicht nur der vollkommene Träger, sondern auch der Geber der endzeitlichen Gotteskraft des heiligen Geistes. Darum wird man auf ihn, seinen Namen, beziehungsweise in ihn hinein getauft. Die christliche Taufe ist nicht so sehr an den Gottesbund und an die endzeitliche Bundesgemeinde, als vielmehr an den Herrn gebunden, mit dessen Auferstehung die Endzeit angebrochen ist. Der auferstandene Herr ist für Paulus »der Geist« (*πνεῦμα* 2 Kor 3,17), das heißt sein ganzes Wesen ist Geist, wie das Wesen Gottes Geist ist (Joh 4,24). Aber er ist auch »lebenschaffender Geist« (*πνεῦμα ζωοποιοῦν*), das heißt Spender des Geistes (1 Kor 15,45). Er steht damit an der Stelle, die in der Qumransekte Gott selbst einnimmt. Paulus verwendet zur Darstellung der heilschaffenden Wirkung Christi einen Vergleich, der in den Qumranschriften fehlt: Christus ist für ihn der zweite Adam. Wie der erste Adam das Todesverhängnis aller Menschen bestimmt, die von ihm stammen, so bedeutet der zweite Adam das Heil für alle, die an ihn glauben. Der erste Adam ist aus irdenem Stoff gebildet (*ἐκ γῆς χοϊκός* 1 Kor 15,47) und außerdem eine lebende Seele (*ψυχὴ ζῶσα*, ibid., 15,45); Paulus denkt dabei an den jahwistischen Schöpfungsbericht, nach dem Adam aus Erde geformt wird und von Gott den Lebensodem eingeblasen erhält (Gen 2,7). Der letzte Adam ist dagegen ein Mensch, der aus dem Himmel ist (*ἄνθρωπος ἐκ οὐρανοῦ*, 1 Kor 15,47), das heißt ein himmlisches Wesen (*ἄνθρωπος ἐπουράνιος*, ibid., 15,48), das einen unvergänglichen, herrlichen Geistleib trägt. Wie alle Menschen, die vom ersten Adam herkommen, den beseelten, jedoch vergänglichen Fleischesleib besitzen, so erhalten alle geistlichen Kinder des himmlischen Adam zunächst den Hauch des unvergänglichen Geistes und beim Einbruch des Endes auch den geistlichen Leib. Der eigenartige Zwischenzustand des Christen vor dem Eschaton zeigt sich auch in seiner Seinsweise: er lebt einerseits noch im Fleischesleib des ersten Adam, andererseits trägt er in diesem Leib schon den Geist als Gabe des zweiten Adam. Dieser Geist ist Unterpfand der Vollendung, mit der auch der Leib dem Geiste angeglichen wird. Mit ihm teilt sich Christus, dessen Wesen er darstellt, gleichsam selbst mit. Der Geist ist der Christus praesens; darum kann Paulus sagen, daß Christus in ihm lebe (Gal 2,20). Der Schlüssel für die paulinische »Christusmystik« ist demnach die Formel: »Der Herr ist der Geist« (2 Kor 3,17), ferner die Christus-Adam-Spekulation, die diese Formel voraussetzt.

11. Das Mitsterben und Mitauferstehen mit Christus in der Taufe

Von daher lassen sich auch die Ausführungen des Paulus im 6. Kapitel des Römerbriefes besser verstehen, in denen die Taufe als ein Mitsterben | und Mitauferstehen mit Christus bezeichnet wird. Dabei muß eine zweite Seite der Christus-Adam-Spekulation mit berücksichtigt werden. Nach 1 Kor 15 ist der erste Adam Träger und Mittler der fleischlichen, vergänglichen Leiblichkeit aller Menschen, der letzte Adam dagegen Träger und Spender der ewigen Seinsweise der Gläubigen. Dem Abschnitt über die Taufe in Röm 6 gehen nun aber die Verse Röm 5,12—21 voraus, die den ersten Adam als Urheber der Sünde und den letzten Menschen Christus als Typos der Gerechtigkeit zeigen. Tod und Leben sind dabei nicht mehr durch eine vergängliche oder unvergängliche Substanz bedingt, sondern durch das Urteil Gottes über die Werke des Sünders und des Gerechten. Die zweite Betrachtungsweise ist ethischer Art; sie ist sehr wichtig für das Verständnis von Röm 6.

Die Taufe verbindet den Gläubigen mit dem Tode Christi; er wird in ihn hineingetauft (6,3), mit Christus in den Tod hineinbegraben (6,4), miteingepflanzt in das Bild seines Todes (6,5). Was mit diesen Wendungen gemeint ist, wird in 6,2 gesagt: wer getauft wird, seinen Leib im Wasser versenkt, stirbt der Sünde und verbindet sich mit der Tat des Gehorsams, die der letzte Adam Christus mit dem Tod am Kreuz vollbracht hat. Das ist der ethische Aspekt, der wesenhaft zur essenischen Proselytentaufe gehört, die ohne Buße und Abkehr vom sündigen Leben unwirksam ist. Die Deutung der Taufe als Mitsterben und Mitauferstehen mit Christus wäre jedoch einem Mann der Qumransekte zunächst nicht ohne weiteres verständlich. Denn während Christus am Kreuz wirklich den Tod erleidet, ist das Mitsterben des Täuflings lediglich ein Bild für die Buße. Dort stirbt der fleischliche Leib, hier werden die Werke des Fleschesleibes getötet. Das gleiche gilt für die Auferstehung: Christus erhebt sich vom Grabe in einer neuen pneumatischen Leiblichkeit, der mitauferstehende Täufling dagegen zu einem neuen sittlichen Leben (6,6), das nicht mehr im Dienst der Sünde und des Todes, sondern im Dienste Gottes steht (6,10). In den Kategorien der Taufe meint das: an Christus werden Todestaufe und endzeitliche Geisttaufe vollzogen, der mit Christus verbundene Täufling dagegen empfängt lediglich die Bußtaufe, die der endzeitlichen Reinigung voraufgeht; er verbleibt im Fleschesleib. Dort geht eine substantielle, hier eine ethische Umwandlung vor sich. Wie können – das wäre die Frage der Sekte an den Apostel – so ungleiche Vorgänge miteinander verbunden werden, so daß man von einem Mitsterben und Mitauferstehen des Täuflings mit Christus sprechen kann?

Paulus würde darauf antworten, daß in der Taufe auf Christus ethische und substantielle Neuwerdung, Bußtaufe und Geisttaufe, miteinander verbunden sind und durch Christus gewirkt werden. Christi Tod am Kreuz ist für Paulus ethische Tat, die zur Rechtfertigung, zur Rettung im Endgericht führt. Ja, der Opfertod Christi verschafft sogar anderen die Gerechtigkeit (Röm 5,19). Jesu Gang zum Kreuz hat demnach dieselbe Wirkung wie die Auffahrt des Auferstandenen: er ermöglicht das Heil. Buße bedeutet darum für Paulus nicht die demütige Rückkehr zur heilbringenden Tora, sondern die gläubige Hinwendung zu dem, durch dessen Tod allen die Gerechtigkeit angeboten wird. Allein die Buße wird | nicht nur ethisch verstanden. Sie meint die Tötung der fleischlichen Werke, ist jedoch erst mit dem Tode und der Auflösung des Leibes vollkommen: wer tot ist, der ist der Sünde gestorben (Röm 6,10). Denn in dem lebendigen Fleischesleib herrscht die Sünde; ist die Substanz des Fleisches vernichtet, so kann der Geist des Menschen beim Endgericht gerettet werden (1 Kor 5,5). Die vollkommene Bußtaufe ist darum der Tod (vgl. Mk 10,38 f.; Lk 12,50), das heißt die Befreiung vom Fleischesleib, die dem vollkommenen geistlichen Dasein voraufgehen muß.

Ethische und substantielle Komponente sind auch beim Auferstehen mit Christus geeint. Der Getaufte steht zu einem neuen sittlichen Leben auf. Die Kraft dieses Gott geweihten Lebens ist Christus selbst (Röm 6,11) und damit der Geist, in dem Christus in den Gläubigen lebt. Selbst wenn es Paulus kaum ausdrücklich sagt, so wird doch auch nach ihm mit der Taufe auf Christus der Geist verliehen. Dieser Geist ist nicht nur als ethische Kraft, sondern auch als Substanz zu denken; allein in der Taufe wird nicht die Fülle, sondern nur das Angeld des Geistes gegeben (Röm 8,23). Der Geist baut jetzt noch nicht den Leib des Gläubigen, sondern wohnt inwendig und unsichtbar im alten fleischlichen Leib, der gleich einem irdenen Gefäß den Schatz des Geistes birgt (2 Kor 4,7). Der Geist gleicht einem inwendigen Organismus: Paulus spricht vom inneren Menschen, der sich von Tag zu Tag erneuert, während der äußere Fleischesleib verdirbt (ibid., 4,16). Ja, der Christ ist jetzt schon eine neue Schöpfung (ibid., 5,17), und in den Pastoralbriefen kann die Taufe als »Bad der Wiedergeburt« bezeichnet werden (Tit 3,5). Wenn in diesen Wendungen vorwiegend an das neue sittliche Sein des Christen gedacht wird, in dem sich der Geist in der Gegenwart manifestiert, so ist doch der Substanzcharakter des Geistes, der erst in der Endzeit ganz hervortritt, nicht völlig verdeckt. Denn der Geist kann dem Wasser (1 Kor 12,13), dem Licht der himmlischen Herrlichkeit (2 Kor 3,18) verglichen werden; es gibt nur einen Geist (1 Kor 12,11), und dieser bildet die Substanz der himmlischen Leiber (ibid. 15,44 ff.).

Die Taufe auf Christus ließe sich für einen Mann der Qumransekte nur als die Verbindung von Bußtaufe der Gegenwart und Geisttaufe der Endzeit verstehen; beide sind ganz auf Christus als den schon erschienenen und wiederkommenden Erlöser bezogen. Die Taufe steht mit der Verwandlung beziehungsweise Auferstehung im Eschaton in direkter Verbindung, denn der jetzt dem Gläubigen einwohnende Geist ist Unterpfand der Auferstehung.

Bei Paulus finden sich allerdings Gedanken, die den Denkraum der Sekte übersteigen. Dazu gehören die Christus-Adam-Spekulation, ferner die Vorstellung von dem im Himmel befindlichen pneumatischen Leib des Gläubigen, die man im Mithraskult antrifft[31]; schließlich mag auch das Mitsterben beziehungsweise Mitauferstehen mit dem Erlöser von den | Mysterienreligionen beeinflußt sein[32]. Allerdings findet sich auch im Judentum schon früh der Gedanke, der Bekehrte gleiche einem vom Grabe Auferstandenen beziehungsweise einem Neugeborenen[33].

12. Die Wiedergeburt aus dem Geist bei Johannes

Paulus spricht gut alttestamentlich von der Erschaffung beziehungsweise Neuschöpfung des Menschen und geht dabei von Gen 2,7 aus; Johannes verwendet statt dessen das Bild von der Wiedergeburt.

Zunächst wird allerdings auch bei ihm die Geistbegabung der Jünger in Analogie zu Gen 2,7, der Erschaffung des ersten Menschen, gesehen. Das johanneische Pfingsten ereignete sich am Osterabend. Jesus, dessen Leib sich am Ostermorgen noch in einem eigentümlichen Zwischenzustand befindet, so daß er von Maria nicht berührt werden darf – Jesus war noch nicht aufgefahren zum Vater, das heißt noch nicht in die himmlische Seinsweise versetzt (Joh 20,17) – ist am Abend ganz pneumatisch, denn er geht durch verschlossene Türen (Joh 20,19). Er ist auch bei Johannes lebenspendender Geist. Wenn Gott den Lebensodem in den ersten Adam hineinblies (Gen 2,7), so tut dies der Auferstandene mit dem heiligen Geist und wird damit zum Schöpfer neuer, endzeitlicher Menschen (Joh 20,22).

Die Neuwerdung wird sonst von Johannes nicht als Schöpfung, sondern als Wiedergeburt aus Wasser und Geist bezeichnet (Joh 3,5). Ohne sie kann niemand in das Gottesreich gelangen (ibid.), das damit wie bei Paulus dem Fleischesmenschen verschlossen bleibt. Die Geburt aus dem Geist steht im Gegensatz zur Geburt aus dem Fleisch (3,6). Der aus dem Geist Geborene ist Gotteskind; die Gotteskindschaft wird durch Jesus, den Gottessohn, vermittelt (Joh 1,12). Die himmlische Herkunft Jesu wird auf Erden nicht erkannt, weil die pneumatische Seinsweise des Logos durch den von ihm angenommenen Fleischesleib verdeckt ist; wie man vom Wind *(πνεῦμα)* lediglich das Sausen hört, aber nicht weiß, woher er kommt und wohin er geht (Joh 3,8), so wissen die Menschen nicht, wo Jesus herkommt und wohin er geht (Joh

---

[31] Vgl. R. REITZENSTEIN, Die hellenistischen Mysterienreligionen, 1927[3], S. 46.

[32] Vgl. R. REITZENSTEIN, opus citatum, 259–261, wonach Röm 6,1–14 hellenistischen Mysterienvorstellungen entspreche.

[33] mPes 8,8: Die Schule Hillels lehrt im Blick auf den übertretenden Proselyten: Wer sich von der Vorhaut trennt, ist wie einer, der sich vom Grabe trennt (כפרוש מן הקבר); קבר kann auch den Mutterschoß bezeichnen.

8,14); sie hören nur die Stimme des Offenbarers. Denn wie der erhöhte Herr bei Paulus ist der vom Himmel kommende Gottessohn beziehungsweise Menschensohn bei Johannes seinem Wesen nach Geist *(πνεῦμα);* das zeigt schon die mehrfach betonte Einheit zwischen dem Sohn und dem Vater, der Geist ist (Joh 4,24). Weil sich der Gottessohn durch das Wort und nicht etwa durch eine von außen sichtbare Herrlichkeit seines himmlischen Leibes offenbart, heißt er der Logos. Sein pneumatisches Sein ist unter dem Fleischesleib verborgen. Das Wasser, das neben dem Blut aus dem Leichnam des Gekreuzigten fließt, ist vielleicht ein Hinweis darauf, daß in diesem Leibe Gottes Geist wohnt, denn nach Joh 7,38f. wird der Geist als Wasser dargestellt. |

13. Zusammenfassung

Der hier gegebene Überblick zeigt, daß der wesentliche Unterschied zwischen dem essenischen Proselytenbad und der urchristlichen Taufe durch Christi Tod und Auferstehung bedingt ist. Gedankenwelt und Frömmigkeit der beiden jüdischen Sondergruppen, der Essener und der Christen, sind einander nah verwandt; neu und einzigartig ist der christliche Glaube, daß der gekreuzigte Jesus auferstanden und als Messias und Gottessohn der eschatologische Heilbringer sei. Mit Christus ist jetzt schon ein großer Teil der Erwartungen der Sekte in Erfüllung gegangen. Von daher erklärt es sich auch, daß die Taufe auf Christus eine eigentümliche Verbindung zwischen der Bußtaufe des Proselyten im gegenwärtigen Äon und der Geisttaufe der Endzeit darstellt, obwohl sie sich weder von der einen noch von der anderen ableiten oder verstehen läßt. Alles Gewicht fällt auf den Glauben an Christus. Während man in der Sekte die reinigende Kraft des Gottesgeistes im recht ausgelegten Gebot, in der wahren Lehre der Sekte, erfährt, begegnet man ihr nach dem Zeugnis der christlichen Gemeinde in der Person des erhöhten Christus; die christliche Taufe muß daher christologisch verstanden werden.

Es zeigt sich eine bemerkenswerte Übereinstimmung zwischen der paulinischen und der johanneischen Christologie, denn Christus ist bei beiden Geist von Art und Spender des Geistes. Die Deutung des Christus als des ins Fleisch gekommenen Gottessohnes ist offenbar alt, denn sie liegt auch dem vorpaulinischen Bekenntnis zugrunde, das in Phil 2,5–11 verwendet ist. Die Sekte konnte zu dieser Christologie von ihrer Geisterlehre her Zugang gewinnen, denn der »Geist der Wahrheit« ist eine himmlische Gestalt und Kraft, die zu den Menschen kommen und in deren Herzen wohnen kann (1 QS IV, 23).

Postscriptum

a) Die von mir aufgestellte These, in Qumran habe es eine Proselytentaufe gegeben, die als Vorstufe für die Bußtaufe des Johannes gelten könne, wurde vielfach abgelehnt, besonders von J. Gnilka, H. Braun u. a. Die dabei gemachten Einwände erscheinen auch in der jüngsten Abhandlung über »Die Taufe in frühchristlicher Zeit«, die von G. Barth stammt[1]. Dieser meint, die christliche Taufe »weise nach Inhalt und Form eine große Nähe zur Johannestaufe auf« (S. 23); für die letztere sei jedoch ein religionsgeschichtlicher Hintergrund nur schwer bzw. überhaupt nicht zu finden. Denn weder die alttestamentlichen Lustrationen noch die Proselytentaufe, welche die zum Judentum übertretenden Heiden vollziehen mußten, kämen dafür in Frage (S. 29–31). Ebenso lehnt Barth die »Waschungen« der Essener als eventuelle Vorstufe der Johannestaufe ab (S. 31 f.). Denn alle diese Riten hätten rein kultische Bedeutung gehabt und der Reinigung des »Fleisches« gedient. Auch wurden sie als Selbsttaufe vollzogen, während bei der Johannestaufe die Person des Taufenden im Vordergrund steht (»der Täufer«; S. 34–36). Vor allem werde bei der letzteren auch die Buße, d. h. die Reinigung des inneren Menschen, besonders betont. Hinzu komme die Einmaligkeit dieser Bußtaufe. Sie treffe zwar auch für die jüdisch-rabbinische Proselytentaufe zu, doch sei deren Alter fragwürdig und die Intention ganz verschieden. Bei den Tauchbädern der Essener hält Barth die Wiederholung für charakteristisch und schreibt den ganzen Ritus einer radikalen Auslegung »der alttestamentlich-levitischen Reinheitsforderung« zu (S. 32).

Zur gleichen Zeit wie G. Barths Buch erschienen zwei Studien von B. E. Thiering[2] zur Reinigung und zu den Initiationsriten in Qumran, in denen die von mir besonders behandelten Stellen 1 QS 3, 6–9; 4, 18–22; 6, 14 ff. und die dazugehörenden Josephus-Stellen gründlich analysiert, erhellt und in ihrer Bedeutung für Verständnis und Vollzug der Taufe im Neuen Testament gewürdigt sind. Hinzuziehen möchte ich außerdem den scharfsinnigen Kommentar von J. Licht »Megillath Ha-Serakhim«[3]. Von B. Thiering wird das genaue Gegenteil vom Urteil Barths behauptet: Nach ihr gab es sogar zwei Initiationsriten in Qumran, von denen der erste als Wassertaufe vollzogen wurde. Der »Willige«, der sich um die Aufnahme in die Gemeinde der Essener bewarb, hatte eine fast drei Jahre dauernde Bewährungszeit bis zur Aufnahme in die volle Mitgliedschaft erfolgreich abzuschließen. 1.) Er wurde nach der ersten, etwa ein Jahr dauernden Periode eines disziplinierten

---

[1] Neukirchen 1981.

[2] I: Inner and Outer Cleansing at Qumran as a Background to New Testament Baptism, in: NTS 26 (1980), S. 266–277; II: Qumran Initiation and New Testament Baptism, in: NTS 27 (1981), S. 615–631.

[3] Jerusalem 1968.

Lebens außerhalb der Gemeinschaft von der Vollversammlung geprüft, für die probeweise Aufnahme in die Gemeinde vorgeschlagen und dann feierlich initiiert. Dieser Ritus bestand aus einer Wassertaufe, die im Rahmen des Bundesfestes an Pfingsten von Leviten vollzogen wurde (II, 620) und zu einer beschränkten Teilnahme am Leben der Gemeinschaft berechtigte. 2.) Ausschlaggebend war aber in Qumran gerade nicht die äußere kultische Reinigung des befleckten »Fleisches«, sondern die Entsühnung (kippär) des inneren Menschen durch den in der Gemeinde waltenden und in den Satzungen festgehaltenen »Geist der Heiligkeit« (vgl. 1 QS 3,8)[4]. Thiering meint, diese Tatsache sei in einem zweiten Initiationsritus zum Ausdruck gebracht worden, der als ›Geistverleihung‹ bezeichnet werden könnte (II, 620.624). Dieser Ritus wurde nach Abschluß einer in der Gemeinschaft bewährten zweijährigen Probezeit von Priestern vollzogen. Er bedeutete die Aufnahme in die volle Mitgliedschaft und berechtigte zur Teilnahme am Mahl, auch am »Trank der Vielen« und an den »Satzungen der Vielen«; das bis dahin noch auf einem Sonderkonto geführte Vermögen des Bewerbers wurde nun dem gemeinsamen Besitz des Ordens hinzugefügt. 3.) Das Wasserbad zur leiblichen Reinigung und die Geistverleihung, die den inneren Menschen läutert, fallen in der *endzeitlichen* Taufe zusammen: In ihr wird vom Himmel her der Geist wie Wasser ausgegossen und der ganze Mensch, samt Geist und Leib, geheiligt (1 QS 4,18–22); dabei stehen die Verheißungen Jes 44,3 und Ez 36,25–27 im Hintergrund. 4.) Die von Flavius Josephus im Bellum gebotene Darstellung des Weges des Proselyten der Qumrangemeinde paßt auch nach B. E. Thiering vorzüglich zu der in 1 QS 6,14 ff. gegebenen Weisung[5]. 5.) Von diesen beiden Initiationsriten und der in Qumran herrschenden Anschauung fällt nach Thiering neues Licht nicht etwa nur auf die Johannestaufe, sondern vor allem auch auf die »Taufe in frühchristlicher Zeit«, wie sie etwa in der Apostelgeschichte dargestellt wird; auch dort folgt der Wassertaufe die wichtigere Verleihung des Hl. Geistes. Ferner werden Stellen wie Hebr 10,22; Joh 3,5 f. erhellt.

b) Diese sorgfältige Darstellung von Theorie und Praxis der Reinigung in Qumran, die wir B. E. Thiering verdanken, bestätigt die Annahme einer Proselytentaufe der Essener im großen und ganzen; sie kann meine Arbeit auch in manchen Einzelheiten präzisieren und verbessern. Problematisch ist mir allerdings die von Thiering vorgenommene zeitliche Trennung der beiden Initiationsriten Tauchbad und Geistverleihung; ja, ich frage mich, ob es in Qumran eine Geistverleihung als eigenständigen Ritus gegeben hat. 1.) Das Tauchbad und die Sühnung der Sünden durch den disziplinierenden

---

[4] Grundsätzlich gilt: »Man wird nicht gereinigt, es sei denn man wende sich vom Bösen« (1 QS 5,8 f.); nach J. Licht (a.a.O., S. 76) ist dies das Hauptprinzip in der Lehre der Gemeinde.

[5] Dort fehlt freilich eine Zeitangabe für die Periode, die der Bewerber außerhalb der Gemeinde unter dem Aufseher ableistet. Vgl. J. Licht, Megilloth Ha-Serakhim, Jerusalem 1975, S. 146.

Geist sind ja in 1 QS 3,5–9 sachlich und zeitlich eng miteinander verbunden. Die kultische Reinigung durch Wasser sollte nur dann vollzogen werden, wenn das Herz des Bewerbers durch Buße und gehorsame Beugung unter die Gebote geläutert ist (1 QS 3,3f.). Von der »Reinheit der Vielen«, d. h. den Mahlen und Tauchbädern der Vollmitglieder und »heiligen Männer«, sollen alle ferngehalten werden, die »sich nicht vom Bösen abgewendet haben« (1 QS 5,13f.; vgl. 8,17 und Apg 10,17; m Chag 2,6; Jos Bell 2,129). Ohne Buße ist keine Entsühnung möglich und die äußere Reinigung nutzlos. 2.) Geistliche Askese und Tauchbad gehören somit untrennbar zusammen; das beweist auch die Geisttaufe der Endzeit, bei der ja Wasser und Geist als Einheit wirksam werden und der heilige Geist wie Wasser ausgegossen wird (1 QS 4,20–22; vgl. Apg 2,33). Erst dieses endzeitliche Ereignis könnte man als einen »Ritus der Geistverleihung« bezeichnen, der die Glieder der vollkommenen Gemeinde Gottes initiiert. Aber wie sollte ein die Endzeit vorwegnehmender Ritus der Geistverleihung in der Gegenwart aussehen, und wer wäre dazu ermächtigt, ihn zu vollziehen? Dem Geist begegnet man ja in der Weisung und dem zuchtvollen Leben der Gemeinde; er ist ein »heiliger Geist für den Jachad durch Seine Wahrheit« (1 QS 3,7f.). Dabei ist mit der »Wahrheit Gottes« die »wahr« ausgelegte Tora, die Lehre der Gemeinde, gemeint. Mit dieser Lehre und dem sie tragenden heiligen Geist wird der Bewerber von Anfang an konfrontiert. Er begegnet ihnen mit dem Geist der demütigen Beugung unter die Gebote (1 QS 3,8), wird in ›Theorie und Praxis‹ des Toragehorsams geprüft (1 QS 6,14) und dann über die »Rechtssätze der Einung« belehrt (6,15). Thiering meint, der Geist der Heiligkeit sei beim Eintrittsritus für volle Mitgliedschaft »als letztgültige Vergebung der Sünden« verliehen worden; diese Verleihung sei »der zeremonielle Aspekt des Wirkens der Geister verschiedener Tugenden, die im Herzen des Mitgliedes tätig sind«[6]. Aber solch ein Ritus ist in den Qumrantexten nicht auszumachen. Sündenvergebung und Geistverleihung sind die Sache Gottes, der den neuen Bund schließt (Jer 31,31–34; Ez 36,25–27); beide Akte erhalten bei der Geisttaufe der Endzeit sichtbare, zeremonielle, Gestalt (vgl. auch Apg 2,1–11). Diese endzeitliche Taufe ist bei den Christen bis zu einem gewissen Grade vorweggenommen; aber in Qumran lebte man »vorchristlich«. 3.) Abgesehen davon ist die Warnung vor einem Mißverständnis der Wassertaufe (1 QS 3,2–12) da besonders angebracht, wo der Initiationsritus auch in das geistliche Leben unter der Tora hineinführt, und wo das Tauchbad das sichtbare äußere Zeichen für die vollzogene Buße und die Bereitschaft zum gemeinsamen Leben im Gehorsam gegenüber der »Wahrheit« ist. Darauf weist auch die Tatsache, daß die »Proselytentaufe« an Pfingsten (Schabuᶜoth) erfolgte, das man als Fest des Bundeseintritts beging. Aus diesem Grunde scheint doch das erste Tauchbad bereits den Hinweis auf

---

[6] II,623; dazu Anm. 37 (II,631).

das geistliche Leben in der Gemeinde zu enthalten, aber eine Geistverleihung war wie bei den Johannesjüngern in Ephesus unbekannt (Apg 19,1−6).

Die mannigfachen Beziehungen zwischen der »Proselytentaufe« in Qumran und der urchristlichen Taufpraxis in der Jerusalemer Kirche (Apostelgeschichte) lassen sich auch mit der neuerdings angenommenen Nähe von Essenerviertel im SW Jerusalems und dem dort befindlichen Wohnbereich der ersten Christen begründen. Das trifft auch für die in beiden Gemeinden praktizierte Gütergemeinschaft zu[7], ferner für die Art der Gemeindeversammlung[8]. Die Bedeutung, welche die rituelle Reinheit für die in Jerusalem lebenden Essener besaß, wird von der Tempelrolle bezeugt (11 Q Miqd 46,13−16); außerdem wurden zahlreiche Ritualbäder (מקואות) im Bereich der Süd- und Südwestmauer Jerusalems entdeckt[9]. Man darf deshalb die Rolle der Lustrationen bei den Essenern nicht unterschätzen.

In den bislang meist unveröffentlichten, neuerdings in einer Konkordanz[10] gut mit erfaßten, Fragmenten aus 4 Q erscheinen häufig Begriffe, welche zum Gebiet der rituellen Reinigung gehören. Das Verbum רחץ, das vor allem das Reinigen des Leibes meint[11], wird in einem Atemzug mit כבס genannt, das meist dem Waschen der Kleider (בגדים) gilt (S. 898f. 1764). Besonders oft ist טהר gebraucht (S. 752−754), das – wie כפר – der Reinigung des Fleisches und auch der des Herzens gilt, vielleicht auch das Rein-Sein (Qal) als Ergebnis der Reinigungen (Piel) bezeichnen kann (S. 752f.)[12]. Neu ist die Wendung טוֹהר טוֹהרים (S. 754), die analog zu קוֹדש קוֹדשים gebildet sein mag. Seltener sind die Verben טבל = ›waschen, baden‹, das auch das rituelle Eintauchen eines Geräts meinen kann (S. 751), נזה (Hiph) = ›besprengen‹ und זכה = ›rein sein‹, das der ethischen Tadellosigkeit gilt und parallel zu צדק steht; es wird entschieden: ». . . er wird nicht rein sein durch Sühneriten«[13]. Solche rituellen Waschungen sind durch Gebote Gottes angeordnet[14]. Formelhaft ist die Wendung: »Und er wird nicht rein durch Wasser«, mit der wohl wie in 1 QS 3 die Nutzlosigkeit der rituellen Reinigung ohne eine ihr voraufgehende Beugung unter die Gebote der Gemeinde festgestellt wird. Auf ein besonderes Datum, das die Annahme eines Initiationsritus wie der Proselytentaufe rechtfertigen könnte, weist die Wendung: »Er soll sich abspülen und waschen am Tag seiner Reinheit.«[15] Dieser Tag könnte auch der Zeitpunkt sein, an dem ein Bestrafter zum gemeinsamen

---

[7] BRIAN CAPPER, The Interpretation of Acts 5,4, in: ISNT 19 (1983), 117−131; vgl. dazu R. RIESNER, Essener und Urkirche in Jerusalem, in: Bibel und Kirche 40 (1985), S. 64−76.

[8] R. RIESNER, a.a.O., S. 75.

[9] R. RIESNER, a.a.O., S. 73.

[10] Concordance, ed. H.-P. Richter, Göttingen 1988.

[11] Vgl. S. 1763f.: ורחץ את בשרו = »und er wäscht sein Fleisch«.

[12] ירחצו וכבסו במים וטהרו S. 898f.; vgl. S. 1763f.

[13] לא יזכה בכפורים S. 680.

[14] לכול חקי אל יטהר בשרו S. 753.

[15] ירחץ וכבס ביום טהרתו S. 899.

Mahl zugelassen wird; vgl. die Strafbestimmung: »Sieben Tage soll er nicht von seiner Reinheit essen« (S. 757)[16]. Den Tag der Zulassung meint wohl auch die für mehrere Bewerber geltende Formel: »Am Tag ihrer Reinheit sollen sie sich waschen und reinigen durch Wasser« (S. 1763).

Der »Tag der Reinheit« könnte vor allem das Pfingstfest gewesen sein, an dem die Vollmitglieder der Qumrangemeinde den Bundeseintritt erneuerten (עבר) und die Proselyten aufgenommen wurden, »eintraten« (בוא). Schon im Jubiläenbuch werden die Bundesschlüsse, angefangen vom Noahbund, auf dieses Fest gelegt, und im offiziellen Judentum las man an diesem Fest die Sinaiperikope Ex 19–20. Da für die Qumrangemeinde der Aufenthalt Israels am Sinai von vorbildlicher Bedeutung war, wurden wohl auch die Reinigungsriten beim Fest der Bundeserneuerung nach Ex 19,9f. vollzogen; dabei könnte auch das Ex 19,5f. verheißene allgemeine Priestertum als Ideal mitgewirkt haben. Mehr noch als die Pharisäer wollten die Mitglieder der Qumrangemeinde in priesterlicher Reinheit leben. Die von ihnen verwendeten Verben für die rituelle Reinigung begegnen auch bei der Investitur Levis zum Priester, die er nach T Levi 8,4ff. in einer Vision erlebte: Er wurde u. a. mit reinem Wasser gewaschen, mit einem Leinengewand und einem Gürtel bekleidet, ferner mit Brot und Wein genährt – das sind Akte, wie sie auch für die Aufnahme in die Qumrangemeinde belegt sind (Josephus Bell 2,137) bzw. zur »Reinheit«, dem heiligen Mahl, gehören. Die weiteren in T Levi 8,4ff. berichteten Zeremonien betreffen die spezifische Würde eines amtierenden Priesters und sind deshalb bei einer Proselytentaufe nicht zu erwarten.

Einen Hinweis auf einen Initiationsritus bietet wohl auch der leider recht fragmentarische Text 4 Q 370, den C. A. Newson in dem Memorial für Jean Carmignac (Revue de Qumran 1988) veröffentlicht hat (S. 24). Er enthält eine Mahnrede, in der an die Gottlosigkeit und das Ende der Sintflutgeneration erinnert wird (Kol I), aber auch Verheißungen für diejenigen, die sich von ihrer Sünde abwenden und Gott suchen (Kol II,1). Gott wird sie rechtfertigen (יצדיק) und sie von ihrer Sünde reinigen (ויטהרם מעונם Z. 2f.) und sich ihrer für immer erbarmen (Z. 6). Dabei wird auch das Gedenken an die mächtigen Taten Gottes und seine Wundertaten erwähnt (Z. 7), das nach der Gemeinderegel am Fest des Eintritts in den Bund in feierlicher Form geschieht (1 QS 1,20–22).

---

[16] Vgl. auch S. 756: »Er soll nicht hereinkommen, um die heilige Reinheit zu schmecken.«

25. Zungenreden und süßer Wein

Zur eschatologischen Exegese von Jesaja 28 in Qumran und im Neuen Testament

Die Beziehungen zwischen den Schriften von Qumran und denen des Neuen Testaments treten besonders dann deutlich hervor, wenn man die *Exegese* ihrer Autoren untersucht und vergleicht. Mehr noch als die ersten Christen verstanden sich die Männer vom Toten Meer als Lehrer und Täter des Worts; ihr Denken und Wollen wurde von der eschatologischen Deutung der Schrift maßgeblich bestimmt. Das Alte Testament und die Rollen vom Toten Meer stellen eine Einheit dar, die kein Forscher ungestraft übersehen kann, und die Tatsache, daß auch das Neue Testament weitgehend christologische Deutung des Alten ist, wird gerade auf dem Hintergrund der Qumranexegese klar.

a) Jesaja 28 in den Schriften vom Toten Meer

Zu den alttestamentlichen Texten, die das Selbstverständnis der Qumrangemeinde nachhaltig beeinflußt haben, gehört *Jes.28*; die von dort entlehnten Traditionen wurden auch von den ersten Christen benutzt. Dieses Kapitel stellt eine Sammlung größtenteils *echter Sprüche des Propheten* dar. Es beginnt mit einem Schelt- und Drohwort gegen Samaria: Wie ein Hagelwetter bricht ein „Starker des Herrn" — die Assyrer sind gemeint — über die blühende Stadt mit ihren arglosen Zechern herein (V.1-4). Ebenso wird es der Oberschicht in Jerusalem ergehen (V.7-22). Die geistlichen Führer, Priester und Propheten, sind entartet, ekle Weinsäufer und Fresser. Die Prophetie Jesajas fällt ihrem Spott anheim. Denn das in Ekstase geäußerte Gotteswort erscheint diesen rationalistischen Routiniers des Kultus wie das Lallen buchstabierender Kinder: *tzawlatzaw, qawlaqaw* (V.9f.). Jesaja nimmt diesen Spottvers auf und fügt ihn in einen Drohspruch ein: Die Spötter werden es am eigenen Leib verspüren, daß Gott sich auch durch ein *tzawlatzaw* offenbaren kann. Denn „durch Männer mit stammelnder Lippe (בְּלַעֲגֵי שָׂפָה) und fremder Zunge (וּבְלָשׁוֹן אַחֶרֶת) wird Er zu diesem Volk reden" (V.11). Wieder werden die Assyrer Organ des göttlichen Strafgerichts sein; ihre fremde Zunge = Sprache kommt den Juden als *tzawlatzaw*, als Gestammel, vor (V.13).

Auch die weltlichen Führer Jerusalems, ebenfalls freche Spötter, werden dann eines Besseren belehrt (V.14-22). Sie glauben nicht an den Grundstein, der auf dem Zion gelegt worden ist (V.16); sie trauen nicht dem Gott, der im Tempel wohnt und damit

Ruhe und Frieden verbürgt (vgl. V. 12). Eigenmächtig haben sie nach Ägypten um Rat und Beistand gesandt (vgl. 30,1-5) und damit die Existenz ihres Volkes aufs Spiel gesetzt. Jesaja schildert die glaubenslose Bündnispolitik mit einem metaphysischen Bild: Mit Tod und Unterwelt haben die Führer Jerusalems paktiert und bei Lug und Trug Zuflucht gesucht (V. 15). Aber im Sturm des wie Wasserfluten einbrechenden Strafgerichts wird solch ein Vertrag als null und nichtig entlarvt (V. 17f.).

Der Spott der Führer bringt die Verblendung des Volkes ans Licht. Jesajas Botschaft wird deshalb verkannt und verlacht, weil sich Jerusalem von Gott entfernt hat, Ihm gänzlich entfremdet ist. Seine Regenten sind bei der Gegenmacht des Totenreichs angelangt; Priester und Propheten, die von Berufs wegen Mittler des göttlichen Wortes sein sollten, halten dieses, wo es wirklich verkündigt wird, für Kindergelall. Dadurch ist Gott selbst in die Rolle des Fremden, des *deus alienus*, gedrängt. Wo Er als *deus revelatus* nicht mehr erkannt wird, muß Er als *deus absconditus* handeln und durch fremde Eroberer das fremde Werk des Strafgerichts an dem Ihm entfremdeten Volk vollziehen.

In *Qumran* hat man diese Jesajaworte auf die eigene eschatologische Situation bezogen. Das *Orakel vom Grundstein* dient als Hinweis auf die Endzeitgemeinde, die Gott mit den lebendigen Steinen der Erwählten auf dem Felsfundament der Wahrheit aufbaut[1]). Wer hinter den hohen Mauern dieser Festung Zuflucht sucht, ist auch vor den Wassern der Chaosmacht und den „Hadestoren", dem gierigen Rachen des Totenreiches, sicher. Auch im endzeitlichen Krieg der Gottlosigkeit erweist sich die heilige Festung als unbesieglich und fest (1QH 6,28-36). Schon die Tatsache, daß der Bau auf dem Felsen der Todesmacht gegenübersteht und deren Drohen den sturmgepeitschten Wassern verglichen wird, macht den Einfluß von Jes. 28,15-17 gewiß; darüber hinaus ist die Hymne 1QH 6 vom Kontext dieses Kapitels bestimmt[2]). Das Beieinander von unüberwindlicher Felsengemeinde und drohender Todesmacht beweist, daß auch das berühmte Wort *Matth. 16,18* von Jes. 28 und der Qumranexegese abhängig ist. Denn wie in Qumran ist der Grundstein als Felsfundament gedeutet und wie dort stellt der Bau auf dem Felsen die Endzeitgemeinde dar. Ferner wird auch in Matth. 16,18 der Begriff „Hadestore" verwendet, der in Jes. 28 nicht erscheint, sondern Interpretament des Sektenlehrers ist. Die exegetische Verbindung zwischen Neuem Testament und Qumran wird endlich durch das *Schlußgleichnis der Bergpredigt* nahegelegt (Matth. 7,24-27 par.). Jesus schildert darin ein Haus auf dem Felsgrund, das dem Anprall der Winde und der vom Platzregen geschwollenen Gießbäche standhalten muß. Besonders die Lukasfassung, in der das Freilegen des Felsfunda-

---

[1]) Vgl. 1QH 6,24-27; 1QS 8,7f. mit Jes. 28,16f.
[2]) Zur Darstellung des Krieges gegen die Gottlosen vgl. den Sturm gegen den Gottesherd in Jes. 29,1-8.

mentes ausführlich beschrieben wird, erinnert deutlich an das Erbauen der Felsengemeinde in Qumran³).

Nicht nur das Heilsorakel vom Grundstein in Zion, sondern auch die im Kontext enthaltenen *Schelt- und Drohworte* gegen Priester, Propheten und politische Führer Jerusalems wurden in Qumran neu vernommen und als Waffen im eigenen geistigen Ringen benutzt. Ihre Aktualität ergab sich aus der gleichen Situation. Denn wie das von Jesaja verkündigte Jahwewort wurde die von Gott eingegebene Botschaft des Lehrers der Gerechtigkeit von den maßgeblichen Führern Jerusalems abgelehnt (vgl. 1QpHab 2,1 f.). Zu diesen zählen wieder die Lehrer und geistigen Leiter des Volkes. Auf sie sind die Verse Jes. 28,11 f. gemünzt: ,,Sie reden mit spottender Lippe und anderer Zunge (בְּלַשׁוֹן אַחֶרֶת) zu Deinem Volk, um durch Trug all ihre Taten zur Torheit zu machen, denn sie hören nicht auf Deine Stimme und merken nicht auf Dein Wort" (1 QH 4,17). Das Zitat ist hier verkürzt⁴) wiedergegeben und vor allem umgedeutet. Jesaja hat es als Drohwort des verworfenen Gottes verkündigt, der zu den verblendeten Führern ,,auf assyrisch" reden wird; in Qumran beschreibt es das frivole Treiben dieser Führer selbst. Dabei ist der Stamm לעג als ,,Spott" und nicht etwa als ,,Stammeln" verstanden⁵), und das ,,Reden mit anderer Zunge" gilt der falschen, das Volk verwirrenden Deutung der Schrift. Das verrät ein zweiter auf Jes. 28,11 anspielender Vorwurf in den Hodajoth: Die ,,Forscher nach glatten Dingen" — ein von Jes. 30,10 abgeleitetes Schimpfwort für kompromißfreudige Exegeten — lehren ,,mit unbeschnittener Lippe und anderer Zunge" (1QH 2,18 f.), d. h. die ,,Heilige" Schrift wird durch ,,profane", unangemessene Deutung verfälscht und entweiht.

Warum wird das ,,Reden mit anderer Zunge" als gottlose, falsche Lehre interpretiert? Meines Erachtens haben die Exegeten von Qumran das *tzawlatzaw qawlaqaw* als lästernde, aber *sinnvolle Worte* verstanden und sie mit den Stämmen צָוָה ,,gebieten" und קָוָה ,,hoffen" verknüpft. In 1QH 4,18 werden die ,,mit spottender Lippe und anderer Zunge" lehrenden Lügenpropheten so beschuldigt: ,,Sie sagen zur erkenntnisbringenden Schau: ,Sie gilt nicht' und zum Weg nach Deinem Herzen: ,Das ist er nicht' "⁶). Mit dem Weg nach Gottes Herzen ist sicher der Wandel nach der von Gott gebotenen (צִוָּה) Tora gemeint; neben ihm mag sich die erkenntnisbringende Schau auf die Zukunftshoffnung (תִּקְוָה) der Sekte beziehen⁷). Im Blick auf Jes. 28,9

---

³) Vgl. Lk. 6,48: ἔθηκεν θεμέλιον ἐπὶ τὴν πέτραν mit 1QS 6, 25: יָשִׂים סוֹד עַל סָלַע
⁴) V. 12a ist weggelassen, statt dessen wird das Nichthörenwollen in V. 12b durch eine neu gebildete Parallelaussage entsprechend verstärkt.
⁵) Im Spätjudentum war nur noch die Bedeutung ,,Spotten" bekannt.
⁶) Ähnlich heißt es in CD 5,11 f. von den Gegnern der Sekte, sie hätten mit lästernder Zunge ihren Mund gegen die Gebote Gottes geöffnet und behauptet, sie gälten nicht.
⁷) Das Wort קַו könnte auch als ,,Norm" gedeutet worden und auf die Halacha bezogen worden sein; vgl. Jes. 28,17 und 1QH 6,26.

und 30,10 [8]) könnte das *tzawlatzaw qawlaqaw* als Inbegriff der Kritik und konträren Lehre der Gegner gegolten haben: Das (von euch gelehrte) Gebot hat Er nicht geboten (לֹא צִוָּה), mit der (von euch verkündigten) Hoffnung ist es nichts! (לֹא תִקְוָה). Noch eine andere Stelle beweist, wie man an den Lallworten Jes. 28,10.13 herumgerätselt hat. In CD 4,19 wird als Führer der falschen Lehrer, der „Mauerbauer" (nach Hes. 13,10), ein *Tzaw* genannt und als מַטִּיף = „Träufler", falscher Prophet und Schwätzer, gedeutet [9]). Diese „Entschlüsselung" war deshalb möglich, weil man das in Hos. 5,11 vorgefundene dunkle Wort *Tzaw* mit den *tzawlatzaw* von Jes. 28,10.13 verbunden hat. Das beweist die Stelle CD 1,14. Dort erscheint ein „Mann des Spotts", der „auf Israel Lügenwasser träufelt" (הִטִּיף); dieser „Spötter" ist sicher identisch mit dem „Träufler" (*Tzaw*) von CD 4,19. Der Ausdruck „Mann des Spotts" stammt aus Jes. 28,14, und die Gleichung *Tzaw* = „Träufler" konnte deshalb vollzogen werden, weil für die Lehre des *Tzaw* das spottende *tzawlatzaw* von Jes. 28,10.13 kennzeichnend ist. Ist es „Lügenwasser", das der Spötter auf Israel träufelt, so muß sich das *tzawlatzaw* auf falsche, lästernde Deutung des Gotteswortes beziehen. Somit wird im Zug dieser Exegese das Moment des Ekstatisch-Prophetischen, das im „Träufeln" und im lallenden *tzawlatzaw* enthalten ist, auf die Ebene des Falschen, Lästernden umgesetzt [10]), und das „Reden mit anderer Zunge" bildet das Gegenstück zur Botschaft des Lehrers der Gerechtigkeit. Aber das Moment des Inspiriert-Seins fehlt doch nicht ganz: Die Verkündigung des Lehrers der Gerechtigkeit stammt vom Mund Gottes (vgl. 1 QpHab 2,2f.); das „Reden mit anderer Zunge" mag vom „Anderen", dem Teufel, eingegeben sein [11]), der in Qumran die „anderen Götter" des Alten Testaments vertritt.

b) Jesaja 28,10-13 in 1. Kor. 14 und im Vierten Evangelium

Jes. 28,11 wird in 1. Kor. 14,21 zitiert. Wie wir sehen werden, hat dieses Wort die Rechtfertigung der urchristlichen Glossolalie erlaubt; es dient uns gleichsam als Ariadnefaden, der zu einer vorpaulinischen Tradition vom „Zungenreden" und zum

---

[8]) Jes. 28,9 „Wem will er Erkenntnis lehren, wem Offenbarung deuten?" Jes. 30,10 „Die zu den Schauern sagen: ‚Ihr sollt nicht schauen' und zu den Sehern: ‚Erschaut uns nicht die Wahrheit!'"

[9]) Dabei beruft man sich auf Micha 2,6, das als Weissagung auf eine falsche Prophetie der Zukunft gedeutet und entsprechend geändert wird.

[10]) Vgl. auch 1 QS 4,11; CD 5,11f., wo von der „lästernden Zunge" die Rede ist. Das לְשׁוֹן גִּדּוּפִים scheint geradezu Interpretament zu לָשׁוֹן אַחֶרֶת in Jes. 28,11 zu sein (vgl. CD 5,11f. mit 1 QH 4,18).

[11]) J. Carmignac (Les Textes de Qumran, Paris 1961, S. 187) sieht in der „anderen Zunge" (= Sprache) einen Hinweis auf das Aramäische, dessen sich die von den Qumranleuten gehaßten Pharisäer bei ihrer Lehre und bei der Übertragung der Bibel bedient hätten. Aber man muß doch wohl an Irrlehre und Lästerung denken und daran erinnern, daß der Häretiker Elischa ben Abuja als „Anderer" (אַחֵר) bezeichnet wurde (Tos. Chag. 2,3 par.).

Ursprung dieser merkwürdigen Bezeichnung hinführt. Weil aber die neutestamentliche Deutung dieses Prophetenwortes nicht im luftleeren Raum, sondern im Dialog mit der zeitgenössischen Exegese zustandekam, müssen auch *Prophetentargum und Septuaginta* herangezogen werden. Beide Versionen haben mit der Qumranexegese das gemein, daß auch in ihnen die Lallworte Jes. 28,10.13 als verständliche Rede aufgefaßt sind.

Im *Prophetentargum*, dessen Jesajaversion die neutestamentlichen Exegeten des öfteren beeinflußt hat[12]), hat man aus Jes. 28,9-13 eine große Schelt- und Drohrede Gottes herausgesponnen. Obwohl Israel das Gesetz und die Weisheit empfangen hat und mehr als alle Völker und Königreiche geliebt worden ist, hat es Gottes Gebot nicht getan und den Bußruf der Propheten nicht befolgt, sondern nach eigenem Willen und Gutdünken gehandelt[13]). Alle Hoffnung[14]) hat es auf die Wiedereinführung des Götzendienstes gesetzt und den Tempel und die dort weilende Schechina ganz gering geachtet[15]). Wie in Qumran wird V. 11 auf die Verächter der Gotteswirklichkeit bezogen; nur ist diesmal ganz Israel gemeint und der Blick in die Vergangenheit gerichtet: „Mit verstellter Rede und frivoler Zunge verhöhnten sie die Propheten, die diesem Volk weissagten." Weil man den Tempel als Ort der Zuflucht[16]) und die sühnende Kraft des Kultes verworfen hat, tritt kein Zeuge und verläßlicher Sprecher für Israel ein, wenn der Kelch der Züchtigung und die Zeit der Drangsal[17]) zu ihm kommen werden (zu V. 12f.). Und weil dieses Volk das Gebot Gottes nicht befolgen wollte, wird es den gesetzlosen Heiden ausgeliefert werden (zu V. 13).

In dieser Rede, die mit dem Konflikt zwischen Kenntnis des Gesetzes und menschlichem Eigenwillen an Röm. 7 erinnert, werden Israel die gleichen Vergehen vorgeworfen, deren Jesus und Stephanus in Apg. 6,13f. bezichtigt sind. Gerade, weil diese Ausführungen nur sehr lose an den biblischen Text angelehnt sind, verraten sie ein wichtiges Anliegen der jüdischen Lehrer in neutestamentlicher Zeit.

Die *Septuagintaversion* von Jes. 28,7-13 ist nicht ganz klar; neben manchen Unterschieden tritt jedoch auch die Verwandtschaft mit Targum und Qumranexegese deutlich hervor. Denn auch hier wird das *tzawlatzaw* übersetzt und so eng mit V. 11 verknüpft, daß das „Reden mit anderer Zunge" als die nichtswürdige Predigt fal-

---

[12]) Vgl. dazu D. Flusser, Sanktus und Gloria, in: Festschrift für Otto Michel, Leiden 1963, S. 129–152; ferner hat die Targumfassung von Jes. 6,9f. das Zitat Mk. 4,12 bestimmt.

[13]) Das צַו ist mit den Stämmen צִוָּה „befehlen" und צָבָה „wollen" verbunden.

[14]) קַו ist wie in der Septuaginta (s. S. 25) von קָוָה „hoffen" abgeleitet.

[15]) Das doppelte זְעֵיר שָׁם wird als spöttische Rede verstanden. שָׁם ist auf den Tempel bezogen (vgl. V. 12); זְעֵיר drückt die Geringschätzung aus.

[16]) M. E. ist der Name „Asenath" in „Joseph und Asenath" mit dem Begriff אַחְסָנָה „Zuflucht" in Beziehung gesetzt. Vgl. 15,7: „Dein Name ist jetzt ‚Zufluchtsstadt' "; vgl. zur folgenden Schilderung die Gottesstadt in 1 QH 6,26ff.

[17]) Das צַו ist mit dem Stamm צרר in Verbindung gebracht; עָקָה = θλῖψις meint in b. Sanh. 11a die eschatologische Drangsal.

scher Propheten erscheint[18]). Es bedeutet: „Drangsal um Drangsal nimm an, Hoffnung um Hoffnung, noch ein Weilchen, noch ein Weilchen!"[19])

Paulus, der sonst dem Text der Septuaginta zu folgen pflegt, hat in 1. Kor. 14,21 die Stelle Jes. 28,11 f. anders als diese zitiert und gebraucht. Er sagt: „Im Gesetz steht geschrieben: ‚Durch Männer mit anderen Zungen ($\dot{\epsilon}\tau\epsilon\varrho o\gamma\lambda\dot{\omega}\sigma\sigma o\iota\varsigma$) und durch die Lippen von anderen ($\dot{\epsilon}\tau\dot{\epsilon}\varrho\omega\nu$) will Ich zu diesem Volk reden und auch so werden sie Mich nicht hören', spricht der Herr". An einigen Punkten stimmt dieser Schriftgebrauch mit dem von 1 QH 4,16 f. überein. Auch Paulus hat frei und verkürzt zitiert. Wie der Qumranexeget hat er V. 12 a übergangen und statt dessen V. 12 b stark betont: Israel ist verstockt; es hört auch dann nicht, wenn Gott einst auf andere, d. h. ungewöhnliche Weise zu ihm reden wird[20]). Der Apostel hat ferner Jesajas Orakel nicht historisch, sondern als Hinweis auf die Endzeit verstanden und dies durch ein zweimal gesetztes Futur klargemacht. Aber der Singular des masoretischen Textes wird nun ganz ernstgenommen: Gott ist der Redende. Diese Tatsache wird dadurch betont, daß Paulus statt der 3. Person die 1. setzt[21]) und das Schriftwort mit einem eigens hinzugefügten $\lambda\dot{\epsilon}\gamma\epsilon\iota$ $\varkappa\dot{\upsilon}\varrho\iota o\varsigma$ beschließt (vgl. Jes. 28, 12 a). Damit wird eine Wendung vollzogen, und es scheint, als werde die landläufige Exegese bewußt korrigiert: Nicht irgendwelche Spötter, sondern Gott selbst kommt in der Endzeit auf fremdartige Weise zu Wort, und Sein Reden wird von zeichenhafter, kritischer Bedeutung sein[22]). Nun bestimmt das zweite Glied den Tenor des Ganzen; der Spott verschwindet, das לעג hat Paulus durch ein $\dot{\epsilon}\tau\epsilon\varrho o\varsigma$ interpretiert. Ferner hat er die Reihenfolge der beiden Glieder vertauscht: Am Anfang stehen die Zungenredner, da ja das Jesajawort als Schriftbeweis für die Glossolalie dienen soll. Der Plural der Hodajoth, des Targum und der Septuaginta wird jedoch nicht ganz unterdrückt. Denn die endzeitliche Gottesrede ergeht durch menschliche Mittler, durch Männer mit anderen Zungen, durch die Lippen von Fremden.

Diese Deutung von Jes. 28,11 steht auch hinter anderen Aussagen des Neuen Testamentes. Das Sprachenwunder des Pfingstberichtes setzt sie voraus: Gottes Wort[23]) wird in der Endzeit durch $\dot{\epsilon}\tau\epsilon\varrho\dot{o}\gamma\lambda\omega\sigma\sigma o\iota$, in „anderen Zungen Redende", verkündigt. Das wunderbare akustische Geschehen des Pfingstmorgens ist in Apg. 2,6 durch

---

[18]) Das geht aus der Wiedergabe $\delta\iota\dot{\alpha}$ $\varphi\alpha\upsilon\lambda\iota\sigma\mu\dot{o}\nu$ $\chi\epsilon\iota\lambda\dot{\epsilon}\omega\nu$ hervor. V 11 lautet: $\delta\iota\dot{\alpha}$ $\varphi\alpha\upsilon\lambda\iota\sigma$-$\mu\dot{o}\nu$ $\chi\epsilon\iota\lambda\dot{\epsilon}\omega\nu$, $\delta\iota\dot{\alpha}$ $\gamma\lambda\dot{\omega}\sigma\sigma\eta\varsigma$ $\dot{\epsilon}\tau\dot{\epsilon}\varrho\alpha\varsigma$, $\ddot{o}\tau\iota$ $\lambda\alpha\lambda\dot{\eta}\sigma o\upsilon\sigma\iota\nu$ $\tau\tilde{\omega}$ $\lambda\alpha\tilde{\omega}$ $\tau o\dot{\upsilon}\tau\omega$.

[19]) $\vartheta\lambda\tilde{\iota}\psi\iota\nu$ $\dot{\epsilon}\pi\dot{\iota}$ $\vartheta\lambda\tilde{\iota}\psi\iota\nu$ (vom Stamm צרר abgeleitet, vgl. Targ zu Jes. 28,13) $\pi\varrho o\sigma\delta\dot{\epsilon}\chi o\upsilon$, $\dot{\epsilon}\lambda\pi\dot{\iota}\delta\alpha$ $\dot{\epsilon}\pi$' $\dot{\epsilon}\lambda\pi\dot{\iota}\delta\iota$, (wie in Qumran von קַוֵּה „hoffen"), $\ddot{\epsilon}\tau\iota$ $\mu\iota\varkappa\varrho\dot{o}\nu$ $\ddot{\epsilon}\tau\iota$ $\mu\iota\varkappa\varrho\dot{o}\nu$.

[20]) Jes. 28,11 f. hat demnach für Paulus die gleiche Funktion wie sie in christlicher Sicht Jes. 6,9 f. zu erfüllen hat. In Tg. Jes. 28,10 wird ausdrücklich an Tg. Jes. 6,10 angeknüpft: „Wenn sie umkehren, wird ihnen vergeben werden."

[21]) Die 1. Person findet sich auch in der Peschitto.

[22]) Vgl. das $\varkappa\alpha\dot{\iota}$ $o\dot{\upsilon}\delta$' $o\ddot{\upsilon}\tau\omega\varsigma$.

[23]) In 1 QH 4,17 ist das Jesajazitat durch den Zusatz von Gottes Stimme und Gottes Wort erweitert.

den Begriff φωνή charakterisiert, der sowohl dem vom Himmel kommenden „Hall"
(V. 2) als auch den „in anderen Zungen" redenden Jüngern gilt; die Stimme Gottes
wird in „andere", nichtpalästinische Sprachen übersetzt. Nur steht jetzt das gehorsame Hören auf diese Stimme im Vordergrund.[24])
Sehr wahrscheinlich gehört diese auf dem masoretischen Text beruhende Exegese
in die *vorpaulinische* Zeit und den palästinischen Raum. Es scheint, daß die Glossolalie in der Urgemeinde begann, und Jes. 28,10-13 ist der Text, durch den dieses
Phänomen seine Rechtfertigung erfuhr. Die eschatologische Deutung dieser Stelle
hat es den ersten Christen erlaubt, die enthusiastische Glossolalie als ein vom Geist
geleitetes Reden zu deuten, in dem Gott selbst zu Wort kommt und Sein Dasein
offenbart. Sie ermöglicht uns eine Vorstellung von der *Art* der Glossolalie. Es handelt
sich um ein enthusiastisches Reden, wie es in den Lauten *tzawlatzaw, qawlaqaw* (Jes.
28,10.13) nachgeahmt wird. Die Stelle Jes. 28,11 hat schließlich den *Namen* „Zungenreden" geliefert; dabei ist die Wendung γλώσσαις λαλεῖν verkürzte Wiedergabe
eines ἑτέραις γλώσσαις λαλεῖν[25]). Entscheidend ist ja gerade das fremdartige,
vom gewöhnlichen Sprechen abweichende Reden, das sowohl unartikuliert als auch
einer barbarischen Sprache ähnlich erscheint; Paulus hat das eine wie das andere
durch Vergleiche illustriert (1. Kor. 14,7-12). Dabei wurde das Ungewöhnliche, Neu-
artige (vgl. Mk. 16,17) des Zungenredens zum Hinweis auf ein *übernatürliches
Phänomen*. Paulus erwähnt in 1. Kor. 13,1 neben einem Reden in Menschenzungen
ein Reden in Engelzungen; die Glossolalie, das Reden im Geist, ist ein Loben Gottes,
wie es in vollkommener Weise von den Geistern, den Engeln, dargebracht wird[26]).
Ja, es könnte sein, daß die eigenartige Wiedergabe von Jes. 28,11 in 1. Kor. 14,21 von
1. Kor. 13,1 her erklärt werden muß: Die ἑτερόγλωσσοι sind die mit Menschenzungen redenden Pneumatiker der Gemeinde, die danach genannten ἕτεροι die
Engel, deren ἄρρητα ῥήματα der Apostel bei seiner Entrückung gehört hat (2. Kor.
12,4; vgl. Apk. 14,3)[27]). Daß das vom Heiligen Geist gewirkte Reden als *Sprache der
Engel* gelten konnte, wird auch von den Qumranschriften her begreiflich. Denn der
vom Geist gereinigte Gerechte soll in der Erkenntnis des Höchsten und in der „Wahr-

---

[24]) Vgl. Jes. 28,12b (LXX): καὶ οὐκ ἠθέλησαν ἀκούειν und 1. Kor. 14,21: οὐδ᾽ οὕτως
εἰσακούσονταί μου mit Apg. 2,6.8.11.15.34, wo das Hören und Hinhören erwähnt bzw. eingeschärft wird.
[25]) Die singularische Wendung λαλεῖν γλώσσῃ, die Paulus meist für den einzelnen Zungenredner gebraucht (1. Kor. 14,2.13.18), steht der alttestamentlichen Vorlage näher als der
Plural λαλεῖν γλώσσαις, der für Apg. 2 unbedingte Voraussetzung ist.
[26]) Vgl. etwa Ps. 148,2; 19,2-3; äth. Hen. 40; Apk. Abr. 17.
[27]) Test. Hiob 48-50 wird berichtet, Hiobs Töchter hätten, mit einem himmlischen Gürtel
versehen, τῇ ἀγγελικῇ διαλέκτῳ sprechen und in dieser Sprache Gott wie die Engel preisen
können; vgl. dazu auch Asc. Jes. 3,18f. Man darf auch auf Joh. 12,29 verweisen, wonach die
an ein Donnerrollen erinnernde Himmelsstimme von einigen Hörern als Engelrede gedeutet
wird.

heit der Himmelssöhne", d. h. der Engel, unterrichtet werden (1QS 4,22); er wird ja vollwertiges Mitglied des ewigen Gottesbundes, der aus den himmlischen und irdischen Heiligen bestehenden einen Gemeinde der Endzeit sein (ib.). Von daher gesehen wäre es durchaus verständlich, wenn ihm mit der Wahrheit der Engel auch deren Sprache geschenkt wird, so daß er einst am einstimmigen Gotteslob teilnehmen kann[28].

Vom Hintergrund der Jesajaverse heben sich weitere Züge der christlichen Glossolalie deutlicher ab: Ihre Nähe zur *Prophetie*, dann die Forderung, daß sie in gemeinverständliche Rede *übersetzt* werden soll, und schließlich die Tatsache, daß sie den *Spott* der Ungläubigen auf sich zieht.

1. Nach Jes. 28,9-11 ist es Jesajas Botschaft, die als Kinderlallen verspottet wird, und Gott, der sich durch ein „Reden mit anderer Zunge" offenbart. Von diesem Schriftgrund her erscheint die Glossolalie als echte, eschatologische *Prophetie*. Lukas nennt beide, Glossolalie und Prophetie, in einem Atemzug (Apg. 19,6); nach dem Pfingstbericht wird Joels Weissagung vom geistgewirkten, allgemeinen Prophetentum der Endzeit im Zungenreden der Jünger erfüllt[29]. Sicher haben auch die Pneumatiker in Korinth so gedacht. Schließlich vergleicht Paulus Glossolalie und Prophetie; in beiden Charismen kommt ja der Geist Gottes zu Wort. Umso überraschender ist es, daß er beide verschieden bewertet und damit ihre von der Schrift bestätigte Einheit zerbricht. Die Prophetie ist die höhere Gabe, da sie den Verstand mitbeteiligt und sich normaler Rede bedient (1. Kor. 14,3-5). Dagegen fehlt der unartikulierten Glossolalie die horizontale, gemeinschaftsdienliche Richtung. Deshalb steht sie in der Wertskala der Charismen an unterster Stelle (vgl. 1. Kor. 12,10); ja, der Apostel möchte sie aus der Gemeindeversammlung ganz verbannen, es sei denn, ein Dolmetscher deute das ekstatische Lallen (1. Kor. 14,27 f.).

2. Warum kann Paulus fordern, daß das Zungenreden *gedeutet* wird? Weil das *tzawlatzaw* von den jüdischen Exegeten nicht etwa als sinnloses Lallen, sondern als Sprechen mit verkürzten und mehrdeutigen Worten, als eine Art geheimnisvoller „Stenolalie" aufgefaßt worden ist. Und das *Vierte Evangelium* verrät, wie man bei den ersten Christen Jes. 28,10 gedeutet hat. In den Abschiedsreden steht das dreimal erwähnte und darum besonders beachtenswerte Jesuswort: μιϰρόν, ϰαὶ οὐϰέτι θεωρεῖτέ με, ϰαὶ πάλιν μιϰρὸν ϰαὶ ὄψεσθέ με 16,16.17.19 b. Die Jünger verstehen diese Aussage nicht; vor allem das doppelte μιϰρόν = „in Kürze" ist ihnen rätselhaft. Warum wird es als so unverständlich empfunden? Weil Jesus damit an den dunklen Satz Jes. 28,10.13 anspielt. Man braucht sich nur dessen Septuagintafassung vor Augen zu führen: θλῖψιν ἐπὶ θλῖψιν προσδέχου ἐλπίδα ἐπ᾽ ἐλπίδι, ἔτι μιϰρόν, ἔτι

---

[28] Zur Einstimmigkeit des Gotteslobs der Engel vgl. 1. Clem. 34,7; Ign. Eph. 4,2 und äth. Hen. 61,9-11. Dazu D. Flusser a. a. O., S. 133 f.

[29] Das Verb προφητεύειν wird in Apg. 2,18 wiederholt und dem AT-Zitat eigens hinzugefügt; mit ihm wird der erste Teil des Joelwortes zusammengefaßt.

μικρόν. Das in Jesu Wort zweimal gesetzte μικρόν, das ein ἔτι μικρόν vertreten kann[30]) (vgl. Joh. 13,33; 14,19) und wie dieses temporale Bedeutung hat, ist als Hinweis auf das doppelte ἔτι μικρόν in Jes. 28,10 (LXX) zu verstehen. Dafür spricht auch die Erklärung des Rätselworts. Der johanneische Jesus erwähnt zunächst die ϑλῖψις, die den Jüngern durch seinen Weggang „in Kürze" bereitet wird (V. 20-22 a), dann die nach einer weiteren „kurzen Frist" erfolgende Rückkehr und die Freude des Wiedersehens (V. 22 b). Es scheint, als habe der Evangelist die Begriffe ϑλῖψις und ἐλπίς der Septuagintafassung auf das zweifache ἔτι μικρόν verteilt und zu Jesu Tod und Wiederkunft in Beziehung gesetzt. Auch die Mahnung des προσδέχεσϑαι (LXX) schwingt im Jesuswort mit: Nehmt die kurz während „Trübsal" der Trennung an, aber nicht minder die „Hoffnung", mich bald wiederzusehen!

Wahrscheinlicher ist, daß Johannes vom masoretischen Text ausging[31]) bzw. von einer auf diesem Text beruhenden christlichen Tradition, die von der jüdischen Exegese beeinflußt war. Dann wäre das μικρόν der Abschiedsreden wörtliche Wiedergabe des hebräischen זְעֵיר; und das darauf folgende שָׁם = „da" als Hinweis auf das Da-Sein Jesu zu verstehen: in Kürze ist der Herr wieder da! צַו ist wie in LXX und Targum mit dem Stamm צרר verbunden und als „Trübsal" gedeutet, während קַ_ als „Harren" (קָוָה) aufgefaßt wird. Mit dem als Negativpartikel übersetzten לְ ergibt sich folgender Sinn: Die durch Jesu Weggang verursachte „Trübsal" ist eigentlich keine (צַר לֹא צָר), da sie von der Freude des baldigen Da-Seins überglänzt wird; auch das „Harren" hört in kurzer Zeit auf (קַו לֹא קָו). In dieser Form könnte Jes. 28,10 in der Urgemeinde als Gebetsruf verwendet worden sein. Er hätte die Parusieerwartung der ersten Christen zum Ausdruck gebracht: Drangsal und Harren finden ein Ende, in Kürze ist der Herr wieder da! Die aramäische Fassung dieses Gebetsrufs wäre das „Maranatha".

3. Bei den Außenstehenden erntet das Zungenreden nur *Spott*. Israels Ungehorsam bildet den Schluß des Jesajazitats (1. Kor. 14,21), und Paulus gibt zu bedenken: „Gesetzt den Fall, die ganze Gemeinde käme zusammen und alle redeten in Zungen, es fänden sich aber auch Laien oder Ungläubige ein, werden sie nicht sagen, ihr seiet von Sinnen?" (V. 23). Paulus schließt aus dieser Wirkung der Glossolalie, diese sei zum *Gericht an den Ungläubigen* bestimmt (V. 22). Darin gleicht sie der Prophetie, die den Ungläubigen überführt, die dunklen Geheimnisse seines Herzens enthüllt und ihn zur Anerkennung der machtvollen Gegenwart Gottes zwingt (V. 24 f.). Als eschatologische Gottesrede hat auch die Glossolalie richtende Kraft. Aber weil sie nicht wie die Prophetie den Spott im Keim erstickt und zum rettenden Selbstgericht führt, nimmt sie das Urteil des Endgerichtes vorweg. Sie offenbart die unheilvolle

---

[30]) Genauer noch ein ἔτι μικρόν ἐστιν (vgl. Bl.-Debr. § 127,2). Das ἔτι μικρόν findet sich auch in Jer. 28,33 und Hos. 1,4.

[31]) Jes. 28,10: כִּי צַו לָצָו צַו לָצָו קַו לָקָו קַו לָקָו זְעֵיר שָׁם זְעֵיר שָׁם

Gottesferne des Hörers und weist ihn dadurch als einen Verdammten aus. Der Verstockte verkennt den eschatologischen Sinn der Glossolalie und den sich durch sie bezeugenden Gott; als Spötter begeht er die Sünde wider den heiligen Geist, den er als das Gegenteil, als Geist des Wahnsinns und der Trunkenheit, verhöhnt.

Auch diese Argumente haben in Jes. 28,10.13 ihren Grund. Das *tzawlatzaw*, das der Urgemeinde als Modell für das Zungenreden dient, meint ja Jesajas Prophetenwort, freilich vom Spott verzerrt (V. 10); nach V. 13 wird es zur Waffe in Gottes Gericht, schlägt vernichtend auf die Verächter zurück.[32])

c) Jes. 28,7-13 in Apg. 2

Auch der Bericht Apg. 2 verrät den Einfluß einer auf Jes. 28 gegründeten urchristlichen Tradition. Gewöhnlich hebt man den Unterschied zu Paulus hervor: Das Sprachenwunder von Pfingsten habe nichts mit der Glossolalie in 1. Kor. 14 zu tun[33]); Lukas habe das Zungenreden nur vom Hörensagen und nicht wie Paulus aus eigener Anschauung gekannt[34]). In der Tat ist ein bemerkenswerter Unterschied da. Während das pfingstliche „Reden in anderen Zungen" die Einheit des Erlebens schafft, eine buntfarbige, zufällig zusammengeströmte Menge unerwartet in heiliger Harmonie zusammenschließt, ist die paulinische Glossolalie nur für Gott verständlich und deshalb ein isolierter, den Gottesdienst eher störender Akt (1. Kor. 14,2). Andererseits darf man die *Gemeinsamkeiten* zwischen 1. Kor. 14 und Apg. 2 nicht übersehen. Von seinem Schriftgrund her ist ja das „Zungenreden" ein „Reden in anderer Zunge"; in Jes. 28,11 ist damit eine andere „Sprache", die der Assyrer, gemeint. Und dann weist dieses „Reden in anderen Zungen" Züge auf, die dem Phänomen der ekstatischen Glossolalie eigen und uns in 1. Kor. 14 begegnet sind: Die *Nähe zur Prophetie* (Apg. 2,17), dann *den Spott* der innerlich Unbeteiligten (V. 13) und schließlich die *Deutung*: Petrus tritt in Apg. 2 als Sprecher der Jünger auf und verkündigt das Endzeitgeschehen. Das besagt, daß die universale Botschaft des ἑτέραις γλώσσαις λαλεῖν nicht allzu deutlich gewesen sein kann. Denn Inhalt der Petrus-

---

[32]) Auch 1. Kor. 14,20 könnte von Jes. 28 beeinflußt werden. Unmittelbar vor dem Zitat Jes. 28,11 in V. 21 ermahnt Paulus die Korinther, im Gebrauch des Verstandes es nicht kleinen Kindern, sondern Erwachsenen gleichzutun. Diese den argumentativen Kontext unterbrechende Weisung mag auch darum hereingekommen sein, weil unmittelbar vor dem zitierten Vers Jes. 28,11 kleine, von der Milch und Mutterbrust entwöhnte Kinder als Empfänger des ekstatischen Redens erwähnt sind (V. 9 f.). Von daher gesehen meint Paulus, die Korinther sollten über das kindliche Stadium des Zungenredens hinausgewachsen sein; der geistig reife Christ bedürfe der höheren Geistesgabe der Prophetie.

[33]) E. Haenchen, Die Apostelgeschichte, Meyer-Kommentar, Göttingen 1956, S. 138.

[34]) H. Conzelmann ist der Ansicht, Lukas habe von der ursprünglichen Glossolalie keine eigene Vorstellung mehr gehabt (Die Apostelgeschichte, HNT 7, Tübingen 1963, S. 27). Nach G. Stählin war für Lukas die Zungenrede kein bleibendes Merkmal einer lebendigen Gemeinde mehr (NTD, S. 36).

rede sind die Taten, die Gott an Christus vollbracht hat; eben sie sind doch wohl mit den μεγαλεῖα τοῦ θεοῦ des Sprachenwunders gemeint (Apg. 2,11).

1. Hier zeigt sich, daß auch Lukas eine höhere Stufe des inspirierten Redens kennt. Obwohl sich für ihn das λαλεῖν ἑτέραις γλώσσαις als Sprachenwunder und Prophetie der Endzeit vollzog, so kommt es doch erst im Wort des Petrus zum Ziel. Es hat zwar die Hörer in Staunen und Bestürzung versetzt (V. 12), aber diese sind gleichsam noch blind und richtungslos. Zur klaren Erkenntnis der eschatologischen Stunde und der eigenen Heillosigkeit hat erst die *Petrusrede* geführt (V. 37); nur durch sie kommt es soweit, daß Kirche gebaut werden kann[35]). Wieder muß man an 1. Kor. 14 erinnern. Dringt die Rede des Petrus den Hörern wie ein Schwert durchs Herz, weckt sie die von Bußbereitschaft zeugende Frage: ,,Ihr Männer, Brüder, was sollen wir tun?'' (Apg. 2,37), so gilt nach Paulus das Gleiche vom prophetischen Wort: Es stellt den Menschen vor Gottes richtende Heiligkeit und bringt die im Herzen versteckt gehaltenen Dinge ans Licht; es zwingt den Hörer in die Kniee und läßt ihn bekennen, daß Gott in dieser Gemeinde wahrhaftig gegenwärtig sei (1. Kor. 14,25). Am Maßstab des Paulus gemessen stellt die Petrusrede beides, Deutung des Zungenredens und prophetisches Machtwort, dar; im Sinne des Lukas ist sie mehr, nämlich das von Christus befohlene μαρτυρεῖν (vgl. Apg. 1,8).

2. Damit wird deutlich: Auch Lukas strebt über die ekstatische Zungenrede hinaus. Stets hat er das λαλεῖν γλώσσαις interpretiert, entweder durch ein zweites Verbum, das es als Gotteslob (Apg. 10,46) oder als Prophetie (Apg. 19,6) näher bestimmt, oder aber es wird zum Sprachenwunder des λαλεῖν ἑτέραις γλώσσαις. Im Unterschied zu Paulus spricht Lukas von einer Glossolalie, die sich selbst auslegt. Aber auch diese sich deutende Zungenrede, die an Wendepunkten der Kirchengeschichte das Dasein des Geistes so machtvoll bezeugt, steht im Schatten der Christuspredigt, wie sie in den großen Reden der Apostelgeschichte dargestellt ist. Mit dieser Einschätzung der Glossolalie steht Lukas nahe bei Paulus selbst. Was er mit dem Begriff διδάσκειν beschreibt, ist für Paulus das missionierende, bis an die Enden der Erde dringende κηρύσσειν und εὐαγγελίζεσθαι. Den universalen Anspruch des Kerygmas, den Lukas in Apg. 2 auf erzählende Weise zum Ausdruck bringt, hat Paulus in Röm. 10 in rhetorischen Argumenten geltend gemacht. Dabei tauchen die im Pfingstbericht verwendeten Themen auf; auch Jes. 28,16 wird zitiert[36]).

---

[35]) Man mag diese Stufen eschatologischer Gemeindebildung vergleichen mit dem, was in der Damaskusschrift vom Bau der Heilsgemeinde berichtet wird: Am ersten Anfang standen Männer, die erkannten, daß sie schuldig waren. Aber 20 Jahre lang glichen sie Blinden, die tastend ihren Weg gehen. Erst der Lehrer der Gerechtigkeit wies ihnen die Zeichen der Zeit und den Weg, der Gott gefällig ist (CD 1,8-11).

[36]) Bis an die Enden der Erde dringt der Hall des verkündigten Wortes (Röm. 10,18); das dabei verwendete Zitat Ps. 19,5 hat die gleiche Funktion wie die in Apg. 2 benutzte spekulative Sinaitradition (s. S. 33 ff.). Im Raum der rettenden Botschaft fällt der Unterschied zwischen Juden und Griechen weg (V. 11 f.); auch das Sprachenwunder von Apg. 2 stellt eine weltweite

3. Nicht nur das „Reden in anderen Zungen", sondern auch die *Verspottung* dieses Redens muß man im Licht von Jes. 28,7-13 sehen. Was Paulus als bloße Möglichkeit erwähnt (1. Kor. 14,23), wird von Lukas als Ereignis berichtet: Die vollständig versammelten Jünger reden alle in Zungen und werden deshalb von den Außenstehenden verlacht. Lukas hat ihren Spott in die Worte gekleidet: „Sie sind voll süßen Weines" (Apg. 2,13), und mit dem „süßen Wein" werden die Exegeten vor ein Rätsel gestellt. Auch dafür gibt Jes. 28 die Lösung her. Unmittelbar nach dem *tzawlatzaw* und dem „Reden mit anderer Zunge" erwähnt Jesaja „die Spötter, die das Volk in Jerusalem regieren" (V. 14); auch die Spötter in Apg. 2,13 gehören wohl den regierenden Klassen in Jerusalem an[37]). Ferner wird der Kreis der gehorsamen Hörer entsprechend gezeichnet: Als Repräsentanten der Ökumene sind sie „fromme Männer aus allem Volk", als Gegenbild zu den Spöttern aber „Juden, die in Jerusalem wohnhaft sind" (Apg. 2,5; vgl. 14b). Vor allem gilt es, den Vorwurf der Trunkenheit, der den inspirierten Jüngern gemacht wird, mit der Kritik zu vergleichen, die Jesaja an den Priestern und Propheten Jerusalems übt (Jes. 28,7). Für Apg. 2,13 scheint mir besonders die Targumfassung Jes. 28,7 wichtig zu sein: „Und auch diese sind voll von Wein, überwältigt von altem Wein!" Das lukanische γλεύκους μεμεστωμένοι εἰσίν (Apg. 2,13) ist wohl wörtliche Wiedergabe eines רְוֵי בְּחַמְרָא, und der Begriff τὸ γλεῦκος könnte im Unterschied zu עַתִּיקָא, dem „alten Wein" des Targum, gesetzt sein. Denn zweimal steht in Tg. Jes. 28,7 עַתִּיקָא parallel zu חַמְרָא und ist am Ende des Verses neben מֵיכַל בְּסִים = „süßer Speise" genannt[38]). Auch die Entgegnung des

---

Einheit her. Allerdings steht die Masse der Juden abseits: Lukas erzählt, wie das wunderbare Reden der Jünger verspottet wird (Apg. 2,13), Paulus beklagt das ungläubige Volk (Röm. 10, 19-21). Mit dem gleichen Schriftwort, das in Apg. 2,21 die rettende Macht des Bekenntnisses zu Christus beschreibt, weist der Apostel auf die uneingeschränkte Gnade des Kyrios hin (Röm. 10,13 nach Joel 3,5); diesem Zweck dient auch Jesajas Orakel vom Grundstein (Röm. 10,11). Es ist fast befremdlich, daß Jes. 28,16 in Apg. 2 fehlt, zumal andere Traditionen dieses Jesajakapitels berücksichtigt sind. Warum bleibt das Schriftwort, das in den Qumranschriften und in Matth. 16,18 den Bau der Heilsgemeinde bestätigt, da unerwähnt, wo die Gründung der Kirche Christi berichtet wird? Denn Apg. 2 scheint ja als Erfüllung der Verheißung von Matth. 16,18 gedacht zu sein: Mit Hilfe des Petrus, der auch hier das grundlegende Christusbekenntnis spricht, wird vom erhöhten Messias die Kirche gebaut (vgl. Apg. 2,33). Man kann nur vermuten, daß Lukas das Orakel vom Grundstein wie das vom verworfenen Baustein (Ps. 118,22 in Apg. 4,11) auf Christus, nicht auf die Kirche bezog. Christologisch interpretiert ist Jes. 28,16 in 1. Petr. 2,6, jedoch zeigt der Kontext vom lebendigen Heiligtum (V. 5) und die Sinaitradition (V. 9), daß auch hier der Bau der Endzeitgemeinde im Vordergrund steht. Im gleichen Kontext erscheint das auf die Gemeinde bezogene Jesajaorakel vom Grundstein in 1 QS 8,5 ff.
[37]) Vor allem ist an die Sadduzäer zu denken, die später als die Erzfeinde der Christuszeugen geschildert sind. Vgl. auch das als überflüssig erscheinende „in Jerusalem", mit dem die Oberen und Ältesten und Schriftgelehrten in Apg. 4,5 charakterisiert sind.
[38]) „Sie taumeln von altem Wein und jagen nach süßer Speise". בְּסִימָא kann auch den gärenden Wein bezeichnen (siehe Jastrow s. v.). Zudem steht γλεῦκος in Hiob 32,19, dem einzigen Vorkommen in LXX, für das hebräische יַיִן, das in Tg. Jes. 28,7 durch חַמְרָא wiedergegeben ist.

Petrus οὐ γὰρ ... οὗτοι μεθύουσιν (Apg. 2,15) könnte eine Variante zu Jes. 28,7 sein. Denn das οὗτοι entspricht dem אִלֵּין, und μεθύουσιν läßt sich als gewöhnliche, freiere Wiedergabe eines רְוֵי בַחַמְרָא verstehen.[39]) Hier tritt das Gesetz der Umkehr in Kraft, das die Sünde wider den Heiligen Geist bestimmt. Denn der Geist, der aus den Jüngern spricht, wird als sein Gegenteil gebrandmarkt und das eigene Laster der Trunkenheit den Boten des Gottesworts angehängt.

Dagegen hat Paulus den Spott der Außenstehenden in das Wort μαίνεσθαι gefaßt (1. Kor. 14,23). Das ist durchaus verständlich, da der Apostel den Enthusiasten vor allem das irrationale, den νοῦς überspringende Moment der Glossolalie zu bedenken gibt. Sachlich ist der Unterschied zur Kritik der lukanischen ἕτεροι gering. Einmal kann auch Lukas die Ablehnung des inspirierten Zeugnisses mit dem Stamm μαίνεσθαι beschreiben (Apg. 26,24), zum andern pflegen sich Raserei und Trunkenheit ähnlich zu äußern. Das in der Septuaginta selten gebrauchte μαίνεσθαι beschreibt sowohl das Verhalten Betrunkener[40]) als auch das ekstatische Rasen von Propheten[41]). Außerdem wird in Jes. 28,7 (LXX) das Taumeln der berauschten Priester und Propheten durch das dem μαίνεσθαι ähnliche ἐξίστασθαι charakterisiert. Angesichts des in Apg. 2,13 und 1. Kor. 14,23 geäußerten Spotts mag man sich fragen, ob nicht auch das über Jesus gefällte Urteil: „Er ist ein Schlemmer und Zecher" (Matth. 11,19) und: „Er ist von Sinnen" (Mk. 3,21) als die ungläubige Ablehnung des Pneumatikers zu verstehen ist[42]).

---

[39]) Die dazu gegebene Begründung ἔστιν γὰρ ὥρα τρίτη τῆς ἡμέρας könnte von Jes. 5 beeinflußt sein, wo ebenfalls das Treiben der betrunkenen Jerusalemer geschildert wird. Denn in Jes. 5,11 ist wie in Apg. 2,15 die Tageszeit angegeben: „Wehe denen, die schon früh am Morgen dem Rauschtrank nachjagen!" In LXX und Targum geht ferner dem Vers Jes. 5,11 die Zahl 3, die in Apg. 2,15 das πρωΐ von Jes. 5,11 näher bestimmt, unmittelbar vorauf. Auch der Kontext von Jes. 5,11 ist im Blick auf Apg. 2 bemerkenswert. Von den Trunkenbolden gilt: „Sie achten nicht auf das Werk des Herrn, sehen nicht das Tun Seiner Hände" (V. 12 b). Dann werden ungläubige Spötter erwähnt, die Gottes Werk und Plan endlich einmal verwirklicht sehen wollen. Ihnen verheißt Jesaja mit der gleichen Ironie wie in 28,13, ihr Wunsch werde in Erfüllung gehen: Gottes Gericht wird die Verächter vertilgen wie „die Zunge des Feuers Stoppeln verzehrt" (V. 24). Nur hier erscheint im Alten Testament der Begriff „Feuerzunge" (לְשׁוֹן אֵשׁ?), der im Pfingstbericht eine so große Rolle spielt. Hat Lukas wirklich Jes. 5 mit Jes. 28 zusammengestellt bzw. in einem christlichen Pescher vereinigt gefunden, so hätte er die Jünger des Pfingstfestes als lichtes Gegenbild zu Jesajas Jerusalemern gemalt: Sie achten auf Gottes Werk und erkennen Seine großen Taten (Apg. 2,11); sie wissen, wie Sein Plan in Erfüllung geht (Apg. 2,23). Schon deshalb sollten sie nicht mit jenen verwechselt werden, die sich früh am Morgen dem Trunk ergeben und für Gottes Offenbarung blind sind. Die böswillige Vertauschung von Licht und Finsternis, Gut und Böse wird in Jes. 5,20 getadelt (vgl. auch V. 23 a).

[40]) Jer. 32 (25), 16.
[41]) Jer. 36 (29), 26.
[42]) Vgl. dazu die Schilderung des Montanus in Euseb. Hist. Eccles. V. 16,7-10: „Er fiel in eine Art von Verzückung und Ekstase, und in göttlicher Begeisterung begann er zu reden und

d) *Das Sprachenwunder der Pfingstgeschichte*

Lukas hat nun freilich das erste gemeinsame Zungenreden der Jünger als ein *Reden in fremden Sprachen* dargestellt. Ganz überraschend kommt diese exegetische Wendung der Dinge nicht. Denn das „Reden in Zungen" ist ja von seinem Schriftgrund her ein „Reden in anderer Zunge", und das Wort γλῶσσα kann auch „Sprache" bedeuten. Paulus hat in 1. Kor. 14 das Problem der Glossolalie unter anderem damit erläutert, daß er auf die vielerlei Arten der Sprachen der Welt verweist (V. 10 f.). In solchen Sprachen der Welt kam das „Reden in anderen Zungen" der Jünger zu Wort, weil eben an Pfingsten ein „Volk aus aller Welt Zungen" versammelt war. Fraglos tritt in dieser Deutung eine universalistische, auf die Weltmission gerichtete, Tendenz hervor; aber darf man deshalb das Sprachenwunder als traditionsloses Kunstprodukt des Lukas ansehen?

Meines Erachtens bietet die *rabbinische Deutung der Sinaitradition* noch immer die beste Erklärung für das Sprachenwunder des Pfingstberichtes; nach ihr hat sich Gottes Stimme in 70 Stimmen geteilt und die Tora jedem der 70 Völker der Welt in seiner eigenen Sprache angeboten. Hier und dort wird das wunderbare Geschehen dadurch beschrieben, daß der für das Offenbarungsorgan gewählte Begriff auf zweifache Weise ausgelegt wird, und in beiden Fällen tritt dieses Medium des Gotteswortes zunächst sichtbar, als Phänomen der Theophanie, hervor. Am Sinai soll das Volk die vom Feuer der Blitze begleiteten Donnerschläge „gesehen" haben (Ex. 20,18, vgl. Ex. 19,16.19), und eben diese Donnerschläge (קֹולֹות) werden in der rabbinischen Exegese zu „Stimmen" (קֹולֹות), zu zerteilten, verschiedensprachigen Varianten der einen Gottesstimme[43]). Bei der eschatologischen Offenbarung an Pfingsten sind die „Feuerzungen" zunächst Zeichen der Theophanie, desgleichen auch der vom Himmel herkommende Hall (V. 2); mit den Jüngern vereinigt werden sie als verschiedene „Sprachen" laut. Gemeinsam ist ferner der einzelne Sprecher, der am Sinai und beim Pfingstfest das Gotteswort noch einmal deutlich erklärt. Nur findet die bereits erwähnte, von Jes. 28,10-13; 6,9 f. bestätigte Umkehrung statt: Am Sinai hat die Welt versagt und nur Israel die Stimme und den Boten Gottes angehört; an Pfingsten lehnt das offizielle Jerusalem ab, während die Vertreter der Welt gehorsam sind.

Freilich ist der Bann des Billerbeckschen Urteils, die Verbindung von Wochenfest und Sinaigesetzgebung trete quellenmäßig erst im 2. Jhdt. n. Chr. hervor und das Pfingstgeschehen habe nichts mit der rabbinischen Spekulation zu tun[44]), noch nicht gebrochen. Aber Billerbeck hat bei dieser Frage das *Jubiläenbuch* übersehen; er hat außerdem die *Qumranschriften* nicht gekannt. Es trifft zwar zu, daß das Pfingstfest

---

fremde Worte zu sprechen (ξενοφωνεῖν) und in einer Weise zu prophezeien, die der Tradition der Kirche und ihrer alten Gepflogenheit widerspricht". Die Kritik der Alten Kirche ist auch hier gegen das Heterogene, Ungewöhnliche gerichtet.

[43]) Ex. r. zu Ex. 4,27; Tanch. zu Ex. 4,27; b. Schabb. 88 b.

[44]) Vgl. Kommentar zum Neuen Testament, Bd. II, S. 601.604 f.

des Jubiläenbuches als ein Erntefest begangen wird, und vom Alten Testament her kann das auch nicht anders sein. Aber neu ist, daß man die Bundesschlüsse der Patriarchen auf das Pfingstfest verlegt und diese Tatsache in den Vordergrund rückt (vgl. bes. Jub.6)[45]). Das Datum ist der 15. 3., ein Sonntag[46]). Besonders betont ist der Noahbund als erster, am Pfingstfest gewährter Vertrag; jeder von da an geschlossene Bund gilt als dessen Erneuerung[47]). Auch für den Sinaibund, der nicht mehr in die Berichtszeit des Jubiläenbuches fällt, trifft das zu[48]). Daß er am Pfingstfest geschlossen worden sein soll, läßt sich aus Jub.6,19[49]) und dem Anfang des Jubiläenbuches ersehen[50]). Ein erst vor kurzem in Masada gemachter Fund beweist, daß der dem Jubiläenbuch zugrundeliegende Festkalender auch im 1. Jhdt. n. Chr. in Geltung geblieben sein muß[51]).

Auch die *Errichtung der Endzeitgemeinde*, der Kirche, wird als *Erneuerung des Gottesbundes* erhofft. Das geht aus einem Qumrantext hervor, der für das Verständnis des ersten christlichen Pfingsten besonders aufschlußreich ist. Im Segensspruch für den „Fürsten der Gemeinde", den davidischen Messias, wird gesagt, Gott werde „für ihn den Bund der Einung erneuern, damit er für immer die Königsherrschaft über Sein Volk aufrichte" (1 QSb 5,21). Dieser Satz erinnert an die Frage, die von den Jüngern an den auferstandenen Christus gerichtet wird: „Herr, wirst du in dieser Zeit die Königsherrschaft über Israel wieder aufrichten?"[52]). In seiner Antwort verweist Jesus auf die Ausgießung des Geistes und die Weltmission der Jünger (Apg. 1,6-8). Vergleicht man diesen Dialog mit dem Satz aus dem Segensspruch, so hat der Auferstan-

---

[45]) Siehe dazu A. Jaubert, La Notion d'Alliance dans le Judaisme aux abords de l'ère Chrétienne, Paris 1963, S.103—108.

[46]) Nicht etwa ein Freitag, wie H. Conzelmann — unter Berufung auf A. Jaubert und J. T. Milik! — behauptet (a.a.O., S.27). Vgl. dagegen J. T. Milik, Dix Ans, Paris 1957, S.70f.; A. Jaubert, La Date de la Cène, Paris 1957, S.13—30; La Notion, S.101.

[47]) Vgl. Jub.6,17 (*lachadir kidan*), dazu Jub.22,15.30.

[48]) Vgl. dazu den Qumrantext 1 Q 34b II, 6, in dem der Sinaibund als Bundeserneuerung bezeichnet wird, dazu Jub.6,19.

[49]) Dort heißt es im Zusammenhang mit dem am Pfingstfest geschlossenen Noahbund, Gott habe am Sinai das Pfingstfest für die Israeliten erneuert.

[50]) Israel kam nach Ex.19,1 im 3. Monat am Sinai an. Nach Jub.1,2-4 wurde Mose am 16.3. auf den Sinai befohlen, um die Bundestafeln abzuholen; dabei wird das in Ex.24,12-18 geschilderte Ereignis wiedererzählt. Das Datum des 16. 3. ist wohl so zustandegekommen, daß der in Ex.24,1-11 berichtete Bundesschluß am Tag davor, am 15. 3., stattfand. In Jub. 16,10f. wird außerdem im Zusammenhang mit dem Noahbund auf diesen mit Blut vollzogenen Bundesschluß am Sinai hingewiesen. Ähnlich argumentiert A. Jaubert, La Notion, S.103f.

[51]) Y. Yadin, The Excavation of Masada 1963—4, IEJ 15 (1965), S.205ff.

[52]) Das ἀποκαθιστάναι τὴν βασιλείαν τῷ ᾿Ισραήλ hat seine Entsprechung im הָקִים מַלְכוּת עַמוֹ 1 QSb 5,21. In diesen Zusammenhang gehören auch die χρόνοι ἀποκαταστάσεως πάντων (Apg.3,21), mit denen die Zeiten gemeint sind, in denen alle Worte, die Gott durch die Propheten geredet hat, „aufgerichtet werden" sollen (G. Dalman, Worte Jesu I, Neudruck Darmstadt 1965, S.146).

dene den vor der Königsherrschaft erwähnten Akt der Bundeserneuerung und Bildung der Endzeitgemeinde gleichsam absolut gesetzt und universal interpretiert. Denn die von ihm verheißene Ausgießung des Geistes hat in Qumran den Sinn, die „zum ewigen Bund Erwählten" zu läutern, so daß sie mit den Engeln zur „Einung", zur ewigen, endzeitlichen Bundesgemeinde, zusammengeschlossen werden können (1 QS 4,22 f.). Dieser Akt der Geistausgießung und letzten Bundeserneuerung war am Sinaigeschehen orientiert: Gott hat damals mit dem erwählten Volk „den Bund erneuert durch die Schau der Herrlichkeit und die Worte des Heiligen Geistes über die Werke Seiner Hände" (1 Q 34 bis 2,6 f.). In dieser Wiedergabe des Sinaigeschehens erscheinen Motive, wie sie auch in Apg. 2 berichtet sind: Die Schau der sich vom Himmel her manifestierenden Lichtherrlichkeit und die durch den Geist gewirkte Verkündigung der großen Taten Gottes.

Ein weiteres Motiv in Apg. 2 könnte Hinweis auf das Bundesfest sein. Im Zusammenhang mit dem Pfingsten des Jubiläenbuches wird die eidliche Verpflichtung hervorgehoben; dabei wird mit den ähnlichen Begriffen „Wochen" und „Eide" (שבועות) gespielt[53]. An den David geleisteten Eidschwur Gottes wird in Apg. 2,30 erinnert[54]: dabei ist der Begriff ὅρκος eigens zum Zitat hinzugefügt. Auch die Verheißung Gottes für Israel und die Völker wird ausdrücklich erwähnt (Apg. 2,39)[55]; die letztere beruht ja besonders auf der Zusage, die Gott nach dem Jubiläenbuch den Patriarchen am Pfingstfest gemacht haben soll (14,1 ff.; 15,1 ff.).

Abschluß

Vom Hintergrund der Qumranschriften her kann es nicht befremden, daß für die Darstellung des ersten christlichen Pfingsten Stücke aus Jes. 28 und der Sinaitradition verwendet worden sind. Denn beide Traditionen wurden bereits in dieser vorchristlichen Sekte auf die Gründung der Endzeitgemeinde und den eschatologischen Abschluß des Gottesbundes bezogen, der nach der Deutung des Jubiläenbuches höchstwahrscheinlich für den Sonntag des Pfingstfests erwartet wurde. Ferner sollen die zum ewigen Bund Erwählten den heiligen Geist empfangen, den Gott wie Reinigungswasser auf sie sprengen wird. Wer mit solchen Traditionen vertraut war und mit ihnen sein Zukunftsbild gestaltet hatte, mochte dem ersten Pfingstfest der messianischen Zeit mit besonderen Erwartungen entgegengesehen haben.

Andererseits erkennt man hier die *Selbständigkeit* der christlichen Exegese, die zu neuen, dem Zeitgeist widersprechenden Ergebnissen gelangen konnte. Das gilt be-

---

[53] A. Jaubert, La Notion, S. 104, 108, Anm. 58.
[54] Nach Ps. 132,11. Nach Jub. 28,15 fiel die Geburt Judas auf das Pfingstfest, was offenbar als ein Hinweis auf den Bund Gottes mit der Dynastie Davids verstanden werden muß (A. Jaubert, La Notion, S. 104).
[55] In Apg. 3,25 wird der Bund mit Abraham erwähnt und Gen. 12,3 zitiert.

sonders für das „Reden mit anderer Zunge" (Jes. 28,11). In den Hodajoth, im Prophetentargum und der Septuaginta ist dieser Vers mit dem höhnischen Spott in Jes. 28,10 verknüpft, von den ersten Christen wurde er richtiger nach Jes. 28,13 hin orientiert: Gott ist es, der einst mit „anderer Zunge", in lallenden Lauten, zu Israel sprechen wird, und diese Weissagung des Propheten ist mit der christlichen Glossolalie erfüllt.

Revolutionärer als Lukas, der das erste „Reden mit anderer Zunge" als Sprachenwunder gedeutet und damit die Glossolalie gleichsam gebändigt hat, ist vor ihm *Paulus* verfahren. Obwohl er den exegetischen Ursprung des Zungenredens genau gekannt und dieses als Gottes Offenbarung anerkannt hat, wagte er die Kritik und erhob die Vernunft zum Richter über den Geist: Wo das inspirierte Wort dunkel bleibt, hat es dem vernunftgeleiteten Reden Raum zu geben, wenn die Gemeinde versammelt ist. Der Geist, der „durch die Liebe unter sich fährt" und der Gemeinde dienstbar wird, gilt mehr als der Geist, der sich im Reden mit Menschen- und Engelzungen zu Gott aufschwingt[56]). Die Kühnheit des Paulus erinnert an Jesus, der das Wohltun vor das Opfer setzen konnte (Matth. 9,13), oder an das Selbstbewußtsein der Rabbinen, die der Bath-Qol, dem Substitut des Gottesgeistes, widersprachen, als sie ihnen vom Himmel her Weisung gab. Sie entschieden: Seit die Tora vom Sinai her den Menschen gegeben wurde, ist sie nicht mehr im Himmel; die Halacha folgt deshalb dem Mehrheitsbeschluß der Weisen, nicht dem Spruch der Himmelsstimme, die zudem undeutlich und darum fragwürdig bleibt. In dieser stolzen Stunde der Rabbinen lachte Gott und sprach: „Meine Kinder haben Mich besiegt, Meine Kinder haben Mich besiegt!" (b. Bab.Mez. 59 b Bar).

---

[56]) Vgl. dazu M. Luther, Von der Freiheit eines Christenmenschen, ed. Clemens, Bd. II, S. 27.

26. The Eschatological Interpretation of the Sinai-Tradition in Qumran and in the New Testament

THE men of Qumran must be understood as people under the word of God, as existential interpreters of the Holy Scriptures. The characteristic features of their communal life resulted from an eschatological exegesis of the Old Testament. This is also true for the so-called monastic trend in the Qumran community, in spite of the fact that this trend seems to transcend and even to contradict traditional Old Testament piety. In a similar way, the eschatological expectations of the Qumran people are deeply rooted in Biblical traditions. Among them, one of the most important is the *Sinai-tradition*. The long history of its interpretation begins in the Old Testament itself. The ancient Israelites considered the Sinai-event as the fundamental act of God's self-disclosure. They were hoping that through God's grace this event might become again and again a powerful reality for the life of the nation (1). This hope was revived and revised at Qumran. The people there were awaiting the coming of God at the end of times; to them the Sinai-tradition offered the classical report and model of such an encounter. In order to prove this I want to present in this paper a few facts of Qumran thought, which A. Jaubert was kind enough to omit in her recent excellent book on the covenant idea in Late Judaism (2). These facts will help us to re-evaluate some crucial passages in the New Testament.

(1) See W. BEYERLIN, *Herkunft und Geschichte der ältesten Sinaitradition*, Tübingen, 1961, p. 182. The same holds true for Judaism in general: "The Covenant at Sinai provides the context for a Jewish understanding of the divine-human encounter in history"... it is "a paradigm of the rabbinic understanding of God's relation to man" (Samuel E. KARFF, *The Agadah as a Source of Contemporary Jewish Theology*, in : *The Central Conference of American Rabbis Yearbook*, 73 [1965], p. 193).

(2) A. JAUBERT, *La notion d'Alliance dans le Judaïsme aux abords de l'ère chrétienne*, Patristica Sorbonensia volume 6, Paris, 1963. A very good study on the subject of this article is also by B. GÄRTNER, *The Temple and the Community in Qumran and the New Testament*, Cambridge, 1965; see furthermore

There are three aspects in which the impact of the Sinai-tra-
dition upon Qumran thought and life can be considered:
— The theophany, the powerful eschatological advent of God who
    will come as the judge of mankind;
— The preparation for this encounter with the holy God, leading
    to an "eschatological existence", to the holy life of a consecrated
    community;
— The preservation of such a holy life and community in the midst
    of an unclean and hostile world.

I. — THE COMING OF GOD THE JUDGE

The opening lines of the *Zadokite Fragments* announce the
coming judgment of God, and the same is done in the powerful
prologue of the *Ethiopic Enoch:* God will come forth from his dwelling,
appear with ten thousands of His "holy ones"—the faithful angels
are meant—and tread upon the earth on Mount Sinai.   The high
mountains will be shaken and the earth wholly rent in sunder.
Judgment will be held upon all men; but with the righteous God
will make peace and protect the elect (I, 4-9).   This prologue is an
eschatological version of the passage *Deuteronomy* 33, 2-5 which
serves as a kind of introduction to the "Blessing of Moses" on the
tribes of Israel.   According to these verses, God came from Mount
Sinai, dawned from Seir upon us, and appeared brilliantly from
Mount Paran.   He was accompanied by myriads of "holy ones",
which means angels, and by flaming fire at His right hand (33, 2).
The "holy ones" on earth are the members of God's people, who
were following in His steps and receiving direction from Him, when
Moses commanded the Law (33, 3-4).   Thus God became King in
Jeshurun when the heads of the people were gathered, "the union
of the tribes of Israel" (33, 5).

One can easily understand that the people at Qumran could
find in those verses a scriptural definition of their own self-understanding.   If the past tense of the verbs was replaced by that of
the future, an Essene eschatology in a nutshell was found.   For
the men at Qumran were awaiting the coming of God, who will
again be accompanied by the "holy ones", and believed to be God's
holy men on earth.   They claimed to represent the gathering of
all those who asked direction from the Law and wanted to be the
true Israel, the eschatological union of the tribes.   In my opinion
the term יחד = "union", which especially in the *Serek Hayaḥad*

Rudolf MEYER, *Tradition und Neuschöpfung im antiken Judentum*, Sitzungsbe-
richte der sächsischen Akademie der Wissenschaften zu Leipzig, Phil.-hist.
Klasse, Band 110, Heft 2, Berlin, 1965.

appears as the most characteristic designation of the Qumran community, has been taken from *Deuteronomy* 33, 5. "*Yaḥad*" is normally used as an adverb = "together" in the Old Testament; but in the two passages *Deuteronomy* 33, 5 and *I Chronicles* 12, 18 GESENIUS-BUHL understood it as a noun = "union, gathering". The Qumran YḤD is an eschatological entity; it is also characterized by holiness. This becomes evident from the *Serek Ha'edah*. The opening line defines this manual as the "rule of the whole congregation of Israel at the end of days when they are gathering for a union" (BH'SPM LYḤD). This means that the phrase : BH'SP R'ŠY 'M YḤD ŠBTY YŠR'L (*Deuteronomy* 33, 5) has been related to the true Israel of the eschaton. This eschatological "union" represents a "holy congregation" (*1 Q Serek Ha'edah* I, 9, 12-13), from which impure and imperfect people are excluded because "holy angels" belong to it (*ibidem* II, 3-11). Holiness, constituted by the presence of angels, characterizes the YḤD also according to *1 Q Hodayoth* III, 22 and *1 Q Serek* XI, 7-8. These passages suggest that the members of the Qumran community have now already an invisible communion with the angels. In the YḤD of the realized eschaton, this communion will be made perfect for all those whom God will cleanse with the Holy Spirit (*1 Q Serek* IV, 22), and the Qumran priests will then serve in the temple of God's kingdom like the angels of the presence (*1 Q Blessings* IV, 25-26). The idea of an eschatological union between the holy ones in heaven and God's holy people on earth might have been confirmed and even suggested by *Deuteronomy* 33: God will come with the myriads of holy ones (33, 2), all those consecrated to Him are in His hands (33, 3).

Furthermore, the fact that the *Messiah* is linked with the YḤD may go back to this passage from *Deuteronomy*. According to the blessing for the "Prince of the Congregation", the Messiah, God will "make the covenant of the YḤD in order to establish for him the reign over his people" (*1 Q Blessings* V, 20-21). *Deuteronomy* 33, 5 says that the YḤD of the tribes of Israel was established when He "became king in Jeshurun" (3).

Finally, the verses *Deuteronomy* 33, 2-5 may explain the role which according to various writings of the Qumran period angels have played at the Sinai-event. They either acted as mediators of the Law (4) or gave special instruction on important details

---

(3) The subject of HYH MLK could have been related to the Messiah, too. The "righteous" judgment of the Messiah, mentioned in *1 Q Blessings* V, 22 (LHWKYḤ BMY[ŠWR]) may be an interpretation of the old word יְשֻׁרוּן in *Deuteronomy* 33, 5.

(4) *Galatians* 3, 19; *Acts* 7, 38.53; *Hebrews* 2,2; JOSEPHUS, *Antiquities* XV, v, 3, 136. See especially the statement *Galatians* 3, 19, according to which the

hidden in it (5). The Qumran people expected that with God's advent and the abundant gift of His purifying Spirit, the elect will obtain "the wisdom of the Sons of Heaven", the perfect knowledge of the angels (*1 Q Serek* IV, 22). To them it must have been an almost unbearable thought that myriads of angels had come with God to Mount Sinai without sharing their wisdom with anyone; at least some of them must have served as expositors of the Law. The mediating task of Moses, however, is preserved carefully: God has commanded the Law through Moses (6). But in *1 Q 34 bis* II, 6-8 angels may be mentioned as instruments of the Sinai revelation (7).

The manifestation of God's glory wich in *Deuteronomy* is described in terms of flashing light (8) and fire, becomes at Qumran the signal of the final judgment (*Zadokite Fragments* XX, 26). The judgment itself is strictly related to the Sinai-event (9). Its norm is obedience to the Law and loyalty to the covenant (10), and in the act of punishment the "curses of the covenant" and the "vengeance of the covenant" will be realized through the sword (ibidem I, 17-18, see *1 Q Serek* II, 16) (11).

In the *rabbinic interpretation* of the Sinai-event the emphasis lies on the past; *Exodus* 19, not *Deuteronomy* 33, 2-5, is the decisive text. But the later passage helped to interpret the giving of the Torah as a universal act. The rabbinic view that God's voice was sounding from all the directions of heaven and offering the Law to each nation in its own tongue, had been influenced by *Deuteronomy*

Law is διαταγεὶς δι' ἀγγέλων ἐν χειρὶ μεσίτου; compare the Septuagint-version of *Deuteronomy* 33, 2: ... ἐκ δεξιῶν αὐτοῦ ἄγγελοι μετ' αὐτοῦ and 33, 3 ... καὶ ἐδέξατο ἀπὸ τῶν λόγων αὐτοῦ and 33, 4 ... νόμον ὃν ἐνετείλατο ἡμῖν Μωϋσῆς.

(5) The Book of *Jubilees* was given in this way to Moses (see *Jubilees* 1-2). It contains the sacred calendar upon which the Torah is based.

(6) Compare the formula ṣwh byd mwšh (*1 Q Serek* I, 3; VIII, 15, where God is the subject) with *Deuteronomy* 33, 4: twrh ṣwh lnw mšh.

(7) The "creatures of God's hands" (m'śy ydyk), who are mentioned besides the vision of God's glory and the Holy Spirit, may be angels (see the note of the editors D. Barthélemy-J. T. Milik, *Qumran Cave I*, Oxford, 1955, p. 154).

(8) zrḥ, hwpy'. See *Sifre Deuteronomy* 33, 2, where the verb hwpy' of this passage is expressly linked with the giving of the Torah.

(9) According to Pseudo-Philo, *Liber Antiquitatum* XI, 2 (ed. G. Kisch, 1949), God said to Moses at Mount Sinai: "Et postea ascendes ad me et dabo verba mea in ore tuo, et illuminabis populum meum eo quod dederim in manus tuas legem sempiternam, et in hac omnem terram iudicabo. Erit enim hec in testimonium".

(10) See *4 Q Testimonia* (*Journal of Biblical Literature* 75 [1956], p. 182) where *Deuteronomy* 5, 28-29, a text of the Sinai-tradition, serves as a introduction to the Biblical proof-texts for the three eschatological saviours.

(11) The context of *Deuteronomy* 33, 2-5 contains similar ideas. Compare the statement: "Vengeance is Mine" (32, 35) and the verses 32, 41-43, in which together with the judgment and the vengeance of God His sword is mentioned.

33, 2 and *Habakkuk* 3, 3 (12).   Moreover, the Sinai was considered to be a place of judgment (13).

On the other hand, the theophany has no threatening force for the righteous ones.   The fire which had accompanied the words of God at Mount Sinai could surround and protect the rabbis while they were teaching on the Law and the mysteries of God's throne (14). This version of the Sinai-tradition can be found in *Luke's* report on the first Christian Pentecost: Tongues of fire appeared together with the sound from heaven; they became the vehicle of the Holy Spirit who through the disciples proclaimed the mighty works of God in different tongues (*Acts* 2, 1-11).   But in the Epistle to the *Hebrews* the Sinai-theophany has to illustrate the critical effect of God's final coming: Not only the earth but also the heaven will be shaken (12, 26), for God is a consuming fire (12, 29).

II. — THE PREPARATION FOR GOD'S COMING

The Sinai-tradition became even more influential with regard to the way in which the men at Qumran prepared themselves for the encounter with the holy God.   Their life in the desert, their dwelling in a camp (15) and their emphasis on permanent ritual purity must be linked with the Sinai-tradition.   At this point, the chapter *Exodus* 19 is most important.   The Qumran community understood itself in the light of the promise to become a "kingdom of priests and a holy nation" (*Exodus* 19, 6) (16).   As God had separated Israel from all the nations and granted His covenant to them (*1 Q 34 bis* II, 5-6), so the Qumran community wanted to represent "the people of the holy ones of the covenant, the men taught in the commandment" (*1 Q Milḥamah* X, 10).   It is well known that the most remarkable features of the holy life at Qumran: celibacy, daily

---

(12) See especially *Shemoth Rabbah*, Section 5 (71a). In *Sifre d'be Rab* to *Deuteronomy* 33, 2 (p. 142 b) God's coming from four directions is explained as His speaking in four different tongues.

(13) In *Midrash Tanchuma* (ed. BUBER) *Bamidbar* § 7 (4 a) the name "Sinai" is related to God's "hatred" against the disobedient nations (NŚTN'W), and the name "Horeb" to His judging "sword" (ḤRB).

(14) See the references given in H. STRACK-P. BILLERBECK, *Kommentar zum Neuen Testament aus Talmud und Midrasch* (München, 1923, Vol. II, p. 603), especially *Palestinian Talmud, Chagigah* 2, 77b, and *Midrasch Schir Haschirim* I, 10 (91 b).

(15) MḤNH *Exodus* 19, 17.   This term appears in the passage *Zadokite Fragments* XX, 26, which is strongly influenced by the Sinai-tradition.

(16) According to *Jubilees* 16, 18, the seed of Jacob should become "a people for (His) possession above all nations... a kingdom and a holy nation".   See also *II Maccabees* 2, 17-18, where *Exodus* 19, 6 is described as the promise of God, the fundament of the hope that He will gather His people to the holy place, the temple.

ablutions, white linen clothing, and sacred meals, were derived from the Old Testament regulations for the priest who had to serve in the temple (17). But why were those rules imposed upon the lay-members of the Qumran community, why did they become unlimited, permanent laws leading to a kind of monastic life? Because the saints at Qumran wanted to be ready for the encounter with God at any moment; they also followed the example of the Israelites who stood at the foot of Mount Sinai. Moses had been told to "consecrate the people", to let them wash their garments (*Exodus* 19, 10) and avoid sexual intercourse (19, 15); in this way they would be ready for the third day. Since in the writings of Qumran the term "the people" can designate the lay-people as distinguished from the priests (*1 Q Serek* II, 21; VI, 8-9), the laymen at Qumran had to be consecrated too. The division between priests and lay-people can be found in and justified from the Sinai-pericope, and both groups are standing there under the obligation of being consecrated, prepared for God (*Exodus* 19, 21. 22. 24) (18).

The hour of God's coming was unknown. Therefore, the holy status of an eschatological community had to become a permanent one, a style of living. This consequence was drawn by the monks at Qumran. But to the married Essenes who lived outside of the monastic center, the way of a three-day-consecration as told in *Exodus* 19 was applied. This we know from the *Serek Ha'edah*, the order of the true Israel at the end of times. When this congregation was called together to carry out a holy action, its members had to be consecrated for three days so that "they would be ready for these things" (I, 26). The last residue of this tradition is the Jewish custom of the "three days of bounds" (הַגְבָּלָה), preceding the festival of Shabuoth.

III. — THE STRUGGLE FOR THE PRESERVATION OF THE CONSECRATED PEOPLE

The term "Hagbalah" leads to another step to be taken by Moses at Mount Sinai. God had commanded him "to set bounds around the moutain and to consecrate it" (*Exodus*, 19, 23). The top of Mount Sinai had been chosen as the place upon which God

---

(17) See my article : *Le ministère cultuel dans la secte de Qumrân et dans le Christianisme primitif*, in : *Recherches Bibliques* IV, 1959, p. 163-202.

(18) In *Mekhilta to Exodus* 19, 22 (ed. LAUTERBACH II, p. 225) the question is raised whether in this passage the priests are made equal to the lay-people. But the distinction between the two groups is confirmed as this was done at Qumran.

was about to descend (see 19, 20); therefore, it became a sacred area, a τέμενος. No one should go up to it or even touch its border, otherwise he shall be put to death (19, 12). God will 'break out against' those (PRṢ B) who dare to 'break through' (HRS) in order to go up to Him (19, 24). The boundary had to protect the people against the numinous power of God; therefore, the commandment was also put in this way: "Set bounds around the people" (19, 12).

1º *The protecting boundary*. — The idea of a boundary protecting a sacred area or a consecrated people was very important to the Jews who lived in the time of the Qumran community. Jerusalem was declared to be a holy city and protected against defilement by several fences and rules (19). Furthermore, we have to think of the boundary in the temple area *(soreg)* which separated the court of the Gentiles from that of the Israelites (20). The famous inscription warning every Gentile not to go beyond this boundary may have been influenced by *Exodus* 19, 12 (21). This may be also true for the statement that the "kings of the Greeks", the Seleucids, had made 13 "breaks" (PRṢWT) through the *soreg* (*Mishnah, Middoth* XI, 3) (22), Being holy places, Mount Sinai and Mount Zion belong together. According to the Book of *Jubilees* 8, 19, Mount Sinai was the center of the wilderness, Mount Zion the omphalos of the world. When the rabbis read of God's prohibition to touch Mount Sinai, they declared the same to be true for the sanctuary at Shilo, the tent of meeting, and the temple in Jerusalem (23). In Paul's allegorical description of the two covenants, Abraham's slave-woman Hagar stands for both, Mount Sinai and the present Jerusalem (*Galatians* 4, 24-25).

Through a spiritual interpretation, the boundary around the consecrated people of Israel became the boundary or fence of the Law. The *Letter of Aristeas* declares that Moses had fenced the

---

(19) Compare *Babylonian Talmud, Baba Qamma* 82 b; *Tosefta, Nega'im* VI, 2; *Ma'aser Sheni* I, 12, where the rules of purity are listed. See J. BÄR, *Israel be'ammim*, Jerusalem, 1955, p. 73.129.

(20) *Mishnah, Middoth* II, 3, see also JOSEPHUS, *War* V, v, 2, 193-194 : λίθινος δρύφακτος.

(21) The inscription, discovered by CLERMONT-GANNEAU in 1871, says: Μηθένα ἀλλογενῆ εἰσπορεύεσθαι ἐντὸς τοῦ περὶ τὸ ἱερὸν τρυφάκτου καὶ περιβόλου· ὃς δ'ἂν ληφθῇ' ἑαυτῷ αἴτιος ἔσται διὰ τὸ ἐξακολουθεῖν θάνατον. Compare *Acts* 21, 29 and *Mishnah, Sanhedrin* IX, 6. In the opinion of the scholars, the stranger who enters the inner court of the temple will die through the hands of God (BYDY ŠMYM).

(22) According to *I Maccabees* 9, 54 Alcimos commanded to destroy the wall around the inner court of the temple.

(23) *Mekhilta Exodus* 19, 15 (ed. LAUTERBACH, vol. II, p. 214).

Jews with impregnable ramparts and walls of iron (περιέφραξεν ἡμᾶς ἀδιακόποις χάραξι καὶ σιδηροῖς τείχεσιν) in order that they may be pure in body and soul, having no communion with other nations (§ 139); he has hedged them on all sides through rules of purity (πάντοθεν ἡμᾶς περιέφραξεν ἀγνείαις, § 142). Thus levitical purity became the characteristic mark of the Jewish nation in the Gentile world; its rules were considered to be a protecting fence (see also § 151). We may again assume that this idea was derived from the Sinai-tradition. In *Ethiopic Enoch* 93, 6 this tradition is referred to in the following way: "A law for all generations and an enclosure shall be made for them." The enclosure is not the land of Israel (24), but the law of levitical purity by which Israel had been consecrated to God.

This interpretation of *Exodus* 19 shows that the command-ment of consecrating the people and that of setting a boundary around it (*Exodus* 19, 10-12) had been identified; the laws of purity form a protecting wall (25). Not only the nature but also the func-tion of the boundary had been changed: Its protecting force is no more directed against the most sacred sphere of God's dwelling-place, but against the unclean world.

The *Qumran community* has claimed to be a holy people which was living in an unclean world, but separated from it through the boundary of a sacred life. However, in its case the unclean world was Israel. The Qumran community is not the chosen people in an ethnical sense, but the union of the chosen individuals; it is a "church". In it, too, the tradition of the Sinai-boundary became actualized. But the eschatological aspect, the expectation of God's coming, is clearly preserved. The *Zadokite Fragments* XX, 25-27 contain the following important statement: "But all those members of the covenant who have made a break into the boundary of the Law (PRṢW 'T GBWL HTWRH): when the glory of God will "appear" unto Israel (HWPYʻ, see *Deuteronomy* 33, 2), they will be cut off from the midst of the "camp" (HMḤNH) and together with them all the evildoers of Judah". Like Israel at Mount Sinai, the members of the Qumran community were living in a camp (see *Exodus* 19, 2. 16. 17) and awaiting the manifestation of God's glory. Its appea-rance will be a very critical moment and bring the final disclosure of the righteous and the wicked. Everyone who has violated the boundary of the Law will be sentenced by God's sword. The sin of breaking through the boundary of the Law was normally ascribed

(24) This is the view of R. H. CHARLES, *Pseudepigrapha* p. 263, note 6.
(25) See Midrash *Shemoth Rabbah* 28, 3 to *Exodus* 19, 8, where the consecra-tion of the people in *Exodus* 19, 10 and the setting bounds around Mount Sinai are combined. This could have been justified with 19, 23 where both actions are mentioned together and seem to be identical.

to the wicked enemies of Qumran. They were accused of "remo-
ving the boundary (GBWL) set by the forefathers" (ZADOKITE FRAG-
MENTS I, 16) and of "looking out for breaks" (PRṢWT) (*ibidem* I,
18-19); this meant that they "transgressed the covenant and broke
the ordinance" (ibidem I, 20). But in the final judgment the disobedient member of the Qumran community, the hypocrite who
consciously acted against the discipline of this group, will be con-
demned in the same way as the evildoers (see also *1 Q Serek* II,
16-17).

The "boundary of the Law" does not simply mean the Torah
as such—for the Torah as such was also accepted by the Jews outside of Qumran—but the Law as interpreted by the Teacher of
Righteousness. It refers to the discipline peculiar to this group,
separating its adherents from their environment and leading to
an eschatological existence of permanent purity. To stay within
the boundary of the Law means to listen to the voice of the Teacher of Righteousness (*Zadokite Fragments* XX, 32) and to learn
from "the former judgments" (XX, 31). Important is the passage
XX, 24 which in my opinion has to be read: "And God has made [a
fence] (26) around the people through a few words; they all, each
according to his spirit, shall judge themselves in the holy community". The "few words" refer to the rules of purity in Qumran
and to the few commandments of consecrating the Sinai community
(*Exodus* 19, 10-12. 23-24).

I wonder whether the *rabbinic* idea of a "fence around the Law"
(seyâg lattôrâh) has not been built upon the boundary of Moses (27).
There are several reasons which lead to such an assumption: *a)* The
commandment to "make a fence around the Law" was ascribed to
the "men of the Great Synagogue" (*Aboth* I, 1) which means to the
earliest period of rabbinic teaching. — *b)* To build such a fence was
to explain the ordinances and prohibitions of the Torah in an aggra-
vating fashion or to protect them by additional rules *(gzerôth);*
this was done in order to prevent a man from committing a deadly
sin. — *c)* Rabbi Aqibah declared the tradition to be the fence around
the Law (*Aboth* III, 13) (28). Since the oral teaching was believed
to go back to Mount Sinai, the boundary set by Moses can have
suggested the concept of the "fence around the Law". — *d)* The

---

(26) In my opinion, the gap in the passage XX, 24 should be read [רָשׁ|ן]
from שׁו־‎K. Compare *1 Q Hodayoth* VIII, 11.

(27) It is usually based upon *šâmôr tišmrûn* (*Leviticus* 18, 30, *Babylonian
Talmud, Jebamoth* 21 a, see also *Sifra Leviticus* to 18, 30 [342 a] and H. STRACK-
P. BILLERBECK, vol. I, p. 694). But this is clearly a later exegetical explanation.

(28) W. BACHER (*Tradition und Tradenten in den Schulen Palästinas und
Babyloniens*, Leipzig, 1914, p. 4) refers the term "tradition" in this passage to
the text of the Bible. But see H. STRACK-P. BILLERBECK, vol. I, p. 693.

way in which the rabbis describe the violation of their teaching is reminiscent of breaking through the Sinai-boundary. As in *Zadokite Fragments* XX, 25 the verb PRṢ is used and death declared to be the punishment. In *Tosefta, Chullin* II, 13-18 (29) the proverb: "Whosoever breaks through the wall *(hapôreṣ geder)*, a serpent will bite him" (*Ecclesiastes* 10, 8) is related to the wall of rabbinic teaching (30). The picture *pâraṣ geder* und the noun *pârîṣ* could designate lawless behaviour and immoral people (31).

In contrast to the ethical interest of the rabbis, which almost absorbed the expectation of God's coming, the Qumran exegetes drew the eschatological consequences from this tradition. But they had to take into account the peculiarity of their own situation. The eschaton was not yet realized. God has not come; His numinous glory did not yet fill a sacred place on earth. The sphere of holiness was restricted to the consecrated community; outside of it everything had become unclean, even the temple of Jerusalem was defiled. Therefore, the Qumran community understood itself as a living sanctuary, in which sacrifices of the lips and a holy life were offered to God (32). Closely connected with the temple concept is that of an eternal plantation, fenced by God Himself and protected by heavenly guardians like the paradise (*1 Q Hodayoth* VIII, 11-12) (33). Furthermore, the community forms a camp of holy warriors in which angels are going in and out (*1 Q Milḥamah* VII, 6); finally, it belongs to the "house of the Law" (*Zadokite Fragments* XX, 10. 13), the eschatological sphere in which the Law determines everyone and everything.

2⁰ *The attack against the holy people and the aggressors of the Kingdom.* — Since Qumran was the sacred heart of the earth, the boundary between sacred and profane was mainly attacked by the unclean forces outside. In the present pre-eschatological time, Satan (= Belial) was making desparate efforts in order to avert the catastrophy impending upon him and his realm. Both, demons and human beings, were used as weapons in this last assault. They acted as "violent aggressors of the covenant" ('RY[ṢYM BBR]YT, *1 Q*

(29) Edition ZUCKERMANDEL, p. 503.

(30) See also *Talmud Yerushalmi*, Berakhoth I, 3 b, quoted by H. STRACK-P. BILLERBECK, vol. I, p. 692.

(31) *Talmud Yerushalmi, Abodah Zarah* II, 41 a; *Wayyiqrah Rabbah* 26 (169 c); *Yerushalmi, Berakhoth* I, 4 b; *Babylonian Talmud, Megilloth* 12 b.

(32) *1 Q Serek* VIII, 5-10; IX, 3-6; *4 Q Midrash Samuel (= Florilegium)*, lines 6-7.

(33) Compare *1 Q Serek* VIII, 5-6. The togetherness of plantation and temple as illustrations of the true Israel was found in *Exodus* 15, 17 and *II Samuel* 7, 10-13; see the eschatological interpretation of these passages in *4 Q Midrash Samuel* (= Florilegium).

Habakkukpesher II, 6; restitution according to K. Elliger and J. Maier, but the lacuna is filled differently by J. Carmignac in *Revue de Qumrân* n⁰ 12, t. III, fasc. 4, p. 506); they tried to lay hands on the Teacher of Righteousness and his companions (*4 Q Pesher Psalm 37*, II, 18-19) (34). But the men at Qumran were firmly convinced that their community could not fall; it was built on a rock by God Himself. No stranger will pass through its strong gates, no band of warriors enter it (*1 Q Hodayoth* VI, 26-29). On the contrary, God's sword will fight for the sons of truth; the gates of their holy fortress will be opened for a counterattack in which the army of evil will be destroyed (*ibidem*, VI, 29-36). In this description of the final war we find the double movement mentioned in *Exodus* 19: The attempt of breaking by force into the sacred sphere gets punished in a violent outbreak of God Himself.

From the background of this concept, the difficult saying *Matthew* 11, 12 (parallel *Luke* 16, 16) can be explained. In it, Jesus spoke of people who enter the Kingdom of God by force (*Luke* 16, 16), of "men of violence" who plunder the Kingdom of Heaven (*Matthew* 11, 12). Who are these violent men, and how can the Kingdom of God, which must normally be understood as the eschatological rule of God, be attacked and entered by those people?

In a previous article, I have suggested that the violent aggressors of God's Kingdom can be compared with the ʿRYṢYM, the violent enemies of the Qumran teacher (*1 Q Hodayoth* II, 10-16. 20-29), and with the wicked armies attacking the holy fortress of the eschatological community (*1 Q Hodayoth* VI, 27-35); I even spoke of a "holy war" fought by Jesus against Satan and his demons (35). But I have not drawn the line to the Sinai-tradition. The verb βιάζεσθαι (*Luke* 16, 16), which as a medium form (36) usually designates a hostile action, is used in the Septuagint-version of *Exodus* 19, 24: The priests and the people shall not break through (μὴ βιαζέσθωσαν for Hebrew *'al yehersû*) to come up to the Lord, lest He break out against them (37). How can this prohibition be linked with the attempt of breaking into the Kingdom of God?

---

(34) See also *1 Q Hodayoth* II, 21.28: "Violent men were seeking my life".

(35) *Jesu heiliger Krieg*, in *Novum Testamentum* II (1957), p. 116-137.

(36) The passive is quite rare.

(37) D. Daube, *The New Testament and Rabbinic Judaism*, London, 1956, has dealt with these two passages in a long and learned article: *Violence to the Kingdom* (p. 285-300). Among many other suggestions, Daube also points to the passage *Exodus* 19, 21. 24 and the rendering of *hâras* by Septuagint, Targum and Mekhilta (p. 292). But he brings this reference in a section in which he discusses rabbinic passages on "forcing the end" and does not decide about the nature of the attempt to enter the Kingdom by force: is it impetuous or commendable?

It is first necessary to show that *malkûth šâmayim*, the reign of God, has been connected in New Testament times with both, the Sinai-tradition and the eschatological community; then the meaning of the saying of Jesus can be explained.

a) The rabbis of the Tannaitic period saw in the giving of the Law an expression of God's royal sovereignty; each commandment had to be understood as the decree of the King of the kings (38). With the preamble of the Decalogue: "I am the Lord, your God" (*Exodus* 20, 2), the yoke of the Kingdom of Heaven was imposed on the Israelites (39).   When the Israelites stood at Mount Sinai to receive the Torah "they all made up their mind alike to accept the kingship of God with joy" (*Mekhilta to Exodus* 20, 2).   The belief that God had manifested His royal sovereignty at Mount Sinai, may have been confirmed by *Deuteronomy* 33, 4-5, where the giving of the Law is mentioned and followed by the statement: "And he became king in Jeshurun."

b) According to Simon ben Jochai (middle of the second century A. D.) the Israelites had taken over the reign of God in Egypt; therefore, they were ready to accept the Law as the will of their God and King (40).   Such a view could have been based on a passage like *Exodus* 15, 18: "Jahwe will reign for ever and ever."   For this creedal statement stands in a hymn which in Hebrew tradition Moses and the Israelites have sung immediately after their miraculous march through the sea (*Exodus*, 15, 1).   Together with the preceding words: "Thy sanctuary, O Lord, which Thy hands have established" (41), *Exodus* 15, 18 is quoted in a *4 Q Fragment of Eschatological Midrashim (= Florilegium)* (42) in wich Nathan's oracle to king David (*II Samuel* 7) stands in the center.   God's promise to appoint a dwelling place for His people where violent

---

(38) See A. Büchler, *Sin and Atonement in the Rabbinic Literature of the First Century*, Oxford, 1928, p. 36. 118.

(39) See A. Büchler, *op. cit.*, p. 38-41.   The commandment that the ear of an Israelite slave had to be bored with an awl (Exodus 21, 6) was explained by Jochanan ben Zakkai (1. century A.D.) with the argument that this ear had heard at Mount Sinai that the Israelites should be servants to God alone (compare Leviticus 25, 55), and broken the yoke of the Kingdom of heaven from it (Talmud Yerushalmi Kiddushin I, 59 d); see also Tosefta Baba Kammah 7, 5).

(40) *Sifra to Leviticus* 18, 2, 85: שֶׁקִּבַּלְתֶּם מַלְכוּתִי עֲלֵיכֶם בְּמִצְרַיִם.

(41) Compare *Mark* 14, 58 and Josephus *Jewish War* V, ix, 4, 387: ἄρα χερσὶν ἀνθρωπίναις ἔπεσεν. MQDŠ 'DM in 4 Q Midrash Samuel (= Florilegium) lines 6-7 should not be translated as "man-made sanctuary" (so J. Allegro), for this would be according to *Exodus* 15, 17: *hammiqdaš 'ašer kônnû ydê 'âdâm*. It is rather a sanctuary consisting of men.

(42) J. M. Allegro, *Fragments of a Qumran Scroll of Eschatological Midrašim*, in *Journal of Biblical Literature* LXXVII [1958], p. 350-354 (= Florilegium).

men shall afflict *('innâh)* them no more (*II Samuel*, 7, 10) (43), is referred to the sanctuary established by God's hands (line 1-3). This sanctuary into which unclean people cannot enter (line 4) (44) is identified with the living temple of the eschatological community which offers lawful works as sacrifice (line 6-7). Such a sanctuary cannot be destroyed as the temple in Jerusalem (line 5). It will not become defiled by the sins of the people, for God protects it against the "Sons of Belial" who try to seduce its members (line 8-9). This picture of an eternal house of God is followed by the annunciation of the everlasting house of David. For the verses *II Samuel* 7, 11b-14 are interpreted as a Messianic prophecy, according to which the "Shoot of David" will arise in the last days in order to save Israel (lines 10-13).

Through such a combination of scriptural passages the Qumran exegetes could strengthen the faith and hope of their brethren: The eschatological community cannot perish. It is a spiritual house, built by God Himself; it will be kept sacred and undefiled. Here is the community of the Messianic age, participating in the final salvation of Israel; it stands under the protection and guidance of God, the eternal king (45). Even Satan (= Belial) and his agents cannot desecrate this sanctuary.

In the *Mekhilta* (46), too, *Exodus* 15, 17-18 is understood in an eschatological way. But the rabbinic exegete stands under the impression of the catastrophy in the year 70 A.D. and does not speak of a spiritual sanctuary. God will rebuild the temple and thus reveal His reign and sovereignty to the world. This is illustrated through a parable: "Robbers entered the palace of a king and plundered his goods; they killed the royal household and destroyed the palace of the king. After some time, however, the king sat down and held judgment upon them. Some of them he imprisoned, some of them he killed, some of them he crucified. And he dwelled again in his palace. Then his rule was acknowledged in the world. In this sense it is said: "Thy sanctuary, Lord, Thy hands have established it. Jahwe will rule as king for ever and ever."

---

(43) The first part of *II Samuel* 7, 10 is missing, but presupposed in the exegesis, lines 1-3.

(44) According to *Deuteronomy* 23, 3-4. Since this passage deals with the assembly (qâhâl) of God, it is quite evident that the sanctuary of *Exodus* 15, 17 and *II Samuel* 7, 13 was interpreted by the Qumran exegete as the eschatological community.

(45) This midrash shows that the concept of "Kingship of God" and that of the Messianic king do not exclude each other. The rise and rule of the Messiah reveal the Kingship of God.

(46) Edition LAUTERBACH II, p. 79-80.

The holy temple of God has a critical function over against the unholy world. It is hated and attacked by the violent enemies of God who seems to be inactive or absent, to have resigned from His task as king and judge of mankind. But the final reconstruction and establishment of this sanctuary will be the act through which God's kingship is made manifest again *(nitwadda')*; it will be the signal for the final judgment upon all the wicked on earth. Even the attempt of breaking into this temple and plundering its goods could point to the coming eschaton. The deliverance of Israel will be near when "robbers are coming and those robbing the robbers" *(Babylonian Talmud, Sanhedrin* 94 a).

Seen against this background, it is quite clear that the βιασταί in *Matthew* 11, 12 are violent agressors of the Kingdom and enemies of God. The Hebrew equivalent to this term might have been 'RYṢYM, PRYṢYM or M'NNYM (47). They direct their desparate efforts for self-preservation in a "war of wickedness" against the entity which represents the reality of God's reign on earth. According to Jesus, this entity is neither the eschatological community nor the temple in Jerusalem, but the Kingdom of God. Since the days of John the Baptist, God's Kingdom is at work in the world, represented by Jesus and his followers. Its violent agressors are the human agents of Satan who try "to break into" the sphere of God's reign. The term βιάζεσθαι εἰς *(Luke* 16, 16) renders most probably PRṢ or HRṢ, constructed with the preposition в and used as intransitive (48) (see *Exodus* 19, 21. 24).

c) The hostile intention of the violent men becomes more clearly evident in *Matthew's* version of the saying. He states that they are "plundering the Kingdom" (ἁρπάζουσιν αὐτήν 11, 12). Ἁρπάζειν is the goal of βιάζεσθαι εἰς, the "breaking in by force". The sequence of these two actions becomes clear from *Matthew* 12, 29, where Jesus compares himself with a victorious warrior who wants to "enter a strong man's house and plunder his goods" (εἰσελθεῖν εἰς τὴν οἰκίαν τοῦ ἰσχυροῦ καὶ τὰ σκεύη αὐτοῦ διαρπάσαι). Form and content of this saying are strongly reminiscent of the *Mekhilta-parable* to *Exodus* 15, 17-18: "Robbers entered the palace

---

(47) For the last of these terms see *II Samuel* 7, 10 and *1 Q 34 bis* I, 6: The eschaton will bring the extermination of all our oppressors (M'NYNW). For the attack of violent aggressors against God's people and His temple see also *II Maccabees* 8, 2, where it is said of Judas the Maccabee and his adherents: καὶ ἐπεκαλοῦντο τὸν κύριον ἐπιδεῖν τὸν ὑπὸ πάντων καταπατούμενον λαὸν οἰκτῖραι δὲ καὶ τὸν ναὸν τὸν ὑπὸ τῶν ἀσεβῶν ἀνθρώπων βεβηλωθέντα.

(48) Both, HRṢ and PRṢ can be used as transitive verbs and also as intransitives. The verb HRṢ has become outmoded in New Testament times; much more common was the Hebrew and Aramaic PRṢ. See also *Zadokite Fragments* XX, 26 where PRṢ instead of HRṢ is used. The rabbinic exegetes did not dare to use the term PRṢ for an action of God.

of a king and plundered his goods", ‏(לְסְטִים.... נִכְנְסוּ לִפְלְטִין‎

‏שֶׁלְמֶלֶךְ בְּזַזוּ נְכָסִיו)‎. In its original Hebrew, *Matthew* 12, 29 may

have contained a play on the words ‏נְכַנְס‎ = εἰσῆλθεν and ‏נְכָסִין‎ =

τὰ σκεύη αὐτοῦ (49). This saying describes an action which is similar to that of the violent men in 11, 12: Jesus has entered the fortress of Satan by force, bound its owner, and plundered his goods.
This conquest is attested by the miracles of exorcism: Jesus casts
out Belials demons (50) and liberates the human prisoners. The
victories over the "unclean spirits", which are won through the
power of the "Holy Spirit", reveal that the reign of God has come
upon mankind (ἔφθασεν ἐφ' ὑμᾶς *Matthew* 12, 28). The manifestation of God's rule, mentioned in the Mekhiltaparable, is meant
in the first part of *Matthew* 11, 12: "From the days of John the Baptist until now the Kingdom of Heaven is breaking in by force" (ἀπὸ
δὲ τῶν ἡμερῶν 'Ιωάννου τοῦ βαπτιστοῦ ἕως ἄρτι ἡ βασιλεία τῶν
οὐρανῶν βιάζεται). The verb βιάζεσθαι must again be understood
as a medium form, not as a passive (51). The saying as a whole
speaks of two opposite movements: The Kingdom of Heaven is
breaking victoriously into the world, but violent men attack and
plunder it. These violent men prevent the people from believing
in the Kingdom and its agents; they distort the truth by declaring
the victories of God's Spirit to be the work of Satan (*Matthew* 12,
24. 31-32). In *Matthew's* view, the violent opponents of the Kingdom are false teachers, the "brood of vipers" (12, 34); they cannot
"speak good" because they are fundamentally evil (12, 34-37). The
same is true for the aggressors of the Qumran community. The
best parallel to the struggle of Jesus as described in *Matthew* 11, 12
and chapter 12, can be found in *1 Q Hodayoth* VI, 25-36. In this
passage, too, we see the double action of *Matthew* 11, 12: Warriors
of wickedness are attacking the holy fortress of the eschatological
community, but they are defeated in a counter-attack, led by God
Himself (see especially lines 28-30). This is also the double movement of *Exodus* 19, 24, transferred from the past into the eschato-

---

(49) According to D. DAUBE (*op. cit.* in note 37) p. 289, the coupling of PRṢ
with HRS is found in *Babylonian Talmud*, *Sukkah* 26a: "A breach attracts the
thief". Compare JOSEPHUS, *Antiquities* XX, IX, 4, 214: The two relatives of
King Agrippa were violent (βίαιοι) and bent on plundering (ἁρπάζειν) the
goods of the weaker (quoted by D. DAUBE, p. 286).

(50) Beelzebul = Belial is the ἄρχων = ‏שַׂר‎ of the demons (*Matthew* 12,
24).

(51) The Revised Standard Version offers in the first place the passive
"has suffered violence" and gives in a footnote the correct rendering "has been
coming violently".

logical present or future, from a mere possibility into historical reality: If violent people should break into God's holy realm, He will break out against them (PRṢ BM). *Matthew* 11, 12 deviates, however, in three important points from *Exodus* 19, 24 and its Qumran-version: 1. The order of the two movements is reversed: God's kingdom breaks first into the world, then its violent opponents attack it by force; God, not Satan, has the initiative, and Jesus does not stay in the defensive like the holy warriors of Qumran, but leads into the final battle against the forces of darkness; — 2. The breaking in of the Kingdom means destruction only to the demoniac forces and their active, violent agents, but salvation and liberation to their human prisoners; — 3. The turning-point of history, the "time of judgment" (*1 Q Hodayoth* VI, 29), is already there; the Messiah has come. The saying on the violent aggressors of the Kingdom reveals the Messianic self-consciousness of Jesus.

We cannot reconstruct its original form with absolute certainty. But the Hebrew text may have been: MLKWT ŠMYM PWRṢT (BKM) W'RYṢYM BWZZYM LH (52). There might have been intented a play on the words PRṢ, 'RYṢYM and PRYṢYM: The Kingdom "breaks in" by force, but the "violent aggressors" act as "robbers". They desecrate the spiritual temple of God in the same way as the people who turn the temple in Jerusalem into a "den of robbers" (*Mark* 11, 17) (53). However, it is important that the saying of Jesus does not refer to objective entities like an established community and a τέμενος like the Jerusalem temple. Jesus rather speaks of the non-objective reality of God's Kingdom and acts in the ambiguous power of the Holy Spirit; precisely this non-objectivity leads to the opposition of the Jewish leaders.

d) Luke has rendered this saying in the following way: "The Law and the prophets were until John; since then the Kingdom of God is proclaimed as good news, and every one breaks into it by force" (16, 16) (54). Form and content are somewhat different. But it is clear that here, too, a hostile action against the Kingdom must have been meant, at least in the original Hebrew form (55); it seems to me, that Luke has still understood it in this way. The first part of *Luke* 16, 16: "The Kingdom of God is proclaimed as good news" is a free interpretation of *Matthew's* more original (56)

(52) The *waw* connecting the two halves of the sentence should have been understood as adversative and rendered by ἀλλά.

(53) σπήλαιον λῃστῶν = *me'ārat pāriştm* in *Jeremiah* 7, 11.

(54) ὁ νόμος καὶ οἱ προφῆται μέχρι Ἰωάννου, ἀπὸ τότε ἡ βασιλεία τοῦ θεοῦ εὐαγγελίζεται καὶ πᾶς εἰς αὐτὴν βιάζεται.

(55) The Hebrew equivalent for βιάζεσθαι might have been PRṢ, see *Zadokite Fragments* XX, 25.

(56) *Luke*, too, did not dare to use the strong term with its bad connotations; see note 48.

"breaking in" (βιάζεσθαι, φθάνειν ἐπί) of the Kingdom. *Matthew*
sees the Kingdom revealed through exorcism, the power of saving
deeds, *Luke* through the Gospel, the saving word.

The different theology, revealed in *Luke's* version, is also reflec-
ted in a different context. The two preceding verses *Luke* 16, 14-15
report on Pharisees who are scoffing at Jesus; he rebukes them as
hypocrites who seek to win the favor of man instead of doing what
pleases God. The saying following verse 16 tells that it is easier
for heaven and earth to pass away than for one dot of the Law to
become void (compare *Matthew* 5, 18). This statement seems to
prevent a possible misunderstanding of verse 16: The fact, that the
epoch of Law and prophets has been succeeded in turn by that of
the Gospel (compare *John* 1, 17), does not mean that the Law is
now invalidated. On the contrary, the message of the Kingdom
includes a radical demand: Man must surrender his whole self to
God, he cannot serve God and mammon (*Luke* 16, 13). The eschatological necessity to search for the radical will of God is not seen
by the Pharisees. A similar criticism is raised against the enemies
of Qumran: They seek God with a divided heart and do not stand
firmly in His truth (*1 Q Hodayoth* IV, 14); they search out smooth
things and look out for gaps (*Zadokite Fragments* I, 18-19).

Epilogue: The Broken Wall and the Way through the Curtain. —
There is another New Testament passage which interprets the act
of breaking through the boundary of the Law. The author of the
Epistle to the Ephesians tells his Gentile Christian readers that once
they had been alienated from the commonwealth of Israel and been
strangers to the covenant of promise; therefore, they had no hope
and were without God (2, 12). But Christ, by "abolishing the Law
in his flesh" (καταργήσας...ἐν τῇ σαρκὶ αὐτοῦ τὸν νόμον,) "has broken
down the dividing wall (λύσας τὸ μεσότοιχον τοῦ φραγμοῦ) of hos-
tility" between Jews and Gentile; thus he has made both of them
one and has also reconciled them to God (2, 14-16). From the per-
spective of a Gentile Christian, the Law with its commandments
and ordinances (57) has no positive, protecting force; it is rather
seen as a dividing wall, creating enmity between the Jews and the
rest of mankind. Therefore breaking through this wall is no more
understood as a crime, but as a saving deed of Christ. He has not
only made a break, but also broken the wall down and destroyed
it. He did this "in his flesh" (2, 14), "through the cross" (2, 16),
which means that he, too, had to pay for the break-through with
his own life.

(57) In 2, 15, again the ritual law is especially meant; the writer of the
Epistle speaks in 2, 11 of the circumcision "made in the flesh by hands".

We saw that the tradition of the theophany and the boundary at Mount Sinai could be linked with the temple and the barriers protecting its holiness. This is also done in the *Epistle to the Hebrews:* Through his blood, Christ has acted as the second Moses, the "mediator of a new covenant" (12, 24; 8, 7-13), and as the final high priest, securing an eternal redemption (9, 12). Both traditions are knit closely together (9, 11-28; 12, 18-24). The idea of entering the holy sphere of God and procuring access to this sphere is very important to this writer: Those, who "have come to Mount Zion and to the city of the living God, the heavenly Jerusalem, and to innumerable angels in festal gathering" (12, 22), must not be afraid of the final theophany which will surpass by far the terrifying appearence of God at Mount Sinai (12, 25-29). Mount Sinai points to the God of judgment, Mount Sion to the God of grace. The idea of having access to God is only expressed by the temple-symbolism. According to *Hebrews* 10, 19-20 the Christians have confidence to enter the sanctuary by the blood of Jesus, by "the new and living way which he opened for us through the curtain, that is through his flesh" (διὰ τοῦ καταπετάσματος, τοῦτ' ἔστιν τῆς σαρκὸς αὐτοῦ). Salvation means to have access to the sphere of God, to the realm of the eternal, invisible realities. But again, the break-through to God's realm was only possible through Christ's sacrificial death (58).

The Messiah is the son of Peres (59). He alone is able to make the final break through the walls which separate man from God and from his fellowman. Nothing can prevent his victorious way up to heaven and to the lower parts of the earth, whereby he makes captives the enemies of God and defeats even death. We may compare his ascent with that of Moses. The rabbis referred the verses *Psalm* 68, 18-19 (see *Ephesians* 4, 8-10) to Moses who went up on high and took away the Torah from heaven. Thereby he displayed an unusual courage. For a man who enters a city dares to take away only a thing which nobody cares for. But Moses seized the most precious posession of the heavenly world at which the eyes of all the angels were looking attentively (*Shemoth Rabbah* 12, 28, to *Exodus* 19, 2).

If one compares this rabbinic speculation with the Christian statements mentioned above, the transforming energy of the New

(58) The identification of the curtain with the flesh of Christ seems to be strange. But since the curtain is understood as an obstacle, as a wall which separates God and man, the Pauline principle that flesh and blood cannot inherit the Kingdom of God (*I Corinthians* 15, 50) could have been connected with the idea of Christ's sacrificial death which made the entrance into the sphere of God possible (see *Hebrews* 10, 19).

(59) See *Genesis* 38, 29, *Targum Jerushalmi* I and *Bereshith Rabbah* 12; *Ruth* 4, 18-22.

Testament exegetes becomes evident. Moses risked his life in
order to win the Law; for the Law should become an instrument of
sanctification, helping to create and preserve Israel as a holy people
of God.   Christ gave his life in order to abolish the wall of the Law
which separated Israel from the rest of mankind and kept the Gentiles away from God.   This was a Messianic action, a deed of realized
eschatology.   It became necessary because the Law was not able
to procure "shalom", wholeness and peace.   By turning a certain
group of people into a holy nation, it created boundaries and barriers, difference and distinction, hatred and contempt.   Eschatological sanctification has to be unifying and universal.   Therefore it
cannot depend on cultic rites, performed by priests and laymen.
It was, therefore, procured by the sacrificial death of the Messiah,
by faith in the reconciling and purifying power of his blood, by
following him on the way through the broken wall and the split
curtain.

In the *Apocalypse* of John, the promise *Exodus* 19, 6 is said
to be fulfilled in Christ, who has "redeemed us from our sins through
his blood and made us a kingdom, priests to God, his father" (1, 5).
And the author of the *First Epistle of Peter* relates this passage to
the Gentile Christians: Once they were no people, but through Christ
they have become the chosen race, the royal priesthood, the holy
people (2, 9-10).

This new and radical explication of the Sinai-tradition was
possible, because the historical Jesus had already acted in a revolu-
tionary way.   Understanding himself as the Anointed One, the Son
of Peres, he demonstrated God's eschatological strength as "breaking forcefully" into the world.   He also revealed that this action
meant destruction to the agents of Satan only, but brought freedom and salvation to mankind.   The historical Jesus already broke
through the wall of the Law, especially through the rules of ritual
purity and the Sabbath-laws, whenever they prevented him from
letting the healing power of God breaking victoriously into the
world.

Postscriptum

1. Die grundlegende Bedeutung der Sinaitradition für Leben und Hoffen
der Qumrangemeinde, sowie für Jesus und die ersten Christen, habe ich
auch in der Abhandlung »Bergpredigt und Sinaitradition« (in: Jesus, der
Messias Israels S. 332—384) aufzuzeigen versucht. Dort wurde herausge-

stellt, daß das im Alten Testament noch nicht als Nomen verwendete Wort
יחד = ›Einung‹, ›Gemeinschaft‹, das in der Gemeinschaftsregel (1 QS a)
aufgrund von Dt 33,5 für die Versammlung der endzeitlichen Heilsgemeinde Gesamtisraels gebraucht wird, in der Gemeinderegel als Selbstbezeichnung der Qumranfrommen dient (1 QS 1,1 ff.). Diese merkwürdige Tatsache hat m. E. ihren Grund in der feierlichen Erklärung, mit der das Volk
Israels am Sinai sich einmütig zum Gehorsam gegenüber Gottes Wort ver-
pflichtete: ›Zusammen‹ (wollten sie »alles tun, was der Herr sagte« [Ex
19,8]; vgl. 24,3). Der יחד von Qumran ist demnach die Vereinigung derer,
die aus freien Stücken, als ›Willige‹, den Willen Gottes tun; die Haltung des
Gottesvolkes am Sinai, die nach Ansicht der Rabbinen eine Sternstunde
Israels markierte, diente dabei als großes Vorbild. Das verraten Sprache und
Inhalt der Bundesverpflichtung in Qumran: Sie bindet und verbindet die
»Männer der Einung, die sich willig erweisen, umzukehren von allem Bösen
und festzuhalten an allem, was Er befohlen hat« (1 QS 5,1); diese verpflich-
ten sich durch einen bindenden Eid, »umzukehren zum Gesetz Moses,
gemäß allem, was Er befohlen hat« (1 QS 5,8), sie wollen eine »Einung in
der Tora« (1 QS 5,2), ein »Haus der Tora« (CD 20,10.13) sein. Der Eintritts-
eid für den Gottesbund von Qumran bedeutet somit die Wiederaufnahme
der Selbstverpflichtung Israels am Sinai (Ex 19,8); auch die Entschiedenheit
des essenischen Toragehorsams, das Bestreben, alles im Gesetz Gebotene zu
tun, ist als Übernahme dieses am Sinai gegebenen Versprechens zu verstehen.

2. Aber gerade solche radikale, zu keinen Konzessionen bereite, Haltung
in Sachen der Tora, ferner die Kritik, die von ihr her sich gegen alle halbher-
zige Frömmigkeit richten mußte, rief den Protest und scharfen Widerstand
der Andersdenkenden hervor. Zwar wurde die Autorität der Mosetora von
allen Juden anerkannt, aber die Geltung und Ausführung der Einzelgebote
war umstritten. In den noch unveröffentlichten Fragmenten von Höhle 4 ist
mehrfach von den »Forschern nach glatten Dingen« die Rede, zweimal von
der ›Gemeinde‹ (עדה), die sie bilden und an einer Stelle sogar von ihrer
›Herrschaft‹ (ממשלת דורשי חלקות). Anders als in Qumran wollten sie die Tora
möglichst für alle Menschen erfüllbar machen und ›glätten‹; sie ›erweichten‹
die mosaischen Gebote. Ein rigoroser Gehorsam, ein Forschen nach den
noch verborgenen – und nicht etwa nach den glatten! – Dingen in der Tora
konnte als unzeitgemäße Überspanntheit verurteilt werden und zu scharfen
Angriffen gegen die Qumrangemeinde führen. Sogar deren Mitglieder waren gegen eine mildere, bzw. laxe Auffassung nicht gefeit. Die Damaskusschrift läßt eine Spaltung innerhalb der Gemeinde erkennen, ausgelöst durch
eine Umkehr in der falschen Richtung, nämlich die Hinwendung zu »Männern des Spotts« und den Abfall zum »Lügenmann« (CD 20,8–15). Man
mußte damit rechnen, daß auch ein Glied des Neuen Bundes die »Schranke
der Tora durchbrach«, ohne daß dies in der Gemeinde bekannt wurde:
Solche Übertreter sollen ausgerottet werden, wenn die Herrlichkeit Gottes

für Israel offenbar werden wird (CD 20,25 f.), d. h. bei der endzeitlichen
Ankunft Gottes. Auch die bildlich gemeinte Wendung vom »Grenzzaun des
Gesetzes«, der gewaltsam durchbrochen werden kann, sowie die Erwartung
einer geschichtswendenden, richtenden Manifestation der Herrlichkeit des
heiligen Gottes, ist von der Sinaitradition inspiriert. Gott war ja damals als
der Numinose, Heilige, in Gewitter, Feuer und Rauch zum Sinai herabge-
kommen (Ex 19,18–20). Kein Mensch sollte gewaltsam in den von seiner
Herrlichkeit erfüllten Bereich des Berges eindringen (הרס), um Gott zu
schauen (V. 21); auch die Priester, die ihm nahe kommen dürfen, sollten sich
zuvor heiligen, damit Er nicht zu ihnen durchbreche (פן יפרץ בהם, V. 22).
Dieses Verbot ist für Priester und Volk in V. 24 wiederholt: Jeder Eindring-
ling wird beim strafenden Durchbrechen Gottes und beim Aufleuchten
seiner Herrlichkeit vertilgt.

Ich sehe in dem Verbum פרץ = ›durchbrechen‹, das in Ex 19,22.24 vom
strafenden Ausbruch (der Herrlichkeit) Gottes und in CD 20,25 vom fre-
velnden Einbrechen, Durchbrechen der Grenze des Gesetzes gebraucht
wird, das hebräische Äquivalent zum Verbum βιάζεσθαι in Mt 11,12 und Lk
16,16. In der Septuaginta zu Ex 19,24 ist es medial = ›gewaltsam eindringen‹
gebraucht, freilich nicht für den richtenden Zugriff Gottes, der aus Scheu
vor einem Anthropomorphismus mit den eher farblosen Verben ἀπαλλάσσειν
(V. 22) und ἀπολλύναι (V. 24) wiedergegeben wird; βιάζεσθαι bezeichnet den
möglichen menschlichen Versuch, in den Bereich Gottes einzudringen.

3. Peter Scott Cameron hat in seiner Dissertation »Violence and the Kingdom« (The Interpretation of Matthew 11: 12; ANTJ 5; 2. Aufl. Frankfurt-
Bern 1988) die Auslegung des »Stürmerspruchs« in der Alten Kirche
(S. 3–22), bei den Theologen des Mittelalters (S. 23–30), einigen Reformatoren und den kritischen Exegeten der Aufklärung (S. 31–48) nachgezeichnet. Besonders ausführlich ist dann die Auslegung im 19. und 20. Jh. dargestellt (S. 49–160); ein in der 2. Aufl. hinzugefügter Epilog (S. 161–169) führt
bis in die Gegenwart. Cameron hat die exegetischen Ergebnisse knapp und
präzise geboten und mit geistreicher Kritik versehen. Er stellt die Verlegen-
heit der Ausleger angesichts des rätselhaften Jesusworts heraus und vermittelt den Eindruck, als habe man in den fast 2000 Jahren exegetischen Bemü-
hens um Mt 11,12 par. kaum einen Fortschritt erzielt: »Es gibt nichts Neues
unter der Sonne« (Vorwort); das Ganze ist »eine exegetische Komödie«
(Nachwort). Die Beurteilung der Aktion des βιάζεσθαι, des Bedrängens des
Himmelreichs, pendelt zwischen den Polen: in bonam partem und in malam
partem, hin und her: Man drängt sich – vielleicht aufgrund der Evange-
liumspredigt (Lk 16,16) – enthusiastisch in das Gottesreich hinein, möchte
sein Kommen durch Gewaltanwendung und heiligen Krieg provozieren (so
die Zeloten), oder es durch Fasten und Beten von Gott erbitten. Anders die
Deutung in malam partem, bei der βιάζεσθαι analog zu Mt 11,12b passivisch
übersetzt wird: Das Himmelreich erleidet Gewalt und wird ausgeraubt.
Johannes der Täufer wäre dann kein Stürmer des Gottesreichs, sondern ein

Opfer der gegen es ausgeübten Gewalt, und Herodes Antipas ein prominenter Gewalttäter; Cameron selbst befürwortet diese Deutung.

Seine Skepsis und sein Spott sind deshalb cum grano salis gemeint. Der Markt der exegetischen Möglichkeiten gegenüber dem Stürmerspruch ist m. E. erheblich verengt, vor allem seit der Entdeckung der Texte von Qumran. Die Deutung in bonam partem, das Sich-Hineindrängen in das Gottesreich, das dabei als heilbringende Größe verstanden wird, ist recht unwahrscheinlich und mit den Verben βιάζεσθαι und ἁρπάζειν nicht zu vereinen; auch ein Herbeizwingen der Basileia durch frommen Aktivismus scheidet aus diesem Grunde aus. Die Gewalt, die dem durch Johannes, Jesus und den Seinen repräsentierten Reich Gottes angetan wird, ist in malam partem zu deuten, ähnlich wie das Einbrechen in den heiligen Bereich Gottes am Sinai, das Durchbrechen der Grenze des Gesetzes oder das gewaltsame Vorgehen gegen die Heilsgemeinde von Qumran; dafür spricht der zweite Teil von Mt 11,12. Man kann βιάζεσθαι m. E. sowohl passivisch als auch medial übersetzen. Im ersteren Fall – das Gottesreich erleidet Gewalt – ergibt sich gegenüber Mt 11,12b fast eine Tautologie: es wird ausgeplündert. Vom Hintergrund der Sinaitradition und auch vom Kontext in Mt Kapp. 11 und 12 her empfiehlt sich die mediale Übersetzung des βιάζεσθαι = hebr. פרץ und die Annahme einer Doppelbewegung: Mit der Verkündigung des Evangeliums und den es legitimierenden Machttaten Jesu bricht die Gottesherrschaft machtvoll in die Welt herein (Mt 12,28); Jesus bindet den Starken, den Teufel, und nimmt ihm seine Waffen und die von ihm beherrschten Menschen ab (Mt 12,29). Wird Mt 11,12a in diesem Sinne verstanden, so stellt Mt 11,12b eine feindliche Gegenbewegung dar: »Aber – καί ist adversativ zu übersetzen – gewalttätige Menschen (βιασταί = עריצים) plündern« die sich realisierende, in bescheidenem Anfang vorhandene, Gottesherrschaft aus. Das Vorgehen des Herodes gegen den Täufer, aber auch die Verleumdung des Exorzisten Jesus, der den Teufel durch Beelzebul austreiben soll (Mt 12,24), wären Beispiele solcher Gewalttat.

VI. Paulus

27. Die Vision des Paulus im Tempel von Jerusalem

Apg 22, 17–21 als Beitrag zur Deutung des Damaskuserlebnisses

1. Die Herkunft der Perikope

Unter den drei Berichten, die Lukas von der Berufung des Paulus gegeben hat
(Apg 9; 22; 26), fällt der mittlere durch seinen merkwürdigen Abschluß auf:
Dem Damaskuserlebnis soll eine zweite, nicht minder wichtige, Vision in Jerusalem gefolgt sein; dabei sei Jesus dem im Tempel betenden Paulus erschienen, habe ihn von der Stadt weggewiesen und zu den Heiden gesandt (Apg
22, 17–21). Eine erste Frage muß der *Herkunft* dieser Episode gelten: Hat Lukas sie aus dem Strom christlicher Überlieferung geschöpft oder aber selbst
erdacht? H. Conzelmann rechnet die Vision im Tempel einem Traditionskom-
plex zu, in dem Paulus biographisch mit Jerusalem verbunden war; an dieser
speziellen Überlieferung habe Lukas sein Paulusbild orientiert[1]. Auf den ersten Blick macht unsere Perikope Apg 22, 17–21 den Eindruck einer gewissen
Eigenständigkeit. Sie paßt nicht zum Selbstzeugnis des Paulus, der nach seiner
Berufung zunächst gar nicht nach Jerusalem ging und bei seinem später erfol-
genden Besuch in dieser Stadt keine Vision im Tempel erwähnt: Er hat dort
den Kephas und den Jakobus, nicht aber Jesus »gesehen« (Gal 1, 18 f.). Diese
Vision fügt sich aber auch nicht ohne weiteres in den Rahmen der von Lukas
sonst gegebenen Darstellung von den Anfängen des Apostels ein. In der Nachgeschichte des ersten Berufungsberichts (Kap. 9) wird unter anderem auch von
einer Predigertätigkeit des Paulus in Jerusalem erzählt; dieser verließ jedoch
nicht auf Grund einer Christusvision, sondern wegen der Feindschaft der Hellenisten die Stadt (9, 27–30). Auch das Damaskuserlebnis selbst wird von
solch einem Ereignis kritisch berührt. So urteilt H. Conzelmann: Die Vision
im Tempel »setzt keine vorausgehende Berufung voraus«; ja, »sie paßt gar
nicht zu einer solchen und bildet eine konkurrierende Variante zur Berufung
vor Damaskus«[2].

Aber in ihrer jetzigen *Form* stellt diese Vision keine geschlossene und mit
dem Damaskuserlebnis konkurrierende Geschichte dar. Falls sie einmal ein

---

[1] Die Apostelgeschichte (HNT 7), Tübingen 1963, 126. Hinweise auf diesen Tradi-
tionskomplex sind Apg 22, 3; 23, 16.
[2] a. a. O.

selbständiges Traditionsstück gewesen sein sollte, müßte sie von Lukas nicht
so sehr erweitert[3] als vielmehr verkürzt, ja zu einem schwachen Enklitikum
der Berufung vor Damaskus degradiert worden sein. Zwar enthält sie wie
diese typische *Motive einer Berufungsgeschichte:* Vision, Auftrag, Einwand
des Berufenen und schließlich dessen Sendung. Aber einige dieser Motive
sind untypisch verwendet und gleichsam auf den Kopf gestellt. Zwar ist die
Vision stilgerecht und dazu auch gut lukanisch ausgeführt (V. 17. 18a): Daß
sie während des Gebets und im Zustand der Ekstase erfolgt, hat sie mit dem
Gesicht des Petrus in Joppe gemein, das ja ebenfalls dem Auftrag der Heidenmission dient (Apg 10, 10 f.; 11, 5); der Schauplatz des Tempels erinnert an die
Vision des Zacharias (Lk 1, 8—11). Problematisch ist aber, wie die Motive des
Auftrags und des Einwands gestaltet sind (VV 18b—20). H. Conzelmann meint
zwar dazu: »Der Einwand gegen den Auftrag Gottes ist schon im AT verbrei-
tetes Motiv«[4]. Aber in unserem Fall ist der Auftrag des Erscheinenden in sein
Gegenteil, in ein Verbot der Verkündigung, umgemünzt. Es heißt nicht etwa:
»Gehe eilends nach Jerusalem und lege dort von mir Zeugnis ab!«, sondern:
»Eile und gehe schleunig aus Jerusalem hinaus, denn man wird dein Zeugnis
über mich nicht annehmen!« (V. 18b). Dementsprechend gilt jetzt der Einwand nicht etwa einem Auftrag, dem sich der Berufene nicht gewachsen fühlt,
sondern der Aufhebung des Verkündigungsverbots: Gerade als der frühere
Christenverfolger ist Paulus ein gut geeigneter Judenmissionar; die Unwürdigkeit wandelt sich in diesem Falle zur besonderen Befähigung (VV 19—20)[5].
Diese Umkehrung der beiden Motive wäre ohne die bereits erfolgte Berufung
des Paulus gar nicht möglich und sinnvoll gewesen; die Vision im Tempel
setzt also das Damaskuserlebnis voraus.

Lukanisches Denken enthüllt sich, wenn man die *theologische Absicht* dieser Perikope ermittelt. Nach H. Conzelmann kommt sie dem Streben nach
heilsgeschichtlicher Linienführung entgegen: Lukas habe die Vision im Tempel deshalb erwähnt, weil er mit ihr die Kontinuität von Urgemeinde in Jerusalem und heutiger Kirche darlegen und außerdem die Autorität des Paulus an
den heilsgeschichtlichen Ort des Tempels binden konnte[6]. M. E. können solche Tendenzen allerdings nicht maßgebend gewesen sein. Denn die Urgemeinde tritt in dieser Perikope nicht in Erscheinung[7], und die zweite Christusvision führt ja gerade zum Bruch mit den Juden Jerusalems und dem Tempel;

---

[3] Nach H. Conzelmann (a. a. O.) hat Lukas den Rückverweis auf Stephanus in V. 20
eingetragen.

[4] a. a. O. 127.

[5] Vgl. dazu das Urteil G. Stählins: Die Verfolgerrolle des Paulus und seine Teilnahme am Martyrium des Stephanus sind die beste Vorbedingung für eine Mis-
sionstätigkeit unter den Juden (Die Apostelgeschichte [NTD V] Göttingen 1962,
286).

[6] a. a. O. 127.

[7] Im Unterschied zur Nachgeschichte im ersten Berufungsbericht Apg 9, 27—30.

sie reißt so den heilsgeschichtlichen Faden ab. Immerhin bildet das Gebet des Paulus im Tempel ein gewichtiges Argument gegen die den Kontext beherrschende Anklage, Paulus habe diese Stätte ostentativ entweiht (Apg 21, 28). Solch eine indirekte Widerlegung der Anklage ist ebenfalls lukanisch. Sie entspricht der Art, mit welcher der lukanische Paulus soeben den Verdacht der Gesetzesmißachtung zerstreut hat: Er übernahm die Kosten für die Ausweihung einiger Nasiräer und beteiligte sich so an einem besonders verdienstlichen Werk des Toragehorsams (Apg 21, 21—24).

2. Die Stellung der Perikope im Ganzen der Apostelgeschichte

Noch wichtiger ist das *Verhältnis der Perikope zum Damaskuserlebnis*. G. Stählin hat die Episode im Tempel der Vision vor Damaskus zugeordnet, und zwar in positiver Weise, nicht als konkurrierendes Seitenstück. Er betont die folgenden Züge dieser Geschichte: Paulus, der als frommer Jude am Gottesdienst im Tempel teilnimmt, wird gerade dort zum Heidenmissionar berufen. Denn erst jetzt wird die Sendung zu den Heiden klar und unzweideutig ausgesprochen; mit ihr erreicht die ganze Rede des Paulus ihren Höhepunkt und dramatischen Schluß[8]. Das bedeutet aber, daß mit der Vision im Tempel das Damaskuserlebnis ergänzt und vollendet wird: Der Schleier des Unbestimmten, der dort noch die Empfänger der Christusbotschaft umgibt (Apg 22, 15), ist jetzt gefallen. Damit wird freilich auch das furchtbare Faktum enthüllt, daß der Messias und König Israels sein verstocktes Volk links liegen lassen muß (Apg 22, 21 f.). Das ist ein charakteristischer Zug der lukanischen Theologie (vgl. Apg 28, 24—28); er bestätigt unseren Verdacht, daß in dieser Perikope nicht etwa ein selbständiges Stück christlicher Überlieferung, sondern eher eine Schöpfung des Lukas vorliegt.

Dafür spricht noch eine andere Beobachtung, die zur *Eschatologie* des dritten Evangelisten und zu seiner Darstellung des *apostolischen Wirkens* führt. Jerusalem ist für Lukas in besonderer Weise die Stadt, in der sich das Heil und die Herrschaft Christi offenbart[9]. Sie ist die Stadt Davids, der in der Apostelgeschichte als prophetischer Zeuge für die Auferstehung Jesu fungiert (Apg 2, 24—35); sie ist ferner der Ort, von dem aus der Davidide Jesus erhöht wird und sein messianisches Regiment beginnt (Apg 2, 33—35). Die Osterereignisse werden von Lukas auf Jerusalem beschränkt, und die Auferstehung Jesu — besser seine »Aufstellung« mit dem doppelten Aspekt »Aufstellung vom Totenreich« (Apg 2, 24—29) und »Aufstellung als Inthronisation« (Apg 2, 32—35)

---

[8] a. a. O. 285 f.

[9] Siehe dazu G. Stählin a. a. O. zu Apg 1, 4, wo wertvolle Hinweise auf die Verheißung der Propheten gegeben werden, in denen die endzeitliche Heilsoffenbarung gerade an Jerusalem gebunden wird, so Jes 2, 1—4; Joel 3, 1—6; Sach 12, 10 ff.; 13, 1 u. a.

— erscheint in der Apostelgeschichte als das Heilsereignis schlechthin[10]. In Jerusalem werden die Jünger zu Zeugen der Auferstehung, und dort empfangen sie den von Christus ausgegossenen Heiligen Geist (Apg 2, 33). Nun sieht zwar Lukas in der Berufung des Paulus kein Ostererlebnis, auch zählt er ihn nicht zu den Aposteln wie die Zwölf. Aber in seinem Wirken steht der lukanische Paulus in keiner Weise hinter den zwölf Aposteln zurück, was Lukas bekanntlich mit der Parallelisierung von Petrus und Paulus zum Ausdruck bringt. In Apg 22, 17–21 wird diese Gleichstellung nun auch auf die Berufung ausgedehnt; die Berufung des Paulus wird mit der Vision im Tempel weitgehend an die genuin apostolische angeglichen. Wie die Zwölf sieht Paulus den Herrn in Jerusalem, und gerade bei dieser Vision wird aus Jesu Mund das dem Apostelbegriff zugrundeliegende Zeitwort »Senden« auf ihn angewendet: »Ich will dich zu den Heiden in die Ferne senden« (ἐξαποστελῶ σε, Apg 22, 21). Unsere Perikope ist geradezu ein Seitenstück zum Anfang der Apostelgeschichte, wonach Jesus den Jüngern in Jerusalem erschien und sie von dort aus bis zu den Enden der Erde gehen hieß. Gerade Paulus hat dieses am weitesten gesteckte Ziel des Missionsbefehls erfüllt; denn er ist es gewesen, der »in die Ferne zu den Heiden«, bis nach Rom, gegangen ist (vgl. Apg 22, 21 mit 1, 8 und Jes 49, 6).

Schließlich macht Lukas hier ein Zugeständnis an die _jüdische Theologie._ Daß er die Vision im Tempel gerade in der Rede vor den Juden erwähnt, ist jedenfalls ein wohl bedachter exegetischer Schritt. Nach den Grundsätzen der jüdischen Offenbarungstheologie kann das Damaskuserlebnis nicht genügen, denn schon der Ort des Geschehens fällt aus dem Rahmen. Eine Vision, in der sich Gott oder der Messias offenbart, sollte nach spätjüdischer Auffassung nicht mehr außerhalb des Heiligen Landes erfolgen; andernfalls könnte sie auf Selbsttäuschung oder Betrug beruhen. So wird z. B. in der Mekhilta zu Exodus als Kommentar zum Reden Gottes mit Mose und Aaron in Ägypten (Ex 12, 1) folgende These aufgestellt: Vor der Erwählung Israels waren alle Länder der Erde als Stätten des göttlichen Wortempfangs geeignet, danach schieden die außerisraelitischen Gebiete aus. Ebenso fielen mit der Erwählung Jerusalems alle anderen Orte in Israel als Opferstätten weg; schließlich wurde mit der Erwählung des Tempels die Einwohnung Gottes auf diesen Ort innerhalb Jerusalems beschränkt[11]. Demnach schrumpfte der Raum der göttlichen Selbstbekundung immer mehr zusammen; Damaskus liegt weit außerhalb des Kreises, dessen Mittelpunkt der Jerusalemer Tempel bildet. Diese jüdische These macht es verständlich, daß Lukas das Damaskuserlebnis durch eine Vision im Tempel legitimiert. Wenn sein Argument bei den Juden Jerusalems nicht verfängt, so liegt das an der von Jesus angesagten Verstocktheit dieser Menschen (Apg 22, 18b).

---

[10] Vgl. dazu mein Buch: »What do we know about Jesus?« London 1968, 99–101.
[11] Mekhilta des R. Ischmael ed. J. Lauterbach. Philadelphia 1949, I, 4.

3. Lukas als Interpret des Paulus der Briefe

Aber der letzte und tiefste Grund für die Gestaltung dieser Perikope liegt
m. E. darin, daß Lukas mit ihr die Berufung des Paulus wirklich paulinisch,
im Sinne der eigenen Darstellung des Apostels, interpretieren will. Die Tatsache, daß dieser in seinen Briefen ebenfalls von seiner Berufung spricht, gibt
uns die Möglichkeit, zu vergleichen und die Arbeit des Lukas gerade an diesem Punkt kritisch zu kontrollieren. Freilich bietet der Paulus der Briefe keinen ausführlichen und geschlossenen Bericht, wie ihn Lukas mit den drei
Versionen in der Apostelgeschichte vorlegt. Vielmehr nimmt er in wenigen
kurzen Aussagen darauf Bezug; sie stehen vor allem im 1. Korinther- und im
Galaterbrief. Folgende Tatsachen werden dabei betont: 1. Grundlegendes Erlebnis ist eine Christusvision, die Paulus in 1 Kor 15, 8 den Visionen des Petrus und der Zwölf, des Jakobus und der anderen Apostel anreiht. Demnach
ist das Damaskuserlebnis des Paulus eine Ostergeschichte, ja, er ist im Neuen
Testament der einzige, der von seinem Ostererlebnis authentisch berichtet.
2. Die Christusvision vor Damaskus wird von Paulus nicht etwa als »Bekehrung«, als Ruf zum Glauben und zur Sinnesänderung, verstanden, sondern
als Berufung zum Apostel gedeutet. Das geht aus 1 Kor 9, 1 hervor: Paulus ist
ein Apostel, weil er den Herrn gesehen hat. 3. Diese Berufung führt freilich
faktisch auch zu einer Bekehrung und Lebenswende, weil Paulus vor diesem
Ereignis ein Christenverfolger und damit das Gegenteil eines Apostels war.
Wo er auf seine Berufung zu sprechen kommt, erwähnt Paulus, daß er die Gemeinden zerstört hat (Gal 1, 13 f.; 1 Kor 15, 9 f.). Er will aber damit die Freiheit Gottes betonen, der sich bei seiner Wahl nicht um menschliche Maßstäbe
und Vorbedingungen kümmert. 4. Mit der Berufung hat Paulus auch seine
Botschaft erhalten; die Vision und Offenbarung Christi schließt also die Übergabe des Evangeliums mit ein (Gal 1, 12. 15). 5. Schließlich werden auch die
Empfänger der Botschaft bei der Berufung bekannt: Paulus soll den ihm geoffenbarten Gottessohn den Heiden verkündigen (Gal 1, 16).

Wie war es möglich, daß Paulus diese Vielfalt von Tatsachen und Aufgaben
aus dem Erlebnis der Christusvision ableiten konnte? Lukas hat diese Frage
damit beantwortet, daß er die Vision durch eine deutende Audition des Christus erweitert und in den beiden ersten Berichten den Ananias als Beauftragten Christi und Interpreten des Damaskuserlebnisses einführt. Der Paulus der
Briefe sagt von solchen Deutern nichts. Dennoch hat er eines Schlüssels be-
durft, der ihm den vollen Bedeutungsumfang des Damaskusgeschehens erschließen half. Aber diesen Schlüssel boten ihm nicht die Worte eines vom
Himmel her redenden Christus oder eines auf Erden helfenden Christen, sondern die Worte Gottes in der Heiligen Schrift: Sie haben Paulus selbst zum
Deuter der Damaskusvision ermächtigt und ihn von Fleisch und Blut unab-
hängig gemacht. Welche alttestamentlichen Stellen kamen dafür in Frage? In
Gal 1, 15 f. spielt der Apostel auf Jeremia und den Gottesknecht Deuterojesa-

jas an; denn die Aussonderung vom Mutterleib her und die Sendung zu den Heiden haben auch diese beiden Verkündiger von sich erwähnt (Jer 1, 4—10; Jes 49, 1—6). Wichtiger scheint mir jedoch eine alttestamentliche Berufungsgeschichte zu sein, auf die ich schon früher einmal hingewiesen habe[12]. Es ist dies Jes 6, 1—13, weil die *Berufungsvision Jesajas* alle diejenigen Motive enthält, die in den oben erwähnten Aussagen des Paulus erscheinen, und weil sie darüber hinaus deren innere Logik enthüllt.

Diese *Beziehung zwischen der Christusvision des Paulus und der Berufung Jesajas* muß kurz aufgezeigt werden, ehe die Frage nach der Deutung des Lukas vollständig beantwortet werden kann. 1. Zunächst ist die Frage 1 Kor 9, 1 an Jes 6 orientiert und erhält von dorther ihre beweisende Kraft: »Bin ich nicht ein Apostel? Habe ich nicht Jesus, unseren Herrn, gesehen?« (οὐκ εἰμὶ ἀπόστολος; οὐχὶ Ἰησοῦν τὸν κύριον ἡμῶν ἑόρακα;). Vision und Berufung zum Apostel sind deshalb bedeutungsgleich, weil auch Jesaja von seiner Berufung sagen konnte: »Ich habe den Herrn gesehen« (εἶδον τὸν κύριον, Jes 6, 1), dem er auf seine Frage nach einem Boten antwortete: »Siehe hier bin ich! Sende mich!« (ἀπόστειλόν με Jes 6, 8). Freilich kann man sich zunächst daran stoßen, daß der Gegenstand der Vision in beiden Fällen verschieden ist: Jesaja hat Gott als den »Herrn« gesehen, bei Paulus war es der erhöhte Jesus. Aber diese Differenz ist in Joh 12, 41 aufgehoben, wonach Jesaja Jesu Herrlichkeit gesehen und von ihm geredet hat. Auch nach dem Prophetentargum hat Jesaja nicht Gott selbst, sondern lediglich dessen Herrlichkeit (jᵉqara' = δόξα) geschaut. Wichtig ist, daß nach dem Prophetentargum Gott als ein im Himmel Thronender sichtbar wird[13] (zu Jes 6, 2 f.); so hat auch Paulus bei seiner Berufung den himmlischen, zur Rechten Gottes inthronisierten, Jesus gesehen und ihn ebendaran als Messias, Gottessohn und Herrn erkannt[14]. 2. Auch Jesaja hat bei der Berufung seine Unwürdigkeit bekannt (Jes 6, 5). Im Targum wird sein Geständnis folgendermaßen gefaßt: »Wehe mir, denn ich habe mich schuldig gemacht, siehe, ich bin der Rüge schuldig!«; dementsprechend wird

---

[12] In meiner Schrift: »Was wissen wir von Jesus?« 2. Aufl. Stuttgart 1967, 67.

[13] Auch sonst scheint für das lukanische Schrifttum die im Prophetentargum zu Jes 6 zutage tretende Auslegung vorausgesetzt werden zu können, denn dem Gloria in Lk 2, 14 liegt die targumische Fassung des Sanktus Jes 6, 3 zugrunde (D. Flusser, Sanktus und Gloria, in: Festschrift für O. Michel, Leiden 1965, 129—152).

[14] Das Urteil J. Muncks, man könne aus den neutestamentlichen Berichten über das Damaskuserlebnis nicht erfahren, was Paulus gesehen oder wie er Christus gesehen hat (Paulus und die Heilsgeschichte. Kopenhagen 1954, 24), ist zu skeptisch gehalten, denn die Anspielungen auf das Alte Testament geben einen gewissen Aufschluß darüber. Die von W. Marxsen gemachte Unterscheidung zwischen Erscheinung und Offenbarung des Christus (1 Kor 15, 8 bzw. Gal 1, 12. 16; Die Auferstehung Jesu von Nazareth. Gütersloh 1968, 104) darf ebenfalls nicht übertrieben werden: Die »Erscheinung« des Engels in Ex 3, 2 wird von den Targumen als »Offenbarwerden« interpretiert.

die Entsühnung (V. 7) als Tilgung von Sünde und Schuld gedeutet. 3. Schließlich wurden dem Jesaja bei der Berufungsvision die Botschaft und deren Empfänger genannt, und zwar in dem göttlichen Befehl: »Gehe hin und sprich zu diesem Volk: Hört genau hin und versteht doch nicht, seht scharf hin und erkennt doch nicht!« usw. (Jes 6, 9 f.). Der Adressat war also das Volk Israel, dem Jesajas Botschaft Verstockung und Unheil bringt. Auch an diesem Punkt des Vergleichs erscheint ein erheblicher Unterschied: Anders als Jesaja verkündigt Paulus das Evangelium und damit das Heil; seine Hörer aber sind die Heiden. Dennoch zeigt die Apostelgeschichte, daß der Dienst des Paulus zum Auftrag Jesajas in enger Beziehung steht; sie deckt ferner auf, wie es zum Unterschied hinsichtlich der Adressaten kommt. Denn am Schluß dieses Werkes muß der lukanische Paulus seinen jüdischen Hörer eröffnen, daß sich mit der Verwerfung des Christus das Verstockungswort Jes 6, 9 f. an ihnen erfüllt; das Heil wird zu den Heiden gesandt, weil diese es hören (Apg 28, 25—28). Israel reagiert demnach auf das Evangelium genau so, wie es Jesajas Botschaft abgelehnt hat; aber der Lauf des Evangeliums ist unaufhaltsam und führt an den Juden vorbei zu den Heiden. Diese Darstellung ist zwar, wie schon erwähnt, von der Theologie des Lukas gefärbt; aber auch die andere Beurteilung, die Paulus dem Unglauben der Juden in Röm 11 gibt, mag von Jes 6 beeinflußt sein[15]. Auf jeden Fall hat Lukas richtig gesehen, daß Paulus bei der Berufung auch seine Botschaft empfangen hat. In Apg 22, 15 wird diese Botschaft von Ananias folgendermaßen bestimmt: Paulus soll ein Zeuge dessen sein, was er »gesehen und gehört« hat; in Apg 26, 16, wo der Dienst des Ananias von Christus selbst übernommen wird, sagt dieser: »Dazu nämlich bin ich dir erschienen, um dich als Diener und Zeugen zu erwählen für das, was du von mir geschaut hast, und von dem, wie ich dir künftig erscheinen werde.« Das bedeutet aber: Der Inhalt der Vision ist das Evangelium. Paulus verkündigt, was er bei seiner Berufung gesehen[16] hat, nämlich den im Himmel inthronisierten Herrn. Die Erscheinung des im Himmel Erhöhten ist auch die Offenbarung seiner Messianität und Gottessohnschaft.

Ist die hier vorgetragene Deutung richtig, so lassen sich *Herkunft und Absicht* der Perikope Apg 22, 17—21 besser erklären, als das bisher möglich war.

---

[15] Paulus hat die Verstocktheit der Juden am eigenen Leibe erfahren; woher weiß er aber, daß Israel schließlich doch zum Glauben und zum Heil gelangen wird? Auf die Verstocktheit der Juden hat Jes 6, 9 f. hingewiesen; die eschatologische Rettung Israels wird — im Gegensatz zum masoretischen Text — von dem Targum aus Jes 6, 13 herausgelesen: Selbst wenn Therebinthe und Eiche dürr und ohne Blätter sind, so haben sie doch genug Saft, um Samen hervorzubringen; ebenso wird auch das jetzt zerstreute Israel wieder gesammelt werden. Das Bild vom Ölbaum in Röm 11 könnte durch Jes 6, 13 inspiriert worden sein, wenn es auch in anderem Sinne verwendet wird. Markus scheint das Sämannsgleichnis mit Jes 6 verbunden zu haben (vgl. den Schluß 6, 13 vom heiligen Samen!); das würde die Einfügung von Jes 6, 9 f. in Mk 4, 11 f. erklären.

[16] Das »Hören« ist lukanischer Zusatz auf Grund der Audition.

Mit der Christusvision im Tempel verbindet Lukas die Berufung des Paulus eng mit der Berufung Jesajas, der die Herrlichkeit Gottes im Tempel geschaut hat. Er hat diese Episode in die Rede des Paulus in Jerusalem eingefügt, weil gerade die Jerusalemer Juden die Beziehung zwischen beiden Berufungen hätten erkennen müssen. Was sie daran gehindert hat, ist die Verstocktheit, von der Gott nach Jes 6, 9 f. gesprochen hat und die jetzt, bei der Vision im Tempel, dem Paulus von Christus enthüllt wird (Apg 22, 18). Außer dem Motiv der Verstocktheit stimmt der für diese Perikope reservierte Gebrauch des Verbums »Senden« mit der Berufung Jesajas überein (vgl. Apg 22, 21 mit Jes 6, 8). Wichtig ist der innere Zusammenhang beider Motive: Daß die Heiden Ziel der Sendung sind, liegt in der Verstocktheit der Juden begründet und ist somit deren Schuld; eben diese kausale Verknüpfung ruft die Empörung der Hörer hervor (Apg 22, 22).

Abschließende Bemerkungen

Lukas hat demnach den Zusammenhang zwischen der Berufung des Paulus und Jes 6, 1—13 durchaus erkannt. Aber er hat das, was Paulus durch die Besinnung auf die Heilige Schrift gewann, als ein äußeres Geschehen, eine Vision im Tempel, dargestellt. Diese Umsetzung entspricht der dramatisierenden, die wunderbare Führung Gottes demonstrierenden Tendenz des Lukas, die auch bei der sonstigen Erweiterung des Damaskusgeschehens maßgebend war: Ein redender Christus und ein helfender Ananias sind eingefügt, und das Handeln der Personen wird durch Gesichte ausgelöst bzw. miteinander verknüpft (Apg 9, 10—12; vgl. 10, 1—16). Durch diese Tendenz wird der tatsächliche Sachverhalt: das Gewicht des Gotteswortes und die Entsprechung von Apostelamt und alttestamentlicher Prophetie, etwas verdunkelt, vor allem dann, wenn man auch noch auf nicht-prophetische Traditionen wie die Heliodorlegende (zu Apg 9, 3—4) zurückgreift. Lukas ist deshalb nicht ganz unschuldig an der landläufigen Exegese, die das Damaskuserlebnis als Bekehrung faßt und die Berufung zum Apostel auf die Ebene einer normalchristlichen Konversion zum Glauben herabdrückt[17]. Man muß sich deshalb in erster Linie an das Selbstzeugnis des Paulus halten. Dieses Zeugnis wird jedoch mit der Behauptung verfehlt, Paulus sei durch das Kerygma der hellenistischen Gemeinde für den christlichen Glauben gewonnen worden[18]. Darüber-

---

[17] U. Wilckens beginnt seine Antrittsvorlesung »Die Bekehrung des Paulus als religionsgeschichtliches Problem« mit dem generalisierenden Satz: »Bekehrungen und Konversionen pflegen heute wie zu allen Zeiten als außergewöhnliche Widerfahrnisse einzelner Menschen ein ausgesprochenes Interesse der Zeitgenossen auf sich zu bannen« (ZThK 56 [1959], 273).

[18] R. Bultmann, Die Theologie des Neuen Testaments. Tübingen 1948, 184. Das steht in klarem Widerspruch zu Gal 1, 11 f.

hinaus bleibt unklar, wieso Paulus sich auf Grund dieser »Bekehrung« als ein Apostel verstehen konnte[19]. Von Lukas kann man keine Antwort gerade auf diese Frage erwarten, weil er ja den Apostelbegriff für den Zwölferkreis reservierte; deshalb hatte er auch keinen Grund, die prophetische Komponente von Berufung und Amt des Paulus stark hervortreten zu lassen. Aber er hat sie auch nicht völlig verdeckt. Im Bericht Apg 26 wird sie durch die Hinweise auf Jer 1, 7 und Jes 42, 7. 16; 49, 6; 61, 1 aufgezeigt (V. 17 f.) und in der Rede Apg 22 durch die Vision im Tempel zur Geltung gebracht.

Die Forscher, die ein positives Verhältnis zwischen Paulus und Lukas konstatieren, haben bei der Berufung den Bericht Apg 26 in den Vordergrund gerückt. J. Munck, der darüber hinaus auch den alttestamentlich-prophetischen Hintergrund der Berufung des Paulus betont — freilich hat er die singuläre Bedeutung von Jes 6 übersehen —[20], stellt eine merkwürdige Übereinstimmung zwischen den Aussagen des Paulus in Gal 1, 15 f. und den drei lukanischen Berichten fest, die er nicht zuletzt im gemeinsamen Gebrauch von »Ebed-Jahwe-Texten und Jeremias Berufungsgeschichte« sieht. Daraus folgert er, die Darstellungen der Apostelgeschichte gingen auf Paulus zurück; der Apostel selbst müsse »die Geschichte von seiner Bekehrung und Berufung geformt« haben, »wie sie die Gemeinden hören sollten«[21]. Dieses Urteil geht jedoch zu weit. Eher darf man mit Munck aus der Tatsache, daß Paulus auf Aussagen Jeremias und Deuterojesajas anspielt, den Schluß ziehen, Paulus wolle damit nicht nur Gottes Ruf an ihn veranschaulichen, sondern auch sagen, daß dieser Ruf der gleiche sei wie bei Jeremia und Deuterojesaja[22].

Freilich hat Munck die Analogie zwischen alttestamentlichem Prophetendienst und neutestamentlichem Apostelamt nicht näher begründet. Das soll hier in einigen Sätzen geschehen, und zwar im Blick auf *Berufung und Botschaft* des Apostels. In Röm 1, 1 f. sagt Paulus, Gott habe das Evangelium von Christus durch Seine Propheten vorausverkündigen lassen. Der Apostel, der dieses Evangelium in der messianischen Ära predigt, ist gleichsam der Prophet der letzten Zeit. Nur blickt er auf das Heil als ein teilweise bereits verwirklichtes Geschehen zurück; das Evangelium ist auch rückwärts gewandte Prophetie oder, wie Lukas es definiert, »Zeugnis«. Was Paulus von der Botschaft

---

[19] Dieses Problem bleibt auch da ungelöst, wo man meint, das »Rätsel der Bekehrung des Paulus liege im Geheimnis der heilsgeschichtlichen Wende vom Gesetz zum Christus beschlossen« (U. Wilckens a. a. O. 277).

[20] Vor allem deshalb, weil er sich methodisch zunächst nicht auf die Selbstaussagen des Paulus konzentriert und stets die lukanische Darstellung mit heranzieht, ja, die letztere in den Vordergrund rückt. Freilich gibt Paulus keinen expliziten Hinweis auf Jes 6.

[21] Paulus und die Heilsgeschichte. Kopenhagen 1954, 20. Vor allem Apg 26, 12—18 kommt Gal 1, 15 f. am nächsten. Entgegen der Annahme Muncks (a. a. O. 19) ist auch der Ausdruck σκεῦος ἐκλογῆς Apg 9, 15 dem Alten Testament entnommen. Wie aus der Damaskusschrift (6, 8) hervorgeht, stammt er aus Jes 54, 16.

[22] a. a. O. S. 17.

ausdrücklich bemerkt, darf auch von der Berufung gelten. J. Munck meint freilich, Jesaja, Jeremia und Deuterojesaja stünden Paulus zeitlich so fern, daß dieser kaum ein gleichartiges Erlebnis gehabt haben könne. Die Zeit des Paulus kenne ja keine Propheten, und man wisse von niemandem, der innerhalb des Judentums zum Priester oder Schriftgelehrten berufen worden wäre[23]. Aber Munck hat einen wichtigen Bericht übersehen. Ein Pharisäer aus der Zeit des Paulus hat von seiner Berufung zum »Propheten« erzählt; sein Selbstzeugnis rechtfertigt unsere Analyse von der Berufung des Paulus. Es handelt sich dabei um _Flavius Josephus_. Auch seine »Berufung« wird gewöhnlich als »Bekehrung« verstanden, da sie wie die Berufung des Paulus eine Lebenswende markiert: Mit dem Fall Jotapatas wurde aus dem jüdischen Feldherrn und Gegner der Römer der prophetische Bote des zukünftigen Geschehens und das Instrument Vespasians, in dem Josephus eine Art von Messias sah (Bell 3, 354. 399). Nach seinem Selbstzeugnis hat Josephus diesen Wechsel als ein »Diener« Gottes vollzogen (Bell 3, 354); sein Leben war von da an der Ausführung göttlicher Aufträge geweiht (Bell 3, 361). Diese Aufträge waren ihm bei einer Art von Berufung gegeben worden, die sich nach der Darstellung des Josephus in zwei Stufen vollzog. Auf der ersten Stufe kündigte Gott das bevorstehende Schicksal der Juden und die Zukunft des römischen Kaisertums dem Josephus in nächtlichen Träumen an (Bell 3, 352). Aber der Inhalt der Träume blieb für diesen zunächst zweideutig und dunkel; er rückte erst auf der zweiten Stufe der Berufung, einer schriftgelehrten Reflexion auf dieses Ereignis, ins Licht. Wie er angibt, waren dem Josephus die prophetischen Weissagungen der Heiligen Schriften bekannt; mit ihrer Hilfe deutete er die furchterregenden Träume (Bell 3, 353). Erst auf Grund dieser Deutung wurden ihm die Tatsache der Berufung und die damit verbundenen Aufträge Gottes klar (Bell 3, 354). Auch Josephus hat keine Schriftstelle als Schlüssel zu seiner Berufung genannt. M. E. hat jedoch die Perikope 1 Kön 19 diese Rolle gespielt. Denn die äußeren Umstände und der Auftrag Gottes sind dort ganz ähnlich und nicht minder anstößig wie im Fall des Josephus: Elia erhielt in einer Höhle des Horeb den Befehl, Hasael von Damaskus, den späteren Widersacher des Nordreiches, zum König zu salben (1 Kön 19, 15—17); Josephus wird in der Höhle von Jotapata damit beauftragt, dem Vespasian und dem Titus, den Zerstörern Jerusalems und des jüdischen Staates, die künftige Kaiserwürde anzusagen (vgl. Bell 5, 395—419)[24].

Es gibt demnach eine Art von Propheten in der nachbiblischen Zeit. Aber sie laufen in den Schranken der Schrift und verifizieren ihren Auftrag durch den — freilich meist nur angedeuteten — Bezug zur alttestamentlichen Prophetie. Was der Fromme der neutestamentlichen Ära an göttlicher Führung

---

[23] a. a. O. S. 21.
[24] Vgl. dazu mein Buch »Offenbarung und Schriftforschung in der Qumransekte«. Tübingen 1960, 106 f.

erfährt, wird anhand des biblischen Wortes als solche erkannt. Diese Tatsache gilt es in der neutestamentlichen Exegese mehr als bisher in Rechnung zu stellen. Dem verehrten Jubilar, der in seinem Kommentar zur Apostelgeschichte die innere Einheit der beiden Testamente an so vielen Stellen eindrucksvoll aufgezeigt hat, sei dafür unser herzlicher Dank gesagt.

Postscriptum

Die Bedeutung der Christusvision des Paulus für die Grundlegung und Entfaltung seines Evangeliums wurde seit dem Erscheinen dieses meines Aufsatzes in vielen Abhandlungen aufgezeigt. Besonders ausführlich geschah dies in der Dissertation meines koreanischen Schülers und Freundes Seyoon Kim »The Origin of Pauls's Gospel«, WUNT 2.4 Tübingen 1981, die ein starkes Echo gefunden hat und bereits in 2. Auflage erschienen ist; in dieser setzt sich Kim auch mit den Kritikern seiner Thesen auseinander. Seine Belesenheit und sein unbestechliches, unbekümmertes Urteil wirken überzeugend; mit den gnostischen Phantasien und der formgeschichtlichen Hyperkritik in der deutschen Paulusforschung der letzten Jahrzehnte wird scharf abgerechnet. Auch die These von J. Roloff, die Berufung des Paulus habe keinerlei Beziehung zur prophetischen Tradition des Alten Testaments, wird überzeugend abgewiesen. Vielmehr ist das Gegenteil der Fall: Paulus hatte »eine Vision, wie sie den Propheten und apokalyptischen Sehern gewährt wurde« (S. 233).

Kim hat meine biblisch-theologische Deutung der Berufung des Paulus übernommen, präzisiert und vor allem erweitert: Vor Damaskus erfuhr Paulus auch den heilsgeschichtlichen Plan Gottes und das Geheimnis seiner Wege (S. 94ff.). Die Diktion von Röm 11,25f. ist von Jes 6,11 her zu erklären: Die Zeitangabe ἄχρι οὗ = ›bis daß‹ . . ., die in Röm 11,25 die große Wende für Israel und das Kommen seines Retters andeutet, erinnert an die Antwort Gottes: »bis daß« . . ., die er auf die Frage Jesajas: »Wie lange, Herr?« gegeben hat (Jes 6,11; Kim S. 96): Vom Erfolg des Evangeliums bei den Heiden hängt auch das Ende der Verstockung Israels und die Parusie des Erlösers ab.

Kim hat das Damaskuserlebnis des Paulus vor allem weiter gefaßt, als das in meinem kurzen Aufsatz geschah. Er ist von den wenigen, vom Paulus der Briefe ausdrücklich zu seiner Berufung gemachten Äußerungen weitergegangen zu Theologumena, die ebenfalls in dieser Begegnung mit dem Erhöhten begründet sein könnten, so besonders hinsichtlich der Christologie und der Soteriologie. Aufgrund der alttestamentlichen Berufungsgeschichten nimmt Kim an, das Damaskuserlebnis habe nicht nur aus einer

Vision, sondern auch aus einer Audition bestanden (S. 57); das ist möglich und wird so von Lukas bestätigt (Apg 9; 22; 26). Nur bleibt Paulus selbst in seinen Briefen beim bloßen ἑόρακα und ὤφθη ἐμοί, das er nicht durch ein ἀκήκοα ergänzt. Und Kim selbst kommt im Verlauf seiner Untersuchung mit einer Vision des Paulus aus: Dieser hat auf der Straße nach Damaskus den erhöhten Christus gesehen, wie er im hellen Licht der himmlischen Herrlichkeit erschien, und zwar in Menschengestalt, aber als den Menschensohn und Gottessohn (Gal 1,16), als ›em-bodi-ment‹ der göttlichen Herrlichkeit (vgl. Kol 2,9; S. 277), als Ebenbild Gottes. Die Ausführungen im Abschnitt 2 Kor 3,1–4,6 sind nach Kim ebenfalls Spiegelung des Damaskusgeschehens; in diesem ist die für Paulus charakteristische Christologie begründet. Die Schau des Erhöhten als des Ebenbildes Gottes (S. 193–268) führte mit innerer Notwendigkeit zur Überzeugung, der Gottessohn sei auch der zweite, lebenschaffende, Adam und der präexistente Mittler der Schöpfung analog zur jüdischen Weisheit (S. 105 ff. 274.331). Schließlich wurzelt auch die paulinische Lehre von der Rechtfertigung ohne die Werke des Gesetzes in der vor Damaskus gewonnenen Gewißheit, der gekreuzigte Jesus von Nazareth sei der von den Toten auferweckte und erhöhte Gottessohn (S. 269 ff.).

Eine genaue Grenze zwischen erlebter Vision des Paulus und einer ihr folgenden theologischen Reflexion ist natürlich nur schwer zu ziehen. Auch die von mir aufgestellte Behauptung, Jesaja 6 habe dem Apostel als Schlüssel für die Deutung des Damaskuserlebnisses gedient, postuliert eine Zeit, in der Paulus mit Hilfe der Schrift über Inhalt und Umfang seiner Begegnung mit dem Erhöhten nachgedacht hat. Daß solch eine Reflexion dieses Ereignisses stattgefunden haben muß, zeigt etwa die ungewöhnliche Aussage des Apostels, er habe sein Evangelium durch eine Offenbarung Jesu Christi empfangen (Gal 1,12). Solch einen Satz zu erklären, ihn von der Schrift her zu begründen, war die begrenzte Absicht meiner Untersuchung, die S. Kim auf eine so schöne Weise weitergeführt hat.

28. Paulus als Pharisäer nach dem Gesetz

Phil. 3,5 – 6 als Beitrag zur Frage des frühen Pharisäismus[1]

Paulus hat in seinen Briefen nirgends die Pharisäer erwähnt. Er hat nie gefordert, die Gerechtigkeit der Christen müsse besser sein als die der Pharisäer oder etwa die Rechtfertigungslehre als Antithese zum pharisäischen Verdienstdenken dargestellt. Nur an einer einzigen Stelle taucht der Begriff *Pharisaios* auf, und zwar in Phil. 3,5f., wo der Apostel von seiner Herkunft und von sich selbst als einem Pharisäer spricht. Aber diese Erwähnung geschieht gleichsam unfreiwillig. Denn Paulus beurteilt das von ihm selbst gezeichnete Bild aus seiner jüdischen Vergangenheit als eine Fehlleistung, als einen Erweis rückschrittlicher Denkungsart. Er war dazu verleitet worden, in die tief liegende Arena seiner Gegner hinabzusteigen, um diese mit ihren eigenen Waffen zu schlagen: „Wenn ein anderer meint, auf das Fleisch vertrauen zu dürfen – ich kann es besser!" (Phil. 3,4). Die Leistung, deren die Gegner des Paulus sich rühmen, besteht in einer weitgehenden Angleichung an das gesetzestreue Judentum, die durch die Beschneidung auch äußerlich, „fleischlich", zum Ausdruck gebracht wird[2]. Paulus sieht darin eine Art von Mißtrauenserklärung gegen Gott, als genüge das nicht, was Er durch Christus getan hat. Deshalb verlangt der Apostel, das Rühmen des Christen müsse auf Christus gerichtet sein (V.3), mit dessen Tod und Auferstehung alles, was zum Heil benötigt wird, geschenkt ist (V. 9f.).
Dennoch rühmt Paulus in Phil. 3,5f. sich selbst. Es ist das Verdienst seiner Gegner, daß sie den Apostel mitunter dazu verleiten konnten, gleichsam aus der Haut zu fahren und anstatt von der Sache zu reden, Angaben zur eigenen Person zu machen (vgl. auch 2.Kor. 11,16ff.; Gal. 1,10ff.). Solche Angaben sind ja für uns höchst interessant. Das Selbstzeugnis des Paulus in Phil. 3,5f. ist zudem das einzige, das wir von einem Pharisäer besitzen, abgesehen von Flavius Josephus (vgl. Vita 12), die aber nicht als eine theologische Rechenschaftsablage eines Pharisäers verstanden sein will. Schon aus diesem Grunde liegt es nahe, danach zu fragen, was diese Verse zu unserer Kenntnis des frühen Pharisäismus und dessen Treue zur Thora beitragen können. Freilich kann man ihren historischen Wert, die Objektivität ihrer Aussagen, bezweifeln. Denn Paulus schreibt ja nach seiner Berufung und einer Lebenswende, die ihn das Judentum und den Pharisäismus transzendieren ließen, ja, ihn in Opposition zu diesen Größen brachten; ähnlich steht es auch bei Josephus. Beide verstanden sich als Boten Gottes, die bezeugten, die Geschichte Israels werde jetzt einer kri-

---

[1] Auszug aus einem Vortrag, der auf einer Studientagung für Kirche und Judentum in der Akademie Hofgeismar im Febr. 1968 gehalten und durch einige Hinweise auf neuere Literatur ergänzt worden ist. Diese Tagung hatte der Jubilar zusammen mit Herrn Prof. K. H. Rengstorf vorbereitet und geleitet.

[2] Nach K. Haacker (Die Berufung des Verfolgers und die Rechtfertigung des Gottlosen, in: Theolog. Beiträge 6, 1975, S. 12) erscheint in der Haltung der im Philipperbrief bekämpften Gegner die Position, die Paulus einst selbst vertreten hat; er kämpft in Phil. 3,1ff. gleichsam gegen seine eigene Vergangenheit.

tischen Wende zugeführt, nach Paulus durch den gekreuzigten und erhöhten Christus, nach Josephus durch den römischen Feldherrn und Kaiser Vespasian. Keinem von diesen beiden Verkündigern hat das jüdische Volk Glauben geschenkt. Können sie dann noch unverdächtige Zeugen für den Pharisäismus sein?[3]
C. J. G. Montefiore hat behauptet, Paulus habe lediglich das Judentum der Diaspora gekannt, das kälter, ärmer und pessimistischer als das palästinische gewesen sei. Man müsse bezweifeln, daß Paulus in Jerusalem zu den Füßen Gamaliels gesessen habe; die Stelle Phil. 3,5f. habe keinen echt jüdischen Klang[4]. In der Tat gibt es keinen rabbinischen Text, der nach Form und Inhalt dieser Selbstbeschreibung des Paulus gliche:
V. 5:
,,Beschnitten am achten Tag,
der Herkunft nach vom Volk Israel, vom Stamm Benjamin,
ein Hebräer von hebräischen Eltern,
V. 6:
nach dem Gesetz ein Pharisäer,
in puncto Eifer ein Verfolger der Kirche,
hinsichtlich der Gerechtigkeit, die durch das Gesetz zustandekommt, untadelig geworden".
Schon die knappe Form und Prägnanz und dann auch die Struktur dieser Selbstaussage sind bemerkenswert. Sieht man die Beschneidung als den eigentlichen Streitpunkt und deshalb als vorangestelltes Thema an, so kann man in diesen zwei Versen 2 mal 3 Glieder finden: Die drei ersten in V. 5 geben, von der Präposition *ek* (von) regiert, die Abstammung des Paulus an, während in den drei folgenden (V. 6) seine Leistung gerühmt wird; diese ist nach drei Gesichtspunkten (*kata* mit Akkusativ – nach, hinsichtlich) gegliedert. In beiden Versen ist jeweils eine Steigerung da. In V. 5 wird der Kreis immer enger gezogen, wobei sich die Exklusivität und Qualität erhöht: Von der allgemeinen Zugehörigkeit zum Volk Israel geht es über die speziellere zum Stamm Benjamin hin zu den hebräisch sprechenden Eltern und ihrem nicht minder traditionsbewußten Sohn. Mit der letzten Aussage wird bereits die existentielle Bewährung der Zugehörigkeit zum Heilsvolk berührt. Sie wird dann in V. 6 thematisiert, wo sie mit der normativen Größe der Thoragerechtigkeit und dem Prädikat ,,vollkommen geworden" die unüberbietbare Klimax erreicht. Denn eine durch die Treue zur Thora erworbene Gerechtigkeit zählt nicht nur bei den Menschen, sondern auch vor Gott; eine solche Bilanz des ,,fleischlichen" Selbstruhms ist auch auf die Rechenschaftsablage beim Endgericht hin orientiert.
Auf jeden Fall ist dieses keineswegs pessimistische Selbstportrait theologisch durchdacht. Paulus zählt zunächst das auf, was ihm von Gott gegeben wurde (V. 5), während die eigene Leistung in V. 6 gleichsam als Antwort auf Gottes zuvorkommende Gnade, als Bewährung der Erwählung (vgl. 2.Petr. 1,10) zu verstehen ist. Das Prinzip dieser Darstellung mutet durchaus pharisäisch an. Es ist die ,,Absonderung", die zur Heiligung führt: Zuerst hat Gott den Paulus aus der grauen Masse der Menschen da-

---

[3]) Zum Zeugnis des Neuen Testaments über die Pharisäer vgl. H.F. Weiß, Die Pharisäer im Neuen Testament, in: Theolog. Wörterbuch zum Neuen Testament IX (1973), S. 36–49.
[4]) C. J. G. Montefiore, Judaism and St. Paul, London 1914, S. 93; vgl. auch S. Sandmel, A Jewish Understanding of the New Testament, New York 1956, S. 37–51.

durch herausgelöst, daß Er ihn aus dem Heilsvolk Israel, aus einem berühmten Stamm dieses Volkes und von traditionsbewußten Eltern hervorgehen ließ (V. 5); dann hat dieser das von Gott angefangene Werk gleichsam fortgeführt und vollendet (V. 6). Indem er ein Pharisäer wurde, hat Paulus sich „abgesondert" für den Dienst an Gottes Gesetz; vom Normalpharisäer hob er sich als ein Eiferer, als ein Verfolger der Abtrünnigen, ab; dank seiner vollkommenen Gesetzeserfüllung hat er die Krone der Gerechtigkeit verdient. Absonderung und Eifer sind Stufen auf dem Weg des Juden, der nach Gerechtigkeit strebt[5]. Gegen Montefiores Verdikt ist demnach einzuwenden, daß die Aussage des Paulus in Phil. 3,5f. ihrem Wesen nach mit dem übereinstimmt, was uns vom Judentum Palästinas und speziell vom gesetzestreuen Pharisäismus bekannt ist. Die Form der Aussage ist zwar vom Pathos einer hellenistisch-jüdischen Rhetorik geprägt[6], und auch der Inhalt von V. 5 zeigt den Standort des Diasporajuden an. Dagegen lassen sich für den pharisäischen Leistungsbericht in V. 6 und auch für die Struktur des Ganzen die besten Parallelen im palästinischen Judentum vor dem Jahre 70 n. Chr. finden.

I. Die pharisäische Färbung der Einzelaussagen
1. Die Herkunft des Paulus nach V. 5

Die rein israelitische Abstammung (V. 5a, vgl. Röm. 11,1; 2. Kor. 11,22) war der Adel des Juden und die Grundlage des Heils; denn im Unterschied zu den Heiden hat ganz Israel Anteil an der zukünftigen Welt (Sanhedrin X.1). Auch der Stammbaum war wichtig. Josephus beginnt seine Vita mit einer ausführlichen Darstellung seiner Abstammung. Er übergeht die von Paulus an erster Stelle erwähnte Zugehörigkeit zum Volk Israel, weil sie für ihn als Palästinenser selbstverständlich war. Aber er sagt, vom Vater her gehöre er einer priesterlichen Familie an und in den Adern seiner Mutter fließe königliches Blut (Vita 1f.). Das entspricht dem genealogischen Interesse im Judentum zur Zeit Jesu, das vor allem von zwei Motiven beherrscht war: Es galt, für die priesterlichen Familien die Reinheit der Abstammung nachzuweisen, während die königliche Herkunft für die Frage nach dem Messias und der Erlösung wichtig war[7]. Paulus zeigt in V. 5b, daß man auch auf andere Dinge stolz sein konnte; er gehört dem Stamm Benjamin an (vgl. Röm. 11,1). Auf diesen Stamm war das Los bei der Wahl des ersten Königs für Israel gefallen (1. Sam. 10,20); der Name „Saul" (Apg. 7,58.60; 9,1 passim; 11,25.30; 12,25; 13 passim) sollte an diesen König erin-

---

[5]) Vgl. die Stufen im Kettenspruch des Pinchas ben Jair in Sota IX,18: Eifer führt zur (körperlichen) Reinheit, die Reinheit zur Absonderung (*perischuth* = Enthaltsamkeit), die Absonderung zur (kultischen) Reinheit, die kultische Reinheit zur Heiligkeit, die Heiligkeit zur Demut usw.

[6]) Josephus bietet beim Ruhm der Essener eine ähnliche Diktion (Jüd. Krieg 2,135): „Des Zornes gerechte Verwalter, der Aufwallung Bezwinger, der Treue Vorkämpfer, des Friedens Diener". Dem Inhalt nach ist der berühmte Ausspruch R. Aqibas in Pirqe Aboth III, 14 wichtig, in dem in einer dreigliedrigen, durch gesteigerte Exklusivität gekennzeichneten Aussage die Liebe Gottes zum Menschen allgemein, dann zu den Israeliten als den erwählten Gotteskindern und schließlich als den Besitzern der Thora gerühmt wird. Das geoffenbarte Wissen um diese Auszeichnung ist jeweils eine zusätzliche, besonders wichtige Gnadengabe Gottes.

[7]) Vgl. M. D. Johnson, The Purpose of Biblical Genealogies with Special Reference to the Setting of the Genealogies of Jesus, Cambridge 1965.

nern. Vor allem aber befand sich in Benjamins Gebiet der Tempel, in dem sich die göttliche Gegenwart (*schekhina*) niederließ (bMegilla 26a)[8]. Schließlich war Benjamin neben Juda nach der Teilung des Großreichs der davidischen Dynastie und dem Tempel in Jerusalem treu geblieben. Die ,,Trennung der beiden Häuser Israels" wurde in der Damaskusschrift (CD) von Qumran als gravierende Sünde von paradigmatischer Bedeutung bezeichnet, die sich mit der Treulosigkeit Israels in der Gegenwart wiederholt (CD 7, 12ff.). Zum Hebräertum des Paulus, das sich auf die Pflege der heimatlichen Sprache und Sitte bezieht, zeigen die Qumranschriften, wie groß die Bedeutung des Hebräischen gerade da war, wo man sich vom Volk absonderte und ein heiliges Leben im Dienst der Thora zu führen gewillt war.

2. *Der Pharisäer nach dem Gesetz (V. 6a)*

V.6 steht unter der Norm der Thora; der Pharisäer lebt in, mit und unter dem Gesetz. Die Satzung wurde, wie A. Schlatter sagte, zum allmächtigen Regenten des Lebens ausgebildet[9], die Gesetzeserfüllung zur einzigen Aufgabe des Pharisäers[10] (vgl. Apg. 23,6; 26,5). Die Wendung ,,nach dem Gesetz Pharisäer" (*kata nomon Pharisaios*) stellt das Gegenstück zum Urteil dar, der Christ diene im Geist Gottes (V.3): Wie der Geist den Christen heiligt und zum Tun des Guten befähigt, so heiligte sich der Pharisäer durch den Dienst am Gesetz. Man kann diese Wendung mit Formeln vergleichen, wie sie in Palästina zur Charakterisierung einzelner Pharisäer verwendet wurden (jBerakhoth 9,14b): Es gab etwa einen ,,Pharisäer der (Gottes)furcht (*perusch jira*) oder einen ,,Pharisäer der (Gottes)liebe" (*perusch ahaba*). Diese Wendungen zeigen, daß man gerade die Frömmigkeit des Pharisäers mit prägnanten Formeln zu beschreiben versucht hat; der Genetiv bezeichnet jeweils die Kraft, die das Verhältnis des Pharisäers zu Gott bestimmt. Aber Gottesfurcht und -liebe sind nur subjektiv verschiedene Weisen des Thoragehorsams der Pharisäer; Paulus wurde durch die Thora als ganze qualifiziert. Dazu gibt es ähnliche Wendungen in Qumran. Man darf diese zum Vergleich heranziehen, weil der Essenismus die Konsequenz des Pharisäismus darstellt, und auch deshalb, weil sie in der sogenannten ,,Gemeinderegel" (1QS) erscheinen, in der die Notwendigkeit der völligen Absonderung besonders betont wird. In 1QS 5,1f. wird beispielsweise gefordert, die Willigen sollten sich von den Menschen des Irrtums ,,absondern" (*hibbadel*), um ,,der Einung anzugehören im Gesetz und (materiellen) Besitz" (*bethora ubehon*). Hier wird als Forderung beschrieben, was Paulus in Phil.3,6 als seinen früheren Stand formuliert; das fertige Qumranmitglied hätte sich als einen ,,für die Thora Abgesonderten" (*nibdal lethora*), einen ,,Pharisäer nach dem Gesetz" (*Pharisaios kata nomon*), bezeichnen können[11]. In 1QS 5,1 ist noch deutlich das Moment der Absonderung zu erkennen, das im Begriff *Pharisaios* schon verblaßt ist; in Qumran wurde die Absonderung auch als räum-

---

[8]) Vgl. dazu A. M. Goldberg, Untersuchungen über die Vorstellung der Schekhinah in der frühen rabbinischen Literatur, 1969, S. 110 – 118.

[9]) A. Schlatter, Geschichte Israels, 3. Aufl. 1925, S. 147f.

[10]) J. Wellhausen, Pharisäer und Sadduzäer, 1924, S. 21.

[11]) Der Ausdruck *perusch hathora* (CD 4,8; 6,14) meint die genaue Erklärung des Gesetzes und scheidet so als Bezeichnung für den Qumranangehörigen aus. Zu den CD-Stellen vgl. L. H. Schiffman, The Halakhah at Qumran, Leiden 1975, S. 41.

liche Distanzierung, als Auszug und Niederlassung in der Wüste Juda vollzogen. Bei den Pharisäern war das Ziel der Absonderung die Heiligung. In Sifra Qedoschim zu Lev. 19,2 wird die Forderung „Ihr sollt heilig sein, denn Ich bin heilig" übersetzt durch „Ihr sollt *peruschim* sein"; die Abgesonderten sind die Heiligen. Auch in Qumran sprach man von „heiligen Männern" (1QS 5,13; 8,17), der „heiligen Gemeinde" (1QS 5,20; 1 QSa 1,12) oder dem „heiligen Rat" (1QS 2,25; 8,21; vgl. 5,5f.). So hat sich auch Paulus als ein *kata nomon Pharisaios* abgesondert und dem Dienst am Gesetz geweiht, um den Weg der Heiligkeit und vollkommenen Gerechtigkeit zu gehen.

3. Die vollkommene Gerechtigkeit (V. 6c)

Die letzte der drei Aussagen in V.6 gehört mit der ersten eng zusammen. Denn die vollkommene Gerechtigkeit, die man „durch das Gesetz" erwirbt[12], hatte Paulus eben als ein „Pharisäer nach dem Gesetz" gewonnen. Nach Josephus soll Hyrkan I. als ein Schüler der Pharisäer gesagt haben, er wolle ein „Gerechter" (*dikaios*) sein und nie vom rechten Weg (*hee hodos hee dikaia*) abweichen (Jüd. Altertümer 13,289f.). Von ihm wurde – ähnlich wie vom reichen Jüngling des Evangeliums – nach dem von ihm selbst bejahten Grundsatz der Gerechtigkeit ein schwerwiegender Verzicht gefordert: „Wenn du gerecht sein willst, so lege das Amt des Hohenpriesters ab!" (ebd. 291). In Ps. Sal.9,5 heißt es, wer Gerechtigkeit tue, der erwerbe sich das Leben beim Herrn[13]. Das Prädikat der Vollkommenheit findet sich in Qumran, und zwar ebenfalls im Zusammenhang mit dem Wandel nach dem Gesetz. Die kleinstmögliche Gemeindeeinheit[14], die Gruppe von drei Priestern und zwölf Laien, soll von Männern gebildet werden, die „vollkommen *(themimim/teleioi)* sind in allem, was vom ganzen Gesetz geoffenbart ist" (1QS 8,1, vgl. 1,8f.); sie sollen die Gebote nach der rigorosen Auslegung der Qumrangemeinde halten (vgl. 8, 12–16). Der Ruhm der Vollkommenheit in Phil. 3,6 steht im Widerspruch zum kategorischen Urteil des Paulus in Röm. 3,20, durch das Gesetz werde niemand vor Gott gerecht. Solche gegensätzlichen Aussagen gibt es auch in Qumran, wo sich der Widerspruch erklären und aufheben läßt. Man bekennt dort einerseits das Ungenügen und Versagen auch des Frommen: Nur Gott vermöge alle Werke der Gerechtigkeit (1QS 11,9–11; 1QH 1,21–27). Aber solche paulinisch klingenden Aussagen gibt es nur im Gebet: „Vor Gott" (vgl. Röm. 3,20) erkennt sich der Fromme als Sünder; „vor den Menschen" aber ist er vollkommen und heilig, ein „Kind des Lichtes" im Unterschied von den „Kindern der Finsternis" (vgl. etwa 1QS 2,2–10). Paulus hat den Aspekt „vor Gott" absolut gesetzt; das vergleichende Rühmen der eigenen Gerechtigkeit ist für ihn eine theologisch unmögliche und eschatologisch überholte Rede. Denn im Eschaton wird nur Gott gerühmt.

---

[12]) Schlatter formuliert: „Nach Gerechtigkeit rang der Pharisäer, nach Tugend der Grieche" (a. a. O., S. 150).

[13]) Dieser Satz ist nach der prophetischen Weisung Jes. 56,1 strukturiert, die in Qumran und dann auch bei Paulus und Matthäus starke Beachtung gefunden hat. Vgl. dazu meinen Beitrag: Rechtfertigung in Qumran, in: „Rechtfertigung". Festschrift für E. Käsemann, hg. v. J. Friedrich/W. Pöhlmann/P. Stuhlmacher, 1976, S. 17 – 36.

[14]) Die richtige Analyse der Stelle 1QS 8,1ff. findet sich im Kommentar von J. Licht, *megillath haserakim*, Jerusalem 1965, S. 167f.

4. *Der Eifer des Verfolgers (V.6b)*

Problematisch scheint die mittlere Prädikation zu sein (V.6b; vgl. Gal. 1,13; Apg. 22,3f.). Denn vom gewalttätigen Eifern um das Gesetz haben sich die Lehrer der Talmudim und Midraschim meist distanziert. Der Eifer wurde mit der Eifersucht verbunden und neben die Begierde und Ehrsucht gestellt (Pirqe Aboth IV,21). Auch der Eifer Gottes und das Eifern für das Gesetz wurden gelegentlich argwöhnisch betrachtet, vor allem dann, wenn es zur Verfolgung und Tötung der Übertreter kam; selbst ein Pinehas oder Elia wurden nicht immer geschont[15]. Diese rabbinische Kritik am Eifern um die Thora ist jedoch als Reaktion gegen die Zeloten zu verstehen, deren gewalttätiger Einsatz für die Alleinherrschaft Gottes und die Reinheit Israels das jüdische Volk in die Katastrophe der Jahre 66 – 70 n. Chr. gestürzt hat. Vor diesem Krieg haben vielleicht auch die Pharisäer anders darüber geurteilt. Der tatkräftige Eifer für das Gesetz galt als ein allgemeinjüdisches Merkmal; das wird gerade auch von Paulus und Josephus bezeugt (Röm. 10,2; Jüd. Krieg 2,393). Er war speziell ein integrierender Zug der pharisäischen Frömmigkeit. Nach den wohl pharisäischen Psalmen Salomos (3,11; 4,7 – 9) kennen die Gerechten kein Mitleid mit den Sündern und wünschen ihnen den Untergang im Gericht[16]. Auch in Qumran wurde der Eifer um Gottes Gesetz eingeschärft; freilich hat er nur zu Groll, Zorn und Haß und nicht zur Gewalttat gegen die Gottlosen geführt (vgl. 1QS 2,2 – 10; 9,23; 10,18 – 20). Denn man baute auf Gottes Gericht, das die „Männer der Grube" bestrafen wird (1QS 10,18 – 20, vgl. Röm. 12,19). Aber man kämpfte gegen falsche Propheten und gegen „alle Männer des Trugs" (1QH 4,14), und Gott selbst galt als Vorbild des Zorneseifers, der im vergeltenden Strafgericht offenbar werden wird (1QS 2,15; CD 1,1f.). Josephus hat begreiflicherweise den Eifer der Pharisäer um das Gesetz entschärft und ihn durch die *akribeia*, die genaue Auslegung, ersetzt (Jüd. Krieg 2, 162). Aber das pharisäische Ziel, ganz Israel zu heiligen und zur vollkommenen Erfüllung der Thora zu bringen, war nicht zu erreichen ohne den Eifer, der den gesetzesunkundigen und vor allem den abtrünnigen Juden treffen mußte. Wo die Heiligkeit auch als rituelle Reinheit verstanden wird, müssen die Nachlässigkeit der lauen Mehrheit und vor allem die Unreinheit der notorischen Sünder als eine Art von Umweltverschmutzung, als Entweihung von Volk und Land Israel, empfunden werden (vgl. auch 1QS 8,6f.). Das galt besonders im Blick auf die hellenistischen Christen, die den Tempel, das Gesetz und das traditionelle Erwählungsbewußtsein Israels in Frage stellten, und für den Glauben an den gekreuzigten Messias (vgl. Deut. 21,22)[17]. Paulus ist demnach in seiner Rolle als Eiferer und Verfolger der Kirche ein durchaus glaubwürdiger Vertreter des frühen Pharisäismus, vor allem, wenn man an die schammaitische Richtung denkt[18]. Das pharisäische Eifern um die Rettung Israels hat auch der Apostel nicht abgelegt

---

[15]) Vgl. dazu M. Hengel, Die Zeloten, Leiden 1961, S. 163.172 – 176.

[16]) B. Gerhardsson, Memory and Manuscript, Uppsala 1963, S.389.

[17]) G. Bornkamm, Paulus, 1969, S. 37f. Bornkamm unterschätzt dabei das Ärgernis, das der Glaube an einen gekreuzigten Messias einem Juden bereiten mußte. Vgl. dazu M. Hengel, *Mors turpissima crucis,* in: „Rechtfertigung". Festschrift für E. Käsemann, 1976, S. 125ff., bes. S. 134 – 137.

[18]) Vgl. Haacker, a. a. O., S. 10; H. Hübner, Gal. 3,10 und die Herkunft des Paulus, in: Kerygma und Dogma 19(1973), S. 215 – 231.

(vgl. Röm. 9,3). Der Eifer um Gottes Sache drückt sich bei ihm auch antigesetzlich, in der Abwehr judaisierender Irrlehrer, aus (2.Kor. 11,2.16 – 18); die Sorge um die Reinhaltung des Evangeliums tritt an die Stelle einer Treue zum Gesetz, durch die man die Gerechtigkeit vor Gott gewinnen will (vgl. Gal.1,8).

Für den pharisäischen Eiferer und Christenverfolger Paulus hat sicherlich das Beispiel des Pinehas und eine Stelle wie Ps. 106, 30f., in der die Tat des Pinehas gerühmt und als Anrechnung zur Gerechtigkeit gewertet wird, eine wichtige Rolle gespielt; K. Haacker hat neuerdings auf sie aufmerksam gemacht[19]. Daß aber Ps. 106,30f., wie Haacker meint, wegen der ,,Rechtfertigungsformel" (,,Das wurde ihm zur Gerechtigkeit angerechnet") mit der Rechtfertigung Abrahams nach Gen. 15,6 zusammengeschaut worden sei und von daher die paulinischen Ausführungen über die Rechtfertigung Abrahams allein aus Glauben erschwert habe, ist nicht richtig[20]. Paulus hat zu Recht und mit einwandfreier Methode die Rechtfertigung aufgrund des Glaubens vor Gesetz und Beschneidung und damit auch die Möglichkeit einer Rechtfertigung der unbeschnittenen Heiden aus Gen. 15,6 herausgelesen.

II. Die pharisäische Struktur der Gesamtaussage Phil.3,5f.

1. Göttliche Setzung und menschliche Verantwortung

Auch die Struktur der beiden Verse mit ihrem Beieinander von Gottes Setzung und menschlichem Bemühen spiegelt ein pharisäisches Selbstverständnis. Josephus hat in seiner Darstellung der drei jüdischen Religionsparteien die Frage der Willensfreiheit zum maßgebenden Kriterium erhoben und die Haltung der Pharisäer als eine mittlere Lösung zwischen sadduzäischem Voluntarismus und essenischem Determinismus beurteilt: ,,Dem Schicksal und Gott schreiben sie alles zu, aber die Ausführung dessen, was gerecht sei und was nicht, obliege in höchstem Maße der menschlichen Verantwortung, wobei aber bei jedermann das Schicksal mithelfe" (Jüd. Krieg 2, 162f.); ,,es sei Gottes Wille, daß eine Mischung geschehe und auch der Wille des Menschen mit Tugend und Laster zur Spruchkammer des Schicksals zugelassen werde" (Jüd. Altertümer 18, 13; vgl. 13, 172). Gottes Setzung, die Josephus gern als Bestimmung des Schicksals interpretiert, steht zwar an der Spitze, aber stärker als in Phil. 3,5f. wird das Handeln des Menschen als ein Beitrag zum Gang allen Geschehens und zum eigenen Geschick betrachtet. Josephus hat den Anfang seiner Vita nach diesem pharisäischen Grundkonzept gestaltet. Denn im Anschluß an die ausführliche Darstellung seiner Abstammung, die er der göttlichen Fügung verdankt, schildert er die eigene Leistung, seine überragenden Kenntnisse der Thora und sein selbstgewähltes Studium aller jüdischen Religionsparteien (Vita 1 – 10). Den Wert einer Persönlichkeit machen nach ihm die Abstammung und die Gerechtigkeit aus. So sagt Josephus von seinem Vater: ,,Er ragte nicht nur um der vornehmen Herkunft (*eugeneia*) willen hervor, sondern war mehr noch aufgrund der (seiner) Gerechtigkeit (*dikaiosynee*) anerkannt" (Vita 7). Dementsprechend hat Paulus beim Rückblick auf

---

[19]) Haacker, a. a. O., S. 14f. 20.

[20]) Die Behauptung Haackers, ,,seit den Tagen der Makkabäer sei Gen 15,6 im Rahmen einer festen Tradition im Lichte von Ps 106,31 und dem Beispiel des Pinehas her verstanden worden" (a. a. O., S. 14), kann ich nicht bestätigt finden; auch der Bezug zu Gen. 22 ist in der jüdischen Exegese nicht eindeutig.

seine pharisäische Vergangenheit die bedeutende Herkunft und die vollkommene Gerechtigkeit, gleichsam als bewährte Erwählung, von sich gerühmt.

2. *Die Aufhebung der menschlichen Leistung bei Paulus*

Die Beschreibung des paulinischen Apostolates in Röm. 1,1f. erinnert formal an den *kata nomon Pharisaios* in Phil. 3,6, stellt aber inhaltlich einen scharfen Gegensatz zu diesem dar. Paulus, der am Anfang des Römerbriefes gleichsam seine Visitenkarte abgibt, nennt sich dabei ,,Knecht Christi Jesu, berufener Apostel, ausgesondert (*aphoorismenos*) für das Evangelium". Der für das Evangelium ausgesonderte Apostel gleicht formal dem ,,Pharisäer nach dem Gesetz". Denn das Partizipium *aphoorismenos* entspricht dem hebräischen *parusch* bzw. *nibdal*; die Bestimmung ,,für das Evangelium" steht dem ,,nach dem Gesetz" in Phil. 3,6 gegenüber. Jetzt ist nicht mehr das Gesetz, sondern das Evangelium die Macht, die den Dienst des Paulus für Gott bestimmt. Aber in beiden Fällen ist Gott der Urheber des Wortes; in der Wendung ,,Evangelium Gottes" liegt analog zum Gesetz Gottes ein Genitiv vor, der den Urheber bezeichnet. Auch der Stand des ,,Knechtes Christi" (Röm. 1,1) erinnert an das Selbstverständnis des frommen Juden, und zwar hinsichtlich der Gottesherrschaft und der Gehorsam heischenden Thora. Denn nach Jochanan ben Sakkai, dem etwas jüngeren Zeitgenossen des Paulus, hat jeder Israelit am Schilfmeer das Joch der Gottesherrschaft auf sich genommen und am Sinai erfahren, daß er Gottes Knecht sei; deshalb sei ihm ein Sklavendienst für Menschen verwehrt (jQidduschin 59d ; vgl. Lev. 25,55). Paulus wurde als Apostel zum Knecht Christi und Diener des Evangeliums. Für ihn steht das Evangelium Gottes nicht nur im Gegensatz zur Heiligen Schrift, wie sie für den Pharisäer maßgebend war, sondern auch in einer engen Verbindung mit ihr. Die Thora wird zwar für Paulus lediglich zu einem Zuchtmeister auf Christus hin (Gal. 3,24), aber die prophetische Verheißung bot ein Christuszeugnis und Protevangelium: Gott hat die Frohbotschaft ,,durch Seine Propheten in den heiligen Schriften vorausverkündigt" (Röm. 1,2). Als Apostel übernahm Paulus gleichsam diesen prophetischen Dienst. Jedoch konnte er in den Tempora von Aorist und Praesens die eschatologische Freudenbotschaft von Christus verkündigen, die von den alttestamentlichen Gottesknechten im Futur oder prophetischen Perfekt ausgerichtet worden war. Wie der Prophet ist auch der Apostel berufen (Röm. 1,1). Wie Jeremia, den Gott von Mutterleib an erkannt und geheiligt hat (Jer. 1,5), so wurde auch Paulus von Mutterleib an ,,ausgesondert"[21] und durch Gottes Gnade berufen. Und mit Hilfe der klassischen Berufungsgeschichte Jes. 6 hat er seine Christusvision vor Damaskus als ,,Sendung" und Vermittlung des Evangeliums verstanden (vgl. 1.Kor. 9,1f.; Gal. 1,11f. mit Jes. 6,1.8 – 10)[22]. Wie die Berufung des Propheten, so ist

---

[21]) Paulus hat die Verben *jada* und *hiqdisch* in Jer. 1,5 durch *aphorizein* = *hibdil* wiedergegeben und damit die für den Pharisäismus so wichtige Gleichsetzung: ,,heiligen" = ,,aussondern" vollzogen. Zur ,,Berufung" vgl. Jes. 49,1: *mibbetän qeraani*. Vgl. auch Apg. 13,2: ,,Sondert mir Barnabas und Paulus aus für das Werk, zu dem ich sie berufen habe!"

[22]) Vgl. dazu meine Analyse der Berufung des Paulus in dem Beitrag: Die Vision des Paulus im Tempel von Jerusalem, in: Verborum Veritas. Festschrift für G. Stählin, hg. v. O. Böcher u. K. Haacker, 1970, S. 113–125. Ähnlich hat Josephus mit Hilfe der Schrift einen nächtlichen Traum als Berufung interpretiert und sich von da an als Boten Gottes und Künder des von Gott erwählten Königs verstanden (Jüd. Krieg 3,352).

auch die Absonderung zum Apostel ganz Gottes Werk und als solches von der Absonderung des Pharisäers grundverschieden. Die letztere entspringt dem eigenen Entschluß; wie das Ringen um Gerechtigkeit und wie der Eifer des Verfolgers offenbart sie die Energie des Frommen, der sich in besonderer Weise als Knecht Gottes bewähren will. Wenn aber der Apostel sich analog zum Propheten ganz als einen Boten Gottes versteht, muß ein jeder Hinweis auf Eigeninitiative und persönliche Eignung die freie Wahl Gottes fragwürdig machen. Paulus zeigt die Alleinwirksamkeit Gottes bei seiner Berufung nicht zuletzt dadurch an, daß er fast immer, wenn er auf sie zu sprechen kommt, sich als einstigen Verfolger der Kirche bekennt (Gal. 1,13f.; 1.Kor. 15,9; vgl. Apg. 22,4f.; 26,9 – 11). Nicht einen ,,Willigen" oder gar Jünger Jesu, sondern den Widerspenstigen (vgl. Apg. 26,14) und Antagonisten hat Gott zum Apostel erwählt. Auch das Evangelium würde durch menschliche Mitgestaltung seiner Glaubwürdigkeit beraubt. Denn als Sprecher Gottes (2. Kor. 5,20) darf der Apostel – wie der Prophet – nur verkündigen, was ihm aufgetragen ist; alles andere wäre Vermessenheit (vgl. Deut. 18,18 – 22). Gerade sein Sendungsbewußtsein hat den Paulus dazu geführt, seiner pharisäischen Erziehung abzusagen und jede Art von Synergismus und Selbstruhm abzulehnen. Nicht nur ein Apostel, sondern auch jeder andere Christ soll so gesinnt sein. Alle Christen sind ja ,,berufene Heilige" (Röm. 1,7; 1.Kor. 1,2). Vielleicht vermeidet Paulus aus diesem Grunde das Wort ,,Bekehrung", wenn er die eigene Lebenswende und den Beginn der christlichen Existenz beschreibt; er spricht statt dessen von ,,Berufung". Die Kirche ist für ihn auch keine Vereinigung (*chabura*) von Gerechten – nie hat Paulus die Christen als ,,Gerechte" bezeichnet – sondern die Sammlung der Gerechtfertigten, Berufenen, Heiligen. Weil Gott selbst das Subjekt des Herausrufens und Heiligens ist, lehnt Paulus jegliches Streben nach einer weitergehenden Absonderung und vor allem auch die Beschneidung der aus dem Heidentum kommenden Christen ab. Der Glaube ist die sachgemäße Antwort auf Gottes Ruf und die Rechtfertigung, und nicht etwa die Beschneidung. Sie ist der Berufung schon deshalb nicht angemessen, weil sie ja bei den Nichtjuden nicht wie beim acht Tage alten Säugling passiv hingenommen, sondern kraft eigener Entscheidung empfangen wird. Als ein äußeres, fleischliches Zeichen entwertet sie das Geschenk des Geistes, das der Christ mit der Taufe, dem geistlichen Gegenstück zur Beschneidung, erhalten hat. Aus diesem Grunde verwarf Paulus auch Speisegebote und Reinheitsriten, sofern sie der Christ als Leistung versteht, oder auch dann, wenn sie die Einheit der Kirche gefährden könnten. Das Versagen des Petrus in Antiochien hat er bezeichnenderweise als eine ,,pharisäische" Entgleisung beurteilt, wenn er von der ,,Selbstabsonderung" des Kephas spricht (*aphoorisen heauton*, Gal. 2,12), so, als hätte dieser wie ein Pharisäer die profane Speise als eine heilige essen wollen. Infolgedessen fällt für Paulus der im Judentum allgemein anerkannte Thoragehorsam als Weg zur Gerechtigkeit fort. Das Gesetz Gottes wird zwar von Paulus nicht abrogiert, sondern aufgerichtet (Röm. 3,31)[23]. Aber nur das vom Geist Gottes gewirkte Tun der Gebote ist sachgemäß, einmal deshalb, weil es dem Gesetz als geistiger Größe gerecht wird (Röm. 7,14)[24], und zum andern, weil der Geist als Gabe Gottes jede Äußerung von Leistungsstolz und Selbstruhm verwehrt. Und weil der Geist den Christen zum Gotteskind macht (Röm. 8,15f.), wird auch das

---

[23]) Für die Judenchristen in Jerusalem behielt das Gesetz seine Gültigkeit.

pharisäische Rühmen einer genealogisch aufweisbaren Gnade Gottes überholt und der Stolz auf israelitische Herkunft, adelige Ahnen oder traditionsbewußte Eltern gegenstandslos. Was einst als Gewinn, als Vorzug, galt, wird durch das Christusgeschehen aufgehoben und vom Christen als Verlust verstanden (Phil. 3,7). Das Privileg jüdischer Herkunft, das von Gottes Verheißung her weiterhin gültig ist (Röm. 3,1f.; 9,3 – 6), wandelt sich zur negativen Größe, wenn es vom Christen als persönliche Auszeichnung geltend gemacht wird. Denn in Christus sind Griechen und Juden gleich (Gal. 3,28; Kol. 3,10f.), und der Zaun, den das fleischlich verstandene Gesetz zwischen Juden und Heiden aufrichtet, ist durch das Kreuz Christi und die Gabe des Geistes aufgehoben (Eph. 2,14); er darf deshalb vom Christen nicht wieder aufgerichtet werden.

Die radikal verstandene Berufungsgnade Gottes schließt nicht nur die eigene Mitarbeit, sondern auch den Mittlerdienst anderer Menschen weitgehend aus. Im Anschluß an R. Bultmann hat W. Schrage behauptet, Paulus habe die Antithese zum Gesetz aus der Predigt der Hellenisten gewonnen[25]. Aber die Thorakritik der Hellenisten war anders geartet als die des ehemaligen Pharisäers Paulus[26]. Abgesehen davon sollte man das Selbstzeugnis des Apostels ernst nehmen und als exegetischen Ausgangspunkt ansehen. Wenn er behauptet, seine Berufung sei nicht „von Menschen oder durch Menschen, sondern durch Jesus Christus und durch Gott" erfolgt (Gal. 1,1), wenn er ferner betont, er habe das Evangelium „nicht von einem Menschen empfangen oder als Lehre erhalten, sondern durch eine Offenbarung Jesu Christi" (Gal. 1,12), so läßt das m.E. weder eine „Bekehrung" durch die hellenistische Gemeinde noch eine Belehrung über die aufgehobene Geltung des Gesetzes in der Ära des Evangeliums zu. Die paulinische Rechtfertigungslehre ist durchaus verständlich aufgrund der Berufung, die aus dem Pharisäer und Eiferer um das Gesetz den Apostel und Knecht Christi gemacht hat, und als Ergebnis der Reflexion, die der Theologe Paulus nach diesem Ereignis über das Kreuz des Messias und die Rolle des Gesetzes vollzog (vgl. Gal. 1,17ff.). Die Unabhängigkeit von menschlicher Mitwirkung schließt natürlich nicht aus, daß der Apostel von der Überlieferung der christlichen Gemeinden lernte und deshalb auf tradierte Jesusworte und Bekenntnisse verweisen konnte. Aber eine Berufung zum Apostel kann keine Gemeinde vollziehen, und der Kern des Evangeliums, nämlich die Erhöhung und Herrschaft des gekreuzigten Messias, beruht auf der Offenbarung, die Paulus vor Damaskus empfangen hat. Das

---

[24]) Der Indikativ des neuen Seins, den der paulinische Imperativ des neuen Handelns voraussetzt, ist deshalb nicht die Rechtfertigung, wie gemeinhin angenommen wird, sondern genauer die Taufe, die den Geist als die Kraft zum gottgefälligen Handeln verleiht. Wenn man so zwischen Rechtfertigung und Taufe unterscheidet, läßt sich die scheinbar widerspruchsvolle Bewertung des Gesetzes bei Paulus erklären: Für die Erlangung der Gerechtigkeit ist das Gesetz nur nützlich in seiner negativen Zuchtmeisterrolle, für den neuen Gehorsam dagegen ist es wichtig, vor allem in der Zusammenfassung durch das Liebesgebot, das in der Kraft des Geistes und zum Nutzen der Gemeinde erfüllt werden soll.

[25]) W. Schrage, „Ekklesia" und „Synagoge", in: Zeitschrift für Theologie und Kirche 60 (1963), S. 198.

[26]) Sie hatte an der Lehre Jesu ihren Anhalt. Vgl. M. Hengel, Zwischen Jesus und Paulus, in: Zeitschrift für Theologie und Kirche 72(1975), S. 199.

Verhältnis von selbst erfahrener Offenbarung und überkommener Lehre verhält sich in der Verkündigung des Paulus analog zur Botschaft der klassischen Propheten, die zwar auch von Traditionen des Kults, des Rechts und der Weisheit Israels geprägt und dennoch original, weil ,,nicht von Menschen, sondern von Gott empfangen", war.

29. Fleischliche und »geistliche« Christuserkenntnis nach 2. Korinther 5,16

Dem verehrten Lehrer Otto Michel zum 80. Geburtstag

Das Problem der Auslegung von 2. Korinther 5,16

Es gibt wohl kaum ein Urteil des Apostels Paulus, das härter umkämpft und theologisch folgenreicher gewesen wäre als die Stelle 2Kor 5,16: ,,Folglich kennen wir von nun an niemanden mehr nach dem Fleisch, und wenn wir Christus nach dem Fleisch gekannt haben, kennen wir ihn nun nicht mehr (so)''[1]. Auch der verehrte Jubilar hat vor fast dreißig Jahren dieser Stelle eine Studie gewidmet und gegen ihre gängige Deutung protestiert[2]. Besonders für *R. Bultmann und dessen Schule* bot 2Kor 5,16 die Rechtfertigung einer auf das Kerygma konzentrierten Exegese: Paulus hat hier den ,,Christus nach dem Fleisch'', d. h. den Christus, wie er weltlich vorfindlich ist, für den Glauben als unmaßgeblich abgelehnt; dementsprechend müßte für den Exegeten des Neuen Testaments die Frage nach dem historischen Jesus nicht nur als ein literarisch kaum lösbares Problem gelten, sondern auch als ein theologischer Irrweg gemieden werden. Der rechte Glaube braucht keine Biographie des Jesus von Nazareth, weil er sich auf das Kerygma von Kreuz und Auferstehung gründet. Er sucht keine historischen Fakten, sondern hört auf das richtende und aufrichtende Wort.

Dieses Verständnis von 2Kor 5,16 beginnt bereits in der Religionsgeschichtlichen Schule. *W. Bousset,* dem Bultmann sehr verpflichtet war, hat das Stichwort ,,historisch'' bei der Deutung dieser Stelle verwendet: ,,Als Pneumatiker sprengt der Apostel kühn alle ihm lästigen historischen Zusammenhänge, lehnt die Autoritäten in Jerusalem ab und will den Jesus kata

---

1 Vgl. dazu die Übersetzung im Luther-Testament 1975, Stuttgart 1976, die von der Wiedergabe Luthers nichts mehr ahnen läßt und stark interpretiert: ,,Darum beurteilen wir von nun an niemand mehr nach menschlichen Maßstaben; auch wenn wir Christus früher auf solche Weise beurteilt haben, so beurteilen wir ihn doch jetzt anders''.

2 O. Michel, Erkennen dem Fleisch nach (2Kor 5,16), in: Ev. Th. 14, 1954, S. 22f.

sarka nicht mehr kennen"[3]. Bei R. Bultmann wird das unbiblische Wort „historisch" noch enger mit 2Kor 5,16 verbunden: „Jede ‚Würdigung' der historischen Person nach menschlichen Kategorien würde heißen, Christus κατὰ σάρκα betrachten"[4]. Und fleischliches Erkennen ist für Paulus nicht nur ein natürlich-menschliches Verhalten, sondern wird von ihm als ein sündiges qualifiziert[5]. 2Kor 5,16 liefert damit einen theologischen Kampfbegriff gegen das Fragen nach dem historischen Jesus, sowohl der liberalen als auch der konservativen Exegese: . . . „der χριστὸς κατὰ σάρκα geht uns nichts an; wie es in Jesu Herzen ausgesehen hat, weiß ich nicht und will ich nicht wissen"; dieser Christus soll ruhig im Feuer des kritischen Radikalismus verbrennen[6]. In der Schule R. Bultmanns[7], aber auch darüber hinaus, hat sich dieses Verständnis von 2Kor 5,16 durchgesetzt. Wir finden es in *H. Lietzmanns* Kommentar zu den Korintherbriefen: Paulus will in 2Kor 5,16 das irdische Sich-Rühmen gewisser Leute treffen und „setzt dann darauf als Höchstes die Ablehnung der Kenntnis vom irdischen Jesus"[8]. Auch *L. Goppelt* hält Bultmanns These insofern für richtig, als sie sich dem historischen Jesus der liberalen Theologie entgegenstellt; dieser Jesus war „ja das Produkt eines bloß historischen Kennens, also eines Kennens nach dem Fleisch"[9].

Neuerdings hat man auch den „Sitz im Leben" für 2Kor 5,16 zu bestimmen gesucht, d. h. auf die polemische Zuspitzung des paulinischen Arguments geachtet. Auch die im 2. Korintherbrief bekämpften Gegner des Apostels, die man im Einzelnen verschieden bestimmt, sollen sich auf den historischen Jesus berufen haben. Nach *E. Käsemann* hätten die in der Jerusalemer Urgemeinde beheimateten Pseudoapostel, zugleich mit ihrer judenchristlichen Herkunft, ihre Beziehung zum historischen Jesus ausgespielt[10]. Nach *D. Georgi,* der in den Gegnern hellenistisch-judenchristliche Missionare sieht, propagierten diese den irdischen Jesus und verkündigten ihn als einen „Göttlichen Menschen" im Sinne der hellenistischen Religiosität[11].

---

3 W. Bousset, Kyrios Christos. Geschichte des Christusglaubens von den Anfängen des Christentums bis Irenäus, FRLANT 21, [6]1967

4 R. Bultmann, Theologie des Neuen Testaments, 7. Aufl. hg. v. O. Merk 1977, S. 294.

5 A.a.O. S. 238

6 R. Bultmann, Glauben und Verstehen, Bd. 1, [8]1980, S. 101.

7 Z. B. D. Georgi: In 2Kor 5,16 ist der „irdische Jesus in seiner Vorfindlichkeit" gemeint, in: D. Georgi, Die Gegner des Paulus im 2. Korintherbrief, 1964, S. 290.

8 H. Lietzmann, An die Korinther I/II [5]1969, HNT 9,4, S. 125. Der Glaube richtet sich auf den Auferstandenen, eine etwa vorhandene Bekanntschaft mit dem irdischen Jesus ist völlig unwesentlich (a.a.O. S. 126).

9 L. Goppelt, Theologie des Neuen Testaments, [3]1978, S. 368.

10 E. Käsemann, Die Legitimität des Apostels (ZNW 41, 1942), in: Das Paulusbild in der neueren deutschen Forschung, hg. v. K. H. Rengstorf, 1964, S. 475ff. So ähnlich schon H. Windisch, Der Zweite Korintherbrief, 1924, S. 178.

11 D. Georgi, a.a.O. S. 290

Aber das letztere ist eine Hypothese, bei der bereits die Voraussetzung, der Typos eines hellenistischen „ϑεῖος ἀνήρ", nicht stimmt[12]. Als phantastisch erscheint auch die Annahme von *W. Schmithals,* der in 2Kor 5,16 die Glosse eines gnostischen Redaktors sieht: Wolle dieser niemanden in seinem natürlichen Dasein kennen, so bedeute das christologisch, daß er den Menschen Jesus als Träger eines himmlischen Lichtwesens verwirft[13].

Beim „Neuen Fragen nach dem historischen Jesus", das innerhalb der Schule Bultmanns ausgebrochen ist, wird der Christus „κατὰ σάρκα" von 2Kor 5,16 ebenfalls im Sinne Bultmanns verstanden und abgelehnt. Aber es gehe im Kerygma um einen Jesus „ἐν σαρκί", und zwar in dem Sinne, daß der himmlische Herr eine historische Person ist[14]. Das ist gegenüber Bultmann kein großer Fortschritt.

| Demgegenüber hat es *O. Michel* als Mißverständnis bezeichnet, daß 2Kor 5,16 „zum Leitwort im Kampf gegen die theologische Relevanz des Historischen in der Theologie geworden" ist[15]. Ähnlich geschieht das in der englischen Auslegung: „. . . Such a meaning was very far from Paul's mind"[16], und auch bei dem katholischen Exegeten *J. Blank,* der kategorisch erklärt, die Frage nach dem historischen oder auch irdischen Jesus habe an dieser Stelle nichts zu suchen, sie sei in den Text hineingelesen und im Grunde nichts anderes als der Ausdruck jenes verhängnisvollen Dualismus, in den eine rein historisch sich verstehende Exegese gebracht habe. Für Paulus sei der irdische Jesus ungemein wichtig, aber die „Menschheit Jesu ist von ihm ganz soteriologisch gesehen und im Zusammenhang damit heilsgeschichtlich"[17]. Blank meint, die Kritik des Apostels richte sich nicht gegen den fleischlichen Christus, sondern gegen den fleischlichen Menschen, der sich ein Christusbild schaffe, anstatt in Gemeinschaft mit dem gekreuzigten und auferstandenen Herrn zu leben[18]. Das geht teilweise in die richtige Richtung, bedarf aber einer näheren Begründung, die von verschiedenen Richtungen her erbracht werden muß: a) der grammatikalischen Zuordnung der Wendung κατὰ σάρκα; b) dem Zusammenhang, in dem 2Kor 5, 16 steht, insbesondere vom Abschnitt 5,11-21; c) dem alttestamentlichen Hintergrund, der die Ausführungen des Apostels beherrscht.

---

12 Vgl. dazu meinen Aufsatz: The Concept of the So-Called „Divine Man" in Mark's Christology, in: Studies in New Testament and Early Christian Literature. Essays in Honor of Allen P. Wikgren, ed. D. E. Aune, 1972 (= Novum Testamentum Suppl. XXXIII), S. 229—240
13 W. Schmithals, Die Gnosis in Korinth, ³1969 (¹1956), S. 297.
14 James M. Robinson, Kerygma und historischer Jesus, ²1967 (S. 165f).
15 O. Michel, a.a.O. S. 27 Anm. 7.
16 Ph. E. Hughes, Paul's Second Epistle to the Corinthians, Grand Rapids 1962, S. 200. Christi Person und Werk sind objektiv, konfrontieren als von Gott gesetzte Wirklichkeit die Menschen; die subjektive, existentielle Annahme dieser Wahrheit ist ein zweiter Schritt.
17 J. Blank, Paulus und Jesus, eine theologische Grundlegung, 1968, S. 324.
18 A.a.O. S. 325. Leider neigt Blank den Thesen Georgis über die Gegner des Paulus zu.

Die Korrektur der bisherigen Auslegung

a) Der grammatikalische Sachverhalt

Schon aus grammatikalischen Gründen ist das hermeneutische Schlagwort vom „Christus nach dem Fleisch" unsachgemäß. Bultmann gibt selbst zu, daß die Wendung κατὰ σάρκα „wahrscheinlicher" zum Verbum (erkennen) zu ziehen ist und nicht so sehr dessen Gegenstand (niemanden, bzw. Christus) bestimmt. Aber er meint, das ändere nicht den Sinn im Zusammenhang des Ganzen: „denn ein κατὰ σάρκα gekannter Christus ist eben ein χριστὸς κατὰ σάρκα "[19]. Anders urteilt O. Michel: Das Sarkische hängt nicht am Objekt des Erkennens, sondern bestimmt den Erkenntnisakt[20].

In der Tat verurteilt Paulus hier keineswegs das Fragen nach dem irdischen Jesus, nach seinem Leben und Wirken. Das schließt m. E. schon das zuerst genannte Objekt „niemanden" aus: Wie könnte der Apostel die „weltliche Vorfindlichkeit" der Menschen um ihn her nicht kennen und beachten? | Auch vom „χριστὸς κατὰ σάρκα" [21] kann er unbefangen reden, etwa von seiner Abstammung aus dem Samen Davids (Röm 1,3; vgl. 2Tim 2,8) oder aus dem Volk Israel (Röm 9,5). Die Wendung „nach dem Fleisch" gehört aber in 2Kor 5,16 zum Verbum und bezeichnet eine falsche Verhaltensweise des Christen, wie das analog vom „Wandel nach dem Fleisch" (2Kor 10,2f), dem „Sich-Rühmen nach dem Fleisch" (11,18) und dem „Leben nach dem Fleisch" (Röm 8,12f) gilt. Paulus spricht in 2Kor 5,16 nicht nur allgemein von zwei einander entgegengesetzten Weisen des Erkennens, sondern auch speziell von einem Wandel des theologischen Urteils, der bei ihm selbst eingetreten und für sein apostolisches Wirken von großer Bedeutung ist. Er legt geradezu ein Bekenntnis ab, wenn er sagt, von nun an kenne er niemanden, und erst recht nicht Christus, in der Art, wie er das früher getan habe und wie das in der Welt — vielleicht auch bei den Gegnern — gang und gäbe ist. Dabei ist die Erkenntnis des Christus nicht etwa ein Spezialfall einer neuen Sicht des Menschen allgemein[22], sondern umgekehrt: Das neue Urteil über

---

19 R. Bultmann, Theologie des Neuen Testaments, a.a.O. S. 239. Ähnlich schon H. Windisch, der meint, daß die beiden Möglichkeiten auf die gleiche Motivierung hinauslaufen (a.a.O. S. 185).

20 O. Michel, a.a.O. S. 23.

21 Ist die Wendung κατὰ σάρκα auf ein Nomen bezogen (Röm 1,3; 4,1; 9,3.5; 1Kor 1,26; 10,18; Kol 3,22), so steht sie in der Regel hinter diesem Nomen; geht sie ihm voran, hat sie den Artikel (vgl. J. Blank, a.a.O. S. 318, Anm. 22). In 2Kor 5,16 ist sie adverbial, nicht adjektivisch gemeint.

22 So H. Windisch, a.a.O. S. 184: „V 16b ist eine spezielle, aber sehr wichtige Anwendung des allgemeinen Satzes 16a", ähnlich O. Michel, a.a.O. S. 23. Formal betrachtet, macht V 16 allerdings den Eindruck, als gehe Paulus vom Allgemeinen zum Besonderen. Der Sache nach

Christus hat auch das über den Nächsten grundlegend geändert. Der Zeitpunkt dieses Urteilswandels liegt für Paulus nicht innerhalb seines Apostolats, so als habe er irgendeinmal eine zweite Bekehrung erlebt, sondern markiert dessen Beginn, fällt mit dem Damaskusereignis zusammen. Das wird zunächst schon vom Kontext dieser Stelle nahegelegt.

b) Die Bedeutung des Kontexts: 2. Korinther 5,11-21

Es ist wichtig, unsere Stelle 2Kor 5,16 in ihrem Zusammenhang zu sehen, sie dabei aber nicht nur, wie bisher üblich, von den vorausgehenden VV 11-15 zu erhellen, sondern auch die ihr folgenden Ausführungen, VV 18-21, mit zu bedenken. Paulus entfaltet hier seine theologia crucis[23]. Zunächst, in den VV 11-13, denkt Paulus an seine Gegner: Er will nicht sich selbst empfehlen, sondern seiner Gemeinde einen Antrieb zum Rühmen ihres Apostels geben. Er kritisiert, daß man sich auf seiten der Gegner äußerer Vorzüge und nicht eines (erneuerten) Herzens rühmt (V 12). Gerade diese letzte Aussage wird gern als Verstehenshilfe für V 16 benützt[24]: Der Stolz auf persönliche Leistung und Eigenschaften verführt auch zu einem Erkennen des Christus nach dem Fleisch, der dann als „göttlicher Mensch" und zweiter Mose gefeiert wird. Auch V 13 bietet zwei Erkennensweisen, die aber beide innerchristlich legitim sind und an 1Kor 14 erinnern, nämlich das der Gemeinde dienliche Handeln in nüchterner Besonnenheit und das Gott zugekehrte, ekstatische Bewegtsein vom Heiligen Geist: Sollte von V 13 her die neue Art der Erkenntnis in V 16 eine pneumatische sein? Aber es ist Vorsicht geboten.

Denn wichtiger als Vorbereitung auf V 16 scheint mir das in V 14f geäußerte Bekenntnis zur Liebe Christi und zu dessen Sühnetod am Kreuz zu sein: Christus ist für alle gestorben, folglich sind auch alle mit ihm (der Sünde, ihrem Selbstruhm) gestorben. Deshalb sollten sie nicht mehr sich selber leben, sondern dem, der für sie gestorben und auferweckt worden ist (V 14f). Durch die Konjunktion ὥστε wird V 16 als Folgerung aus diesem Bekenntnis dargestellt: „Folglich" braucht man zu solch einem Leben notwendig auch die rechte Erkenntnis über den Christus und über die Menschen, für die er gestorben ist.

Nicht minder beziehungsreich ist der auf V 16 folgende Abschnitt von der Versöhnung (VV 18—21). Erscheint in V 14f Christus als Subjekt des heils-

---

ist es aber umgekehrt: Er hat die neue Erkenntnis an Christus und von Christus erhalten und sie dann auf die Mitmenschen angewendet.

23 Vgl. dazu O. Michel, der seine Studie mit dem Hinweis auf die drei grundsätzlichen, in sich selbständigen Zusammenfassungen der paulinischen Verkündigung beginnt: VV 14f; 18f; 20f, in denen es „um die einzigartige geschichtliche Bedeutung des Kreuzesereignisses" geht; sie sind „bekenntnisartig, mit dem ‚Wir-Stil', verbunden" (a.a.O. S. 22).

24 H. Windisch, a.a.O. S. 188.

geschichtlichen Handelns, so ist es in VV 18—21 Gott selbst, der in Christus war. R. Bultmann hat auch in diesen Versen eine für ihn wichtige hermeneutische Handhabe gefunden, freilich nicht wie in V 16 hinsichtlich der Frage des historischen Jesus, sondern für das rechte Verständnis des paulinischen Kerygmas. Dabei rückte er V 19 in den Mittelpunkt: Durch das Wort von der Versöhnung, das Gott unter uns aufgerichtet hat, wird das Kreuz zum eschatologischen Heilsgeschehen. In der Verkündigung begegnet Christus, an dessen statt wir bitten (V 20); das νῦν, in dem die Predigt erklingt, ist das νῦν des endzeitlichen Geschehens[25].

c) Der alttestamentliche Hintergrund von 2Kor 5,18—21: Jes 53,1.5

O. *Hofius* hat in seinem ersten Vortrag in Tübingen gezeigt, daß Bultmanns Deutung dieses Abschnitts zu einseitig ist, wenn sie das heilsgeschichtliche Ereignis von Kreuz und Auferstehung im Wortgeschehen aufgehen läßt[26]. Denn das Wort von der Versöhnung ist nach Paulus auf die Tat der Versöhnung gegründet: Gott hat uns durch Christus mit sich versöhnt (V 18), er war gegenwärtig beim Sühnetod seines Sohnes auf Golgatha. Damals hat er den Sündlosen für uns zur Sünde gemacht, damit wir durch ihn zur Gerechtigkeit Gottes würden (V 21). Akt und Wort der Versöhnung stehen somit in 2Kor 5,18—21 gleichgewichtig nebeneinander; der erstere bleibt selbständig, behält gegenüber dem „Jetzt" der Verkündigung sein einmaliges, perfektisches „Damals". Man könnte sagen: Auch ohne verkündigt zu werden, ist das Karfreitagsgeschehen ein endgeschichtliches Ereignis, eben weil am Kreuz der Messias hing. Und O. Hofius unterscheidet auch das Evangelium als das mit den Ostererscheinungen gesetzte eigene Wort Gottes (1 Kor 15,1—5) von dem durch es begründeten apostolischen Dienst der Versöhnung[27]. Die Herkunft des paulinischen Versöhnungsgedankens bestimmt er überzeugend durch den Hinweis auf Jes 53, das Lied vom Sühnetod des Gottesknechtes, der als der Gerechte die Sünde Vieler wegträgt. In diesem Lied wird der rettende „Tausch" (M. Luther) vorausverkündigt, der dann auf Golgatha verwirklicht wurde: Die Strafe, die uns Sündern Frieden brachte, traf den Gerechten und Gottessohn; durch seine Verwundung wurde uns Heilung, nämlich die vor Gott geltende Gerechtigkeit, zuteil (vgl. Jes 53,5 mit 2Kor 5,18.21). Der „Friede" von Jes 53,5 ist gleichbedeutend mit der Versöhnung, von der Paulus in 2Kor 5,18—21 spricht[28]. Ferner wird auch

---

25 R. Bultmann, Theologie des Neuen Testaments, a.a.O. S. 302.
26 O. Hofius, Erwägungen zur Gestalt und Herkunft des paulinischen Versöhnungsgedankens, in ZThK 77, 1980, S. 186ff.
27 A.a.O. S. 192.
28 A.a.O. S. 196f.

in Jes 53 deutlich unterschieden zwischen dem Handeln Gottes an seinem Knecht und der prophetischen Botschaft von diesem Geschehen (V 1). Übrigens sehe ich in dieser „Botschaft" von Jes 53,1, bei deren Ausrichtung der in 2Kor 5, 11—21 erscheinende Wir-Stil auffällt, den Ursprung für das neutestamentliche Nomen εὐαγγέλιον, sofern dieses das Kreuz und die Auferstehung des Christus zum Inhalt hat[29].

Die neue Deutung von 2. Korinther 5,16

a) Der alttestamentliche Hintergrund von 2Kor 5,14—16: Jes 53,3—4

Auf ähnliche Weise läßt sich die hermeneutisch fixierte Mißdeutung von 2Kor 5,16 als eine solche nachweisen und richtigstellen. M. E. ist der Abschnitt 2Kor 5,14—16 ebenfalls von Jes 53 bestimmt. Wie in 5,18—21 das versöhnende Werk Gottes und das Wort von der Versöhnung zusammengehören und von Jes 53,1.5 her eine feste Einheit bilden, so in 2Kor 5,14—16 das Liebeshandeln Christi, der für alle gestorben ist, und das rechte Wissen und Urteil hinsichtlich dieses Geschehens. Der ganze Abschnitt 5,11—21 stellt, traditionsgeschichtlich betrachtet, ein sachliches Ganzes dar, in dem Paulus die Erfüllung der jesajanischen Weissagung vom Gottesknecht durch Kreuz und Auferstehung des Messias bezeugt. In diesen Zusammenhang gehört auch V 16; ja, von Jes 53 wird erst deutlich, was das rechte Erkennen des Christus gegenüber einer fleischlichen Beurteilung sein mag, und auch diese selbst wird konkretisiert. Bekennt Paulus in V 14f, *einer* sei für *alle* gestorben, so bezieht er sich vor allem auf Jes 53,12, wonach der Gottesknecht sein Leben in den Tod gab, sich zu den Frevlern zählen ließ und so die Sünde von „Vielen" getragen hat. Paulus hat hier „die Vielen" (ha-rabbim) in Jes 53,12 inkludierend auf alle Menschen (πάντες V 14f), auf den Kosmos (V 19) bezogen, so wie das auch in Joh 3,16 geschah (vgl. dazu Mk 10,45)[30]. Weil diese Liebestat des Messias der ganzen Welt gilt (V 14f), darum ist ihre Verkündigung, die Botschaft von der Versöhnung, so dringlich (VV 18—20); diese setzt aber wiederum das rechte Erkennen des Christus voraus (V 16). So er-

---

29 Vgl. meine Schrift: Wie verstehen wir das Neue Testament? 1981. Im Targum zu Jes 53,1 wird das hebräische Wort shemuʿah = Kunde durch ein aramäisches besorah = Evangelium wiedergegeben.

30 H. Windisch macht einen Unterschied zwischen „den Vielen" (Mk 10,45), die nur einen beschränkten Kreis meinen, und „allen", die als Heilsbereich die ganze Menschheit gelten lassen. Er verbindet deshalb die Stelle 2Kor 5,14f mit den Aussagen über Christus als zweitem Adam (vor allem 1Kor 15,22): Christus sei am Kreuz der Repräsentant aller Menschen, für die V 14 ein „mystisches" Sterben mit Christus behauptet werde, das in V 15 in ein ethisches übergeht (a.a.O. S. 182). Aber Christus ist hier vor allem der stellvertretend für die Menschen leidende Gottesknecht; Mk 10,45, 14,24 und Joh 3,16 sind die primär wirksamen Stellen; 1Kor 15,22f kommt erst in zweiter Linie in Betracht.

klärt sich die Konjunktion ὥστε „sodaß", die den V 16 als logische Konsequenz von V 14f ausweist: Es ist ungemein wichtig, das Kreuz Christi richtig zu verstehen, es als höchste Offenbarung der Liebe Gottes und großes Angebot der Versöhnung anzusehen. Denn es ist auch ein grobes *Mißverständnis* des Todes Jesu möglich. Gerade das wird auch in Jes 53 *hinsichtlich des Gottesknechtes* bezeugt, vor allem in V 3f: Seine prophetischen Verkündiger (vgl. 53,1) bekennen von sich eine frühere Fehleinschätzung, ein falsches Urteil über sein Leiden: „Wir aber achteten (chaschab) ihn nicht" (V 3), „. . . wir aber hielten ihn geplagt, von Gott geschlagen und gestraft" (V 4); d. h. sein Tod galt ihnen früher einmal als Strafe Gottes für die eigene Schuld. Und wie in 2Kor 5,14—16 geht in Jes 53,4 dem Fehlurteil der wahre heilsgeschichtliche Sinn dieses Leidens voraus: „Fürwahr, er trug unsere Krankheit und lud auf sich unsere Schmerzen". Diesem positiven Verständnis entspricht das Bekenntnis des von der Liebe Christi überwältigten Paulus in 2Kor 5,14: „Wir sind zu diesem Urteil gekommen (κρίνειν = chaschab), daß einer für alle gestorben ist". Das würde aber bedeuten: Dem Fehlurteil über den Gottesknecht als dem von Gott Gestraften steht das „Erkennen des Christus nach dem Fleisch" (V 16) gegenüber. Paulus spricht in 2Kor 5,16 nicht so sehr als Pneumatiker, sondern als der von Christus belehrte Ausleger der Schrift, und auch sein Wir-Stil stimmt mit dem der prophetischen Bekenner des Gottesknechts in Jes 53 überein.

b) Die Umwandlung des theologischen Fehlurteils über Christus und den Mitmenschen.

α) *Deuteronomium 21,22f und Jesaja 53,3f:* Beides, die Mißachtung des Gottesknechtes und die fleischliche Beurteilung des Christus, entspringt nicht einfach subjektiver Willkür, sondern ist gut fundiert; beide Ansichten lassen sich theologisch von der Schrift her begründen. 1) Das Leiden des Gottesknechtes wird in den alttestamentlichen Schuld-Ergehen-Zusammenhang eingeordnet und das „fleischliche" Erkennen des Christus sogar durch die Tora gedeckt. Wie der Kontext von 2Kor 5,16 und der alttestamentliche Hintergrund Jes 53 zeigen, denkt Paulus in diesem Vers primär an das Kreuz. Nach Dtn 21,23 ist ein ans Holz gehängter, ein "Talui", für Gott ein Fluch (vgl. Gal 3,13). Schon aus diesem Grunde konnte Jesus nicht der Messias Israels und Sohn Gottes sein; sein Anspruch war Blasphemie. Das war auch die „Erkenntnis", das Urteil des Pharisäers Paulus gewesen, deshalb hatte er die an Christus Glaubenden verfolgt. Jesus mußte für die Juden als Verführer Israels gelten, der nach Dtn 13,9 keine Schonung verdient (vgl. bSanh 43a). Diese Deutung des Kreuzes ist m. E. die „Erkenntnis Christi nach dem Fleisch", wie sie Paulus früher besaß; 2Kor 5,16 ist auf das Skandalon des gekreuzigten Messias zu beziehen. 2) Die sichtbare Erscheinung des auferstandenen und erhöhten Herrn vor Damaskus brachte für Paulus die große Wende. Sie markiert für ihn das endzeitliche „Jetzt". Das Ostererlebnis offenbarte dem Eiferer um das Gesetz, daß der gekreuzigte Jesus von Nazareth doch der Christus und als ein zu Gott Erhöhter auch ein Gerechter war[31]. Diese neue soteriologische Erkenntnis des Kreuzes Jesu hob das Schriftwort Dtn 21,22f nicht etwa auf, sondern rückte es in ein neues Licht: Jesus war als der Gekreuzigte in der Tat von Gott verflucht, aber deshalb, weil er als ein Gerechter den Fluch des Gesetzes stellvertretend auf sich genommen hatte, der eigentlich uns Sünder hätte treffen müssen (Gal 3,13). Gott hat den, der von keiner Sünde wußte, für uns zur Sünde gemacht, damit wir durch ihn zur Gerechtigkeit Gottes würden (2Kor 5,21).

β) *2. Korinther 5,16b:* Dieses neue Erkennen des Christus, das in 2Kor 5,16b nicht inhaltlich beschrieben wird, ist von seinem Kontext und von seinem Hintergrund Jes 53 her zu erschließen. Paulus hat es in V 14 vorweggenommen. Es entspricht dem neuen, überraschenden Urteil Gottes über die Welt: Er rechnet den Menschen ihre Übertretungen nicht an (V 19), weil sie von Christus weggetragen, am Kreuz gerichtet und gesühnt sind (V 14). Paulus meint demnach in V 16 den seligen Tausch, der auf Golgatha vollzogen wurde: Als der Gerechte, als messianischer Gottesknecht, trug Jesus den Fluch des Gesetzes, die Strafe für die Sünden *für uns,* wurde an unserer statt als Sünder bestraft (V 21 vgl. Jes 53,3f). Diese Konzentration des Urteilens und Wissens auf das Kreuz erwähnt Paulus von sich auch in 1Kor 2,2: „Denn ich urteilte (ἔϰϱινα, vgl. 2Kor 5,14) nichts anderes zu wissen (εἰδέναι, vgl. V 16) als Jesus Christus, und zwar als Gekreuzigten (talui)". Das Argument 2Kor 5,16 enthält nicht so sehr den Beigeschmack von Polemik als vielmehr den Charakter eines Bekenntnisses und Eingeständnisses: „Ich, Paulus, habe Christus früher falsch eingeschätzt, wie das meine Landsleute heute noch tun. Von nun an, seit meiner Berufung zum Apostel, sehe ich ihn ganz anders, weil er selbst mir die heilschaffende Bedeutung seines Todes offenbart hat, genauso wie den anderen Aposteln." Das „Wir" in V 16 ist wie in V 20 apostolisch[31a]. Denn alle Apostel und ehemaligen Jünger Jesu haben einen Erkenntniswandel hinsichtlich des Kreuzes erlebt. Daß in V 16 vor allem an das Kreuz und auch an Ostern gedacht ist, beweist auch der Anfang von V 18, der das Thema der Versöhnung mit dem zuvor Gesagten verbindet: „Das alles aber ist aus Gott . . .", d. h.: Das neue Erkennen (V 16) und das neue Sein (V 17) sind Gaben Gottes, der auf Golgatha die Welt mit sich versöhnt hat.

---

31 Vgl. Jo 16,8 und meinen Artikel: Entrückung, II. Biblische und frühjüdische Zeit, in: TRE Bd. IX, 1982.

31a Es ist nicht etwa ein editorisches „Wir", das dazu noch polemisch gegen andere Apostel gerichtet wäre, die Jesus persönlich gekannt hatten und seine Jünger gewesen waren.

γ) *2. Korinther 5,16a:* Die neue Erkenntnis richtet sich nach V 16a nicht nur |
auf den Christus und dessen Kreuz, sondern auch auf die Menschen schlechthin: „Von jetzt an kennen wir niemand nach dem Fleisch". Denn weil Christus für alle Menschen gestorben ist — πάντες steht in V 14f zweimal und ist
deshalb betont —, darum erscheint jetzt jedermann im Licht des Kreuzes. Paulus denkt wohl weniger an natürliche Vorzüge, Eigenschaften und Fehler, etwa
an den Unterschied zwischen Jude und Grieche, Freier und Sklave, Mann und
Frau (Gal 3,28), obwohl auch solche Differenzen durch das Kreuz Christi an
Bedeutung verlieren. Überholt ist vielmehr für die zwischenmenschliche Beru-
teilung der Maßstab der Tora, die Frage, wieviel Werke des Gesetzes jemand
aufzuweisen habe, dazu die Fehler der Heiden oder die unbestreitbaren Vorzüge Israels. Sie verblassen im Licht der Endzeit. Entscheidend ist „von jetzt an",
daß Christus für uns alle gestorben ist, als wir noch Sünder waren (vgl. Röm
5,6), daß Gott durch Christus jedermann mit sich versöhnt hat. Das Kreuz
macht jeden Menschen zum Mitmenschen, weil alle mit Christus gestorben
sind (V 14). Deshalb muß das Evangelium vom Kreuz, das Wort von der Versöhnung, allen verkündigt werden: Jeder Einzelne ist des Evangeliums wert;
das Erkennen der Liebe Gottes, das Leben im Gnadenbereich von Golgatha
wird für alle Menschen entscheidend. Nach dem berühmten Wort Rabbi Aki-
bas (Aboth 3,14) wurde die Liebe Gottes dadurch geoffenbart, daß er den Menschen in seinem Bilde erschuf, die Israeliten zu seinen Kindern machte und ihnen die Tora, das Instrument der Schöpfung, gab. Aber noch größere Liebe erwies er ihnen allen dadurch, daß er sie diese Auszeichnungen erkennen ließ,
und zwar durch die Tora, die deshalb die größte der Gnadengaben Gottes ist.
So dachte auch Paulus im Blick auf das Kreuz: Die Liebe Gottes wird nicht nur
darin offenbar, daß er seinen Sohn für alle Menschen dahingab, sondern besonders auch in der Tatsache, daß er das Kreuz als Heilstat erkennen ließ, indem er mit dem Ostergeschehen das Evangelium begründete. Die Liebe Christi verpflichtet Paulus zur Verkündigung, weil Gott den Dienst der Versöhnung gab (V 18), „unter uns das Wort der Versöhnung aufgerichtet hat" (V
19). Und durch beides, die Ostererscheinungen und den Dienst der Versöhnung, wird das fleischliche Erkennen Christi auch bei anderen Menschen überwunden, das Wissen um den Wert des Kreuzes und des Mitmenschen in die
Welt gebracht. Auch aus dem Lied vom leidenden Gottesknecht zog Paulus
konkrete Folgerungen für die Durchführung der Mission, und zwar gerade aus
dem Vers, der vom Verstehen des Gottesknechtes spricht! Das zeigt die Anwendung von Jes 52,15 in Röm 15,21: Paulus will dort verkündigen, wo man
noch nichts von Christus gehört hat.

δ) *2. Korinther 5,17:* Es geht aber nicht nur um ein neues Wissen, sondern
auch um ein *neues Sein:* Die Erkenntnis des Christus zeigt sich im Wandel des
Christen. An diesem Punkte führt der Apostel über Jes 53 hinaus. Das Kreuz

hat Konsequenzen für das Ethos der Glaubenden: „Ist Christus für alle gestorben, so sind alle (mit ihm) gestorben . . ., damit sie nicht mehr sich selbst
leben, sondern für den, der für sie gestorben und auferstanden ist" (2Kor
|5,14f). Das „Für uns" wird wie selbstverständlich weitergeführt[32] zu einem
„Für ihn" im Mitsterben und neuen Leben. Ähnlich ist der logische Fortschritt von V 16 zu V 17: „Folglich: Ist jemand in Christus, so ist er eine neue
Kreatur, das Alte ist vergangen, siehe, es ist alles neu" Die folgende Konjunktion ὥστε in V 17 geht wie in V 16 von V 14f aus: Ist das neue Erkennen
in V 16 vor allem auf das Kreuz bezogen, so denkt Paulus beim neuen Sein in
V 17 auch an die Auferstehung: „In Christus" hat man nicht nur Anteil am
Frieden mit Gott (V 19), sondern auch an der Kraft der Auferstehung, dem
Heiligen Geist (vgl. Röm 6,4). Dieser macht aus dem alten Menschen ein
neues Geschöpf, indem er ihn jetzt schon geistig umgestaltet (2Kor 4,7—16)
und dann, bei der Auferstehung der Toten, auch den ganzen Leib erfüllt und
unverweslich macht. Wie der zweite Teil von V 17 zeigt, sieht Paulus in diesem schöpferischen Geschehen die Verheißung von Jes 43,18f in Erfüllung
gehen: „Gedenket nicht mehr der früheren Dinge, und des Vergangenen
achtet nicht! Siehe, jetzt ((attah) schaffe ich Neues, schon sproßt es, erkennt
ihr es nicht (jada()?" Dieses Prophetenwort, das im Neuen Testament eine
große Rolle spielt[33], hat für 2Kor 5,16 die entscheidenden Begriffe des endzeitlichen „Jetzt" und des „Erkennens" der heilsgeschichtlichen Geheimnisse Gottes geliefert[34], dazu auch den Zusammenhang von V 16 und V 17 befördert. Denn auch in Jes 43,18f steht das neue Erkennen neben dem neuen
Sein, beides bezieht sich auf den Anbruch des endzeitlichen Heils. Dem Imperativ in Jes 43,18: „Denkt nicht mehr an das Alte und achtet nicht auf das
Vorige!" entspricht in 2Kor 5,16 das Nicht-mehr-Kennen nach alter Art. Die
paulinische Weiterführung des „Für uns" zum „Für ihn, mit ihm und in
ihm" mag von Jes 53,12 beeinflußt sein, zumal dieser Vers das in 2Kor 5,14f
erscheinende Bekenntnis vom Tod des Einen für alle geprägt hat. Denn im ersten Teil von Jes 53,12 verheißt Gott von seinem Knecht: „Deshalb werde ich
ihm an Vielen Anteil geben"; auf Christus bezogen meint dies: Die aus Sünde und Tod erlösten Menschen werden dem Christus zum Erbe und Eigentum übergeben[35], sie leben durch ihn und für ihn[36].

---

32 Vgl. die Konjuktionen ἄρα in 2Kor 5,14 und ἵνα in V 15.
33 Vgl. dazu meinen Aufsatz: Altes und Neues im Geschichtshandeln Gottes, in: Wort Gottes
   in der Zeit, FS K. Schelkle, 1973, S. 69—84.
34 Auch das „Verstehen" (hitbonen), das in Jes 52,15 auf den Gottesknecht gerichtet ist, war
   für Paulus wichtig, wie Röm 15,21 zeigt.
35 Die Septuaginta hat hier κληρονομήσει; dementsprechend hat B. Duhm übersetzt: „Darum wird er erben unter den Großen" (Das Buch Jesaja, 1892, S. 376)
36 Auch die Stelle Phil 3,7—11, die den Erkenntniswandel sehr eindrücklich als neues Selbstverständnis beschreibt, bestätigt die hier vorgelegte Deutung von 2Kor 5,16 und des dazu gehörenden Kontextes. Die Erkenntnis Christi, um deretwillen Paulus alle früheren Errungen-

Abschließende Bemerkungen

1. Die bisher gegebenen Auslegungen von 2Kor 5,16 haben nicht überzeugt, und zwar gerade auch da nicht, wo sie von dogmatischen oder hermeneutischen Interessen geleitet waren. Gegen jede Deutung des fleischlichen Erkennens des Christus gibt es berechtigte Einwände, so etwa gegen die Ansicht, Paulus kritisiere damit die jüdische Messiasidee oder ein jüdisches Evangelium von Jesus Christus, das er selbst anfangs verkündigt habe; er meine dann eine jüdische Leugnung der Sendung Jesu oder aber ein christliches Kennen und Würdigen des Christus in seiner Fleischesgestalt. Wenig hilfreich ist schließlich eine hypothetische, bzw. irreale Auffassung von V 16b: „Selbst wenn ich den Christus nach dem Fleisch gekannt hätte . . .''[37]. Es mag zunächst befremdlich erscheinen, daß die Fehldeutung des Kreuzes ein „fleischliches Erkennen des Christus'' bezeichnet wird. Aber schon die vorpaulinische Überlieferung bezeugt credoartig im Sinne von Jes 53,4.12, daß „Christus für unsere Sünden gestorben ist'' (1Kor 15,3; vgl. 2Kor 5,14f.21), und nach Paulus betrifft das falsche Erkennen, etwa der Weisen (1Kor 1,21) oder der Archonten der Welt (2,8), eben das Kreuz. Umgekehrt wird das Urteilen und Wissen des Apostels auf Christus als Gekreuzigten gerichtet und auf nichts anderes (1Kor 2,2)!

2. Es ist nicht ohne Belang, ob man die Wendung κατὰ σάρκα in 2Kor 5,16 auf den Akt des Erkennens oder auf dessen Gegenstand bezieht, obwohl an anderen Stellen eine Unterscheidung kaum möglich zu sein scheint[38]. Aber in 2Kor 5,16 liegt der Fall anders als etwa beim „Sich-Rühmen nach dem Fleisch'' auf das H. Windisch in diesem Zusammenhang verweist[39]. Ist das Kreuz des Christus gemeint, kann die Wendung κατὰ σάρκα nur die Art des menschlichen Erkennens und Urteilens qualifizieren. Denn am Kreuz war Gott in Christus (2Kor 5,18) und richtete die Sünde „im Fleisch'' seines in die Welt gesandten Sohnes (Röm 8,3). Gerade wer dies leugnet, urteilt κατὰ σάρκα; er versteht nichts von der Schrift und von der Kraft Gottes.

---

schaften für Schaden achtet (V 8), bedeutet, daß man die Kraft seiner Auferstehung und die Gemeinschaft seines Leidens erkennt, ferner, daß man seinem Tod gleichgestaltet wird und die vollständige Auferstehung von den Toten erlangt (V 10f). Wie in Jes 53 und 2Kor 5,14 wird das Urteil stark betont (ἡγεῖσθαι, Phil 3,7.8). Neben dem Wandel zu einer neuen Erkenntnis steht auch in Phil 3 die Verwandlung in ein neues Sein, wobei freilich die endgültige Umgestaltung des irdischen Niedrigkeitsleibes zum Herrlichkeitsleib des Auferstandenen ins Auge gefaßt wird (V 21). Nach dem Bekenntnislied Phil 2,6—11 hat sich diese Wandlung zuerst an Christus vollzogen; dabei ist der Bezug zum Gottesknechtslied Jes 52,13—53,12 sehr deutlich.

37 Vgl. dazu den Überblick bei H. Windisch, a.a.O. S. 186f.

38 A.a.O. S. 185: „wenn sarkische Bedingungen bei einem Urteil sich geltend machen, treten sie meist sowohl beim Subjekt, wie beim Objekt hervor''.

39 A.a.O. S. 185.

3. Die fleischliche Beurteilung des Christus hat nichts mit der Frage nach dem historisch greifbaren Jesus oder mit selbstgemachten Jesusbildern, etwa im Sinne des sogenannten ,,Göttlichen Menschen" der hellenistischen Frömmigkeit, zu tun. Sie bezieht sich vielmehr auf die jüdische Verwerfung des ans Holz Gehängten, wobei Paulus primär sich selbst beschuldigt, seiner vorchristlichen Vergangenheit gedenkt. Die radikale Veränderung, die von Gott her durch das Kreuz Christi die ganze Menschheit betroffen hat (2Kor 5,14f.18.21), wird in V 16 hinsichtlich ihrer kognitiven Konsequenzen angesprochen. Dabei zeigt das Bekenntnis des Paulus, daß ,,Erkennen" im Sinne eines Sich-selbst-Verstehens, der Haltung von Unglauben und Glauben, gemeint ist. Der auferstandene und erhöhte Christus hat dem Gesetzeseiferer die Augen geöffnet. Der Apostel stellt hier nicht, wie man eigentlich erwarten könnte, dem fleischlichen Erkennen ein geistliches gegenüber, obwohl er in 1Kor 2,10 auch den Geist als die Kraft der rechten Erkenntnis des Heilshandelns Gottes und speziell des Kreuzes Christi bezeugen kann. Es ist ja in erster Linie der Christus selbst, der das rechte Erkennen solcher Schriftstellen wie Dtn 21,22f und Jes 52,13—53,12 geschenkt hat, und erst in zweiter Linie der Heilige Geist. Vielleicht hat Paulus hier den Hinweis auf den Geist absichtlich unterlassen. Denn auch die korinthischen Pneumatiker rühmten sich einer vom Geist geschenkten Erkenntnis, die sie aber stolz machte (1Kor 8,1), während Paulus in der Sanftmut und Freundlichkeit des Christus auftritt (2Kor 10,1).

4. Die Stelle 2Kor 5,16 sagt nichts darüber aus, ob Paulus den irdischen Jesus jemals gesehen und erlebt hat[40]. 2Kor 5,16b ist kraft der Aoristform ἐγνώκαμεν ein realer Konditionalsatz: Paulus hat in der Tat den Christus ,,auf fleischliche Weise erkannt[41]". Aber das bezog sich eben nicht auf ein

---

40 Gegen H. Windisch, a.a.O. S. 188, vorher ähnlich J. Weiss, W. Bousset, J. Klausner, vgl. dazu John W. Fraser, Paul's Knowledge of Jesus: II Corinthians 5,16 Once More, in: New Testament Studies 17 (1970) S. 293—313, bes. S. 293f. Interessant ist die kühne Hypothese von A. M. Pope, Paul's Previous Meeting with Jesus, Expositor 26 (1923), S. 38—48: Paulus war der reiche Jüngling, der zu Jesus kam und den Weg zum ewigen Leben erfragte (Mt 19,16—22). Für einen längeren Aufenthalt des Paulus in Jerusalem spricht die Stelle Apg 22,3, die zu Unrecht als legendarisch beurteilt wird; vgl. W. C. van Unnik, Tarsus or Jerusalem (Englische Übersetzung 1962). Aber es ist damit natürlich nichts darüber entschieden, ob Paulus Jesus jemals gesehen, gehört, mit ihm als Gegner diskutiert oder gar die Kreuzigung auf Golgatha miterlebt hat.

41 Anders D. Georgi (a.a.O. S. 255—290), der 2Kor 5,16b als hypothetisch ansieht und zu V 12 in Beziehung setzt: Paulus wehrt sich gegen die hellenistisch-judenchristlichen Missionare, die den irdischen Jesus ,,nach dem Fleisch" verkündigten, d. h. seinen übermenschlichen Glanz betonten, weil sie sich selbst ,,nach dem Fleisch" rühmten und ihre äußeren Vorzüge betonten.

Kontakt-Aufnehmen und Kennenlernen der Person Jesu, sondern auf das Erkennen und Bewerten des Kreuzes, das nach menschlichem Urteil und auch nach dem Zeugnis von Dtn 21,22 gegen die Messianität dieses Mannes zu sprechen schien. Die staurologische Engführung des Themas, das Paulus in 2Kor 5,11—21 zur Verteidigung seines Apostelamtes durchführt, erlaubt es nicht, irgendwelche hermeneutischen Grundsatzentscheidungen aus V 16 abzuleiten, vor allem nicht hinsichtlich der Frage nach dem historischen Jesus. Ebensowenig ist es möglich, aus dieser Stelle konkret erschließen zu wollen, wessen die Gegner des Paulus sich selbst oder was sie von Christus rühmten. Denn deutlicher als irgendeine Polemik ist in V 16 das Selbstbekenntnis des Paulus von seinem Erkenntniswandel, den in solchem Ausmaß kein anderer Christ erlebt hat, und dazu im ganzen Abschnitt 5,11—21 die Kraft der paulinischen theologia crucis. Ihre radikalen Folgerungen wurden wohl weder von den Gliedern der Gemeinde in Korinth noch von den dort eingedrungenen judenchristlichen ,,Überaposteln'' geteilt, denen gegenüber | Paulus seine ,,Erkenntnis'' betont (2Kor 11,5f).

5. Dagegen besteht eine grundlegende Verbindung zwischen Jesus und Paulus gerade in der Art, wie beide Jesaja 53 verwendet haben. Jesus war als der Messias-Menschensohn ganz bewußt der Weissagung vom leidenden Gottesknecht gefolgt. Vor seiner Einsetzung in Macht hat der Menschensohn zu dienen und wie der Knecht Gottes sein Leben als ein Lösegeld für die Vielen dahinzugeben, sein Blut für sie zu vergießen (Mk 10,45; 14,24). Auch die Leidensankündigungen, die man durchaus nicht pauschal als vaticinia ex eventu abtun darf, sind von Jes 53 geprägt und enthalten von daher implizit Sühne und Stellvertretung als Sinn des heilsgeschichtlich notwendigen Leidens. Das Evangelium der Urgemeinde und des Paulus bestätigt die Erfüllung der Leidensankündigungen, weil es wie diese in Kreuz und Auferstehung die Mitte hat. Paulus hat in dem ihm tradierten Evangelium den Bezug zu Jes 53 klar erkannt (1Kor 15,1—5; Röm 4,25) und verdeutlicht. Wie schon erwähnt, stammt der Begriff ,,Evangelium'' aus Jes 53,1f Targum; auch ist die Aufgabe einer ökumenischen Verkündigung von dort abgelesen (Röm 15,21f, vgl. Jes 52,15; 53,1). Wie das ,,Wort von der Versöhnung'' in 2Kor 5,18—21, so ist das Thema des Römerbriefs 1,16, dazu das ,,Wort vom Kreuz'' in 1Kor 1,18.23f; 2,4f, von Jes 53 her zu verstehen: In der Botschaft vom messianisch verstandenen Gottesknecht wird der ,,Arm Gottes'', seine heilschaffende Macht, offenbar (vgl. Jes 53,1 Targum). Schon von daher gesehen liegt die Vermutung nahe, das rechte Erkennen des Christus in 2Kor 5,16 im Licht des Gottesknechtsliedes Jes 53 zu sehen. Wird diese enge, durch Jes 53 hergestellte, Verbindung zwischen Jesus und Paulus erkannt, so kann man nicht mehr sagen, Paulus habe den Juden Jesus von Nazareth vergeistigt, vergottet, ihn ins Universale gesteigert und dadurch von seinen jüdi-

schen Wurzeln gelöst[42]. Er hat eben den jüdischen Messias, den Nazarener von Fleisch und Blut, nicht einfach ignoriert[43], sondern so verstanden, wie dieser sich selber verstand, nämlich von Jes 53 her. Und wer das in Jes 53, diesem erratischen Block im Alten Testament, klar bezeugte Sühneleiden des Gottesknechtes ignoriert, dem wird auch die paulinische Deutung des Kreuzes als unjüdisch und mythisch erscheinen.

---

42 So J. Klausner, Von Jesus zu Paulus, 1950, S. 420—450, ähnlich H. J. Schoeps, Paul, engl. Übersetzung 1961, S. 149—160
43 J. Klausner a.a.O. S. 443.

30. Der fleischliche Mensch und das geistliche Gesetz

Zum biblischen Hintergrund der paulinischen Gesetzeslehre

Das »Problem«: Die »schwierige« Lehre des Paulus über das Gesetz

In der neueren Paulusforschung gilt die Lehre vom Gesetz als ein zentrales, aber auch schwieriges Kapitel der Theologie des Apostels. Man pflegt dabei an das Urteil des Porphyrius zu erinnern, Paulus habe andauernd sich selbst widersprochen[1], seine Äußerungen über das Gesetz seien schillernd. Demgegenüber sind die Stimmen, welche die Klarheit, Tiefe und zwingende Logik des Apostels rühmen, recht leise geworden. Vielleicht haben sich ihre Träger auch um die Aussagen über das Gesetz nicht ernstlich bemüht[2]. Selbst ein jüdischer Paulusforscher wie H. J. Schoeps hat sie als kompliziertestes Thema der Theologie des Apostels bezeichnet[3]. Wenn das am grünen Holz der jüdischen Exegese geschieht, darf man vom dürren der christlichen Neutestamentler erst recht nichts erwarten[4]. Bei den letzteren fehlt es oft am ernsthaften Versuch, Paulus von seinen eigenen Voraussetzungen und Grundlagen her zu verstehen; statt dessen werden die eigene Logik und Unkenntnis zum Maß aller Dinge gemacht.

1. Es fällt zunächst einmal auf, daß Paulus selbst von einer Problematik seiner Gesetzeslehre nichts zu spüren scheint: Was die Tora ist, soll und kann,

---

[1] Vgl. dazu H. Räisänen, Paul and the Law, WUNT 29, Tübingen 1983, S. 1f. Dazu E. P. Sanders, Paul, the Law, and the Jewish People, Philadelphia 1983, S. 3 »The subject (i.e. of the Law) is difficult«. Zur frühjüdischen Diskussion über Geltung und Umfang der Tora und des at.-lichen Kanons vgl. J. Maier, Zur Frage des biblischen Kanons im Frühjudentum im Licht der Qumranfunde, in: Jahrbuch für Biblische Theologie, Bd. 3, Neukirchen 1988, S. 135−146.

[2] P. Feine, Theologie des Neuen Testaments, Leipzig [2]1919 bietet nur einen kurzen Abschnitt »Die Stellung (des Paulus) zum Gesetz und zum Judentum« (S. 265−268).

[3] H. J. Schoeps, Paul, Philadelphia 1961, S. 168.

[4] Ich denke vor allem an die heute so oft angewendeten Methoden linguistischer und soziologischer Art. Sie können für ein Thema wie das vom Gesetz bei Paulus nichts Illuminierendes beibringen. Fruchtbar sind hingegen die Untersuchungen meiner Tübinger Kollegen P. Stuhlmacher und O. Hofius.

ist für ihn über jeden Zweifel erhaben. Mit dieser Meinung unterscheidet
sich der Apostel nicht nur von seinen heutigen Exegeten, sondern auch von
damaligen Interpreten der Tora. Im Judentum der neutestamentlichen Zeit
war die Deutung des Gesetzes sehr umkämpft. Die Ausbildung mehrerer
jüdischer Religionsparteien hatte ihre Ursache nicht zuletzt in einer verschiedenen Stellung zur Tora, die ähnlich geteilt war wie der Christus für die
Parteien in Korinth. So behaupteten etwa die Essener von Qumran, in der
Tora gebe es neben geoffenbarten Weisungen (נגלות) auch verborgene Dinge
(נסתרות), die man unbedingt finden müsse, um das ganze Gesetz befolgen zu
können. Abgesehen vom Vorwurf, in Israel übertrete man die geoffenbarten
Gebote, galt das unterlassene Forschen nach ihrer verborgenen Wahrheit als
hauptsächlicher Grund für Gottes Zorn und die drohende Vollstreckung
»der Rache durch die Flüche des Bundes«, für »gewaltige Strafgerichte zu
ewiger, restloser Vernichtung« (1 QS 5,11−13). Eben deshalb hatte die Qumrangemeinde sich von Israel getrennt (1 QS 5,10) und forschte im Gesetz bei
Tag und Nacht (1 QS 6,6 f.); auch wurde dringend davor gewarnt, neu
gefundene Wahrheiten zu verbergen, selbst wenn sie unangenehm für das
eigene Leben sein sollten (1 QS 8,11 f.). Verständlich ist von daher die
Polemik gegen die »Forscher nach glatten Dingen« (vgl. 4 Qp Nah 1,2);
gemeint waren wohl die Pharisäer, die das Gesetz für ganz Israel erfüllbar
machen wollten und es dabei in den Augen der Qumranleute »glätteten«, auf
unzulässige Weise erweichten. Die Pharisäer beriefen sich dabei auf die
»mündliche Tora«, welche die schriftlichen Gebote des mosaischen Gesetzes
auslegt, aber sie auch wie ein Zaun gegen Übertretung schützt (Aboth 1,1).
Diese mündliche Überlieferung, die bis zum Sinai zurückdatiert wurde, galt
den Sadduzäern und mit ihnen den Essenern – aber auch Jesus – als verwerfli-
che Neuerung und Menschenwerk (Jos Ant 13,171−173; 18,11−22; Bell
2,119−166; Mk 7,8 f.), während sie später den Inhalt der Mischna, des
jüdischen Rechts, ausmachte. Schließlich darf man daran erinnern, daß die
Weisen des 1. Jahrhunderts n. Chr. damit begannen, eine Art von Hermeneutik mit Auslegungsregeln aufzubauen; auch das ist ein Beweis dafür, daß
die Auslegung der Tora umstritten war und als schwierige Aufgabe galt.

2. Nichts von alledem spürt man in den Briefen des Paulus und schon gar
nicht in seiner Lehre vom Gesetz. Dabei betont der Apostel – wie die
Qumrangemeinde –, daß man *alles* im Gesetz Geschriebene festhalten und
vollziehen muß, will man nicht den Flüchen der Tora verfallen (Gal 3,10
nach Dtn 27,26). Aber Paulus spricht nicht von verborgenen Weisungen im
Gesetz und der Notwendigkeit permanenter Schriftforschung. Er scheint
auch keine mündliche Überlieferung zu kennen, wie man das von einem
ehemaligen Pharisäer eigentlich erwarten müßte[5], und auch die Auslegungs-

---

[5] E. P. SANDERS (a.a.O. S. 107) spricht vom Fehlen einer systematischen Halacha in den
Briefen des Paulus. M. E. muß dort eine solche Halacha fehlen, da sie zur Freiheit des Geistes,

regeln fehlen, die Hillel aufgestellt haben soll[6]. Nirgendwo erweckt der Apostel den Eindruck, daß der Wille Gottes in der Tora einer schriftgelehrten Deutung bedürfe oder daß die eigenen Urteile über Wesen, Wirkung und Sinn des Gesetzes als mißverständlich empfunden werden könnten; auch von jüdischen Kontroversen über das Gesetz spüren wir in seinen Äußerungen zunächst nichts. Paulus setzt eher einen allgemeinen Konsens voraus: »Wir wissen, daß das Gesetz . . .« (Röm 7,14). Er redet summarisch vom Juden, der den Willen Gottes kennt, in ihm unterwiesen ist und ihn lehren kann; dieser hat »die Verkörperung der Erkenntnis und der Wahrheit im Gesetz«, kann sich darauf stützen, auf ihm ruhen (Röm 2,17–20). Ja, Paulus hält es für möglich, daß auch ein Heide den Forderungen des Gesetzes nachkommen kann (Röm 2,26 f.), daß ihm sein Gewissen sagt, wie er nach Gottes Willen handeln soll, obwohl er das mosaische Gesetz als solches gar nicht hat und kennt (Röm 2,14 f.). Wie Jesus sah auch Paulus den Willen Gottes in der zweiten Tafel des Dekalogs zusammengefaßt, in der das Verbot des Begehrens (Röm 7,7) und das Liebesgebot einen klaren Ausdruck gefunden haben (Röm 13,8–10; vgl. Mk 7,21–23; 10,19; Mt 5,21 ff.). Wie wir noch im einzelnen sehen werden, ergeben sich sowohl für Jesus als auch für Paulus solche Gebote aus der Schöpfungsordnung und gelten für das menschliche Zusammenleben überall; eben deshalb können sie auch Heiden ins Herz geschrieben sein[7].

3. Nun gibt es auch für Paulus Geheimnisse und unerforschliche Wege Gottes (Röm 11,33) oder pneumatische Dinge, die der normale, »psychische«, Mensch nicht versteht (1 Kor 2,14); auch die Weisheit Gottes konnte von der Welt nicht erkannt werden (1 Kor 1,21)[8]. Aber dabei geht es nicht um Gottes Willen und sein Gebot, sondern um seinen heilsgeschichtlichen Plan, letztlich um das Kreuz des Messias und Gottessohns. Auch wenn Paulus von der »Decke« redet, die beim Verlesen der Tora in der Synagoge auf den Herzen der Hörer liegt, ist für ihn nicht etwa das Gebot Gottes, sondern das heilsgeschichtliche Wirken Christi und die Herrlichkeit des

---

den Paulus von Christus empfangen hat, nicht paßt. Statt dessen erscheint in den Briefen die Paränese bzw. Paraklese als spezifisch christliche Stilform; sie ist Weisung für das Leben im Geist und für den Kampf gegen das Fleisch.

[6] Zu den sieben Auslegungsregeln Hillels vgl. E. ELLIS, Biblical Interpretation in the New Testament Church, in: Mikra, ed. MARTIN JAN MULDER, Assen 1988, S. 699–702.

[7] In Qumran war man davon überzeugt, daß alle Völker die Wahrheit kennen und rühmen, freilich nicht nach ihr handeln, da sie einander unterdrücken und ausrauben (1 Q 27, I,8–12). Fr. Chr. Oetinger sprach von einem ius universale, »das ist von dem, was bei allen Völkern, Sprachen, Ländern und Gesellschaften recht und billig ist«. Dieses rechte und geheime Mitwissen, der sensus communis, erhellt aus der Schöpfung Gottes: Wir sehen »die Schönheiten der Natur als Kopien der ursprünglichen Gerechtigkeit« an (Die Güldene Zeit: Frankfurt und Leipzig 1759 I, S. 96).

[8] Vgl. dazu meinen Beitrag zur FS E. Ellis: »Der gekreuzigte Christus, unsere Weisheit und Gerechtigkeit«, Tübingen 1988, S. 195–215.

Erhöhten »verdeckt« (2 Kor 3,14—18). Paulus kann manchmal auch eine tiefere Bedeutung biblischer Namen in der Tora entdecken, so etwa im Falle von Sarah und Hagar (Gal 4,21—31). Aber dabei wird nicht im eigentlichen Sinne exegetisiert, sondern »anders« »geredet«, eine spekulative Auslegung geboten, und das wird ausdrücklich vermerkt (V. 24: ἀλληγορεῖν). Der Wille Gottes ist klar, die sacra lex ist sui ipsius interpres. Sie besitzt eine claritas und perspicuitas, die allen Menschen einleuchten muß, den Juden und Heiden, den unvernünftigen Galatern und dem unglückseligen Menschen von Röm 7,23 f.: Alle scheinen zu wissen, was gut ist und was Gott von ihnen verlangt (vgl. Micha 6,8). Und das muß eigentlich auch so sein. Schon die Endzeiterwartung des Paulus erfordert eine universale Klarheit und Durchsichtigkeit dessen, was gut und darum auch die Forderung Gottes ist. Denn wie könnte Gott ein Weltgericht nach den Werken und mit der Tora als Norm vollziehen (vgl. 1 Kor 1,8; 3,12—15; 4,4 f.; 1 Thess 3,13; 5,23; 2 Kor 5,10; Röm 1,18—3,20 u. a.), wenn dieses Gesetz unbekannt, schillernd oder schwierig wäre? Wie könnte es den Heiden ins Herz geschrieben sein und vom Gewissen jedes Menschen bezeugt werden (Röm 2,15), wenn seine Forderung unklar wäre?

Jedoch gibt es auch ein großes Defizit hinsichtlich der Haltung des Menschen zur Tora. Es liegt für Paulus aber nicht darin, daß sie schwer zu verstehen wäre, sondern in der Unfähigkeit des Menschen, sie zu *tun*. Paulus kämpft nicht für eine neue Toratheorie, sondern beklagt das Fehlen der Orthopraxie. Hat man in Qumran beides, das Verstehen und das Tun des Gesetzes (שכל ומעשים), als Norm für den rechten Wandel gehandhabt (1 QS 6,14), so betont Paulus einseitig die Werke des Gesetzes (Röm 3,20): Nicht die Hörer, nicht die Theoretiker der Tora sind gerecht vor Gott, sondern nur die Täter (Röm 2,13). Aber da ist keiner, der das Rechte tut (Röm 3,12), niemand, der aufgrund von Gesetzeswerken gerechtfertigt würde (Röm 3,20). Die Schrift bezeugt selbst, daß alle Menschen ungerecht sind (Röm 3,10—18); beide, Juden und Griechen, stehen unter der Herrschaft der Sünde (Röm 3,9). Ja, es gibt einen verhängnisvollen Gegensatz zwischen rechtem Wissen und schlechtem Tun: Man lehrt andere die Gebote, die man selbst übertritt (Röm 2,17—23). Genau dies hatte auch schon Jesus an den Schriftgelehrten und Pharisäern kritisiert (Mt 23,3).

4. Freilich steht der Vorwurf im Raum, Paulus hebe das Gesetz auf; das folge notwendig aus seiner Lehre von der Glaubensgerechtigkeit (Röm 3,31). Aber das Gegenteil wird erklärt: »Wir richten das Gesetz auf« (ibid.). Und auffallend sind die selbstsicheren, deklaratorisch und dogmatisch klingenden Sätze, in denen der Apostel über Wesen und Sinn des Gesetzes spricht[9]. Auch da ist er sich seiner Sache und des Einverständnisses seiner

---

[9] Vgl. E. P. SANDERS, a.a.O. s. 71. Er verweist dabei auf Röm 3,20; 4,15; 5,20. Das ist eine sehr fruchtbringende Beobachtung.

Leser sicher, obwohl er sowohl positiv als auch gesetzeskritisch urteilt: »Das Gesetz ist heilig und das Gebot heilig, gerecht und gut« (Röm 7,12); »das Gesetz ist geistlich« (7,14) und »das Gebot zum Leben gegeben« (7,10). Dem stehen andere, provozierend wirkende Sätze gegenüber: Das Gesetz wurde durch Engel gegeben (Gal 3,19 f.); es ist zwischen (Adam und Christus) hereingekommen, damit die Übertretung vermehrt werde (Röm 5,20); es ist die Kraft der Sünde (1 Kor 15,56); sein Buchstabe tötet (2 Kor 3,6). Aus diesem Grunde führt das Kommen des Messias keine neue Blütezeit für das Gesetz herauf, wie das sogar im Targum zu Jes 53 erhofft wird (zu Jes 53,5.11 f.). Der Christus richtete zunächst die Tora nicht etwa auf, sondern wurde selbst unter das Gesetz getan (Gal 4,4); ja, er ist des Gesetzes Ende (Röm 10,4). Ganz neue »Gesetzesbildungen« erscheinen bei Paulus, so etwa »das Gesetz in den Gliedern« (Röm 7,23), das »Gesetz der Sünde und des Todes« (Röm 8,2) und ihnen entgegengestellt »das Gesetz des Geistes des Lebens in Christus Jesus« (ibid.) oder »das Gesetz des Glaubens« (Röm 3,27); diese Gesetze haben freilich – wie wir sehen werden – nichts mit der mosaischen Tora zu tun.

5. Wie kann man solche Urteile begreifen? Sicher steht hinter ihnen das Christusgeschehen und vor allem das Kreuz des Gottessohnes. Aber sie sind m. E. biblisch-alttestamentlich begründet; eben deshalb konnten sie so deklaratorisch vorgetragen werden. Paulus bietet dabei keinen expliziten Schriftbeweis. Aber er geht m. E. von gut bekannten und viel diskutierten Worten aus und setzt diese wie selbstverständlich voraus. Das hat man bei der bisherigen Diskussion über die Gesetzeslehre des Apostels übersehen. Er urteilt nur scheinbar »dogmatisch«, denn er war vor allem ein Exeget. Als Pharisäer hatte Paulus die Schrift ausgelegt, und er tat dies auch als Apostel Jesu Christi. Dabei kommen vor allem die ersten Kapitel der Bibel (Gen 1–6) als Ausgangsbasis in Frage. Sie wurden im Jubiläenbuch, in Qumran, von Philo, von den christlichen Gnostikern (z. B. im Apokryphon des Johannes) und von den Rabbinen (Bereshit Rabba) ausführlich behandelt. Denn Wesen und Schicksal des Menschen wurden gerade am ersten Anfang entschieden. Auch Jesus hat auf den »Anfang der Schöpfung« geschaut, um Richtlinien für eine eschatologische Existenz zu gewinnen (Mk 10,6), und Paulus tat dies, indem er Christus als zweiten Adam darstellte. Die Adam-Christus-Typologie ist ein gewichtiger Beitrag zur Christologie, zur Ekklesiologie und auch zur Gesetzeslehre des Paulus. Die universale Geltung des Christusgeschehens, dazu die Tendenz der Rabbinen, die Tora als Instrument der Weltschöpfung anzusehen (Aboth 3,14), wiesen Paulus den Weg zu den ersten grundlegenden Kapiteln der Bibel. Freilich wurde das Gesetz erst durch Mose gegeben. Aber mit der Erschaffung der Welt und der ersten Menschen entstand eine Ordnung, welche die Gebote für das menschliche Zusammenleben und für das Verhältnis des Menschen zu Gott begründet

und die vor allem bestimmte Verbote impliziert[10]. Diese Tatsache wurde
schon von Jesus geltend gemacht, und Paulus ist ihm auf diesem Weg
gefolgt. Seine Aussagen über das Wesen der Weisung Gottes und über die
Gefahren des Menschseins sind – wie auch sonst im frühen Judentum – vor
allem aus den Anfangskapiteln der Genesis gewonnen und deshalb als Frucht
der Auslegung der Berichte über den Anfang, »von der Schöpfung der Welt
an« (Röm 1,19), zu verstehen. Es sind Urteile, die Gott selbst über den
Menschen fällte; sie haben deshalb ein besonderes Gewicht.

Es trifft darum keineswegs zu, daß die Äußerungen des Paulus über das
Gesetz und insbesondere über dessen heilsgeschichtliche Rolle ausschließlich
von der Christologie bestimmt[11], unsystematisch[12] und in sich widerspruchsvoll[13] seien. Paulus hat »in Christus« durchaus nicht alles vergessen,
was er als »Pharisäer nach dem Gesetz« gelernt und gelebt hatte. Auch wird
bei ihm das Gesetz durch die Kreuzigung des Gottessohnes nicht ins Unrecht
gesetzt, wie man neuerdings mit dem Hinweis auf Dtn 21,23 behauptet
(Anm. 54) – im Gegenteil: Der am Kreuz hängende Messias war in der Tat
der von Gott Verfluchte, aber er hatte als der Gerechte den Fluch auf sich
genommen, den wir verdienten. Gewiß ist nun Christus der Maßstab, mit
dem der Apostel die Rolle der Tora neu bewertet. Aber seine Urteile über das
Gesetz Gottes und dessen Verhältnis zum Menschen gründen im Alten
Testament und darüber hinaus auch in der Lehre Jesu; sie stellen schließlich
eine Auseinandersetzung mit den jüdischen Anschauungen und Auslegungen zentraler Schriftworte dar. Das soll im Folgenden gezeigt werden.

1. Der fleischliche Mensch und der richtende Geist

a) Der ontologische Gegensatz zwischen Mensch und Gesetz (Röm 7,14)

Eines der wichtigsten Urteile über das Gesetz steht in Röm 7,14: »Denn
wir wissen, daß das Gesetz geistlich ist (ὁ νόμος πνευματικός ἐστιν). Ich aber bin
fleischlich (σάρκινος), unter die Sünde verkauft!« Für Paulus ist der ontolo-

---

[10] Sanders (a.a.O. S. 103) spricht von einem »reduced law« und von »de facto limitations«,
wenn Paulus das ganze Gesetz auf das Liebesgebot konzentriert. Aber richtiger urteilt Fr. Chr.
Oetinger, der für das Reich Christi die Ordnung des Anfangs reklamiert: »Der Altväter, als
Enochs, Abrahams, Josephs, Glaubensbekäntnis war kurz, ihre Gedanken von Gott innig, ihre
Andacht gründlich, ihre Ceremonien wenig, und alles lief hinaus auf das Wort: Ich will mein
Gesetz in ihr Herz schreiben« (a.a.O. I,35).

[11] »His discussions of the Law are determined by christology, soteriology (especially their
universal aspects) and what we may call Christian behaviour« (E. P. SANDERS, a.a.O. S. 143).

[12] E. P. SANDERS, a.a.O. S. 145.

[13] E. P. SANDERS, a.a.O. S. 147.

gisch klingende Satz, das Gesetz sei geistlich, eine Tatsache, die bekannt und
unbestritten sein muß: »Wir wissen das«, meint der Apostel und setzt die
Zustimmung der römischen Gemeinde voraus. Der Exeget von heute hat es
schwer, sich diesem ›Wir‹ der Wissenden anzuschließen. Nach H. Lichtenberger wurde für diese Wendung vom ›geistlichen Gesetz‹ bisher keine echte
Analogie gefunden. Die Auskünfte der Exegeten seien meist dürftig: »Göttliche und himmlische Welt für Wesen, Herkunft und Dauer des Gesetzes
bieten antike jüdische Parallelen« (Josephus c Ap 2,277; Ant 3,286;
12,37f.)[14].

Ich möchte nicht nach Analogien für diese dem Apostel selbstverständliche Aussage über den *νόμος πνευματικός* suchen, sondern deren Herkunft und
Bildung erklären. Echte Analogien gibt es nicht, denn es kann sie nicht
geben. Paulus hat m. E. diese Formel selbst neu gebildet, und zwar als
Gegenüber zum fleischlichen, unter die Sünde verkauften Menschen. Unmittelbar davor hatte er das Gesetz als heilig und das Gebot als heilig, gerecht
und gut erklärt (Röm 7,12). Aber er konnte auch behaupten, nur durch das
Gesetz habe er die Sünde kennengelernt (7,7); das Gebot, das zum Leben
dienen sollte, habe ihm den Tod gebracht (7,10). Und diese Fehlleistung des
Gesetzes hat offensichtlich mit der Fleischlichkeit des Menschen zu tun.
Paulus hätte solche fast blasphemisch klingenden Aussagen nie machen
können ohne die Rückendeckung durch die Heilige Schrift. Nun gibt es aber
keine hebräische Entsprechung zum *νόμος πνευματικός,* also etwa eine תּוֹרָה
רוּחָנִית, auch nicht zum Adjektiv *σάρκινος,* obwohl die damit gemeinte Sache
dem AT und den Rabbinen durchaus bekannt ist: Der Mensch ist Fleisch und
nicht Geist (Jes 31,3), er gehört zu »Fleisch und Blut« (בשר ודם). Dennoch
hat man danach zu fragen, wo der Satz vom geistlichen Gesetz und fleischlichen Menschen in der Schrift begründet ist. Die Rabbinen möchten immer
wissen, »wo der Lehrer steht«[15], auf welche alttestamentliche Stelle er sich
bei seinem Urteil bezieht. Paulus provoziert diese Frage nach dem Schriftgrund von Röm 7,14 vor allem durch die einleitende Konsens-Formel: »Wir
wissen, daß ...«; auf diese Frage möchte ich eine Antwort versuchen.

---

[14] H. LICHTENBERGER, Paulus und das Gesetz. Vortrag beim Symposium der Neutestamentler
der Universitäten Durham/England und Tübingen, gehalten am 30. 9. 1988 in Tübingen.
[15] So setzt die Gemara des Babylonischen Talmud ein (Ber 2a: [ס]תנא היכא קאי = »Wo steht
der Tanna?« [der Lehrer der Mischna]. Die Antwort lautet: »Er steht auf der Schriftstelle«
[קרא]). Vgl. W. BACHER, Die exegetische Terminologie der jüdischen Traditionsliteratur
Bd. II, Neudruck Darmstadt 1965, S. 188.

b) Gebot und Sünde, Begierde und Übertretung (Röm 7,7–14, vgl. Gen 2,16 f.; 3,1–6)

1. In den auf Röm 7,14 hinführenden VV. 7–13 behauptet Paulus, das gute Gebot könne im Dienst der Sünde stehen: Es habe ihn nicht etwa nur zur theologischen Erkenntnis dessen gebracht, was Sünde ist und Gott mißfällt (7,13b), sondern in ihm auch die Begierde geweckt, die zur Übertretung führt (7,7f.). Das von Gott gegebene und darum gute, heilige, zum Leben leitende Gebot wird von der Sünde als Werkzeug und Waffe benützt, die genau das bewirkt, was verhindert werden sollte, nämlich die Übertretung und damit das Verkauftwerden des Menschen unter die Sünde und das Sein zum Tode (7,9f.). Was Gott mit der Gabe des Gebotes beabsichtigte, wurde durch die Macht und den Betrug der Sünde ins genaue Gegenteil verkehrt (7,11–13): Das Gebot, das Gute, das zum Leben bestimmt war, erwies sich faktisch als ein Weg zum Tod (7,10.13).

2. Hinter diesen Aussagen steht die Geschichte vom Sündenfall Gen 3. Paulus hat in Röm 7,7–13 die in 5,12 aufgestellte These existentiell bekräftigt: Wie durch einen, den ersten Menschen = Adam, Sünde und Tod in die Welt eingelassen wurden, so hat der Tod alle Menschen = Adamskinder (בני אדם) ereilt, weil sie alle (wie Adam) gesündigt haben und das noch tun. Das seine Schuld und sein Unglück bekennende »Ich« in Röm 7 ist der Adam, der Mensch schlechthin, sei es Jude oder Heide, und natürlich auch Paulus selbst[16]. Daß dieser immer nur von der Sündhaftigkeit der anderen rede, und nie – wie etwa die Qumrangemeinde – auch von der eigenen[17], ist eine zumindest unbedachte Behauptung. Paulus hat ja keine Hodajoth an die Gemeinden geschickt, in denen er als Beter ›coram Deo‹ steht und seine Sünden bekennt. Und selbst wenn er in Röm 7 nicht seine persönliche Geschichte erzählen sollte[18], so ist es klar, daß er unter das »Ich« sich selbst subsumiert und nicht etwa wegen Phil 3,6 davon ausgenommen weiß. Er wird mit einem Gebot konfrontiert, in dem alle vor der Macht der Sünde warnenden Verbote gleichsam zusammengefaßt sind, nämlich dem kategorischen Indikativ: »Du wirst nicht begehren!« (Röm 7,7)[19]. Dieses Gebot erscheint so erst am Ende des Dekalogs (Ex 20,17; Dtn 5,21); aber es war implizit schon in Gen 2,16; 3,1–3 gegeben.

3. Paulus denkt in Röm 7,7–14 an Adam und das Verbot, vom Baum der Erkenntnis von Gut und Böse zu essen. Das zeigt schon der begriffliche Wechsel zwischen Gesetz (νόμος V. 7.8.9.12) und Gebot (ἐντολή V. 8.9.

---

[16] Man denkt beim »Ich« in Röm 7 meist an den Menschen unter dem mosaischen Gesetz, so wie ihn ein Christ wie Paulus sehen mußte. Aber der Apostel hat vor allem die Situation des ersten Menschen und dessen Versagen gegenüber dem Gebot Gottes vor Augen, und dann den Menschen allgemein, der wie Adam sündigt (Röm 5,12).

[17] H. RÄISÄNEN, a.a.O. S. 122.

[18] H. RÄISÄNEN, a.a.O. S. 230.

[19] Vgl. Ex 20,14; Dtn 5,18. Paulus versteht dieses Verbot als Inbegriff der לא-תעשה-Gebote.

10.11.12). Die Wirkung des (geistlichen und heiligen) Gesetzes und des generellen Verbots: »Du sollst nicht begehren!« (V. 7) wird an einem konkreten Fall sichtbar gemacht (Gen 2,16 f.; 3,1 – 3). Ebenfalls wird die betrügerische List der Sünde von der Schlange in Gen 3 verifiziert; Paulus erwähnt deren Betrug in 2 Kor 11,3. Er unterscheidet drei Stadien bei der Konfrontation des Menschen mit dem von der Sünde mißbrauchten Gebot: aa) Das Erwachen der Begierde in dem vom Gesetz noch nicht tangierten Menschen (Röm 7,7 – 10); bb) die Übertretung des Gebots durch den Betrug der Sünde (V. 11a); cc) die Bestrafung bzw. Bedrohung durch den Tod (V. 11b). Diese drei Stadien begegnen uns beim Sündenfall im Paradies. Die in Röm 7 personhaft gedachte Sünde hat ihr Vorbild in der Schlange, die wie ein menschlicher Verführer oder Irrlehrer redet (Gen 3,1 – 5). Das von Paulus erwähnte »Ich«, das einstmals noch ohne Gesetz lebte und dann dem Gebot begegnete (Röm 7,9), ist der Mensch im Paradies, Adam vor dem Fall (vgl. Gen 2,25; 3,7). Paulus hat in Röm 7,7 – 13 verallgemeinert, was in Gen 3 speziell von der Schlange und Eva geschildert wird (vgl. 2 Kor 11,3), und das mythologisch Erzählte psychologisch beurteilt und auf den Menschen schlechthin bezogen: Das Gebot Gottes (vgl. Gen 2,16 f.) weckt die Begierde (Röm 7,7 f.; Gen 3,1 – 6).

aa) Zwar fehlt in Gen 2 – 3 der von Paulus gebrauchte Begriff ἐντολή = מצוה. Aber die damit gemeinte Sache ist da, weil Gott nach Gen 2,16 »befahl« (ויצו = ἐνετείλατο LXX); außerdem wird die Übertretung des »Gebotenen« mit der Formel bedroht, die auch die apodiktischen Verbote des mosaischen Gesetzes sanktioniert: »Du wirst unbedingt sterben!« (Gen 2,17; 3,3). Vor allem wird der so anstößig wirkende Satz des Paulus, die Sünde habe durch das Gebot die Begierde geweckt (Röm 7,7 f.) und das zum Leben gegebene Gebot habe faktisch zum Tod geführt (V. 10 f.), von der Geschichte Gen 2,16; 3,1 – 5 voll gedeckt[20]. Die Schlange erinnerte als erstes Eva an das göttliche Gebot, wobei sie durch ihre Übertreibung zur Diskussion und Reflexion einlud: Gott soll gesagt haben, von keinem Baum im Garten dürfe man essen (3,1). Nach Evas Richtigstellung (V. 2 – 3) bestritt die Schlange – scheinbar zu Recht – den Ernst der Drohung Gottes mit der Todesstrafe (V. 4); sie stellte statt dessen übertreibend den Erfolg vor Augen, der mit der Übertretung des Verbots eintreten würde: »Eure Augen werden geöffnet werden, und ihr werdet sein wie Gott und wissen, was gut und böse ist« (V. 5). Das Essen vom verbotenen Baum hat demnach erstrebenswerte und scheinbar ehrenwerte Folgen; es bringt den Menschen näher zum wissenden Gott. So dargestellt, hat das Gebot die Begierde geweckt (Gen 3,6 תאוה; vgl. Röm 7,8: ἐπιθυμία): Eva erkannte, daß der Baum »begehrenswert« war (נחמד), weil er Einsicht schenkte; deshalb nahm sie von seiner Frucht, aß und gab auch ihrem Mann (Gen 3,6).

---

[20] Die Konjunktion ὥστε in Röm 7,12 ist ohne den Hintergrund von Gen 3 unverständlich. Das gleiche gilt von γάρ in Röm 7,14 a.

bb) Die durch die böswillige Deutung des Verbots geweckte Begierde machte den ersten Menschen ohnmächtig gegenüber der Sünde und deren listigem Betrug (2 Kor 11,3), so daß er die Übertretung beging (V. 6). Das gleiche widerfährt nach Paulus jedem Menschen gegenüber den Geboten des לא-תעשה-Typs, den Verboten in Gottes Gesetz (Röm 7,7−13): Die Begierde macht ihn zum Übertreter.

cc) Gen 3 bestätigt schließlich die Wahrheit des paulinischen Urteils, das für das Leben bestimmte Gebot führe zum Tod, ja, es habe den Übertreter getötet (Röm 7,10f.). Denn das Verbot, vom Baum der Erkenntnis zu essen, war von der Todesstrafe bedroht (Gen 3,3; vgl. 2,17). Diese wurde aber am ersten Menschenpaar nicht sogleich vollstreckt, sondern als Todesverhängnis und Sein zum Tode festgestellt und festgeschrieben: Der Sünder ist »des Todes schuldig«[21]. In diesem Sinne hat auch Paulus das ἀπέκτεινεν in Röm 7,11 verstanden (vgl. Röm 5,12): Wie Adam nach dem Fall, so ist der sündige Mensch schon zu seinen Lebzeiten tot, weil stets vom Tode bedroht.

4. Die verallgemeinernde, anthropologische Deutung des Sündenfalls in Röm 7,7−13 ist sehr aufschlußreich. Für Paulus war schon Adam mit dem Verbot konfrontiert, das nach Röm 7,7 die Summe aller Verbote ausmacht, nämlich mit dem kategorischen Imperativ: »Du sollst nicht begehren!« (vgl. Gen 3,6; Röm 7,7). Dieser Imperativ war im Verbot Gen 2,17; 3,2f. mit eingeschlossen. Er wurde von der Schlange = Sünde bagatellisiert, die das verbotene Begehren in Eva weckte. Solches Begehren ist deshalb Sünde, weil es letztlich dazu führt, werden zu wollen wie Gott (Gen 3,5); diese Vermessenheit bedeutet schwerste Schuld (3,22). Andererseits enthält die durch die Übertretung gewonnene Erkenntnis von Gut und Böse die Verpflichtung zur Abwehr der Sünde und zum Gehorsam gegenüber Gebot und Verbot. Denn das Gebot ist gut (Röm 7,12), weil es das Gute für den Menschen will (7,10), und das Verbot ebenfalls, weil es das Böse meiden heißt. Eigentlich hätte der Mensch mit solcher gottgleichen Erkenntnis sein eigener Gesetzgeber werden, dabei aber aus freien Stücken Gott zur Freude leben müssen. Daß er das nicht konnte, sondern in seinem sündigen Wahn stets noch weitergehen wollte, geht aus Gen 3,22 hervor. Der Ehrgeiz Adams beweist, daß der Mensch unter die Sünde verkauft und deren Werkzeug im Kampf gegen Gott ist (Röm 7,14).

5. Solch extensive, generalisierende Exegese von Gen 3 mag auf den ersten Blick befremdlich erscheinen. Aber auch das Jubiläenbuch[22] und die Rabbi-

---

[21] Vgl. Targum Jer I zu Gen 2,17 Schluß: »Du sollst des Todes schuldig sein!« (חייב קטול תהי).

[22] Vgl. Jub 2,17−32: Das detaillierte Gebot für die Sabbatruhe und für die Heiligung dieses Tages ist von Gen 2,1−3 abgeleitet. Gott ließ nach Jub 2,22 seine Gebote (zum Sabbat) als süßen Duft aufsteigen. Der Erschaffung Evas ist in Jub 3,8 das Gebot der Unreinheit der Frau nach einer Geburt entnommen, das Verbot des Totschlags wird aus dem Brudermord Kains ersichtlich (4,5).

nen sahen ihre Lehre vom Menschen und dessen Verhältnis zu Gottes Gebot in den ersten Seiten der Schrift verankert. Adam hatte nach Tg Neofiti zu Gen 3,22 mit dem Essen vom Baum der Erkenntnis die Gebote der Tora mißachtet und es versäumt, sie »aufzurichten«. Und auch bei Jesus finden wir den Rekurs zum Anfang. Nach ihm sind die Gebote jedermann bekannt (Mk 10,19); wie Paulus denkt er konkret vor allem an die zweite Tafel des Dekalogs (ibid.). Vor allem zeigt für Jesus der ›Anfang der Schöpfung‹ am besten, was Gott eigentlich von uns will (Mk 10,6). Wie für Paulus ergeben sich die wichtigsten Gebote und Verbote aus der Ordnung, die Gott bei der Schöpfung gestiftet hat, und mit dem ersten Verbot ist auch sein Wille grundsätzlich klar. Aus der Einsetzung der Ehe und der gottgewollten Einheit von Mann und Frau (Gen 1,27; 2,24) resultiert das Verbot der Ehescheidung (Mk 10,8f.; Mt 5,31f.), dazu das Verbot des Ehebruchs (6. Gebot Mt 5,27ff.). Und wie für Paulus ist die primäre Sünde das Begehren *(ἐπιθυμεῖν):* Ist es auf eine andere Frau gerichtet, bedeutet es Ehebruch (Mt 5,28). Denn Gott hat Adam die Frau zugeführt, die dieser als Gehilfin braucht (Gen 2,18.22), und Adam hat sie gesehen und als zu ihm gehörig beurteilt (Gen 2,23). Das gilt für jede Ehe. Das ›Begehren‹ einer anderen bedeutet deshalb die Mißachtung von Gottes anfänglicher Ordnung und ist darum Sünde. Auch wenn Jesus die Kaschruth, das Beachten der Speisevorschriften, praktisch als unwichtig ansah (Mk 7,15.18), mag er an den ›Anfang der Schöpfung‹ als Maßstab für Gut und Böse gedacht haben. Damals »war alles sehr gut« (Gen 1,31); es kann also in Gottes Augen nichts unrein gewesen sein. Unreines produziert nur der gefallene Mensch (Mk 7,20−22), und um seiner Herzenshärtigkeit willen hat Mose die Konzession des Scheidebriefs gemacht (Mk 10,3−5). Auch Jesus sah, daß der gefallene und verstockte Mensch den Willen Gottes nicht wirklich tun kann; selbst wo er die Gebote von Jugend an befolgt haben will (Mk 10,20), verrät der Ruf in die Nachfolge, daß er der Begierde und Freude am Reichtum erliegt (10,21 f.)[23].

Deshalb ist der Erlöser für Paulus ein letzter Adam und lebenschaffender Geist (1 Kor 15,45). Nur er kann von den Folgen des Falls, von der Herrschaft der Sünde und vom Todesverhängnis befreien (1 Kor 15,22f.; Röm 5,12−21). Christus ›befreit‹ auch das Gebot; er schützt es gegen das Mißbrauchtwerden durch die Sünde.

---

[23] Nur bei einer oberflächlichen Lektüre der Evangelien kann man hinsichtlich der Erfüllbarkeit des Gesetzes zwischen Jesus und den Evangelisten einerseits und Paulus andererseits einen wesentlichen Unterschied feststellen, so als ob Paulus der einzige gewesen sei, der die Erfüllbarkeit des Gesetzes verneint habe (so H. RÄISÄNEN, a.a.O. S. 231). Denn auch Jesus beurteilte den Menschen als böse (Lk 11,13). Daß er dennoch zwischen Gerechten und Gottlosen unterscheiden konnte (Mt 5,45; Mk 2,17), schließt dieses Urteil nicht aus; genau so verhält es sich bei Paulus und den Frommen von Qumran.

c) Der fleischliche Mensch unter der Herrschaft der Sünde (Röm 6,12ff.; 7,23; vgl. Gen 2,23; 4,7; 6,3—13)

1. Warum hat Adam den Betrug der Sünde nicht durchschaut, warum konnte er der Begierde nicht widerstehen bzw. ihr aus dem Wege gehen? Paulus gibt darauf in Röm 7,14 die Antwort: Weil der Mensch fleischlich und damit wesensmäßig vom geistlichen Gesetz und Gottes Willen geschieden ist; er steht deshalb unter der Sünde, ist an sie verkauft. Das wird in den VV. Röm 7,15—24 geschildert, in denen der Antagonismus des Menschen gegenüber dem Gesetz und auch seine Zerrissenheit aufgedeckt ist. Der innere Mensch wird vom äußeren, der Geist vom Fleisch überwältigt; die willentliche Zustimmung zum Gesetz Gottes wird vom Gesetz der Sünde in den Gliedern besiegt und das bessere Ich gefangengesetzt (7,23f.). Dieser Gegensatz zwischen Fleisch und Geist wird auch im Galaterbrief betont, wobei die Begierde *(ἐπιϑυμία)* als verderbliche Kraft des Fleisches erscheint: »Das Fleisch gelüstet *(ἐπιϑυμεῖ)* wider den Geist« (Gal 5,17); das »Begehren *(ἐπιϑυμία)* des Fleisches« läßt den Wandel im Geist nicht gelingen; die ›Werke des Fleisches‹ (Gal 5,19—21) sind von der Frucht des Geistes grundverschieden (V. 22f.). Geist und Fleisch, die beide im Menschen – und auch im Christen – verkörpert sind, liegen miteinander im Streit (V. 17). Doch der vom Geist getriebene Mensch kann im Geiste wandeln; er erfüllt das Gesetz (V. 18.25.13f.).

2. Auch diese Sicht des Menschen ist im »Anfang der Schöpfung« begründet. Gott hatte Adam wie die Tiere aus Erde geformt und ihm Lebensodem eingeblasen (Gen 2,7.19). Das bedeutet, daß der Mensch Fleisch ist (Gen 2,23; 6,3; vgl. Jub 3,6), und daß der Geist Gottes als Kraft des Lebens in ihm ›wohnt‹ bzw. ihn ›richtet‹, d. h. seinen Wandel bestimmt (Gen 6,3). Aber diese führende Rolle des Geistes im Menschen ging bald verloren. Der von Paulus behauptete Gegensatz zwischen Geist und Fleisch, dazu die böse Lust des Fleisches, erscheint ebenfalls schon in der Urgeschichte. Nach dem Fall der Engel und ihrem fleischlichen Verkehr mit menschlichen Frauen (Gen 6,1—4) hatte ›alles Fleisch‹ seinen Wandel verderbt und die Erde mit Freveln erfüllt (Gen 6,12f.); deshalb beschloß Gott, es durch die Sintflut von der Erde zu vertilgen (Gen 6,13).

Man muß Gen 2,7 mit Gen 6,3—13 zusammenlesen, um die dichotomische Anthropologie und die Rolle des Gesetzes bei Paulus zu verstehen. Auch im zeitgenössischen Judentum wurden diese beiden Stellen sehr beachtet. Im Jubiläenbuch wird die Verderbtheit allen Fleisches nach Gen 6,3—13 eindrucksvoll dargestellt (5,1—8); desgleichen zeigt der jetzt veröffentlichte Text 4 Q 370, welche Bedeutung Gen 6 für die Paränese und die Endzeiterwartung der Qumrangemeinde besaß. Im Fragment 4 Q 504,8,4—8 wird ein Bogen von Gen 2,7 zu 6,3 geschlagen: Gott hat »Adam, unseren Vater«, nach dem »Gleichbild seiner Herrlichkeit geformt«, ihm den Lebensodem in

die Nase geblasen und dazu auch »Verstand und Erkenntnis« gegeben
(Z. 4f). Er hat ihn zum Herrschen in den Garten Eden gesetzt und ihm
auferlegt, nicht ab[zuweichen] (Z. 6−8; vgl. Gen 2,7; Deut 17,20). Aber nun
erscheint plötzlich das göttliche Urteil: »Er (Adam) ist Fleisch« (basar hû'ah;
Z. 9, vgl. Gen 6,3). Am Ende der sehr versehrten Z. 10−15 steht das Chaos,
die Herrschaft von Unrecht und Sünde: Man will die Erde mit Gewalttat
[erfüllen] und [unschuldiges Blut] vergießen (Z. 14). Die Verbindung von
Gen 2,7 und Gen 6 charakterisiert auch die Anthropologie der Rabbinen.
Das ›Bilden‹ des Menschen durch Gott (Gen 2,7), das mit der merkwürdigen
Schreibung וייצר, also mit zwei Jodim ausgedrückt, ist, ließ die Weisen an
zwei Triebe (ב יצרים) denken: Gott schuf den Menschen mit einem guten
und einem bösen Trieb (Ber. r. 14,4). Sie konnten dabei auf Sach 12,1
verweisen: Gott hat den Geist im Innern des Menschen ›gebildet‹. Der Geist
ist der gute ›Trieb‹ im Menschen; der böse Trieb, der zum Götzendienst
neigt, ›fängt an bei Haut und Fleisch und vollendet sich in den Sehnen und
Knochen‹ (Ber. r. 14,5). Diese Lehre von den beiden Trieben konnte auf Gen
6,5 gestützt werden, wo Gott vom ›Trieb der Pläne‹ (Luther: ›Dichten und
Trachten‹) des menschlichen Herzens spricht, der »nur böse ist den ganzen
Tag«.

Paulus verwendet anstelle der beiden Triebe eine andere anthropologische
Terminologie, die an der Haltung des Menschen zum Gesetz orientiert ist: Er
weiß von einem ›inneren Menschen‹, der Freude am Gesetz empfindet (Röm
7,22) und das Gute tun will (7,15f.18−21); diesen vernünftigen, geistigen,
Menschen könnte man mit dem guten Trieb der rabbinischen Lehre vergleichen. Das Begehren des Fleisches und der Glieder des Menschen entspricht
bei Paulus dem ›bösen Trieb‹. Der Apostel hat die Triebkraft dieser antagonistischen Größen ›Vernunft − Glieder‹ als eigengesetzlich, ›nomistisch‹, beschrieben: Es gibt ein gutes Gesetz im Innern, in der Vernunft des Menschen
(Röm 7,23). Beherrschend aber ist das Gesetz in den Gliedern, das dem
vernünftigen Gesetz widerstreitet und den Menschen gefangenführt (ibid.).
Die Glieder wirken ähnlich wie das Fleisch (V. 18). Beide Gesetzes-Begriffe
konnten von Gen 2,23 in Verbindung mit Gen 6,3.5.12.13 für die Anthropologie des Paulus gewonnen werden (s. u. S. 148ff.). Von Gen 6,3ff. her läßt
sich auch die scheinbare Widersprüchlichkeit, das sog. ›Schwanken‹, in der
Anthropologie des Paulus und seiner Beurteilung des Gesetzes verstehen,
ferner die Tatsache, daß seine Ausführungen über die Erfüllbarkeit des
Gesetzes merkwürdig gezwungen und künstlich erscheinen (Räisänen
S. 107). Diese Gegensätze und Schwankungen gibt es auch im AT. Vom AT
her erklären sich auch die Differenzen zwischen Paulus und den Rabbinen,
ferner die der jüdischen Religionsparteien untereinander; sie betreffen vor
allem das liberum arbitrium und das Gesetz. Denn mitten im pauschalen und
vernichtenden Urteil Gottes über die ganze Menschheit als einer massa
perditionis (Gen 6,3−7.11−13) steht die Notiz von Noahs frommem Wandel: Er war unsträflich (Gen 6,9). Oder man denke an Abraham, Mose, die

Propheten: Ihr Wandel hebt sie zwar ab von ihren Zeitgenossen, aber nimmt sie nicht aus vom Urteil, vor Gott Sünder zu sein: Haben sie immer den Willen Gottes getan, konnten sie den der Schöpfungsordnung innewohnenden Verboten von Haß, Töten, Ehebruch stets ganz entsprechen? Sicherlich nicht, und doch werden sie gerecht genannt. Schon aus diesem Grunde bilden Phil 3,6 und Röm 7 keinen größeren Gegensatz als den, der im AT herrscht, wo einerseits alle Menschen verdammt werden können (vgl. Röm 3,10−18 nach Ps 14,1 ff.) und doch auch das Lob der Gerechten gesungen wird. Ähnlich ist es bei Jesus, Paulus oder auch den Essenern von Qumran: Man kann Menschen finden, die im Vergleich mit den Zeitgenossen gerecht sind, und weiß doch um die Sündhaftigkeit des gefallenen Menschen. Jesus predigte Buße und gab dennoch sein Leben als Lösegeld für alle in den Tod. Diese »Widersprüche« sind in der Bibel wie auch im Leben da, weil sie zusammen die Wahrheit ausmachen.

3. Zum formalen, terminologischen Unterschied zwischen rabbinischer und paulinischer Anthropologie kommt auch eine tiefe sachliche Differenz. Sie betrifft vor allem die Frage, wie sich der Mensch zum Gesetz Gottes verhält. Das wird deutlich, wenn man die Auslegung der Stelle Gen 4,7f. betrachtet, die sowohl von Paulus als auch von den Rabbinen mit Gen 2 und 3 zusammengesehen wurde und ebenfalls einen wichtigen Baustein für die Lehre vom Menschen und dem Gebot Gottes gebildet hat. Gott sprach zu Kain: »Kannst du nicht, wenn du gut handelst, hochgemut sein? Wenn du nicht gut handelst, so liegt die Sünde vor der Tür; nach dir ist ihr Verlangen, du aber herrsche über sie!« Gab Gott an Adam ein erstes Verbot (Gen 2,16), so erscheint hier gleichsam das erste Gebot: Kain soll über die Sünde herrschen; Voraussetzung dafür ist, daß er gut handelt. Das müßte er eigentlich können, denn er hat ja die Erkenntnis von Gut und Böse erworben. Warum scheiterte er? In Gen 4,7 erscheint zum erstenmal der Begriff »Sünde«. Aber die Versuchungsgeschichte wirkt insofern nach, als die Sünde der Schlange im Paradies ähnlich ist[24]: Sie lauert vor der Tür und wartet auf den Augenblick, wo sie über die Schwelle kriechen und den ihr verhaßten Menschen tödlich treffen kann (vgl. Gen 3,15). Sie weckt nicht die Begierde im Menschen, sondern ist selbst voller Begierde (תשוקה). Ihr Ziel ist es, in die Welt des Menschen hineinzukommen; aber dieser soll über sie ›herrschen‹[25].

Paulus hat von dieser Stelle die Anschauung vom gefährlichen ›Hereinkommen der Sünde‹ übernommen (Röm 5,12); sie liegt ja nach Gen 4,7 ›vor der Tür‹, dringt in den Bereich des Menschen herein. Freilich hatte nach Röm 5,12 schon Adam Sünde und Tod in die Welt hereingelassen; aber nun sind sie dem Menschen ganz nahe, ihm auf den Leib gerückt. Ferner stammt

---

[24] Sie ist trotz des weiblichen Nomens חטאת in Gen 4,7 als ein männliches Wesen behandelt (תמשל־בו‬,רבץ). Die Rabbinen deuten dies so, daß die Sünde zunächst eine schwache, »weibliche«, Kraft besitze, dann aber erstarke und »männlich« werde (Midr. r. 22,10 zu Gen 4,7).

[25] תמשל־ בו; LXX: *σὺ ἄρξεις αὐτοῦ*.

aus Gen 4,7 das Bild vom ›Herrschen‹ (βασιλεύειν = מָשַׁל) der Sünde über den Menschen (vgl. Röm 5,21; 6,12 ff.; vgl. 8,5–11). Nach Gottes Gebot hätte freilich das Umgekehrte geschehen sollen, nämlich daß der Mensch die Sünde beherrscht.

Die Rabbinen haben dieses erste ›Gebot‹ Gottes, die große Zumutung für Kain, verallgemeinert, auf die menschliche Existenz überhaupt angewendet und dabei den Abwehrkampf gegen die Sünde ›verinnerlicht‹. Die Sünde ist für sie praktisch der böse Trieb, der vor der »Tür des Herzens« lauert. Aber dem Menschen ist Vollmacht über diesen Trieb gegeben, so daß er ihn beherrschen kann; es liegt an ihm, ob er verdienstvoll handelt oder aber sündigen will[26]. Paulus lehnte solches Vertrauen in das ›liberum arbitrium‹ ab: Der Mensch kann ›dem Gesetz in den Gliedern‹ nicht widersprechen, um dem geistlichen Gesetz gehorsam zu sein, und zwar weil er fleischlich ist (Röm 7,23 f.); während der Geist auf Leben und Frieden aus ist, trachtet das Fleisch nach dem Tod (Röm 8,5 f.). Vor allem aber ist für Paulus die Sünde nicht gleich mit dem bösen Trieb, sondern eine übermenschliche, Gott feindliche Macht. Auch von Gott hat sich der vom Fleisch bestimmte und von der Sünde beherrschte Mensch weit entfernt; denn die Intention des Fleisches bewirkt Feindschaft gegenüber Gott (8,7).

H. Räisänen erkennt in Röm 8,6–8 eine Dämonisierung der menschlichen, nicht-christlichen Existenz und bezeichnet sie als »denigration and caricature« (a.a.O. S. 113 f.). Aber man kann zu einem maßvolleren, ja durchaus positiven Urteil gelangen, wenn man auch diese Aussagen der Exegese des Apostels – dazu auch der des frühen Judentums (Jubiläenbuch, Qumran)! – und nicht einem ›odium generis humani‹ zuschreibt. Das Verhalten Kains kann in der Tat zeigen, daß das Trachten des fleischlichen, Gott feindlich gesinnten Menschen nicht Leben und Frieden, sondern der Tod ist (Röm 8,6). Und die VV. Gen 6,5–7.12 f.; 8,21 beweisen, daß Kain keine Ausnahme bedeutete; denn nach dem Urteil Gottes war das Böse des Menschen groß und das Trachten seines Herzens böse an jedem Tag. Die Ursache dafür lag auch darin, daß Gott nach dem Fall der Engel seinen Geist (weitgehend) zurückzog, ihn nicht wie bisher im Menschen richten bzw. wohnen ließ, so daß dessen Lebenszeit höchstens 120 Jahre dauert (Gen 6,3; vgl. Jub 5,8). Ja, der Geistbesitz muß in der Folgezeit weiter vermindert worden sein, denn das menschliche Leben währt nach Ps 90,10 höchstens 70 oder 80 Jahre. Und damals bereute Gott, daß er den Menschen erschaffen hatte und beschloß die Vernichtung des ganzen Geschlechts (Gen 6,6 f.). Hier wird deutlich, was Paulus mit den Begriffen ›Zorn‹ = ›Strafgericht‹ und mit der

---

[26] Targum Neofiti zu Gen 4,7: »Wird dir nicht, wenn du dein Handeln gut vollziehst in dieser Welt, (die Schuld) erlassen und vergeben (יִשְׁתְּבֵק) in der kommenden Welt? Und wenn du dein Handeln nicht gut vollziehst in dieser Welt, wird dir deine Sünde bis zum Tag des großen Gerichts behalten. Und an der Tür deines Herzens lagert deine Sünde, aber in deine Hand habe ich die Macht (רְשׁוּתָא) über den bösen Trieb gegeben.«

Feindschaft des sündigen Menschen Gott gegenüber aussagen will (vgl. Röm 5,9f.).

4. Die Rabbinen sahen ihre aus Gen 6,5 gewonnene und in Gen 2,7 eingetragene Lehre von den zwei Trieben auch in Gen 4,7 bestätigt. Aus diesem Grund haben sie das vernichtende Urteil Gottes in Gen 6,3–7.12f. auf die Generation der Sintflut beschränkt (m Sanh 10,3; Tg O 6,3); Paulus wandte es – wegen Gen 8,21 – auf die Menschen aller Nationen und Zeiten und nicht zuletzt auch auf sich selber an. In klarem Bezug zu Gen 6,5–7 sagt der Apostel in Röm 8,7: »Das Trachten des Fleisches ist feindlich gegen Gott, denn es gehorcht dem Gesetz Gottes nicht und vermag das auch nicht.« Paulus erklärt hier, warum das Dichten und Trachten des menschlichen Herzens böse ist (Gen 6,5): Der Mensch ist vom Fleisch bestimmt, nachdem ihm Gott seinen Geist weitgehend entzogen hat (Röm 7,14; vgl. Gen 6,3); das Fleisch aber ist Gott feindlich[27] und ungehorsam gegenüber seinem Gebot. Es kann auch dem Gesetz nicht gehorchen, denn das Gesetz ist geistlich (Röm 7,14), also ganz anders geartet. Umgekehrt erweist sich das geistliche Gesetz dem Fleisch gegenüber als zu schwach (Röm 8,3). Von Gen 6,3.5 her wird 1. deutlich, daß der fleischliche Mensch *(σάρκινος)* in Röm 7,14 der vom Fleisch bestimmte Mensch ist. Es ist nicht so, daß ihm der Geist völlig fehle. Aber er ist so geschwächt, daß er der Begierde des Fleisches nicht standhalten kann. 2. Der fleischliche Mensch ist auf quantitative Mehrung des Lebens aus, auch auf höhere Lebensqualität, so wie er diese eben versteht. 3. Der fleischliche Mensch braucht eine erneute Gabe des göttlichen Geistes, um die Feindschaft gegen Gott und den Ungehorsam gegenüber dem geistlichen Gesetz überwinden zu können und dem Schicksal des Todes zu entgehen: »Das Trachten des Geistes ist Leben und Frieden« (Röm 8,6). Der Geist ist ja nach Gen 6,3 die Kraft des Lebens und nach Gen 6,5–13 e contrario als einziger dazu befähigt, den Frieden mit Gott zu gewinnen, der über den Frevel allen Fleisches zürnt. Auch das geistliche Gesetz soll dem Leben dienen (Röm 7,10) und den Frieden herstellen, weil es den Willen Gottes offenbart. Aber es scheitert an der Tatsache, daß der fleischliche Mensch unter die Sünde verkauft ist (Röm 7,14; 8,3). Damit ist das Gegenteil von dem eingetreten, was Gott dem Kain befahl: Der Mensch beherrscht nicht die Sünde, sondern wird von der Sünde beherrscht: *ἡ ἁμαρτία . . . ὑμῶν κυριεύει* (Röm 6,14; vgl. Gen 4,7).

5. Freilich ist dieses Urteil einer Zusage des Apostels entnommen, die den Christen gilt und für sie das Gebot an Kain erfolgversprechend aufrichtet: Für Paulus war Gen 4,7b nicht umsonst gesprochen worden, obwohl weder

---

[27] Paulus kehrt das Urteil von Gen 6,6f. um: Die Menschen sind nicht etwa Gott verhaßt, sondern hassen Gott (vgl. Röm 8,7).

Kain (vgl. Gen 4) noch die Menschen nach ihm (vgl. Gen 6) es fertigbrachten, über die Sünde zu herrschen. Denn jetzt, in der messianischen Zeit, da der getaufte und zu Christus gehörende Mensch den Geist Gottes erhält, wird die bis dahin unmögliche Möglichkeit verwirklicht: Was das Gesetz im fleischlichen Menschen nicht vollbringen konnte – weil es zwar geistlich geartet ist, den Geist aber nicht geben kann (vgl. Gal 3,21) –, das wurde erst mit der Sendung und Fleischwerdung des Christus und Gottessohnes erreicht (Röm 8,3). Dieser wurde selbst als Mensch geboren und unter das Gesetz getan (Gal 4,4). Aber er wurde auch gehorsam bis zum Tode, den er stellvertretend für die Vielen erlitt; deshalb hat ihn Gott erhöht und zu einem zweiten Adam und lebenschaffenden Geist gemacht (Phil 2,6–11; 1 Kor 15,45). In den zu ihm Gehörenden wohnt der Geist (Röm 8,9f.); sie wandeln nach dem Geist und erfüllen damit die Rechtsforderung des Gesetzes (Röm 8,4). Diese in Röm 8,1–17 gegebene Schilderung ist demnach keine grundlose Glorifizierung des Christenlebens, der eine pessimistische Darstellung der menschlichen Möglichkeiten als düstere Folie dient, sondern eine logisch durchdachte Darstellung der Folgen des Christusgeschehens: Die neue Schöpfung, der geistliche Mensch, wird vor dem Hintergrund von Gen 6,3ff. gezeigt, sein vom Geist geleiteter Wandel angedeutet. Aber Paulus weiß, daß der neue Mensch noch im alten adamitischen Leibe lebt (Röm 8,10) und deshalb – trotz der Kraft des Geistes – vor der Macht der Sünde gewarnt werden muß. Er ist nicht einfach das genaue Gegenteil des Nichtchristen, sondern muß darauf achten, wie er mit seinem Leibe umgeht (Röm 6,12–14):

V. 12 »Die Sünde soll deshalb nicht herrschen in eurem sterblichen Leibe, so daß ihr seinen Begierden gehorcht!

V. 13 Und stellt nicht eure Glieder der Sünde als Waffen der Ungerechtigkeit zur Verfügung, sondern stellt euch Gott zur Verfügung als Lebende aus dem Tod, und eure Glieder als Waffen der Gerechtigkeit für Gott!

V. 14 Die Sünde wird nämlich euch nicht beherrschen!«

In dieser Paränese hat Paulus – ähnlich wie die Rabbinen – die Stelle Gen 4,7 teilweise entmythologisiert und für die Christen aktualisiert: Er warnt vor der Herrschaft der Sünde (V. 12a; vgl. Gen 4,7b), die vor der Tür des Herzens liegt, durch sie eintreten und den Geist verdrängen möchte (vgl. Gen 4,7a). Dem Verlangen der Sünde (Gen 4,7) nach solcher Herrschaft kommen die Begierden des sterblichen Leibes entgegen (V. 12b), die ihrerseits Gehorsam heischen (vgl. Röm 7,5). V. 13 konkretisiert durch Verbot und Gebot, wie man die Sünde abwehrt, wobei das Evangelium der Gnade zur Geltung kommt: Der Christ hat die Möglichkeit, Gen 4,7 zu befolgen. Er kann kraft des ihm geschenkten Geistes die Glieder seines Fleischesleibes entmachten, ihrer Eigengesetzlichkeit (Röm 7,23) berauben und sie als Waffen im Kampf für die Gerechtigkeit Gott zur Verfügung stellen. Die Glaubenden sind wie befreite Gefangene (vgl. Röm 7,23f.), ja wie Lebende aus den Toten, durch den Geist zum Leben gebracht (Röm 6,13b). Paulus spricht freilich nicht von einer Herrschaft des Christen über die Sünde; aber er gibt die Zusage: »Die Sünde wird nicht mehr über euch herrschen« (V. 14a) und fügt hinzu: »Denn ihr seid nicht mehr unter dem Gesetz, sondern unter der Gnade« (V. 14b).

6. Auf den ersten Blick scheint die Paränese in Röm 6,12—14 zu weitläufig und zu weit von Gen 4,7 entfernt zu sein, um als deren Auslegung gelten zu können. Aber Röm 6,12 und 14 nehmen deutlich Gen 4,7b auf. Außerdem haben schon die LXX und erst recht die Targume die Aussage Gen 4,7 frei und paraphrasierend wiedergegeben, wobei sie bisweilen moralisieren und auch auf das Endgericht verweisen. Die LXX finden in Gen 4,7 einen Hinweis auf den rechten Opferkult; Tg Onqelos trägt die Möglichkeit der Vergebung ein, die für rechtes Handeln oder für die Buße gewährt wird; Tg Jer I und II betonen die Vollmacht über den bösen Trieb, das Vermögen, verdienstvoll zu handeln oder aber zu sündigen.

Paulus hat demgegenüber die personal verstandene, übermenschliche und Gott feindliche Macht der Sünde beibehalten. Ferner ist das freie Handeln gegen diese nur Christus und den Seinen möglich, nur dem mit dem Geist Gesalbten und den mit dem Geist Getauften.

7. Nicht erst Paulus, sondern schon *Jesus* hat die Menschheit von Gen 6 her pessimistisch beurteilt: Die gegenwärtige Generation ist böse und ehebrecherisch (Mt 12,39; vgl. Gen 6,1—3). Sodom soll es im Endgericht erträglicher gehen als dem durch den Dienst des Messias hoch geehrten Kapernaum (Mt 11,23f.), und die Parusie des Menschensohns wird die Welt überraschen wie die Flut in den Tagen Noahs (Mt 24,37—39). Und wenn Paulus von einem ›Gesetz in den Gliedern‹ spricht, das den Menschen dem Gebot Gottes zuwiderhandeln läßt (Röm 7,23f.), so warnte Jesus vor dem unreinen Herzen: Aus ihm steigen die bösen Absichten auf, welche die Gebote der zweiten Tafel des Dekalogs und damit die Grundordnung der Schöpfung übertreten lassen, so etwa Hurerei, Diebstahl, Mord, Ehebruch, Habgier usw. (Mk 7,21f.). Wie das 6. Gebot, so war für Jesus vor allem das 5. Gebot schon am ›Anfang der Schöpfung‹ implizit gegeben, nämlich in der Geschichte von Kains Brudermord (vgl. Jub 4,5). Ja, Jesus scheint bei seiner Auslegung des 5. Gebots in Mt 5,21f. die Auslegung von Gen 4 vor Augen gehabt zu haben. Denn er subsumiert unter dieses Gebot den Zorn über den Bruder, ferner dessen Beschimpfung = Verurteilung als Hohlkopf oder Toren (Mt 5,22). Den Zorn Kains hat Gott gerügt (Gen 4,6), und von einem Streitgespräch der beiden Brüder berichtet der palästinische Targum. Beim Gang zum Felde (Gen 4,8) soll Kain die Grundwerte des Glaubens geleugnet haben: »Es gibt kein Gericht und keinen Richter, es gibt keine andere Weltzeit, keine Auszahlung des Lohns an die Gerechten und keine Bestrafung der Gottlosen!« Abel, der bei seinem Glauben blieb, wurde in dem

darüber anhebenden Kampf erschlagen. Bei solch einer Auseinandersetzung versucht ein nihilistischer »Epikuräer« den glaubenden Bruder gleichsam als einen ›Hohlkopf‹ und ›Toren‹ hinzustellen.

Noch an einem weiteren Punkt stimmen die hier behandelten Römerbriefstellen mit der Lehre *Jesu* überein. Es ist dies die eigentümliche Weise, in der Paulus vom Tod und vom Töten reden kann. Wer seine Glieder der Sünde als Waffen der Ungerechtigkeit zur Verfügung stellt, ist tot; das ergibt sich aus Röm 6,13; 7,10 f. Das Trachten des Fleisches bedeutet den Tod (Röm 8,6), und das »Gesetz in den Gliedern« (7,23) ist ein »Gesetz der Sünde und des Todes« (Röm 8,2). Paulus meint in diesen Aussagen zunächst den Tod in übertragenem Sinn, der durch das Fehlen des lebenschaffenden Geistes verursacht ist. Aber dieser mitten im Leben anwesende ›Tod‹ ist auch ein Unterpfand des Todes, mit dem Gott die Übertretung seiner Gebote bestraft (Gen 2,16) und des ewigen Todes nach dem Gericht.

Auf der anderen Seite entspricht es dem ›Gesetz des Geistes des Lebens‹ (Röm 8,2), daß der Christ ›im Geist‹ die »Handlungen des Leibes tötet« (Röm 8,13; vgl. Kol 3,5), so wie er durch den Leib Christi ›dem Gesetz gestorben‹ (Röm 7,4) und von dessen Herrschaft frei ist. Die ›Tötung‹ des Leibes mit seinen Gliedern, die für die Sünde ›tot‹ sind, ermöglicht das Leben des Geistes (8,10) und führt zum (ewigen) Leben; so wie umgekehrt die ungebrochene Vitalität des Leibes den (ewigen) Tod bedeutet (8,6). Bei der Wiederkunft Christi wird nicht nur der physische, sondern auch der geistliche Tod überwunden: Ist einst das jetzt noch ungläubige Israel gewonnen, so bedeutet dies »Leben aus den Toten« (Röm 11,15).

Ähnlich konnte Jesus das gottferne Leben dem Tod vergleichen. Der verlorene Sohn, der bußfertig zum Vater zurückkehrte, wurde dadurch wieder ›lebendig‹; bis dahin war er »tot« (Lk 15,24.32). Wer die Pietätspflicht, seinen Vater zu bestatten, höher schätzt als den Ruf in die Nachfolge und das Verkündigen der Gottesherrschaft, gehört zu den »Toten, die ihre Toten begraben« (Lk 9,60; Mt 8,22). Denn wer dem Gottesreich fern ist, der ist auch fern vom ewigen Leben und praktisch jetzt schon ›tot‹; wie der gefallene Adam steht er unter dem Todesurteil[28].

Jesus sprach zwar nicht direkt von einem ›Töten‹ der Glieder um des ewigen Lebens willen. Aber das harte, hyperbolische, Wort vom Ausreißen des Auges und Abhacken der Hand (Mt 5,29 f.) meint im Grunde das gleiche: »Es ist besser für dich, daß eines deiner Glieder zugrunde geht, als daß dein ganzer Leib in die Hölle geworfen wird« (ibid.; vgl. Röm 8,13; Kol 3,5).

---

[28] Auch in der jüdischen Kabbala kennt man diesen geistlichen Gebrauch von »lebendig« und »tot«. »Lebendig« ist nur der Gerechte, der in dieser Welt auf dem Weg der Wahrheit geht, während der Gottlose »tot« ist (Zohar, Teil 3 S. 182b, vgl. J. TISCHBY, Pirqe Zohar, Jerusalem 1969, Bd. II, S. 193).

d) Das im Menschen ›wohnende‹, ›richtende‹ Gesetz:

Das Gesetz des Geistes des Lebens und das Gesetz der Sünde und des Todes
(Röm 8,2; 7,23; 3,27; vgl. Gen 6,3—13).

1. Von Gen 6,3 ff. her läßt sich eine schwierige, noch immer umstrittene
Frage der paulinischen Gesetzeslehre beantworten. Der Apostel verwendet
bis dahin unbekannte Näherbestimmungen des Begriffs νόμος, die mit der
Tora Moses m. E. nichts zu tun haben, obwohl sie irrtümlicherweise häufig
mit ihr verbunden werden. Die Ansicht, das Gesetz des Alten Bundes werde
im Römerbrief diskriminiert, hat nicht zuletzt darin ihren Grund, daß diese
von Paulus neu gebildeten νόμος-Wendungen – vor allem deren negative
Ausformung – fälschlich auf die Tora Moses bezogen werden. Es handelt
sich um Urteile über einen νόμος, die als Kontrastpaar, in Satz und Gegensatz, aufgebaut sind. Zu ihnen gehört das ›Gesetz des Glaubens‹, dem das
›Gesetz der Werke‹ gegenübersteht (Röm 3,27), dann ›das Gesetz in den
Gliedern‹, das mit dem ›Gesetz der Vernunft‹ im Streite liegt (Röm 7,23),
und schließlich das ›Gesetz des Geistes des Lebens in Christus Jesus‹, durch
das der Glaubende ›vom Gesetz der Sünde und des Todes‹ befreit worden ist
(Röm 8,2). In Röm 3,27 und 7,23 wird eine ›anthropologische‹ Fassung des
Gesetzes geboten: Der Begriff νόμος meint eine Maxime des Handelns, eine
im Menschen ausgebildete gesetzliche Instanz, die ihn zum Guten oder zum
Bösen, zum Leben oder zum Tod führen kann. Das in Röm 8,2 erwähnte
Gegensatzpaar stellt demgegenüber außerhalb des Menschen entstandene,
aber sich mit ihm verbindende und ihn bestimmende Größen dar.

2. Wo gibt es im Alten Testament ein innermenschliches Gesetz bzw. eine
Stelle, auf die Paulus die oben erwähnten Aussagen hätte gründen können?
M. E. ist dies die harte, von Gott geübte Kritik am Menschen in Gen 6,3.
Von ihr läßt sich – wie schon oben gezeigt wurde (S. 140—145) – der von
Paulus geltend gemachte Gegensatz zwischen Fleisch und Geist verstehen; er
hat also nichts mit einem nicht-jüdischen metaphysischen Dualismus zu tun
(gegen R. Meyer in Th W NT VII,113). Aber auch die scheinbar wider-
spruchsvollen, am Geist Gottes orientierten, Wendungen über das Wirken
des Gesetzes erweisen sich von dort her als sinnvoll und biblisch gut fundiert. Gen 6,3 lautet: »Mein Geist soll nicht auf immer im Menschen richten
(יָדוֹן), weil auch er Fleisch (בָּשָׂר) ist; seine Lebenszeit sei 120 Jahre!« Paulus
hat die grammatikalisch und inhaltlich schwierige, weil auf das feminine
Nomen רוּחַ bezogene, Verbform יָדוֹן primär als ›richten‹ verstanden (vgl.
1 Kor 2,15), daneben auch die von der LXX gebotene Möglichkeit berücksichtigt: Dort wird καταμείνῃ = ›bleiben‹ übersetzt, d. h. an ein hebräisches
יָדוּר gedacht (vgl. Röm 7,18; 8,9.11). Beide Möglichkeiten sind auch im
palästinischen Targum (Jer I und II) vereinigt, der Gott entschuldigen und
den Text für die Gegenwart relevant machen möchte: Die künftigen bösen

›Geschlechter‹ (דרייא von hebr. דור = Geschlecht) sollen nicht wie die Sintflutgeneration »gerichtet« (יתדנון), d. h. nicht vom Erdboden vertilgt werden. Vielmehr gibt Gott ihnen eine Lebenszeit bis zu 120 Jahren, damit sie Buße tun und sich vor dem Verderben schützen können. Für Paulus hat Gen 6,3 die Situation des Menschen grundsätzlich erhellt: Eigentlich sollte er von dem in ihm wohnenden Gottesgeist ›gerichtet‹ werden, d. h. nach dessen Weisung sein Leben führen. Aber weil das Fleisch sein Wesen ausmacht und seinen Wandel bestimmt, darum zog Gott die Kraft seines heiligen Geistes damals schon (weitgehend) aus dem unreinen Menschen zurück. Dadurch gewannen gottwidrige Neigungen die Oberhand »Die Bosheit des Menschen ist groß geworden auf Erden, jedes Gebilde der Pläne (= alles Dichten und Trachten) seines Herzens ist nur böse den ganzen Tag« (Gen 6,5); »alles Fleisch hat seinen Wandel auf Erden verderbt« (6,12); »die Erde ist voller Gewalttat von den Menschen her« (6,13). Genauso beurteilt Paulus das Treiben der Menschheit in seiner eigenen Zeit: Sie hat sich von ihrem Schöpfer abgewendet, ist gottlos und ungerecht, eitlem Wahn und schändlichen Leidenschaften verfallen (Röm 1,18−32). Deshalb wird Gottes Zorn vom Himmel her offenbart (Röm 1,18), so wie damals das Gericht über die Sintflutgeneration hereinbrach (Gen 6,6f.13.17).

3. Der Abschnitt Gen 6,3−17 gestattet es, manche der im Römerbrief erwähnten von Paulus neu gebildeten Wendungen und Aussagen über das Gesetz besser zu verstehen, so etwa über das ›Gesetz des Geistes‹ oder das ›Gesetz in den Gliedern‹. Ihren νόμος-Charakter erhielten diese Aussagen von dem Prädikat ידון in Gen 6,3. Im Idealfall wird der Mensch nach Gen 6,3 von dem in ihm wohnenden Geist Gottes ›gerichtet‹; solch ein ›Richten‹ bedarf einer Norm, des νόμος des Geistes (vgl. Röm 8,2), der gleichsam das göttliche Gewissen darstellt. Aber der gefallene Mensch ist faktisch Fleisch und deshalb des Geistes nicht würdig. Nach dem (teilweisen) Entzug des Gottesgeistes ist das Fleisch die den Menschen leitende, ihn ›richtende‹ Macht; sie setzt dem Geist ihre Begierden entgegen (vgl. Gal 5,17) und verhindert dadurch, daß der Mensch der Vernunft und der Stimme des Gewissens gehorcht. Paulus nennt diese emanzipatorische Kraft und Eigengesetzlichkeit des Fleisches ›das Gesetz in den Gliedern‹ (Röm 7,23): Der vom Fleisch ›gerichtete‹ Mensch ist nur auf das Böse bedacht (Gen 6,5); »alles Fleisch hat seinen Wandel auf Erden verderbt« (Gen 6,12).

Dem innermenschlichen ›Gesetz in den Gliedern‹ entspricht das ›Gesetz der Sünde und des Todes‹ (Röm 8,2). Auch diese Wendung wird durch Gen 6,3−17 illustriert: Der fleischliche, der Sünde gänzlich verfallene Mensch (Gen 6,5.12) wurde bestraft; er erregte den Zorn Gottes, der die Vernichtung allen Fleisches beschloß (Gen 6,6f.). Das im fleischlichen Menschen herrschende »Gesetz in den Gliedern« führt so mit »gesetzlicher« Notwendigkeit zur Sünde und ihretwegen in den Tod; es ist ein »Gesetz der Sünde und des Todes« (Röm 8,2). Diese eigengesetzliche Dynamik des Fleisches ist so stark, daß ihr gegenüber das mosaische Gesetz versagt (Röm 8,3). Ja, auch das nicht-menschliche Fleisch war bei der Sintflut durch das Gesetz der Sünde zum Tod bestimmt (Gen 6,7). Von daher versteht man, daß Paulus die Erlösung der Kreatur davon abhängig machen konnte, daß die Gotteskinder aus der Gefangenschaft ›des Gesetzes der Sünde und des Todes‹ frei werden (Röm 8,19ff.).

4. Als Gegenpol zum anthropologischen ›Gesetz in den Gliedern‹ erwähnt Paulus das ›Gesetz der (menschlichen) Vernunft‹ (ὁ νόμος τοῦ νοός μου Röm 7,23). Dieses Gesetz gehört zum ›inneren Menschen‹, der dem Gesetz Gottes, d. h. der Tora, freudig zustimmt (Röm 7,22). Von Gen 6,3 her gesehen, sind Verstand und innerer Mensch dem damals im Menschen belassenen, restlichen, Geist Gottes zuzuschreiben. Auch die in jedem Menschen richtende Stimme des Gewissens (Röm 2,15) ist wohl von Gen 6,3 bestimmt: Vom richtenden Gottesgeist in jedem Menschen erhält die συνείδησις ihre kritische Kraft. Aber Gott hat diese Geisteskraft im Menschen so reduziert, daß sie zwar das Gute noch erkennen, aber nicht mehr praktisch verwirklichen kann (Röm 7,19.22f.). Darum wird der Mensch von dem in seinem Fleisch regierenden Gesetz der Sünde gefangengenommen (Röm 7,23), gegen das auch das geistliche Gesetz Moses nichts auszurichten vermag (Röm 8,3).

Die Befreiung des vom ›Gesetz der Sünde und des Todes‹ gefangen gehaltenen Menschen war nur von außen her möglich, und zwar durch ein neues, stärkeres, von Gott gegebenes Gesetz: ›Das Gesetz des Geistes des Lebens‹ hat mich in Christus Jesus frei gemacht *(ἠλευθέρωσεν)* vom ›Gesetz der Sünde und des Todes‹ (Röm 8,2). Durch die Sendung des Gottessohnes, der eine dem sündlichen Fleisch ähnliche Gestalt annahm, aber gerecht blieb und sich als Sündopfer darbringen ließ (Röm 8,3; vgl. Jes 53,10 LXX), hat Gott die Sünde im Fleisch ›gerichtet‹ *(κατέκρινεν* = דין!) und sie so ihrer ›richtenden‹, gesetzlich wirkenden Kraft beraubt. Damit hat Gott das Urteil, das er nach Gen 6,3 über den Menschen gefällt hatte, gründlich revidiert und den reduzierten Menschen neu konstituiert: Er wird nun dazu ermächtigt, seinen verdorbenen Wandel auf Erden (vgl. Gen 6,12) wieder zurechtzubringen. Das geschieht kraft des durch Christus geschenkten Geistes: »Christus Jesus . . . hat das Gesetz des Geistes des Lebens« aufgerichtet (Röm 8,2); diese Wendung ist als Kehrbild zu dem von Gen 6,3–13 abgeleiteten und nunmehr überwundenen ›Gesetz der Sünde und des Todes‹ von Paulus gebildet worden. Nun wird »die Rechtsforderung des Gesetzes« unter uns erfüllt, die »wir nicht nach dem Fleisch wandeln, sondern nach dem Geist« (Röm 8,4). Jetzt kann der vom Gesetz des Geistes geleitete Mensch κατὰ πνεῦμα alles ›richten‹ und wird von niemandem ›gerichtet‹ (1 Kor 2,15). Denn er hat den Sinn Christi (1 Kor 2,16), d. h. die den Christus bestimmende Norm des Urteilens erhalten (vgl. Phil 2,5); seine Worte sind vom Geist gelehrt (1 Kor 2,13).

Der Apostel greift noch an weiteren Punkten auf die von Gen 6 gewonnenen Begriffe und Anschauungen zurück. In Röm 8,6 spricht er vom ›Trachten‹ *(φρονεῖν, φρόνημα)*, des Fleisches, das gegen Gott feindlich gesinnt ist (V. 7) und von diesem mißbilligt wird (V. 8); deshalb führt solches Trachten letztlich zum Tod (V. 6). Das scheint mit ein deutlicher Hinweis auf das ›Gebilde der Pläne‹, auf das Dichten und Trachten des menschlichen Herzens in Gen 6,5 zu sein. Es ist böse und wird deshalb durch den Tod des Menschen bestraft (Gen 6,6f.). Diesem Wollen des fleischlichen Menschen steht der Wandel des vom Geist geleiteten Christen gegenüber (V. 5), der dem Gesetz Gottes gehorsam ist (vgl. V. 7) und deshalb das Leben und den Frieden (mit Gott) intendiert (V. 6). Von daher kann man sich fragen, ob nicht die spezifisch paulinischen Wendungen *κατὰ πνεῦμα – κατὰ σάρκα* auch von Gen 6 inspiriert sind und das »Richten« und Führen des Geistes bzw. des Fleisches meinen (vgl. Röm 8,4).

Paulus hat aber auch – wie der Targum Jer I und II – die von LXX gewählte Übersetzung von יָדוֹן‎ = יָדוֹר‎ ›wohnen‹ übernommen. Denn in Röm 8,9 sagt er, der »Geist Gottes wohne *(οἰκεῖ)* in den Christen«, ebenso in V. 11: »Der Geist dessen, der Jesus von den Toten auferweckt hat, wohnt in euch.« Diese doppelte Übersetzung widerspricht keinesfalls der Intention von Gen 6,3: Denn der Geist Gottes ›richtet im Menschen‹ (בָאדָם‎), wohnt also in ihm.

5. Etwas anders ist das ›Gesetz des Glaubens‹ in Röm 3,27 zu erklären. Auch mit ihm ist nicht etwa die Tora des Moses gemeint (so etwa G. Friedrich); ferner ist dieses Gesetz nicht identisch mit dem des Geistes des Lebens in Röm 8,2. Dem ›Gesetz des Glaubens‹ steht in Röm 3,27 das ›Gesetz der Werke‹ gegenüber. Beide sind Maximen des Handelns, die sich der einzelne Fromme von Gottes Geboten ableitet. Das ›Gesetz der Werke‹ wird vom Streben nach Werkgerechtigkeit geschaffen: Der Eifer, möglichst viele מִצְוֹת‎, Akte der Toraerfüllung, zu vollbringen, kann gesetzlich werden und wie ein Zwang das Handeln bestimmen, wobei man den Erfolg mit berechtigtem Stolz registrieren will (vgl. Lk 18,11f.). Demgegenüber hat der Glaubende ein anderes Handlungsprinzip und Lebensgesetz. Er versteht sich als begnadigten Sünder, für den aller Selbstruhm ausgeschlossen ist (Röm 3,27a; vgl. Lk 18,13f.). Das ›Gesetz des Glaubens‹ drängt auf die Erfüllung des Liebesgebots, da sich der Glaubende von der Liebe Gottes durch Christus gerettet weiß. Sucht man nach einer Begründung dieser beiden Gesetzesweisen im Alten Testament, so mag das ›Gesetz der Werke‹ Stellen wie Dtn 27,26; 28,58; 30,10 zusammenfassen, auf die sich Paulus in Gal 3,10.12 bezieht; das dort geforderte Tun der Tora bildet im Frommen ein ›Gesetz der Werke‹ aus. Dessen Gegenstück, das ›Gesetz des Glaubens‹, mag von der Stelle Hab 2,4 bestimmt sein, die Paulus in Gal 3,11 zu den Aussagen des Deuteronomiums als große Alternative anführt: Der Gerechte lebt aufgrund des Glaubens, der ihm auch Weisung für das rechte Handeln gibt und ihn nach dem Gebot der Liebe ›richtet‹.

6. Auch in den Evangelien wird der neu geschenkte, ›richtende‹, Geist bezeugt. Nach Mk 13,9−11 hat Jesus den heiligen Geist verheißen, der die angeklagten Jünger vor den Gerichten der Welt vertreten, durch sie sprechen und für sie eintreten wird. Diese Verheißung ist in Joh 14,16 f.26 aufgenommen: Gott wird im Namen Jesu den heiligen Geist als Fürsprecher senden. Er wird bei den Jüngern bleiben und »in ihnen sein« (14,17), wird sie als Geist der Wahrheit alles lehren und sie daran erinnern, was Jesus ihnen gesagt hat (14,26). Zu dieser Lehre gehören die Gebote Jesu (14,15.21−24), die im Liebesgebot zusammengefaßt sind (13,34). Das ›Richten‹ des Parakleten und Geistes der Wahrheit geschieht auch an der Welt, die gleichsam vor Gericht gestellt und ihrer Sünde überführt wird (Joh 16,8−11). Wahrscheinlich hat man Noah, den ›Herold der Gerechtigkeit‹ (2 Petr 2,5) als einen Sprecher des richtenden Geistes verstanden; er ›verurteilte‹ *(κατέκρινεν)* ja damals kraft seines Glaubens die Welt (Hebr 11,7), so wie das jetzt der Paraklet und Geist der Wahrheit tut (Joh 16,8−11).

7. Die Verwendung des Begriffs *νόμος* in Röm 8,2 gab dem Apostel die Möglichkeit, die Maximen des christlichen Handelns mit der neuen Gesetzmäßigkeit zu verknüpfen, die durch Christi Toragehorsam und den durch ihn geschenkten Gottesgeist eröffnet ist. Das geschah analog zur schönen Charakteristik des mosaischen Gesetzes in Röm 2,20. Paulus meint dort, nach rabbinischer Auffassung hätten in der Tora Erkenntnis und Wahrheit Gestalt *(μόρφωσις)* gewonnen, so daß der Mensch diese Größen als von Gott geoffenbart ergreifen und in seinem Leben bewähren kann. Umgekehrt könnte man mit Paulus sagen, daß Erkenntnis und Wahrheit Gottes im ›Gesetz des Geistes, das Leben schafft‹ (Röm 8,2), Gestalt gewinnen und das Handeln des Christen bestimmen. Es wird teilweise vorweggenommen, was Jeremia vom neuen Bund verheißt (31,31 f.): Das Gesetz Gottes wird ins Herz geschrieben. Der Geist kann wieder den Menschen ›richten‹; er überwindet die Macht des Fleisches und das Gesetz der Sünde und des Todes, erweist sich also stärker als die mosaische Tora (Röm 8,3). Aber das Richten des Geistes ist nicht ein Verklagen wie bei der Mosetora, die zur Verurteilung des Menschen führt (Röm 8,1). Vielmehr ›führt‹ *(ἄγειν* Röm 8,14) der Geist die Glaubenden und führt sie in den Stand der Gotteskindschaft ein (Röm 8,14−17).

8. Diese Tora kann Paulus auch das ›Gesetz des Christus‹ nennen (Gal 6,2). M. E. ist diese Bezeichnung weniger dem ›Gesetz Gottes‹ (Röm 7,25; 8,7) als vielmehr dem »Gesetz Moses« an die Seite gestellt. Freilich verwendet der Apostel diesen in den Evangelien oft gebrauchten Ausdruck wenig (vgl. 1 Kor 9,8), weil er gewöhnlich wie die Rabbinen von ›dem Gesetz‹ (aram.: אוֹרִיתָא) spricht. Das Gesetz Christi wird nicht wie das Gesetz Moses »getan«, sondern ›erfüllt‹ (Gal 6,2), weil es im Liebesgebot zusammengefaßt ist. Weil das Liebesgebot durch Jesu Tod am Kreuz ›erfüllt‹ wurde, darum

gehört es auch in die Existenz des Glaubenden; es beschreibt dessen Haltung gegenüber der Tora (Röm 13,8–10) und auch gegenüber dem Gesetz des Christus (Gal 6,2). Das zeigt der Vergleich von Gal 6,2 mit 5,13 f., wo ebenfalls der Dienst am Nächsten gefordert und das Liebesgebot als Erfüllung des ganzen Gesetzes bezeichnet wird: Das uns verpflichtende Gesetz Christi ist somit zusammengefaßt im Gebot, das Jesus in seinem Leben und mit seinem Sterben »erfüllt« hat.

aa) Die Erfüllung des Gesetzes Christi wird konkret als ein »Tragen« der Last des andern beschrieben. Mose hatte die Last der Kinder Israels »getragen« (Num 11,12.17), und Christus ›trug‹ als leidender Gottesknecht unsere Sünden am Kreuz (Jes 53,4.12; vgl. Joh 1,29; 1 Petr 2,24). Das Joch Christi ist deshalb als solches keine Bürde, an der man schwer zu tragen hat, denn seine »Last ist leicht« (Mt 11,30). Zur Freiheit hat uns Christus befreit, deshalb soll sich keiner mehr unter das Joch der Knechtschaft beugen (Gal 5,1).

bb) Paulus spricht deshalb auch von der Frucht, die der Geist im Glaubenden ›trägt‹ (Gal 5,22). Nach Gal 5 ist es der Geist, der den Wandel des Christen bestimmt und ihn damit auch das Gesetz Christi erfüllen läßt: Man soll nicht nach dem Fleisch, sondern im Geist wandeln (Gal 5,25), in der Gemeinschaft mit Christus das Fleisch mit seinen Leidenschaften und Begierden kreuzigen (5,24) und die Frucht des Geistes bringen (5,22 f.). Der in Gal 5 herausgestellte ethische Gegensatz von Fleisch und Geist beweist, daß der Apostel wieder an Gen 6 anknüpft. Mit dem endzeitlichen Gesetz des Christus wird gleichsam das anfängliche Richten des Geistes im Menschen (Gen 6,3) wieder aufgenommen und das Gebot der Schöpfung vom Kreuz her als Liebesgebot präzisiert.

cc) Der vom Geist geleitete Christ steht nicht mehr unter dem Gesetz (Gal 5,18). Wer die Frucht des Geistes bringt, wird nicht mehr vom Gesetz angegriffen, nach der Norm der Tora im Gericht verklagt (5,23). Er wird nicht mehr unter das Gesetz getan (Gal 4,4), nicht mehr vom ›Joch der Knechtschaft‹ belastet (Gal 5,1). Die ›Knechtung‹ unter das Gesetz ist nicht etwa eine böswillige Erfindung des Paulus, sondern Sprache der rabbinischen Gesetzeslehre. Nach dem Targum zu Jes 53,11 ›rechtfertigt‹ der Gottesknecht die »Gerechten«, »um Viele dem Gesetz zu unterwerfen« (לשעבדא, wörtl.: sie unter die Tora zu ›knechten‹). Er hat als messianischer ›Knecht‹ (עבד) die Israeliten von der ›Knechtschaft‹ (שעבודא) der Völker errettet und unterwirft, ›knechtet‹ viele unter die Tora; denn nur auf solche Weise werden sie gerecht. Nach Tg Jes 53,12 unterwirft, ›knechtet‹ er die Widerspenstigen unter das Gesetz; so wird der hebräische Text: »Er wurde unter die Gottlosen gerechnet« jetzt interpretiert.

dd) Hier wird der Gegensatz zwischen jüdischer und paulinischer Lehre über das Gesetz des Messias besonders deutlich. Der messianische Gottesknecht des Targum erzwingt den Gehorsam gegenüber der Mosetora und schafft so ein Volk von Gerechten, bringt die Rechtfertigung der vielen (Jes 53,11) zustande. Der messianische Gottesknecht des Paulus wird selbst unter das Gesetz getan (Gal 4,4) und erfüllt es als der Gerechte durch seinen stellvertretenden Tod am Kreuz. Das bedeutet aber die Befreiung der Glaubenden vom Joch der Knechtschaft der mosaischen Tora. Das Gesetz des Christus wird zum Liebesgebot, das in der Gemeinschaft mit ihm und seinem Leiden als ein leichtes Joch erscheint.

ee) Das Gesetz Christi bringt auch eine Reduzierung, eine Rückführung, der mosaischen Tora auf die Grundordnung der Schöpfung mit sich; diese soll ähnlich auch in der neuen Schöpfung gelten und wird deshalb von Christus als dem zweiten Adam aufgerichtet. Freilich lebt der Christ in einer Zeit des Übergangs. Aus diesem Grunde kann es die Liebe gebieten, daß er auch noch das dazwischengekommene mosaische Gesetz beachtet und hält. Aber die Liebe eröffnet ihm auch die Freiheit, auf bestimmte Gebote zu verzichten oder sie in einer geistlichen Bedeutung zu verstehen, so etwa die Opfer- und Reinheitsvorschriften, überhaupt alles, was den freien, von der Liebe gebotenen, Verkehr zwischen Juden und Heiden, Judenchristen und Heidenchristen behindert. Für diesen Gebrauch der Tora ist der Apostel, der sich allen zum Knecht gemacht hat und doch allen gegenüber frei ist (1 Kor 9,19), das beste Beispiel (1 Kor 9,20−23).

e) Das der Schöpfung eingestiftete »natürliche« Gesetz:

Die Vertauschung des Schöpfers und die Pervertierung der Schöpfungsordnung (Röm 1,18−32; vgl. Gen 6,3.5; 18f.; Ex 32; Ps 106,19−23).

1. Wie sehr der Apostel mit einer der Schöpfung eingestifteten »natürlichen« Ordnung rechnete, sowie mit Regeln und Geboten, die sich gleichsam aus der Natur der Sache ergeben, wird nicht zuletzt aus dem Abschnitt Röm 1,18−32 ersichtlich. Er bleibt gewöhnlich bei der Erörterung des Gesetzes bei Paulus außer Betracht, weil in ihm Begriffe wie νόμος oder ἐντολή nicht erscheinen. Und doch beklagt dort der Apostel die ›Gottlosigkeit und das Unrecht‹ der Menschen (V. 18). Diese werden somit als Frevler entlarvt, deren Vergehen einer Übertretung des Dekalogs mit seinen beiden Tafeln gleichkommt, die Gottesfurcht und Gerechtigkeit gegenüber dem Menschen einschärfen. Den Hintergrund einer sonst im Gesetz beschriebenen Verantwortung des Menschen vor Gott verrät auch die gleichfalls zu Beginn gegebene Offenbarung des göttlichen Zorns (ὀργή V. 18), der ja im Römerbrief das Gericht über die Gottlosen im Gefolge hat und sich vor allem auf das drohende Endgericht bezieht (vgl. den ›Tag des Zorns‹ Röm 2,5; ferner 3,5; 5,9). Im Gericht wird die Übertretung des Gesetzes bestraft, das den Zorn Gottes ›wirkt‹ (Röm 4,15), die Verurteilung des Sünders erwirkt.

Paulus beklagt in Röm 1,23−32 die Verkehrtheit der menschlichen Moral und gibt eine theologische Begründung für Wesen und Entstehung solchen Sittenverfalls: Er äußert sich im widernatürlichen und lasterhaften Umgang des Menschen mit dem Menschen. Der Apostel geißelt vor allem den pervertierten Geschlechtsverkehr (V. 26f.) und bietet auch einen langen Lasterkatalog (VV. 29–31). Seine Ursache hat dieser schamlose und ruinöse zwischenmenschliche Verkehr im grundverkehrten und ehrenrührigen Verhalten zu Gott: Man hat die Ehre des Schöpfers mit der Verehrung von Götzen in Gestalt von Geschöpfen »vertauscht« (ἀλλάσσειν V. 23.25). Dadurch wird die Wahrheit Gottes durch das Unrecht gewaltsam niedergehalten und verdeckt (V. 18), mit der Lüge vertauscht (μεταλάσσειν V. 25). Die richtende ὀργή Gottes hält sich an das ius talionis: Weil die Menschen den machtvollen Schöpfergott verließen und ihn mit selbstgemachten, leblosen Götzenbildern vertauschten, überließ sie Gott ihren Leidenschaften, so daß sie den »natürlichen«, kreativen Verkehr (vgl. Gen 1,28) mit einem widernatürlichen und nutzlosen »vertauschten« (V. 26). Im Grunde richtet also der Mensch sich selbst, indem er sich zugrunde richtet. Der Götzendienst wird als unsinniger Austausch des unsichtbaren Gottes verurteilt. Er ist deshalb töricht, weil man die Wahrheit und Wirklichkeit Gottes aus den Werken der Schöpfung erkennen kann und folglich ihn als Schöpfer und Herrn bekennen und ehren muß (VV. 19–22).

2. Auf welche Aussagen seiner Bibel konnte Paulus diese schwere, gegen alle Menschen gerichtete, Anklage stützen?

a) Es wird hier die in Röm 5,12–21 erwähnte Übertretung Adams (Gen 3) ins Auge gefaßt; freilich erscheint sie nun in einer ungewöhnlichen, apokalyptischen Eskalation. Adam hatte sich ja von seinem Schöpfer abgewendet und auf die Stimme eines kreatürlichen, ›vergänglichen‹ Wesens, eines ›Kriechtiers‹ (vgl. Röm 1,23) gehört; er hatte die Weisung Gottes mit der ›Weisheit‹ der Schlange vertauscht. Neben Gen 3 gehört auch Gen 6,5–13 hierher: Das Dichten und Trachten der Sintflutgeneration war »nur böse«, weshalb sie dem vernichtenden Zorngericht Gottes verfiel. Damals hatte Gott dem Menschen den Geist entzogen; jetzt überläßt er ihn seinen Begierden (Röm 1,24). Auch nach dem Jubiläenbuch bewirkte der Abfall des Sintflutgeschlechts einen ruinösen, widernatürlichen, Verkehr der Menschen untereinander: Alles Fleisch begann damit, sich aufzufressen (5,2), und die Söhne der gefallenen Engel brachten einander um (5,9). Deshalb hat Gott das Gericht über alle seine Geschöpfe jetzt und für alle Zukunft festgesetzt (Jub 5,13ff.). In der leider nur fragmentarisch erhaltenen Mahnrede 4 Q 370, die C. A. Newson im Memorialband der Revue de Qumran für Jean Carmignac veröffentlicht hat (1988/89, S. 24), wird ebenfalls auf Gen 6ff. hingewiesen. Die Bosheit der Sintflutgeneration (I,3) und deren schlimmes Ende (I,4ff.), aber auch das Versprechen Gottes, keine solche vernichtende Flut in Zukunft über die Erde zu bringen (Z. 8), werden als warnendes Beispiel und als Einladung zur Buße vor Augen geführt. Dabei wird besonders Gen 6,5 aufgenommen; die »Anschläge des bösen Triebs ihres Herzens« sind erwähnt (Z. 3). Sie stehen in krassem Gegensatz zu den Werken der

Schöpfung, die Gott für das Leben der Menschen bereitet hat: Er hat die Berge mit Ertrag gekrönt und Speise ausgegossen, mit guter Frucht alle gesättigt: »›Laßt alle, die meinen Willen tun, essen und satt werden!‹ sagte der Herr, ›und laßt sie meinen heiligen Namen segnen! Aber siehe, nun haben sie getan, was böse ist in meinen Augen!‹ sagte der Herr. Und sie rebellierten gegen Gott in ihren Taten (Z. 1—2). Aber Gott richtete sie nach all ihren Wegen und Gedanken des bösen Triebs in ihren Herzen« (Z. 3).

b) Paulus hatte sicherlich auch die Bewohner Sodoms und Gomorras vor Augen, die dem Unrecht und der widernatürlichen Unzucht verfallen waren (Gen 18,20 f.; 19,1—11) und deshalb ebenfalls durch ein Gericht »vom Himmel her« verdarben (Gen 19,12—30). Aus diesen Stellen ergibt sich, daß auch in der Zeit vor der Tora Moses die Menschen dazu verpflichtet waren, Gerechtigkeit und Recht zu üben (Gen 18,19) und als Gerechte das Fundament ihrer Gemeinwesen zu sein (Gen 18,20—33). Was im einzelnen recht ist, wird nicht eigens in Geboten deklariert und definiert, sondern stillschweigend vorausgesetzt. Ein jeder weiß um die Würde seines Mitmenschen, auch ohne ein geschriebenes Gesetz. »Von der Gründung der Welt« an (ἀπὸ κτίσεως κόσμου Röm 1,20) weisen die Werke der Schöpfung nicht nur auf die Wahrheit des unsichtbaren Schöpfers, sondern auch auf die Geltung des ungeschriebenen Gesetzes der Natur. Zur Verehrung Gottes gehört die Bewährung dieser Gebote, die Verantwortung gegenüber der Ordnung der Natur (vgl. Gen 1,28). Widernatürliches Verhalten der Menschen untereinander ist Mißachtung des Schöpfers und Erhalters der Schöpfung; das Zeugnis der Werke der Schöpfung wird dadurch Lügen gestraft.

c) Paulus dachte noch an weitere Stellen, in welchen der Götzendienst mit seinen verderblichen, die Sitte zerstörenden Folgen ›gerichtet‹ wird. Zu ihnen gehört vor allem der Abfall zum Goldenen Kalb (Ex 32), den der Apostel als warnendes Beispiel den Korinthern vor Augen führt: »Werdet auch nicht Götzendiener, wie etliche von ihnen, wie geschrieben steht: ›Das Volk ließ sich nieder, zu essen und zu trinken, und sie standen auf, zu spielen‹« (1 Kor 10,7). Daran schließt sich die Mahnung an: »Laßt uns nicht Unzucht treiben!«; es folgt der Hinweis auf das Strafgericht an den Israeliten, die mit den Moabiterinnen Unzucht trieben und von Pinehas für ihre Hinwendung zum Baal Peor umgebracht wurden (V. 8, vgl. Num 25). Paulus deutet diese beiden Ereignisse in dem Sinne, daß Götzendienst auch zu sexueller Ausschweifung führt.

a) Die Tatsache, daß Paulus in Röm 1,18—32 den Götzendienst als ein Pervertieren der Wahrheit durch die Lüge, als ein Vertauschen des Schöpfergottes mit dem Geschöpf bezeichnen kann, hat ihren Schriftgrund in der Art, wie Ex 32 in Psalm 106,19—24 wiedergegeben wird:

V. 19 »Sie machten ein Kalb am Horeb und warfen sich vor einem Gußbild nieder

V. 20 und vertauschten ihren Ruhm (כבודם) mit dem Bild eines Rindes, das Gras frißt.

V. 21 Sie vergaßen Gott, ihren Retter, der große Dinge in Ägypten getan hatte,

V. 22 Wunder im Land Hams, fruchterregende Dinge am Schilfmeer.

V. 23 Und Er gedachte, sie zu verderben, wäre nicht Mose, der von Ihm Erwählte, vor Ihm in den Riß getreten, um Seinen Zorn vor dem Vernichten zu wenden.

V. 24 Und sie verachteten das köstliche Land und glaubten Seiner Verheißung nicht.«

Folgende Einzelheiten sind für Röm 1,18–32 wichtig:

aa) Der Psalmist interpretiert den Götzendienst der Israeliten vor dem Goldenen Kalb als ein Vertauschen (המיר) ihres ›Ruhms‹ (V. 19f.); gemeint ist Gott, der die כבוד = δόξα seines Volkes darstellt. Eingetauscht und angebetet wird ein ›Gußbild‹, ein Abbild (תבנית, LXX = ὁμοίωμα), das die Israeliten selbst gemacht hatten (V. 19); es stellte ein Rind dar. Ganz ähnlich meint Paulus in Röm 1,23, durch den Götzendienst werde die Ehre *(δόξα)* des unvergänglichen Gottes ›vertauscht‹ mit dem Gleichbild *(ὁμοίωμα)*, der »Gestalt eines vergänglichen Menschen, der Vögel, Vierfüßler und Kriechtiere«. Dabei will der Apostel deutlich an Ps 106,20 erinnern.

bb) Ps 106 enthüllt ferner, warum der Götzendienst als entehrende Vertauschung Gottes mit dem Götzen und als Unterdrückung der Wahrheit durch die Lüge (Röm 1,18) verstanden werden kann. In Ps 106,21 f. wird die Schuld Israels damit erklärt, daß das Volk seinen Retter und die von ihm vollbrachten Wunder ›vergessen‹ habe; das ist ein zu milder Ausdruck angesichts der Schwere des Vergehens. Denn bei der Anbetung des Kalbes hatte man verkündigt: »Das ist dein Gott, Israel, der dich aus dem Land Ägypten heraufgeführt hat!« (Ex 32,4). Die Israeliten hatten bei ihrem ›Vergessen‹ den wirklichen Retter mit einem falschen vertauscht und damit – wie Paulus formuliert – »die Wahrheit durch das Unrecht unterdrückt« (Röm 1,18) bzw. die »Wahrheit Gottes durch die Lüge vertauscht« (μετήλλαξαν 1,25).

cc) Das ›Vergessen‹ (Ps 106,21) ist dennoch wichtig. Es offenbart, daß Israel unentschuldbar war. Denn der unsichtbare Gott hatte ja seine Wahrheit in der Geschichte dieses Volkes sichtbar bewiesen, es vor dem sicheren Untergang bewahrt, und zwar durch mehrere unglaubliche Wunder, sowohl in Ägypten als auch am Schilfmeer. Paulus, der in Röm 1,20 ff. den Götzendienst vor allem der Heiden beklagt, redet deshalb von einer Vertauschung und Verleugnung des Schöpfers, von einem Übersehen der Werke der Schöpfung, und nicht etwa vom Vergessen von Heilstaten in der eigenen Geschichte. Dieses Zeugnis der Schöpfungswerke läßt keine Ausflüchte zu und erweist die Vertauschung als schwere Schuld. Selbst in den Talmud ist dieser Sprachgebrauch eingegangen. Denn es konnte dort das erste Gebot als ein Verbot des Vertauschens formuliert werden: »Gott bin ich; ihr sollt (werdet) mich nicht vertauschen!« (לא תמירוני b Sanhedrin 56b). Ps 106,23 erwähnt die Absicht Gottes, das abgöttische Volk zu verderben und nennt dafür als Grund den ›Grimm‹ (חמה = die Zornglut) des empörten Herrn

(V. 23). Paulus verkündigt dementsprechend die Offenbarung von Gottes ›Zorn‹ (Röm 1,18), und von Ps 106 her wird dessen Bedeutung als richtende und strafende Macht ganz deutlich: Der Grimm Gottes holte zur Vernichtung aus (V. 23b). Israel wäre verloren gewesen, hätte nicht Mose sich damals »in den Riß gestellt«, sein Leben in die Waagschale geworfen und dadurch den Zorn Gottes gestillt (vgl. Ex 32,32). Wenn Paulus nach Röm 9,3 für seine ungläubigen Landsleute sich opfern und sogar sein ewiges Heil dahingeben wollte, stand ihm sicherlich Moses Vorbild vor Augen. Aber wie damals bei Mose, so blieb es auch jetzt beim bloßen Angebot. Denn dem heiligen Gerichtszorn Gottes stehen dessen Langmut und Güte gegenüber, die beim Kreuz des Christus offenbar wurden (Röm 3,25f.). Der als Retter und Schöpfer vergessene und vertauschte Gott wollte in Christus erneut Retter und Schöpfer sein.

dd) In Ps 106,24b wird der fehlende Glaube an die Worte Gottes gerügt; dieser Mangel bewirkt, daß man nicht nur Gott vergaß und vertauschte, sondern auch den Gegenstand der Verheißung, die köstliche Gabe des Landes, verwarf (V. 24a). Paulus kritisiert in Röm 1,21 das verfinsterte Herz der Menschen; er kann jedoch später auch sagen, daß Heiden und Juden zusammen unter den Unglauben eingeschlossen sind, damit Gott sich aller erbarme (Röm 11,32). Von daher gesehen ist der Götzendienst nicht etwa nur ein heidnisches Laster oder ein einmaliges Vergehen Israels, sondern auch eine reale Gefahr für die Erwählten. Nach Ez 44,10 irrten die Israeliten immer wieder von Gott ab und gingen den Götzen nach; selbst die am Sinai so treuen Leviten hatten nach dem Urteil des Propheten versagt (ibid.). Immer wieder möchte der Mensch die unsichtbare Wahrheit Gottes mit manifesten und manipulierbaren Größen vertauschen, obwohl diese vergänglich und haltlos sind (Röm 1,23). In den Hodajoth von Qumran (14,20) gelobt der Beter: »Und ich will nicht gegen materiellen Besitz Deine Wahrheit umtauschen (אמיר) und gegen Bestechungsgeld Deine Satzungen.« Mit der Tora Moses, der Verkörperung von Wissen und Wahrheit (vgl. Röm 2,20), hat Gott seinen wertvollsten Besitz an die Welt weggegeben. Die Vertauschung dieses geistigen Gutes gegen materielle Werte stellt für den Qumranfrommen die zeitgemäße Form des Götzendienstes dar. Und Jesus hat den Mammon gleichsam als Götzen bezeichnet, dem der Mensch auch dienen möchte anstatt ausschließlich seinem Schöpfer und Herrn dienstbar zu sein (Mt 6,24).

ee) Paulus geht in Röm 1,18ff. über Ps 106 hinaus. Das Ver-Sagen des Vertrauens, die Vertauschung des Creator mundi mit den kreatürlichen, unmündigen, d.h. nichts-sagenden, Götzen ist fast zwangsläufig verbunden mit dem Vertauschen der Ordnung (»Natur«), die Gott der Schöpfung eingestiftet hat: Der natürliche Umgang wird mit dem widernatürlichen vertauscht. Das ist Gottlosigkeit und Unrecht (Röm 1,18), Mißachtung des vom Schöpfer gegebenen Auftrags des Menschen für die Welt (vgl. Gen 1,26–28). Auch die Werke der Schöpfung protestieren dagegen; sie bedienen sich der Stimme des Gewissens, das den Menschen verklagt (Röm 2,15). Dabei gilt als Norm das ins Herz geschriebene ›Werk des Gesetzes‹ (ibid.), d. h. die durch die Werke der Schöpfung geoffenbarte gesetzliche Ordnung. Nach Röm 2,26 kann auch ein Unbeschnittener die ›Rechtsforderungen des Gesetzes‹ halten. Mit solchen Forderungen kann ebenfalls nicht die Tora Moses, sondern nur das ihr voraufgehende, ungeschriebene Recht gemeint sein, das mit der Schöpfung gesetzt worden ist. Es schärft die Ehrfurcht gegenüber dem Schöpfer und dem Recht auf Leben für alle Geschöpfe ein; das sind die Grundsätze für die Herrschaft des Menschen im Kosmos (vgl. Gen 1,28; Röm 1,18).

Auch in Qumran kannte man ein schon der Schöpfung eingestiftetes Gesetz, nämlich die Ordnung der Zeiten, den Wechsel von Nacht und Tag, der Monate, der Jahreszeiten. Er ist durch den Gang der Gestirne angezeigt und gibt dem Frommen die Gebetszeiten, den Rhythmus, an, in dem das Lobopfer der Lippen von Engeln und Menschen dargebracht und auch die Feste gefeiert werden sollen; dies ist ein »eingegrabenes Gesetz« (חוֹק חרות 1 QS 10,8).

ff) Paulus konnte die Korinther auf die Gesetzmäßigkeit der ›Natur‹ (1 Kor 11,14) verweisen. Sie kann etwas lehren über die Stellung, die Gott dem Mann bzw. der Frau in der Schöpfung zugedacht hat (V. 9 f.). Auch im Gottesdienst, der in der neuen, endzeitlichen, Größe des Leibes Christi gefeiert wird, soll die ›natürliche‹, der Schöpfung eingestiftete Ordnung nicht verletzt werden. Denn eine ›Vertauschung‹ des Natürlichen kann zum Götzendienst, zur Vertauschung des Schöpfers mit geschaffenen Dingen, führen. Schon Jesus hatte im Blick auf die kommende Gottesherrschaft die Menschen auf die Natur, auf die Lektion der Lilien und Vögel, verwiesen (Mt 6,26−30).

Aber die wichtigste Weisung Gottes ist die Mosetora. Nach rabbinischer Lehre diente sie dem Schöpfer als Instrument und Plan beim Bau der Welt (Aboth 3,14); deshalb wird von ihr auch die den Werken der Schöpfung eingestiftete und zunächst ungeschriebene Ordnung bezeugt. Welche Aufgabe hatte Gott der Tora hinsichtlich des Menschen zugedacht, wie hat Paulus die Rolle »des Gesetzes« (Moses; ὁ νόμος = אוֹריתא) beurteilt?

2. Die geistliche Mosetora und der von ihr ›gerichtete‹ Mensch

a) Der hochfahrende Mensch und die demütigende Tora (Röm 3,20; 7,7−11; Gal 3,19; Röm 5,20; vgl. Gen 3,22)

Warum wurde die Mosetora den Menschen gegeben, wenn diese als fleischliche Geschöpfe dem geistlichen Gesetz Gottes auf keinerlei Weise

gerecht werden können? Paulus antwortet: Das Gesetz hat es nicht ver-
mocht, die Sünde im Fleisch des Menschen zu ›verurteilen‹ (Röm 8,3), sie
auszuschalten; deshalb kann es auch nicht das Leben geben (Gal 3,21), nach
dem der Mensch von Anbeginn verlangt (Gen 3,22). Für diesen wäre es
darum sinnlos, ja vermessen, wollte er durch das Tun des Gesetzes versuchen, sich sündlos und vor Gott gerecht zu machen. Vielmehr richtet und
verurteilt die Tora den Menschen: Sie führt zur Erkenntnis der Sünde (Röm
3,20; 7,7–11; Gal 3,19) und bewirkt, daß die Übertretung sich mehrt (Röm
5,20). Das ist das Gegenteil von dem, was man erwartet: Sollte die Tora nicht
den Weg der Gerechtigkeit lehren und der Übertretung und Sünde der
Menschen wehren? Wie muß man die so selbstverständlich vorgetragenen
und doch so schockierend klingenden Aussagen des Apostels verstehen?

1. Ausgehen muß man m. E. von dem über den ersten Menschen im
Paradies gefällten Urteil Gottes: »Siehe, Adam ist wie einer von uns geworden, da er weiß, was gut und böse ist. Aber nun, damit er nicht seine Hand
ausstrecke und auch vom Baum des Lebens nehme und esse und für immer
lebe!« (Gen 3,22). Die Rabbinen versuchten zunächst die Frage zu beantworten: Wer sind die Gott gleichen Wesen (... »wie einer von uns«), denen
dieses gewichtige Urteil Gottes über den Menschen eröffnet wurde? Nach
dem Targum Jer I waren die Engel diese Zeugen der Verurteilung Adams.
Dabei kam Gott auch auf die Gebote zu sprechen: »Wenn er (Adam) die
Gebote beachtet hätte, die Ich ihm gegeben habe, würde er leben und sich
über diese Tiere erheben für immer. Aber da er nicht beachtete, was Ich ihm
befohlen habe, ist über ihn entschieden, und er wird vom Garten Eden
vertrieben, damit er nicht seine Hand ausstrecke und nehme von den Früchten des Baums des Lebens. Denn wenn er von ihm ißt, wird er leben und in
Ewigkeit bestehen!« (Tg Jer I zu Gen 3,22; ähnlich Tg Neofiti).
   Durch seine Übertretung hat sich Adam eine Urteilskraft erworben, die
ihn über die anderen Geschöpfe auf Erden hoch hinaushebt; seine Stellung
im Kosmos ist vergleichbar mit der von Gott gegenüber den Engeln im
Himmel. Er kennt das Böse und Gute wie Gott (vgl. Gen 3,5); das (ewige)
Leben ist das noch fehlende und darum höchste Gut. Aber nach Ansicht der
Rabbinen darf es nicht zu einer ›res rapienda‹ werden, nach der man »die
Hand ausstreckt«; solch ein Zugriff wäre dem ersten Vergehen Adams
ähnlich. Deshalb gab Gott die Gebote. Diese sind in der Schrift nicht
erwähnt; sie werden von den Rabbinen vorausgesetzt. Offensichtlich nimmt
der Targumist an, Gott habe über diese Gebote nicht nur die Engel, sondern
auch Adam informiert, sie mit der Schöpfungsordnung gegeben oder Adam
mündlich belehrt; damit wurde Adam vor einer weiteren Übertretung
gewarnt. Denn die voraufgehende Warnung ist Voraussetzung für eine
Bestrafung, und der Gehorsam gegenüber den Geboten war Vorbedingung
für das Verbleiben im Paradies. Wer sie beachtet, wird das Leben im Paradies
erhalten; die Gebote dienen demnach – wie in Röm 7,10 – dem Leben. Was

später vom Gesetz als ganzem gesagt wird, nämlich, daß seine Befolgung das Leben verdient (Lev 18,5; vgl. Gal 3,12), hat nach dem Targum Gott schon dem Menschen im Paradies zu verstehen gegeben; die Tora wird als Baum des Lebens bezeichnet für den, der sie studiert (ibid.)[29]. Dabei ist immer vorausgesetzt, daß der Mensch dem Willen Gottes zu entsprechen vermag; er hat ja auch einen guten Trieb.

2. Paulus dachte an diesem Punkte anders als die Rabbinen. Für ihn war Adam und ist jeder Mensch ein Sünder, auch im besten Leben. Denn er möchte sein wie Gott (Gen 3,5.22); das ist im Grunde das böse Trachten, das ihn korrumpiert (Gen 6,5; 8,21). Deshalb soll ›das Gesetz‹, ja jedes Gebot der Mosetora, primär zur Erkenntnis der Sünde führen und dem Menschen seine Grenzen aufzeigen. Er wird deshalb ›unter das Gesetz getan‹ (vgl. Gal 4,4), muß von ihm geknechtet werden (vgl. Tg Jes 53,11 f.). Denn er hat der Stimme der Schlange gehorcht und sich dadurch zu einem Knecht der Sünde gemacht. Die paulinische Wendung ›unter das Gesetz (getan) werden‹ (vgl. Gal 4,4) steht also im Gegensatz zum ›Werden wie Gott‹ (Gen 3,5).

Darum mußte in der Zeit zwischen Adam und Christus das Gesetz hereinkommen. Denn der Mensch hatte zwar die Erkenntnis von Gut und Böse gewonnen, wußte aber noch immer nicht, was Sünde ist und daß er ein Sünder war; Adam hatte aus seiner ersten Übertretung – trotz deren schlimmen Folgen – im Grunde nichts gelernt. Denn er strebte ja danach, ein zweites, ähnliches, aber noch schwereres, Vergehen zu riskieren; er war von der Hybris beherrscht, Gott gleich werden zu können (Gen 3,5.22). Jeder Mensch braucht das Gesetz, um zu erfahren, was Sünde ist, und daß er selbst sündig ist. Und die größte Sünde, die der Mensch begeht, ist es, daß er sich über alles erhebt, was Gott heißt, daß er sich in den Tempel Gottes setzt und von sich behauptet, selbst Gott zu sein (2 Thess 2,3 f.).

Das Gesetz hat daneben noch einen »praktischen«, heilsgeschichtlichen Sinn: es soll die Übertretung mehren und so der Gnadenoffenbarung in Christus und dem ewigen Leben den Weg bereiten (Röm 5,20 f.). Wo die Übertretung gemehrt und der Mensch faktisch zum Sünder wird, schwindet der Wahn, werden zu können wie der heilige Gott und das ewige Leben aus eigener Kraft, »mit ausgestreckter Hand«, gegen den Willen Gottes an sich zu reißen; das ewige Leben darf ja keine ›res rapienda‹ sein. Der usus elenchticus des Gesetzes schafft den nötigen Abstand zu Gott, das rechte

---

[29] So Targum Neofiti zu Gen 3,24: Wer in dieser Welt die Tora studiert und ihre Vorschriften beachtet, bleibt wie der Lebensbaum in der kommenden Welt. Gott schuf 2000 Jahre vor der Erschaffung der Welt die Tora; zusammen mit dem Garten Eden wurde die Gehenna errichtet. Das Gesetz ist der Lebensbaum (אילן דחיין היא אוריתא). Nach dem Text Dt 11,13 ff., der zum Bekenntnis »Höre Israel!« hinzugehört, vermehren sich die Tage der Täter der Gebote und auch die ihrer Kinder; nach dem Zusatzgebet Ahabah rabbah hat Gott uns die Satzungen des Lebens gegeben.

Augenmaß. Der Mensch leidet an maßloser Selbstüberschätzung. Das Gesetz als Lehrmeister der Sünde und des Sündigens macht ihn demütig und bereitet ihn auf die Gnade vor. Denn nur der sich seiner Sünde bewußte Mensch kann die göttliche Gnade verstehen; das hatte Paulus vor Damaskus gelernt (1 Kor 15,8–10; Röm 1,5). Vor allem ist auch das Leben vor Gott ein Geschenk der Gnade. Es wird deshalb auch nicht – wie bei den Rabbinen – als Lohn für den Gesetzesgehorsam gewährt. Denn für Paulus ist solch ein gehorsamer Vollzug der Gebote nicht möglich, wie schon am ersten Menschen sichtbar wurde. Und Adams Nachkommen waren nicht besser, sondern erheblich schlechter als ihr Ahnherr, wie das Beispiel Kains und der Sintflutgeneration beweist; noch später bezeugt die Schrift immer wieder die Verderbtheit der Menschen (vgl. Gen 8,21; 1 Kor 10; Röm 3,10–17). Aber gerade für den überführten Sünder wird das Gesetz zum Erzieher auf Christus hin. Denn nur der zweite Adam, Christus, hebt die Herrschaft der Sünde auf und erreicht damit, daß Gott aus Gnaden das ewige Leben schenkt (Röm 5,21; 8,3). Das Stehen ›unter dem Gesetz‹ ist Voraussetzung für das Verstehen der Gnade (vgl. Röm 6,14b). Auch der zweite Adam wird unter das Gesetz getan (Gal 4,4), damit er die Herrschaft der Sünde durch Gesetzeserfüllung beseitigen kann (Röm 8,3).

3. Paulus zeigt das anhand des Bekenntnisses Phil 2,6–11, das Gen 3,22 als Negativbild voraussetzt und wohl den Ausgangspunkt für die Adam-Christologie des Paulus bot; freilich wird Christus hier noch nicht ›zweiter Adam‹ genannt. Nach Phil 2,6–11 ist aber Christus genau das Gegenteil von dem ›geworden‹, was Adam im Paradies ›wurde‹, und hat auch das Gegenteil von dem gewollt und getan, was Adam verübte und erstrebte; gerade so hat er sich als der zweite Adam erwiesen, der die Folgen des Falls für uns aufhob. Der erste Mensch wurde nach dem Bilde Gottes geschaffen (Gen 1,26) und ist hinsichtlich seiner Erkenntnis »geworden« wie Gott (Gen 3,22); nun wollte er seine Hand nach dem Baum des Lebens ausstrecken und durch solchen Raub ewig leben (ibid.). Hingegen hatte der (präexistente) Christus die Gestalt Gottes und war in jeder Hinsicht gleich wie Gott (Phil 2,6); d. h. er besaß auch die Kraft zum ewigen Leben. Aber er hatte diese Auszeichnung nicht als »Raub« gewonnen[30], sondern sie mit seiner Natur als Gottes Sohn geerbt. Ja, er gab nun aus freien Stücken preis, was Adam erhalten hatte und auch, was dieser hinzugewinnen wollte: Er entäußerte sich seiner Gottebenbildlichkeit und nahm die Gestalt eines Knechtes an (Phil 2,7; vgl. Jes 52,14; 53,2f.12). Und während Adam wie Gott werden wollte, wurde Christus »wie ein Mensch« (Phil 2,7b), und im Gegensatz zu

---

[30] Der zunächst befremdende und viel diskutierte Begriff ἁρπαγμός = »Raub« (Phil 2,6) läßt sich am besten von Gen 3,22 her erklären. Er ist wohl speziell durch die Wendung: ». . . damit er nicht seine Hand ausstrecke und nehme . . .« veranlaßt. ἁρπαγμός ist eine präzise Definition solcher Hybris.

Adam, der in seinem Hochmut sich nach dem ewigen Leben ausstreckte, erniedrigte sich Christus und wurde gehorsam bis zum Tode, ja bis zum Tode am Kreuz (Phil 2,8). Die Einwilligung zur Lebenshingabe, für die der Menschensohn als Gottesknecht sich entschieden hatte (Mk 10,45; 14,24), wurde von Paulus als Gehorsam des zweiten Adam verstanden; Phil 2,6–11 hat das Lied vom leidenden Gottesknecht zum Vorbild (Jes 52,13–53,12). Der Gottesknecht behält ja nichts für sich, sondern verteilt, er »entäußert sich selbst« = »gießt seine Seele aus« (V. 12). Darum hat ihn Gott über alles erhöht (Phil 2,9; Jes 52,13); gerade wegen seines gehorsamen Verzichts empfing er durch Gottes Gnade mehr als das, was er vorher besaß (Phil 2,10f.; Jes 53,12). Ja, er gewann durch seine Auferstehung nicht nur für sich das ewige Leben, sondern wurde auch zu einem ›lebenschaffenden Geist‹ (1 Kor 15,45). Dank seiner Erhöhung verteilt er weiterhin seine ›Beute‹, vor allem die Gabe des Geistes als eine Kraft zum ewigen Leben und zum Tun der Tora[31]. Christus, der von einem Weib geboren und unter das Gesetz getan wurde (Gen 4,4), hat den Willen Gottes uns zu gut erfüllt und auf solche Weise die Folgen des Falls, nämlich die Herrschaft von Sünde und Tod, beseitigt (Röm 8,3). Seine Gesinnung ist vorbildlich für den Gehorsam, den der Mensch seinem Schöpfer schuldet (Phil 2,5). Sie ist dem Geist Adams (Gen 3,22) und dem Trachten des menschlichen Herzens entgegengesetzt (Gen 6,5). Gerade deshalb wird an Phil 2,6–11 auch deutlich, daß der fleischliche Mensch das Gesetz nicht ›tun‹ kann. Denn das geistliche Gesetz wird dadurch erfüllt, daß man nicht sich selbst verwirklicht und das ewige Leben raubt, sondern sich selbst verleugnet und gehorsam das eigene Leben für andere opfert; deshalb ist die Summe des Gesetzes das Liebesgebot (Röm 13,8–10). Der adamitische Mensch sträubt sich, diesen Weg der Selbstüberwindung zu gehen, da das ihn beherrschende, vergängliche Fleisch seiner Natur nach um jeden Preis Leben gewinnen und sich behaupten will.

4. Der Christusweg in Phil 2,6–11 deckt sich mit dem Wort Jesu, in dem gleichfalls die Lehre aus Gen 3,22 mit Hilfe von Jes 53 gezogen ist: »Wer sein Leben retten will, der wird es verlieren; wer aber sein Leben verliert um meinetwillen und um des Evangeliums willen, der wird es retten« (Mk 8,35). Die von Jesus geforderte Selbstverleugnung (Mk 8,34) wäre der einzige Weg, das Gesetz zu erfüllen. Aber sie setzt die Nachfolge (ibid.; vgl. Mk 10,20f.) bzw. die Gemeinschaft mit Christus, das Sein und Gesinnt-Sein *ἐν Χριστῷ Ἰησοῦ,* voraus (Phil 2,5).

5. Von daher lassen sich die scheinbar negativen Urteile des Paulus über die Tora in durchaus positivem Sinne verstehen. Das Gesetz war von Anfang

---

[31] Vgl. T Levi 18,11: Der priesterliche Messias gibt den Heiligen vom Lebensbaum zu essen; dann ruht der Geist der Heiligkeit auf ihnen.

an als Erzieher auf Christus hin gedacht und auf den zweiten Adam als den Retter von Sünde und Tod ausgerichtet. Aus diesem Grunde mußte es – vor allem in der Form von Verboten – zur Erkenntnis der Sünde und zur Mehrung der Übertretung führen. Einerseits kann es von Gen 3,22 her dem Menschen durchaus zugemutet werden. Denn dieser besitzt eine Gott gleiche Erkenntnis von Gut und Böse und kann deshalb die Absicht des von Gott gegebenen Gesetzes verstehen: Es will für ihn das Gute und das Leben[32]. Darum bejaht der innere Mensch das göttliche Gesetz (Röm 7,22); der Geist im Menschen korrespondiert der geistlichen Tora. Andererseits ist das Fleisch stärker als der geschwächte Geist (Gen 6,3). Es will zwar auch das Leben wie die Tora, aber als Raub und selbstverwalteten Eigenbesitz. Deshalb rebelliert es gegen das geistliche Gesetz durch das Anti-Gesetz in den Gliedern (Röm 7,23 f.; vgl. 8,3). Zudem stachelt das Verbot die Eigendynamik des Fleisches an und reizt die Begierde (7,7 f.); so mehrt es die Übertretung (Röm 5,20) und bewirkt den Zorn Gottes (Röm 4,15). Im gesetzesbewußten Menschen herrscht deshalb ein hoffnungsloser Konflikt zwischen Fleisch und Geist, ein Mißverhältnis zwischen Erkennen und Tun, Wollen und Vollbringen, das demütigt und unglücklich macht (Röm 7,18−24). Das geistliche Gesetz deckt die Ohnmacht des vom Fleisch bestimmten Menschen auf. Es offenbart den Gesetzgeber als den ganz anderen, als den Schöpfer und Geber des Lebens, das auf der Kraft des göttlichen Geistes beruht (vgl. Ps 104,29). Das Gesetz ist gleichsam auch im räumlichen Sinn ›zwischeneingekommen‹ (Röm 5,20): Es steht ›zwischen‹ Gott und dem Menschen und verwehrt diesem den vermessenen Wunsch, aus eigener Kraft zu leben und zu werden wie Gott. Denn gerade dann, wenn auch das Leben durch menschlichen Zugriff gewonnen werden könnte, müßte sich der Gedanke aufdrängen, man sei nun selbst wie Gott. Empfängt man es aber als Gnadengeschenk aus der Hand Gottes, so bleibt dessen Sonderstellung und Souveränität gewahrt. Die Aktualität des paulinischen Gesetzesverständnisses leuchtet unmittelbar ein: Der moderne Mensch drängt danach, das Leben in den Griff zu bekommen. Er möchte es mehren und steuern, züchten, ja, sogar es auf künstlichem Wege erzeugen. Hier ist zu fragen, ob nicht mit solchem ›Zugriff‹ nach dem Leben, mit diesem Streben nach mehr Leben, die Ursünde von Gen 3,22 begangen wird.

6. Durch das zwischeneingekommene Gesetz wird die von der Schlange geäußerte und in der christlichen Gnosis aufgebauschte Verdächtigung widerlegt, der Schöpfergott habe aus Eifersucht dem ersten Menschen den Zugriff zum Baum der Erkenntnis bzw. des Lebens verwehrt. Denn die Gabe des Gesetzes beweist, daß Gott nicht den Tod des Menschen will, sondern, daß er sich bekehre und lebe. Das Gesetz distanziert nicht nur, sondern stellt auch eine Verbindung zwischen Gott und dem außerhalb des

---

[32] Die vom Menschen selbst erworbene Erkenntnis von Gut und Böse wird durch die Tora zur Erkenntnis der eigenen Sündhaftigkeit erweitert.

Paradieses lebenden, auf sich gestellten Menschen her. Ja, die Übertretung Adams wurde insofern zum Guten gewendet, als Gott dem erkenntnisfähigen Menschen einen ›legitimen‹ Weg zum Leben bot. Aber er will Gott bleiben. Deshalb offenbart das Gesetz den Gehorsam als Weg zum Leben und verurteilt das eigenwillige Streben, von sich aus zu werden wie Gott, als Hybris und als einen Weg zum Tod. Die im Apokryphon des Johannes gebotene gnostische Exegese von Gen 2—3, die den Schöpfergott als einen eifersüchtigen Feind des Menschen verteufelt, ist ein Beweis für solche ungebrochene Hybris[33].

7. Man kann auch an dieser Stelle zu Jesus zurückgehen. In der Bergpredigt wies er auf die bessere Gerechtigkeit als die dem Gottesreich entsprechende Größe hin. Sie wird sichtbar, wenn man die pharisäische Toraauslegung, die das Tun der Gebote für das Volk ermöglichen soll, durch eine an der Schöpfungsordnung orientierte Klarstellung des wahren Gotteswillens ersetzt. Dabei wird die Größe und Unerschwinglichkeit der Forderung Gottes deutlich (Mt 5,17—48), und nicht der Gerechte, sondern der geistlich Arme, an den eigenen Möglichkeiten Verzweifelnde, erscheint als der Mensch, der Gott am ehesten entspricht und ihm gerecht wird (Mt 5,3—12).

b) Der unheilige Mensch und das heilige Gesetz (Röm 7,12—14; vgl. Ex 19f.; 32)

Begrifflich neu ist auch das Urteil des Apostels, das Gesetz sei heilig, und das Gebot heilig, gerecht und gut (Röm 7,12). An welchen biblischen Text mag Paulus gedacht haben, als er die Mosetora als heilig bezeichnete und sie so vom unheiligen Menschen unterschied? M. E. könnte dies vor allem die Perikope von der Gesetzgebung am Sinai (Ex 19; 20) gewesen sein.

1. Der Mensch wird unter das Gesetz getan (Röm 7,1—7), weil er nicht über die Sünde herrschen kann, sondern von dieser beherrscht und dadurch unheilig wird[34]. Aber solche ›Unterstellung‹ unter das ›zwischen‹ eingekommene Gesetz ist für den Menschen auch heilsam und gut. Denn wer das ewige Leben anstreben und sich dadurch gleichsam an die Seite Gottes drängen möchte, riskiert dabei auch das zeitliche Leben: Der Feuerglanz des heiligen Gottes würde ihn verzehren (vgl. Jes 6,3—5). Das zeigt auch die Perikope von der Gesetzgebung am Sinai (Ex 19f.). Mose mußte damals um

---

[33] NH II,122—24. Vgl. auch »Die Hypostasis der Archonten« NH II,88,24—91,5; »Titellose Schrift« NH II,118,24—121,27.

[34] Der Vergleich zwischen der Herrschaft des Gesetzes mit der des Mannes über die Frau in Röm 7 ist durch Gen 3,16 (vgl. Jub 3,24f.) veranlaßt: Der Mann wird über die Frau herrschen, aber er muß auch »zum Staub zurückkehren«, sterben (Gen 3,19).

den Berg Sinai herum eine Grenze ziehen, um zudringlichen Israeliten das »Durchbrechen« zum heiligen Gott bei Todesstrafe zu verwehren. Noch immer herrscht im Menschen – sogar im heiligen Eigentumsvolk Gottes (Ex 19,5 f.)! – der adamitische Drang, sich eigenmächtig zu erheben und Gott gleich zu werden; eben deshalb wurde am Sinai ein Grenzzaun gezogen, aber auch der Dekalog gegeben, der die Einzigkeit und Heiligkeit Gottes betont (Gebote 1–3). In Qumran hat man die Schranke am Sinai zum Anlaß genommen, von einem »Grenzzaun der Tora« (גבול, vgl. הגבל Ex 19,23) zu sprechen; dieser darf nicht durchbrochen werden (CD 20,15). Das Gesetz selbst wird somit als Zaun und Schranke für den Menschen gegenüber Gott verstanden; es steht »dazwischen«, trennt und schützt die Unheiligen vor dem Heiligen[35]. Auch die rabbinische Forderung, einen Zaun (סיג) um die Tora zu machen (Aboth 1,1), ist von Ex 19 inspiriert; der Zaun soll vor einer Übertretung der heiligen Gebote Gottes warnen und damit ebenfalls dem Leben dienen.

2. Paulus hat das Bild vom Grenzzaun des Gesetzes weitergeführt und es gleichsam zur Gefängnismauer ausgebaut: Unter der Tora ist der Jude »verwahrt und eingeschlossen« (Gal 3,23). Und weil alle Menschen wie Adam von Natur dazu neigen, den Schöpfer und Herrn über Leben und Tod zu verkennen, und die Heiden so verblendet sind, ihn mit Bild und Gestalt von vergänglichen Menschen und Tieren darzustellen und ihn so zu degradieren (Röm 1,21–23), darum werden die Nichtjuden unter die versklavende Herrschaft der Weltelemente gestellt (Gal 4,3). Andererseits beweist der auch von Paulus betonte und als warnendes Beispiel angeführte (1 Kor 10,7) Abfall Israels zum Goldenen Kalb (Ex 32), daß auch die Tora vom Sinai (Ex 20 ff.) den Menschen nicht in Schranken halten und zum Gehorsam bringen konnte. Ja, es sieht so aus, als hätte das erste Gebot (Ex 20,3–6) diesen Abfall geradezu provoziert. Israel war »halsstarrig« (Ex 32,9; Neh 9,17): Weil es nicht zur Höhe Gottes durchbrechen (Ex 19,21–25) und wie Gott werden durfte, frevelte es drunten (vgl. Ex 32,7) und machte sich andere Götter, die ihre Retter und Führer gewesen sein sollten (Ex 32,1.4.8).

Deutlich erscheint am Sinai auch die von Paulus so sehr betonte Kluft zwischen Wollen und Tun, innerer Zuneigung zur Tora und der Unfähigkeit, sie in die Tat umzusetzen. Die ausdrückliche Zustimmung zum Gebot Gottes, die bei Adam noch fehlt (Gen 2,16), wurde von Israel am Sinai klar gegeben: »Alles, was Gott sagt, wollen wir tun!« (Ex 19,8; 24,3). Dieser Sternstunde Israels (so die Rabbinen) folgte der Abfall zum Goldenen Kalb,

---

[35] Eine die Heiligkeit Gottes schützende Funktion haben die Schalen (qĕlîphôt) im kabbalistischen System des Buches Zohar: Wie die »linke Seite« der Sephiroth halten sie die Gottlosen zurück und hindern sie, sich dem Heiligen zu nähern. Sie werden einer Schlange verglichen, die sich um den Schatz eines Königs legt und ihn bewacht (J. Tischby, a.a.O. Bd. I, S. 212f.).

dessen Folgen in der jüdischen Exegese als ähnlich schwer eingeschätzt werden wie die von Adams Fall (vgl. Ps 106,19 ff.; Neh 9,18 ff.).

Die Sinaitradition bestimmt auch die Gesetzeslehre des Paulus im Galaterbrief, die angeblich von der im Römerbrief gebotenen abweichen soll; Paulus verweist in Gal 3,19 f. ausdrücklich auf die Übergabe der Tora. In Gal 3 seien – anders als in Röm 7,7 ff. – Gesetz und Sünde kooperierend einander verbunden: Das Gesetz »ist hinzugekommen um der Sünde willen« (3,19), während es nach Röm 7,7 f. von der Sünde mißbraucht wurde[36]. Aber beide Aussagen meinen faktisch das gleiche. Nur steht hinter Röm 7,7–14 der Abschnitt Gen 3,1–6, während Gal 3,19 ff. von Ex Kpp. 19 f.32 bestimmt ist: Gottes Verbot des Götzendienstes scheint den Abfall zum Goldenen Kalb erst ausgelöst zu haben (vgl. Ex 20,1–6 mit 32,1–6). Insofern »produziert« das Gesetz ›Sünde‹[37], aber es wirkt in Gal 3,22.24 wie auch in Röm 7 durchaus ›schriftgemäß‹: »Die Schrift hat alles unter die Sünde beschlossen«, damit die Verheißung durch den Glauben an Jesus Christus gegeben werde (Gal 3,22). Die Bedeutung dieser Aussage mit ihrem ausdrücklichen Hinweis auf die Schrift wurde bisher sträflich mißachtet; ›gequälte‹ und ›widersprüchliche‹ Argumente (so E. P. Sanders) sind nicht bei Paulus, sondern eher bei seinen modernen Auslegern zu finden.

3. Die Perikope Ex 32 konnte Paulus in seiner Überzeugung bestätigen, daß sich der Mensch seit Adam nicht gebessert, sondern eher verschlechtert hat, und daß auch das Gesetz ihn nicht zu ändern vermochte. Wie die Sünde, so mißbraucht auch der Mensch das heilige Gesetz. Er gehorcht ihm nicht, und selbst da, wo man um die Tora eifert und sein Leben nach ihr einrichtet, wird zumindest ihre eigentliche Absicht verfehlt. Paulus anerkennt Israels Eifer um Gott (Röm 10,2), der ein Eifer um das Tun des Gesetzes und um die ›eigene‹ Gerechtigkeit durch Gesetzeswerke ist (Röm 9,31; 10,3). Aber solcher Eifer schließt den Mißbrauch des Gesetzes und die Mißachtung der helfenden Gerechtigkeit Gottes nicht aus, ganz abgesehen davon, daß er das Ziel der Gesetzesgerechtigkeit nicht erreicht (9,31; 10,3). Denn der Gesetzeseiferer will zwar nicht gerecht werden *wie* Gott, aber aus eigener Kraft gerecht werden *vor* Gott. Damit läßt er das Gesetz nicht mehr zu seiner eigentlichen Bestimmung kommen, nämlich die Sünde groß zu machen und den Menschen als Sünder zu überführen. Und er läßt den Gott, um dessen Ehre er eifert, nicht mehr Gott sein und mißachtet dessen Gnade und schöpferische Macht. Stets droht die Gefahr des Selbstruhms, der für den Menschen, den das Gesetz als Sünder überführt (Röm 3,19 f.), ganz unangebracht ist. Es ist ja vielmehr Gott, der wegen seines Erbarmens gerühmt

---

[36] Vgl. E. P. Sanders, a.a.O. S. 73–79, 147 und dessen Kritik an den »complexities« und »inconsistencies« der paulinischen Gesetzeslehre.
[37] Sanders, a.a.O. S. 73. 80.

werden soll, und zwar von den Heiden zusammen mit Seinem Volk (Röm
15,9−11).

4. Schließlich wird durch solchen Eifer um das Gesetz das Erkennen des
Christus versperrt, zu dem das Gesetz ja hinführen will. Der Christus, den
Gott in Zion als einen Eckstein gesetzt hat, wird zu einem Stein des Anstoßes
und Felsen des Ärgernisses; man glaubt nicht an ihn und wird zuschanden.
Es ist deshalb verständlich, daß der Apostel den usus elenchticus des Gesetzes betont: Es soll den Menschen zur Erkenntnis der Sünde führen (Röm
3,20)[38], die Übertretung mehren (5,20), die Sünde besonders sündig machen
(7,13). Alle Menschen sind Sünder und ermangeln der Herrlichkeit Gottes
(Röm 3,9.23). Jeder sich rühmende Mund wird durch das Gesetz gestopft
(3,19), aller Selbstruhm ausgeschlossen (3,27; Gal 6,14; 1 Kor 1,26−31). Die
Tora hat den Sinn, die ganze Welt Gott zu unterwerfen (ἵνα ... ὑπόδικος
γένηται πᾶς ὁ κόσμος τῷ θεῷ Röm 3,19): Weil der Mensch der Sünde nicht
wehren will und mit ihr im Bunde gegen Gott rebelliert (Gen 3,1−6.22),
wird er durch das Gesetz verklagt (Röm 3,10−18) und unter die Jurisdiktion
Gottes gestellt (Röm 3,19); solch eine Aussage wäre undenkbar ohne das von
Paulus ganz ernst genommene Zeugnis vom Sündenfall, der in der Geschichte Israels fortwirkt (Ps 106; Neh 9; Dan 9). Das Gesetz kann nicht
erfüllt werden, solange der Mensch unter der Herrschaft von Sünde und Tod
steht. Aber es bereitet die schuldige, versklavte und gefangene Menschenwelt auf ihre Freilassung und Rechtfertigung vor, die durch die Offenbarung
der Gnade Gottes im Kreuz Christi geschehen ist (Röm 3,24ff.; Gal
3,23−25).

5. Das Gesetz spielt deshalb bei Paulus keinesfalls eine heilsgeschichtlich
negative Rolle. Wenn es den garstigen Graben zwischen dem heiligen Gott
und dem sündigen Menschen aufdeckt, so dient das für den letzteren zum
Heil, hält ihn in heilsamer Distanz gegenüber Gott. Außerdem lehrt es ihn,
sich ganz von Gottes Gnade her zu verstehen und das Leben vor Gott aus
seiner Hand zu empfangen.

Die Geltung der Tora darf aber nicht auf den usus elenchticus eingeschränkt werden, der durch den Fall des Menschen notwendig geworden ist.

---

[38] Das Gesetzesverständnis der Reformatoren, vor allem das M. Luthers, stimmt an diesem
Punkte mit dem des Paulus überein. Für Luther hat der Römerbrief die Aufgabe, »destruere ...
omnem sapientiam et iustitiam carnis ... et magnificare peccatum« (Vorlesung über den
Römerbrief 1517 zu Röm 1,1). R. BULTMANNS Darstellung der Rolle des Gesetzes bei Paulus ist
etwas zu einseitig. Das wird von E. P. SANDERS (a.a.O. S. 17.32ff.) und von H. Räisänen zu
Recht beanstandet, wenn auch karikiert: »One gets the impression that zeal for the law is more
damaging than transgression«, so H. RÄISÄNEN (zitiert von SANDERS, a.a.O. S. 48). Bultmann
hat jedoch die wichtigste Aufgabe des Gesetzes bei Paulus, nämlich die des usus elenchticus,
klarer erkannt als seine beiden Kritiker und auch keine Widersprüche in der Gesetzeslehre des
Apostels entdeckt.

Eigentlich ist das Gesetz dazu da, getan, bewahrt, erfüllt zu werden (Röm 2,13 f. 26; 8,4.7; 13,8−10). Das wird vor allem an Christus sichtbar. Wurde er unter das Gesetz getan (Gal 4,4), so deshalb, weil er es gehorsam erfüllen und so den Ungehorsam des ersten Adam aufheben sollte. Er konnte das, weil er nach Phil 2,6 f. seine göttliche Stellung aus freier Entscheidung aufgab, um der Erlösung des Menschen zu dienen. Auch die Glaubenden, die in Christus sind und das Geschenk des Geistes erhielten, besitzen damit die Kraft, dem Gesetz zu gehorchen, seine Rechtsforderung zu erfüllen (Röm 8,4), ihr durch den Vollzug des Liebesgebots Genüge zu tun (Röm 13,8−10)[39]. Der Geist-Begabte geht mit dem geistlichen Gesetz; das ist mit dem neuen Wort des »Erfüllens« gemeint.

6. Nach Gal 3,19 wurde das Gesetz durch Engel befohlen, wobei Mose als Mittler diente. Diese spekulative Darstellung der Toraübergabe verrät keineswegs eine Abwertung des Gesetzes, genausowenig wie die Haggada der Rabbinen, nach der die Engel die Hergabe der Tora an die Menschen verhindern wollten. Der Targum zu Gen 3,22 läßt Gott sich an die Engel wenden, als er von der entscheidenden Rolle der Gebote und des Gehorsams sprach; der biblische Text legt ja − wie in Gen 1,26 (»Laßt uns Menschen machen!«) − den Gedanken an solche himmlischen Gesprächspartner nahe (»Adam ist geworden wie unsereiner« 3,22).

c) Das »Nein« des fleischlichen Menschen zum geistlichen Gesetz (Röm 7,13−25; 8,1−35; vgl. Jes 28,10−13 LXX und Targum)

1. Zur Schilderung des am Gesetz gescheiterten Menschen, wie sie Paulus in *Röm 7,13−25* gegeben hat, wurden bisher wenig brauchbare Parallelen im frühen Judentum gefunden[40]. Man hat allenfalls auf die gewissenhafte Selbstprüfung verwiesen, der sich der Fromme in der Qumrangemeinde angesichts des erwarteten Endgerichts unterzog[41]. Zwar wird auch dort das Fleisch als Existenzform des Menschen negativ beurteilt. Aber es ist vor

---

[39] H. RÄISÄNEN (a.a.O. S. 113 f.) verurteilt die in Röm 8,1−11 gegebene Darstellung der Gesetzeserfüllung bei Christen und Nichtchristen: Paulus habe ein unrealistisches Schwarz-Weiß-Bild gezeichnet und die nichtchristliche Existenz dämonisiert. Die Christen könnten nach Röm 8 das Gesetz kraft des ihnen geschenkten Geistes fast automatisch erfüllen, was sie aber faktisch nicht tun, wie die Kritik des Apostels an den Korinthern zeige (S. 116 f.). Räisänen hat die Paränese in Röm 8,12 f. nicht genügend berücksichtigt.

[40] Vgl. die dürftigen Hinweise auf Parallelen bei P. BILLERBECK (Kommentar zum NZ, III, S. 238−240), wo nur 4 Esr 7,65 ff. für Röm 7,24 interessant ist. Viel reicher ist das zu Römer 8 gebotene Material.

[41] Vgl. 1 QH 1,22−27, dazu auch den fragmentarischen Text 4 Q 185, nach dem der schwache Mensch vor Gottes Zorn nicht bestehen kann (1,1−2,1, Z. 4−13 in DJD V ed. M. Allegro). Vgl. H. LICHTENBERGER, Eine weisheitliche Mahnrede in den Qumranfunden 4 Q 185.

allem kultisch unrein, ferner besitzt es als solches keine eigene, »autonome«
Ordnung (»Gesetz in den Gliedern«), wie sie Paulus aus der allgemein
menschlichen Erfahrung und aus der Urgeschichte gefolgert hat. Auch
kommt die ontologische Differenz zwischen Mensch und Tora in den Qumrantexten nicht so deutlich zum Ausdruck wie in Röm 7,14. Eher sprach
Jesus von einem »Gesetz in den Gliedern«. Denn Auge, Hand, Fuß oder
irgendein anderes Glied des Leibes können dem Menschen Ärgernis bereiten
und ihn zu Fall bringen auf dem Weg ins Gottesreich (Mt 5,28−30). Auch ist
es wie bei Paulus die Begierde, die durch solch ein Glied entzündet werden
kann: Der ganze Leib wird dadurch zur Sünde verleitet, so daß ihm die
Verurteilung im Gericht und die Höllenstrafe droht (Mt 5,30). Das »Gesetz
in den Gliedern« streitet gegen Gottes Gesetz, speziell gegen das sechste
Gebot (Mt 5,27f.). Nach Mt 6,22 soll das Auge »einfältig«, d. h. ganz auf
Gottes Licht gerichtet sein und so der Erhellung des Leibes dienen. Aber es
kann auch böse, von Gottes Weisung abgekehrt sein, so daß der ganze Leib
finster wird (Mt 6,23).

2. Den leidenschaftlichen Widerstand gegen das Tun der Gebote Gottes
durch den widergöttlichen menschlichen Eigenwillen sowie andere in Röm
7 auftretende Motive kann man gelegentlich auch im Judentum entdecken,
z. B. bei der Wiedergabe der dunklen Worte קו לקו ... צו לצו (Jes 28,10.13)
in der Septuaginta und im Prophetentargum. Daß Paulus diese Stelle kannte,
zeigt 1 Kor 14,21, wo er Jes 28,11 zitiert und auf das Zungenreden bezieht. In
Röm 8,26 spricht er vom unaussprechlichen Seufzen *(στεναγμοῖς ἀλαλήτοις)*
des Geistes, d. h. von einem Reden in Lauten, wie sie in Jes 28,10.13
nachgebildet sind, und in Röm 9,33; 10,12 sieht er Jes 28,16, die Weissagung
vom kostbaren Eckstein in Zion, im Messias Jesus erfüllt. M. E. hat der
Apostel in Röm 7 und 8 die ekstatischen Sätze von Jes 28,10.13 für die
Schilderung des Menschen nach dem Fall verwendet, und zwar in einer
deutenden Übersetzung, die der Version der Septuaginta und des Prophe-
tentargums nahesteht.

3. Schon in der *LXX* sind die seltsamen Wörter צו לצו קו לקו זעיר שם in
Jes 28,10.13 gleichsam einer kunstvollen Kurzsprache zugeschrieben und
dementsprechend gedeutet: »Drangsal über Drangsal nimm an, Hoffnung
auf Hoffnung, noch ein Kleines, noch ein Kleines!« צו wird mit צרה *(θλῖψις)*
= Drangsal in Verbindung gebracht, קו[42] als תקוה = Hoffnung *(ἐλπίς)*
gedeutet und das dazwischenstehende ל (la) = ל (le) durch ein steigerndes *ἐπί*
mit Akk. bzw. Dativ = »zu, auf« übersetzt. So entstand aus Jes 28,10 ein
Trostwort, während 28,13 als Drohung gedeutet ist. Der Targum hingegen
entdeckte in Jes 28,10 eine göttliche Scheltrede und gab V. 13 – wie MT und
LXX – als Drohwort wieder. Denn die Partikel ל in קו לקו und צו לצו wurde

---

[42] Hat es auch das Verbum *προσδέχεσθαι* (= קבל) in den LXX suggeriert?

als (aramaisierende) Negation (für das hebräische לא aufgefaßt: »Ihnen war befohlen worden (צו = מצוה צוה), das Gesetz zu tun. Aber was ihnen befohlen war, wollten (צו = צבא »wollen«) sie nicht tun. Die Propheten weissagten über sie, wenn sie umkehrten, werde ihnen vergeben werden[43]. Aber sie nahmen die Worte der Propheten nicht an. Sie wandelten nach dem Gutdünken ihrer Seele (= ihrem eigenen Gutdünken) und begehrten nicht, meinen Willen zu tun.«[44] Israel wird somit durch Jesaja von Gott verklagt, im Widerspruch zu Gottes Gesetz zu stehen; dem Willen Gottes wird das eigene Wollen (צבא) entgegengestellt. Das deutet auf eine weitere Zunahme der Herzenshärtigkeit: Am Sinai hatte Israel noch versichert, alles was Gott sage, zu tun (Ex 19,8), freilich dieses Versprechen nicht gehalten. Jetzt wird von vornherein »Nein« gesagt. Ebenso entschieden ist das ›Nein‹ zur Prophetie: Das göttliche Angebot von Buße und Vergebung hat man abgeschlagen; den Wandel nach dem eigenen Gutdünken für wichtiger erklärt. Desgleichen wurde die Zukunftsverheißung abgelehnt: Die Israeliten glaubten nicht an das, was Gott für die Tilgung der Sünden im Tempel bot, sondern »hofften[45], daß für sie der Götzendienst (פולחן טעותא) errichtet werde«. Der Tempel Gottes war »klein geworden in ihren Augen« (הוה כזעיר, so die Deutung des ersten שם זעיר in Jes 28,10.13) »... und klein geworden in ihren Augen war Meine Einwohnung dort« (שכינתי תמן כזעיר הוה = für das zweite זער שם in Jes 28,13).

Die oben erwähnte Sinaitradition (Ex 19,8; 32) hat m. E. diese pessimistische Deutung von Jes 28,10.13 merklich beeinflußt. Auch das teuflische Spiel der Schlange im Paradies wurde gleichsam fortgesetzt: Denn das, was Gott ›befohlen hatte‹ (Gen 2,16), wurde von der Schlange nach Gen 3,1–5 als ein ›Nicht-Gebot‹ לא צוה (= לצו) hingestellt, das man übertreten darf. Ähnliches ist nach Tg Jes 28,10.13 auch in Israel geschehen: Man sagte ›Nein‹ zu Gottes Gebot; das צו לצו klingt wie Rebellengeschrei; man vergleiche dazu das leidenschaftliche ›Nein!‹ Kains zu den Grundwahrheiten des Glaubens in den Targumen Jerushalmi I und Neofiti.

Aber solch ein Ungehorsam hat schwere Konsequenzen. Nach dem Targum Jes 28,10.13 war der Widerwille gegen die Tora begleitet von der Verachtung des Tempels und der Schechinah. Hinzu kam die Hoffnung auf eine Einrichtung des Götzendienstes, wie ihn Aaron damals für Israel eingeführt hatte (Ex 32,2–6). Paulus hat die Korinther auf den Abfall Israels hingewiesen und sie damit vor einer falschen Sicherheit gewarnt: Auch nach der Taufe auf Mose und der sakramentalen Speisung und Tränkung in der Wüste (1 Kor 10,2–4), hatte die Mehrzahl der Israeliten Gelüsten nach dem

---

[43] Der Umkehrgedanke und die Vergebung sind im Targum zum Propheten Jesaja besonders wichtig (vgl. auch Targum Jes 6,10).

[44] לא חמידו למעבד רעותי.

[45] Der Targum hat wie die LXX die Silbe קו mit dem Verbum קוה und dem Nomen תקוה verbunden.

Bösen (vgl. Gen 3,6; Röm 7,7 f.); sie wurde deshalb von Gott verworfen und in der Wüste niedergestreckt (1 Kor 10,5). Vor allem aber beging Israel Götzendienst mit dem Goldenen Kalb (1 Kor 10,7; vgl. Ex 32,6). So ist auch der getaufte und zum Herrenmahl geladene Christ nicht vor dem Abfall geschützt: »Wer meint, er stehe, sehe zu, daß er nicht falle!« (1 Kor 10,12).

4. Paulus hat in Röm 7 den in Tg Jes 28 geschilderten Ungehorsam Israels gegenüber dem Gesetz verallgemeinert und individualisiert, am einzelnen ›Ich‹ dargestellt: Das ›Gesetz in den Gliedern‹, das Begehren des Fleisches, handelt gegen das Gesetz (V. 7 f. 23). Freilich steht bei Paulus das »Wollen« im Einklang mit Gottes Gebot: Der Mensch will das Gute (θέλειν = צבא V. 21), ist aber ein »Gefangener des Gesetzes der Sünde« (V. 23), und die Sünde, die in ihm wohnt, tut, was der Mensch nicht will (לא צבא V. 20). Israel wird von Paulus besser beurteilt als das damalige Volk im Targum: Es hat einen Eifer für Gott (Röm 10,2) und trachtet nach dem Gesetz der Gerechtigkeit (9,31). Vom Götzendienst und der Verwerfung des Tempels ist es weit entfernt. Tora und Tempelgottesdienst bilden eine feste Einheit und ein großes Privileg Israels (Röm 9,4; Aboth 1,2). Verworfen wird Jesus Christus: Gerade der Eifer um die Gesetzesgerechtigkeit führt dazu, daß der von Gott gelegte köstliche Eckstein in Zion, an den man glauben muß (Jes 28,16), »zum Stein des Anstoßes und Fels des Ärgernisses« wird (Röm 9,33 nach Jes 8,14). Für Paulus haben die Propheten vor allem den Christus vorausverkündigt (Röm 1,2). Auf ihn hoffen die Heiden (Röm 15,12 nach Jes 11,10); aber die Mehrheit Israels lehnt das Evangelium ab (Röm 10,16).

5. Paulus hat aber Jes 28,10.13, genauso wie Jes 28,16, auch auf die Existenz des Christen bezogen, der in der Kraft des Heiligen Geistes lebt. Nach 1 Kor 14,21 waren ja die Verse Jes 28,(10).11.(12 f.) für ihn Vorbild für das ekstatische Reden im Geist; beim Zungenreden kommt Gott selbst zu Wort. Deshalb ist das Wirken des Hl. Geistes in Röm 8 so geschildert, daß man auch an das inspirierte Reden des Propheten in Jes 28,10−13 erinnert wird. Jedoch hat Paulus die im Targum erwähnten Heilsgüter relativiert. In Röm 8,24 könnte er die Wendung קו לקו gedeutet haben, die er wie LXX und Targum auf die Hoffnung (תקוה = ἐλπίς) bezog. Dabei las er ein negierendes לא: »Die Hoffnung, die man sieht, ist keine Hoffnung« (תקוה לא תקוה). Davor (v. 18) erwähnt der Apostel die Leiden im gegenwärtigen Äon (τὰ παθήματα = הצרות): Im Vergleich mit der kommenden Herrlichkeit sind sie nicht nennenswert und somit keine wirklichen Leiden: צו לצו = צר לצר = die Drangsal ist keine Drangsal (vgl. LXX). Schließlich konnte das Heiligtum in Jerusalem, das im Targum zu Jes 28,10.13 als Ort der Einwohnung Gottes und als Gegenstand der Hoffnung gepriesen wird, für Paulus solch eine tragende Rolle nicht spielen. Grundlage der christlichen Hoffnung ist der in den Christen wohnende Gottesgeist (vgl. Gen 6,3), der den Leib zum Tempel des Geistes macht und ihn so der Auferstehung von den Toten versichert: »Wenn aber der Geist dessen, der Jesus von den Toten auferweckt

hat, in euch wohnt *(οἰκεῖ ἐν ὑμῖν)*, wird der, der Jesus von den Toten auferweckt hat, auch eure sterblichen Leiber durch seinen in euch wohnenden Geist zum Leben bringen« (Röm 8,11). Der Geist ist gleichsam die Schechina im Tempel des Leibes (vgl. 1 Kor 6,19): Er kann die Werke des Leibes töten (Röm 8,13) oder auch in den Christen pneumatisch reden, wie Gott damals durch den vom Geist ergriffenen Propheten Jesaja sprach (vgl. 1 Kor 14,21): Er ruft zu Gott ›Abba!‹ (8, 15), und solches Reden des Geistes macht uns der Gotteskindschaft gewiß (8,14).

6. Der Geist, den Paulus in Röm 8 bezeugt, von dem er in den überschwenglichen Sätzen 8,31 ff ›getrieben ist‹, äußert sich ganz anders als der ›Geist der Knechtschaft‹ (8,15), der m. E. in Röm 7,13 ff. zur Sprache kommt. In Röm 8 hören wir den dankerfüllten Lobpreis des Erlösten, in Röm 7 die Klage eines Gefangenen: »Ich unglücklicher Mensch! Wer wird mich erretten vom Todesleibe!« (7,24). Diese Klage erinnert an die Hoffnungslosigkeit des Menschen, der dem Gesetz widerspricht und auf die Propheten nicht hört. Der Prophetentargum findet in Jes 28,13 die Drohung Gottes mit dem Gericht, die Auslieferung Israels an die Völker: »Sie werden gehen und rückwärts taumeln, und zerbrechen, gefangen und gefaßt werden«; dabei bleibt keine Hoffnung (לא תקוה) auf einen Helfer und Unterstützer (סעיד וסמיך). Ähnlich trostlos ist auch die Situation des fleischlichen Menschen in Röm 7: Er ist erfaßt und gefangen von der Macht der Sünde und sieht keinen Ausweg aus seinem Elend. Dagegen weiß der von Christus Erlöste, daß Gottes Liebe ihm zur Seite steht (8,31–33) und daß Christus, der zur Rechten Gottes thront, für ihn als Fürsprecher eintritt (8,34 f.). Die Stimmung in den beiden Kapiteln Röm 7 und 8 ist ganz verschieden. Man könnte dabei auf den Unterschied verweisen, der bei der Wiedergabe der Rätselworte in Jes 28,10 einerseits und in Jes 28,13 andererseits in der LXX (Trostwort – Drohwort) und im Targum (Scheltwort – Drohwort) gemacht wird; er läßt sich vom hebräischen Text her durchaus rechtfertigen. Bei Paulus ist die Reihenfolge von Trost und Trauer umgekehrt: In Röm 7 klagt der adamitische Mensch über seine Unfähigkeit, Gottes Gesetz auszuführen; in Röm 8 jubelt der von Christus Erlöste und vom Geist Geführte über das ihm geschenkte neue Leben des Glaubens, der Liebe und der Hoffnung.

7. Das Bemühen des Paulus, die durch den Geist geschaffenen neuen Realitäten in kurze, präzise Wendungen zu fassen, wurde vielleicht auch durch die ›Sprache‹ von Jes 28,10.13 inspiriert und gestärkt. Denn wie LXX, Targum, dazu auch manche neueren Bibelübersetzungen, hat der Apostel in den Lauten צו לצו, קו לקו den Hinweis auf eine Kurzsprache gesehen (›Stenolalie‹), die er als Sprache der himmlischen Wesen und Rede des Geistes verstand; diese wurde mit dem Charisma der Glossalie auch der christlichen Gemeinde geschenkt. Freilich sind die paulinischen Neuschöpfungen wie *νόμος πνευματικός,* oder auch *(ἄνθρωπος) σάρκινος, ψυχικός* eher als

Früchte des erleuchteten, auch des Griechischen mächtigen, Verstandes gereift; sie bedürfen keiner Deutung wie das glossolale צַו לָצָו קַו לָקָו.

d) Das Sein und Werden des Menschen im Gegenüber zu Gottes Gesetz (Röm 7,14; vgl. Gen. 2,7.21–24)

1. Sprachlich eigentümlich und theologisch bedeutsam ist es, wie Paulus vom ›Sein‹ und ›Werden‹ des Menschen im Gegenüber zu Gott und dem Gesetz spricht. In Röm 7,14 geht es um eine Bestimmung des seins- und wesensmäßigen Gegensatzes: Das Gesetz ist geistlich, der Mensch aber fleischlich.

Das Gesetz ist deshalb geistlich, weil es von Gott kommt, der Geist ist: »Die Ägypter sind Mensch und nicht Gott; ihre Pferde sind Fleisch und nicht Geist« (Jes 31,3)[46]. Das bedeutet, daß Gott Geist ist, während der Mensch – wie die Pferde – Fleisch ist. Schon Adam hat die Fleischlichkeit des Menschen erkannt und bekannt: Die aus seiner Rippe »erbaute« Eva ist »Bein von meinem Bein und Fleisch von meinem Fleisch« (Gen 2,23; vgl. 2,21.24). Von einer geistlichen oder psychischen Seinsweise Evas bemerkte er nichts; er urteilte ja auch nach dem Augenschein. Setzt man die indirekte Selbstbeschreibung Adams in Gen 2,23 zu Gen 2,7 in Beziehung, so ist der von Gott aus Erde geformte und mit dem Lebensodem versehene Mensch eben ›Fleisch‹, wie die aus der Erde hervorgebrachten Tiere als Lebewesen ›Fleisch‹ sind (Gen 1,24f.; 2,19; 6,19). Das Fleisch bedarf des Odems, um lebendig und lebensfähig zu sein (vgl. Ps 104,29), und ›human‹ wurde es dadurch, daß Gott selbst dem Menschen diesen Lebensodem einhauchte: So ›wurde‹ (ἐγένετο) Adam »zu einer lebendigen Seele« (Gen 2,7b; vgl. 1 Kor 15,45). Die Targume deuten diesen, das Ergebnis des göttlichen Schöpferhandelns feststellenden Satz Gen 2,7b auf Gen 6,3 vorausweisend so: Der Lebensodem Adams »wurde zu einem redenden Geist« (לְרוּחַ מְמַלְלָא). In der Tat kann man den nach Gen 6,3 im Menschen wohnenden und diesen richtenden Geist Gottes mit dem eingehauchten Lebensodem von Gen 2,7 verbinden: Dieser wurde beredt, ein zum Menschen sprechender Geist. Sprachlich ähnlich drückt Paulus das Werden und Wesen des letzten Adam, Christus, so aus: »Er wurde zu einem lebenschaffenden Geist« (ἐγένετο ... ὁ ἔσχατος Ἀδαμ εἰς πνεῦμα ζῳοποιοῦν 1 Kor 15,45; vgl. Joh 20,22.28). Aber in der Sache besteht ein großer Gegensatz, da Paulus zwischen einem ersten und einem zweiten Adam, zwischen ψυχή und πνεῦμα scharf unterscheidet. Der erste Adam wurde zur lebenden Seele, während der Geist nur den zweiten Adam charakterisiert; der Mensch ›ist‹ eben seinem Wesen nach psychisch = fleischlich (vgl. Röm 7,14). Paulus kann sich auch auf Gen 6,3 berufen, wo

---

[46] In den LXX – nicht im Targum! – zu Jes 31,3 ist diese ontologische Differenz teilweise verwischt: ... ἵππων σάρκας καὶ οὐκ ἔστιν βοήθεια.

Gott vom Menschen sagt: »Er ist Fleisch« (בָּשָׂר הוּא). Das bedeutet ein Sein zum Tode (ibid.) und nach Gen 6,12f. ein Sein unter der Sünde: ›Alles Fleisch‹ hat die Erde mit Gewalttat erfüllt und seinen Wandel verderbt. Von daher gesehen durfte Paulus getrost sagen, daß ›die Werke des Fleisches‹ schlecht sind (Gal 5,17–21). Eben deshalb mußte auch der zweite Adam Christus ein Leben schaffender, rettender, und nicht nur ein redender und richtender Geist werden.

2. Die Seinsaussagen sind charakteristisch für den alten Adam und auch für das Gesetz. Das Gesetz ist unveränderlich in seinen Qualitäten: Es ist heilig und – wie das Gebot – auch gerecht und gut (Röm 7,12); es ist geistlich (Röm 7,14). Es braucht an und für sich kein ›Werden‹ *(γίγνεσθαι);* denn als *νόμος πνευματικός* hat es schon jetzt die Qualität des endzeitlichen Seins, das pneumatisch und darum vollendet und ewig ist (vgl. 1 Kor 15,45). Der Mensch ist am Anfang »geworden«, nämlich bei seiner Erschaffung, als er durch Gott zu einer lebendigen Seele ›wurde‹ (Gen 2,7; 1 Kor 15,45). Er ist gleich darauf ›wie einer‹ der Himmlischen und wie Gott ›geworden‹ (Gen 3,22). Aber das war eben kein von Gott gewolltes und durch seinen Geist vollzogenes ›Werden‹, sondern vom Bösen inspiriert und vom Menschen zuwege gebracht. Seitdem gab es von Gott her nur ein negatives ›Werden‹, z. B. das Verkürzt-›Werden‹ der Lebenszeit (Gen 6,3). Auch das geistliche Gesetz kann beim Menschen kein Werden in positivem, Leben schenkenden Sinne vollbringen; es ist kein *νόμος ζωοποιῶν* (vgl. Gal 3,21). Ja, das Gegenteil scheint der Fall zu sein, so wie auch beim Handeln Gottes nach Gen 6,3: »Folglich ist das Gesetz zwar heilig und das Gebot heilig und gerecht und gut. Was nun gut ist, sollte das für mich zum Tod geworden sein?« (*ἐγένετο* Röm 7,12f.). Paulus war zwar als Pharisäer hinsichtlich der Gerechtigkeit im Gesetz untadelig ›geworden‹ (Phil 3,6), aber als Apostel will er diese Gerechtigkeit nicht mehr haben (3,9). Für den Menschen unter dem Gesetz kann es auch ein Werden zum Schlimmeren geben. Dem Übertreter der Gebote ist die Beschneidung zur Unbeschnittenheit ›geworden‹ (Röm 2,25); freilich ist dieses ›Werden‹ eher ein ›Geachtet-Werden‹ (vor Gott, V. 26). Die scheinbar festgeschriebene Wesensbestimmtheit, das *εἶναι* der Fleischlichkeit ohne begründete Aussicht auf ein positives *γίγνεσθαι,* macht das Unglück des Menschen, das dem Tode Verfallen-Sein, aus. Der Mensch – sowohl Jude als auch Heide – weiß um Gut und Böse. Aber das ist nur ein scheinbarer Vorzug gegenüber dem Tier. Denn nun kann er auch die Folgen des Falls richtig einschätzen, und das macht ihn unglücklich (Röm 7,24). Er kennt das geistliche Gesetz. Aber die ihm verbliebene Kraft des Geistes reicht nur aus für eine Zustimmung zu Gottes Willen (Röm 7,16.22) und für das Wollen des Guten = Heilbringenden (7,21); sie vollbringt nicht das erlösende Tun (7,18). Das Gesetz zeigt, was Sünde ist, und auch diese Kenntnis erhebt den Menschen hoch über das Tier. Aber die Sünde mißbraucht das Gebot und bewirkt für den Menschen den Tod (Röm 7,13; vgl. Gen 3,1–15); sie soll

»über die Maßen sündig werden *(γένηται)* durch das Gebot« (ibid.). Die
Macht der Sünde, die sich auch des göttlichen Gebots ›bemächtigt‹, wird
hier sichtbar, aber auch die Ohnmacht des Gesetzes (Röm 8,3). Es ist
unfähig, den Geist mitzuziehen, Leben zu schaffen (Gal 3,21; 2 Kor 3,6), die
Kluft zwischen ihm und dem fleischlichen Menschen zu überwinden.

3. Mit Christus kommt alles in Bewegung. Ein positives ›Werden‹ setzt
ein. Es ist vom Geist bewirkt und führt vom Tod in das Leben: Als letzter
Adam ›wurde‹ *(ἐγένετο)* Christus ein lebenschaffender Geist (1 Kor 15,45),
und zwar durch die schöpferische Kraft Gottes, durch die Auferweckung
von den Toten. Aber zunächst hatte Christus den entgegengesetzten Weg,
und zwar nach unten bis in den Tod, zu gehen; nur durch die sühnende Kraft
seines Todes »wurde« er zum lebenschaffenden Geist. Das schon betrachte-
te, heilsgeschichtlich wichtige, Bekenntnis Phil 2,6−11 zeigt, zusammen mit
Gal 4,4, wie Christus den Bannkreis des menschlichen Seins in einem
heilbringenden »Werden« durchbrach, das zunächst an ihm selbst und dann
durch ihn an den Seinen geschah. Sprachlich analog zu Gen 2,7b; 3,5.22 und
der dort verwendeten היה = *γίγνεσθαι*-Formel wird von Christus gerühmt:
Er ›war‹ gleich wie Gott (vgl. Gen 3,5), hat sich aber seiner gottgleichen
Gestalt entäußert und ist gleich wie ein Mensch ›geworden‹ *(γενόμενος* Phil
2,7), er ist aus einer Frau ›geworden‹[47] und unter das Gesetz ›geworden‹
(γενόμενος Gal 4,4). Der Messias ›wurde‹ aus dem Samen Davids (Röm 1,3)
und als solcher zu einem Diener der Beschneidung (Röm 15,8)[48]; er ist
gehorsam ›geworden‹ *(γενόμενος)* bis zum Tod, ja bis zum Tod am Kreuz
(Phil 2,8). Und als der Gekreuzigte ist Christus für uns zur Weisheit von Gott
gemacht worden *(ἐγενήθη),* zur Gerechtigkeit und zur Heiligung und zur
Erlösung (1 Kor 1,30).

Ebenso impliziert die Erhöhung des Gottessohnes (Phil 2,9−11) ein ›Werden‹, das zu der nicht mehr überbietbaren Kyrioswürde führte; der neue
Name zeigt die Wesensveränderung an. Impliziert ist diese ›Werden‹-Chri-
stologie auch im Gottesknechtslied Jes 53, obwohl sie dort begrifflich nicht
erscheint. Im vierten Evangelium wird die ›Fleisch-Werdung‹ des Logos
analog zu Gen 2,7; Phil 2,8; Gal 4,4 beschrieben: ὁ λόγος σάρξ ἐγένετο (1,14).

---

[47] Interessant ist die gnostische Weiterbildung der christologischen Seinsaussagen. Für Mani
konnte der Sohn Gottes keinen menschlichen Leib besitzen: »Er ist gekommen . . . pneumatisch
(hin upneumatikon) (nicht) somatisch (hin usomatikon) . . . wie ich über ihn zu euch gesagt
habe. Ich habe (aber) von ihm (gesagt), daß er ohne Leib gekommen ist.« Der beschädigte Text
Kephalaia 12,21−23 ist rekonstruiert von A. Böhlig, Zum Selbstverständnis des Manichäismus, FS Jes P. Asmussen, Leiden 1988, S. 317 ff., bes. S. 321.
[48] Nach Röm 15,8 ist Christus ein Diener der Beschneidung »geworden« *(γεγενῆσθαι),* um die
Verheißungen für die Väter zu bewahrheiten. Diese Sicht des »historischen Jesus« erinnert an
Mk 10,45. Das »Werden« des Christus bei Paulus entspricht dem Gekommen-Sein des Menschensohns in den Selbstaussagen Jesu.

Freilich stand der Logos und Gottessohn nicht unter dem Gesetz, sondern neben und über Mose, durch den das Gesetz gegeben wurde: ›Die Gnade und Wahrheit‹ sind durch ihn ›geworden‹ (Joh 1,17). Sie wurden geschichtlich dadurch verwirklicht, daß Jesus seine Vollmacht dazu benutzte, sein Leben niederzulegen (10,18), um der Welt Sünde zu tragen (1,29) und so die vergebende Gnade und die den Verheißungen treu bleibende Wahrheit Gottes zu offenbaren (vgl. Röm 15,8).

4. Mit Christus beginnt auch ein Neuwerden der alten Adamskinder. Der dem Menschen entzogene Gottesgeist (Gen 6,3) wird in der Taufe auf Christus wieder gegeben; so kann das neue ›Werden‹ durch das schöpferische Gnadenwirken Gottes beginnen. Der Christ ist eine ›neue Schöpfung‹; »das Alte ist vergangen; siehe, es ist neu geworden« (*γέγονεν καινά* 2 Kor 5,17). Eine ›Erneuerung *(ἀνακαίνωσις)* des Sinnes‹ (Röm 12,2) erfolgt, die der im Paradies gewonnenen Erkenntnis von Gut und Böse zu entsprechen scheint, aber eben eine gehorsam empfangene Gabe Gottes ist. Der erneuerte Sinn prüft, »was der Wille Gottes ist: das Gute und Wohlgefällige und Vollkommene« (ibid.). In der vertrauensvollen Hinwendung zum Schöpfer, in der Erfahrung des Mehrwerts der Gnadengabe gegenüber dem »Gewinn« durch überhebliches Streben, wird die Sinnesänderung sichtbar. Ebenso wirkt der durch Christus eingehauchte Geist (Joh 20,22) mehr als der Lebensodem von Gen 2,7. Nach rabbinischer Anschauung gab Gott dem Adam einen ›redenden Geist‹ (Tg Neofiti zu Gen 2,7); der heilige Geist im Leibe Christi schenkt dagegen auch das Charisma der Glossolalie (1 Kor 12,10), durch die Gott selbst redet (1 Kor 14,21). Ja, der Geist spricht durch den Getauften das ›Abba!‹ (Röm 8,15) und lehrt die Gotteskinder, wie sie mit dem himmlischen Vater reden sollen. Vor allem gibt er dem erneuerten Menschen »das Gesetz des Geistes des Lebens in Jesus Christus« (Röm 8,2), das die neue durch Christi Geist ermöglichte Lebensordnung darstellt. Es ist nicht auf Tod oder Feindschaft gerichtet wie die Triebkraft des Fleisches (Röm 8,6 f.; vgl. Gen 3,15; 4,8 ff.), sondern will Leben und Frieden, wie sie der Geist erstrebt (Röm 8,6). Das neue Werden in der Kraft des Geistes macht dem durch den Sündenfall ausgelösten Verfall des geistlichen Lebens ein Ende bzw. sucht ihm und der Herrschaft des Fleisches entgegenzuwirken.

5. Das Hinein-Getauft-Werden in den Tod Christi, das Mit-Begraben-Werden im Taufvollzug (Röm 6,3 f.) und das Absterben gegenüber der Sünde und dem Gesetz (Röm 7,4−6) kennzeichnen die Wende, den Durchbruch zum neuen, österlichen Sein der Freiheit von der Herrschaft der Sünde (Röm 7,6) und von der »Rechtsforderung«, der Befehlsgewalt der Tora (8,4). Diese auf den einzelnen Menschen bezogenen Akte der Erlösung lassen sich auf heilsgeschichtlicher Ebene dem Auszug Israels und der Befreiung von der Knechtschaft in Ägypten vergleichen. In universaler und endzeitlicher Geltung stellen sie einen zweiten Exodus und die Aufrichtung des

neuen Bundes für alle Menschen dar: Wurde durch Mose mit der Sinaitora
der »Geist der Knechtschaft zur Furcht empfangen« (Röm 8,15), so jetzt
durch den zweiten Adam Christus der Geist der Sohnschaft[49], die Freiheit
des neuen Bundes und die Hoffnung auf eine Neuschöpfung der ganzen
Kreatur (8,15ff.; vgl. Ez 36,26−28). Beim zweiten Exodus Israels wird die
Vegetation der Wüste verwandelt, und die Berge brechen in Jubel aus (Jes
55,12f.); die Erlösung der Gotteskinder wird die ganze Kreatur vom Fluch
der Vergänglichkeit befreien und das unvergängliche Leben ans Licht bringen (Röm 8,21).

Das Gesetz Moses bleibt auch im neuen Bund erhalten (vgl. Jer 31,31−34),
aber es wird als Gesetz Christi erfüllt, auf das Liebesgebot reduziert. Die
Liebe zum Nächsten und der Dienst am Evangelium diktieren den Umgang
mit der Mosetora: Paulus kann ›gesetzlos‹ leben, um die Heiden zu gewinnen, und andererseits das Gesetz Moses halten, um den Juden kein Ärgernis
zu bieten (1 Kor 9,19f.). Solche Freiheit bedeutet nie die Entpflichtung vom
Grundgesetz des Liebesgebots (Gal 5,14; Röm 13,8−10) und vom Grundver-
bot: »Du sollst nicht begehren!« (Röm 7,7), also von der Ordnung, die Gott
der Schöpfung eingestiftet und die Christus am Kreuz wieder aufgerichtet
hat; sie ist auch mit dem Gesetz Christi (Gal 6,2) gemeint. Der Christ ist
ἔννομος Χριστοῦ (1 Kor 9,20f.); er kann das Gesetz nicht nur ›tun‹, sondern es
auch (aus freiem Liebeswillen und in der Kraft des Geistes) ›erfüllen‹ (Röm
13,8.10; vgl. Mt 5,17). Der Weg in die Freiheit der messianischen Zeit führt
notwendig zunächst unter das Gesetz und in dessen Knechtschaft, so wie
Israel durch die Knechtschaft in Ägypten für die Gemeinschaft mit Gott
vorbereitet wurde (Ex Kpp. 1−11.19f.; vgl. Gal 3,17; 4,1−7).

e) Das sprachliche Werden der Wendung νόμος πνευματικός (Röm 7,14;
vgl. Gen 2,7; 6,3)

1. Mit der Gegenüberstellung: Adam − Christus, ›erster − letzter Mensch‹
wird der Horizont der Geschichte Israels überschritten. Paulus schlägt eine
Brücke von der Urgeschichte zur Endgeschichte, die mit der Sendung des
Messias und speziell mit dessen Auferstehung begonnen hat: der ersten,
urzeitlichen, Schöpfung steht eine zweite, endzeitliche, gegenüber; auch
wird die irdische Welt der Menschen von einer himmlischen Welt Gottes
überhöht. Die durch den Geist Gottes in Gang gekommene neue Schöpfung
wird mit den Augen des Glaubens geschaut und analog zur alten Welt, aber
gleichzeitig als deren Überbietung theologisch postuliert und in Entspre-

---

[49] Vgl. dazu das Gegensatzpaar πνεῦμα δουλείας − πνεῦμα υἱοθεσίας in Röm 8,15. Analog zu
υἱοθεσία ist νομοθεσία gebildet; beide »Setzungen« zählen zu den besonderen Gaben Gottes an
Israel (Röm 9,4; vgl. Aboth 3,14).

chung zu ihr sprachlich ausformuliert. Dabei geht Paulus von den bereits erwähnten ›Wesensbeschreibungen‹ der biblischen Schöpfungsgeschichte aus, vor allem von Gen 2,7; 3,22 b. Die auch im Judentum bekannte Wendung ›erster Adam‹ ('ādām rîschôn) erhält als endzeitliches Gegenstück einen ›letzten Adam‹ (ἔσχατος ᾿Αδάμ = 'adam 'ácharôn 1 Kor 15,45); der erstere ist nach Gen 2,7 ein ἄνθρωπος χοϊκός, ein von der Erde genommener Mensch, der letztere e contrario ein *(ἄνθρωπος) ἐπουράνιος* (1 Kor 15,48), ein himmlisches Wesen. Mit diesem ist der auferstandene und erhöhte Christus gemeint, dessen Gestalt für die endzeitlich erhoffte Seinsweise der zu ihm gehörigen Christen bedeutsam ist. Mit den Adjektiven ›irdisch‹ und ›himmlisch‹ wird die Leiblichkeit des ersten bzw. letzten Menschen bezeichnet (1 Kor 15,40). In sprachlicher Hinsicht wichtig ist demnach die anthropologische Verwendung von charakteristischen Adjektiven, ferner die Gegenüberstellung ›erster – letzter‹, ›irdisch – himmlisch‹, die vom biblischen Schöpfungsbericht ausgeht und e contrario eine Aussage über die erhoffte, aber noch unbekannte, endzeitliche Erlösung und neue Seinsweise ermöglicht. Die Doppelbedeutung des Begriffs Adam, der als Eigenname und auch generisch verwendet wird, erlaubt den Übergang von Einzelnen zu den Vielen, von der Christologie zur Anthropologie: Wie der erste ist auch der letzte Adam der Ahnherr eines Menschengeschlechts, nämlich der Himmlischen *(ἐπουράνιοι),* die den Irdischen *(χοϊκοί)* gegenüberstehen (1 Kor 15,48 f.). Die ersteren tragen himmlische, die letzteren irdische Leiber (1 Kor 15,40). Paulus kann auch einen seelischen Leib *(σῶμα ψυχικόν)* und einen geistlichen Leib *(σῶμα πνευματικόν)* einander gegenüberstellen (1 Kor 15,44). Dieses Begriffspaar ist ebenfalls auf Gen 2,7 aufgebaut; dabei bestimmt die Kraft der Seele bzw. des Geistes die Existenzweise des jeweiligen Leibes. In der Gegenwart trägt der Christ noch das von Adam ererbte *σῶμα σάρκινον,* das aber vom innewohnenden Geist regiert wird. Dieser kann zwar die Vergänglichkeit und den Zerfall des äußeren Leibes nicht aufhalten, bildet aber einen inneren Leib und stellt das Unterpfand für die Auferstehung und das ewige Leben dar (2 Kor 4,16; 5,5).

2. Von Gen 2,7 her entwickelt, aber erkenntnistheoretisch qualifiziert, ist der ›psychische Mensch‹ (*ἄνθρωπος ψυχικός* 1 Kor 2,14), dem der ›geistliche Mensch‹ *(ἄνθρωπος) πνευματικός* gegenübersteht (1 Kor 2,15). Der letztere ist kein himmlischer Mensch wie der erhöhte Christus nach 1 Kor 15,48; vielmehr handelt es sich um den auf Erden lebenden Christen, der in der Taufe den Heiligen Geist empfangen hat. Er trägt kein himmlisches *σῶμα πνευματικόν,* aber er kann ›geistliche Dinge‹ *(πνευματικά)* verstehen und beurteilen (1 Kor 2,13—15). Während Paulus den *(ἄνθρωπος) ψυχικός* mit dem ἄνθρωπος *χοϊκός* und alten Adam identifizieren kann, ist der *πνευματικός* gleichbedeutend mit der »neuen Kreatur« von 2 Kor 5,17. Die von ihm verstandenen »geistlichen Dinge« sind sprachlich eine Kurzfassung für *τὰ τοῦ πνεύματος τοῦ θεοῦ* in 1 Kor 2,14; dem Inhalt nach handelt es sich um von Gott bestimmte

heilsgeschichtliche Abläufe und Sachverhalte, wie sie etwa in den prophetischen Schriften des AT vorhergesagt sind (z. B. in Jes 43; 53; Dan 7).

3. Eine dementsprechende genuine Bildung des Apostels ist ›das geistliche Gesetz‹ (ὁ νόμος πνευματικός Röm 7,14). Es gehört an die Seite ›der geistlichen Dinge‹, der prophetisch verkündigten πνευματικά (1 Kor 2,13) und steht dem fleischlichen bzw. psychischen Menschen gegenüber (Röm 7,14). Aber im Unterschied von den geistlichen Dingen muß das (geistliche) Gesetz nicht nur geistlich ›erkannt‹ (1 Kor 2,15), sondern auch mit der Kraft des Geistes ›getan‹ werden. Dabei hat Paulus bei der Gegenüberstellung ›geistliches Gesetz – fleischlicher Mensch‹ die von der Urgeschichte Gen Kapp. 2; 3; 6 vorgegebenen Aussagen im Auge, die er mit griechischen Sprachmitteln präzisiert und – analog zu den Gegenüberstellungen in 1 Kor 15 – auf den Begriff bringt: Der Mensch ist Fleisch (הוא בשׂר Gen 6,3), also fleischlich (σάρκινος Röm 7,14), und »jeder Trieb der Gedanken seines Herzens ist nur böse den ganzen Tag« (Gen 6,5). Dagegen ist Gottes Kraft des Lebens und Handelns der Geist. Er soll im Menschen ›richten‹ (ידון Gen 6,3), d. h. die von Gott gebotene Lebensordnung durchsetzen, so daß Gottes Weisung (ἐντολή vgl. Gen 2,16) beachtet wird. Weil das Gesetz an die Stelle des Geistes tritt, ist es geistlich (πνευματικός Röm 7,14). So unterscheidet es sich wesenhaft vom fleischlichen Menschen, den es im Einklang mit dem im Menschen wohnenden, allerdings stark geschwächten, Gottesgeist (Gen 6,3) führen und leiten soll.

Die Wendung ›geistliches Gesetz‹ hat sich also für Paulus von Gen 6,3 her nahegelegt; sie ist als Gegenstück zum fleischlichen Menschen und dessen bösen Anschlägen (Gen 6,5) gebildet. Ähnlich hat man es ja bei der Ausbildung der Anthropologie in Qumran und bei den Rabbinen gemacht, wo aufgrund von Gen 6,5 und dann 2,7 die Lehre von den beiden Trieben im Menschen entwickelt wurde. In 1 QS 5,5 ist vom Trachten des Triebes (מחשׁבת יצר) und in 1 QS 5,6 von der ›Vorhaut des Triebes‹ die Rede; sie wird durch das disziplinierte Leben in der Gemeinschaft ›beschnitten‹. Im Fragment 4 Q 370 wird an Gen 6,5 angespielt: Gott richtet die Menschen »nach all ihren Wegen und nach den Anschlägen des bösen Triebs ihrer Herzen« (כמחשׁבות יצר לבם הרע z. 3). Hier wird die Aussage Gen 6,5 (»Jedes Gebilde [יצר] des Anschlags seines Herzens ist nur böse«) für die Wendung vom ›bösen Trieb‹ und die Bildung einer anthropologischen Größe ausgenützt; der »böse Trieb« ist eine Anlage im Menschen. Als positives Gegenstück dazu haben die Rabbinen in Anlehnung an Jes 26,3 (יצר סמוך = ›der feste Trieb‹) den ›guten Trieb‹ gebildet und in der Form וייצר (Gen 2,7) die Lehre von den beiden Trieben im Menschen entdeckt (vgl. Tg Jer I zu Gen 2,7; Midr. r. zur Stelle). Ähnlich hat Paulus für seine Lehre vom Menschen, vom Gesetz und der Endzeit solche prägnanten Begriffspaare geschaffen und dabei besonders den Gegensatz zwischen Fleisch und Geist zur Sprache gebracht. Was die Rabbinen von Gen 6,5 (יצר) her als Lehre von den beiden

Trieben aufbauten, hat er aufgrund von Gen 2,23; 6,3 als ›Gesetz‹, d. h. befehlende, das Leben bestimmende Macht verstanden, wobei gerade die merkwürdige Wendung vom ›Richten‹ des Geistes ›im Menschen‹ die anthropologische Fassung von νόμος ermöglicht hat.

Paulus weist – ähnlich wie Jesus – den Vorwurf, er löse das Gesetz auf, energisch zurück (Röm 3,31; vgl. Mt 5,17). Wie man das Gesetz ›auflösen‹ kann, zeigte die Schlange im Paradies. Sie hat das Verbot Gottes so vorgetragen und gedeutet (Gen 3,4 f.), daß es relativiert wurde und im fleischlichen Menschen die Begierde weckte, dem Willen Gottes zuwiderzuhandeln (Gen 3,6; vgl. Röm 7,7 f.). Paulus hingegen richtet das Gesetz auf, sowohl formal als auch inhaltlich (Röm 3,31). In sprachlich-formaler Hinsicht geschieht das u. a. mit dem neu gebildeten Urteil vom ›geistlichen Gesetz‹. Inhaltlich wird das Gesetz auf zweifache Weise aufgerichtet: Einmal dadurch, daß in der Kraft des Geistes die Decke entfernt wird, die auf den Herzen der Hörer liegt, wenn es in der Synagoge gelesen wird (2 Kor 3,15). Der heilige Geist erschließt den prophetischen, auf Christus weisenden und lebendig machenden Sinn der geistlichen Schrift, z. B. die endzeitliche Einlösung der Abrahamsverheißungen oder das christologische Verständnis von Dtn 21,22 f. (vgl. 2 Kor 5,16). Vor allem aber wird das Gesetz dadurch aufgerichtet, daß es vom geistlichen Menschen getan werden kann: In seiner positiven Gestalt der ἐντολή ist es ja im Gebot der Nächstenliebe zusammengefaßt und wird durch die Liebe erfüllt (Röm 13,8–10). Wie der (ἄνθρωπος) πνευματικός ist der νόμος πνευματικός als Gegenüber zum ἄνθρωπος σάρκινος bzw. ψυχικός und dessen zur Sünde neigendem »anderen Gesetz in den Gliedern« (ἕτερος νόμος ἐν τοῖς μέλεσιν 7,23) gebildet; er ist das eigentliche, heilige Gesetz im Unterschied vom »anderen« νόμος.

4. Das Gesetz Moses ist auch deshalb geistlich, weil es den gefallenen Menschen ›richten‹ soll, wie der Geist Gottes ihn im Anfang gerichtet hat (Gen 6,3); ›richten‹ im heilsamen Sinne kann den fleischlichen Menschen nur Gottes Geist. Gott selbst hatte nach dem Fall der Engel seinen Geist der dem Fleisch verfallenen, unreinen, Kreatur weitgehend entzogen (ibid.), denn die ›Gottessöhne‹, geistliche Wesen, hatten, von fleischlicher Lust hingerissen, den Geist gleichsam preisgegeben und entehrt. Und der Mensch wurde infolge des Rückgangs des Geistes ›richtungslos‹. Über den Begierden des Fleisches mißachtete er die Schöpfungsordnung; so riß er sich und alles Leben ins Verderben (Gen 6,5 ff.). Wegen dieser ›Kenosis‹, der Preisgabe und Rücknahme des Geistes, kam das geistliche Gesetz, die Tora Moses, in die Welt, in die Zeit zwischen erstem und zweitem Adam (Röm 5,20); es erschien 430 Jahre nach der Verheißung, die Abraham gegeben worden war (Gal 3,17). Davor, zwischen Adam bzw. der Sintflutgeneration und Mose, gab es ein Vakuum, eine ›gesetzlose‹ Zeit (Röm 5,13). Jedoch war die Sünde da (vgl. Gen 6,3 ff.; 8,21) und auch der Tod als der Sold der Sünde (Röm

5,14; 6,14); das bewiesen die Sintflutgeneration und ihr Ende, aber auch
Sodom und Gomorrha. Aber ohne ein ausdrückliches, vor der Übertretung
warnendes Verbot konnte es keine Anrechnung der Sünde geben (Röm 5,13;
vgl. 4,15); es bedurfte dazu der richtenden, anklagenden Rolle der Tora. Den
Patriarchen wurde deshalb manches Vergehen nicht als solches angerechnet
(vgl. Röm 4,15). Außerdem waren die Geschöpfe durch das Versprechen
Gottes geschützt: Er wollte keine kosmische Katastrophe wie die Sintflut
mehr über sie bringen, obschon der Mensch genauso boshaft wie unmittelbar vor der Sintflut war (vgl. Gen 8,21 mit 6,5). Mit der Gabe der Tora
wurde die Epoche beendet, in der es noch kein unter dem Gesetz lebendes
Gottesvolk, sondern nur eine richtungslose Menschheit mit einzelnen, von
Gott selbst geführten Patriarchen gab.

Das Gesetz Moses hat für Paulus richtende Funktion, die als richterliches
Amt verstanden ist. Denn wer gegen das Gesetz verstößt, wird durch es
gerichtet werden (Röm 2,12). Freilich ›führt‹ es nicht als inwendige, ›inkor-
porierte‹, Kraft, wie das der im Menschen richtende Geist Gottes tat; es
bleibt nicht im Menschen, sondern der Mensch soll in ihm bleiben (Gal
3,10). Das Gesetz gehört als geistliche Größe zu Gott; wer es übertritt,
verletzt Gottes Ehre (Röm 2,23). Zwar kann der im Menschen verbliebene
Geist sich als Vernunft und innerer Mensch zu Wort melden (Röm 7,22f.); er
spricht sogar im Heiden durch die Stimme des Gewissens und macht das
vom Gesetz geforderte Tun geltend (Röm 2,15). Aber erst im neuen Bund
wird das Gesetz Gottes den Menschen ins Herz geschrieben und wie der
Geist als autonome Führungskraft tätig werden. Das zwischen eingekommene Gesetz ist dagegen heteronom. Es steht dem Menschen gegenüber,
wie der auf steinerne Tafeln geschriebene Dekalog, und redet autoritär von
außen her und von oben herab; es ist keine lex insculpta. Es lehrt (Röm 2,18),
bringt Erkenntnis der Sünde (3,20) und bezeugt auch Gottes Gerechtigkeit
(3,21); ja, es ist Gestalt gewordene Wahrheit (2,20). Aber sein Richten
geschieht in einer scharfen, verurteilenden Weise. Der Mensch lebt ›unter‹
dem Gesetz (Röm 6,14f.; 1 Kor 9,20; Gal 5,18), in dessen Herrschaftsbereich
(Röm 7,1); er wird von ihm gefangen gehalten (Gal 3,23). Das Gesetz
schenkt einem nichts; es gibt nichts durch es zu erben (Röm 4,14; Gal 3,18).
Es »hilft nicht unserer Schwachheit auf« (Röm 8,26), sondern fordert nur,
und zwar das Tun (Röm 2,13.25), vermag aber die dazu notwendige Kraft
des Geistes nicht zu geben (Gal 3,21); auch die Gerechtigkeit vor Gott, die es
dem Menschen vorhält, bleibt unerreicht (Gal 2,16.21). So läßt das Gesetz
den Menschen schuldig werden (Gal 5,3) und erwirkt Gottes Zorn (Röm
4,15). Es bleibt Ankläger, wird aber von sich aus kein Führer zur Gerechtigkeit, kein Bringer des Heils. Es herrscht über den Menschen, kann aber
dessen Fleisch mit seinen Begierden nicht überwinden (Röm 8,3). Weil es
nach Paulus diese eigentliche, ethische, Aufgabe nicht erfüllen konnte, erhielt es eine heilsgeschichtlich relevante Funktion: Es wurde zum Zuchtmeister auf Christus hin (Gal 3,24), führte den Menschen zum Kreuz. Diese

Rolle erklärt die harte, pädagogisch fast unerträgliche Art der Tora; heilsgeschichtlich gesehen, war sie notwendig.

5. Daß das Gesetz an die Stelle des richtenden Geistes trat, erhellt aus Röm
8,3 und e contrario aus dem für die Endzeit geltenden Satz: Wer vom Geist
geführt wird, steht nicht mehr unter dem Gesetz (Gal 5,18). Daraus ergab
sich die heilsgeschichtliche Folgerung: Der Mensch, der nicht mehr vom
Geist gerichtet wurde (Gen 6,3), mußte unter das Gesetz. Und weil Gott es
war, der den richtenden Geist zurückgenommen hatte, kann nur er ihn
wieder schenken und dadurch beiden, dem Menschen und dem Gesetz,
aufhelfen. Wie Gott sein Volk Israel verstockt hat (Röm 11,8) und es deshalb
nur selbst retten kann (11,26), so macht er es auch mit dem Menschen, dem
er den Geist entzog: Durch Christus gibt er ihn wieder.

Um erlöst zu werden, muß der Mensch »durch das Gesetz dem Gesetz
absterben« (Gal 2,19; vgl. Röm 8,4). Indem es verurteilt, führt das Gesetz
zum Tod des Menschen, mit dem sein Anspruch erlischt (Röm 7,4). Aber
diesen von der Herrschaft der Mosetora erlösenden Tod hat Christus am
Kreuz auf sich genommen; als der gerechte, stellvertretend leidende, Gottesknecht hat er uns vom Fluch des Gesetzes losgekauft (Gal 3,13; 4,5; vgl. Jes
43,3f.; 53). Der Glaubende ist in Christi Tod getauft und kann in der Kraft
des Geistes das Fleisch mit seinen Begierden kreuzigen (Gal 5,24).

Der Apostel rückt auch die ethische Rolle der Tora ins Licht und richtet sie
so für die Glaubenden auf. In Christus verliert die Tora ihre »pädagogische«,
anklagende Kraft; sie redet nun gleichsam als Freund. Gerade der von der
Herrschaft der Tora befreite und unter die Gnade gestellte Christ (Röm 6,14)
erfüllt das Gesetz. Dieses wird dadurch selbst ›befreit‹. Es war ohnmächtig
gegenüber dem Fleisch, zur Kraft der Sünde geworden (Röm 8,3; 1 Kor
15,56). Das entspricht nicht dem Wesen einer heiligen und geistlichen Tora,
die gleichsam heilsgeschichtlich verfremdet war. Christus beendet ihre
Zuchtmeisterrolle, gibt der Tora ihre ethische Aufgabe zurück: Durch das
Liebesgebot kann sie im Leben des Glaubenden führend sein.

In der messianischen Zeit, im neuen Bund, muß der Gegensatz zwischen
Gesetz und Mensch verschwinden. Das geistliche Gesetz und der fleischliche
Mensch werden aufeinander abgestimmt, gleichsam zueinander geführt.
Die zwischen eingekommene Mosetora, der νόμος πνευματικός, wird durch
Christus nicht abrogiert, sondern im Gesetz Christi konzentriert. Weil sie
geistlich ist und auch die Schöpfungstora enthält, gehört sie wie die anderen
geistlichen Güter und Geistesgaben der Endzeit an. Als Gesetz vom Sinai
war sie die Urkunde und richtende Norm des Alten Bundes; sie bleibt auch
im Neuen Bund[50] und wird sogar aufgerichtet (Röm 3,31). Das erfordert

---

[50] Vgl. dazu das Urteil H. Geses: »Andererseits verliert das Gesetz im NT, auch bei Paulus,
nie seine fundamentale Gültigkeit, im Gegenteil, ist doch das sühnende Opfer Christi, des unter

primär, daß der Mensch, der ἄνθρωπος σάρκινος, geändert wird; denn erst dann kann er das Gesetz erfüllen. Das geschieht durch den Geist, den das geistliche Gesetz nicht geben kann, den aber der fleischliche Mensch braucht, um dem Gesetz konform zu sein. Mit dem ›Gesetz des Geistes‹ und mit dem ›geistlichen Menschen‹ wird diese Konformität hergestellt. Durch die neue Schöpfung und durch das Kreuz des Christus ist eine Konzentration und Reduktion der Tora möglich.

Paulus hat diese endzeitliche Wandlung durch neue, prägnante und theologisch bedeutsame Wendungen zur Sprache gebracht. Sie stellen das bisherige Unheil dem künftigen Heil gegenüber, und zwar a) in der Christologie (erster und zweiter Adam) und b) in der Anthropologie (psychischer und pneumatischer Mensch), c) für die Lehre vom Gesetz (das Gesetz in den Gliedern – das Gesetz der Vernunft, das Gesetz der Sünde und des Todes – das Gesetz des Geistes des Lebens). Ebenso ad hoc gebildet ist das ›geistliche Gesetz‹ = die Mosetora, die in der Schöpfungsordnung vorgebildet ist. d) Auch für die Ekklesiologie hat Paulus den christologischen Vergleich zwischen erstem und zweitem Adam ausgewertet. Denn die Darstellung der Kirche als Leib Christi ist letztlich aus Gen 2,7.22 f. entstanden: Die Kirche ist das eschatologische Gegenbild zu Eva, die aus Adam erbaut wurde. Sie stammt aus dem letzten Adam, Christus, ist geistlicher Leib von seinem Geist. Mit dem σῶμα Χριστοῦ existiert ein σῶμα auf Erden, das nicht ein ›Leib des Todes‹ ist (Röm 7,24) und sich auch von dem Leib Adams vor dem Fall, der irdisch und psychisch war, deutlich unterscheidet: Die Kirche ist der Leib des zweiten Adam, der ein lebenschaffender Geist und selbst schöpferisch ist (1 Kor 15,45).

f. Ist die Mosetora eine von Paulus negativ beurteilte Größe? (Röm 7,1.4; 2 Kor 3,6; Röm 10,4; vgl. Ex 32; 34; Dan 9)

Hat Paulus das Gesetz angegriffen[51], es verneint (etwa in Gal 3 und 4)[52], es als Mittel zum Heil aufgestellt, um es gleich wieder niederzuschlagen[53]?

aa) Das Gesetz war heilsgeschichtlich nicht dazu bestimmt, dem Menschen die Gerechtigkeit vor Gott zu verschaffen (Gal 3,21), ihm zu einer gottgleichen Stellung zu verhelfen – im Gegenteil: Es sollte die Sünde des Menschen aufdecken, ihn Gott gegenüber distanzieren. Aber indirekt führt

---

das Gesetz gestellten Sohnes (Gal 4,4), die Erfüllung des Gesetzes« (»Die dreifache Gestaltwerdung des Alten Testaments«, in: Mitte der Schrift. Ein jüdisch-christliches Gespräch, ed. M. Klopfenstein et al., Bern 1987, S. 328).

[51] So E. P. SANDERS, a.a.O. S. 47: »Paul's attack on the Law- more precisely, what he found inadequate in it.« Das ist eine wichtige Korrektur.

[52] A.a.O. S. 49.

[53] H. RÄISÄNEN, zitiert von SANDERS, S. 51.

es zum Leben vor Gott und zum ewigen Heil, indem es die Ohnmacht und das Elend des Menschen aufdeckt und ihn auf das Kreuz vorbereitet. Dazu gehört gerade, daß das ganze Gesetz getan wird (Gal 3,10; 5,3), damit die Unerfüllbarkeit seiner Forderung deutlich in Erscheinung tritt.

bb) Angesichts der Unerfüllbarkeit des Gesetzes erweisen sich eine pharisäische Abschwächung seiner Forderungen oder auch das priesterliche Vertrauen auf eine Tilgung von Sünde und Schuld durch das Tempelopfer und sogar der in Qumran erhobene Ruf zur Buße und besseren Toraerfüllung als untaugliche Mittel. Außerdem widersprechen sie dem Geist des von Gott gegebenen Gesetzes und der Größe des Kreuzes Christi.

cc) Durch das Kreuz des Christus wird die Tora Moses keinesfalls ins Unrecht gesetzt, wie E. P. Sanders und viele andere im Blick auf Dt 21,22f. und Gal 3,13 meinen[54]. Denn der am Holz hängende Christus ist in der Tat von Gott verflucht, wie das im Gesetz Dt 21,23 deutlich gesagt wird. Aber er trägt stellvertretend den Fluch, der uns hätte treffen müssen (Gal 3,13; vgl. 2 Kor 5,21)[55]. Das Gesetz wird demnach durch das Kreuz nicht etwa als falsch erwiesen und abgetan, sondern heilsgeschichtlich aufgerichtet. Es führt zum Kreuz des Christus hin und wird von denen erfüllt, die an den Gottessohn glauben und in der Taufe den Geist empfangen.

dd) Die Beschneidung, die Reinheitsvorschriften und Speisengebote müssen für die Kirche aus Juden und Heiden wegfallen, weil sie wie eine Wand wirken, die diese beiden Gruppen voneinander trennt (Eph 2,14). Deshalb können sie zwar in einer Gemeinschaft von Judenchristen weiterhin beachtet werden; aber sie gefährden das brüderliche Zusammenleben in einer gemischten Gemeinde. Und der Opferkult im Tempel ist keine heilsnotwendige Größe mehr, weil er durch das Opfer Christi endzeitlich überholt ist.

ee) Dennoch wird die Tora Moses auch im Neuen Bund beibehalten. Paulus klagt ja vor allem über das Ungenügen des Menschen und nur im Zusammenhang damit über die Unzulänglichkeit, das Unvermögen, der Tora. Der elende Mensch von Röm 7,24 möchte auch nicht vom Gesetz, sondern von seinem fleischlichen, dem Tod verfallenen, Leib erlöst werden. Er haßt das ›Gesetz der Sünde‹ (Röm 7,23.35), das in seinen Gliedern herrscht und sich antagonistisch zu dem Gesetz Gottes verhält.

ff) Freilich ruft das Gesetz den Zorn Gottes hervor (Röm 4,15); aber das geschieht deshalb, weil es der fleischliche Mensch übertritt (ibid.). Paulus kann zwar in Röm 7,1 von der Herrschaft des (mosaischen) Gesetzes spre-

---

[54] E. P. Sanders, a.a.O. S. 25 mit Verweis auf A. E. Harvey: »Since Jesus in the eyes of God was right, then the Law was wrong.« Ein grobes Mißverständnis, das von vielen Exegeten geteilt wird!

[55] Der »Fluch des Gesetzes« (ἡ κατάρα τοῦ νόμου Gal 3,13) ist nicht etwa ›der Fluch, der das Gesetz selbst ist‹ (genitivus epexegeticus, so etwa H. D. Betz), sondern der Fluch, den das Gesetz den Sündern androht (genitivus obiectivus).

chen; gerade solch ein Urteil erweckt den Eindruck einer negativen Haltung des Apostels zum Gesetz und dessen enger Beziehung zur Sünde, die ja ebenfalls über den Menschen herrscht (Röm 5,21). Aber Paulus unterscheidet auch zwischen Gesetz und Sünde. Er vergleicht die Herrschaft des Gesetzes mit der Stellung eines Ehemanns gegenüber seiner Frau (Röm 7,1–6). Für die Herrschaft der Sünde gebraucht er das Verbum *βασιλεύειν* (Röm 5,21; vgl. Gen 4,7), während er die des Gesetzes in Röm 7,1 durch *κυριεύειν* bezeichnet (vgl. Gal 4,1); das Gesetz ist somit der ›Herr‹ im Haushalt des Alten Bundes. In Röm 8,15 erscheint freilich dafür die Wendung ›Geist der Knechtschaft‹, in Gal 5,1 das ›Joch der Knechtschaft‹. Solche Knechtschaft entsteht, wenn das Tun des Leibes (Röm 8,13), der Wandel nach dem Fleisch (Röm 8,12), vom Gesetz verurteilt wird und der Mensch sich fürchten muß (Röm 8,15). Der Geist Gottes, der auch das Gesetz kennzeichnet, führt aus der Knechtschaft heraus (Röm 8,11.13). Und wenn der Apostel in Röm 7,4 erklärt, die Glaubenden seien durch den (in den Tod gegebenen) Leib Christi dem (mosaischen) Gesetz abgestorben, so versteht er dieses Absterben als die Überwindung der sündigen Leidenschaften, die durch das Gesetz bewußt gemacht werden (V. 5), und nicht als ein Abtun der Tora. Was durch Christus wesenhaft geändert wird, ist nicht etwa das Gesetz, sondern der Mensch unter dem Gesetz; er wird durch den ihm geschenkten Geist dem geistlichen Gesetz nahegebracht. Damit verändert sich auch sein Verhältnis zu ihm: Die Tora wird nun nicht mehr als eine ›heteronome‹, herrschende und anklagende Größe verstanden. Vielmehr vermag der geistliche Mensch die geistliche Natur des Gesetzes zu erfassen und ihr gerecht zu werden. Er wird die Tora nicht mehr zur Aufrichtung der eigenen Gerechtigkeit mißbrauchen, wie das der ungeistliche Eifer tut (Röm 10,2f.), sondern sie im Dienst am Nächsten erfüllen (Röm 13,8–10).

g) 2 Korinther 3,6b und Ex 32; 34: Der tötende Buchstabe der Gebote

Nun scheint freilich in 2 Kor 3,6b ein verdammendes Urteil über die Gebote Gottes gefällt zu sein: »Denn der Buchstabe tötet, aber der Geist macht lebendig.« Wie in Röm 7,14 steht hier das Gesetz im Gegensatz zum Menschen. Es dient aber nicht zum Leben (Röm 7,10), sondern führt zum Tod. Auch hat es nicht den Anschein, daß es eine geistliche Größe sei; Gesetz und Geist bilden in 2 Kor 3,6b nicht wie in Röm 7,14 eine feste Einheit, sondern sind einander entgegengestellt. Die Gebote sind vielmehr geistlos, leblos, in steinerne Tafeln eingegraben (2 Kor 3,3; vgl. Ex 34,1). Ferner ist es nicht wie in Röm 7,14 das Fleisch des Menschen, das dem Willen Gottes und dem Geist widerstrebt. Paulus denkt eher an das steinerne Herz von Ez 36,26f., das gerade fleischlich sein müßte, um für die Weisung Gottes zugänglich zu sein (2 Kor 3,3). Das Herz des Menschen und die Gesetzestafeln sind somit wesensgleich, aber in ihrer steinernen Härte und Starrheit unvereinbare Größen. Die Gebote geben nicht nur kein Leben (vgl. Gal 3,21), sondern sind auch eine todbringende Macht (2 Kor 3,6). Wie lassen sich diese von Röm 7 abweichenden Aussagen erklären?

Wieder muß man beachten, daß Paulus in 2 Kor 3 exegetisch argumentiert; gerade deshalb kann er so dogmatisch dekretieren: »Denn der Buchstabe tötet, aber der Geist macht lebendig« (V. 6 b). Mehrere Schriftworte und Gedanken sind in 2 Kor 3,1–6 miteinander verbunden; das erklärt die neuen Begriffe und Bilder. Der Apostel hat die Gesetzgebung am Sinai vor Augen – dort werden die Gesetzestafeln aus Stein erwähnt (Ex 24,12; 34,1.4; vgl. 32,15) – und die Stelle Ez 36,26 f., wo Gott vom steinernen Herzen der Israeliten spricht. Wichtig ist ferner die Verheißung des neuen Bundes, nach der das Gesetz ins Herz der Menschen geschrieben werden soll (Jer 31,33; vgl. 2 Kor 3,3); erst dann wäre der Gegensatz zwischen dem Willen Gottes und dem Eigenwillen des Menschen endgültig aufgehoben. Dieses Einschreiben des Gesetzes scheitert an der Halsstarrigkeit Israels (vgl. Ex 34,9), das deshalb ein fleischernes, ›zugängliches‹, Herz erhalten muß; das wird in Ez 36,26–28 verheißen (2 Kor 3,3).

Schon in Ex 32 ist der in 2 Kor 3 artikulierte Gegensatz zwischen Gesetz und Volk Israel angedeutet. Als Mose mit den Gesetzestafeln vom Berg Sinai herabkam (Ex 32,15 f.), hörte er das Geschrei des Volkes, das um das Goldene Kalb tanzte (Ex 32,17 f.). Diese Sünde des Abfalls von Gott[56] wird damit begründet, daß das Volk halsstarrig ist (קְשֵׁה עֹרֶף Ex 32,9); die Härte der Gesetzestafeln (34,1) entspricht der immer wieder betonten Hartnäckigkeit Israels (vgl. 33,4; 34,9). Von daher mag Paulus sich das betrübliche Faktum erklärt haben, daß die Tora beim Verlesen in der Synagoge unverstanden bleibt (2 Kor 3,14 f.). Wegen der Decke auf dem Gesicht Moses (Ex 34,33.35) greift Paulus zum Bild von der Decke auf den Herzen der jüdischen Hörer (2 Kor 3,15). Dieses Bild wäre wegen des steinernen Herzens eigentlich gar nicht nötig; aber die ›Decke‹ weist auf eine gleichfalls nutzlose, ja eher unheilvolle, ›Gleichartigkeit‹ von Gesetzgeber (Mose) und Gesetzesempfängern hin (vgl. Ex 34,33–35; 2 Kor 3,13–15). Vor allem aber erklärt sich von Ex 32 her die Behauptung, der Buchstabe töte. Auf den steinernen Tafeln war das Gebot eingeschrieben, neben dem Herrn und Gott Israels keine anderen Götter zu haben. Dieses Gebot war bereits mündlich dem ganzen Volk geoffenbart worden (Ex 20,2–6); aufgrund seiner flagranten Verletzung nahm sich Mose das Recht, eine Strafaktion mit dem Schwert im Lager durchführen zu lassen (Ex 32,26–29). Der Buchstabe der Gebote kann demnach töten, während das Gesetz nach Gal 3,21 nicht lebendig macht.

---

[56] Auch der vierte Evangelist denkt speziell an Ex 32, wenn er betont, der Logos sei von den Seinen abgewiesen worden (Joh 1,11), die Juden hätten gesündigt und seien deshalb zu Knechten der Sünde geworden (8,33 f.). Der von den Juden gegebene Hinweis auf ihre Freiheit als Abrahamssöhne bleibt deshalb wirkungslos (ibid.).

Zwar sind die Wahl der Bilder und die Terminologie in 2 Kor 3 gegenüber Röm 7 verändert, aber die Sache bleibt in beiden Kapiteln die gleiche. Trotz seiner »steinernen« Gestalt und trotz des Gegensatzes zwischen Buchstaben und Geist (2 Kor 3,3.6) ist auch hier das Gesetz als geistliche Größe gedacht. Paulus spricht am Schluß von 2 Kor 3 nicht mehr von einem neuen, fleischernen Herzen, sondern nur noch von dem durch Christus empfangenen Geist; dieser Geist »öffnet« die verschlossene Schrift und das bedeckte Herz. Nur die Hinwendung zum Herrn, der der Geist ist, kann die Decke zum Verschwinden bringen (2 Kor 3,16 f.). Der exegetische Übergang vom zugänglichen Herzen zum erleuchtenden Geist ist legitim: Die Gabe des fleischernen Herzens ist nach Ez 36 gleichbedeutend mit der Verleihung des Gottesgeistes, der den Wandel nach den Geboten Gottes ermöglicht (36,26.27). Ja, die Wendung vom ›tötenden Buchstaben‹ des Gesetzes ist als gegensätzliche Entsprechung zum ›lebenschaffenden Geist‹ entstanden (2 Kor 3,6), der nach 1 Kor 15,45 durch Christus, den zweiten Adam, verkörpert wird.

Der Herr als Geist ist die Kraft, welche Freiheit gibt (2 Kor 3,18). Diese Freiheit bedeutet auch hier nicht, daß das Gesetz als solches verschwindet, daß es im Neuen Bund überflüssig wird. Vielmehr ist die von Mose gegebene und in der Synagoge verlesene Tora auch die des Neuen Bundes und das in der Gemeinde Jesu Christi geltende Gesetz. Was in der neuen Zeit geändert werden muß, ist der Mensch, und zwar durch den Geist, den er vom Herrn empfängt (2 Kor 3,17 f.; vgl. Ez 36,27). Der von Christus geschenkte Gottesgeist erleuchtet und verwandelt das Herz (vgl. 2 Kor 3,17 f.) und macht es zur fleischernen Tafel für den Griffel Gottes, der von der Kraft des Geistes geführt wird, ja, der selbst der Geist ist (2 Kor 3,3). Das Schreiben Gottes auf dem Herzen des Menschen ist ein endzeitlicher, den Neuen Bund kennzeichnender Akt. Nur steht statt der Gebote die Gemeinde von Korinth als ein von Gott ausgefertigter Empfehlungsbrief auf dem Herzen des Apostels (2 Kor 3,2 f.). Aber wie die Gesetzestafeln legt auch dieser scheinbar unsichtbare Brief Zeugnis ab: vor Gott, der als Richter in die Herzen sieht, und auch vor den Menschen. Sie können am unweltlichen Leben der Gemeinde erkennen und lesen, was der Geist Gottes durch Paulus Großes vollbracht hat (2 Kor 3,2); so wird die Wahrheit und Legitimität seines Apostelamtes offenbar.

Wird der Mensch durch Gottes Geist verändert, verliert der Buchstabe des Gesetzes seine unheilvolle Macht. Bis dahin kann er töten, weil er von einem halsstarrigen Volk mißbraucht bzw. nicht vernommen und befolgt wird und so zur Bestrafung des Übertreters führt; im Endeffekt wirkt er ähnlich wie das die Begierde weckende Gebot (Röm 7,7 f.). Und das steinerne Herz hat den gleichen Defekt wie das Fleisch, dem die Kraft des Gottesgeistes fehlt. Das Fleisch wird in 2 Kor 3,3 nur deshalb positiv bewertet, weil es in Ez 36,26 den Gegensatz zum steinernen Herzen bildet. Und das Gesetz ist deshalb nicht als geistliche Größe eingeführt, weil Paulus in 2 Kor 3 von den beschriebenen Gesetzestafeln in Ex Kpp. 24 und 34 ausgeht und gleichzeitig an den Neuen Bund denkt, in dem Gott das Gesetz in das Herz schreiben wird (Jer 31,33; vgl. 2 Kor 3,3).

Die Kontinuität zwischen dem Gesetz des Alten Bundes und dessen Geltung im Neuen Bund wird auch am Dienst des Paulus offenbar. Dieser versteht den Apostolat als Dienst des Neuen Bundes (2 Kor 3,6), des Geistes (3,8) und der Gerechtigkeit (3,9), demgegenüber der Dienst Moses zum Tode (3,6) und zur Verdammnis führt (3,9). Dennoch besaß auch dieser Dienst des Alten Bundes eine Herrlichkeit, die sichtbar vom Antlitz Moses strahlte (3,7), als er vom Berg Sinai mit den Gesetzestafeln herabkam (Ex 34,29f.) und dem Volk das von Gott Gesagte »befahl« (V. 32.34f.). Diese Herrlichkeit (δόξα LXX; יקר Targum) muß von Paulus als ein Widerschein des Geistes verstanden worden sein, der beim Umgang mit Gott und beim Empfang der Gebote auf Moses Antlitz zu strahlen begann; ähnlich reflektiert der Christ mit aufgedecktem Angesicht die Herrlichkeit des erhöhten Herrn, der der Geist ist (2 Kor 3,17f.).

Paulus behauptet nun freilich, die δόξα sei bei Mose (immer wieder) vergangen (3,7). Dieser habe deshalb eine Decke auf sein Gesicht gelegt (Ex 34,33.35), damit die Israeliten das Zu-Ende-Gehen nicht wahrnehmen könnten (2 Kor 3,13); denn die Gedanken des Volkes seien verstockt worden (3,14). Diese Aussagen des Paulus sind nicht leicht zu verstehen; von solch einem Vergehen des Glanzes auf Moses Gesicht wird in Ex 34 so nichts gesagt. Die Auskunft, der Tod des Gesetzgebers habe dieses Ende bewirkt, überzeugt nicht; Mose hat ja nach 2 Kor 3,13 ein sichtbares Schwinden seiner Herrlichkeit unmittelbar nach deren Empfang verdeckt. Paulus muß demnach seine Theorie direkt aus dem Bericht Ex 34 herausgelesen haben. M. E. bot ihm dazu die in 2 Kor 3,13 teilweise angeführte Stelle Ex 34,33 eine gewisse Handhabe: Mose »hörte auf« (ויכל), kam »mit seinem Reden (מדבר; Paulus las wohl מדבר = ›als Redender‹) zu Ende« und legte eine Decke auf sein Gesicht. Vorher hatte Mose mit aufgedecktem, strahlendem Gesicht zu Aaron, dem Fürsten Israels und dann auch zum restlichen Volk geredet und ihnen den Willen Gottes dargelegt (VV. 31f.). Nachher, in V. 34, wird erzählt, wie er beim Betreten des Zeltes und beim erneuten Reden mit Gott die Decke wieder abnahm; beim Heraustreten habe sein Antlitz wieder sichtbar gestrahlt (V. 35). Wie die Wendung εἰς τὸ τέλος τοῦ καταργουμένου in 2 Kor 3,13 vermuten läßt, schloß Paulus aus dem ›Aufhören‹ in Ex 34,33 auf ein Schwinden, Vergehen des Glanzes. Eben dies habe Mose dazu bewogen, sein Reden abzubrechen und die Decke aufzulegen (V. 33b). Erst bei einer erneuten Begegnung mit Gott und beim Empfang weiterer Weisung habe Mose den Abglanz der Herrlichkeit Gottes wieder erhalten. Wie für den Verfasser des Hebr.-Briefes der Opferdienst des Alten Bundes stets wiederholt werden mußte, weil seine sühnende Kraft nicht lange vorhielt (10,1 ff.), so war für Paulus die Herrlichkeit des Alten Bundes vergänglich und auf eine Wiederaufnahme angewiesen. Erst der Neue Bund verleiht die Verwandlung von einer Herrlichkeit zur andern (2 Kor 3,18), den Heiligen Geist als bleibenden Besitz und als Unterpfand der Auferstehungsherrlichkeit (vgl. 2 Kor 3,18; 5,5). Mose hätte deshalb die Israeliten vom Vergehen seiner Herrlichkeit durchaus unterrichten und so auf die Vorläufigkeit des Alten Bundes hinweisen sollen; aber das Volk war verstockt (V. 14).

Der Apostel zeigt in 2 Kor 3, daß auch am Sinai, als das Gesetz an Israel gegeben wurde, sich grundsätzlich nichts geändert hatte gegenüber der Situation, als Adam im Paradies das Gebot Gottes empfing und Kain unter die Herrschaft der Sünde geriet. Der Zwiespalt zwischen Gott und Adam, Gesetz und Mensch, war eher noch größer geworden: Zu der Zeit, als Israel die Gebote erhalten sollte, die es zu tun fest versprochen hatte (Ex 19,8; 24,3.7), betete es fremde Götter an, bzw. machte es sich seinen eigenen Gott (Ex 32). Ebenso versagte es zu Elias Zeit, als man die Altäre des Herrn zerschlug und vor Baal die Knie beugte (Röm 11,3 f.). Dabei war die Absicht Gottes im Blick auf den Menschen stets gut. Das gleiche gilt vom Gesetz, selbst von den Tafeln aus Stein und dem Buchstaben, der tötet. Das Gesetz Gottes sollte den vertriebenen, jenseits von Eden lebenden, Menschen zum ewigen Leben führen (vgl. Röm 7,10). Es trat gleichsam an die Stelle des Lebensbaums und sollte deshalb wie die Frucht dieses Baumes ›einverleibt‹, ins Herz des draußen befindlichen, von Gott getrennten, Menschen eingeschrieben werden (vgl. Röm 2,15; Jer 31,33). Aber diese Absicht scheiterte an der Zudringlichkeit, Hartnäckigkeit und Hartherzigkeit der Empfänger. Durch sie wandelte sich notgedrungen die Rolle des Gesetzes. Dem nach Gottgleichheit strebenden Adam gegenüber mußte Gott abweisend, distanzierend begegnen durch den Cherub mit dem Flammenschwert; er mußte zeigen, daß man das Leben nicht gegen seinen Willen und aus eigener Macht gewinnen kann. So distanziert das geistliche Gesetz den fleischlichen Menschen schon durch seine Andersartigkeit, und der Buchstabe droht mit seiner tötenden Kraft. Der in Röm 7 geschilderte Konflikt zwischen der Zustimmung des inneren Menschen zum Gesetz (7,16.22) und dem Unvermögen, es wirklich zu tun (V. 19 f.), hat eine deutliche Parallele im Sinaigeschehen: Der freudigen Zustimmung, alles von Gott Gesagte zu tun (Ex 19,8; 24,3.7), steht der Abfall zum Goldenen Kalb gegenüber. Die auf steinerne Tafeln eingeschriebenen Gebote, das heteronome, Israel gegenüberstehende Gesetz, dienen als Ankläger des Volkes, das Gott zu einer von ihm bestimmten Zeit ›heimsuchen‹ wird (Ex 32,34 b). Diesen usus elenchticus hat das Gesetz auch bei Paulus. Es führt zur Anrechnung der Sünde (Röm 5,13), spricht gegen *(κατά)* den Menschen, der nicht die Frucht des Geistes bringt (Gal 5,23); es wird zur Anklageschrift (vgl. Kol 2,14). Der Buchstabe der Gebote tötet, indem er den Menschen vor Gott verklagt. Aber unmittelbar nach dem Abfall Israels wurde Mose auch der barmherzige und gnädige Gott geoffenbart (Ex 33,19; 34,6 f.). Dieser Gott hat sich durch Christus der Menschen angenommen, und Christus ist des ›Gesetzes Ende‹ (Röm 10,4).

h) Röm 10,4 und Dan 9: Das Ende des Gesetzes

Diese exegetisch viel umstrittene Stelle Röm 10,4[57] ist noch zu bedenken: »Christus ist des Gesetzes Ende zur Gerechtigkeit für jeden, der glaubt. « Was besagt dieser gleichfalls dogmatisch formulierte, deklaratorische Satz, der wie ein Evangelium verkündet wird? Der Begriff *τέλος* meint hier, wie auch sonst bei Paulus, ›Ende‹ und nicht etwa primär ›Ziel, Vollendung‹, obwohl auch diese Bedeutung mitschwingt (vgl. Röm 2,27).

1) Versteht man Röm 10,4 vom Kontext her, mit dem es eng verbunden ist (vgl. das begründende *γάρ* in V. 4a; 5a), so setzt Christus dem ›Gesetz der (zu erbringenden) Gerechtigkeit‹ (9,31) und damit auch dem Streben nach eigener Gerechtigkeit ein Ende (10,3). Statt dessen wird die auch im Gesetz bezeugte (Röm 3,21) gerecht machende »Gerechtigkeit Gottes« vorgestellt, die im Glauben an das Kreuz Christi ergriffen wird; der Gehorsam des Glaubens (V. 6.16), nicht das eigene Tun (V. 5), wird verlangt[58].

2) Christus macht der anklagenden, den Menschen als Sünder überführenden Rolle des Gesetzes ein Ende: Durch seinen Tod am Kreuz hat er die »gegen uns lautende Urkunde«, das Gesetz mit seinen Satzungen, aus dem Weg geräumt (Kol 2,14); dadurch werden wir vor Gott als Gerechte (= gerecht Gemachte; vgl. Jes 53,11) erwiesen.

3) Christus ist das Ende des Gesetzes, weil er dessen Forderung uns zugut erfüllt, als Gerechter den Fluch des Gesetzes auf sich genommen und so von uns abgewendet hat (Gal 3,13). Aus den faktisch Verfluchten wurden Menschen gemacht, die Gott als Gerechte ansieht (vgl. Jes 53,11f.).

4) Das Gesetz wird als die Juden und Heiden voneinander trennende Mauer beseitigt (Eph 2,14); dabei ist an die eherne Mauer der rituellen Gebote des mosaischen Gesetzes gedacht. Christus hat diesen Durchbruch mit dem Leben bezahlt, obwohl es für unsere Gerechtigkeit und nicht im Streben nach eigener Gottgleichheit geschah.

5) Schließlich aber werden Wissen und Wahrheit, die für den Juden im Gesetz verkörpert sind (Röm 2,20), durch Christi Kreuz neu offenbart. Er ist »für uns von Gott zur Weisheit und zur Gerechtigkeit, zur Heiligung und zur Erlösung gemacht worden« (1 Kor 1,30). Durch Christus wurde der ganzen Menschheit das Heil angeboten, das Israel in der Tora gesucht hat; die messianische Erlösung des Gottesvolks muß als Rettung von den Sünden verstanden werden (Mt 1,21).

6) Für den Glaubenden hat die Zuchtmeister-Rolle der Tora ein Ende gefunden. Denn der in den Tod Christi Getaufte (Röm 6,3) stirbt dem Gesetz (Röm 7,4), d. h. er wird von der Herrschaft der Tora befreit und gehört Christus an (ibid.).

---

[57] Vgl. zu Röm 10,4 die hilfreiche Diskussion von E. P. SANDERS, a.a.O. S. 38–42, wobei er selbst richtige Urteile fällt.

[58] Die Wendung »Täter der Tora« begegnet auch im Targum zu Jes 42,21 (עבדי אוריתא).

7) Christus hat die unter dem Gesetz Gefangenen losgekauft (Gal 4,5; vgl. Jes 43,4). Der Christ steht als durch den Tod seines Herrn Gerechtfertigter nicht mehr unter dem Gesetz, sondern unter der Gnade (Röm 6,14b). Er will nicht aus den Werken des Gesetzes gerecht werden, sondern aufgrund der am Kreuz erwiesenen Gnade Gottes, die er im Glauben ergreift (Röm 3,21–25). Gesetz und Propheten bleiben auch im Neuen Bund »aufgehoben«, und zwar in der Form des Liebesgebots, das der von Gott erwiesenen Liebe entspricht.

Sucht man nach einer Begründung für diese Aussagen in der Hl. Schrift, so bietet sich außer Dtn 30,12f., das in den folgenden Versen ausgelegt wird und zum neuen Thema ›Verkündigung und Glaube‹ weiterführt, zunächst Jes 53 an; Jes 53,1 wird in Röm 10,16 zitiert und als Beweis für den Unglauben Israels an das Evangelium angeführt. In Jes 53,5.11f. wird das den Sünder rechtfertigende Leiden des Gottesknechts verkündigt (vgl. Röm 10,3), der glaubende Gehorsam an die Botschaft erwähnt (V. 1 vgl. Röm 10,6.16f.); von dort her werden Sätze wie Gal 3,13 und 1 Kor 1,30 verständlich. Und vor allem fehlt in Jes 53 das Gesetz.

Daß man vor Gott auf die eigene Gerechtigkeit nicht bauen kann (vgl. Röm 10,3), hätten die Israeliten aus dem Bußgebet Dan 9 lernen können: »Wir liegen vor Dir mit unserem Gebet, nicht auf unsere Gerechtigkeit, sondern auf Deine große Barmherzigkeit« (V. 18; vgl. V. 7–9). Dieses Gebet wurde in einer Situation gesprochen, als ein fremder König die heilige Stadt und den Tempel entweiht, dazu auch dem Gesetz ein Ende bereitet hatte (Dan 9,26; vgl. V. 16); durch die Anordnung Antiochus IV. Epiphanes hatten Opfer und Speisopfer aufgehört (V. 27). Aber auch Israel hatte das Gesetz übertreten und war deshalb vom Fluch ereilt worden, der »im Gesetz Moses, des Knechtes Gottes, steht« (V. 11). Zweimal erscheint in Dan 9,26 der Begriff ›Ende‹ (קֵץ) zur Bezeichnung des Unheils in Jerusalem. Nach 9,27 hat der tyrannische Verwüster auch die im Gesetz befohlenen Opfer enden, ›ruhen lassen‹ (הִשְׁבִּית); die (heiligen) Zeiten und die Religion Israels wollte er ändern (Dan 7,25). Sein Regiment bedeutete praktisch das ›Ende des Gesetzes‹. Jedoch wird ihn selbst das Ende ereilen, wenn der von Gott eingesetzte Menschensohn die Herrschaft über alle Völker antreten wird (Dan 7,14): Er soll zerstört und vernichtet werden bis zum Ende (Dan 9,26 עַד סוֹפָא; LXX ἕως τέλους).

Es mag sein, daß Paulus Röm 10,4a auch als Gegensatz zum Verhalten des Antiochus und Typos des Antichrist formuliert hat: Christus ist das Ende des Gesetzes nicht zu Ungerechtigkeit, Tyrannei und Götzendienst, sondern zur Gerechtigkeit. Das bedeutet eben nicht die Aufhebung des Gesetzes, sondern dessen Aufrichtung und Erfüllung für jeden, der glaubt. Christus ist eher das Ende des ›Gesetzes in den Gliedern‹, des ›Gesetzes der Sünde und des Todes‹, während er dem geistlichen Gesetz Moses zum Recht verhilft, es vollendet.

Auch die Bedeutung des Vollendens und Erfüllens ist im τέλος νόμου in

Röm 10,4 mitgemeint (vgl. Röm 2,27 τελεῖν). Mit seinem Tod am Kreuz hat Christus das Gesetz erfüllt, zum Ziel gebracht (vgl. Joh 19,30). Auch der Glaubende ist dadurch dem Gesetz abgestorben (Röm 7,4), daß er es erfüllt (13,8−10). Denn der in der Taufe auf Christus geschenkte Geist läßt die Kluft zwischen dem geistlichen Gesetz und dem fleischlichen Menschen überbrücken; der ἄνϑρωπος πνευματικός ist dem νόμος πνευματικός konform. Der Christ erfüllt die »Rechtsforderung« (δικαίωμα) des Gesetzes, wenn er nach dem Geist wandelt (Röm 8,4). Paulus denkt dabei an Ez 36,26−28, wonach Gott die neuen Menschen mit seinem Geist erfüllt und sie in seinen Geboten (δικαιώματα) wandeln läßt (vgl. T. Juda 34,3; Jub 1,23f.). An erster Stelle unter den Geistesgaben nennt Paulus die Liebe (Gal 5,22); diese ist das Gegenteil von der Kraft des Fleisches und vom ›Gesetz in den Gliedern‹. Die Liebe ›erfüllt‹ das Gesetz, das im Gebot der Nächstenliebe zusammengefaßt ist; sie tut dem Nächsten nichts Böses (Röm 13,10) und wird so der Forderung des Gesetzes gerecht, das gut ist (Röm 7,12) und dem Leben dienen will. Die ›Erfüllung‹ des Liebesgebots ist auch das dem Kreuz Christi gemäße ›Tun‹. Das Erfüllen der Tora, das es so im Alten Bund noch nicht gibt, ist die dem Neuen Bund gemäße Weise des Umgangs mit Gottes Gebot. Damit wird auch das Gesetz Christi (Gal 6,2), das ›Gesetz des Glaubens‹ (Röm 3,27), das ›Gesetz des Geistes des Lebens‹ (Röm 8,2), ›erfüllt‹; mit all diesen Wendungen wird der dem Neuen Bund entsprechende Wandel bezeichnet, der auf dem Liebesgebot als der Summe des Gesetzes gründet und im Leib Christi verwirklicht wird.

Christus ist auch insofern das Ende des Gesetzes zur Gerechtigkeit, als durch seinen Weg auf Erden die einseitig ›nomistische‹ Beurteilung der Tora aufgehoben wird und deren prophetische Rolle zur Geltung kommt. Das wird in den folgenden Versen Röm 10,5−8 gezeigt. Mose hat zwar im Gesetz vor allem die Gerechtigkeit verkündigt, die durch das gehorsame Tun der Gebote erreicht wird (Lev 18,5); Paulus bezeichnet sie als ›Gerechtigkeit aus dem Gesetz‹ (Röm 10,5). Aber auch die helfende Gerechtigkeit Gottes wird vom Gesetz prophetisch bezeugt (Röm 3,21), ebenso die ihr entsprechende ›Gerechtigkeit, die aus dem Glauben kommt‹ und durch den auferstandenen und erhöhten Christus geoffenbart ist (Röm 10,6f.; vgl. 4,25). Diese Glaubensgerechtigkeit wird nach Paulus in Dt 30,12f. angesagt: »Nahe ist das Wort in deinem Mund und in deinem Herzen« (V. 8). Das durch Christus aufgerichtete ›Gesetz‹ redet wie der Geist Gottes im Menschen, ›richtet‹ ihn und richtet ihn auf.

Freilich wird die dem Glaubenden mögliche Erfüllung des Gesetzes in der Gegenwart noch nicht perfekt verwirklicht. Denn der Christ lebt ja auch noch in der Gestalt des alten Adam. Er wandelt zwar nach dem Geist und nicht nach dem Fleisch (Röm 8,4). Der Geist Gottes wohnt in ihm (8,9), und weil er Christus angehört, besitzt er dessen Geist (ibid.). Dennoch ist sein Leib tot wegen der Sünde, d. h. schwach und sterblich (Röm 8,11.26). Der Christ ist noch nicht gleich wie Christus, den Gott von den Toten aufer

weckt hat (8,11). Er ist auf Hoffnung gerettet (8,24) und wartet auf die
Erlösung vom Leibe (8,23). Deshalb bedarf er auch der Mahnung, nicht
nach dem Fleisch zu leben, sondern mit dem Geist das Handeln des Leibes zu
töten (8,13). Die so hochfliegend klingenden Ausführungen über den Wandel des Christen nach dem ›Gesetz des Geistes des Lebens‹ (8,2) in Röm
8,1−11 werden durch die in 8,12−17 folgende Paränese auf den Boden der
Tatsachen gestellt. In ihr tritt die rauhe Wirklichkeit des noch im Fleisch
existierenden Christen ans Licht: Obwohl er vom Geist geführt wird, hat er
die schreckliche Möglichkeit, nach dem Fleisch zu leben und den Tod zu
erben. Deshalb ergeht die Mahnung: »Laßt nicht die Sünde regieren in
eurem sterblichen Leibe!« (Röm 6,12). Denn die ›Knechtschaft der Vergänglichkeit‹ (Röm 8,21) ist als Folge des Falls der ganzen Schöpfung auferlegt;
die Gotteskinder sind vor allem in spe von ihr frei.

Abschluß

Wie eingangs erwähnt, scheint Paulus nichts davon zu spüren, daß sein
Urteil über das Gesetz widerspruchsvoll und schwer verständlich, Ärgernis
erregend oder gar häretisch sein könnte; denn seine Sätze klingen wie
selbstverständlich. Aber ihre dogmatische, fast apodiktisch anmutende Art
und das dabei vorausgesetzte Einverständnis der Leser lassen sich am besten
damit erklären, daß der Apostel sich auf wohlbekannte, viel diskutierte und
deshalb meist nicht zitierte, Schriftworte stützt. Sie handeln primär vom
Menschen, und zwar vom Menschen ganz allgemein, jenseits der Differenzierung von Juden und Heiden. Paulus blickt auf den Menschen, dessen
Geschick vom ersten und vom zweiten Adam bestimmt wird. Seine Aussagen über das Gesetz sind mit seiner Anschauung vom Menschen eng verbunden. Dabei dienen die ersten Kapitel der Bibel als Grundlage, weil schon
am Anfang über Wesen und Schicksal des Menschen entschieden wurde und
weil das messianische Werk der Erlösung mit der neuen Schöpfung an
diesem Anfang Maß nimmt, ihn wieder aufnimmt. Die für Paulus besonders
bedeutsamen Schriftworte enthalten Urteile, die Gott selbst über den Menschen, dessen Wesen, Intentionen und Fähigkeiten in feierlicher Form be-
kanntgab (z. B. Gen 3,22; 4,7; 6,3 ff.; 8,21). Die Verbindung von ›theodidak-
tischer‹ Anthropologie und ›Nomologie‹ zeigt sich daran, daß bestimmte
Gesetzesaussagen menschliche Sachverhalte beschreiben, z. B. ›das Gesetz in
den Gliedern‹ oder »das Gesetz der Vernunft« (Röm 7,23); sie sind vor allem
auf Stellen wie Gen 6,3.5; 8,21 zurückzuführen. In Qumran, und vor allem
bei den Rabbinen, hat man daraus die Lehre vom ›Trieb‹ bzw. den beiden
›Trieben‹ im Menschen entwickelt. Paulus drückt sich statt dessen ›nomistisch‹ aus, wobei er nicht nur Gut und Böse, sondern auch Leben und Tod

zu Kriterien macht. Wie in Qumran und bei den Rabbinen sind ferner die Sinaitradition sowie Stellen aus den Propheten oder Psalmen, die sich auf diese Tradition beziehen, von Paulus berücksichtigt, wobei außer der Übergabe der Tora auch die – positive oder negative – Reaktion Israels auf die Gebote ins Licht gerückt wird. Ferner darf man damit rechnen, daß Paulus manchmal zur jüdischen Auslegung dieser Traditionen Stellung nimmt. Vor diesem Hintergrund erweist sich der Vorwurf, die Gesetzeslehre des Paulus sei in sich widerspruchsvoll oder gar bösartig, als gegenstandslos.

Der oft kritisierte Pessimismus des Paulus hinsichtlich der menschlichen Möglichkeit, von sich aus das Gesetz zu tun, läßt sich ebenfalls auf biblische Aussagen zurückführen (Gen 6,3 ff.; Ps 106; Neh 9; Dan 9). Schwieriger ist das beim optimistischeren Menschenbild der Weisen, die an einen guten Trieb im Menschen appellieren, oder der Gnostiker, die aus Gen 2 und 3 für Adam eine ›Erkenntnis des Lichts‹ und eine Überlegenheit gegenüber dem Demiurgen herauslesen. Harte Urteile über den Ungehorsam Israels finden sich auch in Qumran; dort wird die Zukunft der Juden eher düsterer gesehen als beim Apostel, der über den Unglauben seiner Landsleute erbittert und betrübt ist, aber an deren endlicher Rettung nicht zweifelt.

Im Lichte von Kreuz und Auferstehung des Christus wird die Meinung, der Mensch könne durch ›Werke des Gesetzes‹ die Gerechtigkeit vor Gott erlangen, als Mißverstehen der heilsgeschichtlichen Rolle der Tora enthüllt (Röm 3,20 f.; 10,3). Vielmehr ist dies durch den ›Glauben an Christus‹ möglich (Gal 2,16.20; 3,22; Röm 3,22.26). Schon das formale und inhaltliche Gegenüber von ἔργα νόμου und πίστις Χριστοῦ (Gal 2,16) zeigt klar, daß bei der letzteren Wendung nicht an einen von Jesus bewiesenen Glauben (Gen. subj.) als Grund der Rechtfertigung gedacht ist; vielmehr ist der ›Glaube an Christus‹, speziell an die Heilsbedeutung des Kreuzes, den ›von der Tora geforderten Werken‹ (Gen. obj.) gegenübergestellt. Auch diese beiden Formeln sind auf Schriftworte gestützt (auf Lev 18,5 und Hab 2,4); das geht aus Gal 3,10–12 hervor. Das gleiche geschieht in Röm 10,5–9, wo Paulus in Lev 18,5 die ›Gerechtigkeit aus dem Gesetz‹ und in Dt 30,12 f. die ›Gerechtigkeit aus dem Glauben‹ entdeckt. Von Gal 3,10–12 und Röm 10,5–19 wird unsere Ansicht bestätigt, daß Paulus seine Aussagen über das Gesetz durch die Schrift abdeckt. Er faßt biblische Aussagen in präzisen Formulierungen zusammen und macht sie so zu Instrumenten der theologischen Argumentation. Dadurch hat der Apostel die Tora auch in sprachlicher Hinsicht ›aufgerichtet‹; gerade das Prägen kurzer, inhaltsreicher Formeln über die Rolle des Gesetzes und die Haltung des Menschen muß für den Unterricht in den heidenchristlichen Gemeinden und für die Verteidigung des Evangeliums gegenüber den Juden sehr hilfreich gewesen sein. Dabei werden die Sachverhalte des Alten und des Neuen Bundes in Gegensatzpaaren einander gegenübergestellt. Auch die Wendung κατὰ σάρκα – κατὰ πνεῦμα ist von Gen 6,3 abgeleitet, ebenso das ἐν σαρκὶ – ἐν πνεύματι (vgl. Röm 8,9).

Die Tora Moses bleibt in der messianischen Zeit bestehen; sie gilt auch in der Kirche der Heiden und Juden, wo sie in der Kraft des Geistes und als Liebesgebot erfüllt wird. Sie hat den Menschen gerichtet und angeklagt, den Gehorsam gegenüber ihren vielen Geboten gefordert, von denen ganze Gruppen für den Zwischenzustand zwischen erstem und zweitem Adam gedacht sind und deshalb in der neuen Schöpfung zurücktreten oder nur noch in geistlicher Deutung gültig sind. Man könnte mit E. P. Sanders von einer Reduzierung und Begrenzung des mosaischen Gesetzes sprechen. In der Tat sind die Opfertora, das Zeremonialgesetz der Reinheitsgebote und Speisevorschriften, die Beschneidung, der Sabbat und die jüdischen Feiertage in ihrem Litteralsinn für die Heidenchristen nicht mehr maßgebend und auch für die Judenchristen weitgehend zu Adiaphora geworden, wie Paulus als Judenchrist und Heidenapostel durch sein eigenes Verhalten beweist (1 Kor 9,19−22). Das spezifisch Jüdische, vor allem die Beschneidung und die Reinheitsgebote, die Israel vor dem Untergang im Sumpf des heidnischen Synkretismus bewahrten, wirken in der messianischen Zeit als ein Hindernis bei der Ausbreitung des Evangeliums; die eherne Mauer, mit der Mose sein Volk umgeben hatte, erscheint in einer Kirche aus ehemaligen Juden und Heiden als Trennungswand, die Christus um den Preis des eigenen Lebens einreißen mußte (Eph 2,14; vgl. Ex 19,10−13). Die Beschneidung zählt nicht mehr, aber die Gebote Gottes sind zu halten (1 Kor 7,19).

Die Tora bezeugt auch die Schöpfungsordnung und das Doppelgebot der Liebe, dazu die heilsgeschichtlich entscheidende Gerechtigkeit Gottes (Röm 3,21) sowie die ihr entsprechende Glaubensgerechtigkeit (Dt 30,12 f.; Röm 10,6−8). Sie sagt das Kommen des nahen Wortes voraus, das im Mund und Herzen des einzelnen Menschen reden wird wie damals der richtende Geist; dieses Wort erklingt jetzt im Evangelium der Apostel (Röm 10,8). Alles läßt sich in der Tora von demjenigen finden, der keine Decke mehr auf dem Herzen hat. Der Jude hat deshalb recht, wenn er sich des Gesetzes rühmt (Röm 2,23 a), wenn er in ihm die Verkörperung der Erkenntnis und der Wahrheit zu haben meint (Röm 2,20). Aber es ist auch ein prophetisches Buch, das über sich hinausweist; es enthält Verheißungen, die heilsgeschichtlich durch Christus in Erfüllung gehen. Christus ist für uns zur Weisheit Gottes, zur Gerechtigkeit, zur Heiligung und zur Erlösung geworden (vgl. 1 Kor 1,30); durch ihn wird der heilsgeschichtliche Sinn des Gesetzes aufgedeckt. Der Buchstabe verliert seine tötende Macht, und der Geist erhellt das prophetische, auf das Leben verweisende, Wort.

31. Die Übersetzungen von Jes 53 (LXX, Targum) und die Theologia Crucis des Paulus

Paulus hat das von ihm verkündigte Evangelium auch als »das Wort vom Kreuz« bezeichnet (1 Kor 1,18); denn durch sein Leiden, seinen Tod am Kreuz, hat der Christus für unsere Sünden gesühnt (1 Kor 15,3; Röm 3,24f). Die Heilsbedeutung dieses Geschehens wurde schon in der Urgemeinde dadurch einsichtig gemacht, daß man es mit der Weissagung Jes 53 verband; das geht aus vorpaulinischen Stellen wie 1 Kor 15,3f; Röm 4,25; Phil 2,6–11 hervor. Die christologische Auslegung des Lieds vom leidenden Gottesknecht hat in Jesus selbst ihren Anhalt. Denn in zentralen Worten wie Mk 10,45; 14,24 hat Jesus seinen Jüngern gezeigt, daß er den Weg dieses Gottesknechts gehen muß: Der Menschensohn-Messias wird den Vielen dienen und sein Leben als Lösegeld für sie dahingeben; denn nur so werden sie vor Gott gerecht und vor dem Gericht bewahrt (vgl. Jes 53,4f.11f). Diese messianische Deutung von Jes 53 fehlt in der Septuaginta, die das stellvertretende Leiden des Gottesknechts schildert, aber diesen nicht näher bestimmt und offensichtlich nicht an den Messias denkt. Dagegen findet sie sich im Targum, der aramäischen Wiedergabe dieses wichtigen Textes. Doch besteht auch diesem gegenüber ein gravierender Unterschied: Nach dem neutestamentlichen Evangelium sind gerade Leiden und Tod des messianischen Knechts die Ursache des Heils für den Menschen, seien es Juden oder Heiden. Im Targum wird dagegen ein leidensfreier Messias und Gottesknecht angekündigt, der das Volk Israel aus Gefangenschaft und Leiden erlöst, indem er über dessen Feinde triumphiert. Trotz solcher Differenzen sind diese beiden jüdischen Versionen von Jes 53 für das Verstehen des Neuen Testaments wichtig. Das gilt speziell für die Botschaft des Paulus, die von einer Theologie des Kreuzes getragen ist. Allein schon die Art und Weise, wie Targum und Septuaginta mit dem sprachlich schwierigen Text dieses Liedes fertig wurden, ist für die Exegese des Apostels recht aufschlußreich.

I. Die Übersetzung und Deutung von Jesaja 53 im frühen Judentum

a) Die Wiedergabe der Septuaginta

Im Unterschied zum Targum wird in der griechischen Übersetzung das stellvertretende Leiden des Gottesknechts nicht etwa abgeschwächt oder gar weggedeutet. Vor allem in den VV 4–6.11f ist der hebräische Text meist richtig übersetzt und interpretiert: Der Knecht Gottes trägt unsere Sünden (V.4). Das Bild von der Krankheit wird richtig in die gemeinte Sache übersetzt: Er wurde wegen unserer Missetaten durchbohrt (V.5); Gott gab ihn für unsere Vergehen dahin (V.6). Die Dahingabe des Knechts wird besonders hervorgehoben und für schwierige Verben des hebräischen Textes sinngemäß eingesetzt, so in 53,12 beim »Ausgießen« der Seele in den Tod (παρεδόθη εἰς θάνατον) und anstelle des fürbittenden Eintretens für die Sünden (V.12 Ende: διὰ τὰς ἁμαρτίας αὐτῶν παρεδόθη). Eindrucksvoll kommen die Unschuld und die Geduld des Knechts zum Ausdruck, ferner das Schweigen, mit dem er das ungerechtfertigte Leiden erträgt (VV 7–9). Demgegenüber fallen unverständliche Satzteile in VV 9–11 weniger stark ins Gewicht, zumal sie aus dem Bestreben entstanden, die hebräische Vorlage möglichst wortgetreu wiederzugeben. Theologisch bedenklich ist freilich, daß die Septuaginta dem Eintreten des Knechts für die Sünder feste Grenzen setzt. Er trägt zwar »unsere Sünden« (V.4f) bzw. die Sünden von Vielen (V.12), aber diese werden nicht ausdrücklich als »Frevler« bezeichnet. Vor allem ist er kein Fürsprecher für die Frevler (V.12) und rechtfertigt auch die Vielen nicht (V.11). Gott ist das Subjekt in V.11, genauso wie in V.10, und der Knecht das Objekt seines Handelns. Gott wird ihm Licht »zeigen« (Hiphil von רָאָה V.11a), wobei das in MT fehlende אוֹר = φῶς durch 1 Q Jes a als zutreffend bestätigt wird. Aber er rechtfertigt den »Gerechten, der Vielen gut dient« (V.11). Diese Übersetzung ist schon deshalb schwierig, weil in V.11 Schluß der Knecht eindeutig das Subjekt ist; sie scheitert an der prädizierenden Aussage עַבְדִּי = »Mein Knecht«, die wie ein Partizipium עֹבֵד = δουλεύων gelesen werden müßte. Anstelle einer Rechtfertigung der Vielen (= Sünder), die der Knecht (durch sein Leiden) vollbringt, wird der gerechte Knecht gerecht gesprochen, und zwar von Gott, der ihn nach V.12 für sein Leiden belohnt. Problematisch ist schließlich die Wiedergabe des Wortes מוּסָר (V.5) durch παιδεία = »Erziehung« (statt »Züchtigung«) und von דְּכָא (V.10) durch דְּכָא זָכָה / דְּכָא = »reinigen« (statt »durchbohren«), obwohl das gleiche Verbum in V.5 richtig durch τραυματίζειν übersetzt worden war.

Paulus hat diesen Text der LXX gekannt und benutzt. In Röm 10,16 wird die erste Hälfte von Jes 53,1 nach der Septuaginta zitiert, und in Röm 15,21 begründet der Apostel seine Missionsstrategie mit Jes 52,15, wobei er wieder den Text der LXX wörtlich anführt. Auch im Mischzitat 1 Kor 2,9 ist wohl Jes 52,15 benutzt. Die paulinischen Dahingabe-Formeln sind sicher vom παραδιδόναι in Jes 53 inspiriert, das gleiche gilt von der Wendung περὶ ἁμαρτίας in Röm 8,3, die den ganzen Satz grammatikalisch belastet. Sie stammt aus Jes 53,11 (LXX), wo sie für אָשָׁם (= Schuldopfer) steht und »Sündopfer« meint. Aber die Rechtfertigung der Vielen durch denTod des Gerechten konnte der Apostel nur im hebräischen Text von Jes 53,11 bestätigt sehen.

Jedoch ist Paulus - wie auch der Evangelist Johannes - der LXX-Wiedergabe von Jes 52,12 gefolgt. Besonders bedeutungsvoll ist dort das Verbum יַשְׂכִּיל, mit dem die feierliche Erklärung Gottes über den Knecht und dessen Rechtfertigung beginnt. Die Wendung הִנֵּה יַשְׂכִּיל bedeutet entweder: »Siehe (mein Knecht) wird Einsicht haben« (συνήσει LXX) oder aber: »Er wird Erfolg haben« (= יַצְלַח), so die Wiedergabe im Targum. Mit der Übersetzung dieser ersten Aussage werden die Weichen für das Verständnis des ganzen Liedes gestellt. Die erste Möglichkeit (= »Einsicht haben, weise sein«) hatte schon im Alten Testament Schule gemacht. In Dan 12,3, der berühmten Verheißung für die Märtyrer unter den Chasidim, heißt es in deutlichem Bezug zu Jes 52,13 und 53,11: »Und die Weisen (וְהַמַּשְׂכִּלִים) werden leuchten wie der Glanz der Himmelsfeste und diejenigen, welche die Vielen zur Gerechtigkeit führen (וּמַצְדִּיקֵי הָרַבִּים) wie die Sterne auf immer und ewig«. Die Weisen, die während der Religionsnot unter Antiochus Epiphanes IV. ihren Glauben bis zur Hingabe ihres Lebens bekannten, werden hier gleichsam als Knechte Gottes gerühmt, die - wie ihr großes Vorbild in Jes 52,13ff - nach ihrem Leiden »hoch erhöht und erhaben sein werden« (Jes 52,13). Diese Verheißung ist in Dan 12,3 wörtlich verstanden: Sie werden zum Firmament erhoben werden und dort wie die Sterne für immer leuchten.

Der Gottesknecht ist demnach in Dan 12,3 kollektiv verstanden: Aus dem יַשְׂכִּיל wurde die Würdebezeichnung מַשְׂכִּיל abgeleitet; die Getreuen der Religionsnot galten als מַשְׂכִּילִים. Parallel dazu wurde aus Jes 53,11 der Ehrentitel eines מַצְדִּיק הָרַבִּים gewonnen, des Mannes, der die Vielen gerecht macht. Analog zu מַצְדִּיק wird das Wort מַשְׂכִּיל auch als kausales Hiphil verstanden worden sein: Die Weisen waren Lehrer, die viele weise machten in der Erkenntnis der Tora und sie eben dadurch auch zur Gerechtigkeit führten. In diesem Sinne erscheint der מַשְׂכִּיל in den Schriften von Qumran (1 QS 3,13 u.a.); er ist ein Lehrer, und die Quelle der Weisheit und Rechtfertigung ist das Gesetz.

Die Rabbinen fanden in Dan 12,3 und Jes 53,11 das Ideal eines מַצְדִּיק הָרַבִּים, des Lehrers, der viele zur Gerechtigkeit führt. Sie sahen ihn vor allem durch Mose vorbildlich verwirklicht: Er hat durch das Gesetz viele gerecht gemacht. Zum מַצְדִּיק הָרַבִּים wurde auch ein sprachlich analoges Gegenstück gebildet, nämlich der מַחֲטִיא הָרַבִּים, der Gottlose, der die Vielen zur Sünde verleitet; als Prototyp galt der König Jerobeam (Aboth 5,18). Für

Paulus war Jesus Christus als Gottesknecht der הָרַבִּים צַדִּיק. Aber seine Heilsbedeutung reicht weit über Israel hinaus, sein Angebot der Rechtfertigung gilt allen Menschen. Deshalb hat der Apostel ihm Adam als den מַחֲטִיא הָרַבִּים gegenübergestellt: Während dieser durch seine Übertretung Sünde und Tod in die Welt hereinließ (Röm 5,12), hat Christus aufgrund seines Gehorsams die Vielen als Gerechte konstituiert (Röm 5,15.18.19). Diese leuchten jetzt schon wie Sterne in einer verkehrten Welt (Phil 2,15; vgl. Dan 12,3); denn sie werden dem verherrlichten Leib ihres Herrn gleichgestaltet (Phil 3,21).

Christus ist von Gott her für uns zur Weisheit und zur Gerechtigkeit, zur Heiligung und zur Erlösung geworden (1 Kor 1,30). In diesem Spitzensatz paulinischer Kreuzestheologie (vgl. auch die Theologische Erklärung von Barmen Art. 2) ist das Lied vom leidenden Gottesknecht aufgenommen,[1] wobei das »Für uns« des Leidens besonders bedeutungsvoll war: Christus ist durch das Kreuz für uns zum מַשְׂכִּיל und צַדִּיק geworden; darüberhinaus wurden wir durch ihn geheiligt und erlöst. Paulus hat die Heiligung als Reinigung von Sünden verstanden, wie sie nach Jes 53 der Gottesknecht durch sein Todesleiden bewirkt. Dabei mag er – ähnlich wie die LXX in V.10 – das ungewöhnliche Verbum דָּכָּא = »durchbohren« (vgl. V.5a) aramaisierend als דכא, זכה (Pael) = »reinigen« gelesen haben: Christus »hat uns von unseren Sünden gereinigt« מְדַכָּא מֵעֲוֹנֹתֵינוּ Jes 53,5).[2] Die Erlösung als Sühne geschah aufgrund des stellvertretenden Todes; Christus wirkte als ein מְכַפֵּר, der sein Leben als ein λύτρον (כֹּפֶר) für viele dahingab (Jes 43,3f; 53,12; vgl. Mk 10,45).

Hier wird deutlich, daß die Übersetzung eines sprachlich so schwierigen und inhaltlich so schockierenden Textes wie Jes 53 gleichzeitig auch Deutung sein mußte, die allerdings in der LXX manchmal dunkel bleibt.[3] Wie das auch sonst gelegentlich der Fall ist, haben die griechischen Übersetzer die Bedeutung seltener hebräischer Wörter nicht mehr gekannt und dann einfach geraten (z.B. V.15a) bzw. eine andere Bedeutung des betreffenden Stammes angenommen. Aber auch aus theologischen Gründen wurde dem hebräischen Text von Jes 53 manchmal ein anderer Sinn gegeben, so etwa in V.11, wonach der Gerechte gerechtfertigt wird,[4] oder in V.9, nach dem die Gottlosen und Reichen gestraft werden sollen: Gott wird sie »anstelle«

---

[1] Gerade von dieser Vorankündigung des Heilsgeschehens in Jes 53 her erklärt sich die Wendung ἀπὸ θεοῦ in 1 Kor 1,30: Das heilsgeschichtliche Wirken des Messias, das aller weltlichen Weisheit zuwiderläuft, wurde von Gott vorherbestimmt, von den Propheten vorausgesagt und durch Jesus Christus verwirklicht.

[2] Dort verstehen die LXX anders: μεμαλάκισται διὰ τὰς ἁμαρτίας ἡμῶν

[3] So in Jes 53,8, der Apg 8,33 zitiert ist, oder in 53,10, wo die Wendung περὶ ἁμαρτίας erscheint, die in Röm 8,3 angeführt wird und dort ebenfalls dem Exegeten Schwierigkeiten bereitet.

[4] In der Wendung יַצְדִּיק צַדִּיק wird צַדִּיק als Objekt des Verbum הַצְדִּיק übersetzt. Das geht nicht, weil dann לָרַבִּים in der Luft hängt.

(ἀντί = תֵּחַת) seines Begräbnisses, und die »Reichen anstelle seines Todes geben«, d.h. sie dem Verderben überantworten (vgl. Jes 43,3f), aus dem der Knecht errettet wird.

b) Der Targum zu Jes 52,13–53,12

Ungewöhnlich ausführlich ist der Targum zum Lied vom leidenden Gottesknecht. Es ist schwer zu sagen, wann er in der uns bekannten Form schriftlich abgefaßt wurde und wie er zur Zeit des Paulus – falls er damals schon existierte – ausgesehen haben mag. Daß seine Jetztgestalt eine polemische Entgegnung auf die neutestamentliche Deutung des leidenden Gottesknechts bieten sollte und eben deshalb so ausführlich gehalten ist (J.Jeremias), erscheint auf den ersten Blick eine recht plausible Erklärung für die paraphrasierend, kompliziert und gekünstelt wirkende Übersetzung dieses Targums zu sein. Er wäre dann nachpaulinisch. Aber eigentlich wäre es einfacher gewesen, in der Auseinandersetzung mit den Christen die Gleichung »Gottesknecht = Messias« als solche abzulehnen und den Knecht auf das Volk Israel zu beziehen. Und vor allem kann man auch umgekehrt argumentieren: Es scheint, daß Paulus eine targumische Auslegung des Textes gekannt und sich von ihr bewußt distanziert hat. Denn eine auslegende Übersetzung muß schon früh bestanden haben. Das Lied vom Gottesknecht bedurfte einer Übersetzung, um bei der Lesung im Gottesdienst verstanden zu werden. Sein Hebräisch ist ja schwierig; manche dunklen Wörter sind da. Und auch der Inhalt ist befremdend: Das Opfer eines Menschen, durch das die Sünden vieler Anderer gesühnt werden sollen, ist ganz ungewöhnlich im AT – sieht man vom nicht angenommenen Angebot Moses Ex 32,32 ab – und ebenso dessen Rechtfertigung durch die Wiederbelebung und Erhöhung des Knechts. Und immer besteht das Problem, wer denn der Knecht von Jes 53 und die ihn bekennenden Menschen (»wir«) sein sollen (vgl. Apg 8,34). Aus diesem Grunde mußte die Übersetzung von Jes 53 auch eine Deutung des Textes sein.

H.W.Wolff hat die uns vorliegende Fassung des Targums zu Jes 53 als »völlige Verkehrung« dieses Textes bezeichnet.[5] M.E. stellt die aramäische Wiedergabe dieses Liedes dennoch eine respektable Leistung dar. Man braucht sie – wie schon erwähnt – nicht notwendig als apologetisches, antichristliches Werk verstehen. Ihr Verfasser, dem die messianische Deutung des Gottesknechts offensichtlich vorgegeben bzw. selbstverständlich war (vgl. Tg Jes 42,1; 43,10), hatte die Aufgabe, diesen Text – einen Fremdkörper im AT – so zu übersetzen, daß sein Inhalt dem volkstümlichen Bild vom Messias entsprach: er sollte der Erlöser des leidenden Israel, der Befreier

---

[5] H.W.Wolff, Jesaja 53 im Urchristentum, Halle 1942, 4. Aufl. Gießen 1984, S.52.

von demütigender Knechtung durch fremde Völker sein. Der Messias wird das weggeführte und zerstreute Volk in die Heimat zurückbringen, den Tempel wieder erbauen und mit Hilfe des göttlichen Gesetzes einem theokratischen Regiment neue und bleibende Geltung verschaffen. Solch eine Deutung des Liedes schien deshalb geboten zu sein, weil an dessen Anfang in Jes 52,13 die Erhöhung des Knechtes durch Gott und am Ende dessen Erfolg in 53,10–12 verheißen wird. Das Verteilen von Beute, das den Abschluß dieser Verheißung bildet (53,12), rechtfertigte die Erwartung eines siegreich beendeten Befreiungskrieges, den der Messias für das Gottesvolk führen wird.

Der Targum übersetzt zudem den verheißungsvollen Anfang (הִנֵּה יַשְׂכִּיל עַבְדִּי in Jes 52,13) anders als die LXX, nämlich: »Siehe mein Knecht wird Erfolg haben« (= יַצְלַח). Diese göttliche Zusage ist für ihn gleichsam das Thema für das, was im Folgenden vom messianischen Knecht berichtet wird.[6] Die Aussagen von Leiden und Tod in 52,14;53,3–9 können deshalb nicht den Knecht selbst betreffen, sondern müssen einem anderen Personenkreis gelten. Ein Hinweis auf solch einen Kreis wird schon in 52,14 gefunden, wo plötzlich die 2.Person Singular erscheint:»Wie sich viele über dich (עָלֶיךָ = ἐπὶ σέ LXX) entsetzten«. Der Targumist bezieht diesen Vers auf das »Haus Israel«, das unter die Völker zerstreut ist, leidet und schon lange auf den Messias hofft; dieser wird es, auch für die Heiden unerwartet, auf wunderbare Weise retten (53,7f). Der Messias und die Gerechten bilden eine Einheit von herrlicher und heiliger Erscheinung (53,1f), während die besiegten Königreiche einem schwer kranken und verachteten Manne gleichen (V.3). Auch das Gottesverhältnis des zerstreuten Volkes (V.6a) wird neu geordnet. Aufgrund der Fürbitte des Knechts werden die Sünden vergeben (V.4.6.12), der Tempel wird von ihm wiedererbaut, die Exulanten heimgebracht (V.5.8), der heilige Rest des Volkes von Sünden gereinigt (V.10). Dagegen werden die Großen der Völker wie ein Lamm der Schlachtung übergeben (V.7), die Gottlosen dem Gehinnom und die gewalttätigen Reichen dem Tod ausgeliefert (V.9). Die Gerechten werden gerechtfertigt, wobei der Knecht auch viele Widerspenstige unterwirft, sie unter die Tora »knechtet« (שַׁעְבֵּד V.11). Das wird auch in V.12 gefunden: Er hat die Widerspenstigen unter das Gesetz gebracht und um seinetwillen wird ihnen vergeben (V.12c).

---

[6] Nach Tg Jer 23,5 hat der endzeitliche König »Erfolg« bei seinem Regiment und rechten Richten im Lande, vgl. auch Tg Num 24,18.

II. Jesaja 53 in der Kreuzestheologie des Paulus

Für uns ist es aufschlußreich, wie der Targumist philologisch vorging, um sein Ziel zu erreichen. Denn m.E. hat auch Paulus zu formal ähnlichen Mitteln gegriffen, um den schwierigen Text zu meistern und ihn für das Evangelium von Christus fruchtbar zu machen. Dabei blieb der Apostel näher am Text. Denn gerade das Leiden des Gottesknechts hat er unverkürzt erhalten und wie die Urgemeinde folgerichtig auf das Kreuz des Christus bezogen: Golgatha stellt die Erfüllung der Weissagung Jes 53 dar. Das ist das Geheimnis der Weisheit Gottes, ein Ärgernis für die Juden, eine Torheit für die Griechen (1 Kor 1,23). Deshalb kann auch vom Tempel und Opferdienst in der messianischen Zeit keine Rede sein, denn Christus hat ja durch sein Leiden die Sünden gesühnt. Gott hat durch das Blut Jesu Christi eine Sühne aufgerichtet, die durch den Glauben ergriffen wird (Röm 3,25). Der Targumist hingegen hat den Messias von Jes 53 nicht nur zu einem Meister des Gesetzes, sondern auch zu einem Erbauer des zerstörten Tempels gemacht (zu Jes 53,5a). Gerade weil er den Sühnetod des Knechtes wegdeutete und das Gesetz in Jes 53 hineinlas, brauchte er auch einen Sühne leistenden Tempel. Jes 53 selbst spricht gegen diese Auffassung, und für Paulus ist Christus nicht nur das Ende des Gesetzes (Röm 10,4), sondern auch des Opferkults im Tempel. Das Geschehen von Golgatha ist das große, von Gott dargebrachte Sühnopfer und damit der öffentliche Erweis seiner rettenden Gerechtigkeit (Röm 3,26). Das Wort ἔνδειξις = רָאָה) mag auf Grund von Jes 52,15 gewählt sein: Völker und Könige »sehen« das Unerhörte. Für Paulus wird in Jes 53 die Gerechtigkeit Gottes offenbar, die »ohne Gesetz«, ohne »Werke des Gesetzes« (Röm 3,19), »umsonst und durch die Gnade Gottes« aufgrund von Jesu Erlösungshandeln geschenkt wird (Röm 3,24). Diese helfende, gerechtmachende Gerechtigkeit ist für Paulus vom Gesetz und von den Propheten bezeugt (Röm 3,21); solch ein Zeugnis läßt sich – abgesehen von Gen 15,6 und Jes 56,1 – vor allem in Jes 53 finden. Denn in Jes 53 wird klar von der Rechtfertigung der Vielen (V.11), aber keineswegs vom Gesetz geredet. Paulus hat in Röm 3,20–26 das Lied Jes 53 besser gedeutet als der Targum. Dieser konnte sich eine Rechtfertigung ohne Gesetzesgehorsam nicht vorstellen und trug deshalb das Gesetz in Jes 53,11f ein: »Nulla iustitia sine lege«. Trotz dieser grundsätzlichen inhaltlichen Unterschiede konnte Paulus bei seiner Auslegung von Jes 53 ähnlich frei verfahren wie es im Targum geschah.[7] Das betrifft freilich nur einzelne Begriffe; er deutete nicht ganze Sätze und Sachverhalte um, wie dies im Targum von Anfang an gemacht wurde.

---

[7] Dagegen fehlt diese paraphrasierende, midraschartige Auslegung von Jes 53 in den Evangelien. In ihnen wird – abgesehen von Jes 53,4f.12 – vor allem das schwierige Wort (מִשְׁחַת) in Jes 52,14 viel beachtet und in allen Bedeutungen ausgelegt. Aber man ist weit entfernt von der freien Wiedergabe dieses ganzen Verses, wie sie vom Targum geboten wird.

a) Die Freudenbotschaft vom messianischen Gottesknecht
(Tg Jes 53,1) und das Evangelium
von Christus (1 Kor 15,1–5; Röm 10,16)

α) Paulus konnte – wie der Targum – das Wort »Kunde« (שְׁמוּעָה in Jes 53,1
näherhin als בְּסוֹרָא = »Frohbotschaft, Evangelium« verstehen und es deshalb als Bezeichnung für die Christusverkündigung verwenden (vgl. Röm
10,16). Er hat dieses Evangelium als »Wort vom Kreuz« inhaltlich näherbestimmt und ihm dennoch[8] eine die Kraft Gottes offenbarende Wirkung
zugeschrieben; von dieser Kraft spricht auch der Targum Jes 53,1b. Ich
gehe auf diese wichtige, von mir an anderer Stelle ausführlich behandelte,
Tatsache[9] hier nicht näher ein. Die Einführung von בְּסוֹרָא in Jes 53,1 ist
nicht etwa als eine midraschartige Freiheit zu beurteilen, sondern durchaus
sachgemäß. Denn in Jes 52,7 stehen die Verben des Verkündigens
הִשְׁמִיעַ und בִּשֵּׂר einander parallel (vgl. Tg Jes 41,22.26). Für den Verfasser
des Targum bot ja Jes 53 tatsächlich eine frohe Kunde, genau wie Jes 52,7:
Der lang erwartete Messias (vgl. Tg Jes 52,14) besiegt die Feinde Israels (Tg
52,15) und erlöst das Gottesvolk. Paulus brauchte für das Evangelium »vom
Kreuz« eine andere Begründung. Die schreckliche Nachricht vom schimpf-
lichen Tod des Messias ist deshalb eine frohe Botschaft, weil dieser Tod
stellvertretend für uns erlitten wurde und unsere Sünden tilgt, uns den
Frieden mit Gott verschafft (Röm 4,25; 5,1). Nirgendwo sonst wird im Alten Testament das Eintreten Gottes »für uns«, seine »uns« Sünder gerechtmachende Gerechtigkeit, so deutlich bezeugt wie in Jes 53 oder auch in Ps
103. Diese für Jesus wichtigen Texte boten für Paulus die Worte, mit denen
Gott das Evangelium von seinem Sohn durch seine Propheten vorausverkündigt hat (Röm 1,2). Wenn das Evangelium der apostolischen Verkündigung vorgegeben zu sein scheint – z.B. in Röm 10,17: »Die Botschaft
kommt aus dem Wort Christi« – so deshalb, weil dieses Wort Christi im AT
vorausverkündigt und deshalb nicht erst mit den Aposteln entstanden
ist;[10] es lehrt das geoffenbarte heilsgeschichtliche Programm Gottes.

β) Die Bezeichnung »Evangelium« und ihre Herleitung von Jes 53,1 waren schon vorpaulinisch. Denn der Apostel führt die ihm überlieferte, von
Jes 53 geprägte, Botschaft vom Tod, Begräbnis und der Auferweckung Jesu
(1 Kor 15,3–5) wie selbstverständlich als »Evangelium« ein (1 Kor 15,1f).
Auch in Mk 14,9 erscheint das Nomen εὐαγγέλιον in einer nach Jes 52,14

---

[8] Vgl. Röm 1,16; 1 Kor 1,18.
[9] Vgl. meine Aufsätze »Jesu Evangelium vom Gottesreich«, jetzt in »Jesus der Messias«,
WUNT 42, 1987 und »Der alttestamentliche Hintergrund von 1 Kor 1–2« in: Festschrift
E.Ellis, 1988 S.195–215.
[10] Wahrscheinlich ist aber ist mit dem »Wort« (ῥῆμα) in Röm 10,17 das Sendungswort des
Christus gemeint; vgl. Röm 10,15 κηρύσσειν – ἀποστέλλειν und den Hinweis auf Jes 52,7.

gestalteten Erzählung und meint dort die Botschaft vom Tod des Herrn. Gelegentlich gebraucht Paulus den »apostolischen Plural« der Evangeliumsverkündigung (»wir«), so etwa in 1 Kor 1,23; Gal 1,8 und vor allem in 2 Kor 5,20f: Wir sind die Sendboten von Gott, der auch durch uns ermahnt, »wir bitten an Christi statt: Lasst euch versöhnen mit Gott!« (vgl. Jes 53,5). Dieser Plural der 1. Person läßt sich ebenso von Jes 53,1 her (»unsere Kunde«) erklären wie die paulinische Wendung vom »Gehorsam des Glaubens« (Röm 1,5; 6,26; vgl. 1 Thess 1,8): Sie wird vom Begriff שְׁמוּעָה = »Kunde« und dem für sie geforderten Glauben in Jes 53,1 nahegelegt.[11]

γ) Paulus muß das Evangelium vom Kreuz Christi schon zu Beginn seines Auftretens als Apostel verkündigt haben. Denn in einem geflügelten Wort der christlichen Gemeinden in Judäa hieß es von ihm, er verkündigte (εὐαγγελίζεται) jetzt den Glauben, den er einst zu »verwüsten suchte« (ἐπόρθει, Gal 1,23). Zugrunde liegt m.E. ein hebräisches Wortspiel zwischen מַשְׁמִיד = »Verwüster« und מַשְׁמִיעַ = »Verkündiger« des Glaubens: Der einstige Verfolger der Kirche wurde in die Rolle des Evangelisten berufen, der nach Jes 53,1 der Verkündiger einer Botschaft (שְׁמוּעָה) ist, die »Glauben« (אֱמוּנָה - הֶאֱמִין) fordert. Diese Botschaft war das Wort vom Kreuz, vom Leiden des Messias nach Jes 53.[12]

b) Der durchbohrte (מְחוֹלָל) Gottesknecht (Jes 53,5)
und der unseretwegen verfluchte (מְקוֹלָל) Christus (Gal 3,13)

Der bekenntnisartige Satz Röm 4,25: »Welcher wegen unserer Übertretungen dahingegeben wurde« (ὅς παρεδόθη διὰ τὰ παραπτώματα ἡμῶν) hat ein exaktes sprachliches Gegenstück in der Targumfassung von Jes 53,5a: אִתְמְסַר בַּעֲוָיָתָנָא; diese ist dort allerdings auf den Tempel bezogen, der wegen der Sünden Israels »preisgegeben wurde«. Auch wird das passive Partizip מְדַכָּא = »zerschlagen, zermalmt« frei als »preisgegeben« übersetzt; wieder ist damit der Tempel gemeint.

Sicherlich erfolgte diese Deutung nicht zuletzt darum, weil die vorausgehende, parallele Wendung מְחוֹלָל מִפְּשָׁעֵינוּ = »durchbohrt wegen unserer

---

[11] Das zugrundeliegende Verbum שָׁמַע bedeutet sowohl »hören« als auch »gehorchen«; man muß dem »Evangelium« von Christus »gehorchen« (Röm 10,16), weil es die Erfüllung der »Kunde« (שְׁמוּעָה) vom leidenden Gottesknecht proklamiert.

[12] Auch die Wendung ἀκοὴ πίστεως ist von Jes 53,1a herzuleiten und dementsprechend zu übersetzen als »Botschaft, die Glauben heischt« (Gal 3,2.5). Ebenso meint πίστις Χριστοῦ im Gegensatz zu den ἔργα νόμου logischerweise »Glaube an Christus« (Gal 2,16), und zwar wie er in Jes 53 vorausverkündigt wurde. ἀκοὴ πίστεως und πίστις Χριστοῦ sind demnach summarische Hinweise auf das in Jes 53 vorausverkündigte und im Glauben anzunehmende Christusgeschehen.

Frevel« mit einer anderen, häufigeren Bedeutung dieses Verbums in Verbindung gebracht wurde: מְחֻלָּל meint »entweiht« (so Ez 36,23); der Targumist dachte an das entweihte Heiligtum. Paulus könnte die Wendung
מְחוֹלָל מִפְּשָׁעֵינוּ neu gedeutet und dabei מְחוֹלָל anders übersetzt haben, wobei
er diese Aussage zutreffend auf den messianischen Gottesknecht bezog.
Nach Gal 3,13a hat »uns Christus vom Fluch des Gesetzes losgekauft«,
indem er »für uns zum Fluch wurde«; stellvertretend nahm er den Fluch
des Gesetzes auf sich, der eigentlich uns als die Gesetzesübertreter hätte
treffen sollen (vgl. Gal 3,10 nach Dt 27,26). Paulus zitiert nun in Gal 3,13
die Stelle Dt 21,23 als begründenden Schriftbeweis: »Denn es steht geschrieben: Verflucht ist jeder, der am Holz hängt«. Er muß jedoch auch an
Jes 53 gedacht haben. Denn der seligmachende Tausch zwischen dem gerechten Christus und den sündigen Menschen (vgl. 2 Kor 5,21) wurde ja
durch das stellvertretende Sterben des Gottesknechts für die Sünder ermöglicht (Jes 53,12). Nur aus diesem Grunde konnte Paulus sagen, der am
Kreuz gehängte Christus sei »für uns zum Fluch« geworden (Gal 3,13).
Wie läßt sich diese Verbindung von Dt 21,23 und Gal 3,13 hermeneutisch
herstellen? Beim Zitat von Dt 21,23 verwendet Paulus ein passivisch ge-
meintes Verbaladjektiv ἐπικατάρατος, das so in Dt 21,23 (LXX) nicht steht;
dessen hebräisches Äquivalent מְקוֹלָל erscheint jedoch in einer paraphrasierenden Wiedergabe von Dt 21,22f in der Tempelrolle von Qumran (11Q
Miqd 64,12). Nun heißt es in Jes 53,5, der Gottesknecht sei »wegen unserer
Frevel durchbohrt« (מְחֻלָּל). Paulus könnte[13] im Blick auf das Kreuz Christi
wegen Dt 21,22f an ein מְקוֹלָל gedacht und Jes 53,5 so verstanden haben:
Der ans Holz Gehängte ist »wegen unserer Frevel verflucht« (ἐπικατάρατος = מְקוֹלָל). Mit Hilfe von Jes 53,5 wurde demnach das von Dt 21,22f
ausgehende Ärgernis eines gekreuzigten Messias überwunden, ohne daß die
Wahrheit dieser Toraaussage bestritten werden mußte. Ja, sie wurde nun als
ein heilsgeschichtlich besonders bedeutsamer Akt Gottes erwiesen: Der gekreuzigte Christus ist – wie jeder ans Kreuz Gehängte – tatsächlich von
Gott verflucht. Aber er hat als gerechter Gottesknecht durch seinen Tod
den uns geltenden Fluch des Gesetzes stellvertretend auf sich genommen
und aus der Welt geschafft; er ist ein »wegen unserer Frevel Verfluchter«
(מְקוֹלָל מִפְּשָׁעֵינוּ; vgl. Jes 53,5). Dabei blieb für Paulus auch die Bedeutung
von מְחוֹלָל durchaus bestehen, zumal sie in der LXX festgehalten ist: αὐτὸς
δὲ ἐτραυματίσθη διὰ τὰς ἀνομίας ἡμῶν.

Der Targum hat die Schilderung des Schmerzensmannes in Jes 53,3 auf
das Leiden der vom Messias gedemütigten Weltreiche bezogen und das Tragen und Heilen unserer Krankheiten (V.4f) in die damit gemeinte Sache
umgesetzt: Es geht um unsere Sünden, die der Gottesknecht wegschafft.

---

[13] Der Ausdruck קִלְלַת אֱלֹהִים (Dt 21,23) regte die Qumrangemeinde und die Pharisäer zu
vielen Deutungen an; die paulinische Verbindung מְחוֹלָל - מְקוֹלָל wäre von daher durchaus
verständlich.

Aber das geschieht im Targum nicht durch ein stellvertretendes Leiden und Sterben,[14] sondern durch die Fürbitte des Knechts: »Er wird bitten, und unsere Sünden werden um seinetwillen vergeben« (zu V.4.6). Denn er ist ein großer Beter, der, noch ehe er seinen Mund öffnet, von Gott angenommen, erhört wird (zu V.7); der Vergleich mit dem stummen Schlachtschaf ist somit völlig verändert.

c) Die Wunde (חַבּוּרָה) des Gottesknechts (Jes 53,5) und die Gemeinschaft (חַבּוּרָה = κοινωνία) mit dem leidenden Christus (Phil 3,10)

Ferner geschieht nach dem Targum das heilbringende Wirken des messianischen Knechtes durch seine Lehre; diese wird ebenfalls in dem zentralen, soteriologischen V.5 gefunden. Ausgelöst ist diese Deutung durch den Begriff מוּסָר, der in Jes 53,5 (MT) die Züchtigung des Knechtes meint. Luther hat die prägnante Wendung מוּסַר שְׁלוֹמֵנוּ עָלָיו etwas weitläufig, aber sachlich richtig und in schöner Sprache so wiedergegeben: »Die Strafe liegt auf ihm, auf daß wir Frieden hätten«. Für Paulus bildete diese Aussage die Grundlage für seine Lehre von der Versöhnung (2 Kor 5,18–21; Röm 5,10f) und von dem durch Christus gewonnenen Frieden mit Gott (Röm 5,1). Der Targumist hingegen hat מוּסָר in Jes 53,5 als »Lehre« (אֻלְפָּנָא) wiedergegeben, so wie das ähnlich die Septuaginta tat (παιδεία εἰρήνης). Die didaktische Wirksamkeit des Messias war für den an Toragehorsam gewöhnten Verfasser des Targum besonders wichtig: Der messianische Knecht eröffnet nicht nur eine Heilszeit voller Wunder (in Jes 53,8 als Objekt zur Frage מִי יְשׂוֹחֵחַ = »wer kann sich das denken?«). Vielmehr ist er auch der große attraktive Lehrer. Das Wort חַבּוּרָה = »Wunde« in V.5 ist vom Targumisten offensichtlich als »Genossenschaft« verstanden, wobei er an die Gemeinschaft von Lehrer und Lernenden denkt: »Wenn wir uns um seine Worte versammeln,[15] so werden unsere Schulden vergeben« (zu V.5c). Von Vergebung (שְׁבַק) ist in diesem Targum oft die Rede (V.4.5.6.12); hinter der Passiv- (= Etpe'el) Form des Verbums שְׁבַק steht Gott als Subjekt. Jedoch erfolgt die Sündenvergebung um des Knechtes willen, der fürbittend für die Seinen eintritt. Aber wirksame Fürbitte und Sündenvergebung setzen ein

---

[14] Das Lied vom leidenden Gottesknecht ist in Jes 1,5f vorbereitet, wo das Gottesvolk einem schwer kranken und verwundeten Mann verglichen wird, dazu auch in Jes 43,25, wonach Gott um Seinetwillen die Frevel und Sünden Israels tilgen will (vgl. Anm. 18). Nach Jes 53 geschieht das durch den stellvertretenden Tod des Gottesknechts. Dabei erinnert Tg Jes 53,5 (Ende) besonders an Tg Jes 6,10: Die Heilung, die uns zuteil wird (נִרְפָּה לָנוּ) kommt durch Vergebung der Sünden zustande. Die Deutung des Tg Jes 53 ist schon in Jes 43,4 festgelegt: »Ich gebe (habe preisgegeben) Völker an deiner Stelle« (מְסָרִית) vgl. Tg Jes 53,5.12).

[15] Der lehrende Messias wird ähnlich auch in Tg Jes 11,5 gefunden: Die Gerechten bilden um ihn einen Kreis und die Täter des Glaubens treten zu ihm heran. Nach Ps Sal 17,42 lehrt der davidische Messias das Volk in Versammlungen (συναγωγαῖς) geläuterte Worte. Vgl. dazu Mt 11,29 und besonders 23,37.

Leben im Toragehorsam voraus. Deshalb wird der Knecht (עֶבֶד) zu einem »Knechtenden« (מְשַׁעְבֵּד), weil er auch widerspenstige Menschen »dem Gesetz unterwirft«; erst dann ist die Fürbitte für deren Sünden legitim (V.12b).

Dagegen hat Paulus gerade die Rechtfertigung der Gottlosen und das stellvertretende Leiden des messianischen Gottesknechts dem Text Jes 53 entnommen; nach dem Kreuz Christi sind weder der Gesetzesgehorsam noch der Tempelkult erforderlich. Aber auch er betont die Gemeinschaft des Glaubenden mit seinem Herrn, durch den Jes 53 endgeschichtlich erfüllt worden ist (1 Kor 10,16). Aus diesem Grunde ist ernsthaft zu erwägen, ob der Apostel den Begriff חַבּוּרָתוֹ in Jes 53,5 nicht auch in der Bedeutung »Gemeinschaft mit ihm« verstand; es ist die Gemeinschaft, die uns Heilung verschafft. Dafür spricht die Wendung von der κοινωνία παθημάτων αὐτοῦ (Phil 3,10), in der das Nomen חַבּוּרָה in beiden Bedeutungen: a) »Wunde«; b) »Gemeinschaft« aufgenommen zu sein scheint: Wer die Auferstehung von den Toten erlangen will, muß Christi Tod gleichgestaltet werden (Phil 3,21). Man muß mitleiden, bevor man erhöht wird (Röm 8,17); der Christ soll dem Herrn leben und sterben (Röm 14,7f), mit ihm eingepflanzt werden in die Gleichheit seines Todes (Röm 6,5f). In solcher Leidensgemeinschaft besteht die »Erziehung« (παιδεία, מוּסָר) durch den Messias; als Gerichtete werden die Christen vom Herrn so erzogen (παιδευόμεθα), daß sie dem die Welt bedrohenden Strafgericht entgehen (1 Kor 11,32).

Diese Gemeinschaft mit dem leidenden Messias wird schon vom irdischen Jesus ausgesprochen: Wer ihm nachfolgen will, soll sich selbst verleugnen und sein Kreuz auf sich nehmen (Mk 10,34), sein Leben um seinetwillen verlieren, um es zu gewinnen (vgl. V.35; vgl. Jes 53,12). Wer mit ihm in seiner messianischen Herrlichkeit beim Mahl sitzen will, muß wie er den Leidensbecher trinken und mit der Todestaufe getauft werden (Mk 10,35–40; vgl. Jes 52,13; 53,5.12).

d) Der zermalmte (מְדַכָּא) Knecht (Jes 53,5.10)
   und der reinigende (מְדַכֶּה) Christus (1 Kor 1,30; Tit 2,14)

In Jes 53,10 hat auch der Targum – wie die LXX in Jes 53,10 (s.o.) – das Verbum דָּכָא = »zermalmen« aramaisierend als זַכָּה, זַכָה = »reinigen«, gelesen: »Es gefiel Gott, den Rest seines Volkes zu läutern und zu reinigen, um ihre Seelen von Schulden rein zu machen«. Auf solche Weise werden sie für die »Königsherrschaft ihres Messias« vorbereitet, in der sie ein langes gesegnetes Leben führen. Solche Reinigung des neuen Gottesvolkes erscheint auch im Neuen Testament: Nach 1 Joh 1,9 ist es Christus, der uns von aller Ungerechtigkeit reinigt, und nach 1 Joh 1,7 das Blut des Gottessohnes, das uns von aller Sünde rein macht. An beiden Stellen wird Jes 53,5.10–12 offensichtlich wie in LXX und Targum interpretiert, d.h. das Verbum דְּכָא ist primär als »reinigen« = καθαρίζειν verstanden.

Noch deutlicher ist die Verwandtschaft von Tg Jes 53,10 mit Tit 2,14: Unser großer Gott und Retter Jesus Christus »gab sich für uns dahin, um uns von aller Ungerechtigkeit zu erlösen und für sich selbst ein Eigentumsvolk zu reinigen (καθαρίζειν), das guten Werken nacheifert«. Wir haben hier eine christologische Version der im Targum zu Jes 53,10 Gott zugeschriebenen Läuterung und Reinigung des Restvolks. Dabei ist jedoch – was der Targum geflissentlich übersieht – die Selbsthingabe des messianischen Gottesknechts der Realgrund für diese heilbringende Läuterung. Denn grundlegend ist die Stelle Jes 53,5: Der Gottesknecht ist »um unserer Sünden willen durchbohrt« (מְדַכָּא מִפִּשְׁעֵינוּ). Das bedeutet auf das Kreuz Christi bezogen: Das Blut des Gottessohnes »reinigt« (מְדַכָּא) »uns von aller Sünde« (1 Joh 1,7.9; vgl. Röm 3,25); am Kreuz ist Christus für »uns zur Heiligung geworden« (1 Kor 1,30). Und ähnlich beschreibt der Epheserbrief das Handeln Christi an der Kirche, die er »liebte und für die er sich dahingab, damit er sie heilige, nachdem er sie gereinigt hatte durch das Wasserbad im Wort« (5,25f). Die neutestamentliche Lehre von der reinigenden, sündentilgenden Kraft des Blutes Christi hat somit Anhalt in Jes 53, obwohl dort vom Blut des Gottesknechts nicht explizit die Rede ist. Denn nach Jes 53,12 hat dieser »seine Seele in den Tod ausgeschüttet« und die Sünde von Vielen getragen; d.h.: er hat sein Blut, den Sitz des Lebens, vergossen und dadurch die Schuld des Menschen gesühnt.

e) Die Vielen (הָרַבִּים) in Jes 53,12 und die Glieder (אֲבָרִים)

Die Verse Jes 53,10–12 deutet der Targumist recht frei. Freilich kann er die große Wende (vgl. Phil 2,9–11) zur Erhöhung des leidenden Gottesknechts, den Gegensatz zwischen seiner Mißhandlung durch die Menschen und der Rechtfertigung durch Gott, nicht zur Sprache bringen; er hat die Möglichkeit dazu schon vorher verspielt. Der messianische Knecht soll ja überhaupt nicht leiden, sondern triumphieren und das leidende Israel in die Freiheit führen. Auch das Wiedererstehen aus dem Tod (Jes 53,10f) geht verloren und wird durch ein langes, frommes Leben und durch den Sieg über die heidnischen Unterdrücker ersetzt. Gerade deshalb bleibt dann aber der Vorgang des »Teilens« in V.12 unverkürzt erhalten; ja, alles Teilen betrifft den erbeuteten Fremdbesitz. Schon in V.11 bringt das Verbum des »Satt Seins« (שָׂבַע) an der Erkenntnis ein Sich-Gütlich-Tun an der Beute in den Sinn. Die Zuteilung der Vielen (in V.12a) wird zur göttlichen Zuteilung der Beute vieler Völker, und der Knecht selbst verteilt die Plätze starker Städte als Beute (V.12a). Aber stehen geblieben ist merkwürdigerweise der

Satz, der Knecht habe sein Leben zum Tode ausgeliefert (MT »ausgeleert«);
hinzu kommt sein Verdienst, die Widerspenstigen dem Gesetz unterworfen
zu haben (V.12b). Und mit seiner Fürbitte für viele Übertretungen und mit
der Vergebung für die Widerspenstigen, beschließt der Targumist seine Wiedergabe des ganzen schwierigen Liedes.

Wie ist diese Übersetzung von V.12c zu erklären? Angesichts der Freiheit, mit der die Aussage: »Er war unter die Frevler gerechnet« für den
Knecht zum Guten gewendet wurde (= »die Widerspenstigen hat er der
Tora unterjocht«), wundert man sich, daß die »Hingabe seines Lebens zum
Tod« erhalten blieb. Hat der Targumist an einen mutigen Einsatz des Lebens in den Kriegen des Messias gedacht (so Billerbeck)? M.E. entstand
solch ein tödliches Risiko eher beim Eintreten des Knechtes für die Sünden
der Widerspenstigen, der Toraübertreter in Israel. Man denke etwa an Mose, der nach Ex 32,32 bei seiner Fürbitte für das abgefallene Israel »in den
Riß trat« und Gott das eigene Leben als Sühne anbot. Ein anderes Beispiel
ist Paulus, der nach Röm 9,3 sogar das Heil in Christus preiszugeben bereit
war, falls er dadurch das widerspenstige Israel retten könnte. Und der Kontext für die Aussage Jes 53,12b ist ja das Ringen des Knechtes vor Gott um
die Widerspenstigen. Er tritt für den Teil Israels ein, der sich dem Toragehorsam entzogen hat und deshalb mit vielen Sünden belastet ist. Es geht
auch im Targum um die Erneuerung Israels in der messianischen Zeit.

Paulus hat das Privileg der freien Deutung eines so schwierigen Textes
auf andere Weise genutzt. Die Aufrichtung des Gottesvolkes durch den
erhöhten Gottesknecht und Messias war m.E. freilich auch der Tenor seiner
Exegese von Jes 53,12a. Denn die für den Apostel so wichtige Botschaft von
der Rechtfertigung der Vielen durch den zum Leben zurückgeführten Messias (V.11) wird in V.12a fortgeführt mit der Verheißung, der Erlöser werde
alles für das neue Leben der Seinen tun. Gott selbst will ja zuerst seinem
gehorsamen Knecht Anteil an den Vielen geben, und dieser dann die Beute
mit den Starken teilen (Jes 53,12a). Der Apostel wollte m.E. diese Aussage
auf den Bau der Kirche Christi beziehen. Er hat deshalb Jes 53,12a spiritualisiert und für seine Lehre von Christus als endzeitlichem Erneuerer
ausgenützt: Der erhöhte Christus = Gottesknecht von Jes 52,13; 53,12 ist
für ihn auch der zweite Adam. Die Kirche ist aber für Paulus der geistliche
Leib dieses zweiten Adam. Sie ist die heilige Jungfrau, die Christus zugeführt wird, die neue Eva, die von Christus gepflegt und genährt wird wie
der eigene Leib (2 Kor 11,2f; Eph 5,28f): »Denn wir sind Glieder seines
Leibes, aus seinem Fleisch und aus seinem Gebein« (Eph 5,30 nach Gen
2,23). Das ist das große Geheimnis, daß Christus und die Kirche zusammengehören wie Mann und Frau (Eph 5,31f), wie Adam und Eva, die aus
Adam gebildet, »gebaut«, wurde. Weil der zweite Adam zuvor als Gottesknecht »die Vielen« = »alle« durch sein Blut erkauft hat und von Gott die
Erwählten, Glaubenden zugeteilt erhielt (Jes 53,12), darum werden sie sei-

ne Kirche und also Glieder seines Leibes. Ich könnte mir denken, daß Paulus den Begriff הָרַבִּים in Jes 53,12 ekklesiologisch auch als אֲבָרִים = »Glieder« deuten konnte, nämlich als Glieder des Leibes Christi (vgl. Röm 12,4–6, besonders V.5: Die Vielen sind ... Glieder, dazu 1 Kor 12,12). Analog dazu werden die »Starken« = עֲצוּמִים in Jes 53,12 verstanden als עֲצָמִים, als die »Knochen« dieses Leibes (Eph 5,30), der die Kirche ist:[16] Gen 2,22f und Jes 53,12, d.h. der erste Adam und der Gottesknecht als zweiter Adam, sind eng miteinander verbunden. Die Kirche ist sowohl der Leib als auch die Braut, das Gegenüber dieses zweiten Adam (2 Kor 11,2f). Am deutlichsten wird dies in Apk 21,6 ausgesprochen, wo von »der Braut, der Frau des Lammes« gesprochen wird; Gen 2,22f und Jes 53,7 (Christus als Lamm) sind hier verschmolzen. Auch die Verwirklichung der Abrahams-verheißung durch Christus, der die Glaubenden zu Kindern und Erben Gottes macht (Gal 4,4–7; Röm 8,16f.29), kommt aufgrund von Jes 53,5.12 zustande: Wir sind »Erben Gottes, Miterben Christi, wenn wir mitleiden, damit wir auch mit verherrlicht werden« (Röm 8,17). Das Mitleiden und Mitverherrlicht-Werden geschieht in der Gemeinschaft mit dem messiani-schen Gottesknecht; das Miterben wird dadurch möglich, daß der Erhöhte die »Beute«, die Güter des Heils, verteilt: Gott, der seinen eigenen Sohn für uns alle dahingegeben hat (Jes 53,5), wird mit ihm uns alles (τὰ πάντα) aus Gnaden schenken (Röm 8,32, vgl. Jes 53,12).

f) Der Gottesknecht und die Seinen (Jes 53,5.12); das Sein in Christus

Die Tatsache, daß Paulus die Gemeinschaft mit Christus auch von Jes 53 her verstehen konnte, läßt uns erwägen, ob nicht auch die paulinische For-mel ἐν Χριστῷ von Jes 53 herzuleiten und zu erklären ist. Das Sein in Christus ist bisher viel zu abstrakt und einseitig, grammatikalisch, psycho-logisierend und systematisierend, verhandelt und mit unpaulinischen Be-griffen befragt worden (mystisch – essentiell, juridisch – dynamisch, ek-klesiologisch – eschatologisch);[17] an einen alttestamentlichen Bezug wurde

---

[16] Von den Knochen »des Leibes Christi« spricht Joh 19,36, wo der Gekreuzigte als das für uns geschlachtete Passalamm dargestellt ist; dort erscheint Christus auch als der »Durch-bohrte« von Jes 53,5 (Joh 19,34f.37). Wichtig ist schließlich Lk 24,39: Der Auferstandene hat »Fleisch und Knochen« wie Adam nach Gen 2,23. Vielleicht ist auch die vom Kreuz aus vollzogene Übereignung des Lieblingsjüngers an die Mutter Jesu als ein Akt solchen »Ver-teilens« zu verstehen (Joh 19,25–27, vgl. Jes 53,12). Der Lieblingsjünger hat durch die Fußwaschung und die mit ihr bezeichnete Lebenshingabe »Anteil« (μέρος = חֵלֶק) an Jesus erhalten (Joh 13,7) und kann deshalb »zugeteilt werden« (חלק); mit seiner Mutter ist Jesus durch die Verwandtschaftsformel עצם מעצמי Gen 2,23) verbunden.

[17] Vgl. zum Ganzen Fr.Neugebauer, In Christus, ἐν Χριστῷ 1961. Dort wird sehr gut über den Stand der Forschung berichtet. Vgl. TJudah 24,1: Der Messias aus dem Hause Juda wandelt mit den Menschen in Demut und Gerechtigkeit: καὶ πᾶσα ἁμαρτία οὐχ εὑρεθήσεται ἐν αὐτῷ. Wird hier an den Gottesknecht erinnert, in dessen Mund kein Trug erfunden wurde

gar nicht gedacht. Das ἐν Χριστῷ kann nicht als Gegensatz zu einem ἐν νόμῳ entstanden sein, sonst wäre die Wendung ἔννομος Χριστοῦ (1 Kor 9,21) nicht gut denkbar. Das »In-Christus-Sein« beschreibt ja die Existenzweise der in den Leib Christi eingegliederten Hineingetauften, der im Geist Christi und in der Gemeinschaft mit seinem Leiden Lebenden, die in ihm erfunden sind (Phil 3,9f). Die ekklesiologische Umstandsbestimmung ἐν Χριστῷ in den Paulusbriefen ist auf ein soteriologisches διὰ Χριστοῦ gegründet, welches das Heilshandeln Gottes durch den Christus anzeigt (Röm 1,5; 5,9; 5,17–21; 8,37; 2 Kor 1,20). Beide Formeln geben bei Paulus einen summarischen Hinweis auf das Christusgeschehen und die dadurch geschaffene Heilswirklichkeit, wie sie im Lichte von Jes 53 erscheint. Dafür spricht einmal, daß ἐν Χριστῷ bei Paulus an Stellen begegnet, an denen das Heil in Christus von Jes 53 her konzipiert ist, z.B. in Phil 2,5–11; 1 Kor 1,30; 2 Kor 5,21. Zum anderen wird von Jes 53 her die scheinbar uneinheitliche, semitisierende Bedeutung der Präposition ἐν (Χριστῷ) = בְּ verständlich, die sowohl instrumental als auch räumlich übersetzt werden muß oder zugleich beides enhält: (das Geschehen) *durch* Christus und (das Sein) *in* Christus. Dabei könnte Paulus mit dieser Formel den Targum korrigieren, der in wichtigen Aussagen mit einem בְּדִילֵיה = »um seinetwillen« auf die heilschaffende Rolle des Knechts verweist. Nach dem Targum zu Jes 53 wird die Vergebung der Sünden durch die Fürbitte des messianischen Knechts erlangt, der das Volk Gottes nicht etwa nur von der »Knechtschaft« שַׁעְבּוּד der Völker befreit (zu 53,11a), sondern auch von seiner Schuld erlöst: »Es war wohlgefällig vor Gott, die Sünden von uns allen zu erlassen um seinetwillen« (בְּדִילֵיה V.6b).[18] Diese Wendung »um seinetwillen« hat aber eine eingeschränkte Bedeutung. Denn Sündenvergebung ohne Toragehorsam bzw. Buße gibt es im Grunde nicht; der Sünder kann keine Rechtfertigung erlangen. Diese Wahrheit hat der Targum schon in Gen 4,7 entdeckt: »Wenn du dein Handeln gut machst, wird dir (deine Schuld) vergeben« (יִשְׁתְּבֵיק לָךְ חוֹבָךְ).

Demgegenüber hebt der hebräische Text die Dahingabe des Knechts hervor: »Gott ließ ihn die Sünde von uns allen treffen« (Jes 53,6b). Dieser heilsgeschichtlichen Tatsache wird das paulinische διὰ Χριστοῦ gerecht, mit dem der Apostel den stellvertretenden Tod des Messias und Gottesknechts meint. In Röm 5,17.21; 8,37 kann dieses διὰ Χριστοῦ an betonter Stelle stehen wie das בְּדִילֵיה im Tg Jes 53,4.6. Paulus bringt aber das sola gratia des Gotteshandelns in Jes 53 viel besser zum Ausdruck, als der to-

---

(Jes53,9b)? Ist dann sein Wandel mit den Menschen nicht auch als Deutung von חַבּוּרָה in Jes 53,5 = »Gemeinschaft« zu verstehen?

[18] Man kann diesem בְּדִילֵיה das hebräische לְמַעֲנִי in Jes 43,25 vergleichen: »Ich tilge Deine Übertretungen um meinetwillen und gedenke Deiner Sünden nicht«. Gott führt diese Verheißung nach Jes 53 durch seinen Knecht aus; er vergibt Israels Sünden »um seinetwillen«, seiner Fürsprache und Verdienste wegen (so der Targum).

ratreue, rechtlich denkende Targumist. Dieser weiß, daß Israel nach Jes 40,2 von der Hand des Herrn eine zwiefältige Strafe erhalten und darum selbst schon für seine Schuld gebüßt hat. Er erinnert mehrfach an die Wegführung und das Leiden des Gottesvolkes (zu 52,14; 53,4.8) und läßt sogar die Heiden für die Sünden Israels büßen.[19] Paulus hingegen hat die instrumentale und universale Rolle des Gottesknechts Christus vor Augen, der für die Sünden nicht nur des Gottesvolkes, sondern auch für die aller Menschen gestorben ist.

Diese Rolle kann auch durch die Wendung »In Christus« (ἐν Χριστῷ) ausgedrückt werden, wobei ἐν analog zum hebräischen בְּ zunächst instrumental gebraucht wird. Das geschieht in Röm 3,25: Gott hat »durch (ἐν) sein Blut« Sühne geschaffen; die Erlösung geschah »durch ihn« (ἐν Χριστῷ vgl. Gal 2,17). Aber auch die räumliche Bedeutung der Präposition ἐν = בְּ ist meist mitenthalten, so wenn Gott »in Christus« war, als er die Welt mit sich versöhnte (2 Kor 5,19), oder wenn das Sein »in Christus« ein Neu-Geschaffen-Sein des Glaubenden bedeutet (2 Kor 5,17). In 2 Kor 5 stehen das deutlich auf Jes 53 bezogene διὰ Χριστοῦ und das ἐν Χριστῷ parallel: Gott versöhnte uns selbst *durch* Christus (V.18); er war *in* Christus, als er die Welt sich versöhnte (V.19). Sühne, das Tilgen der Sünde, und Versöhnung als Aufhebung der Feindschaft, lassen sich von Jes 53,5 her dem Tode Jesu zuschreiben; der ganze Abschnitt 2 Kor 5,14–21 ist an Jes 53 orientiert. Das gilt auch für andere Stellen, in denen das ἐν Χριστῷ erscheint. In Phil 2,5 folgt ihm das Carmen Christi (2,6–11): »In Christus gesinnt sein« bedeutet dann: Man soll im Heilsbereich des Messias bleiben, den Weg Jesu gehen und so dem Gottessohn = Gottesknecht gleichgestaltet werden (vgl. Phil 3,10f.21). Nach 1 Kor 15,22 werden die Menschen, die »in Adam« alle sterben, »in Christus« alle lebendig gemacht. Auch da ist die Präposition ἐν sowohl instrumental als auch räumlich zu verstehen: Der Ungehorsam Adams und der Gehorsam des zweiten Adam, Christus, schafft einen Bereich, in dem der Tod bzw. das Leben herrscht.

Weil der Christus sich für die Vielen nicht nur in den Tod gegeben hat, sondern auch nach Jes 53,12 an ihnen Anteil erhielt, darum gibt es auch das räumlich gemeinte, ekklesiologische, ἐν Χριστῷ. Nach 1 Kor 15,23 werden die »zu Christus Gehörenden« zuerst auferstehen. Dies sind die dem gerechtfertigten Gottesknecht zugeteilten »Vielen« (Jes 53,12), die »durch ihn« »im Leben« des kommenden Äons »königlich regieren« (Röm 5,17; vgl. 5,19). Wer »in Christus Jesus ist«, den trifft kein Verdammungsurteil des Endgerichts (Röm 8,1), weil er durch ihn losgekauft ist und weil der erhöhte Herr für ihn fürbittend vor Gott eintritt (Röm 8,34; vgl. Jes 53,12). M.E. wird durch die mit Jes 53 verbundene Vorstellung von Christus als

---

[19] Vgl. Tg Jes 53,8 (Schluß): »Und die Sünden, welche mein Volk beging, wird er über sie (die Heiden) kommen lassen« (vgl. dazu Jes 43,3f).

dem zweiten Adam die räumliche Dimension des »In-Christus«-Seins verstärkt. Ist für Paulus der erste Mensch ein Typos des zukünftigen Adam Christus (Röm 5,14), so wird der in Jes 53 verheißene Gottesknecht nicht nur als ein beispielhaftes Gegenüber zum Christus angesehen. Vielmehr sind beide identisch: In Christus hat Gott diese Weissagung endzeitlich erfüllt.

Das Leben »in Christus« geschieht in der die Zukunft vorwegnehmenden Gegenwart vor allem im Leib Christi. In ihm wirken die Glaubenden als Glieder (μέλη = אֵבָרִים, עֲצָמִים) organisch zusammen und setzen die ihnen geschenkten Gnadengaben zum Nutzen des Ganzen ein. In diesem Bereich, der vom Geist Christi belebt wird, sind die Unterschiede der weltlichen Ordnung und alten Schöpfung aufgehoben (Gal 3,28); »in Christus«, im zweiten Adam und bei den von Gott zugeteilten »Gliedern« der Kirche (vgl. Jes 53,12), ist bereits die Gleichheit der zum neuen Bund gehörenden Gotteskinder verwirklicht (Jer 31,34).

Sprachlich und sachlich ist dieses ἐν Χριστῷ vielleicht von Jes 53,5 herzuleiten: Es bedeutet »in der Gemeinschaft« (בַּחֲבוּרָתוֹ) mit dem Herrn, der für uns gestorben und auferstanden ist; es meint die Teilhabe »am« (ἐν, hebräisch בְּ) Leiden und an der Herrlichkeit des Herrn (Röm 8,17). Mit der Taufe werden wir in die Geschichte dieses Christus hineingenommen, deren Ziel unsere Rettung ist (Röm 6,3f; 7,4), so wie damals Israel durch seine Taufe »auf« (εἰς) Mose an das Heilsgeschehen des Exodus angeschlossen worden war (1 Kor 10,2).

Abschließende Bemerkungen

1. Die Auslegung von Jes 53 bei Juden und Christen zeigt besonders deutlich den Unterschied zwischen jüdischer Lehre und christlichem Glauben. Der beiden Gruppen gemeinsame Text wird ganz verschieden verstanden: Im Targum dominiert die Tora zusammen mit dem triumphierenden Messias, bei den Christen die Besorah, das Evangelium vom stellvertretend leidenden Christus. Hier erfolgen Sündenvergebung und Rechtfertigung ohne Gesetzeswerke, aus freier Gnade; sie werden allein durch den Glauben an Christus gewonnen. Im Judentum will der Fromme das Gesetz studieren und gehorsam erfüllen; die Sündenvergebung wird ihm durch die Fürsprache des messianischen Anwalts des Gesetzes zuteil. Der Vorwurf, Paulus habe das palästinische Judentum mißverstanden, zu Unrecht einen »nomistisch« verengten Gesetzesgehorsam vorausgesetzt und einer eingebildeten Werkgerechtigkeit seine Gnadenlehre entgegengestellt, ist angesichts der vom Targum gebotenen Auslegung von Jes 53 nicht aufrecht zu halten. Denn dort sind Toragehorsam und Tempelkult in einen Text eingetragen, der beides geradezu ausschließt. Neuerdings wird die jüdische

Frömmigkeit des neutestamentlichen Zeitalters gern mit dem Begriff »covenantal nomism« bezeichnet (E.P.Sanders). Solch ein bundesbezogener Gesetzesgehorsam paßt für die Qumrangemeinde, in der das Tun der ganzen Tora und das Bewahren des Bundes eng zusammengehören. Er trifft weniger für die rabbinischen Weisen zu, die den Bund mit Gott zwar voraussetzen, aber viel mehr von der Tora reden und außerdem beim Wort »Bund« vor allem an den Beschneidungsbund denken. Eine Blütenlese rabbinischer Kernsprüche wie Pirqe Aboth zeigt deutlich, wie sehr das Studium und das Tun des Gesetzes im Vordergrund stehen; vom Bund ist kaum die Rede. Die Tora ist das Instrument der Weltschöpfung (Aboth 3,14)und Norm des Weltgerichts; Erwählung und Bund treten deshalb in den Hintergrund. Demgegenüber betont Paulus die universale Kraft der Gnade und der Gerechtigkeit Gottes, die »ohne Gesetz« geoffenbart wurde und durch den Glauben an Jesus Christus ergriffen wird (Röm 3,21). Wenn diese rettende Gerechtigkeit vom Gesetz und den Propheten bezeugt wird (ibid.), so denkt Paulus sicherlich auch an Jes 53.[20]

2. Wenn der Apostel von der Decke spricht, die bei der Verlesung des »Alten Bundes« auf den Herzen der jüdischen Hörer liegt (2 Kor 3,14f), so könnte vor allem ein Text wie Jes 53 gemeint sein; Jesaja gehört ja zu den קְרוּאִים, den im Gottesdienst »gelesenen« Büchern der Schrift. Diese Decke des Nicht-Verstehens verschwindet, sobald man sich zum Herrn wendet und sein Kreuz versteht (2 Kor 3,16 nach Ex 34,34). Ähnlich sollen die Völker und Könige, wenn sie mit dem Knecht Gottes konfrontiert werden, das Unerhörte sehen und verstehen (Jes 52,15). Dennoch findet die Botschaft vom Gottesknecht keinen Glauben (Jes 53,1); ja, das Leiden dieses Knechtes wurde auch von seinen Bekennern zunächst völlig mißverstanden und als wohlverdiente Strafe für einen Schuldigen angesehen (Jes 53,3f).

3. Paulus hatte ja als Pharisäer Leiden und Tod des messianischen Gottesknechts Jesus von Nazareth auf ähnliche Weise beurteilt, den Christus auf »fleischliche Weise gekannt« (2 Kor 5,16): Er hatte den Gekreuzigten aufgrund von Dt 21,22f für einen von Gott Verfluchten gehalten und deshalb die Christen wegen blasphemischer Verkündigung verfolgt. Vor Damaskus hat der vom Himmel her erscheinende, hoch erhöhte und verherrlichte (Jes 52,13) Herr ihm die Augen geöffnet, sich ihm zugewandt und die auf dem Herzen liegende Decke entfernt. Der Apostel hat die ganze Tragweite des Damaskusgeschehens mit Hilfe von Stellen wie Jes 6 und Jes 53 erkannt: Die erstere offenbarte ihm die Tatsache der mit der Vision beabsichtigten Berufung zum Apostel Jesu Christi, dazu das Evangelium als

---

[20] Ferner an Stellen wie Gen 15,6; Jes 56,1.

Inhalt der Botschaft, und schließlich deren Adressaten, die Heiden.[21] Im Lichte von Jes 53 lernte er dann die für ihn so verhängnisvolle Stelle Dt 21,22f neu verstehen, nämlich die Tatsache, daß der Gekreuzigte als ein Sündloser sich vom Fluch des Gesetzes hatte treffen lassen, einem Fluch, den wir aufgrund unserer Übertretungen verdient hatten (Gal 3,13f). Von da an hat Paulus das Wort vom Kreuz als rettendes Evangelium verkündigt (1 Kor 1,18) und niemanden mehr »kennen« wollen »außer Jesus Christus, und diesen als gekreuzigten« (1 Kor 2,2). Dieses »Kennen« (εἰδέναι 1 Kor 2,2) hat eine ähnlich existentielle Bedeutung wie das εἰδέναι des Christus in 2 Kor 5,16: Es gilt den Christus als denjenigen zu erkennen, der am Kreuz die Weissagung Jes 53 uns zu gut erfüllt hat.

---

[21] Vgl. dazu den Aufsatz »Die Vision des Paulus im Tempel von Jerusalem«.

32. Das Mahl des Herrn bei Paulus

Dem Freunde Friedrich Lang gewidmet

1. Die durch die kritische Exegese verursachte Abendmahlsnot

Die gegenwärtige Diskussion über das Abendmahl ist durch die Unsicherheit der Exegese erheblich belastet. Die evangelische Theologie kann nicht wie die katholische Kirche auf die Autorität eines Konzils verweisen und erklären, die im Tridentinum gegebenen Formulierungen zur Messe »drükken Begriffsinhalte aus, die nicht an eine bestimmte Kulturform, nicht an eine bestimmte Phase wissenschaftlichen Fortschritts noch an diese oder jene theologische Schule gebunden sind«.[1] Sie ist vielmehr an das Zeugnis der heiligen Schrift gewiesen, an die Abendmahlsberichte in den Evangelien und bei Paulus, und deshalb auch vom Urteil der Exegeten abhängig. Freilich hat man augenblicklich den Eindruck, als sei die Abendmahlspraxis unserer Kirchen von der akademischen Evangelienauslegung kaum berührt. Deren Ergebnisse sind alles andere als erbaulich. So urteilt etwa H.Graß:»Es ist noch nicht einmal geklärt, ob sich die kirchliche Lehrbildung an einem letzten Mahle Jesu oder am apostolischen Zeugnis vom Abendmahl orientieren soll«. Und nach der Aufzählung weiterer ungeklärter Probleme meint er:»Solange die neutestamentliche Forschung noch nicht zu einem leidlichen Konsensus in diesen grundsätzlichen Fragen gekommen ist, wird man von ihr schwerlich ein alle überzeugendes Wort über das, was das Neue Testament vom Abendmahl lehrt, erwarten können«.[2] Zwar versichert man in These 1,1, die von einer Kommission für das Abendmahlsgespräch der EKD in Arnoldshain aufgestellt wurde:»Die Feststellung, daß das Abendmahl in Stiftung und Befehl Jesu gründet, ist eine eindeutige Ablehnung aller Versuche, das Abendmahl nur als ein kultgeschichtliches Produkt der Gemeinde zu verstehen«.[3] Aber das scheint ein mit dem Mut der Verzweiflung gesprochener Satz zu sein angesichts der Tatsache, daß die kritische Exegese bereits in der Kirche und Theologie des Neuen Testaments nicht etwa eine Einheit, sondern einen Pluralismus von teilweise sich widersprechenden Gruppen und Meinungen feststellt, der

---

[1] Encyclica Pius VI. Mysterium Fidei, Act. Apostol. Sedis 57, 1965, S.758 zitiert von H.Feld, Das Verständnis des Abendmahls, Darmstadt 1976, S.125.
[2] H.Graß, Die evangelische Lehre vom Abendmahl 1961, S.269.
[3] Zitiert von H.Feld, a.a.O. S. 133.

sich natürlich auch auf das Abendmahl erstreckt;[4] bezüglich einer Einsetzung und Sinngebung durch Jesus ist man recht skeptisch. Auch die katholische Seite ist nicht frei von Unsicherheit. Im »Neuen Glaubensbuch« erscheint im Abschnitt über das Herrenmahl die Frage: »Stiftung durch Jesus?« als Zwischenüberschrift und dazu die Feststellung, die Texte des Neuen Testaments spiegelten die gläubige Deutung und die Praxis der jungen Kirche; kein einziger von ihnen sei »ein einfacher Bericht über einen Einsetzungsakt Jesu während seines irdischen Lebens«.[5] Angesichts der Tatsache, daß sich die neutestamentlichen Zeugen ausdrücklich auf ein letztes Mahl Jesu berufen, wobei Paulus und Lukas dessen Befehl zur Wiederholung erwähnen (1 Kor 11,24f; Lk 22,19), sind jedoch die Faktizität und der Sinn dieses letzten Mahles Jesu für unsere Abendmahlspraxis – genauso wie für die ersten Christen – von großer Bedeutung. Es darf nicht sein, daß die Ergebnisse der Exegese zur Abendmahlsfeier und Messe in krassem Widerspruch stehen; die Glaubwürdigkeit der Kirche leidet sonst schweren Schaden. Aber hat denn die kritische Exegese wirklich recht, wenn sie die Einsetzung des Abendmahls durch Jesus bezweifelt und schon im Neuen Testament verschiedenartige Deutungen dieses Mahles zu finden meint? Auf diese Frage möchte ich im Folgenden eine Antwort geben; diese läuft auf ein entschiedenes »Nein« hinaus.

2. Ist eine Aktualisierung der Abendmahlsfeier durch die Passatradition möglich und exegetisch legitim?

Bei der Suche nach einem neuen Verstehen des Abendmahls und einer Wiederbelebung seines Vollzugs in den christlichen Kirchen wird neuerdings auf katholischer Seite die alttestamentlich-jüdische Passafeier hervorgehoben. Als »Sitz im Leben« des letzten Mahles Jesu wird sie für die Eucharistie der heutigen Christen fruchtbar gemacht: Die Passafeier bringe den Exodus des Gottesvolkes, seine Befreiung aus der Knechtschaft, sinnbildlich zum Ausdruck; dementsprechend lasse sich die Eucharistie als ein neues Passa verstehen, als das Mahl der pilgernden Gemeinde auf dem Weg in die endgültige Heimat oder als den transitus caritatis mit dem Anteilgewinnen an der Sendung des Christus, der sich aus Liebe für die Seinen in den Tod gab.[6] Dagegen sehen die evangelischen Exegeten – abgesehen von J.Jeremias und H.Patsch[7] – das Zeugnis der drei ersten Evangelien, Jesus

---

[4] Vgl. etwa E.Käsemann, The Problem of New Testament Theology, in: NTS 19 (1973), S.233–245.

[5] Neues Glaubensbuch, ed. J.Feiner, H.Vischer, S.382f.

[6] Th.Schneider, Die neuere theologische Diskussion über die Eucharistie, in: Ev. Theol. 35 (1975). S.479–524, besonders S.509.

[7] J.Jeremias, Die Abendmahlsworte Jesu, Göttingen 1935. Englische Ausgabe: The Eucharistic Words of Jesus, New York 1966, S.41ff. H.W.Patsch, Abendmahl und historischer Jesus, Calwer Theolog. Monographien 1, Stuttgart 1972, S.34–36: Mk 14,12–16.26 ist vormarki-

habe sein letztes Mahl als ein Passa gefeiert, als unsichere oder auch theologisch unwichtige Nachricht an. Zum einen sei es fraglich, ob man eine ursprüngliche Verbindung mit dem Passa voraussetzen könne, zum anderen sei für das Verständnis der Abendmahlsworte Jesu aus der Situation des Passa kaum etwas zu gewinnen. Die Passatradition habe schon deshalb kein konstitutives Element für die Feier des Herrenmahls gebildet, weil dieses ohne Bindung an das Passadatum das ganze Jahr hindurch gehalten wurde.[8]

Das ist jedoch m.E. ein vorschnell gefälltes Urteil, das im Folgenden revidiert wird, und zwar gerade aufgrund des paulinischen Berichts vom Mahl des Herrn, der angeblich den Bezug zum Passa am Stärksten vermissen läßt.

Man kann die enge Verbindung von Passa und Herrenmahl vor allem mit Hilfe der traditionsgeschichtlichen Methode erkennen. Diese tritt m.E. in der kritischen Exegese zu sehr hinter formgeschichtlichen Hypothesen und redaktionsgeschichtlichen Überspitzungen zurück. Dabei sollte sie zum Verstehen neutestamentlicher Texte vorrangig eingesetzt werden. Man muß in erster Linie fragen: Wo werden die alttestamentlich-jüdischen Wurzeln des Abendmahls Jesu und der Herrenmahltradition bei Paulus sichtbar, wie sind von daher die Deuteworte Jesu und der Einsetzungsbefehl zu verstehen? Dabei gehe ich von der Voraussetzung aus, daß die Tradition des Herrenmahls und die Deuteworte zu Brot und Wein auf Jesus selbst zurückgehen. Sie werden im Neuen Testament so früh, vielstimmig und doch im Wesentlichen einhellig.[9] als Handeln Jesu bezeugt, daß schon von daher der Verdacht auf Gemeindebildung unangebracht ist.[10] Auch inhaltliche Gründe sprechen dagegen. Wegen der hinter dem griechischen Wortlaut deutlich erkennbaren semitischen Sprachgestalt ist es unmöglich, die Abendmahls-

---

nisch, Lk 22,15 von Markus unabhängiges Sondergut. Markus ist deshalb nicht der Urheber der Passatradition. Konstruktiv und illuminierend ist P.Stuhlmacher, Das neutestamentliche Zeugnis vom Herrenmahl ZThK 84 (1987) S.1–35.

[8] F.Hahn, Zum Stand der Erforschung des urchristlichen Herrenmahls, in: Ev. Theologie 35 (1975), S.553–563, besonders S.562f. Man begründet das negative Urteil mit dem Fehlen des Osterlamms, der Bitterkräuter und sonstigen Details der jüdischen Passafeier.

[9] Die Behauptung, es gebe im Neuen Testament ebensowenig wie eine einheitliche Christologie so auch kein einheitliches Zeugnis vom Abendmahl (W.Marxsen, Das Abendmahl als christologisches Problem, Gütersloh 1963, S.29), ist nicht richtig, da in beiden Fällen die Gemeinsamkeiten so beherrschend sind, daß die Unterschiede keine wirklichen Differenzen darstellen.

[10] Die Hypothese von der Gemeindebildung wurde in erster Linie von W.Heitmüller aufgestellt, der dabei die formgeschichtliche Kritik vorwegnahm: Die Abendmahlstexte hätten als »Spiegelungen zu gelten der Art, wie das Abendmahl in der Zeit und in den Kreisen, da sie niedergeschrieben wurden, gefeiert, gewürdigt und verstanden wurde, bzw. werden sollte« (Art. Abendmahl, RGG, [1]1909, S.22). Bahnbrechend wirkte R.Bultmann, der über Heitmüller hinausgehend in Mk 14,22–25 eine sekundäre Kultätiologie voraussetze; nach Analogie der Mysterien wurde auf sakramentale Weise der Tod des Kyrios gefeiert (Theologie des Neuen Testaments [6]1968, S.150–153; so auch H.Braun, Jesus, Stuttgart [2]1969, S.50).

tradition der hellenistischen Gemeinde zuzuschreiben und sie analog zu den Mahlen der Mysterienkulte zu verstehen. Auf der anderen Seite ist die Aufforderung, das Blut des sich in den Tod gebenden Messias zu trinken, für einen jüdisch erzogenen und den Blutgenuß verabscheuenden Christen ein ganz fern liegender, ja Anstoß erregender Gedanke.[11] Nur Jesus selbst ist er zuzutrauen. Denn er besaß die Kühnheit, die rituellen Schranken der Tora zu durchbrechen, wenn es die Forderung des endzeitlichen Kairos aufzuzeigen und eine neue Gemeinschaft zu begründen galt.[12]

In den Einsetzungsworten nimmt Jesus, vor allem in Mk 14,24, die Tradition vom leidenden Gottesknecht auf. Das ist für die Deutung des Abendmahls sehr wichtig: Bildet die Passafeier den äußeren Rahmen dieses letzten Mahls Jesu vor seinem Leiden, bestimmt sie dessen Ablauf und die Form der Einsetzungsworte, so erhellt Jes 53 deren Inhalt und die theologische Bedeutung des ganzen Mahls. Die Treue der neutestamentlichen Abendmahlsüberlieferung wird nicht zuletzt daran sichtbar, wie diese beiden Traditionen, die des Passa (Ex 12–13) und die von Jes 53, bewahrt worden sind.

Paulus bietet den – literarisch betrachtet – frühesten Bericht von der Feier des Herrenmahls in der Kirche (1 Kor 11,20– 34). Wir verdanken ihn einem Mißstand in Korinth, nämlich den Spaltungen in der Gemeinde (11,19), die sich wegen der Rücksichtslosigkeit der Reichen im unordentlichen Ablauf der gemeinsamen Mahlfeier manifestierten (11,20–22). Das veranlaßte den Apostel, die Korinther eindringlich auf den eigentlichen Sinn des Herrenmahls hinzuweisen. Er tat dies durch das Zitieren der Abendmahlstradition (11,23–25), die er anschließend kommentierte; dabei hat er sie für den aktuellen Anlaß der Mißstände bei der Mahlfeier als autoritativen Text eingesetzt (11,26–34). Den meisten Raum nimmt demnach die Auslegung des Abendmahls Jesu ein, und man mag sich fragen, ob nicht der aktuelle, paränetische Zweck die ursprüngliche Absicht Jesu und die Tradition vom letzten Mahl mit seinen Jüngern verdunkelt oder gar verändert hat.

3. Das letzte Mahl Jesu als Passamahl

Aber was waren der ursprüngliche Ablauf und der Sinn dieses Mahles? R.Pesch bemerkt zu dem nach seiner Ansicht ältesten Überlieferungsgut

---

[11] Gen 9,4; Joh 6,52–61. Vgl. dazu das Verbot des Blutgenusses im Aposteldekret Apg 15,20.29, ferner die Umdeutung von Num 23,24 im Targum. Im MT wird Israel einer Löwin verglichen, die sich nicht hinlegt, ehe sie ihre Beute verzehrt und das Blut der Erschlagenen getrunken hat. Der Targum meint dazu, die Israeliten werden das Blut der Feinde wie Wasser vergiessen, bis sie den Besitz der Völker erhalten.

[12] Z.B. Mt 5,29f, Mk 7,15; vgl. auch Mk 5,21–43.

der Urgemeinde,[13] dem Stück der vormarkinischen Passionsgeschichte Mk 14,12–26, dessen Geschehenszusammenhang werde hauptsächlich durch das Thema »Paschamahl« konstituiert: Die Vorbereitung dieses Mahls in 14,12–16, die Verratsansage bei der Paschamahlvorspeise 14,17–21, Jesu Todesdeutung im Verlauf der Paschahauptmahlzeit 14,22–25 und schließlich den Abschluß dieses Mahls mit dem »Hymnus« der Hallel-Psalmen. Vorbereitet sei dieses Thema von der eröffnenden Zeitangabe in 14,12, die den ersten Tag des Mazzenfestes als Datum für das Schlachten des Passalamms bezeichnet.[14] Das letzte Mahl Jesu war demnach im für Pesch ältesten Traditionsstück – er datiert diese vormarkinische Passionsgeschichte in die Zeit vor 37 n. Chr. – nicht etwa nur ein Gemeinschaftsmahl, das durch die später vorgeschaltete Erzählung vom wunderhaften Auffinden des Abendmahlsaals nachträglich zu einer Passafeier umstilisiert worden wäre. Vielmehr wurde es von Anfang an und durchgängig als eine Passafeier geschildert. Nach J.Jeremias hat Jesus sein letztes Mahl eindeutig als ein Passamahl gefeiert.[15] Vierzehn dementsprechende Beobachtungen an den Berichten führen ihn zu diesem Schluß,[16] wobei auch er betont, daß nicht etwa nur der Rahmen, sondern auch der Bericht vom eigentlichen Mahl dieses als ein Passamahl ausweist.[17] An der Geschichtlichkeit dieser Tatsache darf man nicht zweifeln. Denn was hätte die Gemeinde, die das Mahl des Herrn oftmals während des ganzen Jahres feierte, dazu bewegen sollen, es in der Überlieferung sekundär als Passamahl darzustellen, das an das Datum des 14. Nisan gebunden war und deshalb – in klarem Gegensatz zur eigenen Gottesdienstpraxis – nur ein einziges Mal im Jahr hätte begangen werden dürfen? Jesus hatte demnach sein letztes Mahl mit den Jüngern als Passamahl gefeiert; und diese Tatsache wurde in der neutestamentlichen Überlieferung und bei der Feier des Mahls in den Gemeinden festgehalten, obwohl sie der eigenen Gottesdienstpraxis widersprach.

Die Treue der Abendmahlsüberlieferung im NT ist überhaupt bemerkenswert. Ablauf und Sinn dieses von Jesus gefeierten und zur Wiederholung bestimmten Mahls sind in allen Berichten knapp, aber im wesentlichen übereinstimmend aufgezeichnet. Der von Paulus gegebene Hinweis auf eine »Überlieferung vom Herrn«[18] macht solche Treue der Tradition verständlich. Differenzen im Detail sind kein Gegenbeweis, im Gegenteil: Eine ganz uniforme Tradition erweckt eher den Verdacht, ein ad hoc geschaffenes, künstliches Gebilde zu sein. Das Urteil »Gemeindebildung« ist deshalb für das Abendmahl ganz unangebracht.

---

[13] Das Evangelium in Jerusalem (Mk 14,12–26 als ältestes Überlieferungsgut der Urgemeinde), in: P.Stuhlmacher (ed.), Das Evangelium und die Evangelien WUNT 28.

[14] A.a.O. S.146f.

[15] The Eucharistic Words of Jesus (Übersetzung der 3. Auflage Göttingen 1960 durch N.Perrin), New York 1966.

[16] A.a.O. S.41–88.

[17] A.a.O. S.61.

[18] Vgl. 1 Kor 15,23: παρέλαβον ἀπὸ τοῦ κυρίου.

4. Das letzte Mahl Jesu und Jesaja 53

Will man den eigentümlichen, von der Passaüberlieferung abweichenden
Inhalt des letzten Mahles Jesu bestimmen, so ist man an die Deuteworte,
die »Gabeworte« (O.Hofius), zu Brot und Wein gewiesen. M.E. müssen sie
von Jesaja 53 her erklärt werden. Zu Recht wird allgemein das Gabewort
zum Becher, das nach dem Mahl im Anschluß an den Segen für den Wein
(vgl. Mk 14,22f) gesprochen wurde, zu Jes 53,12 in Beziehung gesetzt: Der
Wein ist Jesu Blut, »das für viele vergossen wird« (Mk 14,24). Wie in Mk
10,45 sind (die) »Vielen« ein Hinweis auf die רַבִּים (הָ) in Jes 53,12, deren
Sünde der messianische Gottesknecht trägt, durch sein stellvertretendes
Leiden und Sterben sühnt. Wenn er nach V.12b sein Leben/Seele (נַפְשׁוֹ) in
den Tod »ausschüttet«, so tut er das eben dadurch, daß er sein Blut für viele
vergießt; der Sitz des Lebens ist im Blut (Lev 17,11).

Noch zwei weitere auffallende Akte der letzten Mahlfeier lassen sich zu
Jes 53 in Beziehung setzen; das wurde m.E. bisher übersehen. Einmal gilt
das vom Gabewort zum Brot, das Jesus auf seinen Leib deutet, zweitens von
der Austeilung der Mahlelemente, mit der Jesus seine Lebenshingabe zum
Heil der vielen besonders klar zum Ausdruck bringt.

a) Die Deutung des gebrochenen Brotes auf den Leib ist parallel zum
ausgegossenen Leben = Blut (Jes 53,12b) von Jes 53,12c herzuleiten: Der
Gottesknecht »trägt die Sünde von vielen«. Solch ein Tragen ist ein Akt des
Leibes: Nach 1 Petr 2,24 hat Jesus »selbst unsere Sünden hinaufgetragen
durch seinen Leib zum Holz« (ἐν τῷ σώματι αὐτοῦ ἐπὶ τὸ ξύλον); das
Tragen der Sünden (Jes 53,12c) geschieht mit dem Leib, der in den Tod
gegeben, ans Kreuz gehängt wird. Nach Röm 7,4 ist der Christ dem Gesetz
abgestorben »durch den Leib des Christus«, d.h. durch das stellvertretende
Leiden dieses Leibes, der so die Sünden wegträgt. Auch im Hinweis des
Täufers auf das Gotteslamm (Joh 1,29) ist Jes 53,7 mit Jes 53,12 verbunden:
Die Sünden der Welt werden weggetragen, die »Vielen« sind inkludierend
auf alle Menschen bezogen.

Wie in diesen Stellen ist auch im Gabewort zum Brot der Hinweis auf
den Leib durch Jes 53,12b veranlaßt: Jesus bezeichnet sich im letzten Mahl
als den Gottesknecht, der seine Seele, d.h. sein Blut, in den Tod »ausgießt«
und der »die Sünden von Vielen trägt«, indem er sie seinem Leibe auflädt,
sie »ans Holz hinaufträgt« und stellvertretend stirbt. Die Mahlelemente
Brot und Wein werden deshalb als Leib und Blut gedeutet.

b) Aber auch Jes 53,12a kommt in den Gabeworten zur Geltung. Danach
wird dem Gottesknecht verheißen, Gott werde ihm an Vielen Anteil geben
(אֲחַלֶּק), und mit den Starken werde er Beute teilen (יְחַלֵּק שָׁלָל). Das Anteil
Geben ist gleichsam der göttliche Lohn für die Lebenshingabe; und der

Gottesknecht selbst verteilt die Frucht seines freiwilligen Opfertodes an die Vielen, die Gott ihm schenkt.[19] Die Zuteilung dieser Frucht des Todes ist der Sinn der Gabeworte beim letzten Mahl: Jesus »verteilt« durch Brot und Wein sinnbildlich die »Beute« des Sieges, den er durch seinen dahingegebenen Leib und sein vergossenes Blut gegenüber der Macht des Bösen, aber auch gegenüber der Forderung des Gesetzes (Röm 7,4; Gal 3,13), erringt. Es sind besonders die Evangelisten Lukas und Johannes, die dieses Teilen und Anteilgeben im Sinne von Jes 53,12a deutlich zum Ausdruck bringen. Im Wort vom Stärkeren, der den Starken überwindet, erwähnt Lukas das Verteilen von dessen Beute (11,22; vgl. Jes 53,12a), und beim letzten Mahl läßt er Jesus sagen: »Nehmt diesen (Kelch) und verteilt ihn untereinander!« (καὶ διαμερίσατε εἰς ἑαυτούς Lk 22,17). Auch das Brechen (κλάζειν) des Brotes, das Jesu Segen folgt und das Gabewort einleitet, bezeichnet ein Verteilen:[20] Segensspruch, Brechen und Geben des Brotes sind die übereinstimmend berichteten Akte (Lk 22,19; vgl. Mk 14,22). Jesus selbst teilt sich mit dem Brot den Seinen mit, gibt ihnen Anteil an sich und an seinem Sühnetod. Paulus drückt diese Heilswirkung der Gabe des Herrenmahls durch den Begriff »Gemeinschaft« (κοινωνία mit dem Leib und dem Blut Christi) aus (1 Kor 10,16f), ferner durch das Verbum »Anteil bekommen« (μετέχειν ἐκ 1 Kor 10,17). Die auffallende Konstruktion dieses Verbums offenbart beides: die Teilhabe »an« (μετά) und die Zuteilung »vom« (ἐκ) Brot, das Christus als zweiter Adam ist und das auch den Leib der Kirche darstellt. Diese Deutung wird von Johannes bestätigt. Bei der Fußwaschung, die einen ähnlichen Dienst wie die Gabe von Brot und Wein beim synoptischen Abendmahl erfüllt, erwidert Jesus dem sich sträubenden Petrus: »Wenn ich Dich nicht wasche, so hast du keinen Teil an mir« (οὐκ ἔχεις μέρος μετ' ἐμοῦ Joh 13,8). Die Fußwaschung ist ein Dienst, der dem Jünger Anteil (חֵלֶק) an seinem Meister, an dem für ihn in den Tod gehenden Messias, gibt. Dieser »teilt sich selbst aus« (יְחַלֵּק אֶת עַצְמוֹ); עַצְמוֹ ist für עֲצוּמִים in Jes 53,12a zu lesen. Das gleiche finden wir auch in den drei ersten Evangelien: Unter und mit den Gaben Brot und Wein teilt sich Jesus selbst mit, verteilt proleptisch die Frucht seines stellvertretenden (Hingabe des Leibes) und sühnenden (Vergießen des Blutes) Todes für die Vielen, d.h. alle Menschen. Er gibt damit ein letztes Mal zu verstehen, daß er bereit ist, Jes 53 messianisch auszulegen und auf sich selbst zu beziehen, und zwar in der Nacht, in der er »dahingeben wurde«; denn später konnte er dies nicht

---

[19] Auch die Entsprechung: »Zuteilung durch Gott – Zuteilung durch den Gottesknecht« in Jes 53,12a findet sich bei Lukas. Beim abschließenden Mahlgespräch sagt Jesus (Lk 22,29, das letzte Wort der »Logienquelle«): »Und ich vermache euch(διατίθεμαι ὑμῖν), wie mir mein Vater (die Königsherrschaft) vermacht hat«.

[20] Es ist merkwürdig, daß die Mahlfeier der Gemeinde den Namen »Brotbrechen« (κλάσις τοῦ ἄρτου) erhalten konnte. Das bedeutet doch wohl,daß das rechte Verteilen, Mitteilen der Gaben entscheidend war. Von daher erklärt sich der Protest der Hellenisten in Apg 6,1 und der des Paulus gegen die Mißstände in Korinth: Es wurde nicht richtig zugeteilt.

mehr so tun. Auch das Motiv des Dahingebens (παραδιδόναι = מָסַר) gehört fest zum letzten Mahl, so wie es auch in Jes 53 erscheint. Den Gabeworten voraus[21] geht die »Bezeichnung des Verräters«, besser: die Ansage
der konkreten Ausführung des Dahingegebenwerdens. Durch einen der
Mahlteilnehmer, Judas, wird Jesus »übergeben«, verraten (παραδώσει Mk
14,16). Aber »der Menschensohn geht dahin, wie über ihn geschrieben
steht« (Mk 14,21), d.h. er wird auch von Gott »übergeben«, in die Hände
von Menschen gegeben (Mk 9,31). Das Schriftwort, das die heilsgeschichtliche Notwendigkeit solchen »Dahingebens«, dieser »Übergabe«, in erster
Linie bezeugt, ist Jes 53. Das Verbum παραδιδόναι erscheint dreimal in Jes
53 (LXX): »Gott gab ihn für unsere Sünden dahin« (παρέδωκεν, Jes 53,6b
für הִפְגִּיעַ = treffenlassen) und zweimal in Jes 53,12: »Darum daß seine
Seele in den Tod dahingegeben wurde« (παρεδόθη = für das sprachlich
schwierige הֶעֱרָה; vgl. 53,12 Schluß). Und viermal bietet der Targum zu Jes
53 das Verbum mesar = »dahingeben, ausliefern«, darunter auch für
הֶעֱרָה in V.12: »... darum, daß er sein Leben dem Tod ausgeliefert hat«.

Damit wird deutlich, daß die Sinngebung des letzten Mahles, das Jesus
als ein Passa feierte, vor allem von Jes 53 her erfolgt ist. Dieses Lied hat den
Weg Jesu, sein »Dahingehen«, maßgebend bestimmt. Wie die Geschichte
von der Salbung in Bethanien vor allem den Vers Jes 52,14 auslegt, so hat
Jesus beim letzten Mahl den Vers Jes 53,12 gleichsam »inszeniert«, den
Entschluß zur Lebenshingabe durch die Gabeworte zu Brot und Wein verdeutlicht und den Seinen das Angebot gemacht, einen Anteil an der »Beute«,
dem Ertrag dieses Leidens, zu empfangen. Jesu messianische Existenz war
»donativ«: Er machte sich zur Gabe für sein Volk, um es so von seinen
Sünden zu erlösen (vgl. Mt 1,21). Sicherlich hat Jesus auch die Wiederholung dieses Mahls im Kult der Gemeinde gewollt. Zwar wird der Befehl:
»Das tut zu meinem Gedächtnis« in den Evangelien nur von Lukas (22,19)
ausdrücklich erwähnt. Aber er versteht sich für ein Passamahl von selbst;
er ist ja in der Passaperikope mehrfach angeführt (Ex 12,24–28; 13,5– 10).
Die Berichte vom letzten Mahl Jesu wurden daher mit Recht als Urkunde
verstanden, in der von der Einsetzung der Mahlfeier der Gemeinde durch
Jesus berichtet wird. Sie wurden als »Überlieferung vom Herrn« (1 Kor
11,23) formuliert und tradiert; diese bildete die Norm, nach der über die
Würde einer solchen Feier entschieden wurde.

Hat Paulus diese Merkmale des Abendmahls in seinen Ausführungen
zur Mahlfeier in Korinth bewahrt? Wußte er noch von deren Sinngebung
durch Jes 53 und um den Passacharakter, den das letzte Mahl Jesu mit
seinen Jüngern besaß? Das letztere wird oft verneint und von daher dann
die Ursprünglichkeit eines Todespassa Jesu überhaupt bestritten.[22] Aber ge-

---

[21] Nach Lk 22,21–23 folgt sie den Gabeworten und leitet den Streit über die Rangordnung ein
(22,24–30).

[22] Zum einen sei es fraglich, ob man eine ursprüngliche Verbindung des Abendmahls voraussetzen könne, zum anderen sei für das Verständnis der Abendmahlsworte Jesu aus der

rade auch die den paulinischen Ausführungen zur Mahltradition und
Mahlparänese (1 Kor 11,17-34) eigentümlichen, den Evangelien fehlenden,
Züge lassen sich zum biblischen Passabericht und zur jüdischen Feier des
Passamahls in Beziehung setzen. W.R.Farmer nimmt an, Paulus sei von
Petrus während seines ersten Besuchs in Jerusalem und schon früher im
Rahmen einer von galiläischen Christen im Raum von Damaskus betriebenen Mission unter den Juden gerade auch über das letzte Mahl Jesu
unterrichtet worden;[23] Paulus habe diesen wichtigen Augenzeugen nicht
nur »besucht«, sondern auch »gezielt befragt« (ἱστορεῖν Gal 1,18). Das ist
sicherlich richtig. Und da die »Botschaft vom Kreuz»(1 Kor 1,18) die Mitte
des paulinischen Evangeliums bildet und andererseits die »Gabeworte«
beim letzten Mahl die beste und zudem von Jesus selbst gegebene Deutung
seines Todes darstellen, hat Paulus sich sicherlich gerade um genaue Un-
terrichtung über den Hergang dieses Mahls bemüht. Das »Kreuzverhör«,[24]
dem Petrus unterzogen wurde, betraf vor allem das Kreuz und dessen rechte Verkündigung, den λόγος τοῦ σταυροῦ.

I. Hinweise auf die Passatradition im 1.Korintherbrief
1. Christus unser Passalamm (1. Korinther 5,7)

Paulus mahnt in 1 Kor 5,7f: »Fegt den alten Sauerteig hinaus, damit ihr
neuer Teig seid, wie ihr ungesäuerte Brote seid! Denn als unser Passalamm
wurde Christus geschlachtet (V.8). Folglich laßt uns nun feiern, nicht im
alten Sauerteig noch im Sauerteig der Schlechtigkeit und der Bosheit, sondern mit den ungesäuerten Broten der Lauterkeit und Wahrheit!«

Paulus vergleicht das neue Sein der Christen dem Leben in der Festzeit
von Passa und Mazzot: Der alte Sauerteig der Bosheit ist hinausgefegt, man
ißt die ungesäuerten Brote wie in der Zeit des Exodus, ja, man ist selber
solch ein lauteres und wahrhaftiges Brot. Paulus hat die österliche Zeit
datumsmäßig entschränkt und sie - in übertragenem Sinne - für das
Christ-Sein verbindlich gemacht: Der Christ ist ein österlicher Mensch,
weil Christus als unser Passalamm geschlachtet wurde und so das neue
lautere Sein der Christen ermöglicht hat.

Situation des Passa kaum etwas zu gewinnen; so K.G.Kuhn, The Lord's Supper and the
Communal Meal at Qumran, in K.Stendahl, The Scrolls and the New Testament, New York
1957, 65-93, besonders S.82-84; vgl. E.Lohmeyer, Vom urchristlichen Abendmahl, ThRNF
9 (1937), S.195-198; H.Lietzmann, Messe und Herrenmahl, AKG 1926, S.211-213 (vgl.
G.Delling, Artikel Abendmahl, TRE I, S.48f). Die Passatradition habe schon deshalb kein
konstitutives Element für die Feier des Herrenmahls gebildet, weil dieses ohne Bindung an
das Passadatum das ganze Jahr hindurch gehalten wurde.
[23] Peter and Paul, and the Tradition Concerning the »Lord s Supper« in 1 Cor 11:23-26.
Criswell Theological Review 2.1 (1987), p.119-140.
[24] Vgl. W.R.Farmer a.a.O p.127: »Peter is being crossexamined«.

Die Paränese 1 Kor 5,6–8, die dem eigentlichen Abendmahlskapitel 1 Kor 11 auf ähnliche Weise vorausgeht wie etwa der Hinweis auf den ekklesiologischen Leib Christi in 1 Kor 6,15 den ausführlichen Ausführungen in Kap. 12, erweist einmal die große Bedeutung, welche die Passatradition für Paulus und seine Gemeinden (vgl. die Frage 1 Kor 5,6b) besaß, und zum anderen den bewußten Bezug zu dieser jüdischen Feier. Vor dem Passa ist alles Gesäuerte aus dem Haus zu schaffen (Ex 12,15.19; 13,7; vgl. m Pes 1,1–3,7; t Pes 1,1–2,13); in Ex 12,15–20 sind die ungesäuerten Brote erwähnt, in Ex 12,6.21 erscheint der Befehl: »Schlachtet das Passa(lamm)!« Eine noch genauere hebräische Entsprechung zu 1 Kor 5,7b findet sich in der Mischna (Pes 5,5): »Das Passa(lamm) wurde geschlachtet« (וְשָׁחַט הַפֶּסַח).[25] Christus als Passalamm und die Christen als reiner Teig Gottes gehören zusammen wie Passa und Mazzot: Das Selbstopfer des Messias bildet den Indikativ, den der Imperativ des neuen Lebens, verkleidet in die Mazzotsymbolik, voraussetzt. Das Herrenmahl wird in 1 Kor 5,6–8 nicht eigens erwähnt. Aber wenn der Apostel in 1 Kor 11 betont, beim Mahl der Christen solle der Tod des Herrn verkündigt werden (V.26), so liegt die Vermutung nahe, daß dies u.a. ähnlich wie in 1 Kor 5,7f geschah: »Christus ist als unser Passalamm geschlachtet worden!« Der Sitz im Leben des staurologischen Bekenntnissatzes 1 Kor 5,7 ist somit die Feier des Mahls des Herrn, das mit dem Passa verbunden ist. Weil die Schlachtung der Passalämmer im Tempel vollzogen wurde, gewann sie den Charakter des Opfers; das Blut der Lämmer wurde an den Altar gesprengt und so Gott dargebracht. Das hat den Vergleich mit Christus ermöglicht: Er wurde als »unser Passa geschlachtet«,[26] d.h. er starb für uns; sein Blut rettete uns vor dem Verderben. Der im letzten Mahl Jesu nicht beabsichtigte Ritus einer opfernden Darbringung der Gaben wurde bald in die Feier des Herrenmahls eingetragen.[27] Aber entscheidend ist es, daß Christus sich opferte und für uns sein Blut vergoß. Das »Für uns« des Opfers Jesu, das ein Leben in Freiheit und Lauterkeit ermöglicht, ist vor allem in Jes 53,4–7 betont: Der Gottesknecht »beugte sich, tat seinen Mund nicht auf wie ein Schaf, das zur Schlachtung geführt wird« (כַּשֶּׂה לַטֶּבַח יוּבָל V.7); »er wurde wegen unserer Frevel durchbohrt« (V.5). Justin (dial. 111,3) hat 1 Kor 5,7 mit Jes 53,7 verbunden: Jesus ist das Passalamm, weil er am Passa zur Schlachtbank geführt wurde.[28] Im Zusammenhang mit dem Fest von Passa-Mazzot steht

---

[25] Vgl. Josephus Bell 6,423: Am Passa schlachtet man von der 9. bis zur 11. Stunde die Passalämmer, dazu Jub 49,1: »... daß du das Passa am 14. des 1. Monats schlachtest!« In der Mekhilta zu Ex (Traktat Pisha 5 zu Ex 12,6) erscheint auch das Nomen »Schlachtung des Passa« (שְׁחִיטַת הַפֶּסַח).

[26] Vgl. Ex 12,21: »Holt für euch ein Lamm ... und schlachtet das Passa!«

[27] Vgl. Did 14 (θυσία); Ign Eph 5,2; Justin ap I,13,1; dial. 117,2; Irenäus haer IV,18,4–6; syr. Act. Thom 50.

[28] Justin bemerkt dazu: »Mit dem Blutmal über den Türen in der Passanacht hat Gott vorausverkündigt, daß die Erlösung für das Menschengeschlecht durch das Blut Christi geschaffen werde« (dial. 111,4).

auch das Darbringen der Erstlingsgarbe (Lev 23,10f), mit der Paulus den auferstandenen Christus vergleicht (1 Kor 15,23). Dieser Garbe Christus wird bei der Parusie gleichsam die Ernte der zu ihm gehörenden Christen, die erste Auferstehung, folgen (1 Kor 15,23); eben diese Erwartung hat in Paulus den Gedanken an ein österliches Leben der Christen, gleichsam als Zwischenzustand bis zur Parusie, geweckt. Dagegen ist die Wendung »Christus ist als unser Passa(lamm) geschlachtet« nicht chronologisch zu deuten, so als sei Jesus am 14. Nisan am Kreuz gestorben als das wahre Passalamm (Joh 19,36). Für Paulus gilt das Datum der Nacht, in der Jesus ausgeliefert wurde (1 Kor 11,23).

2. Der Name »Mahl des Herrn« (1. Korinther 11,20) und das »Passa für den Herrn« (Ex 12,11)

Einen auffallenden Berührungspunkt bildet die Bezeichnung der beiden Feiern: Passa und Abendmahl der Korinther sind Feste »des Herrn«, wobei offen bleibt, wie diese Beziehung zum Herrn näher gedacht ist. Paulus erwähnt erstmals in dem seine Ausführungen einleitenden Satz den Namen κυριακὸν δεῖπνον = »Mahl des Herrn« (1 Kor 11,20): Wie der »Tag des Herrn«[29] ein speziell christliches Datum von jüdischen und heidnischen »Tagen« abhebt, so ist das »Mahl des Herrn« von anderen Festmahlen verschieden, allerdings nicht vom Passa, da dies als »Passa für den Herrn« (פֶּסַח לַיהוָה Ex 12,11.27; vgl. Lev 23,5; Num 28,16) bezeichnet wird, so wie man vom »Sabbat für den Herrn« redet (Ex 20,10; Lev 23,3). Die christlichen Namen sind demnach analog zu den alttestamentlichen Bezeichnungen gebildet; dabei läßt sich die paulinische Wendung »Tisch des Herrn« (1 Kor 10,21)[30] der Wendung »Passa für den Herrn« (Ex 12,27) vergleichen. Gemeint ist wohl, daß die Passafeier und das Mahl der Kirche vom »Herrn« eingesetzt und zum Gedächtnis an sein rettendes Handeln gefeiert wurden. Nach Ex 12,42 ist das Passa »eine Nacht der Beobachtungen für den Herrn«. Dieser merkwürdige, zu spekulativen Deutungen einladende Ausdruck wird im Targum auf Gott als Subjekt bezogen: In vier Nächten, darunter auch der Passanacht, offenbarte er seine schöpferische bzw. erlösende Macht. Deshalb ist das Passa so kerygmatisch: Für kein anderes unter den großen Wallfahrtsfesten gibt es eine so ausführliche, ätiologische Begründung wie für das Passa.[31] Dadurch erhält es Verkündigungscharakter, der in Ex 12 und 13 besonders betont wird.

---

[29] ἡ κυριακὴ ἡμέρα (Apk 1,10). Auch sachlich gehört der »Tag des Herrn« mit dem »Mahl des Herrn« zusammen, da man an diesem Tag das Brot zu brechen pflegte, d.h. das Mahl des Herrn zusammen feierte (Apg 20,7).

[30] Vgl. auch die Tafel des »Herrn Serapis« in der bekannten Einladung P Ox I 110.

[31] Bei den anderen Festen wird statt dessen die Darbringung der Opfer für den Herrn besonders betont (Lev 23,13f.16f.18), nicht aber wie beim Passa der Name des Festes direkt mit dem Gottesnamen verbunden. Nach J.Pedersen war der Bericht Ex 1–15 der schriftliche Niederschlag des Geschehens der Passafeiern, bei denen die Befreiung Israels in kultischer

Auch in 1 Kor 11,23–29 ist »der Herr« das handelnde und befehlende Subjekt; nur ist jetzt Christus dieser Herr. Das »Mahl des Herrn« steht für Paulus nicht nur den Opfermahlen der Götzen exklusiv gegenüber (10,19–22), sondern auch der selbstsüchtigen Mahlzeit des wohlhabenden Gemeindemitgliedes, das sich satt ißt und volltrinkt, anstatt zu warten, bis die lange arbeitenden Sklaven und Armen erscheinen (1 Kor 11,21). »Vom Herrn« hat Paulus die Überlieferung (παράδοσις) des Abendmahls erhalten (11,23). Jesus ist ihr Urheber, weil er das Mahl in der Nacht vor seinem Tode eingesetzt hat (11,24f). Die Wendungen in den Gabeworten: »mein Leib«, »mein Blut«, werden in der Paränese des Apostels ausdrücklich als »Kelch des Herrn« (11,27; vgl. 10,21), bzw. auch als »Tisch des Herrn« (10,21) bezeichnet; die letztere Wendung gilt in Mal 1,7.12; T Juda 21 dem Altar Gottes. Schließlich wird bei der Mahlfeier der Gemeinde der »Tod des Herrn«, d.h. das erlösende Handeln des Herrn, verkündigt, wie das beim Passa Israels geschieht (1 Kor 11,26; Ex 12,14). Analog zum Befehl: »Ihr sollt diesen Tag zum Gedächtnis haben und ihn feiern als Fest für den Herrn!« (Ex 12,14) und den Weisungen zur Deutung (12,27) und zum verkündigenden Gedenken (13,3–10) ist auch die Form καταγγέλλετε in 1 Kor 11,26 doch wohl als Imperativ zu verstehen: »Verkündigt den Tod des Herrn!«. Diese kerygmatische Aktualisierung von Passa und Mahl des Herrn ist deshalb erforderlich, weil beide zum Gedächtnis an das Heilshandeln des Herrn wiederholt gefeiert werden sollen. Solche Wiederholung bedarf der Anamnese, der verkündigenden Erinnerung an den heilsgeschichtlichen Grund des festlichen, gemeinsamen Mahls. Die Paradosis ist gleichzeitig ein ätiologischer Text.

3. Der Wiederholungsbefehl (1. Korinther 11,24f) und das Gedenken bei der Passafeier (Exodus 12,12–14)

Neben Segnung und Opfer bildete die Anamnese eines der Merkmale der altchristlichen Eucharistie; das gilt ebenso für die jüdische Passafeier. Diese kerygmatische »Erinnerung« hat ihre Ursache darin, daß beide auf ein geschichtliches Erlösungshandeln bezogen sind, das aktualisiert und existentiell miterlebt werden soll. Es wird rezitiert und reflektiert, durch Feier und Verkündigung vor Augen gemalt; all dies ist mit dem Wort »Erinnern, Gedächtnis« gemeint. Für die von Paulus weitergegebene Abendmahlstra-

---

Darstellung nacherlebt und der Kampf Gottes gegen die Unterdrücker geschildert wurde. Aber diese »Erinnerung«, die in der Passanacht aktualisiert wurde, war auf historische Ereignisse gegründet. Bei der Passageschichte Ex 12–13 sind die mosaische Tradition und die Deutung durch die folgenden Geschlechter, geschichtliches Ereignis und Verkündigung, eng miteinander verbunden (Israel, Its Life and Culture II–IV, Copenhagen 1940, S.406ff). Das gleiche gilt von der neutestamentlichen Überlieferung. Die Tempelrolle 11 Q Miqd. 27,5.9 enthält die Weisung, das Fest jedes Jahr zum Gedächtnis zu begehen.

dition charakteristisch ist der zweimal erwähnte Wiederholungsbefehl:»Das tut (ποιεῖτε) zu meinem Gedächtnis!« (εἰς τὴν ἐμὴν ἀνάμνησιν 1 Kor 11,24f). Nach der Paradosis hat ihn Jesus selbst im Anschluß an die Gabeworte gegeben und so ein liturgisches Handeln gefordert. Dieses Gedächtnis darf nicht mit H.Lietzmann hellenistisch verstanden werden, so etwa als testamentarische Stiftung einer Kultgenossenschaft, die »zum Gedächtnis ihres Meisters regelmäßig gastliche Zusammenkünfte abhielt«.[32] Ebensowenig befriedigt die von J.Jeremias gebotene Deutung, Jesus habe damit ein Gedenken der Feiernden vor Gott gemeint: Man solle ihn bittend beim himmlischen Vater in Erinnerung bringen, so daß dieser das angefangene Werk der Erlösung vollende, das Reich hereinbrechen lasse und die Parusie herbeiführe.[33] Denn grundlegend für den Befehl, das Mahl zum Gedächtnis Jesu wiederholt zu feiern, ist doch wohl der Wiederholungsbefehl für das Passamahl:»Und es soll euch dieser (= heutige) Tag zum Gedächtnis sein (לְזִכָּרוֹן, LXX μνημόσυνον), und ihr sollt ihn feiern als ein Fest für den Herrn (ἑορτὴν κυρίῳ) in allen Geschlechtern!« (Ex 12,14; vgl. 13,9). Diese Anamnese ist demnach nicht einfach sekundär, weil sie bei Markus und Matthäus fehlt; sie gehört zum letzten Mahl Jesu notwendig hinzu, eben weil dieses als ein Passa gefeiert wurde und damit auf beständige Wiederholung angelegt war.[34] Und von dorther erklärt sich auch ihr Sinn: Der wiederholte, rituelle Vollzug (ποιεῖν) des Mahls Jesu geschieht zum Gedächtnis an das Opfer Jesu, erfolgt als Verkündigung seines Todes, wobei dessen Heilsbedeutung, das »Für uns«, im Vordergrund steht. Genau das gleiche gilt vom Gedenken beim Passamahl: Man preist Gott, der die Erstgeburten der Ägypter schlug (Ex 12,12), aber an den Häusern vorbeiging, die mit dem Blut der Passalämmer gekennzeichnet waren (Ex 12,13). Dieser Bezug zum Passageschehen ist für Paulus auch deshalb deutlich, weil eine klare a) formale und b) inhaltliche Entsprechung zwischen der Herrenmahlperikope 1 Kor 11 und der Passa-Ätiologie in Ex 12–13 besteht.

---

[32] So H.Lietzmann, An die Korinther I/II, Tübingen 3. Aufl. 1931, S.58.

[33] Siehe J.Jeremias a.a.O S.251f. Man könnte an Hebr 10,3 erinnern, wonach in den jährlich wiederholten Opfern eine »Erinnerung an die Sünden« (ἀνάμνησις ἁμαρτιῶν) geschieht. Diese Aussage könnte im Blick auf das christliche Herrenmahl gemacht worden sein: Während das Gedenken an den Tod Jesu und an sein Blut nicht nur an die Sünden erinnert, sondern auch das Bewußtsein von deren Tilgung schenkt, bleibt es bei den Opfern des Alten Bundes bei der bloßen Erinnerung, da das Blut der Opfertiere die Sünden nicht beseitigen kann (Hebr 10,4). Ein altes Gebet für den Passaabend erwähnt die Bitte, Gott möge des Messias gedenken; nach J.Jeremias könnte es in die Zeit Jesu zurückgehen (a.a.O. S.251f).

[34] Auch die Diktion des Paulus erinnert an Ex 12. In 1 Kor 11,20 spricht er vom Essen des Herrenmahls; Ex 12,15 beginnt mit der Weisung:»Sieben Tage sollt ihr Mazzen essen!« Und das τοῦτο ποιεῖτε in 1 Kor 11,24f entspricht dem Befehl:»So (כָּכָה) sollt ihr essen!« in Ex 12,11. Die zweimalige Erwägung des Wiederholungsbefehls in V.24 und V.25 hat eine gewisse Entsprechung in der parallelen Weisung für das Essen des Lamms (Ex 12,11) und das Essen der Mazzoth Ex 12,15.

a) Die in der Abendmahlstradition 1 Kor 11,23b–25 gebotene Einheit von Deuteworten und Wiederholungsbefehl, von Handeln des Herrn und Gedenken der Gemeinde, hat ihr strukturelles Vorbild in der Passaperikope, und zwar zunächst im Abschnitt Ex 12,12–14. In den Versen 12f kündigt Gott das Heilsgeschehen in der Passanacht an, wobei gleichzeitig eine Deutung des Wortes Passa = פֶּסַח gegeben wird.[35] Diesem Deutewort folgt unmittelbar in V.14 der Einsetzungs- und Wiederholungsbefehl.[36] Auch im Jubiläenbuch wird an die Schilderung des Heilsgeschehens und des Passamahls mit Brot und Wein (49,2–6) der Wiederholungsbefehl unmittelbar angeschlossen (49,7f).

Paulus hat ferner dem Traditionsstück von der Einsetzung des Mahls (1 Kor 11,23–25) eine eigene Weisung hinzugefügt, die den Wiederholungsbefehl Jesu aufnimmt und ihn halachisch näherbestimmt: »Sooft ihr dieses Brot eßt und vom Becher trinkt, sollt ihr den Tod des Herrn verkündigen, bis er (wieder-)kommt!« (V.26). Solch eine Abfolge von Befehl des Herrn und interpretierender eigener Weisung begegnet auch in der Passaperikope. Nach dem doppelten Wiederholungsbefehl Gottes an Mose und Aaron gab Mose eigene Bestimmungen zur Durchführung des Schlachtens der Passalämmer.[37] Gebot und Verheißung Gottes werden somit durch Ausführungsbestimmungen ergänzt und verdeutlicht; auch wird ihre Bedeutung für die Feier und für den Glauben des Volkes zum Bewußtsein gebracht.

b) Auch eine inhaltliche Beziehung ist gegeben. Die Worte vom Heilsgeschehen und der Wiederholungsbefehl a) in der Passaperikope b) in der Abendmahlstradition sind nicht nur eine formal feste Einheit, welche die Feier ätiologisch begründet und als Stiftungsurkunde dient. Sie sind auch vom Inhalt her einander ähnlich, weil das zum Heil führende Ereignis gleichartig ist. Hier und dort bildet der bei Gott beschlossene Tod des erstgeborenen Sohnes den Grund für die Erlösung; ferner ist beide Male das vergossene Blut die Ursache zum Leben. Die Ägypter wurden durch die Tötung ihrer erstgeborenen Söhne zur Entlassung Israels gezwungen, das durch das Blut der Passalämmer verschont blieb. Für Paulus ist Jesus der von Gott »dahingegebene Sohn« (1 Kor 11,23; vgl. Röm 4,25 und Tg Jes 53,4f) und als solcher das geschlachtete Passalamm (1 Kor 5,7), dessen »Blut« uns als Glaubende vor der Strafe Gottes bewahrt.

---

[35] Es wird auf das schonende »Vorübergehen« (וּפָסַחְתִּי) an den Häusern der Israeliten bezogen (V.13), dem das strafende »Durchgehen« (עָבַרְתִּי) durch Ägypten gegenübersteht.

[36] »Diesen Tag sollt ihr zum Gedächtnis begehen ... für eure Geschlechter macht diese Feier (V.12) zu einer ewig geltenden Tora!«

[37] Vgl. Ex 12,12–14 mit 12,25–27, ferner auch 11,1–3 mit 11,4–8; 12,43–49; 13,1f; 13,3–16. Schon die Zeitbestimmung ὁσάκις (V.25f) stellt die Verbindung zwischen Herrenwort und Weisung des Apostels her. Die Wendung »zum Gedächtnis vor dem Herrn« erscheint Sir 50,15.

Aus diesem Grunde ist die Verkündigung des Todes Jesu und vor allem dessen Heilsbedeutung ein wichtiger Bestandteil des wiederholt gefeierten Mahls. Wiederholung und Verkündigung bilden einen engen Zusammenhang, wie gerade auch die Passafeier Israels zeigt. Mit den Deuteworten zu Brot und Wein hat Jesus selbst seinen Tod verkündigt, aber so kurz, daß eine weitere Auslegung wünschenswert war. Auch diese Tatsache ist ein Grund für die Wiederholung des Mahls. Paulus bezeichnet deshalb Jesus selbst als Urheber der Mahltradition (11,23) und zwar durchaus mit Recht. Nach Mk 14,9 sprach Jesus selbst von der Verkündigung eines Evangeliums, das seine Leidensgeschichte zum Inhalt hat. Dieses Verkündigen geschah mit Hilfe von Jes 53: Dort wird ja davon gesprochen, daß der Knecht sein Leben in den Tod (מָוֶת) gab (V.12). Die apostolische Weisung 11,26 ist somit eine Konkretion des von Jesus selbst gewünschten Gedenkens; dieses schließt die Erwartung der noch ausstehenden Vollendung, der Parusie, mit ein.

Die Bedeutung der Wiederholung des Passa und des dazu gehörenden Gedenkens erhellt aus dem Jubiläenbuch: »Gedenke des Gebotes, das dir der Herr betreffs des Passa gab, daß du es am 14. des ersten Monats schlachtest!«; das wird dann immer wieder betont (49,1.7f.15.18.22). Ja, die jährliche Wiederholung gilt dort als »ewige Satzung für alle Israeliten«; sie ist »in die Tafeln des Himmels eingegraben« (Jub 49,8). Das bedeutet, daß auch die himmlische Gemeinde diesen Tag zusammen mit Israel feiert. Nach Josephus gilt die Erinnerung (μνήμη) dem Mangel (ἔνδεια) Israels beim Auszug (Ant 2,317).[38] Für Paulus aber verkündigt man beim Gedenken das messianische Heil.

4. Die Heilsbedeutung der Nacht des Abendmahls (1 Kor 11,23) und des Passa (Exodus 12,42)

Hier und dort geschah die Erlösung in einer Nacht,[39] und das wird in beiden Berichten betont: »In dieser Nacht« (Ex 12,12; vgl. 12,42); »... in der Nacht, in der er ausgeliefert wurde« (1 Kor 11,23). Über die Heilsbedeutung der Nacht des Passa wird besonders in den palästinischen Targumen zu Ex 12,42 nachgedacht, wofür die auffallende Wendung »Nacht der Beobachtungen« (לֵיל שִׁמּוּרִים) den Anlaß bot. Man deutete diesen Ausdruck dahingehend, daß Gott auf diese Nacht zusammen mit drei anderen beson-

---

[38] Josephus hat vielleicht die Passahaggada und das dort erwähnte »Brot des Elends« (m Pes 10,4) gekannt.

[39] Nach W.Marxsen (a.a.O. S.16–18) ist mit dieser Zeitangabe historisch nichts anzufangen, da sie theologisch interpretieren und den Kreuzigungstag als Datum des Heils erweisen wolle. Aber das theologische Anliegen kommt in der Art und Weise, wie das Faktum beschrieben und mit dem göttlichen Heilsplan verbunden wird, und nicht in dessen Erdichtung zum Ausdruck.

ders acht gibt und sie ins »Buch der Erinnerung« eingetragen hat. In der dritten[40] dieser Nächte spielte sich das Passageschehen ab; die vierte wird analog dazu die messianische Erlösung bringen: Mose und der Messias werden dann erscheinen und mit der Wolke dem Volk Israel voranziehen, während die Memra Gottes in ihrer Mitte geht.[41] So ist auch die Nacht, in der Jesus »übergeben wurde« (1 Kor 11,23; vgl. Tg Jes 53,5) von besonderer heilsgeschichtlicher Bedeutung. Das von Paulus angegebene Datum könnte begrifflich fest geprägt sein: Analog zur Bildung לֵיל שִׁמּוּרִים hat man in urchristlichen Kreisen vielleicht von einer לֵיל מְסוּרִים, einer »Nacht der Auslieferungen« gesprochen: Der Menschensohn wurde von einem Menschen ausgeliefert (Mk 14,21), aber auch nach Gottes in der Schrift verkündigtem Plan: »Er geht hin, wie über ihm geschrieben steht« (ibid.; vgl. auch Mk 9,31). Schließlich hat er selbst »sein Leben dem Tod übergeben« (Tg Jes 53,12). Denkbar wäre auch die לֵיל יִסּוּרִים, die »Nacht der Leiden« des Messias (vgl. Mk 8,31). In Erfüllung von Jes 53 fing in dieser »Nacht der Auslieferungen« die Erlösung der Menschen an, deren Vollendung freilich noch aussteht. Wie das Passa der Juden bot das Herrenmahl der Christen den Grund zur Hoffnung, das Heil der Endzeit werde analog zum überlieferten und immer neu verkündigten Retterhandeln Gottes offenbart, Christus werde wiederkommen zur Erlösung der Seinen und zum Gericht über die gottfeindlichen Mächte.[42] Deshalb ertönt bei der Feier des Herrenmahls der Ruf der dazu versammelten: »Maranatha!« (1 Kor 16,23). Dieser Ruf ist nicht als Bekenntnis zu übersetzen: »Unser Herr ist gekommen!« (אֲתָה), sondern als Bitte: »Unser Herr komm!« (Imperativ: תָּה).[43]

---

[40] Die erste Nacht endete mit der Erschaffung des Lichts am ersten Schöpfungstag; in der zweiten wurde die Geburt Israels angekündigt (vgl. Gen 17,15ff).

[41] Vgl. dazu den Mk 16,7 angekündigten Zug des Messias. Andere heilsgeschichtliche Deutungen dieser Nacht finden sich Mekh Ex z.St. (»In dieser Nacht wurden sie erlöst und in ihr werden sie erlöst werden«; Lauterbach Bd. I, S.115f) und P.Billerbeck Bd. IV, S.55. Vgl. dazu R.Déaut, La Nuit Paschale. Essai sur la signification de la Paque juive à partir du Targum d Exode XII 42, Rome 1963; dazu F.X.Léon-Dufour, a.a.O. S.248, wo diese Stelle Tg Ex 12,42 besprochen wird. Den Befreiungscharakter des Passa unterstreicht auch Josephus Bell 5,99: Die Juden sahen im 14. Nisan den primären Zeitpunkt ihrer Erlösung von den Ägyptern.

[42] Vielleicht steht auch der Befehl Jesu an seine Jünger, zu wachen (Mk 14,38) unter dem Einfluß dieser Passatradition, vgl. auch Lk 17,20: μετὰ παρατηρήσεως. In der Mischna (Pes 10,5) wird eingeschärft: »In jeder Generation ist man verpflichtet, sich so zu betrachten, als ob man selbst aus Ägypten ausgezogen wäre.«

[43] Vgl. dazu auch Did 10,5f: »Gedenke Herr, deiner Kirche, damit sie von allem Bösen erlöst werde!« ... »Es komme die Gnade und es vergehe diese Welt!«... »Maranatha!«. Zur sprachlichen Deutung des Maranatha vgl. H.P.Rüger, Art. Aramäisch II, TRE I, S.607. Von Apk 22,20 her: »Amen, komm Herr Jesus!« verdient der Imperativ den Vorzug vor der sprachlich ebenfalls möglichen perfektischen Deutung des urchristlichen Rufes. Die Ansicht, bei Paulus trete der eschatologische Gesichtspunkt beim Herrenmahl zurück (vgl. H.Feld a.a.O. S.60), trifft nicht zu.

5. Der Ruf »Maranatha!« beim Herrenmahl (1. Korinther 16,23) und die eschatologische Deutung der Passanacht (Exodus 12,42)

Nach Exodus 12,14 soll die Wiederholung des Passa immer stattfinden, für alle Geschlechter verbindlich sein; ebenso gilt die »Nacht der Beobachtungen« für »alle Israeliten in ihren Geschlechtern« (12,42). Andererseits erwartete man das Kommen des endzeitlichen Heils, die Ankunft des Messias, für die Passanacht (Tg zu Ex 12,42). Das erste Passa in Ägypten ist gleichsam Vorausdarstellung (τύπος vgl. 1 Kor 10,6) der endgültigen Erlösung, einer zweiten Parusie, wie Justin sie erhofft hat. Auf dieses Ziel ist auch Paulus ausgerichtet: Man soll »den Tod des Herrn verkündigen, bis er kommt« (V.26). Diese Bestimmung erinnert an die im frühen Judentum und auch im Neuen Testament vielfältig interpretierte, endzeitlich ausgerichtete Wendung im Juda-Spruch Gen 49,10 »... bis der Shiloh kommt«; man dachte an das Kommen des Messias bzw. Menschensohnes.[44] An die Stelle des Toragehorsams als der Gen 49,10 entnommenen Voraussetzung für das Kommen des Erlösers (so Qumran, die Targume) tritt bei Paulus die Verkündigung des Evangeliums vom Sühnetod des Messias (1 Kor 11,26) und dazu auch die Liebe zum Herrn (1 Kor 16,22); darin folgt er der Weisung Jesu (Mt 10,23; Mk 13,10). Für den Apostel ist die Auferstehung/Erhöhung des Christus das Unterpfand der Hoffnung, dieser werde als der bevollmächtigte, über alle Mächte triumphierende Herrscher (1 Kor 15,23-28 nach Dan 7,13f) wiederkommen.

Die Stärke dieser Hoffnung drückt der gerade beim »Mahl des Herrn« erhobene Ruf »Maranatha!« aus, der von Gen 49,10; Dan 7,13f; Ps 118,25f[45] inspiriert ist und die Erfüllung der Verheißung erbittet: Der Herr der Kirche soll zum Herrscher werden, dem die Völker gehorchen, auf den sie hoffen (Gen 49,10b; Dan 7,14). Als der Wiedergekommene wird er mit den Seinen volle Mahlgemeinschaft haben (vgl. 1QSa 2,11); deshalb wird der Ruf »Maranatha!« beim Herrenmahl laut, zumal dieses wie das Passa auf die baldige Erlösung weist.

---

[44] Vgl. dazu die Targume zu Gen 49,10, sowie Mt 11,2; Joh 4,25. Siehe mein Buch: Jesus und das Danielbuch, Bd. II: Die Menschensohnworte Jesu und die Zukunftserwartung des Paulus (Daniel 7,13-14), Frankfurt 1985, S.73-102.
[45] Zur messianischen Auslegung des Hallelpsalmes 118 vgl. b. Pes 118 a und j Ber 2,4d, 52 bei Billerbeck Bd. I, S.847, dazu Midr Ps 118,22 (244 a) ibid. S.850.

6. Die Verkündigung des Todes Jesu (1 Korinther 11,26) und die Passahaggada in Exodus 12 und 13

Die These, das letzte Mahl Jesu sei als Passamahl gefeiert worden, scheint daran zu scheitern, daß in den drei ersten Evangelien nichts von einer Passahaggada gesagt ist. Aber die von Paulus geforderte Verkündigung des Todes Christi (1 Kor 11,26) ist gleichsam die christliche Passahaggada. Sie stellt eine kerygmatische Ätiologie des Herrenmahls dar, die in den Deute- und Gabeworten Jesu ihr Fundament hat. In der dort erklärten Todes- ansage und in der Zuteilung der Frucht dieses Todes liegt das Heil: Durch den Tod am Kreuz ist der Christus für uns zur Weisheit und zur Gerech- tigkeit, zur Heiligung und zur Erlösung geworden (1 Kor 1,30). Jes 53 half bei der Ausbildung dieser Haggada des neuen Bundes. Kerygmatisch ist auch die Passahaggada, die auf Ex 12 und 13 gegründet ist.[46] Sie hat ihren Kern in »Deutungen«: Das Wort »Passa« wird erklärt mit dem Hinweis auf das gnädige Vorübergehen des Herrn; dieses wurde durch das Blut der Pas- salämmer an den Türpfosten und Türschwellen erreicht (Ex 12,7.13). So- teriologisch wird auch das Essen der ungesäuerten Brote gedeutet; man »tat« dies wegen des Erlösungshandelns Gottes in der Nacht des Auszugs (Ex 13,7f). Und ähnlich wird die Übergabe bzw. Auslösung der Erstgeborenen existentiell erklärt: »Wenn[47] dich dein Sohn fragt ... an jenem Tag sollst du deinem Sohn erklären: Das geschieht für das, was der Herr an mir getan hat, als ich aus Ägypten auszog« (Ex 13,8); »... mit starker Hand hat uns der Herr aus Ägypten, aus dem Sklavenhaus, herausgeführt« (Ex 13,14). Die alljährlich wiederholte Passafeier dient demnach dazu, das große »pro me« und »pro nobis« des göttlichen Heilshandelns von neuem vorzutragen, es der jungen »Generation« zu erzählen (vgl. Ex 12,14.42) und diese so in das Heilsgeschehen einzubeziehen wie das Paulus mit dem Kreuz des Christus tat (1 Kor 1,30; Röm 6,3ff).

In der im Mischnatraktat Pesachim gebotenen Ordnung (Seder) der Feier, die bereits in der Zeit des zweiten Tempels galt, wird diese keryg- matische Aufgabe betont: Die Besonderheiten des Passa gegenüber den an- deren Mahlzeiten sollen dem Sohn vom Vater erklärt werden.[48] Dabei wird der Weg Israels vom ersten Anfang, bei dem man noch den Göttern diente,

---

[46] Aus der Weisung: »Du sollst erzählen!« (וְהִגַּדְתָּ Ex 13,8) entstand das Nomen »Haggada«, das im Judentum die erzählend erbauliche Auslegung der Schrift im Unterschied zu der gesetzlichen Deutung, der Halacha, meint.

[47] Das כִּי הָיָה וְ hat die gleiche Bedeutung wie ὁσάκις ἐάν in 1 Kor 11,26.

[48] Die in Ex 12 gebotenen Wortspiele, die auf die Deutung und Eigenart der Passafeier hin- weisen, konnten die symbolische Deutung der Elemente anregen, vgl. etwa die Verbindung von פָּסַח = vorübergehen und פֶּסַח = Passa (Ex 12,13), aber auch die Beziehung zwischen dem »herausführenden« (מוֹצִיא) Gott und den ungesäuerten Broten« (Ex 12,17), die dann später mit dem מִצְוֹת = den »Geboten« der Tora, verglichen werden konnten. Passalamm und Brot weisen also schon im biblischen Text auf das Heilshandeln Gottes hin, stützen vom Begriff her das Gedenken, fordern eine deutende Passahaggadah heraus.

bis hin zur Rettung durch den einen, wahren Gott aufgezeigt; das »Kleine Credo« (Dtn 26,5ff) dient dafür als Muster (m Pes 10,4f). Die Stelle Ex 13,8, nach welcher der Verkündiger das Passageschehen auf sich beziehen soll (»was Gott an mir getan hat« vgl 13,14), gab den Anstoß zur Aktualisierung der alten Geschichte: In jedem Geschlecht soll sich der Teilnehmer an der Passafeier so verstehen, als sei er selbst aus Ägypten ausgezogen (m Pes 10,5). Die Verkündigung der Heilstat Gottes wurde dann noch weiter ausgestaltet. Das gleiche gilt vom Herrenmahl der ersten Christen. Die Entstehung der Passionsgeschichte, eines zweiten »Evangeliums« nach Jesu froher Botschaft vom Gottesreich (vgl. Mk 14,9), hatte wohl ihren primären »Sitz im Leben« in der Feier des Herrenmahls. (Tg) Jes 53 bot das Nomen »Evangelium« (בְּסוֹרְתָא), dazu auch das prophetisch vorausverkündigte Zeugnis vom stellvertretenden, rechtfertigenden Leiden des (messianischen) Gottesknechts, seinem Begrabenwerden, der Rückkehr ins Leben und der Erhöhung; schon die vorpaulinische Christusbotschaft wurde offensichtlich nach dem Prot-Evangelium Jes 52,13–53,12 gestaltet (1 Kor 15,1–5; vgl. Phil 2,6–11; Röm 4,25). Die Verkündigung vom Tod des Herrn (1 Kor 11,26) ist identisch mit dem rettenden, machtvollen »Wort vom Kreuz« (1 Kor 1,18.24; 2,4), aber auch mit dem Evangelium von Christus. Denn auch dieses ist eine Gotteskraft für jeden der glaubt (Röm 1,16f), so wie in der Botschaft vom leidenden Gottesknecht der »Arm« (= die Kraft) Gottes offenbart wird (Jes 53,1).

7. Die »Eucharistie« und das Gotteslob beim Passa

Die von Paulus in 1 Kor 11 dargestellte Mahlfeier scheint ganz im Zeichen der Passionsverkündigung zu stehen; nichts läßt die festliche Freude vermuten, die nach Apg 2,46 das Mahl der urchristlichen Gemeinde in Jerusalem kennzeichnete, noch auch den Lobpreis, der das jüdische Passa begleitet. Lob und Dank werden in m Pes 10,5 mit einer Fülle von entsprechenden Verben angezeigt; die nächtliche Feier muß eine Art von »Eucharistie« gewesen sein. In Jub 49,6 wird wohl als Spiegelung der eigenen Passafeier das Mahl beim Auszug aus Ägypten so beschrieben: »Ganz Israel aß das Fleisch des Passalammes und trank Wein und lobte und pries den Herrn, den Gott seiner Väter und dankte ihm; dann machte es sich bereit, aus dem Joch der Ägypter und der schlimmen Knechtschaft fortzuziehen.«[49] Es ist eigenartig, daß das Herrenmahl von 1 Kor 11 schon in der Didache und den Ignatiusbriefen den Name »Eucharistie«[50] trägt.

---

[49] Vgl. auch Jub 49,2: »Denn in dieser Nacht – sie ist der Anfang des Festes und der Freude!«.
[50] Vgl. den Artikel Abendmahl in TRE Bd. I, Abschnitt III,1, S.60f (G.Kretzschmar): εὐχαριστία meint ursprünglich das Tischgebet, den Segensspruch zu Brot und Wein (1QS 6,8; vgl. m Qid 9,5; Justin Apol. I,66,1). Die Gebete über den Abendmahlselementen hatten die Form einer Danksagung (Justin, Kirchenordnung Hippolyts) und auch die einer Epiklese; den Hintergrund bilden die jüdischen Tischgebete.

H.Gese hat diese Bezeichnung mit dem Hinweis auf das Todamahl des Alten Israel erklärt, wie es etwa in Ps 22 erwähnt wird.[51] Wie die Verkündigung bei beiden Feiern immer mehr entfaltet wurde und weit über den ätiologischen Zweck hinausging, so mag dies auch bei Lob und Dank gewesen sein. Beim abendlichen Herrenmahl wurden wohl auch die Lieder für Christus gesungen, von denen Bruchstücke im NT enthalten sind. Und weil die Feier des Herrenmahls mit dem Geschehen in der Passanacht verbunden war, wurde das Ostergeschehen mit der Rettung Israels am Schilfmeer verglichen: Die erlösten Märtyrer, die Gott preisen, singen »das Lied Moses, des Gottesknechts und das Lied des Lammes« (Off 15,2f). Verkündigung und Lob beim Herrenmahl standen wohl unter einem ähnlichen Gesetz wie bei der Passafeier: »Man beginnt mit der Schmach und endet mit dem Lob« (m Pes 10,4), man führt »von der Sklaverei zur Freiheit, von Finsternis zu großem Licht, von der Knechtschaft zur Erlösung« (10,5); ein Text wie Phil 2,6–11 mag dazu das christliche Gegenstück sein. Paulus sagt explizit nichts von Lob, Dank oder Festfreude beim Herrenmahl; dessen Grundton scheint wegen des Gedenkens an die Auslieferung und den Tod des Christus eher ernst gestimmt gewesen zu sein. Aber der Apostel muß sogar den Fall von Trunkenheit rügen, der ein Herrenmahl eigentlich nicht mehr durchführen läßt (1 Kor 11,21). Daß solch ein Mißbrauch überhaupt möglich war, weist m.E. darauf hin, daß die Mahlfeier – wie die des Passa mit seinen vier Bechern Weins – auch Raum zur dankbaren Freude für die Gabe des Christus bot. Solche Freude wird indirekt auch von der vorausgehenden Paränese bezeugt, die das allzu freie Auftreten der Frauen im Gottesdienst betrifft, oder auch den wohl in der Freude und Kraft des heiligen Geistes geäußerten Ruf »Maranatha!«.

8. Die Warnung vor einer unwürdigen Teilnahme am Mahl (1 Korinther 11,27; Ex 12,45b.48)

Die strukturelle Verwandtschaft von Herrenmahl und Passafeier erstreckt sich auch auf die Warnung vor einer unwürdigen Teilnahme am Mahl. In 1 Kor 11,27 sagt Paulus: »Wer also unwürdig das Brot ißt oder den Becher des Herrn trinkt, der wird schuldig sein am Leib und am Blut des Herrn!« Er ißt und trinkt sich selbst zum Gericht, weil er den Leib des Herrn nicht recht unterscheiden, in seinem stiftungsgemäßen Unterschied gegenüber gewöhnlichen Speisen nicht erkennen und achten kann,[52] und weil er nicht bedenkt, daß die Gemeinde als Leib Christi beim Mahl manifest werden soll.

---

[51] »Psalm 22 und das Neue Testament« (ZThK 65 (1968) S.1–22).
[52] Der Traktat m Pesachim 10,4ff betont das Prinzip מַה נִּשְׁתַּנָּה = »Was ist verschieden?«

Die Mißachtung des »Leibes Christi« (V.29) besteht für Paulus konkret
vor allem darin, daß einzelne Mahlteilnehmer lieblos auf das eigene Wohl
und nicht auch auf das Sattwerden der armen Glieder der Gemeinde bedacht waren (V.21). Das steht zur Gnade Gottes, zu den Gabeworten des
Christus und zum organischen Zusammenleben im Leibe Christi in krassem Widerspruch.

In der Passaperikope Ex 12 und 13 werden die Würde und Heiligkeit der
Feier eingeschärft. Passalamm und Mazzot sind von gewöhnlichem Fleisch
und Brot zu unterscheiden. Ihre Zubereitung zeigt, daß sie etwas Besonderes, nämlich Hinweis auf das Heilsgeschehen des Auszugs und auf das Passa Gottes, sein sollen (Ex 13,8f). Das Passalamm wurde ganz gebraten und
in Eile[53] verzehrt (Ex 12,8-11.46). Und wegen dieser Eile des Auszugs blieb
das Brot ungesäuert; das Essen gesäuerten Brotes in der Passazeit soll mit
der Ausrottung bestraft werden (Ex 12,15.19; 13,6f). Ferner ist es verboten,
daß ein Unbeschnittener am Passa Israels teilnimmt (Ex 12,48-51). Unan-
gemessen wäre schließlich jedwede Gruppenbildung, dazu Einzelgänger-
tum und Eigenbrötelei. Ganz Israel soll das Passalamm schlachten (12,6);
die ganze Gemeinde Israels soll es essen (12,47).

Die Form der beiden Gebote Ex 12,15b und 12,48 hat m.E. auf die Diktion der paulinischen Paränese zum Herrenmahl (1 Kor 11,27-30) abge-
färbt.[54] Auch inhaltliche Beziehungen sind vorhanden. Paulus führt die
Krankheits- und Todesfälle in der korinthischen Gemeinde doch wohl auf
das unwürdige Feiern des Herrenmahls zurück (1 Kor 11,30). Die Rabbinen haben die in der Tora oft erwähnte Strafe der »Ausrottung«, mit der in
Ex 12,15 das Essen von Gesäuertem während der Passawoche bedroht wird
(vgl. V.19), grundsätzlich als »Ausrottung vom Himmel her« verstanden
(Mischnatraktat Kerithoth), d.h. als vorzeitigen Tod, mit dem Gott eine
ungesühnte Übertretung der Gebote bestraft. Paulus bittet die Christen in 1
Kor 11, sie sollten sich selbst prüfen (vgl. V.28), das Endgericht kritisch
einüben (V.31) und sich vom Herrn richten lassen(V.32). Denn sonst könnte man mit der (sündigen) Welt verurteilt werden (V.32), d.h. der Ausrottung und dem ewigen Tod verfallen. Es darf nicht sein, daß im Leib Christi,
dem Leib des auferstandenen und erhöhten Herrn, die Macht des Todes
wirksam ist, daß in ihm Krankheit und Sünde auftreten, nachdem Christus

---

[53] Afrahat konnte Ex 12,11 auf die würdige Teilnahme am Mahl des Herrn beziehen: »Sie
essen nämlich das Lamm »in Eile«, mit Furcht und Schrecken, auf den Füßen stehend, da
sie ja eilen, das Leben von der Gabe des Geistes zu essen, den sie empfangen« (idem. 13,9);
G.Kretschmar a.a.O. S.177.

[54] Heißt es Ex 12,15: »Denn jeder, der zwischen dem ersten und siebten Tag Gesäuertes ißt,
soll aus Israel ausgerottet werden«, so erklärt Paulus: »Denn wer (unwürdig) ißt (ἐσθίων =
אכל in Ex 12,15), der ißt und trinkt sich zum Gericht« (1 Kor 11,29). Mose verfügte Ex
12,48 hinsichtlich des Fremden, der Passa feiern wollte, daß jeder männliche Angehörige
beschnitten werde; und dann (אז) »mag er herzutreten, um es zu feiern«. Ähnlich ist die
Struktur des Satzes 1 Kor 11,28: »Es prüfe ein Mensch sich und so (καὶ οὕτως) mag er
vom Brot essen und vom Becher trinken«.

als Gottesknecht all unsere Krankheiten auf sich genommen hat (Jes 53,4). Ein positiv gefaßtes Gegenstück zur verderblichen Folge des unwürdigen Essens beim Mahl des Herrn gibt es in der Passatradition des Jubiläenbuches: Feiern die Israeliten dieses Fest korrekt nach dem Gebot Gottes, »... so kommt in diesem Jahr keine Plage über sie, sie zu schlagen und zu töten« (49,15).

9. Die Gemeinschaft der Feiernden beim Herrenmahl und beim Passa (1 Korinther 10,16f)

a) Der Gemeinschaftscharakter des Herrenmahls wird vom Apostel betont. Er kommt schon durch das oft gebrauchte, kultisch gemeinte, Verbum συν-έρχεσθαι (11,17.18.20.33.34) zum Ausdruck, oder durch das Nomen ἐκκλη-σία (τοῦ θεοῦ; V.22), das die gottesdienstliche Versammlung, den qehal des Herrn, bezeichnet. Zwar bewirkt auch das Opfermahl im Jerusalemer Tempel die Gemeinschaft mit dem »Altar«, d.h. mit Gott, dem das Opfer auf dem Altar dargebracht wird (1 Kor 10,18).[55] Sogar das Opfermahl der Heiden schafft Verbindung mit den Götzen, richtiger: mit den Dämonen; eben deshalb soll der Christ es meiden (1 Kor 10,19–22).[56] Aber neu begründet hat Paulus die Gemeinschaft beim Herrenmahl: Die Vielen, die von einem Brote essen, sind ein Leib, weil sie alle an dem einen Brote Anteil haben (1 Kor 10,17); sie sind Glieder am Leibe Christi. Weil diese organische Ver-bundenheit im Mahl des Herrn zum Ausdruck kommen soll, ist es wichtig, daß alle gleichzeitig und in ungetrübter Einheit feiern, da ja der Unter-schied zwischen Reich und Arm, Sklave und Herrn, »im Herrn« aufgeho-ben sein soll.

Wir finden solch ein Wertlegen auf Einheit und Eintracht auch beim jüdischen Passa, das die Gemeinschaft der Teilnehmer herstellen und sicht-bar zum Ausdruck bringen will. Man nimmt dieses Mahl im Kreis der Familie und auch zusammen mit den Nachbarn ein; dabei richtet sich die Zahl der Teilnehmer nach dem Passalamm, das gemeinsam verzehrt wird (Ex 12,3f.46).[57] Auch das Zubereiten und Essen des Lammes bekundet diese Zusammengehörigkeit: Ganz soll es gebraten und auch gegessen werden, jedes Lamm in einem Haus (Ex 12,46). Nichts darf von seinem Fleisch hinausgetragen, kein Knochen ihm gebrochen werden (ibid.). Das Gemein-schaftsbewußtsein reicht über den Kreis von Haus und Nachbarn hinaus.

---

[55] Die Priesterhebe macht die Opfernden zu Altargenossen (Lev 7,6.15); sie essen vor Gott (Dtn 12,7.18).

[56] Vgl. auch 1 Kor 10,21: »Ihr könnt nicht den Becher des Herrn trinken und den Becher der Dämonen; ihr könnt nicht am Tisch des Herrn teilhaben und am Tisch der Dämonen!«.

[57] Vgl. Josephus Bell 5,423: »Für jedes Passaopfer aber bildet sich gleichsam eine Bruderschaft von nicht weniger als zehn Personen, denn allein speisen ist nicht erlaubt; vielleicht treffen auch 20 Teilnehmer zusammen«.

Denn ganz Israel wird gleichsam als Passagemeinschaft angesprochen: Die ganze Versammlung der Gemeinde Israel soll die Passalämmer am Abend schlachten (Ex 12,6). Wie die das Herrenmahl feiernde Hausgemeinde, wie die korinthische Einzelgemeinde sich als Teil der Gesamtkirche, des Leibes Christi und des neuen Gottesvolkes versteht, so ist jede Mahlgemeinschaft beim Passa ein Teil des feiernden Gesamtisrael.

b) Wenn das Passalamm die Gemeinschaft der Mahlgenossenschaft bestimmt, so für Paulus das Brot des Herrenmahls. Spricht die Mischna vom »Leib« (גּוּף) des Passalamms (10,3), so tat das auch Christus, das wahre Passalamm; dabei hat er aber das Brot als seinen Leib bezeichnet (1 Kor 11,24). Nach Paulus konstituiert das Brot des Herrenmahls die Einheit der Mahlteilnehmer und steht somit an der Stelle des Passalamms: »Denn ein Brot, ein Leib sind wir viele« (1 Kor 10,17). Zwar ist der Segensbecher die Gemeinschaft mit dem Blut Christi, so wie das gebrochene Brot die Gemeinschaft mit dem (in den Tod gegebenen) Leib des Christus ist (1 Kor 10,16). Aber das Brot ist für Paulus maßgebend, wenn es die Einheit »in Christus« darzustellen gilt: »Denn alle haben wir Anteil an dem einen Brot« (1 Kor 10,17). Dieses eine Brot ist der Leib Christi. Die Wendung »Leib Christi« wird vom Apostel auch als Kirche Christi verstanden (1 Kor 11,29). Die Teilnehmer am Herrenmahl sind Glieder des Leibes; ihre Gemeinschaft mit Christus ist auch Gliedschaft am Leib des erhöhten Herrn. Das Herrenmahl der Kirche wurde ohne ein Passalamm, ohne Rücksicht auf den Termin der Passanacht, gefeiert, und zwar schon vor der Zerstörung des Tempels, die auch die jüdische Passafeier des Lammes beraubt hat. Denn bei seinem letzten Mahl hatte Jesus seinen Leib nicht mit dem Passalamm,[58] sondern mit dem Brot, und sein Blut mit dem Wein bezeichnet: Als der Leib und Blut in den Tod Gebende war er das wahre Passalamm, das für die Seinen geschlachtet wurde.[59]

c) Die Mahlgemeinschaft wird gefestigt durch den Dienst der Liebe, durch die Diakonie. Das kam besonders beim Passa zum Ausdruck. In die Festgemeinde Israels sollten möglichst auch Sklaven und die Fremden aufgenommen werden, und zwar durch die Beschneidung, die sie kultfähig macht (Ex 12,44.47). Der Fremde wird am Passaabend dem im Land geborenen Israeliten gleich geachtet; eine einzige, die gleiche, Weisung (תּוֹרָה

---

[58] Das Lamm konnte als Bild für das (leidende) Volk Israel dienen (Targum zu Jes 53,7; Mekh Ex zu Ex 19,5. Vgl. Röm 8,36: »Wir werden wie Schlachtschafe geachtet«. Zum Leib als einer Bezeichnung für die Gemeinschaft des Gottesvolkes Israel vgl. Philo Spec Leg III,131; Josephus Bell 4,406; 6,164.

[59] Vgl. auch aeth. Hen 89 und die rabbinische Auslegung zu Jer 50,17. Dazu A.Finkel, The Passover Story and the Last Supper in the Light of Interpretation Criticism. The Hourglass 1971, S.12–18, besonders S.11, wo Finkel vor dem Essen des Passalamms ein Deutewort הָא גּוּפָא דְפִסְחָא annimmt. Das ist jedoch nicht erforderlich.

אֲתֶם) soll für beide gelten (12,48f). Der Ablauf des Passamahls wird nicht zuletzt durch den Tischdienst mitbestimmt: »... man bringt herein ... setzt ihm vor ... mischt für ihn den Becher ...« (m Pes 10,2ff). Dieser Tischdienst ist selbstverständliches Tun; der Dienende und der Bediente sind nicht als solche bezeichnet. Und an erster Stelle wird erwähnt, daß auch »der Arme in Israel sich in der Runde niederlassen« (הֵסֵב = ἀνακεῖσθαι), d.h. so bequem auf dem Kissen Platz nehmen soll, wie es die Sitte der Freien war.[60] Auf solche Weise wurde es jedem bewußt, was die Befreiung Israels aus der Knechtschaft bedeutete. Vor allem wurden die vier Becher mit Passawein auch dem Armen nicht vorenthalten (ibid.).[61] Und in der Deutung des ungesäuerten Brotes werden die Hungernden und Armen eigens erwähnt: »... Jeder, der hungert, komme und esse, und wer in Not ist, komme und halte das Passa!«

Von daher erklärt es sich, daß der Evangelist Lukas in seinem Bericht vom letzten Mahl Jesu eine Paränese über die Gemeinschaft und den Dienst der Jünger eingefügt hat (22,24–27), und Johannes von der Fußwaschung Jesu erzählen konnte (Kap. 13).[62] Ebenso wird verständlich, daß Paulus die unwürdige Teilnahme am Mahl auf eine neue, soziale Weise bestimmt: Das Unbeschnitten-Sein war für ihn kein Hinderungsgrund mehr. Denn in Christus sind alle gleich; die Frucht seines Todes bedarf keiner Ergänzung durch Gesetzesgehorsam und Beschneidung (Galaterbrief). Vielmehr ist angesichts der erlösenden Liebestat des Christus der Egoismus gerade auch der angesehenen und sozial höherstehenden Gemeindeglieder in Korinth völlig unverständlich und des Herrenmahls unwürdig: Er zerstört die Gemeinschaft und die Fürsorge für die Armen, die auch beim jüdischen Passa so wichtig war. Hinzu kommt, daß das Herrenmahl für Paulus zur Ordnung des neuen Bundes gehört, für den Jesus durch seinen die Sünde tilgenden Tod die Voraussetzungen geschaffen hat (vgl. Jer 31,34). Denn nach der Abendmahlstradition, die dem Paulus überliefert worden war, hatte Jesus gesagt: »Dieser Kelch ist der neue Bund in meinem Blut« (1 Kor 11,25): Die merkwürdige Fassung dieses Deutewortes bedarf einer besonderen Erklärung, die zunächst auch dem Wort zum Brot gelten muß.

---

[60] Vgl. t Pes 7,4 und m Pes 8,1: Die Teilnahme der (kanaanäischen) Sklaven am Passa wird betont. Das Liegen beim Passamahl – die Sklaven pflegten sonst im Stehen zu essen – wurde als ein Zeichen der Freiheit angesehen (j Pes 10,37b,53; P Billerbeck Bd. IV, S.45.56f).

[61] Der Weingenuß beim Passaseder ließ die Teilnehmer bei zunehmender Dauer des Mahls mit der Müdigkeit kämpfen. Von daher wird auch verständlich, daß Jesus im Garten Gethsemane die Schläfrigkeit der Jünger beklagen mußte (Mk 14,37–41; vgl. m Pesachim 10,8).

[62] Johannes betont die geistgewirkte Gemeinschaft mit Christus, die Anteilhabe am Heil, als eigentlichen Sinn der Sakramente Taufe und Abendmahl (Joh 3,3ff, Kap. 6). Das gilt auch von dem in Joh 6,51c–58 zu Tage tretenden Abendmahlsverständnis (vgl. R.Schnackenburg, Das Johannesevangelium Bd. II, Freiburg 1971, S.87–102 und H.Leroy, Rätsel und Mißverständnis, Bonn 1966, S.115–122).

10. Das Deute- (Gabe-)wort zum Brot beim Herrenmahl und beim Passa (1 Kor 11,24; Ex 12,14f)

Die Worte Jesu zu Brot und Wein passen am besten zur Liturgie der Passafeier. Jesus hat sie nach dem Vorbild der dort vorgesehenen Deutung der besonderen Elemente vollzogen;[63] von daher hat man das Recht, diese Gabeworte auch als »Deuteworte« zu bezeichnen. Für das Brotwort ist die Aussage der Passahaggada als Hintergrund wichtig, nach der die Mazzen durch den Hausvater folgende Deutung erhalten: »Das ist das Brot (הָא לַחְמָא), das unsere Väter in Ägypten aßen ...«. M.E. erhellt schon aus dieser Deutung, warum Jesus beim Gabe- und Deutewort einfach ἄρτος = »Brot« und nicht etwa ἄζυμα sagte. Denn auch bei dem Deutewort im Passaseder wird das ungesäuerte Brot einfach als לֶחֶם (aramäisch לַחְמָא = הַלֶּחֶם) und nicht etwa als מַצָּה bezeichnet; damit fällt ein alter Einwand gegen den Passacharakter des letzten Mahls Jesu dahin. Ebensowenig stichhaltig ist der Hinweis darauf, daß beim jüdischen Passa zwar das Lamm, die Bitterkräuter und die Mazzen eine Deutung erhalten, nicht aber der Wein, der von Jesus gedeutet wurde. Aber der Wein fehlt in der Passaperikope Ex 12–13; erst im Jubiläenbuch wird er auch für das Passa des Auszugs erwähnt: »Ganz Israel aß das Fleisch und trank Wein«(49,6). Freilich weichen die Deuteworte Jesu von denen der Passaliturgie notwendigerweise ab. Jesus wollte ja nicht ein besonders zubereitetes Brot bzw. Lamm heilsgeschichtlich erklären. Vielmehr hat er die Gabe, die Verteilung von Brot und Wein, metaphorisch für eine andere Sache gesetzt, nämlich für die Hingabe seines Lebens und für das Anteilgeben an seinem heilbringenden Tod. Er sagte deshalb nicht etwa: »Das ist das Brot meines Leibes ..., der Wein meines Blutes«. Vielmehr ist der Gebrauch von Brot und Wein beim Mahl ein Hinweis auf das stellvertretende Sterben des Messias: Das gebrochene Brot ist sein in den Tod gegebener Leib, der Wein ist sein vergossenes Blut. Dabei scheint mir im Brotwort der Begriff »Leib« (גּוּף) und nicht etwa »Fleisch« (בָּשָׂר) ursprünglich zu sein.[64] Im Traktat Pesachim 10,3 wird in einem Satz, der sich auf die Zeit des zweiten Tempels bezieht, das Passalamm, das man damals im Tempel opferte und beim Mahl auftrug, als גּוּפוֹ שֶׁל פֶּסַח bezeichnet. Das muß man als »Leib des Passalammes« und

---

[63] J.Jeremias a.a.O. S.60f.

[64] In Ex 12,8 findet sich zwar die an Joh 6,51ff erinnernde Wendung »das Fleisch (des Passa) essen« vgl. auch Jub 49,6: »Ganz Israel aber aß das Fleisch des Passalammes«. »Fleisch und Blut« seien als komplementäres Paar vorzuziehen, denn beide zusammen bezeichnen in rabbinischer Sprechweise den Menschen. Aber »Fleisch und Blut« meint generisch die (vergänglichen) Menschen, etwa im Unterschied zu Gott oder den Engeln: Ein König von Fleisch und Blut steht Gott, dem König der Könige, gegenüber. Die von R.Elieser bar Zadok überlieferte Mizwah: »Im Tempel (d.h. in Jerusalem zur Zeit des Zweiten Tempels) brachte man vor ihn (den Ratsherrn) den Leib des Passa«, ist für die Abendmahlstradition wichtig.

nicht etwa als »das Passalamm selbst«[65] übersetzen. Das Wort גּוּף = σῶμα, das im Alten Testament und auch in Qumran fehlt, erscheint im Sprachgebrauch Jesu und spielt eine wichtige Rolle bei Paulus, wo σῶμα den Leib mit seinen Gliedern meint.[66] Passalamm und Leib gehören zusammen,[67] ebenso auch Kreuz und Leib. Das zeigt Josephus: Wegen der Fülle der von den Römern vor Jerusalem Gekreuzigten »fehlte es dem Land an Kreuzen, und Kreuze für die Leiber« (σταυροὶ τοῖς σώμασιν; Bell 5,451). Ist für Paulus der »Leib (גּוּף) des Christus« ein Bild für die Gemeinschaft der Christen, so kann der Evangelist Johannes das Bild vom »Weinstock« wählen (Kap. 15): Der Begriff גֶּפֶן = Weinstock erinnert an das ähnlich klingende גּוּף = Leib. Die Kürze des Deutewortes zum Brot fällt auf: »Das ist mein Leib, der für euch ...« (1 Kor 11,24):[68] Die Worte »mein« und »für euch« sind betont. So wird die soteriologische Botschaft von Jesaja 53 auf eine kurze Formel gebracht: Der gerechte Gottesknecht rechtfertigt »die Vielen« (לָרַבִּים; V.11), trägt die Sünde von Vielen, tritt für die Frevler (לַפֹּשְׁעִים) fürbittend ein (V.12). Ein solches לָכֶם = ὑπὲρ ὑμῶν ist auch kennzeichnend für die Passaperikope Ex 12 und 13, nur daß es dort vor allem in Weisungen steht: Passa und Mazzoth sollen sein zum Gedächtnis »für euch« (V.14), zu einer heiligen Versammlung »für euch« (V.16); ein einjähriges männliches Lamm »sei für euch« (12,5).

---

[65] J.Jeremias kritisiert a.a.O., S.198 G.Dalman, der bereits diese Stelle für das Brotwort Jesu und den גּוּף - Begriff geltend gemacht hatte; er meint, גּוּף bezeichne nicht den Leib des Passalammes, sondern dieses »selbst« (im Unterschied zu den zuvor erwähnten anderen Elementen des Passa). Aber in den Opfer- und Reinheitstoroth der Mischna meint der Begriff גּוּף den Leib im Verhältnis zu den einzelnen Gliedern oder auch zur Seele (m Sotah 1,7; 9,3; Zebachim 6,5.6; Negaim 13,10). Vgl. auch Mekh Ex Pischa zu Ex 12,7: Das Verbot, dem Passalamm einen Knochen zu brechen, wird als Weisung bewertet, die sich auf den Leib des Lammes bezieht (בגופו = »to its body«, Lauterbach I,47), vgl. auch die Definition von גּוּף bei Ch.Kasovsky, Thesaurus Mischnae, Jerusalem 1956, Bd. I, S.437 (= »Rumpf, der die Glieder des Leibes trägt«) und die Übersetzung von M Pes 10,3 durch H.Danby, The Mishnah, Oxford 1933, S.150: »The body of the passover-offering«. In b Ned 32 b finden wir die Aussage: »Eine kleine Stadt, das ist der Leib, und die wenigen Menschen in ihr, das sind Glieder«. Wo גּוּף = »selbst« bedeutet, steht es bei Personen und zwar hinter dem Subjekt (vgl. die Beispiele im Dictionary von Ben Jehudah, Bd. II, S.725).

[66] Vgl. Josephus Bell 4,406 und Mekh Ex zu Ex 19,5, wo das Mitleiden der Glieder eines Leibes mit einem kranken Glied erwähnt wird. An der letzteren Stelle wird dieser Tatsache anhand eines Vergleichs des Volkes Israel mit einem Schaf erwähnt.

[67] J.Jeremias hält »Fleisch« für ursprünglich, wie man aus Joh erkennen könne (a.a.O. S.108ff.168).

[68] Es könnte sein, daß Paulus eine in Lk 22,19 erhaltene, ursprünglichere Wendung um das »gegeben« gekürzt hat, vgl. Jub 49,3: »Und das ist das Zeichen, das der Herr ihnen gab«. Anlaß zu solcher Kürzung könnte Ex 12,13: »ein Zeichen für euch« gewesen sein, vgl. auch Ex 12,26: »Was ist dieser Gottesdienst für euch?«

11. Das Becherwort (1 Korinther 11,25) und der Beschneidungsbund (Genesis 17; Ex 12,43–48)

Ebenso auffallend formuliert ist das Deutewort zum Becher (1 Kor 11,25).[69] Vom Brotwort ist es durch das Mahl getrennt (1 Kor 11,25a). Bei einem jüdischen Festmahl war es üblich, an dessen Schluß den Segen über dem Becher mit Wein zu sprechen; das geschah auch bei der Feier des Passa. Bei ihr begann die Mahlzeit im dritten Teil des Seder mit einem Segen über den Mazzot, dem Jesu Deutewort zum Brot entspricht. Den Schluß dieses Teils bildete der Segen, den der Hausvater über dem dritten Becher sprach, der deshalb den Namen »Segensbecher« (כּוֹס שֶׁל בְּרָכָה) er-hielt. So bezeichnet ihn Paulus ausdrücklich in 1 Kor 10,16; er ist aber auch mit dem Ausdruck τὸ ποτήριον in 1 Kor 11,25 (-28) gemeint.[70]

Das Deutewort zum Becher lautet nach 1 Kor 11,25: «Dieser Becher ist der neue Bund in meinem Blut« (so auch Lk 22,20); in Mk 14,24 heißt es: »... mein Blut des Bundes«. Die Wendung der »neue Bund« stammt von Jer 31,31–34; dieser Bund setzt die Vergebung der Sünden voraus (31,34), die somit in der paulinischen Form des Becherworts unausgesprochen enthalten ist.

Der Ausdruck: «... der neue Bund in meinem Blut« ist m.E. nicht nur als sprachliche Auflösung der im Semitischen schwierigen Doppelbestimmung: »Mein Blut des Bundes« in Mk 14,24 zu verstehen. Vielmehr drückt sich in ihm auch ein theologisch bedeutsamer Sachverhalt aus, der auf dem Hintergrund der jüdischen Anschauung vom »Blut des Bundes« sichtbar wird. Die Rabbinen dachten bei dieser Wendung vor allem an den Bund und das Blut der Beschneidung; auch das Bundesblut von Ex 24,8 wurde von ihnen – analog zu Sach 9,11 – auf die Beschneidung bezogen (T Ned 2,6; Pirqe R. Eliezer 29). Die Beschneidung war ja das Zeichen des Bundes, den Gott durch Abraham mit Israel schloß (Gen 17,11). Und das Blut der Beschneidung, das in Gen 17 gar nicht erwähnt wird, spielte bei den Rab-binen eine wichtige Rolle; ja, es wurde ihm sogar sühnende Kraft zuge-schrieben. Die exegetische Grundlage dafür war der Bericht von der Be-schneidung Moses in Ex 4,24–26; das geht aus der ausführlichen Wieder-gabe dieser Verse in den Targumen hervor.[71] Nun ist die Beschneidung auch in der Perikope vom Passa ausdrücklich erwähnt (Ex 12,43–49); sie stellt ja die Vorbedingung für die Teilnahme an der Feier dar.[72] Die Rabbinen

---

[69] Es ist nicht als Gabewort, sondern als Deutewort formuliert.

[70] Diesen dritten Becher des Passa darf man nicht gleich trinken (m Pes 10,7). Jesus hat nach dem Deutewort zum Becher, vor dem Singen das Hallel, den eschatologischen Ausblick gegeben, seine Naherwartung des Endes bekundet und gesagt, er werde von nun an nicht mehr vom Gewächs des Weinstocks trinken, bis das Reich Gottes komme (Mk 14,25 par).

[71] Nach Tg Jer I und II zu Ex 4,26 sagte Zippora: »Wie teuer ist das Blut der Beschneidung, das meinen Gatten von den Händen des Verderberengels errettet hat!«

[72] Vgl. dazu Ex r 19,6 (50a) zu Ex 12,44: Gott bereitet ein Festmahl = das Passa für Israel vor der Erlösung. Als Eintrittsbedingung gilt: »Wenn ihr nicht das Siegel Abrahams an eurem

schlossen aus der Stelle Ex 12, 43–49, die Israeliten seien unmittelbar vor dem Passa des Exodus beschnitten worden; ihr Blut habe sich mit dem der Passalämmer vermischt[73] und mit diesem zusammen die Versöhnung und Erlösung Israels bewirkt (Ex r. 19,5 [81c]; Pirqe R. Elieser 29). M.E. ist die Verbindung von Passa und Beschneidung auch in 1 Kor 11,25 vorausgesetzt; auch kannte der Apostel die rabbinischen Spekulationen über das Blut der Beschneidung und über dessen sühnende Kraft. Von dieser Voraussetzung her läßt sich die Wendung »der neue Bund in meinem Blut« (1 Kor 11,25; Lk 22,20) befriedigend erklären. Sie erinnert sprachlich an die Beschneidungsperikope Gen 17,13: »Mein Bund soll an eurem Fleisch (בִּבְשַׂרְכֶם = ἐν τῇ σαρκὶ ὑμῶν) ein ewiger Bund sein« (vgl. Röm 2,28 ἐν σαρκὶ περιτομή).[74] M.E. wollte der Apostel bei der Wiedergabe des Deutewortes zum Kelch bewußt an Gen 17,13 erinnern: Wurde der alte Bund »am Fleisch« Abrahams bzw. der Israeliten vollzogen, konnte dem Blut der Beschneidung sühnende Kraft zugeschrieben werden, so ist der neue Bund »im Blut« Jesu Christi begründet, das zur Vergebung der Sünden vergossen wurde. Um diesen Gegensatz klar zum Ausdruck zu bringen, hat Paulus die ihm überlieferte Abendmahlstradition leicht variiert: Auf indirekte Weise wurden die jüdischen Spekulationen über die sühnende, bundesstiftende Kraft des Beschneidungsblutes abgewiesen und christologisch entwertet. Der durch das Blut des Messias aufgerichtete Neue Bund läßt den alten »Bund im Fleisch«, den Bund im Blut der Beschneidung, weit hinter sich. Denn nicht die eigene Leistung, das gute Werk des Menschen, der seinen Sohn beschneiden läßt, führt zum Heil der Gemeinschaft und Zukunft mit Gott. Unser »Fleisch und Blut« können nicht die Grundlage des ewigen Bundes sein. Vielmehr sind dies das Handeln und die freie Gnade Gottes, der seinen Sohn für uns in den Tod gab; Leib und Blut Christi schenken uns Frieden, Versöhnung und Gerechtigkeit und machen uns so zu erträglichen Bundespartnern für Gott. Man könnte bei Paulus eine kausale Entsprechung zwischen dem endzeitlichen Handeln Gottes und dem Gehorsam Abrahams sehen: Wie Gott seines einzigen Sohnes nicht »schonte«, weil Abraham seinen geliebten Sohn nicht verschonte (Röm 8,32; vgl. Gen 22,16), so hat Gott den neuen Bund im Blut des Christus eröffnet (1 Kor 11,25), weil Abraham den alten Bund »in seinem Fleisch« besiegelt hat. Andererseits besteht ein Gegensatz: Die Forderung der Beschneidung, die für die Gemeinden Galatiens erhoben wurde, verdirbt nach dem Urteil des Paulus das Evangelium vom Kreuz. Die Gegner möchten, daß »ihr euch

---

Fleisch tragt (בִּבְשַׂרְכֶם), werdet ihr nicht von ihm schmecken« (vgl. Lk 14,24; dazu Mekh Ex zu 12,6, wo Sach 9,11 und Ex 16,6 auf die Beschneidung in Ägypten bezogen werden).

[73] Vgl. dazu Lk 13,1: Pilatus habe das Blut der Galiläer mit dem ihrer Opfer vermischt. Der Vorfall muß sich am Passafest zugetragen haben, da nur an diesem Fest Laien beim Opfer im Tempel anwesend sein durften.

[74] Sirach 44,21: ἐν σαρκὶ αὐτοῦ (d.h. Abrahams) ἔστησεν (Gott) διαθήκην. Vgl. b Shebuoth 6a (26) »Bund am Fleisch«.

beschneiden laßt, damit sie sich rühmen können an eurem Fleisch« (ἐν τῇ ὑμετέρᾳ σαρκί Gal 6,13). Paulus dagegen will sich nur »des Kreuzes unseres Herrn Jesu Christi rühmen« (ἐν τῷ σταυρῷ ...), durch das der Apostel »der Welt gekreuzigt wird«, für das er Verfolgung leidet (Gal 6,14; vgl. 6,12).

Dieser Gegensatz: Beschneidung – Kreuz Christi, Blut Abrahams – Blut Christi, steht hinter der paulinischen Version des Deuteworts zum Kelch. Ihn hat auch der Kirchenvater Justin gesehen, wenn er meint, das »Blut jener Beschneidung« (τὸ αἷμα τῆς περιτομῆς) habe seine Wirkung verloren: Denn die Christen haben an das heilschaffende Blut Jesu geglaubt; »ein anderer Bund gilt jetzt, und ein anderes Gesetz ist aus Zion ausgegangen« (dial.c.Tr. 24,1; vgl. auch 19,3f). Und vielleicht ist dieser Gegensatz auch in der Herrenmahlperikope Joh 6,51ff zur Sprache gebracht, wo Jesus von seinem Fleisch und seinem Blut als den Gaben des wahren Lebens spricht (6,53–56). Mose hatte nach Joh 7 den Juden die Beschneidung gegeben, die sogar am Sabbat durchgeführt wird, um den Menschen »gesund« zu machen (7,22–23); Jesus macht dagegen den ganzen Menschen heil (7,23) und tut dies letztlich durch seinen Tod (vgl. Joh 13,7–10). Wenn in der Perikope Ex 12–13 und in der Lehre der Rabbinen das Passa und die Beschneidung eine feste Einheit bilden, so gilt nach der Meinung des Paulus das Gegenteil für das Herrenmahl: Die Forderung der Beschneidung für die Christen steht im Gegensatz zum Glauben an das Kreuz. Sie stellt gleichsam ein Mißtrauensvotum gegen die Kraft des Todes Christi dar, als sei er ohne »das Siegel« der Beschneidung nichts nütze, als könne die Väterverheißung nur an den Beschnittenen in Erfüllung gehen. Abgesehen von der direkten, exkludierenden Gegenüberstellung Kreuz Christi - Beschneidung (Gal 6,12–14) gibt es eben auch eine indirekte wie im Becherwort des Herrenmahls (1 Kor 11,25). Eine solche findet sich m.E. auch in Gal 5,3f. Die Gegner des Paulus im Galater- und Philipperbrief haben wohl vor allem auf Gen 17,14 hingewiesen: »Wer sich nicht beschneiden läßt, soll ausgerottet werden« (וְנִכְרְתָה); wörtlich »er soll abgeschnitten werden«; (vgl. Ex 12,15). Paulus entgegnet diesem Argument mit der Drohung: »Gerade als Beschnittene wäret (ihr Heidenchristen) von Christus weggetilgt« (κατηργήθητε; Gal 5,4), d.h. »weggeschnitten« vom Leben des messianischen Heils. Denn durch das Kreuz und die mit ihm geschenkte Sündenvergebung wird der neue Bund ermöglicht (Jer 31,34) und auch die dem Abraham gegebene Verheißung des Heils für die Heiden (Gen 17,5f) erfüllt. Darum trägt der Apostel an seinem Leib »die Male (στίγματα) des Christus« (Gal 6,17), d.h. die Narben von der um Christi willen erlittenen Prügelstrafe oder auch der Steinigung. Solche Narben - und nicht die Beschneidung (Gal 6,13–15) - stellen das Siegel des neuen Bundes und der neuen Schöpfung dar (Gal 6,15). Vom Hintergrund der - rabbinisch gedeuteten - Beschneidung her wird deutlich, daß mit der in 1 Kor 11,25 gebo-

tenen Version des Becherwortes nicht etwa nur die Mahlgemeinschaft mit
dem erhöhten Herrn, sondern auch die Sühnewirkung seines Blutes ausge-
sagt und angeboten wird: Hatte das Blut der Passalämmer die Israeliten in
Ägypten gerettet, bewirkte nach Ansicht der Rabbinen auch das Blut der
Beschneidung die Tilgung von Schuld, dann noch viel mehr das Blut des
Messias und Gottessohnes. Aber wenn bei Paulus das Passalamm und das
Kreuz einander entsprechen (vgl.1 Kor 5,7), sieht er bei der Beschneidung
eher den Gegensatz zum Kreuz, und zwar deshalb, weil sie menschliche
Leistung und Gebotserfüllung ist. Wäre sie heilsgeschichtlich verdienstvoll,
so wäre Christus umsonst gestorben.[75] Trifft diese Erklärung für die pauli-
nisch-lukanische Form des Wortes zum Becher zu, so entfällt 1 Kor 11,25
als Beweis für die vielfach behauptete Priorität der paulinischen Abendmahlsworte gegenüber der Version des Markus und des Matthäus. Man
kann dann nicht mehr urteilen, Markus habe aus liturgischen Gründen das
Becherwort dem Brotwort formal angeglichen. Überhaupt ist die Hypothese, die Abendmahlsworte seien je länger je mehr formalisiert und paral-
lelisiert worden,[76] nicht in ein ehernes Gesetz umzuwandeln. Denn 1 Kor
11,25 zeigt, daß liturgische Tendenzen aus theologischen Gründen mißachtet wurden, daß es Änderungen oder auch interpretierende Zusätze geben
konnte. Auch die These, Paulus habe den Bund betonen wollen und deshalb die ungleichartigen Begriffe Leib und Bund parallel gesetzt, ist nicht
richtig. Denn außer dem Bund war für ihn auch das Blut Jesu wichtig; es ist
das eigentliche Schlüsselwort, das zum Kelch gehört. Das zeigt die Paulus
folgende lukanische Version: »... der neue Bund in meinem Blut, das für
euch vergossen wird« (22,20).

Die Tatsache, daß Paulus in Jesus das für uns geschlachtete Passalamm
sah, mag dazu beigetragen haben, daß sich mit dem Herrenmahl der Op-
fergedanke verband: Die Schlachtung der Passalämmer, deren Blut von den
Priestern an den Altar gesprengt wurde, mußte als Opferung verstanden
werden. Im Christentum begann man schon früh damit, auch das Herrenmahl als Opfer zu feiern und in Brot und Wein Opfergaben zu sehen. Man
sprach später von einer unblutigen Wiederholung des Opfers von Golgatha,
und das kirchliche Amt des Presbyters wurde analog zum alttestamentlichen Priestertum umgedeutet. Von Opfergaben und Priesterdienst unserer-
seits sagen die neutestamentlichen Berichte vom Herrenmahl nichts. Im
Unterschied von der Taufe war die Feier des Herrenmahls nicht an eine
bestimmte Person gebunden. Wer die Liturgie leitete und die Gebete
sprach, wer Brot und Wein austeilte und den Tod des Herrn verkündigte,
das war den ersten christlichen Gemeinden offensichtlich wenig wichtig

---

[75] Wie die Teilnahme am Herrenmahl eine Beteiligung an einem Götzenopfermahl ausschließt, so der Glaube an das Kreuz Christi die Forderung der Beschneidung als heilsgeschichtlicher Notwendigkeit in der gegenwärtigen Endzeit.

[76] Man verweist dabei auf Justin Apologie I,66,3: »Dies ist mein Leib, dies ist mein Blut«.

und nicht gesetzlich geregelt. In den Mahlgebeten der Didache spricht die Gemeinde (»wir«; 9,2f; 10,1.3f), und Gott ist der Geber von Speise und Trank (10,3), nicht ein Gemeindeleiter oder gar ein Priester. Denn Christus allein ist der Hohepriester, der sich selbst als Opfer im Himmel Gott darbringt, so der Hebräerbrief. Das Kreuz ist das Opfer Christi für uns; der Tod von Christus soll beim Herrenmahl verkündigt und nicht in einem Opfer zelebriert werde. Christus wird im Herrenmahl selbst ganz Gabe, der sich uns mitteilt, die Frucht seines Todes verteilt. Die Gemeinden des Neuen Testaments hatten keinen Priester, obwohl damals der Tempel zunächst noch bestand und die Jerusalemer Christen sich viel in seinen Höfen und Hallen aufhielten. Das allgemeine Priestertum der Christen ist ein passives Priestertum und darin begründet, daß Christus die Seinen durch sein Blut erlöst hat (Off 1,5f).

II. Das Herrenmahl bei Paulus und die Tradition vom leidenden Gottesknecht

Jesus hat seinen messianischen Auftrag auch im Sinne des Gottesknechts erfüllt und beim letzten Mahl seine Lebenshingabe und deren Frucht nach Jes 53,12 gedeutet. War Paulus sich dieser Tatsache bewußt, und läßt sich dies in seiner Perikope vom Herrenmahl erkennen?

1. Wie der Passacharakter des Herrenmahls schon im voraus durch den Hinweis 1 Kor 5,7 angezeigt wird, so auch dessen Bindung an Jes 53: das geschieht in 1 Kor 10,16f. Das Neue des paulinischen Herrenmahls gegenüber dem Abendmahl Jesu mit den Jüngern besteht vor allem darin, daß das Herrenmahl von den Gliedern des Leibes Christi gefeiert wird; der geistliche Leib der Kirche wird bei dieser Feier manifest und nimmt die Stelle des Jüngerkreises ein. Vom Leib Christi spricht Paulus in 1 Kor 10,16f. Dieser Leib ist stärkster Ausdruck für die Gemeinschaft mit dem gekreuzigten und auferstandenen Herrn, die gerade bei der Feier des Herrenmahls sichtbar wird: Denn der Segensbecher ist Gemeinschaft (κοινωνία) mit dem Blut Christi, und das Brot, das gebrochen wird, Gemeinschaft mit seinem Leib (1 Kor 10,16). Schon die auffallende Reihenfolge »Becher – Brot = Blut – Leib« zeigt, daß der Apostel an Jes 53,12 denkt, wo das »Vergießen der Seele (= des Blutes) zum Tode« vor dem parallelen (leiblichen) Tragen der Sünde der Vielen steht. Dieser Bezug zu dem für das letzte Mahl Jesu grundlegenden Vers Jes 53,12 beweist, daß Paulus in 1 Kor 10,16 zunächst an den Leib des Gekreuzigten und nicht schon an den geistlichen Leib der Kirche, den Leib des Erhöhten, denkt. Das tut er aber im begründenden V.17: »Denn ein Brot, ein Leib sind wir, die Vielen; denn wir alle haben Anteil an dem einen Brot«. Der Ausdruck »die Vielen« ent-

spricht der Wendung הָרַבִּים, die für Jes 53 kennzeichnend ist und auch in
Jes 53,12 erscheint; Paulus setzt ihn mit allen (πάντες V.17b) gleich. Gott
gibt dem gerechtfertigten Knecht Anteil an den Vielen (בָּרַבִּים) V.12a), dafür daß er die Sünden vieler (רַבִּים) getragen hat; der Knecht aber teilt
Beute mit den Starken (עֲצוּמִים; V.12b). Hat Jesus »sich selbst« (אֶת עַצְמוֹ für
אֶת עֲצוּמִים) beim letzten Mahl als Gabe mitgeteilt, so mag Paulus עֲצָמִים =
»Knochen« vgl. Eph 5,30 (Mehrheitstext nach Gen 2,23) gelesen haben,
ebenso אֲבָרִם = »Glieder« für הָרַבִּים; vgl. die ausdrückliche Erklärung in
Röm 12,5: »Die Vielen sind ... Glieder«. Gott teilt demnach dem Christus,
der sein Leben in den Tod gab, die Glieder zu, die den Leib des zweiten
Adam ausmachen und die Kirche bilden. Und Christus teilt die Frucht
seines Todes als »Beute« mit diesen seinen »Gliedern« (wörtlich: »Knochen«). So kommt es, daß »alle Anteil (חֵלֶק) haben (μετέχειν) an dem einen
Brot« (1 Kor 10,17), das im Herrenmahl gebrochen (V.16b) und verteilt
wird (חֵלֶק); Jes 53,12). Der Begriff κοινωνία, der nach V.16 als Ergebnis
dieses Anteil-Bekommens zweimal genannt wird, mag auch mit Jes 53,5
zusammenhängen: »Durch seine Wunde (בַּחֲבוּרָתוֹ) wird uns Heilung zuteil«. Der Targum hat bei diesem Begriff an das Sich-Scharen der Torabe-
flissenen um den Gottesknecht gedacht, d.h. das Wort חֲבוּרָה als »Genossenschaft« und Arbeitsgemeinschaft des Lehrers mit den Schülern verstanden.
Auch Paulus dachte an Gemeinschaft = κοινωνία, nur daß er dabei sich
der Bedeutung von חֲבוּרָה = »Wunde« durchaus bewußt blieb und die Gemeinschaft als ein Teilhaben am gekreuzigten und auferstandenen Herrn
verstand (1 Kor 10,17); in Phil 3,10 spricht er von der κοινωνία τῶν παθημάτων αὐτοῦ.

2. Denn im Unterschied zu der Deutung des Targums ist Jes 53 gerade
durch den leidenden, für die Vielen in den Tod gegebenen, Christus erfüllt.
Deshalb erwähnt Paulus zu Beginn der von ihm zitierten Herrenmahltradition die »Nacht, in welcher der Herr ausgeliefert, übergeben wurde«
(παρεδίδοτο). Wie bereits oben gesagt, ist dieses Verbum kennzeichnend für
Septuaginta und Targum zu Jes 53, wobei es passiv und aktiv gebraucht ist,
d.h. Gott und dem Knecht als Subjekt des Übergebens anzeigen soll: Gott
»gab ihn dahin« (παρέδωκεν αὐτόν) »für unsere Sünden« (Jes 53,5 LXX;
Targum = אִתְמְסַר); »der Knecht gab sein Leben in den Tod« (Tg Jes 53,12);
»sein Leben wurde in den Tod gegeben« (παρεδόθη; Jes 53,12 LXX). Schon
in Röm 4,25: »Jesus wurde wegen unserer Sünden dahingegeben« (παρεδόθη = Tg Jes 53,5 אִתְמְסַר בַּעֲוָיָתַנָא) ist dieser Bezug zu Jes 53 ganz klar.

3. Paulus rügt in 1 Kor 11,18 die »Spaltungen« in der Ekklesia. Dabei ist
es merkwürdig, daß er diesen für die Parteien in der Gemeinde verwendeten Begriff, nämlich σχίσματα, (vgl. 1 Kor 1,10–13), auf die Mißstände bei der Feier des Herrenmahls anwendet. Denn dort geht es ja nicht

um Lehrunterschiede bzw. Lehrerverehrung, die zur Gruppenbildung führen, sondern um das rücksichtslose, egoistische Verhalten der Reichen gegenüber den Ärmeren. Warum spricht Paulus dabei von σχίσματα? Man muß an dessen hebräisches Äquivalent denken, nämlich מַחֲלָקוֹת = »Teilungen«, »Spaltungen«.[77] »Teilungen«, die aus Egoismus entstehen, sind das genaue Gegenteil zum Handeln Christi, dessen beim Herrenmahl gedacht wird: Er »verteilt« (יְחַלֵּק) an die Seinen, für die er sein Leben opferte gab (Jes 53); er gibt ihnen »Anteil« (חֵלֶק) an sich (μετέχειν ἐκ; 1 Kor 10,17), stiftet Gemeinschaft (κοινωνία = חֲבוּרָה; 1 Kor 10,16). Christus ist ganz »donative« Existenz, auch als der erhöhte Herr. Wie kann man dann den eigenen Egoismus zur Geltung bringen, teilen und spalten, wo Christus verteilt, sich mitteilt und Gemeinschaft schenkt? Christus ist nicht »geteilt« (μεμέρισται, מְחֻלָּק; 1 Kor 1,13), sondern er »verteilt« (יְחַלֵּק; Jes 53,12) die Frucht seines Sterbens. Nur wenn man 1 Kor 1,10–13; 10,17 von Jes 53,12 her versteht, erscheinen das Fehlverhalten der Korinther und die bittere Kritik des Paulus in hellem Licht. Im Lukasevangelium wird der Gegensatz zwischen dem sich schenkenden und »verteilenden« (vgl. Lk 22,17) Herrn und einer in sich gespaltenen Gefolgschaft durch die Einfügung des Rangstreits der Jünger (22,24–27) zum Ausdruck gebracht.

Andererseits erkennt man von Jes 53 her, daß beim Herrenmahl der Leib Christi der Kirche nicht etwa erst konstituiert wird. Die Eingliederung in diesen schon bestehenden Leib des Zweiten Adam erfolgt in der Taufe (1 Kor 12,12f), in der man in Christi Tod getauft (Röm 6,4f) und in die Gemeinschaft des Leidens des Christus eingefügt wird (Phil 3,10; vgl. Jes 53,5). Beim Herrenmahl teilt sich der erhöhte Herr diesen Gliedern seines Leibes mit, erneuert und stärkt sie mit der Kraft des Geistes und befördert ihr Leben in den Geistesgaben.

4. Paulus bringt Krankheit und Tod von Gemeindegliedern in Korinth mit dem unwürdigen Feiern des Herrenmahl in Verbindung: »Deshalb gibt es viele Kranke und Schwache und eine stattliche Zahl an Todesfällen« (11,30). Wo man »den Leib des Herrn unterscheidet« (V.29) und in Gemeinschaft mit diesem Herrn lebt (1 Kor 10,16), dürften solche Symptome der Schwäche, des Gebundenseins an Krankheit und Tod, eigentlich nicht auftreten. Denn Christus hat als der stellvertretend für uns Leidende »unsere Krankheiten getragen und unsere Schmerzen auf sich genommen« (Jes 53,4); »durch seine Wunden wurde uns Heilung zuteil« (Jes 53,5). Freilich

---

[77] Dieser Gebrauch des Verbums חָלַק findet sich auch bei der rabbinischen Diskussion über die Heiligkeit der biblischen Bücher, welche »die Hände verunreinigen« (m Yadayim 3,5). Beim Hohenlied und beim Prediger waren einige wenige der Weisen anderer Meinung; jedoch haben sie sich nicht durchgesetzt. Immerhin konnte dieser Sachverhalt so beschrieben werden: קֹהֶלֶת מַחֲלֹקֶת = »Kohelet teilt, spaltet«, d.h. die Weisen waren über seine Heiligkeit und Inspiriertheit geteilter Meinung (נֶחְלְקוּ = ἐμερίσθησαν).

sind an dieser Stelle Krankheit und Schmerzen bildlich gemeint; sie bezeichnen unsere Sünde und Schuld. Aber wie Matth 8,17 zeigt, konnten sie
auch wörtlich als Krankheit und Gebrechen verstanden werden, die Christus, der Heiland, wegnimmt; außerdem stehen Sünde und Schuld in einem
engen Zusammenhang mit Krankheit und Tod. Krankheit und Schwäche,
in denen nicht die Kraft des Herrn vollendet wird (2 Kor 12,9), sind demnach nicht in die »Gemeinschaft der Leiden« (Phil 3,10; 1 Petr 4,13) einzubeziehen; sie sind keine Manifestationen des »Lebens Christi in unserem
sterblichen Fleisch« (vgl. 2 Kor 4,11). Solche Zeichen des Christuslebens
sind eher mit den Leiden des Apostels gemeint, der »immer den Tod Jesu
an seinem Leibe trägt« (2 Kor 4,8–10; 2 Kor 11,23–29) und der dann mäch-
tig ist, wenn er schwach und krank ist (2 Kor 12,10).

5. Wir sahen, daß das Vorbild der Passahaggada zur Ausbildung der
christlichen Passionsgeschichte beigetragen haben kann. Das gleiche gilt
vom »Lied«, welches vom Leiden und der Erhöhung des Gottesknechts
berichtet. M.E. stammt das neutestamentliche Nomen »Evangelium« vom
aramäischen בְּסוֹרְתָּה in Tg Jes 53,1f; vgl. Röm 10,16; 1,16; 1 Kor 1,18 u.a.
Vor allem aber konnte die Deutung des Leidens Jesu, die Gestaltung der
theologia crucis des Paulus, Anhalt finden an der Weissagung Jes 53, die
mehr als irgendeine andere Stelle zum vorausverkündigten Evangelium
vom Weg des Gottessohnes gehört (vgl. Röm 1,1f).

Abschluß

Die zahlreichen Berührungspunkte zwischen der paulinischen Lehre vom
Herrenmahl und der jüdischen Passatradition lassen sich wohl am besten
so erklären, daß die Kapitel Exodus 12–13, ihre jüdische Auslegung und
deren Anwendung auf die Feier der Passanacht dem Apostel so vertraut
waren, daß er sie größtenteils auswendig wußte. Sie dienten ihm bei seinen
Ausführungen über das Herrenmahl als Orientierungshilfe, färbten den
Stil, prägten die Sätze. Weniger wahrscheinlich ist es, daß er den biblischen
Text als schriftliche Vorlage benützt hat. Das gleiche gilt von dem für das
Christentum so wichtigen Text Jes 52,13–53,12.

Der Passacharakter des Herrenmahls sowie der Bezug zu Jes 53,12, waren
dem Paulus schon vorgegeben, von der Urgemeinde überliefert. Beide stellten das Herrenmahl auf einen sicheren historischen Grund. Beide können
keine ätiologische Setzung der Gemeinde sein. Denn diese hat das Herrenmahl nicht nur einmal im Jahr, in der Nacht des Passa, gefeiert, sondern es
zum dauernd wiederholten, wichtigsten Datum ihres gemeinschaftlichen
und gottesdienstlichen Lebens gemacht. Angesichts dieser Tatsache müßte
man erwarten, daß dieser Passacharakter in Kürze abgestreift, als ana-

chronistischer Ballast über Bord geworfen worden wäre. Aber selbst für eine überwiegend heidenchristliche Gemeinde wie die korinthische lehrte Paulus das Herrenmahl auf eine Weise, welche die Passaüberlieferung als formgebende und normierende Kraft durchaus sichtbar macht. Und wie Justin in seinem Gespräch mit dem Juden Tryphon zeigt, war die Entsprechung: Passanacht in Ägypten und Abendmahl, den Gemeinden des 2. Jhts. durchaus bewußt: Jesus wurde von den Juden am Passa verhaftet und gekreuzigt; wie das Blut des Passalamms die Juden in Ägypten gerettet hat, so wird das Blut Christi, des wahren Passalamms die Glaubenden vom Tod erretten (Dialogus 111,3).

Das bedeutet aber, daß Jesus selbst sein letztes Mahl mit den Jüngern als ein Passa gefeiert haben muß. Dabei sprach er die Deuteworte zu Brot und Wein, in denen er sich als der Gottesknecht offenbarte, der sein Leben zur Erlösung der Vielen in den Tod gibt (Jes 53,12). Die Gemeinden des Neuen Testaments blieben sich trotz ihrer häufig begangenen, nicht an das Passadatum gebundenen, Feier der Tatsache bewußt, daß Jesu Abendmahl im Seder des Passa seinen Sitz im Leben hatte. Sie haben daran nichts geändert; die Treue der Überlieferung ist evident. Freilich wurde in den Agapen der Jerusalemer Gemeinde auch die von Jesus begonnene Tischgemeinschaft fortgesetzt (Apg 2,42–46). Aber die Agapen stellen keinen eigenen Typus christlicher Mahlfeiern dar, der von einem an das letzte Mahl Jesu anknüpfenden Gedächtnismahl, wie es Paulus kennt, grundsätzlich zu unterscheiden wäre. Denn die Mahlfreude (Apg 2,46) und der aramäische Ruf »Maranatha« erweisen den Herrenmahlcharakter auch der Agapen, die Tatsache nämlich, daß man bei ihnen an die Heilstat Gottes in Christus, seinen Tod, und an seine Wiederkunft, gedacht hat; das aber führt wieder hin zum letzten Mahl Jesu, zu dem nach Jes 53,12 neugedeuteten Passamahl.

Wird aber nicht durch den Rahmen der Passafeier das Herrenmahl und dessen soteriologische Reichweite ernstlich eingeengt, geht nicht durch diese Rückbindung an die Geschichte Israels die universale Geltung des Sühnetods Jesu verloren? Man meint manchmal, ein ursprüngliches »Für euch« (1 Kor 11,24) sei durch das »vergossen für Viele« (Mk 11,24 par) mit Bezug auf Jes 53,12 in universalem Sinne ausgeweitet worden (Schürmann, Neuenzeit, Schnackenburg). Man könnte auch umgekehrt urteilen, zumal das »Für Euch« auch aus der Passaperikope Ex 12 eingeflossen sein könnte. Aber beides gehört von Anfang an zusammen. Denn die inkludierend gemeinte, alle Menschen betreffende, Wendung von den Vielen erscheint bereits im Munde Jesu in der ganz wichtigen Aussage Mk 10,45 und geht dort auf Jes 53,12 zurück.

33. Der biblische Hintergrund der paulinischen Gnadengaben

1. Das Problem des Begriffs χαρις, χαρισματα.

1.1 Die neutestamentlichen Exegeten haben sich, wie es scheint, ganz damit abgefunden, dass es für den Begriff und die Sache der paulinischen Gnadengaben (χαρισματα) keine alttestamentliche Wurzel gibt; ja, auch der Begriff "Gnade" (χαρις) habe "keine Vorgeschichte."[1] Vielmehr sei Damaskus, wo Paulus "Gnade und Apostelamt" empfing (Röm 1,5), der Ort, an dem das Wort χαρις gleichsam aus der Taufe gehoben wurde und von da an nicht nur die an Paulus selbst erwiesene gnädige Tat Gottes, sondern auch dessen Heilshandeln allgemein bezeichnete und theologisch begründete.

In der Tat wurde die Berufung zum Apostel von Paulus als eine ganz unverdiente Zuwendung Gottes empfunden und mit einer formelhaften Wendung gerühmt als "Gnade, die mir gegeben wurde" (Röm 12,3; 15,15; 1. Kor. 3,10; Gal 2,9).[2] Darüberhinaus geschieht die Rechtfertigung des Sünders und die Rettung aller Menschen "aus Gnaden" (Gal 1,6; Röm 3,24f); die Liebe Gottes (Röm 5,8) und die Liebe Christi (Gal 2,20f) werden dabei offenbar. Die Gnade ist demnach nicht nur Motiv oder Weise des göttlichen Handelns, sondern auch dessen Ergebnis. Besonders wirkt sie in der Kirche als dem Leibe Christi in der Form verschiedener Gnadengaben (χαρισματα); dabei wird einem jeden eine besondere Gabe geschenkt, so dass sich auch hier die persönliche Zuwendung Gottes erweist (Röm 12,3-6; 1. Kor 12,4ff; Eph 4,7ff).

---

[1]J. Jeremias, Der Schlüssel zur Theologie des Apostels Paulus. SUNT 2, Göttingen 1963, S. 22f; G. Hasenhüttl, Charisma, Ordnungsprinzip der Kirche, Freiburg 1969; K. Haacker, Die Bekehrung des Verfolgers und die Rechtfertigung des Gottlosen, in : Theol. Beiträge 6 (1975) S. 12; H. Conzelmann, Art. χαρις in ThWNT Bd. IX. Vgl. dazu S. Kim, The Origin of Paul's Christology, Tübingen 1984, S. 296.

[2]Vgl. dazu A. Satake, Apostolat und Gnade bei Paulus, in: NTS 15 (1968/9), S. 96-103.

1.2 Bei den Griechen war χαρις weder ein zentraler religiöser noch ein für die Philosophie bedeutsamer Begriff.[3] Die Septuaginta verwenden χαρις vor allem für das hebräische hen, das "Huld, Angesehenheit, Demut, Liebreiz, Wohlgefälligkeit" bedeutet und wie das paulinische χαρις mit der Verbum "geben" (natan) verbunden werden kann (Gen 39,21; Ex3,21 ua.).[4] Hen wird also vielfach für den menschlich-ästhetischen Bereich verwendet; zudem besitzt es keine Pluralform und konnte deshalb nicht zur Bezeichnung von Gnadengaben dienen. Dagegen bildet häsäd, ein hen nahestehender, aber viel häufiger verwendeter Begriff, einen Plural; dieser kann die rettenden Taten und gnädigen Gaben Gottes bezeichnen, während häsäd im Singular vor allem die "Bundeshuld" als Eigenschaft Gottes meint. Aber häsäd wird in der Septuaginta durch ελεος = "Erbarmen" wiedergegeben; eben darauf gründet sich das Urteil, es gebe keine alttestamentlich-jüdische Vorgeschichte des paulinischen χαρις – χαρισμα – Begriffs.[5] Ausserdem tritt auch ελεος nur im Singular auf. Paulus war demnach gezwungen, für die "Gnadengaben" etwas Neues, gleichsam extra legem, zu schaffen; das gelang ihm mit dem Begriff χαρισμα(τα), der sonst nur spät und selten verwendet wird.[6] Auch das Wirkungsfeld dieser Gnadengaben, nämlich die ekklesiologische Grösse des Leibes Christi, ist ja spezifisch paulinisch; alles spricht also für eine sprachlich-theologische Novität.

Ich möchte die schöpferische Kraft des Theologen Paulus nicht bezweifeln. Aber schon angesichts der grossen Bedeutung der Begriffe χαρις und χαρισματα für die Rechtfertigungslehre und das Leben der Kirche ist es kaum denkbar, dass Paulus ohne einen Bezug zum Alten Testament auskam. Wie lässt sich ein solcher aber nachweisen? Wo ist der Ort, an dem Paulus diese Steine für den Bau seiner Ekklesiologie gefunden hat?

2. Die Gnadengaben im Alten Testament.

2.1 Wir setzen methodisch bei den Charismen ein, da sie für Paulus besonders charakteristisch sind und sich ausserhalb des Corpus Paulinum (1. und 2. Korintherbrief, Römerbrief, Epheser, Pastoralbriefe) nur in 1. Peter 4,10 finden. Eine der wenigen Stellen, an denen die Gnadengaben bei den Apostolischen Vätern erwähnt sind, stellt ausdrücklich den Bezug zur jüdischen Tradition her. Justin behauptet gegenüber Tryphon: Die prophetischen Gnadengaben (προφητικα χαρισματα) haben früher bei den Juden existiert, sind aber jetzt nur bei den Christen zu finden, gleichsam zu diesen übergegangen (Dial. c. Tr. 82,5).[7] Er meint damit die alttestamentliche Prophetie, die mit falschen Propheten zu ringen hatte, so wie jetzt die charismatischen Christen von

---

[3]H. Conzelmann a.a.O. S. 364f.

[4]W. Zimmerli, Art. χαρις ThWNT Bd. IX, S. 368ff.

[5]H. Conzelmann a.a.O. S. 382: "Häsäd führt nicht weiter, da es auf ελεος hinführt."

[6]Bei Philo Leg Alleg III, 78 gibt es den Plural χαρισματα.

[7]οτι τα παλαι εν τω γενει υμων οντα εις ημας μετετεθη.

Irrlehrern bedroht seien. Die Prophetie ist aber nur eines unter den verschiedenen Charismen der paulinischen Gemeinden und zudem anders geartet als etwa die klassische Prophetie (vgl. aber 1. Tim 4,14). Deshalb kann letztere nicht der alleinige Ausgangspunkt für das Phänomen der paulinischen Charismen sein. Immerhin musste für den jüdischen Gesprächspartner Justins die klassische Prophetie im Alten Israel als eine "Geistesgabe", ja als das einzige Charisma, gelten, da der Heilige Geist im rabbinischen Judentum ausschliesslich als Geist der Prophetie verstanden wurde.

2.2 Von Justin her kommend, möchte ich im Neuen Testament mit einer Stelle beginnen, an der Paulus den Begriff χαρισματα nicht speziell auf die Gnadengaben der Kirche, sondern auf die Vorzüge des Volkes Israel bezieht: "Denn unverbrüchlich (αμεταμελητα) sind die Gnadengaben (χαρισματα) und die Erwählung Gottes" (Röm 11,29). Wo werden in der Schrift solche von Gott fest zugesagten und darum unverbrüchlichen Gnadengaben für Israel erwähnt? Im Kontext hatte der Apostel die Verheissung Jes 59,20f als Garantie Gottes für die endzeitliche Rettung von ganz Israel zitiert (Röm 11,26f). Im Unterschied zu Justin, nach welchem die Christen Erben der jüdischen Gnadengaben geworden sind, spricht Paulus von unkündbaren, unübertragbaren Gnadengaben für Israel; auf ihnen beruht die Erlösung des ganzen Gottesvolkes in der messianischen Zeit. Nun steht in der Nähe von Jes 59,20f die von Paulus in der Synagogenpredigt von Antiochien (Apg 13,34) zitierte Verheissung Jes 55,3: "Ich will mit euch einen ewigen Bund schliessen, (ich will euch) die verlässlichen Gnadengaben Davids (geben) (hasde david hanä' ämanim)." Gemeint sind nach Ps. 89,2 (vgl. 2. Chron 6,42) die zum Bund mit David gehörenden Gnadenerweise Gottes.[8] M.E. ist es diese Stelle (Jes 55,3), die zusammen mit ihrem Kontext eine Geschichte der paulinischen χαρισματα nachweisen und nachzeichnen lässt, zumal sie sich in der Jesusüberlieferung ebenfalls findet. Jes 55,3 geht die grosse Einladung Gottes voraus, die Dürstenden möchten zum Wasser kommen, die Mittellosen sollten "ohne Preis" und "ohne Geld" Wein und Milch, Brot und Fett kaufen, um so ihre Kraft zum Leben aufzufrischen (Jes 55,1-2). Das ist bildliche Rede für das Angebot des Wortes Gottes, das die Seele leben lässt (V. 2), und für den ewigen Bund, in dem die "Gnadengaben Davids" verwirklicht werden. (V.3).

2.3 Nirgends im Alten Testament wird so konkret von der freien Gnade Gottes, der Gabe seines Wortes und der festen Zusage der messianischen Erlösung gesprochen wie in Jes 55,1-3.[9] Was sind aber die verlässlichen Gnadengaben Davids? Sie beruhen auf der Nathanweissagung 2. Sam 7,12-16,

---

[8]Vgl. Ps 106,7: Die wunderbaren Gnadentaten, die Gott an Israel in Ägypten getan hat.

[9]Justin zitiert Jes 55,3-5 in Dial. c. Tr. 12,1 als Beweis dafür, dass die Christen das wahre Bundesvolk, das geistliche Israel, darstellen. Die Juden hätten das Gesetz Gottes missachtet, durch das ihnen das Leben zugesichert war, und den Neuen Bund verworfen. Sie glauben, durch äusserliche Riten wie Beschneidung, Sabbat und Reinheitsvorschriften Gott zu gefallen, der durch das Opfer des Christus und die Erfüllung von Jes 55 das Heil für alle angeboten hat.

nämlich der feierlichen Zusage Gottes, er werde einen Sohn des Königs auf den Thron setzen, diesen wie einen Sohn behandeln und seine Gnade (hasdi V. 15) nie von ihm weichen lassen (VV. 2-16). Davids Haus solle fest sein (nä'äman) und sein Königtum für immer währen, sein Thron auf ewig stehen (V.16). In der Nathanweissagung werden somit die Sache und die wichtigen Begriffe von Jes 55,3 genannt; auch der "ewige Bund" (Jes 55,3) ist Kennzeichen der Davidszusage und der davidischen Dynastie. Aus der Verheissung 2. Sam 7,12-16 erwuchs die messianische Hoffnung des Alten Israel (vgl. Ps 89; 132); auf sie bezog sich auch die Erwartung eines Messias in Qumran (4 Q Florilegium). Ebenso hat die Nathanweissagung für David das messianische Sendungsbewusstsein Jesu (vgl. Mk 12,35-37; 14,58-62) und das urchristliche Credo entscheidend geprägt (vgl. Röm 1,3f). Diese Verheissung bot für Jes 55,3 nicht nur den Begriff häsäd und die Tatsache der Unverbrüchlichkeit der Gnade Gottes für das Haus David (2. Sam 7,15) , sondern auch den Plural hasadim, wie die Frage Ps 89,50 zeigt: "Wo sind deine ersten Gnadengaben (hasadäkha ha-rishonim), o Herr, die du dem David in deiner Treue (bä'ämunatäkha) zugeschworen hast?" Jes 55,3 gibt eine Antwort auf diese ungeduldige Frage, indem es die Nathanweissagung in einer komprimierten Fassung wiederholt und allen vor Augen stellt: Die David erwiesene Gnade soll in der Form von Gnadengaben ganz Israel zugute kommen. Ja, der Horizont wird ins Universale geweitet: Gott hat den David zu einem Zeugen, Fürsten und Gebieter für alle Nationen bestellt (V.4); bisher unbekannte Völker werden zu Israel kommen um Gottes willen, der sein Volk verherrlicht (V.5). Das sind endzeitliche Aussichten, die eine messianische Auslegung von Jes 55,1-5 gestatten.

2.4 Jes 55,3 ist die Stelle, an die Paulus im Röm 11,29 denkt, wenn er von den Gnadengaben Gottes für Israel spricht. Sie sind "unverbrüchlich," "fest" (αμεταμελητα = nä'ämanim), weil Gott sie in seiner "Treue" ('ämunah) dem David zugeschworen hat (Ps 89,50) und weil das Haus Davids "fest" (nä'äman) sein wird (2. Sam 7,16). Was hat Paulus konkret unter den χαρισματα für Israel verstanden, wie werden sie in der Endzeit für die Juden eingelöst? In Röm 11 verheisst Paulus die Rettung von ganz Israel (V. 26), die Erneuerung des Bundes, die auch Vergebung der Sünden einschliesst (V. 27). Das sind eher Gnadentaten als Gnadengaben im Sinne von Jes55,1-3. Auch in der frühjüdischen Auslegung steht der erste Aspekt im Vordergrund. Ps Sal 17 und 18 sind an 2. Sam 7,12-16 orientiert. Gott hat den David als König über Israel erwählt und ihm zugeschworen, sein Königtum werde nicht aufhören (17,4). Diese Zusage wird mit der Sendung des messianischen Davidsohns erfüllt (17,21ff), der auch über die Völker regieren wird; diese werden kommen, um seine Herrlichkeit zu sehen (17,30f, vgl. Jes 55,4f). Es wird somit auch an Jes 55 erinnert, aber die Gnadengaben für das Gottesvolk verblassen im Glanz der Messiasherrschaft.

In den Qumranschriften wird nicht nur die häsäd Gottes gerühmt, sondern auch – vor allem in den Gebeten – seiner hasadim gedacht.[10] Gott ist ein 'el ha-hasadim (1QM 14,8); der Beter stützt sich auf sie an jedem Tag (1 QS 10,17), ihre Verkündigung gehört zum Gottesdienst (1 QS 1,22; 2,4), sie retten den Wankenden (1 QS 11,11f). Die hasadim[11] stehen parallel zur Güte Gottes (1 QH 11,31f), zu seinem Erbarmen im Gericht (1 QH 6,9), zur Vergebung (1 QH 7,35). Sie sind keineswegs auf die Erfüllung messianischer Verheissungen bezogen, sondern werden im Leben des einzelnen Frommen und der Gemeinde erfahren. Aber sie sind keine Gnadengaben, charismatische Begabungen, sondern Handlungsweisen Gottes, Hulderweise.

3. Gottes Gnadenhandeln an Christus und die Gnadengabe des heiligen Geistes (Apostelgeschichte Kap 2 und 13).

3.1 In der Apostelgeschichte fehlt zwar der Begriff χαρισματα, aber Lukas erzählt, wie sich die Nathanweissagung an Jesus erfüllte und wie auch die Verheissung Jes 55,3 von Gott als verlässlich erwiesen wurde. Petrus und Paulus, die beiden grossen Verkündiger des Evangeliums, haben dies in ihren programmatischen Reden in Jerusalem (Apg 2) bzw. Antiochen (Apg 13) ausgeführt.

3.1.1 In der Rede des Petrus erscheint David selbst als ein "Charismatiker" im Sinne Justins (Dial. c. Tr. 82,1), als ein Prophet der messianischen Zeit und als Zeuge der Gnade Gottes für die Völker (Apg 2,30; vgl. 2,25-34). Er hat die Auferstehung Jesu vorausverkündigt und zwar als "Aufstellung" (2. Sam 7,12) in einem doppelten Sinn: a) als Auferstehung aus dem Totenreich in Ps 16,8-11 (Apg 2,25-31), b) als Inthronisation zur Rechten Gottes im Himmel in Ps 110,1 (Apg 2,32-36). David konnte deshalb die αναστασις des Messias vorausschauen und prophetisch ansagen, weil er aufgrund der Weissagung des Propheten Nathan "wusste" (ειδως) (Apg 2,30) dass Gott ihm einen ewig regierenden (d.h. messianischen) Thronfolger eidlich zugesagt hatte; 2. Sam 7,12-16 ist somit die Basis dieser davidischen Christusprophetie, mit welcher der König in der Tat zu einem Zeugen für die Völker wurde (vgl. Jes 55,4).

3.1.2 Der Messias erscheint hier wie in Ps Sal 17 zunächst als Gegenstand der Gnade Gottes;[12] die Nathanweissagung steht im Vordergrund. Aber daneben tritt nun auch eine Konkretisierung der dem Gottesvolk versprochenen Gnadengaben von Jes 55,3 ein, wobei der Messias zum Mittler der Gnade Gottes wird. Nach Apg 2,33 hat der erhöhte Christus vom Vater die "Verheissung" des

---

[10]Interessant ist das Nebeneinander von hasadim und hasidim im Weisheitspsalm 11 Q (ed. Sanders): "Gedenke der Gnadentaten deiner Propheten und die Werke deiner Frommen (hasidäkha) verherrliche" (Vgl. dazu M. Hengel, Judentum und Hellenismus, Tübingen 1969, S. 324.)

[11]Etwa in der Hälfte der 58 häsäd-Stellen in Qumran steht der Plural.

[12]Dadurch liess sich Ps 16,10, wo die Rettung des "Heiligen" Gottes (ο οσιος σου) verheissen wird, über eine Stichwortbrücke anschliessen.

heiligen Geistes empfangen und diesen an Pfingsten auf seine Jünger
ausgegossen. Die Geistausgiessung auf das Gottesvolk sah Petrus zwar in Joel
3,1-5 vorhergesagt (Apg 2,17-21), aber die Tatsache, dass sie auf einer
Verheissung beruht (επαγγελια, vgl. auch 2,38f; 13,32; Gal 3,14), konnte Jes
55,3 entnommen werden, wenn man zu den dort verheissenen Gnadengaben
Davids vor allem den heiligen Geist zählte. Der König ist ja der mit dem Geist
Gottes Gesalbte (vgl. 1. Sam 16; Jes 11,2). Der Messias als der Gesalbte kat
exochen wird nun zum Mittler des Geistes und Erfüller von Jes 55,3 in
demokratischem Sinn. Der Geist wurde an Pfingsten auf charismatische Weise
manifest, nämlich durch ein Reden "in anderen Zungen" (Apg 2,3f.11) und durch
prophetische Predigt (Apg 2,14ff); die Gabe des Geistes wird zur Begabung. An
Jes 55,1-5 wird man auch da erinnert, wo Petrus seine jüdischen Hörer dazu
einlädt, die "Gabe" (δωρεα) des heiligen Geistes zu empfangen (Apg 2,38),
"denn euch und euren Kindern gehört die Verheissung, dazu auch all den Fernen,
die Gott unser Herr berufen hat" (2,39). Wie in Röm 11,28 steht hier die
Berufung neben den Gnadengaben, die dem Volk geschenkt werden sollen, das
sich zum davidischen Messias bekennt.

   3.1.3 Im Gegenstück zu Apg 2, nämlich in der Paulusrede Apg 13, wird
Jes 55,3 ausdrücklich zitiert (V.34). Dieses steht dort an der Stelle, die in der
Pfingstpredigt des Petrus (V.30) das Zitat 2. Sam 7,12 einnimmt, und fungiert
als Verheissung der "Aufstellung" des endzeitlichen Davididen;[13] unmittelbar
anschliessend wird auf den in Apg 2,17-21 ausführlich behandelten
Auferstehungspsalm 16 hingewiesen (Ps 16,10 in Apg 13,35). Freilich bietet
das dem Septuagintatext folgende Zitat von Jes 55,3 in Apg13,34 die Wendung
τα οσια Δαυιδ; vom Paulus der Briefe wäre die Wiedergabe von hasde Dawid
durch τα χαρισματα Δ. zu erwarten. Auch die Gabe des heiligen Geistes wird
in der Rede Apg 13 nicht erwähnt, obwohl Lukas das Verbum διδοναι in das
Zitat Apg 13,34 eigens eingefügt und so den Gabecharakter der οσια Δαυιδ
angezeigt hat. Vielleicht rechnete er zu ihnen die von Paulus seinen Hörern
angebotene Sündenvergebung (Apg 13,38), die ja in Apg 2,38; Joh 20,22 zur
Gabe des Geistes dazugehört; wie der Geist (Ez 36,26ff), so wird die
Sündenvergebung (Jer 31,34) für den neuen Menschen im Neuen Bund gewährt.

   3.2 Trotz dieses nicht sehr klaren und scheinbar unpaulinischen Gebrauchs
von Jes 55,3 in Apg 13,34 ist anzunehmen, dass hinter dem neutestamentlichen
und speziell paulinischen Begriff χαρις nicht etwa ein hebräisches hen, sondern
das hoch-theologische häsäd[14] steht, das wie sedaqah auch einen Plural bilden und
mit ihm die Akte bzw. Gaben der göttlichen Gnade bezeichnen kann.[15] Joh 1,17
beweist, dass häsäd das Äquivalent zu χαρις sein muss, da χαρις και αληθεια
Wiedergabe der alttestamentlichen Wendung häsäd we'ämät darstellt. Da aber die

---

[13]Für den Aspekt der Erhöhung wird in Apg 13,33 die Stelle Ps 2,7 angeführt.
[14]245 mal erscheint häsäd im Alten Testament und nur an 63 Stellen wird es profan gebraucht.
[15]18 mal werden die Hulderweise Gottes (Taten oder Worte der Huld) erwähnt, vor allem im
Psalter (21,8; 18,51; 89,50; 89,25.29 usw.).

Septuaginta häsäd durch das plurallose ελεος übersetzten, mussten sie den Plural hasadim fast zwangsläufig falsch wiedergeben;[16] τα οσια Δανιδ entspricht nicht hasde dawid, sondern setzt ein hebräisches hasidoth dawid voraus. Unglücklicherweise ist Lukas beim Zitieren von Jes 55,3 in Apg 13,34 dieser Übertragung gefolgt, welche die "charismatische" Bedeutung dieses Jesajawortes nicht erkennen lässt. Deshalb war es für die neutestamentlichen Exegeten schwer, die grosse Bedeutung von Jes 55,3 für die Charismenlehre des Paulus zu erkennen und überhaupt die Beziehung zwischen den "Gnadengaben Davids" und der durch Christus eingelösten "Verheissung des heiligen Geistes" zu sehen. Paulus hatte eine glückliche Hand, wenn er zu dem seltenen Wort χαρισμα griff: Die von Gott zugesagten hasadim sind χαρισματα, Äusserungen der Gnade, unverdiente Gaben des grosszügigen und getreuen Gottes, der in Jes 55,3 und dessen Kontext zu Wort kommt. Die dort ausgesprochene Verheissung liess sich mit der messianischen Hoffnung verknüpfen, da in ihr das Heil als ewiger Bund mit unverbrüchlichen Gnadengaben bezeichnet wird.

4. Die Gnadengabe (χαρισμα) des ewigen Lebens (Röm 5,15f; 6,23)

4.1 In Röm 5,15f bezeichnet χαρισμα das gnädige, unserem Heil dienende Handeln Gottes durch Christus, vor allem dessen gehorsame Lebenshingabe um unserer Rettung und Rechtfertigung willen. Kennzeichnend für die paulinische Darstellung der Geschichte des Heils ist die universale Ausweitung des χαρισμα. Mit dem Christusgeschehen werden nicht nur die dem Abraham gegebenen Verheissungen erfüllt (so Röm 4; 15,8; Gal 3; 4), sondern auch die unverbrüchlichen Zusagen an David, die einen ewigen Bund garantieren (Jes 55,3) und damit auf die Endgeschichte weisen.[17] Von dort her führt Paulus das Wort χαρισμα in die Gegenüberstellung von Urgeschichte und Endgeschichte, Adam und Christus, in Röm 5, 12-21 ein: Die Übertretung (παραπτωμα) Adams wird durch das χαρισμα des Christusgeschehens aufgehoben (Röm 5,15). Was bedeutet hier χαρισμα? War die Übertretung Adams eine Tat, die über die Vielen den Tod brachte (V.15 a), so müsste analog dazu χαρισμα eine Gnadentat sein. Aber sie wird in V 15 b beschrieben als "Geschenk" (δωρεα), das durch die "Gnade" Gottes von dem einen Menschen Jesus Christus zustandegebracht und gegeben wurde. Und in V. 16 steht χαρισμα dem Begriff κατακριμα, der Verurteilung im Gericht, antithetisch gegenüber. Es müsste demnach den Gnadenakt Gottes meinen, der unsere Sünden erlässt. Aber auch hier erscheint als Gegengewicht zur Sünde Adams das "Geschenk" (δωρημα V. 16 a), so auch in

---

[16] Der Prophetentargum bleibt mit tabewat D. = "die Güte Davids" zu blass. Die hasadim sind eher den sideqot J., den Heilstaten Gottes, zu vergleichen. Tg Onqelos zu Ex 34,6 sagt zu häsäd we'ämät = lema'bed tabewan uqeshoth.

[17] Auch in Jes 55,4 ist eine weltweite Ausdehnung des ewigen Bundes und der fest zugesagten Gnadengaben Davids angedeutet. Aber David ist eher der gute Herrscher über die Völker als der Heilbringer für die Menschheit, den Paulus in Christus sieht.

V. 17, wo mit Tod und Leben die Früchte der Tat Adams bzw. Christi erwähnt sind: Die dank der Gnade erwirkte Gerechtigkeit ist eine Gabe (δωρεα). Die Erklärung des Geschenkcharakters des Heilsgeschehens in Christus bietet unzweideutig Röm 6,23: "Der Sold der Sünde Adams ist der Tod, die Gnadengabe Gottes das ewige Leben durch Jesus Christus, unseren Herrn." Im Gegensatz zum Sold ist hier das χαρισμα Gottes ein unverdientes Geschenk. Durch Röm 6,23 wird man kräftig an die Zusicherung des Lebens durch Gottes Gaben in Jes 55,1-3 erinnert, das von Paulus analog zum "ewigen Bund" in Röm 6,23 als "ewiges Leben" bezeichnet wird.

4.2 In Röm 5,15-17 rühmt der Apostel das Mehrgewicht der Gnadengabe gegenüber der Unheilsfolge des Sündenfalls. Schon im Alten Testament verbindet sich mit häsäd und hasadim die Vorstellung der "Menge" (rob) (vgl. Ex 34,6; Ps 103,8), und so erscheint auch in Eph 1,6 die Wendung "nach dem Reichtum (πλουτος) seiner Gnade." Nach Jes 55,7 ist Gott reich an Vergebung (jarbäh lisloah). Vor allem aber ist an Jes 53 zu denken: Mit dem "Leben," das der Gottesknecht "für die Vielen vergoss" (Jes 53,12), ist die Gnadengabe Gottes "auf die Vielen reichlich" vergossen worden (Röm 5,15).

5. Die Charismen als Geistesgaben in der Gemeinde

5.1 Erwähnt Paulus in Röm 5 und 6 die universale Geltung von χαρισμα als einer dem Heil der Menschheit dienenden Gnadentat, die als solche allen das ewige Leben schenkt, so meint bei ihm der Plural χαρισματα eher dem Einzelnen angepasste Begabungen, die im Leben der Gemeinde als dienstbare Geistesgaben wirksam werden sollen. Wie das χαρισμα (Röm 5,16), so sind auch die Charismen von Gottes Gnade verursacht, die sich naturgemäss mitteilen und den Menschen dienen will (Röm 12,6); in Eph 4,7 wird das dem Einzelnen nach dem Mass der Gabe Christi zuteil gewordene Charisma als χαρις bezeichnet. Zur Gabe wird die Gnade Gottes durch den heiligen Geist: Die χαρισματα in der Gemeinde sind alle Geistesgaben (πνευματικα, vgl. 1. Kor 12,4 mit 12,1; 14,1); ohne den Geist Gottes würden wir die uns geschenkten Gnadengaben (τα χαρισθεντα)[18] gar nicht als solche würdigen (1. Kor 2,13, vgl. 2, 10-12). So bleiben die Charismen, obwohl Begabungen der Gemeindeglieder, doch auch etwas Überpersönliches und Fremdes. Paulus kann zwar, gleichsam als Gastgeschenk, der Gemeinde in Rom eine "geistliche Gabe" (χαρισμα πνευματικον) versprechen (Röm 1,11). Aber er weiss, dass Gott selbst der Urheber aller geistlichen Gaben und die wirkende Kraft in der Gemeinde ist (1. Kor 12,6; vgl. 1. Petr 4,10), ferner dass der erhöhte Christus im Geist als

---

[18]Das Verbum χαριζομαι hat bei Paulus eine Wandlung gegenüber dem profan-griechischen Gebrauch erfahren. Dort meint es medial " sich gefällig erweisen" und im Passiv "angenehm sein," ist also auf zwischenmenschliche Verhaltungsweisen bezogen (vgl. H. Conzelmann a.a.O. S. 365). Dagegen ist τα χαρισθεντα in 1. Kor 2,13 ein echtes Passiv (passivum divinum): Es meint das, was uns durch das Kreuz und die Auferstehung Jesu durch Gottes Gnade geschenkt worden ist.

ein Diener in der Kirche gegenwärtig ist (1. Kor 12,5). Im göttlichen Ursprung und christologischen Bezug liegt das harmonische Zusammenwirken und die Einheit der Geistesgaben – trotz ihrer Verschiedenartigkeit – begründet. Ein jeder hat eine eigene Gabe von Gott (1. Petr. 4,10), ja, die Gemeinde lebt dank der sich ergänzenden Verschiedenheit und reichen Vielfalt der Charismen.[19] Auch gibt es verschiedenwertige (z.B. "grössere") Charismen (1. Kor 12,31). Der Christ ist für sein Charisma verantwortlich, obwohl dieses ganz Gabe ist: Er soll ein höheres Charisma als etwa das der Zungenrede anstreben (1. Kor. 12,31) und die ihm zuteil gewordenen Gnadengaben nicht vernachlässigen (2. Tim 1,6).

Diese Verschiedenheit und auch die menschliche Verantwortung für die Charismen soll traditionsgeschichtlich untersucht werden. Wir wenden uns dabei zunächst der Verkündigung Jesu zu.

5.2 Jes 55 in der Verkündigung Jesu: Die gute Gabe des Geistes, die anvertrauten Talente, das Vermächtnis für die Jünger.

Jes 55 wird in den Evangelien nicht ausdrücklich erwähnt. Aber Jesus hat die Schrift weniger zitiert als vielmehr praktiziert. M.E. war für ihn das ganze Kap Jes 55 wichtig; ja, man kann sagen, er habe die paulinische Charismenlehre vorbereitet.

5.2.1 An die grosse Einladung Gottes in Jes 55,1f erinnert Jesus im Gleichnis vom Gastmahl des Gottesreichs (vgl. Mt 22,4), aber er hat sie auch durch seine Tischgemeinschaft und vor allem in den Speisungswundern antizipiert. Das wird an einzelnen Zügen dieser Berichte deutlich. Vor der Speisung der Fünftausend wollten die Jünger für 200 Denare Brot kaufen, um es den Volksmassen zu essen zu geben (Mk 6,37; vgl. Jes 55,1: "Kommt, kauft und esst!"). Aber Jesus liess die eigenen Brote und Fische verteilen (Mk 6,41) und bedeutete dadurch seinen Jüngern das "ohne Geld" (belo'käsäph) von Jes 55,1. Durch das Wunder der Brotvermehrung, d.h. durch den Reichtum der göttlichen Gnade (vgl. Mk 8,8 περισσευματα und Jes 55,2), wurden alle satt (Mk 6,42; Joh 6,7).

5.2.2 Das "Gratis," das nach Jes 55,1f die Gabe des Gotteswortes kennzeichnet (vgl. Jes 55,3 a), gilt nach der Weisung Jesu auch für den Dienst am Gottesreich, für die von Heilungswundern begleitete vollmächtige Verkündigung des Evangeliums: " Umsonst habt ihr empfangen, umsonst sollt ihr geben!" (Mt 10,8).

5.2.3 Ausserdem bietet der in Jes 55,10f angestellte Vergleich zwischen dem Regen, der die Erde feuchtet, den Samen sprossen lässt und so Nahrung schafft, und dem Gotteswort, das wirkt, was Er haben will und nicht leer zurückkommt, die Grundstruktur für die Saatgleichnisse Jesu: Was mit dem

---

[19]χαρισματα διαφορα Röm 12,6, vgl. διαιρεσεις χαρισματων 1. Kor 12,4. Nicht alle haben z.B. die Gabe, Heilungen zu vollziehen (1. Kor 12,30, vgl. V. 9.28).

ausgestreuten Samen geschieht, veranschaulicht das Wunder des Gottesreichs ("wie" – "so").

5.2.4 Die Aufforderung Jes 55,6: "Sucht den Herrn, solange er sich finden lässt, ruft ihn an, solange er nahe ist!" liegt dem Logion Lk 11,9/Mt 7,7 zugrunde: "Und ich sage euch: Bittet, so wird euch gegeben; suchet, so werdet ihr finden; klopfet an, so wird euch aufgetan!"[20] Auch die im Gebetskatechismus Lk 11 unmittelbar folgenden Verse 11-13 scheinen auf Jes 55 gegründet zu sein, und zwar speziell auf den für uns wichtigen V 3. Jesus preist dort die Güte Gottes, wobei er das Verhalten menschlicher Väter zu ihren Kindern in einen Analogieschluss (qal wachomer) einbezieht: "Wenn nun ihr, die ihr böse seid, euren Kindern gute Gaben zu geben versteht, wie viel mehr wird der himmlische Vater den heiligen Geist geben denen, die ihn bitten!" (Lk 11,13). Der Vergleich zwischen der natürlichen Güte eines Vaters zu seinen Kindern und der Güte Gottes zu uns Menschen ist von Ps 103,13, einem Vers aus dem Lieblingspsalm Jesu, inspiriert (vgl. auch Jes 55,7 b). Aber das Schenken gnädiger Gaben für Israel ist vor allem in Jes 55,1-3 belegt. Nach Mt 7,7 sprach Jesus dabei von "guten Gaben," und so hat der Targum die hasadim von Jes 55,3 übersetzt (tabwath dawid sing.); gute Gaben sind als endzeitliche Heilsgüter zu verstehen. Die in Lk 11,13 versprochene Gabe des heiligen Geistes stimmt mit der urchristlichen und paulinischen Deutung von Jes 55,3 überein: Was Gott durch den davidischen Messias schenken will, ist der heilige Geist als Kraft des Neuen Bundes.

5.2.5 Die Verantwortung für die uns von Gott anvertrauten Gaben macht Jesus vor allem im Gleichnis von den Talenten deutlich (Mt 25,14-30; Lk 19,12-27), das ohne die Beziehung zu Jes 55,3 recht blass bleibt: a) Jesus veranschaulicht in dieser Geschichte die tabwajetha = "die guten Gaben" Gottes durch ταλαντα = "Talente," mit denen gearbeitet werden soll; b) Sie verlangen deshalb einen "guten und getreuen Knecht" (αγαθος και πιστος Mt 25,21.33), weil sie ja selbst "gut" (Targum) und "getreu," d.h. verlässlich (näämanim), sind (Jes 55,3); c) Die Notwendigkeit, mit solchen Gaben zu arbeiten, mit den Talenten zu wuchern, erklärt sich daher, dass sie – wie das Wort Gottes in Jes 55,10f – nicht leer zurückkommen, sondern das bewirken sollen, was ihr Urheber haben möchte (Mt 25,26); d) Das Lob für den treuen Knecht, der "in die Freude seines Herrn eingehen" soll, ist an Jes 55,12 orientiert: "In Freude werdet ihr hinausgehen und in Frieden geleitet sein!"; e) Schliesslich ist gerade von Jes 55 her die Kritik des faulen Knechtes an seinem Herrn und Geldgeber unberechtigt: Gott ist nur scheinbar ein harter Mann, der erntet, wo er nicht gesät hat, und einführt, wo er nicht ausgestreut hat (Mt 25,24.26); vielmehr erbarmt er sich des Bussfertigen (Jes 55,7). Auch bewirkt er durch Regen und Schnee, dass die Erde Samen hervorbringt und Speise gewährt (Jes 55,10), ja, sie kann geradezu eine

---

[20] W. Grimm, Weil ich dich liebe. Frankfurt-Bern 1976, S. 152-154. Vgl. auch Joh 16,23f mit Jes 55,1-3.6.

paradiesische Fülle schenken (Jes 55,12f). Gott sät zwar nicht, aber er gibt das Gedeihen für das Werk des Sämanns (Mk 4,26-29). Vor allem lässt er sein schöpferisches und rettendes Wort auf Erden wirksam sein (Jes 55,11).

5.2.6 Weil Gott so reichlich gibt, darum ist es auch die Aufgabe eines verantwortlichen Knechtes, seinen Mitarbeitern und Hausgenossen die Speise zur rechten Zeit zu geben (Mt 24,45; vgl. Ps 104,27). Egoismus und Gleichgültigkeit sind angesichts der Grosszügigkeit (Jes 55,1-2) und Treue (Jes 55,3) Gottes ein schweres Vergehen (Mt 24,48-51), genauso wie die Vernachlässigung anvertrauter Talente.

5.2.7 Schliesslich erinnert das Vermächtnis Jesu in Lk 22,29f an Jes 55,1-3. Dort wird den Jüngern verheissen: "Und ich vermache euch (die Herrschaft), wie mir mein Vater die Herrschaft vermacht hat (V. 30), damit ihr esst und trinkt an meinem Tisch in meinem Reich und auf Thronen sitzen und die zwölf Stämme Israels richten werdet."

Dieses Schlusswort der sogenannten Q-Quelle ist bei Lukas zu einem Testament Jesu ausgestaltet (V. 29-30a). Was wird den Jüngern vermacht? Die meisten Übersetzungen bieten die am Schluss von V. 29 erwähnte Herrschaft (βασιλειαν) als Objekt, was jedoch wegen der Stellung dieses Begriffs und wegen des Inhalts von V. 30 (εν τη βασιλεια μου) Schwierigkeiten macht. Man kann deshalb auch den ganzen V. 30 (Tischgemeinschaft und Mitregieren im Messiasreich) als Inhalt des Testaments ansehen (so die RSV), oder aber mit einigen Handschriften (A 579 u.a.) das Wort διαθηκην einfügen und als Gegenstand des διατιθεσθαι annehmen . Das Letztere liesse sich von Jes 55,3 her begründen, das eine ähnliche Diktion wie Lk 22,29 aufweist: και διαθησομαι υμιν διαθηκην αιωνιον. Dieser ewige Bund wird ja durch die Verheissung der verlässlichen Gnadengaben Davids konkretisiert. In Lk 22,29 deren Erfüllung der messianischen Zeit vorbehalten: Die Jünger werden im Reich Christi die Gäste dessen sein, der seine Güter und Speisen gratis gibt (Jes 55,1f), und als Mitregenten Jesu das neue Gottesvolk der Heiligen richten (vgl. Lk 12,32; 1. Kor 6,2), nachdem der Messias-Menschensohn die königliche Herrschaft von Gott empfangen hat (Dan 7,14). Von 2. Sam 7,12-14 her ist die Messiasherrschaft selbst die erste der Gnadengaben Davids in Jes 55,3; dem Plural hasadim wäre mit dem Regieren und der Mahlgemeinschaft der Jünger Rechnung getragen.[21]

5.3 Von Jesus zu Paulus

---

[21]προστασσων εθνων, vgl. Mt. 28,20: Die Jünger sollen die Völker all das lehren, was Jesus ihnen befohlen hat. Nach Apg 2,38f gilt die Verheissung allen, die Gott beruft, auch den Fernen. Die universale Mission ist durchaus im Sinne des irdischen Jesus. Denn dieser hat nicht nur das dem Volk Israel geltende Nathanorakel auf sich als Davidssohn und Gottessohn bezogen, sondern eben auch die auf diesem Orakel beruhende Verheissung Jes 55,1-5 mit der Basileia verknüpft. Darin wird Gott als der gnädige Vater sichtbar, der alle Menschen zu sich lädt und sie durch Israel mit seinen Gnadengaben beschenken will.

5.3.1 Beides, die Freigebigkeit Gottes und der Zeugendienst für Christus, sollen in der Zeit der anbrechenden Gottesherrschaft von den Aposteln praktiziert werden. Für diese Aufgabe werden sie mit dem heiligen Geist als der Kraft des Neuen Bundes und mit der Vollmacht, Sünden zu vergeben, begabt (Apg 1,8; Joh 20,22). Denn Gott, der die Gnadengaben Davids als Zeichen seiner Bundestreue schenkt (Jes 55,3), ist auch reich an Vergebung (Jes 55,7). Ihm entsprechend soll der Jünger handeln, der ausgesandt wird, wie Jesus gesandt worden war (Joh 20,21), und von ihm Frieden und Freude empfangen hat (Joh 20,19-21; vgl. Jes 55,12). Lukas zählte zu den Gnadengaben Davids vor allem den heiligen Geist, der als Geschenk Gottes allen bussfertigen Menschen frei angeboten wird (vgl. Apg 2,38f). Das "Gratis," "ohne Geld" der Geistesgabe hatte Simon Magus verkannt, als er den Aposteln Geld brachte, um so die Vollmacht der Geistverleihung zu erwerben (Apg 8,13f). In der Antwort des entrüsteten Petrus wird Jes 55,1-3 aktualisiert: "Dein Silber möge mit dir zusammen ins Verderben fahren, weil du wähntest, die Gabe Gottes (δωρεαν) durch Geld erwerben zu können!" (Apg 8,20). Es ist eine ins Verderben führende Sünde wider den heiligen Geist, wenn dieser als käuflich betrachtet wird; dagegen dient er als Kraft zum ewigen Leben, wo man ihn als Geschenk Gottes empfängt (Jes 55,1-3).

5.3.2 Weil der heilige Geist und die Vergebung der Sünden Gaben und Kennzeichen eines ewigen Bundes (Jes 55,3), d.h. des Neuen Bundes, sind (Ez 36,26ff; Jer 31,34, vgl. 1 QS 4,20-22), deshalb wurden sie nicht von David selbst, sondern erst vom davidischen Messias empfangen und den Menschen vermittelt. In der Pfingstpredigt des Petrus (Apg 2) werden die Gnadengaben Davids (Jes 55,3) gleichsam gegen ein Missverständnis geschützt. Nicht David war der Erbe des ewigen Bundes und Mittler der verheissenen Gnadengaben; denn er starb, wurde begraben und liegt noch immer im Grab (Apg 2,29). Was er von seiner Errettung aus dem Totenreich sagte, war deshalb auf den Davididen der Endzeit und ewig regierenden König (2. Sam 7,13) bezogene Prophetie (Apg 2,30f). David war auch nicht derjenige, der die Verheissung des Geistes hätte verwirklichen können; er ist ja nicht zum Himmel aufgestiegen (Apg 2,34). Vielmehr schaute er nach Ps 110,1 den zur Rechten Gottes erhöhten Herrn, der deshalb für die Erfüllung von Jes 55,3 sorgen konnte (Apg 2,33f).

5.3.3 Jes 55,3 wird, ähnlich wie von Jesus selbst, sowohl messianisch als auch charismatisch ausgelegt, mit Hilfe von 2. Sam 7 auf die "Aufstellung" des Christus bezogen und infolge der Geistausgiessung als verlässliche Zusage der Gnadengaben Gottes angesehen. Beides gehört zusammen; ja, die von den Juden erlebten Wirkungen des Geistes sollten ein klarer Erweis der bis dahin geleugneten Messianität Jesu sein: "So soll nun das ganze Haus Israel mit Sicherheit (ασφαλως) erkennen, dass Gott ihn zum Herrn und Christus gemacht hat, diesen Jesus, den ihr gekreuzigt habt!" (Apg 2,36). Andererseits ist ganz Israel eingeladen, durch Busse und Taufe auf Jesus die Vergebung der Sünden und die Gabe des heiligen Geistes zu empfangen, da "Israel und seinen Kindern diese

Verheissung gegeben ist, sowie allen, die fern sind, alle, die Gott unser Herr beruft!" (Apg 2,38f). In Jes 55,7 wird zur Umkehr zu Gott aufgefordert und den Büssern das Erbarmen Gottes und reiche Vergebung verheissen, in Jes 55,5 vom unbekannten Volk gesprochen, das zu Israel und so auch zu Gott kommt. David ist ja zu einem Zeugen für die Völker gesetzt (Jes 55,4), und die Apostel als Empfänger der Gnadengabe des Geistes (Jes 55,3) verrichten diesen davidischen Zeugendienst (Apg 1,8). In Apg 15,14-19 wird die Heidenmission mit dem Schriftwort Amos 9,11 f begründet, das die Wiederaufrichtung des Hauses David verheisst (vgl. Jes 55,3f).

5.4 Das Gesetz Moses und der heilige Geist als himmlische Gaben.

In Röm 6,14f erklärt Paulus, der Christ stünde nicht mehr unter dem Gesetz, sondern unter der Gnade; wie bei Jesus Gesetz und Propheten vom Kommen des Evangeliums bzw. des Gottesreiches überholt werden (Lk 16,16; Mt 12,13), so bei Paulus die Herrschaft des Gesetzes vom Leben unter der Gnade. In Joh 1,17 wird dieser Gegensatz als Thema des Vierten Evangeliums angegeben und ähnlich formuliert: "Das Gesetz ist durch Mose gegeben, die Gnade und Wahrheit sind durch Jesus Christus geworden."[22] Das Verhältnis von Gesetz Moses und der Gnade Gottes in Christus ist aber bei Paulus nicht nur ein antagonistisches, sondern auch ein analoges, vor allem, wenn man auf die Herkunft der beiden Grössen sieht. Eine Analyse dieser Analogie dient meiner These von der alttestamentlichen Grundlegung der paulinischen Charismen.

5.4.1 Das Gesetz ist nach rabbinischer Auffassung eine Gabe vom Himmel. Der Aufstieg Moses zum Berg Sinai (Ex 19,3) war auch ein Einstieg in die himmlische Welt, in der Mose die Gebote erhielt. Einen wichtigen Impuls für die spekulative Ausgestaltung des Toraempfangs gab Ps 68,19: "Du bist zur Höhe aufgefahren, hast Gefangene weggeführt, hast Gaben unter den Menschen empfangen."

Der Targum deutet diese Stelle auf Mose, der in den Himmel stieg, dort die Tora empfing und sie zu den Menschen brachte. Auch sonst wurde Ps 68,19 durchgängig auf Mose bezogen, vor allem in Midr. Tehillim z St., wonach Mose zu den Göttlichen Wesen ('Älohim Ex 19,3) hinaufstieg und dort die Tora "umsonst" (behinnam) als Gabe (mattanah) für Israel empfing. Die "Gefangennahme der Gefangenschaft" konnte auf den überwundenen Protest der Dienstengel gedeutet werden, die darüber ungehalten waren, dass ein Mensch die Tora holen und den Irdischen bringen wollte (Ex r 28, 88b).

5.4.2 Nun wird in Eph 4,7ff die Stelle Ps 68,19 auf das heilschaffende Werk Christi und auf die geistlichen Gaben der Kirche bezogen. Eph 4,7 spricht von der Gnade ($\chi\alpha\rho\iota\varsigma$), die jedem nach dem Mass der Gabe ($\delta\omega\rho\epsilon\alpha$) Christi zuteil wurde; das erinnert an Jes 55,3. Aber Ps 68,19 wird als Begründung ($\delta\iota o$)

---

[22]Zum "Werden," d.h. zur geschichtlichen Verwirklichung durch Christus, vgl. 1. Kor 1.30: Christus ist für uns zur Weisheit und zur Gerechtigkeit, zur Heiligung und zur Erlösung "geworden" ($\epsilon\gamma\epsilon\nu\eta\theta\eta$), nämlich durch sein Kreuz und seine Auferstehung.

gegeben: "Er stieg zur Höhe hinauf und nahm die Gefangenschaft gefangen; er gab Gaben (εδωκεν δοματα) den Menschen" (Eph 4,8). Das "Du" des hebräischen Textes, der Gott anredet, ist hier in ein doxologisches "Er" geändert, das Christus gilt, jedenfalls hinsichtlich des Aufstiegs und der Überwindung der Mächte. Und statt des Empfangens wird das Geben der Gaben betont, wobei die Menschen zu Empfängern werden. In Eph 4,9-16 wird dieser Psalmvers aktualisierend kommentiert. Der Aufstieg zur Höhe setzt den Abstieg in die Niederungen des Erdenlebens voraus (VV. 9-10). Man wird an die Christologie von Phil 2,6-11 erinnert: Die Menschwerdung und das Leiden des Gottgleichen sind Voraussetzung für die Erhöhung und den siegreichen Aufstieg. Denn die Überwindung der feindlichen Mächte (vgl. Mt 12,29) wird duch die Lebenshingabe des Christus am Kreuz eingeleitet. Wieder ist David der Prophet des Messias, der nach Eph 4,11f im Himmel die Freigabe von Heilsgütern erreichte. Er gab (d.h., er setzte kraft des Geistes ein) die einen als Apostel, andere als Propheten, Evangelisten, Hirten oder Lehrer, d.h. in Dienste, wie sie ähnlich in 1. Kor 12,23 als geistliche Gaben im Leibe Christi aufgezählt sind. Nach Eph 4,12 dienen sie der Erbauung der Kirche, so wie das die Charismen nach 1. Kor 14,3.5.12.26 tun. Sie führen nach Eph 4,13 zur Einheit des Glaubens ('ämunah), weil die Gnadengaben Gottes nach Jes 55,3 fest (nä'ämanim) sind; deshalb bewahren sie nach Eph 4,14 vor dem Umhergeworfen- und Verführtwerden durch windige Lehren.

5.4.2.1 Wer ist das Subjekt des Gebens im Zitat Eph 4,8? Es liegt nahe, an Christus zu denken, der zum Himmel aufstieg. M.E. ist es aber Gott selbst, der Christus zu einem Mittler der Gaben macht. Das zeigt der Kontext: In Eph 4,7 ist εδοθη ein passivum divinum: Die Gnade ist von Gott gegeben. In V. 11 muss αυτος Gott sein im Unterschied zu Christus in V. 12 Ende und V. 13. Auch nach 1. Kor 12,28 setzte Gott, und nicht etwa Christus, die Eph 4,11 erwähnten charismatischen Dienste ein.

5.4.2.2 Was in Eph 4,7ff nicht eigens betont wird, ist der in 2. Kor 3 herausgestellte Gegensatz zwischen Gesetz und Geist, der Gabe Moses und der Gabe des Christus. Dem Verfasser des Epheserbriefs kommt es hier darauf an, den Ursprung der Geistesgaben aufzuzeigen, zu beweisen, dass diese bereits im Alten Testament vorhergesagt und durch den Aufstieg des Christus den Menschen gebracht worden sind. Er hat Ps 68,19 so zitiert, dass sein zweiter Teil eine Parallelaussage zu Jes 55,3 bildet: "Er hat Geschenke den Menschen gegeben." — "Ich will euch die festen Gnadengaben Davids geben." Das "Geben" Gottes — in Eph 4,8 und Apg 13,34 jeweils eingefügt — bildet die Brücke, so dass die Verheissung Gottes in Jes 55,3 durch den Davididen Jesus eingelöst wurde, der nach seiner Erhöhung die geistlichen Gnadengaben vom Vater erbat. Die Gnadengaben (hasadim) von Jes 55,3 sind gleichzusetzen mit den Geschenken (mattanoth) von Ps 68,19 und den Charismen in den paulinischen Gemeinden (Eph 4,7-12). Während für die Rabbinen das Gesetz die grosse Gabe Gottes darstellt, ist diese für die Christen der heilige Geist, der das Gesetz recht verstehen lehrt (2. Kor 3); hat der "erste Erlöser" die Tora vom Himmel für die Menschen geholt, so der "zweite Erlöser" die Geistesgaben für die christlichen Gemeinden. Jes 55,3 — in der rabbinischen Exegese wenig beachtet — wurde für die Christen zu einer Schlüsselstelle, die auch die Deutung von Ps 68,19 entscheidend beeinflusst hat. Diese Deutung ist wohl zeitlich früher als die jüdische Spekulation über den Toraempfang Moses. Denn der Plural mattanoth = "Geschenke" lässt sich gut zu den Gnadengaben Davids in Jes 55,3 (und zu den Geistesgaben bei Paulus) in Beziehung setzen, passt aber weniger zur "Gabe" (Singular) der Tora,[23] es sei denn, man denke an die Tafeln der Gebote (vgl. Midr. Tehillim z. St. [ed. Buber 160,11]), wo die mattanah der Tora auf die mattanoth von Ps 68,19 bezogen wird).

5.4.3 Wie der Empfang von Gesetz und Geist im Himmel, so wird deren Übergabe auf Erden bei den Rabbinen und den ersten Christen hier und dort ähnlich vorgestellt. Der Pfingstbericht Apg 2 lässt sich mit der rabbinischen Haggada zur Sinaigeschichte Ex 19-20 vergleichen, wobei die Frage der Priorität offen bleiben soll. Das Pfingstfest wurde in Qumran als eine Feier des Eintritts und Übertritts in den Gottesbund begangen (1 QS 1,1-3,12), und bei den Rabbinen gedachte man an diesem Tag der Gesetzgebung am Sinai. Auch in Apg 2 gibt es Einzelheiten, die sich von diesem Hintergrund her besser verstehen lassen; das betrifft vor allem die Art des Offenbarungsempfangs. So hat das von Lukas berichtete Sprachenwunder — ein Reden in "anderen Zungen" — verschiedenen Sprachen (Apg 2,3.11) — ein Gegenüber in der rabbinischen Haggadah gefunden, die von einer Teilung (halaq Niph., b Shabbat 88b) der Gottesstimme am Sinai in die Sprachen der Welt erzählt, [24] so dass jedem Volk das Gebot Gottes in seiner eigenen Sprache angeboten wurde. Am ersten Pfingstfest der Christen teilte sich (διαμεριζεσθαι V. 3) das von Hall und Wind begleitete Feuer der Theophanie in "Zungen" (γλωσσαι), die sich auf die Apostel setzten, so dass diese, vom heiligen Geist erfüllt, in den verschiedenen "Sprachen" der Welt reden und die grossen Taten Gottes rühmen konnten (Apg 2,2-4.11).[25] Diese Teilung von Geist bzw. Gottesstimme zeigt die universale Geltung der Botschaft an. Nur werden nach den Rabbinen die Gebote, nach dem Pfingstbericht die grossen Taten Gottes verkündigt, und die endzeitliche Gabe ist

---

[23] Als mattanah wird die Tora b Ned 38a; b Mezia 59a bezeichnet. Es könnte sein, dass diese Bezeichnung sich analog zur christlichen Gnadenlehre entwickelt hat; noch in Qumran sagt man von der Tora, sie sei (von Gott) durch Mose "befohlen" (1 QS 8,15).

[24] Die qolot = "Donnerschläge, Hallstimmen" (Ex 19,16; 20,15) werden als 7 Stimmen bzw. als die 70 Sprachen der Welt verstanden, in die sich die eine "Stimme" Gottes geteilt hat. Dabei konnte man sich u.a. auch auf Ps 68,12 berufen, wonach Gott "das Wort der Verkündigung als ein grosses Heer gab" (so der Midrasch); er liess ein jedes seiner Worte sich in die 70 Sprachen der Welt teilen (b Shabbat 88b). Man verwies auch auf Jer 23,29: Gottes Wort ist wie ein Hammer, der Felsen zerschmettert und dabei Funken sprühen lässt (ibid).

[25] Wie in der rabbinischen Haggada das atmosphärische Element der Theophanie (qolot = Donnerschläge) zu einem Träger der Verkündigung wird, so auch beim Pfingstfest: Die verteilten "Feuerzungen" (γλωσσαι πυρος) wurden in den Jüngern zu "Sprachen" (γλωσσαι Apg 2,3f.11).

nicht ein neues Gesetz, sondern der von Christus ausgegossene Geist. Das Reden
in anderen "Zungen" = "Sprachen" ist nun nicht mehr die Sache Gottes, sondern
geschieht an Pfingsten durch inspirierte Menschen, ist ein Charisma. Aber in
beiden Fällen vollzieht Gott eine Teilung, die eine den Menschen dienende
Verschiedenheit trotz der Einheit des Offenbarungsinhalts ermöglicht.

6. Die Teilung und Zuteilung der Gnadengaben.

6.1 Beides finden wir bei Paulus: Der Teilung der Zungen (Apg 2,3)
entspricht die Verteilung der Geistesgaben an die einzelnen Glieder der Gemeinde;
aber es ist ein und derselbe Geist. (1. Kor 12,4). Gott "teilte" (εμεριζεν = hilleq)
einem jeden nach dem Mass des Glaubens zu (Röm 12,3, vgl. Eph 4,7). Darauf
folgt Röm 12,4-6 der Hinweis auf die vielen Glieder eines Leibes, die
verschiedene Funktionen haben und doch zusammenwirken. So sind auch die
Christen, obschon viele (οι πολλοι), "ein Leib in Christus und als Einzelne wie
Glieder untereinander" (V.5): "Wir haben verschiedene Geistesgaben nach der uns
gegebenen Gnade" (V. 6), aber diese wirken harmonisch zusammen. Dem einen
Leib mit den vielen Gliedern entspricht die eine Gnade Gottes, die sich in
verschiedene Gnadengaben, Charismen, "gliedert," und deren gleicher Ursprung
den sie einigenden Zweck bedingt (1. Kor 12,4-6): Man soll einander dienen, ein
jeder mit der Gnadengabe (χαρισμα), die er empfangen hat, als die guten
Haushalter der mancherlei Gnade Gottes (1 Petr 4,10).

6.2 Lässt sich auch diese Vorstellung von der Teilung und Zuteilung der
Charismen zu Schrift und Tradition in Beziehung setzen? Der Plural
"Gnadengaben Davids" (Jes 55,3) sowie "Geschenke" (δοματα = mattanoth) in
Ps 68,19 konnte den Tatbestand von mancherlei Charismen biblisch
rechtfertigen. Aber die Verteilung und Verschiedenheit der Geistesgaben, sowie
ihre Beziehung zu den Gliedern im Leibe Christi, lässt sich mit diesen Stellen
nicht belegen.

6.2.1 Wir setzen bei unserer Suche mit Lk 11,22 (vgl. Mt 12,29) ein.
Jesus spricht dort von einem Starken, der seine Festung vergeblich zu verteidigen
sucht: Greift ihn ein Stärkerer an, überwältigt ihn und nimmt ihm die Rüstung
ab, so wird er dessen "Beute verteilen." Diese verhüllte Vollmachtsaussage Jesu
geht nicht nur auf Jes 49,24, sondern in ihrer lukanischen Form auch auf Jes 53,
12 zurück: "Mit Starken wird er Beute teilen."[26] Jes 53,12 hat für Jesus, aber
auch für die ersten Christen eine ähnliche Rolle gespielt wie Jes 55,3[27] oder

---

[26]Vgl. dazu W. Grimm, Weil ich dich liebe, Frankfurt-Bern 1976, S. 85-93, dazu E. Nestle-K.
Aland, Novum Testamentum Graece, 26. Aufl., wo am Rand Jes 49,24f und Jes 53,12 notiert
sind.

[27]Auch bei Justin (Dial. c. Tr.) sind Jes 53 und 55 miteinander zusammengesehen. Zunächst
wird in Kap. 12 Jes 55,3-5 zitiert, dann folgt in Kap. 12 und 13 der Abschnitt Jes 52,10 -
54,6 als eine langes Zitat. In 1. Petr 1,18 sind Jes 55,1f und 53,12 eng miteinander
verknüpft. Die Christen sind nicht durch Silber oder Gold von ihrem vergänglichen Wandel
losgekauft worden (vgl. Jes 55,1f: das Angebot der freien Gnade Gottes, die Einladung zum

auch Ps 68,19, weil es auf den Sühnetod Jesu und die durch ihn erwirkten Gnadengaben bezogen werden konnte. Und an zwei Stellen bietet Jes 53,12 das Verbum "teilen" (hilleq), das für die Charismenlehre des Paulus so wichtig ist: a) Gott wird seinem Knecht unter den Vielen (einen Anteil) zuteilen ('ahalleq lo barabbim); b) der Knecht wird mit Starken Beute teilen ('ät 'asumim jehalleq shalal). Zu a): Der für Jes 53 kennzeichnende Begriff ha-rabbim = οι πολλοι meint in der Charismenlehre die Glieder der Gemeinde, denen der Dienst des Gottesknechtes zugute kommt: "Die Vielen" sind ein Leib in Christus (Röm 12,5), bilden dessen Glieder (V.4). In einem Wortspiel konnte der Apostel sagen: Ha-rabbim = 'abarim, d.h. die Vielen sind Glieder (am Leibe Christi). Gott wird sie nach Jes 53,12 seinem Knecht zuteilen, so dass sie Glieder seines Leibes bilden. Er tut dies in der Kirche dadurch, dass er die geistlichen Ämter wie Apostel, Propheten, Lehrer usw. einsetzt (1. Kor 12,28, vgl. Eph 4,7ff). Von daher erklärt sich die enge Verbindung der Charismen mit den Gliedern des Leibes Christi und die Tatsache, dass dieser Leib nicht nur ein Bild für die Wirklichkeit und für das Leben in der Kirche Christi ist, sondern auch mit ihr identisch ist: "Ihr seid der Leib Christi, und jeder ist ein Glied daran nach seinem Teil" (1. Kor 12,27). Der Leib Christi ist eine charismatische Setzung Gottes (1 Kor. 12,28), der seinem erhöhten Knecht die Vielen als Glieder zuteilt. Zu b): Nach Jes 53,12 wird der Gottesknecht mit den Mächtigen Beute teilen. Auch in der frühjüdischen Tradition dieser Zeit wird dem Messias die Aufgabe des Teilens anvertraut; das zeigt das wichtige Kap. 17 der Psalmen Salomos. Danach wird der endzeitliche König aus dem Hause David das befreite Land unter den Stämmen Israels verteilen. Keine Fremden werden in deren Nähe leben, aber er wird Völker und Nationen in der Weisheit seiner Gerechtigkeit regieren (17,28f). Das heilige Land spielt in der Zukunftserwartung des Paulus keine grosse Rolle. Deshalb ist an die Stelle einer Landverteilung die Zuteilung des geistlichen Erbteils der Heiligen durch den Christus gerückt, an der auch die Heiden beteiligt werden. Dafür schien auch Jes 53,12 zu sprechen: Mit den "Starken" ('asumim) wird der Gottesknecht Beute teilen. Wie das bei manchen Begriffen des sprachlich schwierigen Kapitels Jes 53 geschieht, so könnte der Apostel analog zu ha-rabbim = 'abarim auch bei dem Begriff 'asumim an eine zweite Bedeutung gedacht und 'asamim = Gebeine, Glieder gelesen haben: Christus teilt mit den Gliedern seines Leibes die "Beute" (vgl. Ps 68,19) der Geistesgaben. Es scheint mir, dass Paulus dabei Gen 2 interpretiert haben könnte. Für ihn war ja Christus der zweite, endzeitliche Adam, der die Kirche liebt wie ein Mann seine Frau, wie ein Mensch seinen Leib (Eph 5,27-29). Solche Vergleiche erinnern an das Verhältnis Adams zu Eva, die nach Gen 2,23 nicht nur Fleisch von Adams Fleisch (vgl. Eph 5,20), sondern auch "Bein, Knochen," von seinen Gebeinen war ('asam me'asamaj), d.h. ein Glied seines Leibes (Eph 5,30). Gott hatte ja nach Gen 2,22 eine Rippe, d.h. einen Knochen, Adams zu einer Frau für ihn

---

Kaufen ohne Geld), sondern durch das Blut Christi. Die soteriologische Kraft des Blutes Christi hat ihre Stütze in Jes 53,12, wonach der Knecht Gottes "seine Seele ausgoss," d.h. mit dem Vergiessen seines Blutes das Leben dahingab.

ausgestaltet, "gebaut" (banah). So wird nach Eph 4,12 der Leib Christi durch die Charismen "erbaut." Da der zweite Adam ein lebenschaffender Geist ist (1. Kor 15,45), so ist auch der Leib Christi ein geistlicher Leib.

6.2.2 Die Teilung und Verteilung der Geistesgaben soll der Einheit und Harmonie im Leben des Leibes Christi keinen Eintrag tun, denn gerade die Verschiedenheit der einzelnen Glieder ermöglicht das Leben eines Organismus (1. Kor 12,14-18). Und Gott selbst demonstriert auf "trinitarische" Weise die Einheit des Wirkens der Charismen, trotz ihrer Verschiedenheit (1. Kor 12,4-6). Aber es gibt auch unheilvolle Teilungen im Leibe Christi, die nicht vom dreieinigen Gott, sondern von Menschen ausgehen und sich dann als Spaltungen auswirken (σχισματα = mahalaqoth, 1. Kor 1,10). Wenn Paulus dieses Parteienwesen in Korinth kritisiert und dabei ironisch fragt: "Ist etwa Christus geteilt? Ist denn Paulus für euch gekreuzigt? Oder seid ihr auf den Namen des Paulus getauft?" (1. Kor 1,13), so müsste die Antwort lauten: Christus ist für unsere Sünden gestorben (1. Kor 15,3), und als der Erhöhte ist er nicht etwa geteilt, sondern teilt und verteilt an uns die geistigen Gaben, durch die er sich uns selbst mitteilt.

6.2.3 Die Zuteilung der Geistesgaben an die Glieder ('asamim) der Gemeinde ist begründet in der Selbstmitteilung ('asmo) des Messias am Kreuz. Diese hat Jesus beim letzten Mahl für seine Jünger sinnbildlich dargestellt. D.h.: Paulus schliesst auch hinsichtlich der Zuteilung der Charismen primär an den irdischen Jesus an. Denn dieser hat in einer Zeichenhandlung, durch das Zuteilen von Brot und Wein beim Abendmahl, gezeigt, dass er den Weg des Gottesknechtes von Jes 53 gehen und sich selbst für die Vielen in den Tod geben will (53,12). Für Paulus war der Gekreuzigte das für uns geschlachtete Passahlamm (1. Kor 5,7), und als ein solches stellte sich Jesus den Jüngern bei seinem letzten Mahl dar, das als Passah gefeiert wurde. Auch der Gottesknecht wird in Jes 53,7 einem Lamm verglichen, das zur Schlachtbank geführt wird. Beide "Vor-Bilder" hat Jesus beim Letzten Mahl in einer Zeichenhandlung zusammengefasst und auf sich bezogen: Er selbst ist das Lamm, das der Welt Sünde trägt. Er vergleicht sich dem Passahlamm, dessen Blut vor dem Verderben bewahrt, und übernimmt das Schicksal des Gottesknechts, der seine Seele für die Vielen zum Tod ausgiesst (Jes 53,12). a) Im Deutewort zum Kelch (Mk 14,24) hat Jesus Jes 53,12 gleichsam symbolisch dargestellt: Der Wein bezeichnet das Blut, das er für die Vielen vergiessen wird (Mk 14,24); Matthäus ergänzt sinngemäss: ... " zur Vergebung der Sünden." Der Gottesknecht giesst nach Jes 53,12 seine "Seele" (näphäsh = "Leben") zum Tode aus und "trägt" so "die Sünde" von Vielen (vgl. auch Mk 10,45). Da der Sitz der Seele = Lebenskraft im Blute ist, bedeutet das Ausgiessen der Seele (Jes 53,12) ein Vergiessen des Blutes (Mk 14,24). Mit dem Darreichen des Kelches wird das Heil, das durch Jesu Sühnetod erwirkt wird, als Gnadengabe angeboten. Die Gnadengabe und Stiftung des (neuen) Bundes, die mit dem Kelchwort angezeigt und mit dem sündentilgenden Opfer des Lebens verwirklicht werden, sind nicht in Jes 53,12, sondern in Jes 55,3 vorgegeben. Die Verheissung der Gnadengaben Davids und des ewigen Bundes (Jes 55,3) wird von Jesus dadurch erfüllt, dass er als der messianische Gottesknecht seine Seele = sein Blut stellvertretend vergiesst und dadurch für die Vielen die Vergebung der Sünden und die Gemeinschaft mit Gott gewinnt (Jes 53,12).

6.2.4 Jesus deutete beim Letzten Mahl das gebrochene Brot als seinen Leib, der in den Tod gegeben wird (Mk 14,22). Beide Deuteworte ergänzen einander. aa) Denn Brot (Speise) und Wein sind die beiden Hauptelemente einer Mahlzeit; der Segen wird über Brot und Wein (Most) gesprochen (1 QS 6,5; vgl. m. Ber 6,1). bb) Bei den Bestimmungen zum Passahmahl können die Begriffe "Leib" und "Kelch" nahe beieinander stehen. In m. Pes 10,3 wird vom "Leib des Passah" gesprochen (gupho shäl päsah); gemeint ist das in der Zeit des Zweiten Tempels geschlachtete Passahlamm. Es soll beim Mahl aufgetragen werden, bevor man dem Hausvater den zweiten Becher eingiesst (10,4); es folgt dann die heilsgeschichtliche Deutung der Elemente des Passahmahls (10,4f). cc): Aber auch von Jes 53,12 her fällt auf die Einheit von Brot- und Weinwort im letzten Mahl Jesu ein helles Licht. Bezeichnet Jesus, indem er den Wein darbietet, das "Ausgiessen seiner Seele" (Jes 53,12), so bildet — rein sprachlich betrachtet — die Dahingabe[28] des Leibes, die mit dem Brechen und Austeilen des Brotes dargestellt wird, einen synthetischen Parallelismus. Denn Seele und Leib machen den ganzen Menschen aus.[29] Ausserdem lässt sich auch das Brechen des Brotes als Dahingabe des Leibes auf Jes 53,12 beziehen, nämlich auf das "Tragen der Sünde der Vielen." Nach 1. Petr 2,24 hat Jesus unsere Sünden "an seinem Leib" (εν τω σωματι αυτου = begupho) zum Holz hinaufgetragen." Das Bild vom "Tragen" bezeichnet ein "leibliches" Tun; in Wirklichkeit "trug" der Gottesknecht die Sünden der Vielen dadurch, dass er seinen Leib in den Tod gab, seine Seele = sein Blut für sie vergoss. Auch beim Brotwort deutet Jesus das Verteilen und Zuteilen der Gnadengabe seines Todes sinnbildlich an. Was bei der Speisung der Fünftausend eigens erzählt wird, nämlich das Verteilen der Speise durch Jesus (Mk 6,41), gilt sinngemäss auch vom Abendmahl: Durch das Brechen des Brotes (Mk 14,22) wird das Teilen und Zuteilen angezeigt, beim Kelchwort durch die Aufforderung: "Trinkt alle daraus!" (Mt 26,27). Ebenso wird die Gemeinschaft und Einheit betont: Alle sollen essen (Mk 14,23), aber weil sie von einem Brote essen, sind die Vielen ein Leib (1. Kor 10,17).

7. Die Gnade Gottes und das Apostelamt (Röm 1,5; 12,3 und Ex 34,6-9).

7.1 Die Exegeten sehen gewöhnlich in der Rechtfertigungslehre die Mitte der paulinischen Theologie und in der "Gerechtigkeit Gottes" den

---

[28]Septuaginta und Targum haben hä'ärah = "ausgiessen" durch παραδιδοναι und masar = "übergeben, dahingeben" übersetzt.

[29]Nicht "Fleisch und Blut" (basar wadam), wie J. Jeremias meint (The Eucharistic Words of Jesus, New York 1966, S. 200f). Dieses Begriffspaar ist generisch verwendet; ein "König von Fleisch und Blut" ist der menschliche König gegenüber dem himmlischen "König der Könige."

Schlüsselbegriff, dessen existentielle Bedeutung auch die Biographie des Apostels beherrsche, da sie als Konsequenz des Damaskuserlebnisses aufgeleuchtet haben müsse.[30] Aber Paulus selbst beschreibt seine Berufung theologisch nicht als iustificatio, zumal er schon als Pharisäer "hinsichtlich der Gerechtigkeit im Gesetz untadelig geworden war" (Phil 3.6). Die im Glauben angenommene Gerechtigkeit Gottes, das Gerecht-Gewordensein und der Friede mit Gott (Röm 5,1) können zudem nicht erklären, was das Besondere der Christusvision vor Damaskus ausmacht, nämlich die Berufung des Paulus zum Apostel (vgl. 1. Kor 9,1). Für die Berufung zum Apostelamt gebraucht Paulus den Begriff χαρις; er hat durch Christus "Gnade und Apostelamt empfangen" (Röm 1.5), dessen Zweck die Verkündigung des Glaubensgehorsams unter den Heiden ist (ibid.). Die geistliche Wende und der apostolische Weg des Paulus müssen primär vom Begriff und Wesen der Gnade her verstanden und gezeichnet werden; sie sind selbst Gnadenerweis, ja "die Gnade, die mir (von Gott) gegeben wurde" (Röm 12,3; 15,15; 1. Kor 3,16; Gal 2,9).

7.2 Fragt man nach einem alttestamentlichen Vorbild für die von Gott gegebene Gnade des Apostolats, so bietet sich dafür die Perikope Ex 34 an. Sie enthält nämlich den Begriff "Gnade" (häsäd) in Verbindung mit dem Empfang der Gesetzestafeln durch Mose (V. 4); dieser Akt kann ja nicht nur analog zum Erbitten des Geistes durch Christus gesehen werden (Eph 4,7-12), sondern auch zum apostolischen Dienst des Paulus (2. Kor 3). Nach Ex 34,6 ging Gott vor dem Angesicht Moses vorüber und offenbarte sich dabei als barmherzig und gnädig, langmütig und voll von Gnade und Wahrheit (rab häsäd wä'ämät; Targum Onqelos: masge lema'bad tabewan uqeshot = "reich, Guttaten und Wahrheit zu tun"). Nach Ex 34,7 bewahrt Gott seine Gnade (häsäd) für tausend Geschlechter und trägt Vergehen, Frevel und Sünden; nach dem Targum Onqelos vergibt er denen die Schulden, die zum Gesetz umkehren. Ebenso erfuhr Paulus in der Christusvision vor Damaskus die Offenbarung der Gnade Gottes. Er sprach danach deutlich von der Gnade, die ihm mit seiner Berufung gegeben wurde, zumal er auch an eine Verheissung wie Jes 55,3 dachte: Die Gnadengaben Gottes sind zuverlässig; sie werden für tausend Geschlechter bewahrt und auch dem gegeben, der sich im Dienst für die Tora geirrt und gegen die Gemeinde Gottes gekämpft hat.

7.2.1 Warum gebraucht Paulus den Begriff χαρις, wenn er das Apostelamt als Gnadengeschenk Gottes bezeichnen will, und nicht etwa χαρισμα, das den Charakter der Gabe so deutlich zum Ausdruck bringt? Die "Gnade" ist im Röm 12,3; 15,15 u.a. — genau so wie die Gerechtigkeit Gottes als iustitia passiva — Ausdruck der Zuwendung Gottes (η χαρις η εις εμε 1. Kor 15,10), ein Geschenk für den Menschen, das jedoch in der Verfügung Gottes bleibt. Die Gnade ist die Brücke der Kommunikation, die Gott zum Menschen hin baut, den

---

[30]Vgl. dazu die wichtige Darstellung von S. Kim, The Origin of Paul's Gospel, WUNT II,4, Tübingen 1984, S. 268-335.

er erwählt hat und mit einem wichtigen Dienst betrauen will; dieser ist für Paulus die Heidenmission (Röm 1,5; 15,15f; Gal 2,8f). Diese Gnade wirkte für Paulus (Gal 2,8f), sie ging in ihn ein (εις εμε) und war mit ihm (συν εμοι 1. Kor 15,10).

7.2.2 Solch ein Für-, In- und Mit-Sein der Gnade Gottes erinnert an das Verhältnis, das nach Joh 14,16f der Paraklet und "Geist der Wahrheit" zu den Jüngern Jesu haben soll: Er wird von Gott dazu gegeben, dass er "mit ihnen" sei (14,16), er soll "bei ihnen" bleiben und "in ihnen" sein (14,17). Der "Geist der Wahrheit" ist gegenüber dem ausgegossenen und die Menschen inspirierenden heiligen Geist auch als Person, als ein zweiter Zeuge neben den Jüngern (15,26f), als ein Ankläger der Welt, verstanden (16,8-11). Ähnlich scheint auch die "Gnade" des Apostelamts für die Heiden nicht einfach eine der Gnadengaben im Leib Christi zu sein, auch nicht ein Amt wie das anderer Apostel, sondern eine besondere Gnade Gottes, nicht ein χαρισμα, sondern die dem Verfolger geltende Gnadenwahl (χαρις), zu der auch das nicht von Menschen gelehrte, sondern durch eine Offenbarung Jesu Christi empfangene Evangelium gehört (Gal 1,12).

7.3 Als ungewöhnlich erscheint die allen Christen zugesprochene neue Seinsbestimmung, "unter der Gnade zu sein" (υπο την χαριν ειναι Röm 6,14f).Schon in ihrer sprachlichen Gestalt ist diese Wendung neu gegenüber dem Sein im Geist oder einem Zusammenwirken mit dem "Geist der Wahrheit," da es ein "Darunter-Stehen" und Untergeordnet-Sein unter solche geistigen Grössen nicht gibt. Vielmehr ist die Formel υπο την χαριν ειναι als Gegensatz zum "Sein unter der Tora" (υπο τον νομον ειναι Röm 6,14f) entstanden (vgl. auch Gal 3,23; 4,21). Die letztere Wendung fehlt noch im Alten Testament und auch in Qumran. Nach dem Targum zu Jes 53,11.12 "unterwirft" der Gottesknecht "viele" bzw. "rebellische Menschen" "dem Gesetz" (sha' bed le'orajetha'), da sie nur auf solche Weise Sündenvergebung und Rechtfertigung erlangen können. Dass Paulus solch "Verknechten" für die Wendung "Sein unter dem Gesetz" voraussetzt, geht aus Röm 6,16 hervor, da dort das υπο τον νομον ειναι (6,14f) mit einer allgemein geltenden Erfahrungstatsache erklärt wird: Wer sich als Knecht (δουλος) gehorsam jemandem zur Verfügung stellt (παριστανει = sha'bed napsheh), ist auch in seinem ganzen Sein ein Knecht der Macht, der er gehorcht, sei es die Sünde oder die Gerechtigkeit. Auch in Röm 7,25 wird ein "Dienen für das Gesetz Gottes" erwähnt; als Gegenteil erscheint in Phil 2,22 das δουλευειν εις το ευαγγελιον (labesorah).

7.3.1 Das "Sein unter der Gnade" begründet das Freisein von der Herrschaft der Sünde (Röm 6,14a), die ja für den fleischlichen Menschen durch das geistliche Gesetz nicht etwa aufgehoben, sondern eher aufgerichtet wird (Röm 7,7). Der Knechtung unter das Gesetz, die der Prophetentargum auch in Jes 53 entdeckt, hält Paulus die Wirkung des Leidens Christi entgegen, die er dem gleichen Text Jes 53 entnimmt: Durch seinen in den Tod gegebenen Leib hat er die Glaubenden dem Gesetz absterben lassen und sie so von dessen Forderung und

Fluch befreit.[31] Aber das Freisein von der Forderung des Gesetzes und von der Herrschaft der Sünde darf nicht als Freizügigkeit und als Freiheit zum Sündigen verstanden werden, weil dies in die alte Knechtschaft zurückführen würde (Röm 6,15f). Das "Sein unter der Gnade" bedeutet ein Freisein vom Buchstaben des Gesetzes, aber auch den Gehorsam gegenüber der Gerechtigkeit (Röm 6,16.18) und den Dienst in der Neuheit des Geistes (Röm 7,6). Die Tora als solche ist für den Christen keineswegs abgetan. Aber die Herrschaft des Buchstabens (2. Kor 3,6) und die Bedrohung durch den Fluch des Gesetzes (Gal 3,10) sind seit Christi Sühnetod für den Glaubenden unwirksam. Dank der befreienden Kraft des Geistes wird das Gesetz zum Wort Gottes, das Verheissung hat, zur Tora des Neuen Bundes, die in das Herz geschrieben ist (2. Kor 3,3). Das "Sein unter der Gnade" ist somit ein Leben in der Kraft und Freiheit des heiligen Geistes. Wer vom Geist geleitet wird, steht nicht mehr "unter dem Gesetz" (vgl. Gal 5,18). Die heilsgeschichtlich wichtige Zeit des Existierens unter dem Gesetz, das Paulus einem Zuchtmeister vergleicht, wird von der Zeit des Glaubens (Gal 3, 23-28) und der Gotteskindschaft der freien Bürger des Oberen Jerusalem abgelöst (Gal 4,21-31).

Postscriptum

1. Prof. Dr. Hans Kvalbein, Oslo, hat mich freundlicherweise auf die Stellen Justin Dialog c. Tr. 39,2 und 87,2 aufmerksam gemacht, in denen zwar nicht ausdrücklich die χαρίσματα, aber die Gaben des Gottesgeistes von Jes 11,2 und die Gaben von Ps 68,19 (vgl. Eph 4,8) in das jüdisch-christliche Gespräch hereingebracht werden. In Dial 87,2 zitiert Trypho die Weissagung Jes 11,1–3 und fragt, wie die Geistbegabung des Messias sich zur christlichen Lehre vom präexistenten und von einer Jungfrau geborenen Christus verhalte: Sollte dieser der von Jesaja angekündigten Begabung mit dem Gottesgeist bedürfen? (87,2). Justin gibt darauf die Antwort: Jesus habe in der Tat die Kräfte des Geistes von Anfang an besessen. Aber die mit ihm erfolgte Erfüllung dieses Jesajawortes bedeute, daß nunmehr die jüdische Prophetie ein Ende gefunden habe; nach Christus sei kein derartiger Prophet mehr bei den Juden aufgestanden (87,3); vgl. 82,5: Nur bei den Christen sind die prophetischen Gnadengaben des Geistes zu finden. Diese These von der ›Enteignung‹ im Blick auf die Geistesgaben hat Paulus so nicht vollzogen.

---

[31] S. Hafemann, Suffering and the Spirit, WUNT II,19, Tübingen 1986, S. 199-218.

2. Nach dem Hinweis auf die einst von Elia beklagte Untreue Israels (1 Kön 19,10–18; Dial 39,1, vgl. Röm 11,2–5) meint Justin: Wie Gott damals wegen der 7000 treu verbliebenen Israeliten das Strafgericht am abtrünnigen Volk aufgeschoben habe, so setze er jetzt die an sich fällige Durchführung des Endgerichts aus. Denn täglich ließen sich einige Menschen zu Schülern Jesu machen und verließen den Weg des Irrtums. Ein jeder von ihnen empfange ›Gaben‹: der eine den Geist der Einsicht, ein anderer den des Rates oder der Stärke, der Heilung, des Vorherwissens, der Lehre und der Gottesfurcht (39,2). In dieser Auskunft werden die vom erhöhten Christus erworbenen Gaben (δόματα Eph 4,8) nicht mit den Gnadengaben Davids in Jes 55,3 und nur zum Teil mit den Charismen von 1 Kor 12 verbunden, sondern vor allem als die verschiedenen Gaben und Kräfte des Geistes von Jes 11,1 f. erklärt; das geschieht mit Rücksicht auf den jüdischen Gesprächspartner (vgl. 87,2). Wie die Verheißung 2 Sam 7,12 ff. in Jes 55,3 ausgedehnt und gleichsam demokratisiert wird, so macht dies Justin mit der messianischen Weissagung Jes 11,1 f.: Der Messias gibt die Gaben des Geistes an die zu ihm Gehörenden weiter. Schriftgrund dafür ist Ps 68,19. Trypho wird darüber belehrt, daß diese Stelle messianisch zu verstehen sei; sie weise auf den Christus, der nach seiner Auffahrt in den Himmel uns vom Irrtum befreie und uns Gaben schenke (39,4 f.; vgl. 87,6).

3. In der Konkordanz mit den noch nicht veröffentlichten Texten aus der Höhle 4 von Qumran werden die Gnadenerweise/gaben Gottes für mehrere Stellen belegt; meist in Verbindung mit den Erweisen der Barmherzigkeit (רחמים, vgl. Ps 25,6). Zweimal begegnet auch die Wendung אות למפתח חסדי אל = »Zeichen für den Schlüssel der Gnadenerweise Gottes«. Ferner ist für unser Thema wichtig, daß David als ein Mann von Gnadengaben/-erweisen (דויד שהוא איש חסדים) gepriesen wird; das kann nur auf der Grundlage von Jes 55,3, vgl. 2 Chr 6,42 geschehen sein (4Q MMT 21,1).

34. Göttliche und menschliche Gerechtigkeit in der Gemeinde von Qumran und ihre Bedeutung für das Neue Testament

Frömmigkeit und Gerechtigkeit bei den Essenern

Die Gemeinde von Qumran, die durch die Entdeckung der Handschriften vom Toten Meer aus jahrtausendelanger Verborgenheit plötzlich ins Licht der Geschichte getreten ist, gehört bekanntlich zu den *Essenern*, von denen uns antike Autoren wie Philo, Josephus und Plinius berichtet haben. Sie bietet das Bild einer wichtigen religiösen Gruppe im Judentum zur Zeit Jesu, das m. E. vollständiger und geschlossener ist als etwa das der Pharisäer, Sadduzäer und Zeloten, die zwar auch im Neuen Testament erscheinen, aber von dort her nicht leicht zu beurteilen sind; das gleiche gilt für die rabbinischen Quellen. Der Name „Essener" (Ἐσσηνοί bzw. Ἐσσαῖοι), der wohl von Außenstehenden stammt, meint die exemplarisch „Frommen". Der römische Schriftsteller Plinius hat sie ein „wunderbares Geschlecht" (gens mira) genannt, weil sie ohne Geld und ohne Frauen (sine pecunia, sine ulla femina) sich doch als eine gens aeterna für alle Zeit erhalten.[1]

Philo und Josephus zählten die *Gerechtigkeit* zu den Grundlagen dieser religiösen Gemeinschaft, ja, sie haben das Zusammenleben der Essener als ein Modell verwirklichter Gerechtigkeit angesehen. Philo sagt von ihnen, sie hätten einander in Frömmigkeit, Heiligkeit und Gerechtigkeit erzogen,[2] wobei er die Gerechtigkeit in der Gleichheit aller Glieder und in ihrer ungewöhnlichen Gemeinschaft gewährleistet sieht.[3] Josephus faßt die Pflichten der Essener in ein doppeltes Gebot zusammen: Sie schwören, „in erster Linie die Gottheit zu verehren und dann auf das zu achten, was den Menschen gegenüber gerecht ist"[4]. Er kommentiert dann den zweiten Grundsatz folgendermaßen: „Die Ungerechten soll man immer hassen, mit den Gerechten aber Seite an Seite zusammen kämpfen."[5]

---

[1] Plinius, Hist. Nat. V, 17.

[2] Philo, Quod omnis probus homo liber sit § 83: παιδεύονται δὲ εὐσέβειαν, ὁσιότητα, δικαιοσύνην.

[3] Ibid. § 84: ἰσότητα πάντος λόγου κρείττονα, κοινωνίαν περὶ ἧς οὐκ ἄκαιρον βραχέα εἰπεῖν.

[4] Josephus, Bellum 2, § 139: πρῶτον μὲν εὐσεβήσειν τὸ θεῖον, ἔπειτα τὰ πρὸς ἀνθρώπους δίκαια φυλάξειν.

[5] Ibid.: μισήσειν δ'ἀεὶ τοὺς ἀδίκους, καὶ τοῖς δικαίοις συναγωνιεῖσθαι.

Die Gerechtigkeit ist in diesen Darstellungen auf das mitmenschliche Zusammenleben bezogen und von Philo in griechischem, genauer: aristotelischem, Sinne verstanden als eine vollkommene, alle anderen Tugenden umfassende Größe, die auf den Nächsten bezogen ist und das ihm Zukommende gewährt.[6] Von Josephus aber wird sie im Sinne der Goldenen Regel interpretiert, nach der man niemandem einen Schaden zufügen, aber auch ungerechte, rücksichtslose Menschen „hassen", d. h. ablehnen und meiden soll.[7] Die *Qumrantexte* haben die fundamentale Rolle der Gerechtigkeit im Leben der Essener bestätigt. Der große Lehrer und Gründer der Gemeinde heißt „Lehrer der Gerechtigkeit", und die Gemeindeglieder sind die „Söhne der Gerechtigkeit" (1 QS 3, 20–22). Aber der Gerechtigkeit im Bericht des Philo und Josephus fehlt die theologische Dimension. Denn Gerechtigkeit war für die Qumrangemeinde nicht nur eine Tugend, die sich im Zusammenleben der Menschen besonders bewährt, sondern auch eine *von Gott begründete Ordnung,* die er für Schöpfung und Geschichte durch sein Gebot und sein Gericht aufrechterhält. Philo und Josephus haben zwar richtig gesehen, daß sich bei den Essenern das Tun der Gerechtigkeit *am Nächsten bewähren muß,* ja, die Qumrantexte haben diesen zwischenmenschlichen Bezug der Gerechtigkeit pointiert zum Ausdruck gebracht. Das zeigt sich z. B. an der Wiedergabe der berühmten Weisung Micha 6, 8, einer Art von Summarium der prophetischen Ethik: „. . . Recht zu üben und treue Liebe und demütig wandeln mit Deinem Gott." Diese Stelle erscheint in der Gemeinderegel (1 QS 8, 1 f.; vgl. 5, 3 f.) in folgender, freier Form: „Wahrheit und Gerechtigkeit und Recht zu tun und treue Liebe und demütig wandeln, ein jeder mit seinem *Nächsten."* Das bedeutet: Das Tun von Wahrheit und Gerechtigkeit wird eigens eingefügt und Gott durch den Nächsten ersetzt. Andererseits ist zu beachten, daß Gottes Wahl und nicht etwa das eigene Urteil Gerechte und Ungerechte bestimmt und dadurch auch den Mitmenschen setzt. Denn der von Josephus angegebene Grundsatz, die Ungerechten zu hassen und mit den Gerechten zusammen zu kämpfen, lautet im Original in 1 QS 1, 9 f.: „Man soll alle Kinder des Lichtes lieben, ein jedes nach seinem Los im Rat Gottes, und alle Kinder der Finsternis hassen, ein jedes nach seiner Schuld." Die „Kinder des Lichtes" sind als solche von Gott gesetzt, und die „Kinder der Gerechtigkeit" sind die „zur Gerechtigkeit Erwählten" (1 QH 2, 13). Liebe und Haß gegenüber diesen beiden Menschenklassen richten sich nach dem *Verhalten Gottes;* denn man soll alles hassen, was er verworfen hat, und alles lieben, was er erwählte (1 QS 1, 3 f.). Dementsprechend ist auch die Gerechtigkeit eine von Gott gewollte gute Ordnung, die den Menschen verpflichtet. Sie wird zwar nicht Gott gegenüber ausgeübt, weil stets der Mitmensch der Empfänger menschlicher Gerechtigkeit sein soll.

---

[6] Aristoteles, Nikomachische Ethik, V. 1 § 1129b: ἡ δικαιοσύνη ἀρετὴ μέν ἐστι τελεία . . . ἐν δὲ δικαιοσύνῃ συλλήβδην πᾶσ'ἀρετὴ ἔνι . . . πρὸς ἕτερόν ἐστιν, ἄλλῳ γὰρ τὰ συμφέροντα πράττει.

[7] Josephus, Bellum 2, § 139: καὶ μήτε κατὰ γνώμην βλάψειν τινὰ μήτε ἐξ ἐπιτάγματος.

Aber sie wird von Gott geschenkt, und von seinem Urteil: 'gerecht-gottlos' hängt das endzeitliche Schicksal der Menschen ab. Weil diese von sich aus nicht willens sind, Gerechtigkeit unter den Völkern walten zu lassen, darum wird sie von Gott „geoffenbart", d. h. in einer noch ausstehenden, endgeschichtlichen Umwälzung aller Dinge im Weltmaßstab durchgesetzt werden (1 Q 27). Und weil der einzelne, auch der Fromme, trotz aller Mühe nicht imstande ist, vor Gott gerecht zu sein, darum wird ihm Gottes Gerechtigkeit jetzt schon als eine helfende, sein Leben führende Kraft zuteil. Denn Gerechtigkeit wird als solche zwar nicht an Gott bewährt; aber das Urteil über gerecht oder gottlos bestimmt sich auch danach, wie man religiöse Pflichten, gottesdienstliche Gebote und Reinheitsvorschriften, erfüllt.

I a. Die Offenbarung der Gerechtigkeit (ṣædæq) in Gottes Zukunft

Die Gerechtigkeit ist für den Frommen in Qumran Inbegriff der Ordnung, die Gott der Schöpfung eingestiftet hat; sie soll das Zusammenleben aller Kreaturen ermöglichen und den Frieden auf Erden erhalten. Damit geht sie über den Horizont des Bundes mit Israel weit hinaus. Für diese *Weltordnung* wird in Qumran wie im Alten Testament das Wort ṣædæq gebraucht, zu dem der Begriff ṣᵉdaqā als einzelner Akt der Gerechtigkeit und Rechtshilfe gehört. *Ṣædæq* als Weltordnung ist in Qumran eng mit dem Wort ᵃᵉmæt = „Wahrheit" verbunden; auch im Targum, etwa bei Jesaja, wird ṣædæq meist durch das aramäische quštāʾ = „Wahrheit" übersetzt.[8] Die Gerechtigkeit ist gleichsam die Wahrheit, die in die Tat umgesetzt werden, Maxime des Handelns sein soll. Die Wahrheit der Weltordnung, das rechtmäßige Verhalten der Menschen und Völker zueinander, ist im Grunde jedermann bekannt. Dennoch hat man in Qumran die Offenbarung der Gerechtigkeit erwartet; diese stellt sogar den Inbegriff der Endzeithoffnung dar. Denn obschon jedermann die Wahrheit kennt, wird sie in der Welt nicht praktisch gelebt und in Gerechtigkeit umgesetzt. In dem leider nur fragmentarisch erhaltenen, aber sehr wichtigen ›Mysterienbuch‹ von Qumran (1 Q 27) wird dieser unsinnige Zwiespalt zwischen Theorie und Praxis deutlich aufgezeigt: Vom Mund aller Nationen erklingt der Lobpreis der Wahrheit, aber keine Sprache und Zunge hält an ihr fest. Alle Völker hassen den Irrtum, und doch wird er durch sie in Gang gehalten. Kein Volk hat Gefallen daran, daß es von einem Stärkeren unterjocht und daß ihm auf unrechte Weise sein Besitz genommen wird. Aber – „welches Volk unterdrückt nicht seinen Nachbarn, und wo ist die Nation, die nicht einer anderen den Besitz raubt?" Das menschliche Zusammenleben zeigt zwar jedem, was Wahrheit und Gerechtigkeit sind; aber die Erfahrung lehrt, daß die Wahrheit – vor allem in der

---

[8] Vgl. dazu K. Koch, Die drei Gerechtigkeiten. Die Umformung einer hebräischen Idee im aramäischen Denken nach dem Jesajatargum, in: Rechtfertigung. Festschrift für E. Käsemann, Tübingen 1976, S. 245–269.

Politik – unterdrückt wird, daß die Macht zu Gewalt entartet und das Unrecht triumphiert. Diesen paradoxen Zustand, den jedermann beklagt und den doch keiner ändern oder aufheben kann, weil er neues Unrecht schafft, wenn er die eigene Unterdrückung beseitigen will und die „Expropriation der Expropriateure" in Gang setzt, empfindet das Mitglied der Qumrangemeinde als einen Teufelskreis im wahrsten Sinne des Wortes. Es meint nämlich, daß die Welt in der Gegenwart als letzter böser Zeit tatsächlich unter der Herrschaft des Teufels und der Dämonen steht – man könnte analog dazu heute von den überindividuellen Strukturen des Bösen sprechen –, was freilich den einzelnen nicht der Verantwortung für das Unrecht enthebt. Aber die Befreiung der Welt kann nur durch ein übermenschliches, von Gott herbeigeführtes Wunder geschehen, nämlich der „Offenbarung", d. h. der Enthüllung und kraftvollen Durchsetzung der Gerechtigkeit: Wenn Gott zur Zeit des Gerichts die Macht der Finsternis und des Irrtums eliminieren wird, „dann wird das Unrecht verschwinden, wie sich ein Rauch verzieht, und die Gerechtigkeit wird hervortreten wie die Sonne, das Maß der Welt"[9].

Im *Neuen Testament* finden wir im sogenannten *Freerlogion* zu Markus 16 bei den Jüngern Jesu eine Haltung, die sprachlich und auch sachlich dieser Erwartung der Qumranleute entspricht. Die Jünger sagen nämlich zu Jesus, der gegenwärtige Äon stehe im Zeichen der Tyrannei des Teufels und der Dämonen, die verhindern, daß die Wahrheit Gottes ergriffen wird. Und auch für die Jünger ist es die Offenbarung der Gerechtigkeit, welche der Welt die Erlösung bringt. Aber sie wird jetzt vom auferstandenen Christus erhofft: ἀποκάλυψόν σου τὴν δικαιοσύνην ἤδη. Es braucht trotz dieser verblüffenden Ähnlichkeit keine direkte Abhängigkeit dieser merkwürdigen nachmarkinischen Stelle von unserem Qumrantext vorzuliegen. M. E. wird in beiden Fällen eine apokalyptische Hoffnung zum Ausdruck gebracht, die auf das Alte Testament gegründet ist und ein Prophetenwort als Basis hat, das von der Offenbarung der Gerechtigkeit Gottes spricht. Es ist dies das *Orakel Jes 56, 1*, das auch für die neutestamentlichen Autoren, vor allem für Paulus und Matthäus, eine große Bedeutung hatte und für sie die eschatologische Hoffnung mit dem ethischen Handeln der Gegenwart, die Gerechtigkeit Gottes mit dem Recht-Tun des Menschen, verbindet. Diese Stelle Jes 56, 1 lautet:

> Achtet auf das Recht und tut Gerechtigkeit,
> denn nahe ist Mein Heil, zu kommen,
> und Meine Gerechtigkeit, um offenbart zu werden.

Das ist die einzige alttestamentliche Stelle, die von einer nah bevorstehenden Offenbarung der Gerechtigkeit Gottes spricht, einer Gerechtigkeit, die parallel zum Heil (jᵉšûᶜā = σωτηρία) steht und deshalb den erlösenden Akt der göttlichen Gerechtigkeit bezeichnet *(ṣᵉdaqā)*. Das ›Mysterienbuch‹ hat anders als diese Jesa-

---

[9] 1 Q 27, 1, I, 5–7. Vgl. dazu den Prolog des Codex Hammurabi Z. 31–40: Hammurabi wurde von den Göttern dazu benannt, "to cause justice to prevail in the land, to destroy the

jastelle die Offenbarung der Gerechtigkeit als ṣædæq verkündigt, weil die Essener eine Aufrichtung der darniederliegenden, empfindlich gestörten Weltordnung erhofften. So wird der bedrohliche Charakter der großen Wende betont. Denn die Durchsetzung der ṣædæq bedeutet das Gericht über die Macht des Bösen und die bösen Menschen.

1b. Die menschliche Gerechtigkeit in der Qumrangemeinde

Es ist nun keineswegs so, daß die Qumranleute angesichts der in Unrecht und Chaos versunkenen Welt resignierten und in frommer Ergebung das Kommen der von Gott herbeigeführten Wende erwartet hätten. Das ›Mysterienbuch‹ meint, wer die Zeichen der Zeit nicht verstehen könne, weil er aus der Geschichte Gottes mit Israel nichts gelernt hat, der werde sein Leben vor dem „kommenden Geheimnis" nicht retten können (1 Q 27, I, 5); d. h. die Offenbarung der Gerechtigkeit wird ihm zum Gericht. Und gerade die eben zitierte Stelle Jes 56, 1 zeigt deutlich, daß dem Kommen von Gottes Gerechtigkeit der *Vollzug menschlicher Gerechtigkeit* in der Gegenwart entsprechen muß: „Achtet auf das Recht und tut Gerechtigkeit!" So demonstrierte die Qumrangemeinde den praktischen, existenzverändernden Wert des Wartens auf Gott, einer apokalyptischen Stimmung und Theologie der Hoffnung, durch die man die Gegenwart als Kairos der Entscheidung qualifizierte. Sie war davon überzeugt, daß es gerade in der Zeit der Teufelsherrschaft geboten und bis zu einem gewissen Grade auch möglich sei, in einer kleinen Gemeinschaft von Menschen die Gerechtigkeit zu vollziehen, zumal man sich durch die Befolgung der Tora der Herrschaft des Teufels entziehen kann.[10] Denn im Achten auf Recht und Gerechtigkeit offenbart sich die Wahrheit und bewährt sich der Gehorsam gegenüber der Tora.[11] Man darf den Toragehorsam der Qumrangemeinde, die beispielhafte vita communis der Männer am Toten Meer, als den Versuch ansehen, das in Jes 56, 1 geforderte Tun der Gerechtigkeit in einer gemeinsam geführten eschatologischen Existenz zu vollziehen, auf kleinem Raum das Modell einer gerechten Gesellschaft darzubieten und das Geheimnis von Gottes Zukunft im Mysterium einer Heilsgemeinde zeichenhaft vorwegzunehmen. Für das vielbewunderte Leben der Essener waren freilich auch andere Motive mitbestimmend; so sind etwa die Ehelosigkeit, Gütergemeinschaft und Genügsamkeit den Grundsätzen eines sühnenden, priesterlichen Dienstes für das Land Israel

---

wicked and the evil, that the strong might not oppress the weak, to rise like the sun over the black-headed [people] and to light up the land" (James E. Pritchard, Ancient Near Eastern Texts, Princeton 1950, S. 164).

[10] Vgl. CD 16, 4 f.: Der Teufel weicht von dem Mann, der sich verpflichtet, zur Tora umzukehren und dieser Verpflichtung nachkommt.

[11] Vgl. dazu 1 QS 8, 1–3 und 5, 4.

mit verdankt. Aber wie wir an Philo und Josephus sehen, entstand nach außen vor allem der Eindruck eines *Modells verwirklichter Gerechtigkeit*, eines wahrhaft freien Lebens von Gerechten, dessen theologische Bedeutung und endzeitliche Ausrichtung freilich nur dem Eingeweihten deutlich war. Wir haben z. B. im Loblied 1 QH 8, 5 ff. eine bildliche Darstellung der Qumrangemeinde, in der das Selbstverständnis einer vom Geheimnis Gottes geschützten eschatologischen Existenz deutlich zum Ausdruck kommt. Die Gemeinde wird dort einer Pflanzung verglichen, die auf dürrem Land wächst. Äußerlich betrachtet ist sie niedrig, fast unscheinbar; Menschen und Tiere gehen achtlos an ihr vorbei, treten auf ihrem Wurzelstock herum. Aber mit ihren Wurzelenden reicht sie an das Wasser des Lebens, das nicht trügt, d. h. nie versiegt. Und das macht sie zu einer „Pflanzung der Wahrheit", einer fest gegründeten, Katastrophen überdauernden Größe, und wie das Paradies wird sie von Engeln Gottes beschützt. Keiner der Außenstehenden kennt das Siegel ihres Geheimnisses, das erst mit der Offenbarung der Gerechtigkeit Gottes gelöst wird.

Aufschlußreich für die *endzeitliche Ausrichtung* des Tuns der Gerechtigkeit in der Gegenwart ist die in Qumran gegebene Auslegung des berühmten Prophetenwortes Hab 2, 4: „Der Gerechte wird durch seinen Glauben *(bæʾaemûnatô)* leben." In einem Kommentar zum Propheten Habakuk hat man den „Gerechten" *(ha-ṣaddîq)* auf die „Täter der Tora im Hause Juda" bezogen und den „Glauben" *(ʾaemunā)* auf deren Sich-Mühen um die Tora und auf ihren Glauben [12] an den „Lehrer der Gerechtigkeit". Die Verheißung des „Lebens" *(jihjäe)* wird in der eschatologischen Zukunft erfüllt: Gott wird diese glaubenden Gerechten vor dem „Haus des Gerichts" erretten; sie werden von der kommenden Katastrophe nicht berührt (1 Qp Hab 8, 1–3). Hier ist Hab 2, 4 im Sinne von Jes 56, 1 ausgelegt: Wer jetzt die Gerechtigkeit durch das Tun der Tora vollzieht, dem wird die Offenbarung der Gerechtigkeit Gottes zum Heil und nicht zum Gericht.

I c. Göttliche und menschliche Gerechtigkeit im Neuen Testament

Wichtig für das *neutestamentliche* Verständnis von göttlicher und menschlicher Gerechtigkeit ist die Tatsache, daß man ihre Zusammengehörigkeit und eschatologische Ausrichtung ähnlich wie in Qumran von *Jes 56, 1* abgelesen hat. Das zeigt sich etwa an der summarischen Zusammenfassung der Botschaft vom kommenden Gottesreich. Schon in *Qumran* hatte man das, was der „Lehrer der Gerechtigkeit" verkündigt hatte, an Jes 56, 1 orientiert. In der Damaskusschrift wird die Mission

---

[12] In 1 Qp Hab 2, 6 f. wird von den Menschen gesprochen, die den Worten des Lehrers der Gerechtigkeit nicht „glauben". Deshalb ist auch die in 1 Qp Hab 8, 2 f. auf den Lehrer bezogene *ʾaemuna* der Glaube und nicht etwa die Treue.

dieses Lehrers so dargestellt: Gott hat ihn dazu gesandt, damit er die bußfertigen Menschen auf den Weg nach Seinem Herzen führe; dazu zeigt er den letzten Geschlechtern, was Gott am allerletzten, der „Gemeinde der Verräter", tun wird (CD 1, 10f.). Am Schema von Jes 56, 1 bedeutet das: Der Lehrer befahl das Tun der Gerechtigkeit, weil Gottes Gerechtigkeit in Kürze geoffenbart werden wird; diese Gerechtigkeit Gottes ist wie im ›Mysterienbuch‹ als *ṣædæq* und darum als Gericht an den Gottlosen interpretiert. *Matthäus* hat zunächst Johannes den Täufer als solch einen endzeitlichen „Lehrer der Gerechtigkeit" eingeführt. Denn er sagt: „Johannes kam zu euch auf dem Weg der Gerechtigkeit, aber ihr habt ihm nicht geglaubt" (21, 32). Dabei werden die kommende Gottesherrschaft als der Inhalt der Täuferbotschaft vorausgesetzt und die Buße als sachgemäße Reaktion der Menschen genannt (21, 28–32). Der „Weg der Gerechtigkeit" ist wie in Qumran doppelt zu deuten: Johannes wies auf die Gerechtigkeit, die mit der kommenden Gottesherrschaft offenbart werden wird, und lehrte die Gerechtigkeit, die der Mensch vollziehen soll.

Matthäus hat dementsprechend die Botschaft des Täufers und die Botschaft Jesu im Sinne von Jes 56, 1 zusammengefaßt: „Tut Buße, denn die Gottesherrschaft ist nahe herbeigekommen!" (3, 2; 4, 17). Er hat gegenüber seiner Vorlage Mk 1, 15[13] den Bußruf vorangestellt und das Kommen der Gottesherrschaft durch ein begründendes γάρ eingeführt; diese theologisch wichtige Umsetzung ist an der Struktur von Jes 56, 1 orientiert.[14] Das dort geforderte Tun der Gerechtigkeit (Jes 56, 1a) ist demnach als Buße-Tun interpretiert; für das Heil Gottes in Jes 56, 1b wird die Gottesherrschaft, ihr Kommen, für die nahe Zukunft angesagt.[15] Denn in dem Targum zu Jes 52, 7 (vgl. Jes 40, 9) wird die „Offenbarung der Gottesherrschaft" als großes endzeitliches Ereignis angekündigt; Matthäus hat diese Stelle mit Jes 56, 1 zusammengesehen.

Noch deutlicher hat Matthäus *in der Bergpredigt* dieses Jesajawort zur Geltung gebracht und damit auch *Jesus zu einem Lehrer der Gerechtigkeit* gemacht. Denn er hat das 6. Kapitel mit Hilfe von Jes 56, 1a, b eingerahmt und theologisch interpretiert. In Vers 1 überschreibt er es mit der Forderung Jesu: „Achtet auf eure Gerechtigkeit, daß ihr sie nicht vor den Menschen tut!" Damit erinnert Matthäus sprachlich und auch sachlich an die Weisung Gottes Jes 56, 1a: „Achtet auf das Recht und tut Gerechtigkeit!" Weil aber die Forderung Jes 56, 1a in Jes 56, 1b mit der Nähe des Heils und der Offenbarung der Gerechtigkeit Gottes begründet wird, darum wird für Matthäus das Tun der an Gott orientierten Gerechtigkeit,

---

[13] Markus 1, 15: ὅτι πεπλήρωται ὁ καιρὸς καὶ ἤγγικεν ἡ βασιλεία τοῦ θεοῦ. μετανοεῖτε καὶ πιστεύετε ἐν τῷ εὐαγγελίῳ.

[14] „Achtet auf das Recht und tut Gerechtigkeit, denn *(kî)* nahe *(q⁽ʳobā)* ist mein Heil zu kommen" Jes 56, 1; auch Mt 5, 6 ist von Jes 56, 1 beeinflußt.

[15] Das Verbum ἤγγικεν hat seine Entsprechung in dem hebräischen *q⁽ʳôbā labôʾ* = LXX ἤγγισεν = „sie ist nahe, steht unmittelbar bevor"; vgl. dazu Röm 3, 11.

die „*bessere* Gerechtigkeit", zur Eintrittsbedingung für das Gottesreich (5, 20). In
V 33, dem Höhepunkt und Schluß von Kap. 6, hat der Evangelist folgerichtig an
Jes 56, 1b erinnert, und zwar dadurch, daß er diesem aus der Logienquelle (Q) gewonnenen Wort Jesu die Gerechtigkeit Gottes hinzugefügt hat: „Trachtet zuerst
nach dem Reich *und nach seiner (= Gottes) Gerechtigkeit!"* (vgl. Lk 12, 31). Vom
Hintergrund des Jesajawortes läßt sich die bekanntlich recht umstrittene Bedeutung von δικαιοσύνη in Mt 6, 1 und 6, 33 bestimmen. Das Tun der Gerechtigkeit
in 6, 1 meint nicht etwa das Geben von Almosen (δικαιοσύνη = ṣᵉ*daqā* = Almosen), wie der unmittelbar folgende, vom Almosengeben handelnde Text 6, 2–4
nahelegen könnte; vielmehr ist es als Überschrift über alle drei folgenden Übungen
der Frömmigkeit und deshalb als Vollzug der besseren Gerechtigkeit (5, 20) gedacht. In Matth 6, 33 aber bedeutet die Gerechtigkeit Gottes von Jes 56, 1b her
nicht etwa die Gerechtigkeit, die vor Gott gilt, d. h. die sittliche Leistung der Jünger, wie meist interpretiert wird, sondern die befreiende Gerechtigkeit Gottes,
während das Reich (Basileia) wie in 3, 2; 4, 17 an der Stelle des kommenden Got-
tesheils steht. Matthäus hat also, anders als die Qumrangemeinde, die Gerechtigkeit Gottes in Jes 56, 1 zutreffend als ṣᵉ*daqā*, als heilschaffende Gerechtigkeit, für
die Verkündigung Jesu zur Geltung gebracht. Das Tun der Gerechtigkeit wird
zwar zur Eintrittsbedingung für die Gottesherrschaft, genauso wie die Buße in
3, 2; 4, 17. Aber wie in Qumran ist es auch jetzt nicht Voraussetzung für das
Kommen der Erlösung und der Gottesherrschaft, die man eben nicht herbeizwingen kann. Vielmehr bezeichnet es die Art, wie der Mensch der Offenbarung von
Gottes Gerechtigkeit entsprechen, sie in der Welt vorausdarstellen soll (vgl. Mt
5, 13–16, 48). Etwas anders scheint mir das in der rabbinischen Lehre zu sein. In
dieser wurden gelegentlich das Tun der Gerechtigkeit und die kommende Erlösung miteinander kausal verknüpft: Das Achten auf die Gebote führt die messianische Erlösung herbei.[16] Wenn dabei speziell das Halten des Sabbats genannt
wird,[17] so bot sich wieder Jes 56, 1 f. als Schriftbeweis an; denn der Ankündigung
von Gottes Heil und Gerechtigkeit folgt dort eine Seligpreisung für denjenigen,
der den Sabbat hält.

Man mag fragen, ob Matthäus mit dieser Deutung von göttlicher und menschlicher Gerechtigkeit die *Absicht Jesu* richtig zum Ausdruck gebracht hat. G. Strek-
ker hat dies bezweifelt, da kein einziger neutestamentlicher δικαιοσύνη-Beleg
„mit einiger Wahrscheinlichkeit auf Jesus selbst zurückgeführt werden kann"[18].
Aber P. Stuhlmacher urteilt m. E. mit Recht, Jesu Wort und Werk ließen sich „im
Rahmen einer von den synoptischen Texten selbst angeregten gesamtbiblischen
Horizontbildung . . . mit guten Gründen unter das Stichwort der ‘Neuen Gerech-

---

[16] Bab. Talmud Joma 86b (R. Jose ha-Galili 110 n. Chr.).
[17] Bab. Talmud Schabbat 118b (R. Simon bän Jochai 150 n. Chr.).
[18] Biblische Theologie?, in: D. Lührmann/G. Strecker (Hrsg.), Kirche, Festschrift für
G. Bornkamm zum 75. Geburtstag, Tübingen 1980, S. 43.

tigkeit'" stellen.[19] Das bestätigt nicht zuletzt der hier aufgewiesene alttestamentliche Hintergrund und die thematische Bedeutung, welche Kapitel wie Jes 53 und 56 für Jesus und auch für Paulus besaßen. Denn Jesus hat sicherlich erwartet, mit dem Einbruch der Gottesherrschaft werde die Gerechtigkeit Gottes als Hilfe und Heil für die Zukurzgekommenen und Unterdrückten, für die Armen und Hungernden offenbart. Das zeigen z. B. die Seligpreisungen in der lukanischen Form (Luk 6, 20–22), dann aber auch manche Gleichnisse, ferner das Verhalten Jesu zu Zöllnern und Sündern, seine Krankenheilungen und schließlich sein rechtfertigender Sühnetod am Kreuz (vgl. dazu Jes 53, 4f., 11f.). So werden etwa beim Gastmahl Gottes die Blinden und Lahmen, die Armen und Bettler als Gäste zugegen sein (Lk 14, 21–23); „gerechtfertigt" kehrt der bußfertige Zöllner vom Tempel heim (Lk 18, 14); Gottes helfende, gerecht machende Güte erfahren der Schalksknecht (Mt 18, 25–27) und der verlorene Sohn (Lk 15, 20–24), dazu die Arbeiter im Weinberg, die niemand gedungen hat (Mt 20, 7–9). Aber *die helfende Liebe Gottes hebt die Gerechtigkeit nicht etwa auf*, sondern richtet sie auf. Sie offenbart eine bessere Gerechtigkeit, die eine nur mechanisch wirkende iustitia distributiva weit übersteigt. Das zeigt gerade das zuletzt erwähnte Gleichnis von den Arbeitern im Weinberg: Alle erhalten den gerechten, weil ausbedungenen, Lohn (Mt 20, 14); die Güte Gottes korrigiert das „unverdiente" Los der zu spät Gekommenen. Ähnlich wird der ältere Bruder des verlorenen Sohnes, der im Bereich der väterlichen Gerechtigkeit verblieben ist, durch die gütige Wiederannahme seines Bruders nicht zurückgesetzt (Lk 15, 31). Helfende Güte, welche den Grundsatz der Gerechtigkeit nicht verletzt, ist ein Merkmal des Handelns Gottes, wie es Jesus verkündigt hat. Es sollte gerade angesichts des modernen Leistungsdenkens beachtet werden: Das ungleiche Los der Menschen, sei es von einzelnen oder ganzer Völker Klassen und Rassen, macht es erforderlich, daß um der Gerechtigkeit willen Liebe geübt und auf Vorleistung und Verdienst verzichtet wird, wo sie nicht erbracht werden können.

Hat Jesus das von Matthäus so stark betonte *Tun der Gerechtigkeit* (Jes 56, 1a) ganz übersehen? Durchaus nicht. Aber dieses Tun besteht z. B. für den Zöllner und den verlorenen Sohn in der Buße, im Beschluß zur Umkehr, der Gottes helfende Liebe auslöst. Demgegenüber rechnen der Pharisäer im Tempel (Lk 18, 12) und der ältere, daheim gebliebene Bruder (Lk 15, 29f.) mit ihrem Hinweis auf Leistung und Wohlverhalten auf eine iustitia distributiva, nach der sie dann auch beurteilt werden. So ergeht es dem Schalksknecht, der aus dem Bereich der Liebe in den Raum dieser iustitia zurückweicht, wenn er von seinem Mitbruder die Schuld eintreibt und deshalb dieser Gerechtigkeit zum Opfer fällt (Mt 18, 28–34). Weil aber Gottes Gerechtigkeit sich als Hilfe und Heil für die notleidenden und der Sünde verfallenen Menschen offenbart, darum wird auch im Gericht des Men-

---

[19] Zum Thema: Biblische Theologie des Neuen Testaments, in: Biblische Theologie heute, BThSt 1, 1977, S. 36.

schensohnes der zu den Gerechten zählen, der dem geringen, notleidenden Bruder
half (Mt 25, 40. 46). Der δικαιοσύνη (= ṣᵉdaqā) Gottes, die sich als Heil offenbart, entspricht die Diakonie am Bruder (vgl. διακονεῖν Mt 25, 44); als „gerecht"
bewertet wird das Gute, das man am notleidenden Menschen „tut" (vgl. ποιεῖν Mt
25, 40. 45 mit ποιήσατε δικαιοσύνην Jes 56, 1a LXX).

Ferner hat Jesus die helfende Güte und Vergebungsbereitschaft Gottes in der
Tischgemeinschaft mit den Zöllnern dokumentiert (Mt 11, 19) und seine Hei-
lungswunder als Heilstaten der sich offenbarenden Gottesherrschaft, als Siege
über die Dämonen und die versklavende Macht des Teufels, interpretiert (Mt
12, 28 f.; 11, 4 f.; Lk 4, 18 f.). Aber auch die Bereitschaft, sein Leben als Lösegeld
für alle Menschen dahinzugeben (Mk 10, 45), kann im Sinne von Jes 56, 1 gedeutet
werden: Jesus bot sich damit als ein Werkzeug der heilschaffenden Gerechtigkeit
Gottes an, eben weil die menschliche Gerechtigkeit nicht gelingt und auch der Ruf
der Buße verhallt. Matthäus hat freilich das Evangelium Jesu von der Liebe Gottes
für die Notleidenden und Verlorenen mit der Mahnung Jes 56, 1a verbunden, wie
seine ethisierende Wiedergabe der Seligpreisungen zeigt; daneben hat er dabei an
die für Jesus wichtige Stelle Jes 61, 1 f. gedacht. Das hat W. Grimm in seinem
wichtigen Buch ›Weil ich Dich liebe‹ im einzelnen ausgeführt, wobei er die große
Bedeutung der Botschaft Deuterojesajas für Jesus eindrücklich machen konnte[20].

II. Die heilschaffende Gerechtigkeit Gottes (ṣᵉdaqā) im gegenwärtigen Leben des Frommen

Nun gibt es aber in den Qumranschriften noch eine Gerechtigkeit Gottes,[21] die
jetzt schon im Leben des einzelnen Frommen als eine helfende, zum Heil führende
Kraft Gottes erfahren wird. Das geschieht an Stellen, in denen man gewöhnlich
eine Art von Rechtfertigungslehre findet, die sich mit der des Apostels Paulus vergleichen läßt[22]; dabei ist freilich Vorsicht geboten, weil der Begriff „Rechtfertigung" für Gottes Handeln in den Qumranschriften fehlt. Aber in den Lobliedern
(1 QH) oder dem Schlußpsalm der Gemeinderegel (1 QS 10–11) wird Gottes heilschaffende Gerechtigkeit gerühmt. Der Beter betont dabei in einer Gerichtsdoxo-
logie den absoluten Gegensatz von Gott und Mensch: Vor dem heiligen, ewigen
und gerechten Gott bekennt er, daß er dem Irrtum und Unrecht verhaftet und der
Vergänglichkeit unterworfen ist; er gehört dem sündigen Fleisch an. Der Mensch

---

[20] W. Grimm, Weil ich dich liebe. Die Verkündigung Jesu und Deuterojesaja, ANTJ
Bd. 1, Bern–Frankfurt a. M. 1976.

[21] ṣidᶜqat ʾel, in Qumran aber meist mit Suffix der 2. Pers. sing. = „Deine Gerechtigkeit".

[22] Vgl. dazu P. Stuhlmacher, Gerechtigkeit Gottes bei Paulus, FRLANT 87, ²1966;
K. Kertelge, Rechtfertigung bei Paulus, NTA 3, ²1967.

kann seinen Weg nicht selbst bestimmen und wird deshalb auch nicht aus eigener Kraft gerecht; wer von Gott und Seiner Gerechtigkeit spricht, muß von der eigenen Ungerechtigkeit sprechen, sich als Sünder bekennen. Denn Gott allein schafft den Gerechten; das Recht des Menschen und der fromme Wandel gehen auf Gott zurück. Die Gerechtigkeit Gottes überbrückt die Kluft, die seit dem Fall Adams zwischen dem heiligen Gott und dem unreinen, irrenden Menschen besteht: Sie bestimmt das Urteil, mit dem Gott sich einzelne Menschen erwählt und aus der Masse der Verlorenen ausliest (1 QS 11, 12), sie prädestiniert zur Gerechtigkeit und reinigt vom Schmutz, der den fleischlichen Wesen eigen ist (1 QS 11, 14). Konkret sieht diese Reinigung so aus, daß der Erwählte in die Heilsgemeinde geleitet wird, die ihm ein Leben in ritueller Reinheit und in der Disziplin des Heiligen Geistes ermöglicht. Weil Gottes Gerechtigkeit das Gute wirkt, gibt es eigentlich kein Lohn- und Verdienstdenken in Qumran; es fehlen die Begriffe *zakût* = Verdienst und *sákar* = Lohn.

Der Begriff „Gerechtigkeit" ist für das erwählende und zum Heil führende Handeln Gottes insofern sinnvoll, als die Vorherbestimmung mit der Voraussicht, dem alle Zeiten umfassenden Wissen Gottes, verbunden und darum nicht einfach willkürlich ist. Gottes Gerechtigkeit ersieht sich den potentiellen Büßer, der zur Tora umkehren und deren Wahrheit in seinem Leben verwirklichen wird. Diese Verbindung der Gerechtigkeit Gottes mit der Prädestination des *einzelnen* ist neu gegenüber dem Alten Testament, nach dem Israel als *Volk* von Gott erwählt ist; sie unterscheidet sich aber auch von der rabbinischen Lehre vom Menschen, in welcher die Freiheit und die Verantwortung viel stärker als in Qumran betont sind. In rabbinischer Sicht hat der Mensch die Macht, über die Sünde zu herrschen,[23] und die Buße ist seine freie Entscheidung und nicht von Gott herbeigeführt[24].

Trotz der Prädestination des einzelnen gibt die erwählende Gerechtigkeit Gottes keinem frommen Individualismus Raum. Nach den Qumrantexten führen die Erwählung Gottes und die Buße des Menschen in die *Gemeinde* hinein, in die „Einung" *(jaḥad)* der von Gott Erwählten. Nur in dieser Gemeinschaft wird die reinigende Kraft der Gerechtigkeit Gottes wirksam und das endzeitliche Ziel jedes Frommen erreicht. Man sieht, daß das Selbstverständnis des Qumranfrommen – jedenfalls im Gebet vor Gott – sich wesentlich von dem unterscheidet, was etwa Philo als die Freiheit des rechtschaffenen Esseners verstand: Es zeigt den homo peccator, den Büßer, und nicht den homo probus als den wahrhaft freien und vorbildlichen Menschen.[25] Aber einem außenstehenden Betrachter erschien das Leben, dessen Qualität der Qumranfromme der helfenden Gerechtigkeit Gottes zuschrieb, als authentische, wahrhaft freie Existenz.

---

[23] Vgl. Gen 4, 7 und die Targume Jerushalmi I und Neofiti zu dieser Stelle.

[24] Vgl. dazu etwa R. Aqiba in Aboth 3, 15 und E. E. Urbach (Chaz'al, Jerusalem 1971, S. 229f.).

[25] Vgl. dazu den Titel der Schrift, in der Philo die Essener besonders ausführlich schildert: ›Quod omnis probus homo liber sit‹.

III. Die Offenbarung der heilschaffenden Gerechtigkeit Gottes bei Paulus

Ich möchte nur einige wenige Worte zum Thema der *Gerechtigkeit Gottes bei Paulus* sagen, und zwar in Weiterführung der hier angesprochenen exegetischen Tradition, vor allem der Stellen Jes 56, 1 und Hab 2, 4. G. Strecker hat jüngst das Urteil Ph. Vielhauers zustimmend wiederholt, Paulus habe „sogar seine Rechtfertigungslehre ohne Bezugnahme auf das Alte Testament vorgetragen und seine Verkündigung von Gottes Heilstat in Christus auch in hellenistisch-heidnischen Kategorien entwickelt"; dabei denkt Vielhauer vor allem an popularphilosophische Gedanken, Mysterienvorstellungen und gnostische Mythologumena.[26] Aber das ist eine absurde Behauptung, die in der mangelnden Fähigkeit, das von Paulus ausdrücklich erwähnte prophetische Protevangelium aufzuspüren (Röm 1, 2; 3, 21) und in einer systematisierenden Fehleinschätzung hellenistischer Anschauungen (Gnostischer Urmenschmythus, Theios Aner, Mysterien-Erlösung) begründet ist.

a) Auch Paulus hat sicherlich an die Stelle *Jes 56, 1* gedacht, wenn er im Römerbrief die *Offenbarung der Gerechtigkeit Gottes* besonders betont.[27] Er sagt ja *Röm 3, 21,* diese Offenbarung sei im Gesetz und von den Propheten bezeugt: dabei meint er neben Gen 15, 6 und Hab 2, 4 vor allem Jes 56, 1, weil nur an dieser Stelle Gott ausdrücklich die kommende Offenbarung Seiner Gerechtigkeit verheißt. Auch der Apostel verkündigt dieses Ereignis als ein endgeschichtliches Geschehen. Aber nach ihm ist es bereits eingetroffen und weiterhin wirksam in der Gegenwart: Der „Aufweis[28] der Gerechtigkeit Gottes" ist am Kreuz des Christus als eine Heilstat von universaler Geltung und als endgeschichtlicher Akt erfolgt. Merkwürdig ist das Präsens ἀποκαλύπτεται, das auch im Perfekt πεφανέρωται (Röm 3, 21) zum Ausdruck kommt: Die an Karfreitag und Ostern offenbarte Gerechtigkeit Gottes ist noch immer am Werk, weil sie als Botschaft von der Versöh-

---

[26] A. a. O., S. 435 f. Ph. Vielhauer, Paulus und das Alte Testament, in: Oikodome, Bd. 2, 1979, S. 227. Vgl. dagegen mein Buch: Wie verstehen wir das Neue Testament? (Wuppertal–Gladbeck 1981) und meinen Aufsatz: Das Problem der Gnosis seit der Entdeckung der Texte von Nag Hammadi, in: Verkündigung und Forschung 2 (1976), S. 46–80. Zur Stellung des Volkes Israel in den Briefen des Paulus vgl. meine Studie: Die heilsgeschichtliche Rolle Israels bei Paulus, in: Theol. Beiträge 9 (1978), S. 1–21. Zu der von G. Strecker (a. a. O., S. 434, Anm. 39) vermißten Darstellung des Verhältnisses der Elia- und Elisatradition zu den neutestamentlichen Wundergeschichten vgl. meinen Beitrag zur Festschrift für O. Michel: Josephus-Studien, Göttingen 1973: Das Problem des Wunders bei Flavius Josephus im Vergleich zum Wunderproblem bei den Rabbinen und im Johannesevangelium (S. 23–46).

[27] In drei von insgesamt sieben Stellen, in denen Paulus die „Gerechtigkeit Gottes" ausdrücklich erwähnt, spricht er von deren Offenbarung (Röm 1, 17; ἀποκαλύπτεται 3, 21; πεφανέρωται 3, 25; ἔνδειξις; vgl. dazu *higgalôt* in Jes 56, 1).

[28] ἔνδειξις = *raᵓᵃjā*, vgl. Phil 1, 28.

nung der Welt weiterhin Glauben wirkt und so den gottlosen Menschen zum Gerechten macht. Deshalb wird die Gerechtigkeit Gottes nach Röm 1, 17 im Evangelium, der Frohbotschaft von der endzeitlichen Erlösung der Menschen, verkündigt; auch das Wort „Evangelium" geht in dieser Bedeutung auf Jesaja zurück, wobei Jes 53, 1 (Targum) die ausschlaggebende Stelle ist, die neben Jes 56, 1 auch Röm 1, 17 bestimmt (Röm 10, 16 f.). Paulus hat die Gerechtigkeit Gottes radikal im Sinne von *ṣᵉdaqā*, der befreienden, Recht schaffenden Gerechtigkeit Gottes von Jes 56, 1 verstanden; nur ist ihr Gegenstand nicht mehr das unterdrückte Volk Israel, sondern die ganze Menschheit, die der Sünde ergeben und dem Tode verfallen ist. Die Gerechtigkeit Gottes wird als Tat der Liebe offenbar, weil Gott die Sünde der Menschen durch die Hingabe des einzigen Sohnes sühnt (Röm 8, 32); in Tit 3, 4 wird das Heilshandeln Gottes als die „Erscheinung" Seiner Güte und Menschenfreundlichkeit beschrieben und dabei Jes 56, 1 im Sinne des Paulus interpretiert. Dennoch bleibt der Begriff „Gerechtigkeit" sachgemäß. Denn ihre Offenbarung am Kreuz des Gottessohnes ist ein rechtlicher, die Sünde strafender, aber die Macht des Bösen überwindender Akt (Röm 3, 22). Die Sünde der Menschen wird durch den Sündlosen getilgt, der messianisch gedeutete Gottesknecht von Jes 53 wurde um unserer Sünden willen in den Tod gegeben, damit er vielen Gerechtigkeit schaffe (Röm 4, 24 f.; Jes 53, 5. 11); Jes 53 – nicht allgemein antike Sühnevorstellungen – hält auch die Credoaussage 1 Kor 15, 3–5a zusammen.[29] So wird die Offenbarung der Gerechtigkeit Gottes zum Heil der Sünder (vgl. 2 Kor 5, 21). Übrigens hat das in Jes 56, 1 verheißene Heil auch für Paulus noch einen Zukunftsaspekt. Denn wenn er in Röm 12, 11 sagt, „unser Heil sei jetzt näher", so denkt er an Jes 56, 1: „Nahe ist mein Heil".

Neben die Offenbarung der Gerechtigkeit Gottes tritt bei Paulus die *Offenbarung des göttlichen Zorns* als ein ebenfalls in der Gegenwart sich vollziehendes Geschehen. Beides wird im ›Mysterienbuch‹ von Qumran noch als Einheit verstanden und im Begriff *ṣædæq* zusammengefaßt; die noch ausstehende Offenbarung der Gerechtigkeit bezieht sich sowohl auf die Erlösung der Unterdrückten als auch auf die Eliminierung der knechtenden Macht. Paulus hingegen polarisiert das endzeitliche Wirken Gottes: Die Gerechtigkeit wird in der Predigt vom Kreuz als *ṣᵉdaqā*, als heilschaffende Macht, offenbart (Röm 1, 16 f.); antithetisch zu Jes 56, 1 gebildet, erscheint in Röm 1, 18 ff. die Offenbarung des Zorns, der strafenden Gerechtigkeit des Gerichts. Aber die Ausführungen über den Zorn Gottes berühren sich mit der Enderwartung in Qumran und der Terminologie des ›Mysterienbu-

---

[29] Gegen G. Strecker, a. a. O., S. 440. Selbst der Begriff „Evangelium" stammt aus Jes 53 (vgl. Jes 53, 1 Targum: *bᵉśôrâ*), dazu der Tod des Christus für unsere Sünden (vgl. Jes 53, 4 f. 11 f.), das Begrabenwerden (Jes 53, 9) und die Errettung vom Tod (Jes 53, 10 f.; dazu kommt Hos 6, 2 in 1 Kor 15, 4). Jesaja 53, 5 läßt schließlich den Sühnetod des Messias als Akt der Versöhnung und des Friedens begreifen, mit dem Gott die durch die Sünde entfremdete Welt sich wieder nahe bringt (vgl. dazu G. Strecker, a. a. O., S. 441).

ches‹. Denn in Röm 1, 19–21 wird die Verantwortung des Menschen vor Gott betont: Die Wahrheit (ἀλήθεια) ist allen, auch den Heiden, bekannt, aber sie wird durch Ungerechtigkeit (ἀδικία) unterdrückt (V 18). Ferner weist Paulus, wie das ›Mysterienbuch‹, die Folgen dieses Verhaltens der Heiden auf, geht aber nicht in den Raum des Völkerrechts, sondern in den der Moral: Die Verkennung des Schöpfergottes und die Verehrung der Kreatur führt zur Perversion der natürlichen Sitte und Ordnung, zu einem Chaos in der Welt, und der Zorn Gottes äußert sich darin, daß er die Menschen diesem Tohuwabohu überläßt (Röm 1, 22–32). Es könnte sein, daß bei der Polarisierung von Gerechtigkeit und Zorn Gottes das pharisäische Erbe des Apostels wirksam geworden ist. Denn auch die Rabbinen haben die Gerechtigkeit Gottes gleichsam in zwei Komponenten, „Maße", des göttlichen Richtens, zerlegt: Als der König der Könige handhabt Gott die strafende Gerechtigkeit *(middat ha-Dîn)*, wendet aber beim bußfertigen Israel das Maß der Barmherzigkeit an *(middat ha-Raʰamîm)*. Aber beherrschend ist bei Paulus der Eindruck des Kreuzes, das für ihn ein eindeutiger Erweis der Offenbarung von Gottes helfender Gerechtigkeit *(ṣᶜdaqā)* ist; das Zorngericht, im ›Mysterienbuch‹ beherrschend, ist nur als Gegenbild zur Gerechtigkeit gestaltet.

b) Die *Antwort des Menschen* auf die Offenbarung von Gottes Gerechtigkeit ist bei Paulus nicht mehr die Buße, sondern der *Glaube*. Denn das Gekommen-Sein des Messias und das durch seine Hingabe geschenkte Heil werden als Evangelium, als endzeitliche Frohbotschaft, verkündigt, die nach Jes 53, 1 im Glauben angenommen werden soll. Der Glaube an die mit Kreuz und Auferstehung Christi geoffenbarte Gerechtigkeit Gottes bedeutet jedoch etwas anderes als der Glaube an einen „Lehrer der Gerechtigkeit", der die wahre Befolgung der Tora und das drohende Gericht verkündigt. Dementsprechend legt Paulus das prophetische Wort vom rettenden Glauben *Hab 2, 4* anders aus als die Männer von Qumran (vgl. Röm 1, 16f.; Gal 3, 11f. mit 1 Qp Hab 8, 1f.). Zwar hat der Apostel wie in Qumran das dem Gerechten verheißene Leben eschatologisch verstanden als Heil und Leben vor Gott, als Bewahrung vor dem Tod des Gerichts: Die Wendung „zur Rettung" (εἰς σωτηρίαν) in Röm 1, 16 entspricht dem qumranitischen Kommentar zu Hab 2, 4: Gott wird die Gerechten vor dem Gericht „retten" *(jaṣṣilem* = σώσει αὐτούς). Aber Paulus sieht nur Gottes Gerechtigkeit und nicht die des Menschen: Der „Gerechte" *(saddiq* = δίκαιος) in Hab 2, 4 ist für ihn nicht mehr der sich mühende Täter des Gesetzes und der glaubende Anhänger eines großen Lehrers (1 Qp Hab 8, 1f.), sondern der von Gott Gerechtfertigte (δικαιωθείς vgl. Röm 5, 18), der durch den Glauben das für ihn bereitete Heil der Vergebung empfängt. Paulus nennt die Christen nie δίκαιοι = „Gerechte", auch nicht im Anschluß an Hab 2, 4; vielmehr sind sie die durch das Kreuz des Messias Gerechtfertigten. Der Nachdruck, mit dem Paulus auf Gottes Gerechtigkeit weist, zeigt sich daran, daß er das zentrale Wort des Habakukverses, nämlich *bæʾᵃᶜmû-natô*, auf *zweifache Weise* ausgelegt hat. Es fällt auf, daß der Apostel die kurze Aussage Hab 2, 4 in Röm 1, 17 und auch Gal 3, 11 nicht exakt und vollständig zi-

tiert. Er läßt die Wendung „durch seinen Glauben" (*bæ^{ɔae}mûnātô* Hab 2, 4 mit
Suffix der 3. Person sing.) unbestimmt und sagt einfach ἐκ πίστεως = „aus Glauben". Das gibt ihm die Möglichkeit einer doppelten Beziehung und Übersetzung.
Die *ɔae*mûnā = πίστις in Hab 2, 4 ist für ihn sowohl die heilschaffende Treue Gottes als auch der empfangende Glaube des gerechtfertigten Menschen. Paulus hat
nämlich in Röm 1, 17a das ἐκ πίστεως im folgenden Habakukwort (1, 17b) durch
die als schwierig empfundene Wendung ἐκ πίστεως εἰς πίστιν vorbereitet. Diese
meint nicht einfach eine konzentrierte Glaubensaneignung, sondern ist mit
K. Barth[30] zu übersetzen: „Aus der Treue (Gottes) zum Glauben (des Menschen)." Dabei muß die Treue Gottes entscheidend gewesen sein. Denn nur so
wird verständlich, daß für Paulus gerade in diesem Habakukvers die Offenbarung
der Gerechtigkeit Gottes angekündigt und eine Art von Protevangelium (vgl. Röm
1, 2) enthalten war. Die *Treue Gottes* ist der Grund für die Offenbarung seiner
dem Sünder das ewige Leben schenkenden Gerechtigkeit. Sie zielt auf *den Glauben des Menschen* (εἰς πίστιν), der mit der Botschaft das Heil ergreift (Jes 53, 1).
Dabei versteht Paulus das auf den Menschen bezogene *bæ^{ɔae}mûnatô* exklusiv als
ein solā fide: Nur durch den Glauben an Gottes Gerechtigkeit, und nicht durch
Werke des Gesetzes, wird der Mensch vor Gott gerecht. Wir finden dieses Gefälle
vom befreienden Gott zum glaubenden Menschen auch an anderen Stellen, an denen Paulus von der Gerechtigkeit Gottes[31] spricht, so in Röm 1, 16: Die Kraft
Gottes wird zum Heil (εἰς σωτηρίαν) für den Menschen, dann in Röm 3, 22: Die
Gerechtigkeit Gottes kommt für alle, die glauben, schließlich in Röm 3, 26: Der
Erweis der Gerechtigkeit Gottes bedeutet, daß er selbst gerecht ist und den Glaubenden rechtfertigt. Die Gerechtigkeit Gottes ist demnach weniger eine Eigenschaft und richterliche Norm, als vielmehr eine Kraft, mit der Gott aus sich her-
ausgeht, die ausgreifend, in die Geschichte eingreifend, bei den Menschen zum
Ziel kommen will. Gott will nicht den Tod des Sünders, sondern daß er lebe (Ez
18, 23): Seine Gerechtigkeit macht den Gottlosen gerecht, seine Treue sichert das
Leben der Kreatur. Die Offenbarung der Gerechtigkeit Gottes ist der letzte,
schlechthin endzeitliche Akt unter den „Heilstaten Gottes" *(sid^eqôt* J"), der als
universales Geschehen alle vorigen Akte der Gerechtigkeit überbietet und sie als
„vor-läufig" erscheinen läßt. Übrigens ist das berühmte Habakukwort auch in *Joh*
5, 24 aufgenommen: „Wer mein Wort hört und dem glaubt, der mich gesandt hat,
der hat ewiges Leben, und in das Gericht wird er nicht kommen, sondern ist aus
dem Tod ins Leben hinübergegangen." Zum „Leben", das wie in Hab 2, 4 durch
den Glauben erworben und wie in Qumran endzeitlich, als ewiges Leben, verstanden wird, gibt der johanneische Jesus eine kurze, an den Habakukkommentar

---

[30] Der Römerbrief, München, ²1922, S. 12. 18. Freilich hat Barth seine richtige Deutung
dieser Stelle nicht im einzelnen exegetisch bewiesen; die hier gebotene Deduktion fehlt.
[31] Der Streit, wie der Genitiv in der Wendung δικαιοσύνη Θεοῦ zu fassen sei, ist müßig,
weil er sowohl als gen. subj. wie auch als gen. auctoris zu verstehen ist.

erinnernde Erläuterung: Der Glaubende „wird nicht in das Gericht kommen", weil er jetzt schon glaubend das Leben ergriffen hat. Johannes hat wie Paulus den Erwerb der Gerechtigkeit an den Glauben gebunden, wenn er Jesus verkündigen läßt: „Das ist das von Gott geforderte Werk, daß ihr an den glaubt, den Er gesandt hat" (6, 26).

c) Wo bleibt der *Vollzug der menschlichen Gerechtigkeit,* wird er ganz vom Glauben absorbiert? Das Bekenntnis der Qumranfrommen hat gezeigt, daß die Gerechtigkeit Gottes den Erwählten in die Gemeinde der heiligen Männer und zu einem Leben in ritueller Reinheit und in der Zucht des Geistes führt. So wird auch der an Christus Glaubende durch die Taufe *in die Gemeinschaft* derer eingegliedert, die aus der Treue und Gerechtigkeit Gottes „leben". Was sind die Kennzeichen dieses Lebens, wo erscheint in ihm das Tun der Gerechtigkeit? Paulus mahnt im Taufkapitel Röm 6, der Christ solle seine „Glieder als Waffen der Gerechtigkeit Gott zur Verfügung stellen" (V 13) anstatt sie wie bisher als „Waffen des Unrechts" der Sünde zu überlassen (V 18); er spricht von einem „Gehorsam zur Gerechtigkeit" (V 16), einem „Sklavendienst für die Gerechtigkeit" (V 18), der gleichbedeutend ist mit dem „Sklavendienst für Gott" (V 22). In diesen Sätzen wird das Tun der Gerechtigkeit zur Sprache gebracht, das in Jes 56, 1a gefordert ist und der Gerechtigkeit Gottes entsprechen soll. Aber die dort vorliegende Reihenfolge ist geändert: Weil Gott durch den Tod seines Sohnes uns mit Ihm versöhnt hat, als wir noch seine Feinde waren (Röm 5, 10), weil Er als Aufweis seiner Gerechtigkeit Christus als Sühne „vorgestellt hat" (3, 25), darum ist die *Gerechtigkeit Gottes die große Vorgabe* und strikte Voraussetzung für unser menschliches Tun. Der Römerbrief ist nach dieser *Umkehrung* strukturiert: Nach der Darstellung von Gottes Gerechtigkeit in den Kap. 1–5 wird das menschliche Tun der Gerechtigkeit, richtiger: das Leben aus der Gerechtigkeit Gottes gezeigt. Denn die menschliche Gerechtigkeit ist nicht nur an der göttlichen orientiert, sondern in diese hinein integriert. Das machen die oben erwähnten Wendungen klar: Die Christen wurden zu Sklaven der Gerechtigkeit, zu Sklaven für Gott „gemacht" (Aorist; V 18. 22). Der Dienst der Gerechtigkeit entspringt nicht ihrer eigenen Initiative, sondern entspricht ihrem neuen Sein. Die Verwirklichung einer eigenen Gerechtigkeit ist deshalb eine unmögliche Möglichkeit, das Tun der Gerechtigkeit kein eigentlich ethisches Problem und paränetisch nur deshalb zu behandeln, weil man das neue Sein bewähren und den Leib dem Dienst für Gott gewähren und überlassen soll. Die „Waffen der Gerechtigkeit" werden nicht etwa ergriffen, denn sie sind schon „in unserer Hand". Denn es sind ja die Glieder des Leibes, die man „leben", agieren, oder besser: reagieren lassen soll. Was im Folgenden über das Handeln des Christen und über das Erfüllen der Gebote gesagt wird, ist deshalb in Anführungszeichen zu setzen; es hat kein Eigenleben, kein Eigengewicht. Der paulinische Indikativ des neuen Seins knüpft nicht unmittelbar an der Rechtfertigung durch den Glauben an, sondern an die dem Akt des Glaubens folgende *Taufe.* Es ist m. E. kein Zufall, wenn Paulus im Taufkapitel Röm 6 die Gerechtigkeit

Gottes nicht mehr erwähnt, sondern von den Waffen und dem Dienst für die Gerechtigkeit spricht. Denn in der Taufe stirbt der Glaubende der Sünde und empfängt mit dem Heiligen Geist die Kraft der Auferstehung in das neue Leben, in dem er den Dienst für die Gerechtigkeit ausübt. Die Gerechtigkeit Gottes schafft den Frieden mit Gott (Röm 5, 1), die Taufe ermöglicht den Dienst unter Gott.[32] Was ist konkret der *Dienst der Gerechtigkeit?* Weil Paulus den Erweis der Gerechtigkeit Gottes einseitig als helfende, befreiende, allen Menschen geltende Tat der Treue und Liebe Gottes versteht, darum ist auch der christliche Dienst der Gerechtigkeit nicht an einer iustitia distributiva orientiert. Ihr entspricht vielmehr *die Liebe*, die Erbauung der Gemeindeglieder durch Diakonie (1 Kor 12–14). Paulus sagt z. B. in 1 Kor 14, 1: „Jagt der Liebe nach!" (διώκετε τὴν ἀγάπην). Das ist m. E. die bewußte Korrektur einer Wendung in Jes 51, 6, die vom „Verfolgen der Gerechtigkeit" spricht.[33] Deshalb hat Paulus das Tun der Gerechtigkeit im Liebesgebot zusammengefaßt (Röm 13, 10); die Nächstenliebe stellt die Erfüllung des Gesetzes dar. Sie gilt allen Menschen; das Liebesgebot folgt in Röm 13 nicht zufällig den Ausführungen über den heidnischen Staat. Paulus stimmt in dieser Hinsicht mit Jesus überein, der in Mk 10, 42–45 den Machtmißbrauch weltlicher Herrscher den Dienst und die Lebenshingabe des Menschensohnes für die vielen (= alle) entgegenstellt. Auch die Reichweite des Liebesgebots macht den Unterschied gegenüber der jüdischen Überlieferung deutlich. Wie wir sahen, war in Qumran die Nächstenliebe auf die „Kinder des Lichtes" gerichtet, während man die „Kinder der Finsternis" hassen, d. h. unbeachtet lassen sollte. Dieses Verhalten war an Gott orientiert: Gott schafft ja Gerechte und Ungerechte und scheidet sie deutlich voneinander im Gericht. Dagegen hat Jesus auch die Feindesliebe geboten und diese ebenfalls am Verhalten Gottes orientiert. Nur hat er den Blick nicht in die Tiefe der göttlichen Prädestination gelenkt, sondern auf den alltäglichen, von Gott gelenkten Lauf der Natur, der gleichsam die ursprüngliche Gerechtigkeit Gottes offenbart: Er läßt Seine Sonne aufgehen über Bösen und Guten und regnen über Gerechte und Ungerechte (Matth 5, 45). Ich möchte mit einigen Folgerungen für die Praxis schließen, die ich in die Form von Fragen kleiden will:
1. Was bedeutet heute der Dienst der Gerechtigkeit, wenn er als ein Dienst der Liebe verwirklicht werden soll? Wie kann er die iustitia distributiva transzendieren, ohne sie zu verletzen oder aufzuheben?

---

[32] Auch in Tit 3, 4–7, wo die Rechtfertigung mit der Taufe verbunden wird, ist an Jes 56, 1 deutlich angespielt: Die Güte und Menschenliebe Gottes, unseres Heilandes, wurde offenbart (vgl. Jes 56, 1b), nicht aufgrund der Werke der Gerechtigkeit, die wir getan hätten (vgl. Jes 56, 1a). Auch hier haben wir nicht nur die Umstellung von menschlicher und göttlicher Gerechtigkeit, sondern auch die entschiedene Ablehnung einer kausalen Wirkung der Werke menschlicher Gerechtigkeit auf das erlösende Handeln Gottes, dessen Gerechtigkeit als Güte, Menschenliebe, Barmherzigkeit beschrieben wird.

[33] *rod°fê ṣædæq*; in CD 1, 1 ebenfalls variiert, aber als *jod°°ê ṣædæq*.

2. Wie kann man die Diakonie am Menschen und die opferbereite Liebe so gestalten, daß sie Gottes Gerechtigkeit entsprechen, die alle Menschen leben lassen will? Wie unterscheidet sie sich von der politischen Praxis, in der immer das Streben nach Macht eine wichtige Rolle spielt und der Mißbrauch der Macht eine große Gefahr ist?

3. Wie können wir Christen Modelle praktizierter Gerechtigkeit und funktionierender Liebe schaffen? Solche Modelle sind, auch wenn sie klein sind, im Grunde christlicher und auch überzeugender als christlich verbrämte Parolen zur Weltveränderung.

4. Hat die Offenbarung von Gottes Gerechtigkeit nicht auch noch einen Zukunftsaspekt?

35. Der Katechon

I. DAS PROBLEM

Τὸ κατέχον οἴδατε schrieb Paulus in seinem zweiten Briefe nach Thessalonich: seine Gemeinde kannte die geheimnisvolle Kraft, die den Gang der letzten Dinge noch aufhielt. Dagegen sieht sich der Exeget, dem statt der Kenntnis ein Rätsel geblieben ist, eher mit Augustin zum Geständnis genötigt: 'Ego prorsus quid dixerit (sc. ¦Paulus) me fateor ignorare.'[1] Auch angesichts der vielen Lösungen, die vom 2. bis zum 20. Jahrhundert gegeben wurden, fühlt man sich nicht so beruhigt, wie das der Apostel nach seinem Hinweis von den Thessalonichern erwartet hat. Verwirrend ist schon die Fülle und dann auch die Buntheit der Angebote: Paulus, der Satan, Elia oder der Kaiser von Rom werden unter anderen als Verkörperungen des Katechon genannt. So ist man durchaus geneigt, dieses Thema noch-einmal aufzugreifen. Es geht mir nicht darum, die Reihe der Vorschläge zu verlängern. Vielmehr möchte ich an Hand von neugefundenen und auch von bisher bekannten Texten Begriff und Herkunft des Katechon prüfen, dann die gemeinte Sache beleuchten und schließlich deren Stellung im Ganzen der Theologie des Apostels erörtern. Zuvor aber sei mir gestattet, das Problem und die Art der bisher gebotenen Lösungen kurz darzustellen.

Die Schwierigkeit liegt darin, daß der Apostel bewußt bruchstückhaft und andeutungsweise von dem früher mündlich mitgeteilten Geheimnis spricht. Sein eigentliches Thema ist die Parusie (2. Thess. ii. 1). Von der Wieder-kunft Christi hatte er schon im ersten Briefe geschrieben, dort, um die Gemeinde über das Schicksal der Entschlafenen zu trösten, die man von der Begegnung mit dem Heiland und damit vom Heile ausgeschlossen glaubte (1. Thess. iv. 13–18). Damals hatte der Apostel das große Ereignis dem unverhofften Einbruch eines Diebes in der Nacht verglichen und die Thessalonicher ermahnt, wach und nüchtern zu sein (*ibid.* v. 1–10). Im Gegensatz dazu beschwichtigt er sie im zweiten Schreiben: der Tag des Herrn ist noch nicht da, wie manche behaupten und damit die Gemeinde erschrecken. Er steht erst am Ende eines ordo novissimorum, einer Reihe sich steigernder, endzeitlicher Akte. Vorauf gehen der Abfall und vor allem der Auftritt des großen Frevlers, der in einer satanischen Manifestation das Kommen Christi verhindern will und dabei der Wahrheit die Lüge und dem Weg zum Heil 'allen Trug der Ungerechtigkeit' entgegensetzt (2. Thess. ii. 3 f., 8–12). Dieser Antichrist gebärdet sich sogar als Konkurrent Gottes, als ein Antitheos (*ibid.* V. 4). Dabei ist er nur ein Mensch,

---

[1] *De civ. Dei* xx, 19.

allerdings der 'Mensch des Frevels' (V. 3),[1] der Frevler schlechthin (V. 8).

Diese Gegenparusie des Bösen ist ein notwendiger endzeitlicher Akt. Das Ende dieses Äons bringt Offenbarung; das dreifach gesetzte Verbum ἀποκαλύπτειν beherrscht den Abschnitt vom Antichrist (*ibid.* V. 3, 6, 8). Mit seiner Erscheinung enthüllt der Frevler Kraft und Grund des Bösen: es ist satanische Macht (*ibid.* V. 9). Auch *die* Bösen werden manifest, denn der Abfall (V. 3), der Beifall für den Frevler und die Kunst des Truges (V. 10f.), offenbaren das Lager der Gottesverächter, grenzen es scharf von dem der Frommen ab. So vollzieht sich eine Entwirrung des gegenwärtigen Knäuels von Wahrheit und Lüge, von Guten und Bösen —, eine Scheidung, die der Entscheidung des Endgerichtes voraufgeht. Denn mit Christi Kommen erfolgt das Gericht über den Frevler (V. 8) und die von ihm Verführten (V. 12). Im Blick darauf bezeichnet der Apostel diese als ἀπολλύμενοι, als 'Verlorene' (V. 10), und den ἄνθρωπος τῆς ἀνομίας als υἱὸς τῆς ἀπωλείας, als 'Sohn des Verderbens' (V. 3).[2]

Der offene Ausbruch des Bösen und das Bekenntnis der Welt zum per-songewordenen Frevel verkürzen somit das Strafverfahren und bestätigen Gottes Gerechtigkeit. Darum sind sie notwendig. Ja, Paulus schreckt nicht vor der Behauptung zurück, Gott selbst sende denen, die die Wahrheit abweisen, die Macht der Betörung, damit sie der Lüge glaubten und dem Gericht verfielen (V. 11f). Gott handelt so als der deus absconditus, dessen wahre Absicht nur der Eingeweihte, der Apokalyptiker, ahnt.

Auch das Böse ist in ein bedrohliches Geheimnis gehüllt: 'Das Geheimnis des Frevels ist schon am Werk' (V. 7). Schon schafft eine Kraft, die zum offenen Ausbruch drängt; aber ihr Feuer schwelt gleichsam unter der Decke, weil eine Gegenkraft es dämpft und niederhält. Diese Gegenkraft ist das κατέχον (V. 6), das wie der Frevel in einer Person, dem κατέχων, verkörpert ist (V. 7). Wer ist nun dieser Katechon?

II. BISHER GEGEBENE DEUTUNGEN

Die vielen Antworten, die auf diese Frage gegeben wurden, kann ich hier nur summarisch behandeln.[3] Sie lassen sich nach den gleichen Gesichtspunkten

---

[1] W. Bousset (*Der Antichrist*, 1895, S. 99) meint, ἄνθρωπος τῆς ἀνομίας sei eine Übersetzung von בליעל, und 2. Kor. vi. 15 zeige, daß für Paulus 'Belial' der Name des Antichrists war. Aber aus den Qumranschriften geht hervor, daß Belial der Teufel selbst sein muß, der Antichrist in 2. Thess. ii hingegen nur ein Mensch, durch den der Teufel seine ganze Macht auf Erden entfaltet. So richtig schon Chrysostomus ad 2. Thess. ii. 2 Hom. 2.

[2] Vgl. dazu die Wendung אנשי (ה)שחת = 'Männer des Verderbens (der Grube, Scheol)', mit der man in Qumran die nicht zur Heilsgemeinde zählenden Menschen bezeichnet (1QS ix. 16, 21f.; x. 20). Dabei spielt man wohl mit den beiden Stämmen שַׁחַת = 'Grube, Totenreich' und שָׁחַת = 'verderben'.

[3] Sie werden ausführlich dargestellt in den *Kommentaren zu den Thessalonicherbriefen* von W. Borne-mann (Meyer, 1894), S. 400–59, 538–708 und von E. Dobschütz (Meyer, 1909), S. 291–6; ferner bei B. Rigaux, *Les Épitres aux Thessaloniciens* (1956), S. 259ff.

gliedern wie die Deutungen der Johannesoffenbarung. Die älteste Auslegungsweise ist die zeit- oder weltgeschichtliche: sie sieht im κατέχον das römische Reich und im κατέχων den Kaiser; der Antichrist aber ist der widergöttliche Endzeittyrann. Man begegnet ihr schon bei den Kirchenvätern;[1] auch die Exegeten der Gegenwart erneuern sie. Im Mittelalter, während der Reformation und auch später noch fand man den Antichrist in Ketzerhäuptern und vor allem im Papst;[2] diese kirchengeschichtliche Betrachtungsweise trägt zur Klärung unseres Problems so wenig bei wie die endgeschichtliche, bei der man die Lösung des Rätsels in frommer Bescheidung dem letzten Geschlecht vorbehalten sein läßt.[3] Mit Hugo Grotius setzte die historische Exegese ein,[4] und die Entdeckung wichtiger Apokryphen und Pseudepigraphen im 18. und 19. Jahrhundert gab den Weg zur religionsgeschichtlichen Deutung frei. Sie wurde in den Arbeiten H. Gunkels,[5] W. Boussets[6] und dem Kommentar von M. Dibelius[7] traditionsgeschichtlich durchgeführt: Der Antichrist erschien nun als Variante des in vielen Völkern und Zeiten bekannten Mythus vom Chaosdrachen, und der Katechon als dessen zeitweiliger Bändiger. Die These vom mythischen Hintergrund des Katechon hat sich allgemein durchgesetzt. Manche lassen es bei ihr bewenden; nach M. Dibelius[8] oder auch B. Rigaux[9] wollte schon Paulus keine bestimmte Deutung des verzögernden Faktors geben. Meist sucht man jedoch darüberhinaus zu bestimmen, was der Apostel mit dem Katechon gemeint haben könnte. Von abwegigen Thesen abgesehen — der Katechon ist der Satan[10] oder der Erzengel Michael[11] — wird außer dem Kaiser von Rom[12] mehrfach auch Paulus selbst als Katechon genannt mit der Begründung, die von ihm getragene Heidenmission halte den Ausbruch des Bösen zurück.[13]

[1] Tertullian, *Apolog.* 32, *Ad Scapulam* 2, *De carnis resurrectione* 24; Augustin, *De civ. Dei* xx. 19; Chrysostomus, *In Epist.* ii, ii, 4.

[2] Den Papst als Antichrist bezeichneten die Katharer und Waldenser, Luther, Melanchthon, Zwingli, Calvin; auf katholischer Seite wurden Luther und Calvin dafür gehalten.

[3] So vor allem A. Bengel, C. L. Nitzsch u. a. Abgewandelt erscheint diese Deutung bei E. B. Allo 1921 und D. Buzy 1939: Das Böse ist eine kollektive Macht, die zur Zeit des Apostels anfängt, in der Geschichte der Kirche weiterwirkt und ihre volle Offenbarung am Ende der Zeiten findet. Dazu mehr bei B. Rigaux, a. a. O. S. 264 f.

[4] H. Grotius sieht den Frevler in Caligula, den Katechon in dem Statthalter Syriens Vitellius; Wettstein hält Titus für den Frevler und Nero für den Katechon.

[5] *Schöpfung und Chaos* (1895).

[6] *Der Antichrist* (1895).

[7] *An die Thessalonicher I und II*, H.N.T. (3. Aufl. 1937).

[8] a. a. O. S. 50.   [9] a. a. O. S. 278.

[10] A. Schäfer, *Erklärung der zwei Briefe an die Thessalonicher* (1890), S. 159 ff.; J. E. Frame, *ICC* (1912), S. 259–63.

[11] F. Prat, *La Théologie de Saint Paul*, Bd. I, 117; J. Rinaldi, *Le Lettere ai Tessalonicesi*, S. 151 f.; J. M. Bover, *El principio de autoridad, obstáculo a la parición del Anticristo* (1939) (vgl. bei B. Rigaux, a. a. O. S. 277, Anm. 4).

[12] A. Oepke in *NT Deutsch*, Bd. VIII (1935, 1949), S. 133; E. Bammel, 'Ein Beitrag zur paulinischen Staatsanschauung', *Th.L.Z.* LXXXV (1960), 838f.

[13] O. Cullmann, 'Le caractère eschatologique du devoir missionaire et de la conscience apostolique de saint Paul', *Rev. d' Hist. et de Phil. rel.* XVI (1936), 210–45; J. Munck, *Paulus und die Heilsgeschichte* (1954), S. 28, 34.

Bei fast all diesen Deutungen steht der Katechon zu sehr im Schatten des Antichrists. Hat man diese auch sonst erwähnte Figur gefunden, sucht man von ihr her den Katechon zu greifen. Dabei stößt man ins Leere, denn im Raum, wo man ihn antreffen müßte, gibt es, oder besser: gab es ihn nicht. V. Dobschütz, der am gründlichsten Umschau hielt, meint, der apokalyptischen Literatur fehle die Idee des Katechon ganz, und kommt zu dem Schluß, Paulus habe sie ad hoc entwickelt.[1] Denn schon der Begriff, das hebräische Äquivalent, sei nicht auffindbar.

III. DIE FESTHALTER DER GEHEIMNISSE IN QUMRAN

Von der Bestimmung des Begriffs ist nun auszugehen. Das Verbum κατέχειν meint sowohl 'hinhalten, aufhalten, hindern' als auch 'festhalten, niederhalten, beherrschen'. M. Dibelius übersetzt im Blick auf den Drachenkampfmythus κατέχειν durch 'binden'.[2] Aber das 'Binden' der alten Schlange heißt im Neuen Testament einfach δεῖν (Apc. xx. 2; vgl. Matth. xii. 29) und trifft auch den Sinn des κατέχειν nicht ganz: Das 'Binden' ist ein einmaliger Akt, nach dem man sich vom Gebundenen beruhigt abwenden kann, während κατέχειν als das Packen und Niederhalten des zum Ausbruch drängenden Bösen den dauernden Einsatz erfordert. Das Moment des Aufhaltens erscheint zwar da, wo die Rabbinen das Verziehen des sehnlichst erwarteten Gottesreiches erörtern.[3] Aber weder die verzögernden Größen: die fehlende Buße, Gottes Gerechtigkeit, der nicht erreichte Termin, noch das dabei gebrauchte Verbum עָכַב werden dem Katechon des Paulus gerecht. Solchen der nüchternen Reflexion entsprungenen Gründen ermangelt der apokalyptische Geheimnischarakter, dem Verbum עָכַב aber, das 'aufhalten, verhindern' meint, die Bedeutung des Packens, Dämpfens einer gegnerischen Kraft. Zudem hält der Katechon nicht den Anbruch des Heils, sondern den Ausbruch des Bösen zurück.

Das sogenannte Mysterienbuch, eine nur fragmentarisch erhaltene Schrift aus Qumran,[4] bietet meines Erachtens den lang gesuchten Begriff, und zwar in einem Kontext, der mit der kleinen Apokalypse des 2. Thessalonicherbriefes mancherlei Verwandtschaft zeigt. Wie dort wird über Zeichen und Ablauf des Endzeitgeschehens gelehrt, das ebenfalls Offenbarung, Enthüllung eines jetzt noch verdeckten Sachverhalts ist. Ein Spiel mit den beiden Bedeutungen von גָּלָה = 'offenbaren' und 'wegwandern' zeigt, daß beim 'Offenbarwerden' der Gerechtigkeit, die dann der Sonne gleich hervortritt,[5] das Böse wie ein Nebel 'wegzieht' und damit gleichsam

---

[1] a. a. O. S. 280, 283.　　　　　　　　　　　[2] a. a. O. S. 46, 49.

[3] Belege bei P. Billerbeck, *Kommentar zum Neuen Testament aus Talmud und Midrasch*, Bd. 1, 600, und Bd. III, 640f.

[4] Veröffentlicht von D. Barthélemy-J. T. Milik, *Qumran Cave I* (Oxford, 1955), S. 102–7, unter der Bezeichnung 1Q xxvii.

[5] Ähnlich wird der endzeitliche Sieg in 1QS iv. 19 geschildert: Die Wahrheit 'tritt für immer heraus', d. h. sie erhellt die Welt. Auch in der Kriegsrolle wird der endzeitliche Sieg des Guten und Göttlichen als ein Durchbruch des Lichtes beschrieben: Zu der von Gott bestimmten Zeit leuchtet

als etwas Unwirkliches, ein Nichts, entlarvt wird (1Q xxvii. 1, 1, 5–7).[1]
Die Gegenwart ist dagegen noch ganz vom Geheimnis, ja von mancherlei
Geheimnissen erfüllt. Auf der einen Seite gibt es die 'Geheimnisse der
Tehom' (1Q xxvii, Fragment 13, 3) und die 'Geheimnisse des Frevels'
(רָזֵי פֶּשַׁע *ibid.* 1, 1, 2); der zuletzt erwähnte Ausdruck entspricht, von der
Pluralform abgesehen, genau dem nirgends sonst in der Bibel genannten
μυστήριον τῆς ἀνομίας in 2. Thess. ii. 7 und bezeichnet wie dieses das un-
durchsichtige Wirken des Bösen. Auf der anderen Seite steht das 'Geheimnis
des Geschehens' (*ibid.* Z. 3–4), das den verhüllten Gang der von Gott
gelenkten Geschichte und deren Gipfel, das Endgericht, meint.[2] Auch beim
sieghaften Durchbruch der Gerechtigkeit werden noch einmal Geheimnisse
erwähnt: 'Alle Festhalter der wunderbaren Geheimnisse sind dann nicht
mehr; Erkenntnis wird den Erdkreis erfüllen, und Torheit gibt es dort auf
ewig nicht mehr!' (Z. 7). Hier findet sich das hebräische Äquivalent für
das κατέχειν des Thessalonicherbriefes. Es steht wie dort im Partizip und hat
gleichfalls Geheimnisse zum Objekt. Das die Festhalter bezeichnende
Verbum תָּמַךְ, das vom akkadischen tamāḫu herkommt,[3] bedeutet dasselbe
wie κατέχειν, nämlich '(mit den Händen) packen, festhalten'; es wird schon
im Alten Testament in gutem und bösem Sinne, in realer und bildlicher
Bedeutung gebraucht. Und wenn Paulus die Thessalonicher mahnt, 'alles zu
prüfen und das Gute festzuhalten' (1. Thess. v. 21), oder die Korinther, die
Überlieferungen 'festzuhalten' (1. Kor. xi. 2), so beteuert der Beter der
Qumranhymnen, er halte fest an Gottes Wahrheit (vii. 20; vielleicht
Fragm. i. 10) und an dessen Bund (ii. 21f.). Dieses unerschütterliche
Festhalten geschieht trotz der Drangsal der letzten Zeit und ist, wie das
Festhalten an Hoffnung und Bekenntnis im Hebräerbrief (iii. 6; x. 23), so
recht ein Kennzeichen eschatologischer Existenz; wer jetzt festhält, Gott die
Treue hält, besteht im Gericht.

Das Gegenteil gilt allerdings von den Festhaltern des Mysterienbuches.

Seine Majestät für alle Zeiten zum Heil der Kinder des Lichtes auf (1QM i. 8f.). Im Zusammenhang damit wird vom Kampf der Kinder des Lichtes mit den Kindern der Finsternis gesagt, er
geschehe 'nach der Kraft Gottes' (לִגְבוּרַת אֵל 1QM i. 11); dieser Ausdruck entspricht formal der
Handlungsweise des paulinischen Antichrists, der κατ᾽ ἐνέργειαν τοῦ Σατανᾶ auftritt (2. Thess. ii.
9), inhaltlich ist er ihr genau entgegengesetzt. Nach 1QM xvii. 6 ist die Hilfe Michaels die
Voraussetzung für die Sendung des heilbringenden Lichtes. Noch zentraler ist die endzeitliche
Aufgabe Christi nach dem 2. Thessalonicherbrief: Er kommt mit den Engeln seiner Streitmacht in
flammendem Feuer vom Himmel, den Bedrängern zum ewigen Verderben, den bedrängten
Heiligen zur wunderbaren Verherrlichung (i. 6–10).

[1] Dieses Bild stammt sicherlich aus dem für die Sekte wichtigen und endzeitlich ausgelegten
Psalm xxxvii: Gott wird die Gerechtigkeit des Frommen heraufführen wie das Licht und Sein
Recht wie den Mittag (V. 6); die Gottlosen und Gottesfeinde werden dann vergehen wie Rauch
(V. 20). Ferner enthält V. 10 die Formel, die im Mysterienbuch das Schicksal der 'Festhalter'
beschreibt: 'Ein Weilchen noch, und der Gottlose ist nicht mehr; merkst du auf seinen Ort, so ist
er dahin' vgl. 1Q xxvii. 1, 1, 5 und 7.

[2] Dieses Geheimnis ist den Menschen außerhalb der Sekte unbekannt und führt plötzlich für sie
das unentrinnbare Verderben herauf (*ibid.* Z. 3f.).

[3] C. Bezold, *Babylonisch–assyrisches Glossar* (1926), S. 293. Es hat auch dort die Bedeutung
'ergreifen, packen', z. B. die Herrschaft, die Feinde 'ergreifen' (auch Doppelungsstamm).

Zwar ist auch dort das תָּמַךְ eine Form endzeitlicher Existenz, ein Sich-Behaupten-Wollen in letzter Stunde. Aber es führt zum Scheitern. Die תּוֹמְכִים trifft das gleiche Schicksal wie den κατέχων: von jenen heißt es: 'Sie sind dann nicht mehr', von diesem sagt der Apostel, er werde entfernt, 'aus der Mitte geschafft' (ἐκ μέσου γίνεται 2. Thess. ii. 7). Dabei ist ἐκ μέσου doch wohl semitisierendes Griechisch[1] und Wiedergabe eines hebräischen מִתּוֹךְ. Setzt man nun statt des κατέχων das vom Mysterienbuch gebotene Gegenstück תּוֹמֵךְ, so steht hinter der Aussage des Apostels die einprägsame, aus zwei gleichradikaligen Worten gebildete Formel תּוֹמֵךְ מִתּוֹךְ, auf das Land oder den Erdkreis bezogen: הַתּוֹמֵךְ מִתּוֹכָהּ. Als Prädikat ließe sich dazu auf Grund ähnlicher Stellen in den Sektenschriften יִכָּרֵת[2] oder יִתּוֹם[3] denken. Solche geheimnisvollen, prägnanten Formeln sind in apokalyptischen Kreisen durchaus beliebt; man darf etwa an den שִׁקּוּץ שׁוֹמֵם, den 'verwüstenden Greuel' des Danielbuches (ix. 17), erinnern oder an die 'züngelnde Geißel' (שׁוֹט שׁוֹטֵף Jes. xxviii. 15), die nach 1QH vi. 35 der Böse der Endzeit schwingt.

Fragt man nach dem Objekt des Festhaltens, so muß man zunächst entscheiden, ob man an der stark nachgedunkelten Stelle des Mysterienbuches (1Q xxvii. 1, 1, 7) mit dem Herausgeber רָזֵי פֶּלֶא = 'wunderbare Geheimnisse' oder aber רָזֵי פֶּשַׁע = 'Geheimnisse des Frevels' zu lesen hat. Im letzteren, von J. Licht[4] und A. M. Habermann[5] gewählten Falle ergäbe sich, vom Plural abgesehen, völlige Übereinstimmung mit der Aussage von 2. Thess. ii. 7. Aber man glaubt in der Photokopie ein Lamed zu sehen und hat sich darum doch wohl sich für רָזֵי פֶּלֶא zu entscheiden. Wie andere Stellen zeigen,[6] können die 'wunderbaren Geheimnisse' nur Gottes Geheimnisse, und zwar gerade auch Seine verborgenen Endzeitabsichten sein; 'festzuhalten', wäre der verzweifelte Versuch von Frevlern, dem sie zermalmenden Rad der Endgeschichte mit letzter Kraft in die Speichen zu greifen. Und wo, wie im Mysterienbuch, das Ende als sieghafte Offenbarung von Wahrheit und Recht verstanden wird, sind notwendig alle, die diesen Größen zuwiderhandeln, Festhalter des geheimen göttlichen Plans: die Dämonen,[7] die jüdischen Verfolger der Sekte und die Völker, die nach dem

---

[1] Zwar verwendet Plutarch (Timol. 5, 8) ein ἐκ μέσου γίνεσθαι; vgl. aber Col. ii. 14 αἴρειν ἐκ μέσου und besonders Matth. xiii. 49: οἱ ἄγγελοι...ἀφοριοῦσιν τοὺς πονηροὺς ἐκ μέσου τῶν δικαίων, mit 1QS ii. 16: וְנִכְרַת מִתּוֹךְ בְּנֵי אוֹר.

[2] Vgl. die in der vorigen Anmerkung zitierte Stelle 1QS ii. 16, nach welcher der verfluchte Heuchler 'aus der Mitte aller Kinder des Lichts ausgerottet werden' soll.

[3] Bei der endzeitlichen Läuterung des Gerechten wird Gott aus dessen Fleisch jeden Geist des Irrtums vernichten (בְּשָׂרוֹ (?מִתּוֹךְ =) מִתְכְמֵי עַוְלָה כֹּל רוּחַ לְהָתֵם 1QS iv. 20f.).

[4] *Megilloth Hahodayoth* (1957), S. 108.

[5] *Megilloth Midbar Yehudah* (1959), S. 157.

[6] 1QS ix. 18; xi. 5; 1QM xiv. 14; 1QH i. 21; ii. 13; iv. 22f. u. a.

[7] Das Signal zum Anbruch der umwälzenden Endzeitereignisse bildet das 'Eingeschlossenwerden' der 'Ausgeburten des Irrtums' (1Q xxvii. 1, 1, 5), wobei vor allem an die Dämonen, die großen Störenfriede seit den Tagen Noahs (1. Hen. xvi. 1), zu denken ist. Diesen dramatischen Vorgang schildert die Qumranhymne 1QH iii. 12–18. Die Art, wie das Mysterienbuch die esseni-

Mysterienbuch die Wahrheit zwar kennen und rühmen, praktisch jedoch
unterdrücken.¹

So aufschlußreich die Parallelen zwischen dem Mysterienbuch und der
Apokalypse in 2. Thess. ii auch sind,² so führt doch von dieser Fülle der
Möglichkeiten des Qumrantextes her kein Weg zur inhaltlichen Näherbestimmung des paulinischen Katechon. Während der Apostel erwartet, die
Kraft des Satans werde sich in einem großen Frevler konzentriert offenbaren, besitzt das Böse in Qumran viele Gesichter. Außer der personalen
fehlt dort auch die zeitliche Verdichtung: man rechnet in Qumran nicht mit
einem kommenden Ausbruch des Frevels, sondern glaubt, der Teufel sei
jetzt schon losgelassen (C.D. iv. 13). Schließlich aber ist der Katechon des
Paulus kein Agent des Satans, sondern ein Feind des Bösen, ein Widersacher
des Widersachers. So bleibt das Problem: Wie kommt der Apostel zu dieser
Trennung, ja Entgegensetzung der in Qumran geeinten Kräfte, worauf
gründet er diese Folge: Festhalter, Frevler, Christus, auf die er sich den
endzeit-erregten Thessalonichern gegenüber beruft?

IV. DANIELS ENDZEITKALENDER UND 2. THESSALONICHER II

Wo der Apokalyptiker mit solcher Vollmacht redet, stützt er sich auf die
Schrift. Das zeigen gerade jetzt die apokalyptisch gestimmten Pescharim
von Qumran. Darauf haben die Katechon-Forscher bisher zu wenig
geachtet; ihre Ergebnisse muten darum etwas zufällig an. Man muß
zumindest prüfen, ob sich der Katechon nicht einem biblischen Hintergrund
zuordnen läßt.

Ausgangspunkt unserer Suche ist die Schilderung des Antichrists in V. 4:
Paulus hat dabei den großen Frevler des Danielbuches vor Augen. Der
Erzengel Gabriel verkündet dem Propheten das Kommen eines Königs, der
sich über jeden Gott erhebt, ja gegen den Gott der Götter unerhörte Reden
führt und im Tempel den Greuel der Verwüstung aufstellt (Dan. xi. 36f., 31).
Ähnlich erhebt sich der von Paulus erwähnte ἄνομος über alles, was Gott
oder Heiligtum genannt wird, ja, er setzt sich in den Tempel, um seine
Götterstärke zu beweisen. Die Steigerung gegenüber dem Danielwort, das

sche Weihnachtsbotschaft vom Sieg des Lichtes und der Gerechtigkeit auf der dunklen Erde
ankündigt, erinnert an die Weihnachtsbotschaft bei Lukas: vgl. 1Q xxvii. 1, 1, 5 וְזֶה לָכֶם הָאוֹת =
'Und das sei euch das Zeichen' mit Luk. ii. 12: καὶ τοῦτο ὑμῖν σημεῖον.

¹ 1Q xxvii. 1, 1, 8–12. Gerade dieses widernatürliche Verhalten der Menschen ist für den Einsichtigen der Beweis dafür, daß das Ende unmittelbar von der Tür steht (1Q xxvii. 1, 1, 8). Es ist
beachtlich, wie in beiden Apokalypsen, 1Q xxvii und 2. Thess. ii, der Horizont weitgespannt ist:
Nicht der Glaube oder Unglaube an den Lehrer der Gerechtigkeit oder an Jesus Christus dient als
Maßstab im Endgericht, sondern die Stellung zu Wahrheit und Gerechtigkeit, die abgesehen von
einer besonderen Offenbarung allen bekannt ist.

² Interessant ist in diesem Zuzammenhang eine Bemerkung des Origenes, die auf jüdisch-
apokalyptische Quellen zu weisen scheint: 'Forte quoniam apud Judaeos erant quidam sive per
scripturas profitentes de temporibus consummationis se scire sive de secretis (ἐξ ἀποκρύφων?), ideo
haec scribit docens discipulos suos, ut nemini credant talia profitenti' (In Matth. Comm. iv. 329 zu
2. Thess. ii, zitiert bei W. Bousset, *Der Antichrist* (1895), S. 19).

Sich-Setzen in das Heiligtum, ist wohl nicht so sehr der Erfahrung des römischen Kaiserkults,[1] als vielmehr dem Einfluß der Schrift zuzuschreiben; man denke an Stellen wie Jes. xiv, 13 f.[2] und vor allem Ez. xxviii. 2, 6, 9.

Nun betont der Apostel den für die Offenbarung des Antichrists bestimmten Kairos (V. 6), der gleichzeitig dem Wirken des Katechon ein Ende setzt: nach einer bestimmten Frist muß der Festhalter verschwinden, dann erscheint der Antichrist (V. 7). Diese Aussage, wie auch die in V. 3, setzt einen apokalyptischen Zeitplan voraus. Solch ein Zeitplan findet sich bei Daniel, und zwar enthält er dort gerade auch den Auftritt des großen Frevlers. Er ist auf den eschatologisch ausgeweiteten Spruch des Propheten Jeremia gegründet, 70 Jahre vergingen bis zum Ende des babylonischen Reiches und der Rückkehr aus dem Exil (Jer. xxv. 11f.; xxix. 10). Gabriel, der Offenbarer im Dienst der Apokalyptik, bedeutet Daniel, in Wahrheit seien 70 Jahrwochen = 490 Jahre gemeint, und an ihrem Ende stünde nicht ein zeitliches, sondern das endzeitliche, ewige Heil (Dan. ix. 24). Außerdem nennt der himmlische Exeget einzelne epochale Ereignisse innerhalb dieses Zeitraums. Nach den ersten 7 Jahrwochen erscheint ein Gesalbter, ein Fürst (V. 25a); damit ist wohl der Perserkönig Kyrus gemeint. Die nächste Periode umfaßt 62 Jahrwochen, in denen Jerusalem erbaut ist mit Plätzen und Straßen (V. 25b); ihr Ende wird wieder durch einen Gesalbten markiert (V. 26a). Zur gleichen Zeit, mit der Wende zur 70. und letzten Jahrwoche tritt der große Frevler, das Vorbild des Antichrists, auf; er ist ein fremder Fürst, der mit seinen Truppen die heilige Stadt erstürmt (V. 26b). Eine Jahrwoche lang führt er dort ein Schreckensregiment, schafft das Opfer am Tempel ab, stellt den Greuel der Verwüstung auf und erschwert das Halten des Bundes (V. 27). Doch findet der Frevler auch Spießgesellen unter den Juden, denn viele lassen sich zu Heiden machen durch Heuchelei (xi. 32). Schließlich nimmt mit der Salbung eines Hochheiligen der ganze Greuel ein Ende (ix. 24).

Gerade von solchen Akten, wie sie Ankunft, Wirken und Ende des fremden Frevlers kennzeichnen, ist nun in 2. Thess. ii die Offenbarung des Antichrists bestimmt. Mit ihr erfolgt die Apostasie: 'Zuvor muß ja doch der Abfall kommen und der Mensch des Frevels offenbar worden sein' (V. 2f.). Dann wird — wie in Dan. ix. 26b! — verfrüht das Ende des Frevlers erwähnt (V. 8b) und schließlich sein schlimmes Wirken erzählt (V. 9f.; vgl. Dan. ix. 27.) Vor dessen Offenbarung — und das ist das Wichtigste — verschwindet hier und dort ein Anderer, und eben dieses Ereignis markiert den Endzeitbeginn.[3] Der Seher erfährt vom Munde des Engels, ein

---

[1] Dazu gehört vor allem der Versuch Caligulas, sein Bild im Jerusalemer Tempel aufstellen zu lassen (Philo, *Leg. ad Caium*, § 188, vgl. *Asc. Jes.* iv. 11; *Orac. Sib.* v. 33 f.).

[2] Daß sich die Rabbinen zur Zeit des Apostels mit Jes. xiv. 13 besonders beschäftigten, beweist die Stelle b Chag 13a.

[3] Dan. ix. 25b. Man hat am Ende dieses Verses mit W. Baumgartner in *Biblia Hebraica*, 3. Aufl. וּבְקֵץ הָעִתִּים = 'und am Ende der Zeiten' zu lesen und diese Worte zu V. 26 zu ziehen.

Gesalbter werde beseitigt und nichts sei mit ihm (יִכָּרֵת מָשִׁיחַ וְאֵין לוֹ),
dann erscheine der Verderber von Stadt und Heiligtum (ix. 26). Dafür
steht im apokalyptischen Ordo des 2. Thessalonicherbriefes der Satz: μόνον
ὁ κατέχων ἄρτι ἕως ἐκ μέσου γένηται, καὶ τότε ἀποκαλυφθήσεται ὁ ἄνομος
(ii. 7, 8 a). Vergleicht man beide Aussagen miteinander, so entspricht dem
Prädikat יִכָּרֵת bzw. וְאֵין לוֹ das ἐκ μέσου γένηται, an der Stelle des Subjekts
מָשִׁיחַ steht der κατέχων des Paulus.

V. DER GESALBTE UND DER KATECHON

Aber wie läßt sich ein מָשִׁיחַ mit einem κατέχων, einem תּוֹמֵךְ verbinden?
Auf diese Frage kann man zunächst nur mit Vermutungen antworten.
Man wird den Irrgarten spekulativer Exegese betreten müssen und fragen:
Welche Brücken, formaler oder inhaltlicher Art, ließen sich zwischen den
beiden Begriffen des 'Gesalbten' und des 'Festhalters' spannen? Nahelie-
gend ist es, auf den Gleichklang des Verbums מָשַׁח = 'salben' mit dem mit
Kaph geschriebenen מָשַׁךְ zu verweisen, das 'ziehen' und auch 'in die Länge
ziehen', 'dauern lassen' bedeutet: der מָשִׁיחַ wäre dann zum מֶשֶׁךְ geworden.
Solche philologisch verbotenen Verbindungen begegnen bekanntlich schon
in alttestamentlichen Ätiologien und erst recht in der spätjüdischen Exegese.
Paulus selbst kann etwa den Namen Hagar mit dem arabischen ḥaǧar =
'Stein, Fels, Berg' gleichsetzen (Gal. iv. 24). Aber einmal darf man, wie
gerade auch die Wiedergabe aramäischer Worte im Neuen Testament
beweist,[1] den Gleichklang von Chet und Kaph nicht zu hoch anschlagen;
das Chet war kaum zu hören. Und zum andern soll ja nach unserer Untersuchung kein מֶשֶׁךְ, sondern ein תּוֹמֵךְ der Gegenbegriff zum Katechon sein.
Doch auch für die Brücke תּוֹמֵךְ — מָשִׁיחַ läßt sich ein Pfeiler bauen. Der מָשִׁיחַ
ist im Alten Testament vor allem der König. Nun bezeichnet Amos zweimal
je einen fremden Stadtkönig als תּוֹמֵךְ, und zwar als תּוֹמֵךְ שֵׁבֶט, als 'Szepter-
halter' (i. 5, 8). Dabei droht er einem jeden von ihnen die von Gott verfügte
Ausrottung an, und zwar mit demselben Verbum כָּרַת, das in Dan. ix. 25 der
Beseitigung des Gesalbten gilt.

Wichtiger als solche formale Brücken sind Überlegungen inhaltlicher
Art. Zunächst einmal kann der Gesalbte in Dan. ix. 26 schon deshalb als
ein תּוֹמֵךְ, ein Unterdrücker des Bösen, erscheinen, weil sein Untergang mit der
Ankunft des großen Frevlers zusammenfällt: er bildet gleichsam das letzte
Bollwerk des alten Äons gegen die Sturmflut des Endzeitchaos. Wo gab es
aber, so darf man weiterfragen, zur Zeit des Paulus einen Gesalbten mit
soviel Macht und Kraft, daß er dieser Rolle gerecht werden, dem Endzeittyrannen entgegentreten konnte? Der mächtigste Mann war zweifellos der
römische Kaiser. Aber konnte der Kaiser einem Juden als ein Gesalbter im
Sinne der Schrift und als ein Unterdrücker des Bösen gelten?

---

[1] Für Paulus zeigt das etwa die Umschrift des Namens Aretas ('Αρέτα aus חַרְשָׁא 2. Kor. xi. 32).

Man darf diese Frage bejahen. Schon das Alte Testament gab nicht nur dem einheimischen, sondern auch einem fremden Herrscher, nämlich Kyrus, den Titel מָשִׁיחַ (Jes. xlv. 1). Nun ist ja mit dem Gesalbten, der nach Dan. ix. 25 die erste Epoche des Endzeitkalenders beschließt, gerade dieser Großkönig gemeint. Für den Apokalyptiker, der sich in der zweiten, dem Ende unmittelbar voraufgehenden, Ära lebend wußte, lag es darum recht nahe, in dem in V. 26 genannten Gesalbten und Schlußmann dieser Ära den Großkönig seiner Zeit, den römischen Kaiser, zu sehen. Es war damals durchaus nicht ungewöhlich, ein alttestamentliches Wort auf den Kaiser anzuwenden, und zwar nicht nur in drohendem Sinn.[1] Ja, Josephus glaubte, der im ganzen Spätjudentum messianisch verstandene Spruch, aus Jacob werde ein Stern aufgehen, ein Szepter sich aus Israel erheben (Num. xxiv. 17), sei in der Ausrufung Vespasians zum Kaiser erfüllt;[2] folglich war auch für ihn ein Gesalbter, ja der Messias, der Kaiser von Rom. Und die rabbinische Legende erzählt, Jochanan ben Zakkai habe auf Grund von Jesajas Wort, der Libanon werde durch einen Starken fallen (x. 34), dem Vespasian die Kaiserwürde vorausgesagt (_Midr. Echa_ i. 13). Somit war es nicht ausgeschlossen, den Kaiser von Rom mit dem Gesalbten in Daniels ordo gleichzusetzen.

Wie konnte aber ein Paulus den römischen Kaiser in der Rolle eines Katechon und Unterdrückers des Bösen sehen? In diesem Zusammenhang hat man schon bisher auf Röm. xiii verwiesen. Dort wird die Ansicht geäußert, die politischen Machthaber seien von Gott dazu eingesetzt, die Bösen zu strafen (V. 1–4). E. Bammel möchte auf Grund eines betonten: '_Jetzt_ wißt ihr, was zurückhält!' das κατέχον auf ein bestimmtes, zeitlich naheliegendes Handeln eines römischen Kaisers eingeschränkt wissen: die repressive Judenpolitik des Claudius und besonders das im Jahre 49 erlassene Judenedikt.[3] Tatsächlich sah Paulus gerade zu dieser Zeit in den Juden die schärfsten Gegner der rettenden Predigt und somit die Agenten des Teufels (1. Thess. ii. 14–16). Aber die Begrenzung des κατέχον auf das Judenedikt ist nicht notwendig. Auch so kann man aus der Katechon-Rolle des Kaisers keine grundsätzliche Hochschätzung des Staates ableiten. Zunächst ist der Katechon kein selbständiges Glied im ordo der Endzeit. Da Gott diesen ordo in allen Einzelheiten und Daten festgelegt hat, hält, von Seiner Schau betrachtet, der Katechon das Böse nicht auf, sondern nur nieder, solange er eben wirken darf. Zum andern hat man auf das Ende zu

---

[1] Anders als die Zeloten und die Rabbinen nach der Zerstörung des Tempels konnten die Sadduzäer, gewisse Kreise der Pharisäer und vielleicht auch die Essener, die ihre Hauptgegner in den führenden Juden sahen, dem römischen Regiment gewisse Sympathien entgegenbringen; vor allem galt das wohl auch vom Judentum im westlichen Teil des Imperium Romanum.

[2] _Bell._ vi. 312f., vgl. Tacitus, _Hist._ v. 4 und Sueton Vespasian 4. Dahinter steht wohl der Bileamsspruch Num. xxiv. 17, vgl. M. Hengel, _Die Zeloten_ (1961), S. 243–6.

[3] 'Ein Beitrag zur paulinischen Staatsanschauung', _Th.L.Z._ LXXXV (1960), 838f. Vgl. auch 'Judenverfolgung und Naherwartung', _Z.Th.K._ LVI (1959), 294–315, wo E. Bammel die dunkle, apokalyptisch klingende Aussage 1. Thess. ii. 16 b auf das Judenedikt bezieht.

sehen: der Staat muß mit der großen Wende verschwinden. An diesem von Gott bestimmten Untergang des Katechon[1] scheitert auch die These, der Apostel selbst könne dieser Katechon sein. Paulus erwartete, zumindest noch bei der Abfassung der Thessalonicherbriefe, die Parusie zu seinen Lebzeiten, er wollte nicht vorher weggerafft werden.

Für einen kaiserlichen Katechon spricht ferner, daß er auf der gleichen Ebene steht wie die Gestalt des Antichrists, der ein heidnischer Herrscher zum Vorbild dient, und wie die Christi, sofern ihre Schilderung in V. 8 deutlich an den idealen König von Jes. xi erinnert.

Ich darf von weiteren, schon früher geltend gemachten Argumenten für die Verbindung von Kaiser und Katechon absehen. Die von mir aufgestellte These, der Katechon des Paulus sei auf Dan. ix. 24ff. gegründet, hätte wenig Beweiskraft, wüßte man nicht um die große Bedeutung, die gerade diese Danielstelle im Judentum zur Zeit Jesu besaß. Sie bot den einzigen Endzeitkalender der Schrift.[2] Die 70 Jahrwochen bestimmten die apokalyptische Rechnung in Qumran.[3] Die Zeloten bauten auf Dan. ix. 26, und die Botschaft eines ihrer Propheten, am 9. Ab des Jahres 70 gingen die 70 Jahrwochen zu Ende, kostete nach Josephus 6000 Menschen das Leben, die im Tempel den Anbruch des Heils erwarteten.[4] Selbst nach der großen, alle Apokalyptik erschütternden Katastrophe hielten rabbinische Kreise an diesem Kalender fest und wußten ihn beim Aufstand Bar Kosebas durch revidierte Rechnung nocheinmal in Geltung zu setzen.[5] Und in Asc. Jes. iv. 14–17 wird das Regiment des Antichrists ausdrücklich auf die dreieinhalb Jahre Daniels begrenzt.[6]

Ja, man mag sich die Frage vorlegen, ob nicht Johannes der Täufer und auch Jesus bei ihrer Botschaft vom nahe bevorstehenden Gottesreich sich auf Daniels Weissagung stützten. Die neutestamentliche Apokalyptik benutzt Stücke aus Daniel. Anklänge an die hier erwähnten letzten Verse der Kapitel ix und xi finden sich vor allem in der Matthäusfassung der synoptischen Apokalypse.[7] Stärker ist freilich der Einfluß von Dan. vii, der Vision

---

[1] Gerade unter Claudius war die Enderwartung besonders kräftig, da die anhaltende Hungersnot in dieser Zeit das Bewußtsein wachrufen konnte, die messianischen Wehen seien angebrochen (vgl. Ps. Sal. xvii. 20f.).

[2] Die Angabe der 1260 bzw. 1335 Tage in Dan. xii. 11 f. ist nur ein Teil des Kalenders Dan. ix. 24 ff.

[3] Vgl. dazu mein Buch: *Offenbarung und Schriftforschung in der Qumransekte* (1960), S. 81.

[4] *Bell.* vi. 283–6, dazu M. Hengel, a. a. O. S. 248f. Die Bedeutung der Prophetie Daniels für seine Zeit hebt Josephus auch in *Ant.* x. 267, 276 hervor. Danach habe Daniel auch über die Römer und die von ihnen den Juden zugefügten Verwüstungen geschrieben.— Zu den 70 Jahrwochen vgl. ferner T. Levi xvi. 1 und xvii. 1 ff. Auch für den Oniastempel in Leontopolis mag eine ähnliche Rechnung gegolten haben. Nach *Bell.* vii. 436 soll er bis zu seiner Schließung 343 Jahre gestanden haben. Diese Zahl ist, historisch gesehen, um 100 Jahre zu hoch, beträgt jedoch $7 \times 7 \times 7$ Jahre = 49 Jahrwochen, d. h. ist spekulativ gerechnet.

[5] P. Billerbeck, *Kommentar zum Neuen Testament*[2] (1956), Bd. IV, 2, 1004ff.

[6] In iv. 12 werden die 1335 Tage von Dan. xii. 12 nach dem julianischen Kalender umgerechnet; die 1332 Tage in v. 14 müssen wohl auf einen Schreibfehler zurückgeführt werden (A. Dillmann, *Ascensio Jesaiae* (1877), S. 69).

[7] Der Abfall Matth. xxiv. 10, vgl. Dan. xi. 41; der Greuel der Verwüstung Matth. xxiv. 15, vgl. Dan. ix. 27; die Drangsal Matth. xxiv. 21, vgl. Dan. xii. 1.

vom himmlischen, über die Macht des Chaos siegenden Menschensohn (Matth. xxiv. 30; Apc. xiii; xiv. 14). Dabei sind im Neuen Testament zwei vom Danielbuch ausgehende Linien apokalyptischer Tradition aufgenommen: eine in Kapitel vii beginnende mythische, nach der die Vorkämpfer des Endzeitdramas übermenschliche Figuren sind, und eine von den Kapiteln ix und xi herkommende, welche die Zeitgeschichte zwar verschleiert, aber auffallend unmythologisch berichten. Freilich laufen beide Linien vielfach zusammen; sie schneiden sich ja schon bei Daniel in der Person des Antiochus Epiphanes. Dennoch sind sie, was ihre Art und Herkunft anlangt, verschieden. Der Katechon und der Antichrist des 2. Thessalonicherbriefes liegen auf der zweiten Linie. Sie gehören daher zunächst nicht zum Mythos vom Chaosdrachen und sind nicht von Apc. xii, xiii und xx und erst recht nicht von germanischen Sagen, tatarischen Märchen und Tiroler Bräuchen,[1] sondern eben von Dan. ix und xi her zu deuten.

Allerdings entspringen die Festhalter des Mysterienbuches nicht der Schrift, sondern wohl einer gedämpften Endzeiterwartung. Zwar hielt man sich in Qumran an die 70 Jahrwochen, rechnete aber innerhalb ihrer mit Perioden von 40 und 20 Jahren,[2] die sich mit den am Siebenerschema orientierten Zwischenepochen bei Daniel nicht verbinden lassen. Die gänzliche Übernahme des dort gebotenen Zeitplans setzte zudem ein einfaches eschatologisches Bild voraus, wie es die Pharisäer, die Zeloten und die Christen besaßen. Anstelle der bunten Reihe von Erlösergestalten, die man in Qumran erhoffte,[3] glaubten diese Gruppen an *einen* Gesalbten. Dementsprechend schauten sie die Gegenkräfte zusammen und konnten von *dem* Antichrist, *dem* Geheimnis des Frevels, *dem* Festhalter sprechen. Ihnen war der Rückgang zum ordo Daniels möglich, der den großen Frevler und als dessen Vorgänger einen Gesalbten bot. Hier ließ sich dieser מָשִׁיחַ mit der im Mysterienbuch bezeugten Vorstellung, in der vormessianischen Ära seien Festhalter am Werke, verbinden und als תּוֹמֵךְ verstehen; der widergöttliche Herrscher aber erhielt die Züge des Antichrists. Andererseits erforderte Daniels ordo, das Endzeitdrama stärker aufzugliedern: der Katechon wurde vom Frevler getrennt, ging ihm vorauf und hielt nicht mehr das Geheimnis Gottes, sondern das des Frevels nieder.

Die hier skizzierte Vorstellung des Katechon-Gedankens war sicher vorpaulinisch. Sie setzt den Gebrauch der hebräischen Bibel voraus und läßt sich am ehesten auf palästinischem Boden denken. Dabei waren kaum erst

---

[1] Auf solche Parallelen verweist M. Dibelius, a. a. O. S. 47–51. Er hält den Antichrist für den großen Urfeind Gottes aus den Anfängen der Welt, der vermenschlicht wurde. Aber gerade die frühen Belege des Spätjudentums zeigen einen unmythologischen Endzeittyrannen, vgl. Ass. Mosis viii. 1 ff.

[2] Vgl. S. 286, Anm. 3.

[3] Außer dem Propheten und den beiden Messias aus Aaron und Israel ist vor allem der Führer der himmlischen Heerscharen Michael der große Helfer der Endzeitgemeinde.

die Christen, sondern schon die Pharisäer ihre Gestalter.¹ Die rabbinische
Vorstellung eines Messias ben Joseph, der im Kampf mit dem Erzfeind der
Endzeit fällt, ehe diesem der Messias aus David den Garaus macht, könnte
das letzte Ergebnis dieser Entwicklung sein.² Von den Pharisäern hat wohl
auch Paulus Katechon und Antichrist zusammen mit anderem apokalypti-
schem Gut übernommen.

VI. DIE STELLUNG DES KATECHON IM ZWEITEN THESSALONICHERBRIEF

Daß der Apostel diese Idee von sich aus entwickelt habe, empfindet man vor
allem auch dann als unwahrscheinlich, wenn man ihre Stellung im Ganzen
seiner Theologie ermißt. Der Katechon und der ihn tragende ordo sind
darin singulär. Sie können den Eindruck erwecken, als bestünde das
Endzeitgeschehen lediglich aus einer Reihe abgegrenzter, voneinander verschiedener Akte, von denen erst der letzte dem Glaubenden das Heil, die
Gemeinschaft mit Christu, verschafft. Das wäre gut jüdisch, aber nicht
eigentlich paulinisch gedacht. In seinen späteren Briefen betont der Apostel
nicht nur das künftige, sondern vor allem das im Glauben gegenwärtige
Heil, und statt des äußeren Zeichens das ins Herz gegebene Unterpfand des
Geistes (2. Kor. i. 22; v. 5). Nicht der jetzt geheimnisvoll schaffende Frevel,
sondern das begonnene, auf Vollendung hin angelegte, Werk Gottes machen
ihn des kommenden Endes gewiß (Phil. i. 6), und an die Korinther schreibt
er kein τὸ κατέχον οἴδατε, sondern beteuert, nichts anderes zu wissen, als
Christus, den Gekreuzigten (1. Kor. ii. 2).

Katechon und Antichrist erscheinen nur im 2. Thessalonicherbrief. Sollte
das Zufall oder ein Beweis dafür sein, daß dieser Brief nicht paulinisch,
sondern die Fiktion eines Späteren ist?

Weder das eine noch das andere trifft meines Erachtens zu. Hat der
Apostel mit dem Katechon tatsächlich den römischen Kaiser gemeint, so
wurde sein apokalyptischer Plan, wie das so oft zu geschehen pflegt, vom
Gang der Zeit überholt. Der Claudius claudens — ein Wortspiel von Hitzig —
verschwand im Jahre 54, ohne daß der Antichrist und die Endzeit gekommen
wären. Da nach traditioneller Rechnung bis auf die beiden Thessalonicherbriefe alle uns bekannten Paulinen nach diesem Datum verfaßt sind,
können sie die außer Kraft gesetzte Spekulation nicht mehr bieten. Auch
der vielfach behauptete Gegensatz des zweiten zum ersten, auf jeden Fall
echten Thessalonicherbriefes scheint mir zumindest unbedeutender zu sein
als die Einheitlichkeit beider Briefe. Wohl widerspricht auf den ersten Blick
der im 2. Brief erwähnte apokalyptische ordo dem mahnenden Hinweis in

---

¹ Das macht vor allem die Tatsache, wie man sich auch nach dem Jahre 70 n. Chr. mit den
Wehen der messianischen Zeit und deren Vorzeichen beschäftigte (bSanh. 96–7), wahrscheinlich.
² Vgl. P. Billerbeck, a. a. O. Bd. ii, 292–9, wo allerdings nicht auf Daniel hingewiesen wird. Die
Vorstellung vom Messias ben Ephraim kommt um 150 n. Chr. auf und könnte somit ein Ersatz für
die im Bar-Koseba-Aufstand zerschlagenen Hoffnungen sein.

1, v. 2–4, der Tag des Herrn werde kommen wie der Dieb in der Nacht.
Aber Paulus kündigt auch in 1, iii. 4 eine Drangsalszeit an; und nichts
anderes bringt ja der Antichrist von ii, ii. Daß solch eine Notzeit nicht lange
währen und die Naherwartung der Parusie nicht aufheben konnte (1, iv. 17),
lehrte die Christen gerade das Danielbuch (Dan. xii. 11; vgl. Apc. xii. 14).
    Ist die kleine Apokalypse in 2. Thess. ii auch nicht genuin paulinisch, so
paßt sie doch in den Rahmen der Theologie, die Paulus in den Thessalonicherbriefen vorträgt und die — trotz der heidenchristlichen Empfänger! —
sich fast durchweg noch jüdischer Traditionen und Ausdrucksformen bedient.
Das gilt nicht nur für die gebrauchten Worte und Bilder, sondern auch für
Kernstücke wie die Christologie und die Eschatologie. Christus der Kommende steht im Zentrum der Botschaft (1, i. 9f.). Er erscheint als der Richter
und Vollstrecker des göttlichen Zorns an der Spitze seiner Engelstreitmacht
(1, iii. 13; 2, i. 7) wie der Erzengel Michael (1 QM xvii. 5f.), und vernichtet
wie der Davidssproß seinen Gegner mit dem Hauch des Mundes (2, ii. 8).
Den Seinen ist er der Retter vor dem göttlichen Zorn (1, i. 10). Der Geist,
von Gott gegeben (1, iv. 8), ist nicht etwa die Kraft, in der Christus selbst
gegenwärtig ist. Ja, der wichtige Gedanke von Christus als zweitem Adam
fehlt ganz, obwohl er doch bei der Belehrung über die Auferstehung der
Toten hätte erscheinen müssen. Gerade dieser in den zwei Thessalonicherbriefen noch wenig entfaltete Paulinismus macht es einem schwer, einen von
ihnen für nachpaulinisch zu halten, oder mit W. Schmithals alle beide in
einen Schwarm von Korintherbriefen zeitlich einzugliedern und die Welle
der Gnostiker auch über Thessalonich branden zu lassen.[1] Eher läßt es sich
denken, daß der Kampf mit den korinthischen Gnostikern zusammen mit
der gedämpften Endzeiterwartung zu den Argumenten der späteren Briefe
geführt hat. Aber auch in ihnen hält der Apostel an einem ordo eschatologischer Fakten fest, der freilich nicht mehr in der Auferstehung endet,
sondern mit ihr beginnt und damit auf alle kontrollierbaren Zeichen
verzichtet (1. Kor. xv).

VII. DER KATECHON IN DEN NEUGEFUNDENEN
GNOSTISCHEN SCHRIFTEN

Wie wichtig dieses Ausgerichtetsein auf eine echte Zukunft war, lehrt
e contrario ein kurzer Anhang über den Katechon in den neugefundenen
gnostischen Schriften. Im Evangelium Veritatis, dem Evangelium nach
Maria, dem Apokryphon des Johannes und der Sophia Jesu Christi[2] findet

---

[1] W. Schmithals, 'Zur Abfassung der ältesten Sammlung der paulinischen Hauptbriefe', *Z.N.W.*
LI (1960), 225–45, vor allem S. 232f. Ähnlich übrigens schon W. Lütgert, 'Die Vollkommenen in
Philippi und die Enthusiasten in Thessalonich', *B.F.Th.* XIII, 6 (1909), 55 ff.; W. Hadorn, 'Die
Abfassung der Thessalonicherbriefe in der Zeit der dritten Missionsreise des Paulus', *B.F.Th.* XXIV,
3–4 (1919).
[2] Die drei zuletzt genannten Schriften sind veröffentlicht von W. C. Till, 'Die Gnostischen
Schriften des koptischen Papyrus Berolinensis 8502', *T.U.* 60, v, 5 (1955).

sich ein Begriff, der dem κατέχειν entspricht, ja wohl dessen Übersetzung
darstellt: es ist das koptische Verbum amahte, das 'packen', 'festhalten'
oder 'beherrschen' meint und vor allem das Festgehaltenwerden der Seele
im Machtbereich der Materie oder der Archonten beschreibt.[1] Die in der
Endzeit erfolgende Erlösung bedeutet auch im Evangelium Veritatis
Offenbarung, Auflösung des Nebels der Unwissenheit und damit der von
Mangel und Irrtum konstituierten Welt (xxiv. 37–xxv. 3). Aber auch das
Pleroma, das geistige Reich des Alls, war bis dahin nicht genügend durch-
hellt, und eben dies hatte zum Fall gewisser Äonen und zur Entstehung der
materiellen Welt geführt (xvii. 6–xviii. 11). Warum hat nun — so wird die
gnostische Hauptfrage: 'Unde malum?' gefaßt — der gute Gott nicht von
Anbeginn das All in einen gänzlich ausgewogenen Zustand versetzt? Weil
Er, so gibt man zur Antwort, als der Schöpfer auch ein Katechon war. Er
hat die Vollendung absichtlich 'festgehalten' (xviii. 36), Seinen Äonen
einstweilen vorenthalten, und das nicht etwa aus Neid, sondern weil Er
bewußte Gnosis wollte (xviii. 33–xix. 7). Dazu brauchte Er die Gegen-
größen Irrtum, Angst und materielle Welt. Wo es Abkehr gab, ist Umkehr
möglich; Erkenntnis und wahre Existenz erscheinen erst nach Nacht und
trunkenem Scheindasein als Gnade und Glück. Der gnostische Fall der
Äonen, das Sich-Verlieren in die Welt des Scheins, hat somit die gleiche
Bedeutung wie der biblische Sündenfall bei Schiller und Hegel: er ermöglicht Geschichte. Aber diese Geschichte ist eben keine an ein Volk gebundene Heilsgeschichte, sondern je ein Stück kosmischer Urgeschichte und
Endgeschichte, dargestellt in einem großen Prolog zur Genesis und einem
blassen Kommentar zur Christusbotschaft. Sünde ist nicht mehr Ungehorsam, der in der Zukunft noch einmal machtvoll ausbricht und den
Christen in Drangsal führt, sondern der vom Gnostiker längst überwundene
Irrtum des Anfangs, und der Vater des Alls ist zugleich der Vater des Falls.
Die Eschatologie ist im Grunde in Protologie verwandelt; auch der Katechon
steht nicht mehr am Ende, sondern wie im babylonischen Schöpfungs-
mythos[2] am Anfang.

Angesichts dieses Abgrunds metaphysischer Spekulation läßt sich die
Bedeutung dessen ermessen, daß Paulus das Mittelstück der Heilsgeschichte,
Israel, nicht preisgab, sondern mit dem, was vor Zeiten geschrieben war, an
der Hoffnung festhielt (vgl. Röm. xv. 4). Von daher gesehen erhält auch der
sonst so fragwürdige ordo von Katechon und Antichrist seinen geschicht-

---

[1] Die Seele wird durch den Leib (*Ev. Mariae* xv. 18; xvi. 17) 'festgehalten', der gewöhnliche
Mensch durch die Leidenschaften und Begierden (*Apokr. Joh.* lxv. 17). Die Äonen 'beherrschen'
den Kosmos (*ibid.* xlii. 9) und möchten auch den Logos 'festhalten' (*Ev. Veritatis* xxxi. 6, 8). Jedoch
'beherrscht' der Vater die Ganzheit des Alls, während Ihn selbst niemand 'beherrscht' (*Sophia Jesu*
lxxxvi. 13–15), da Sein Wille unaufhaltsam ist (*Ev. Veritatis* xxxvii. 29). Auch die linke Hand kann
ein Katechon sein, denn sie hindert die 99 Schafe, zur Rechten, der Hand der Vollkommenheit,
hinüberzukommen (*Ev. Veritatis* xxxi. 35–xxxii. 30).
[2] Enuma eliš i. 72: Der Gott Ea hat Apsu und Mummu überwältigt; Mummu wird 'gepackt'
(Mummu ittamaḫ).

lichen Sinn. Mit ihm wird in kritischer Stunde ein kleiner Ausschnitt aus Israels Geschichte, eschatologisch gedeutet, als Gottes Wort verkündigt, das einen unzeitgemäßen Enthusiasmus niederhält und somit — wenn man so sagen will — selbst zum Katechon wird.

Postscriptum

a) Seit dem Erscheinen dieses Aufsatzes hat sich die Paulusforschung weiterhin um eine Lösung des Katechon-Problems bemüht. Eine – freilich unvollständige – Übersicht über die Ergebnisse findet sich in dem neueren Kommentar zum 2. Thessalonicherbrief von W. Trilling[1]. Er urteilt mit Recht, daß der Katechon keine apokalyptisch-mythische Verkörperung des Bösen sein könne, wie das noch immer einzelne Exegeten meinen. Denn er soll ja die letzte und unüberbietbare Offenbarung des Bösen im »Menschen der Gottlosigkeit«, dem Antichristen, aufhalten, ihr entgegenwirken; er spielt also eher eine positive Rolle. Andererseits sollten Antichrist und Katechon ihrem Wesen nach gleichartige Größen sein; da Trilling den Antichristen für eine ausschließlich religiös und nicht etwa politisch charakterisierte Größe hält[2], müsse das gleiche auch vom Katechon gelten. Aber er übernimmt die Lösung A. Strobels, der nach Hab 2,3 und dessen Auslegung in 1 Qp Hab 7,2ff. urteilt, die Verzögerung des Endes sei das ›Aufhaltende‹ *(τὸ κατέχον)*, und Gott selbst, als der Herr der Zeit, müsse mit dem Katechon gemeint sein. Dagegen spricht 1., daß die (Binsen-)Weisheit von Gott als dem Herrn der Zeit und der eschatologischen Ereignisse nicht als eine in ein Geheimnis gehüllte Sonderlehre des Apostels hätte geboten werden müssen. 2. Diese These widerspricht der von Trilling geforderten Gleichartigkeit von Katechon und Antichrist. Denn die Parusieverzögerung und Gott selbst stehen ja nicht auf der gleichen Ebene wie der Antichrist. 3. Vor allem paßt die respektlose Erwähnung des Endes des Katechon nicht: Nach V. 7 wird er »aus der Mitte geschafft«; das ließe sich Gott nicht bieten!

b) Trillings »Lösung« leidet vor allem auch darunter, daß er den 2. Thessalonicherbrief als pseudepigraphe, nachpaulinische Epistel ansieht; das ist aber schon aus formalen, stylometrischen, Gründen unwahrscheinlich[3]. Der

---

[1] W. Trilling, Der zweite Brief an die Thessalonicher. EKK Bd. 14, Neukirchen 1980, S. 82ff.

[2] »Da die ganze Antichrist-Konzeption radikal religiös und völlig unpolitisch ist, liegt es am nächsten, dies auch für den Katechon zu postulieren.«

[3] Vgl. dazu D. L. Mealand, Positional Stylometrie Reassessed; Testing a Seven Epistle Theory of Pauline Authorship. NTS 35 (1989), S. 266–286. Sieben Paulusbriefe, darunter auch

nachpaulinische Autor hat nach Trilling die Katechon-These dazu benützt, »um ein weiteres retardierendes Moment zur Beruhigung der Gemüter und zur Kräftigung des Vertrauens einzubringen«. Aber um solche von der Naherwartung erregten Gemüter in der nachpaulinischen Zeit zu finden, muß man schon weit ins 2. Jh. hineingehen und etwa an die Montanisten denken. Der zweiten christlichen Generation wird ja eher ein Nachlassen der endzeitlichen Erwartung und ein Sich-Einrichten in der Geschichte und im bürgerlichen Leben zur Last gelegt (Lukas, Pastoralbriefe). Sie neigte zur entgegengesetzten, im 2. Petrusbrief kritisierten, Haltung: »Wo ist die Verheißung seiner Parusie? Seitdem die Väter entschlafen sind, bleibt ja alles so wie vom Anfang der Schöpfung an« (2 Petr 3,4). Ein 3. Argument gegen eine pseudepigraphe und späte Datierung des 2. Thessalonicherbriefs ist die in 2,4 gemachte Erwähnung des Tempels in Jerusalem als einer noch bestehenden Größe. Man kann sie m. E. nicht einfach auf einen apokalyptischen Topos zurückführen, der ohne Rücksicht auf die historische Realität benutzt würde; solch eine Offenbarung hätte wohl kaum »zur Beruhigung der Gemüter oder zur Stärkung des Vertrauens« geführt.

c) Auch ist die Alternative »religiös-politisch« bei Gestalten wie der des Antichristen und dementsprechend der des Katechon m. E. falsch. Das zeigt etwa die Bewertung eines Antiochus IV. Epiphanes im Buch Daniel, der ja auch in 2 Thess 2 als Prototyp des Antichristen benützt ist; er wird sowohl politisch als auch religiös beurteilt. Die Selbstvergottung des Antichristen in 2 Thess 2,4 erinnert deutlich an die Schilderung des Antiochus in Dan 11,36. Überhaupt wird die Bedeutung des Danielbuchs für die Bildung solcher apokalyptischer Vorstellungen wie Antichrist oder Katechon, dazu auch für die Parusie, meist unterschätzt, obwohl Trilling selbst mehrfach auf Dan Kap. 9 und 11 verweist. Das betrifft nicht nur Wesen und Funktion dieser Gestalten, sondern auch die zeitliche Ordnung ihres Auftretens, von der in 2 Thess 2 so viel abhängt; wie in 1 Kor 15,23ff. ist das *τάγμα*, der zeitliche Ablauf der eschatologischen Ereignisse, wichtig. Paulus schilderte dort das Geschehen von der Parusie Christi bis zur Rückgabe seiner Herrschaft an Gott, der die Auferstehung der Christen und die Unterwerfung des Bösen voraufgehen. Ich habe anderswo gezeigt[4], daß das paulinische *τάγμα* in 1 Kor 15 an Daniel orientiert ist: Die Parusie des Christus ist in Dan 7,13 angesagt, die Auferstehung der Toten in Dan 12,2, die Rückgabe der Königsherrschaft des Christus an Gott in Dan 7,14. Da es sich in 1 Kor 15,24 um die Rückkehr des Kyrios zu Gott handelt und nicht etwa um sein Kommen zur Erde, so liest Paulus für diesen Fall den Text Dan 7,14 folgendermaßen:

---

2. Thessalonicher, erweisen sich als gleichartig und darum echt, während dies für ein Zehn-Briefe-Modell nicht zutrifft (S. 285 f.).

[4] Jesus und das Danielbuch. Bd. II: Die Menschensohnworte Jesu und die Zukunftserwartung des Paulus. ANTI 6/II, Frankfurt 1985, S. 121–143.

‏ולה יהב שלטן‎ = »Er (Christus) gibt (jaheb) die Herrschaft ihm (Gott) zurück«, so daß dieser bis in alle Ewigkeit regiert, d. h. alles in allem ist.

d) Hat Paulus die Parusie und das ihr folgende Endzeitgeschehen in 1 Kor 15,23−28 nach Dan 7,13f. beschrieben, so liegt die Annahme nahe, daß er für die vor der Parusie stattfindenden Ereignisse sich ebenfalls an Daniel orientierte. Für sie kam der Endzeitkalender Dan 9,24−27 in Frage, der ja gerade die Epoche vor der Parusie des Menschensohns behandelt und sie in das Schema der 60 Jahrwochen einzeichnet. Das geschieht bewußt in einer geheimnisvoll klingenden Sprache wie sie ähnlich in 2 Thess 2 erscheint. Der Hintergrund von Dan 7 und 9 in 1 Kor 15 bzw. 2 Thess 2 wäre ein weiteres Argument für die Echtheit des 2. Thessalonicherbriefs. Abgesehen davon, ist das Problem der Differenz zwischen der Endzeiterwartung in 2 Thess 2 einerseits und der von 1 Thess 4 und 5 andererseits eher auf den Apostel selbst zurückzuführen, als auf einen seiner Schüler, zumal diese eher glättend und ausgleichend darstellen wie die Abschreiber biblischer Texte.

e) Schon die Einführung des Katechon in 2 Thess 2,6 erinnert an den Endzeitkalender Dan 9: »Und jetzt kennt ihr das, was festhält« *(τὸ κατέχον)*; vgl. Dan 9,25: »Und du kennst und verstehst«..., es folgt die endzeitliche Deutung der 70 Jahrwochen (vgl. Dan 10,14). In Dan 9,26b.27 wird das Auftreten des großen Widersachers geschildert, der als Vorbild für die Figur des Antichrists dient: Für die Stadt (Jerusalem) und das Heiligtum wird er verderbend wirken (‏ישחית‎ V. 26f.). Nach 2 Thess 2,4 entweiht auch der Antichrist den Tempel; er ist ein »Sohn des Verderbens« (‏שחת‎ 2 Thess 2,3). Im Zusammenhang mit der Bezeichnung »Sohn des Frevels« (ibid.) steht die aktive, zerstörerische, Rolle des Verderbers im Vordergrund; erst in zweiter Linie ist die Tatsache bedacht, daß er dem Verderben geweiht ist wie die ‏בני שחת‎ in Qumran. Der Katechon hat keine solchen Epitheta; das gleiche gilt vom »Gesalbten« und »Fürsten«, der nach Dan 9,26a dem Antichristen voraufgeht und bei dessen Erscheinen »ausgerottet wird, ohne daß für ihn (ein Helfer? ‏עוזר‎, vgl. 11,45) da ist«; ähnlich wird nach 2 Thess 2,7 der Katechon beseitigt. Ist dieser von Dan 9,25f. beeinflußt, so weist seine Bezeichnung ‏משיח‎ bzw. ‏נגיד‎ auf eine politisch-religiöse Gestalt, so wie wir das auch vom Antichristen annehmen; es wäre an den römischen Kaiser zu denken.

f) Diese Deutung des Katechon meint keineswegs, daß Paulus die Staatsmacht verherrlicht habe. Das Katechon = Staat muß ja nach Gottes Plan verschwinden, um der Tyrannei des Antichristen Platz zu machen. In Röm 13 wird der Staat als eine Art von »Katechon« dargestellt; er wehrt dem Bösen. Er hat eine von Gott übertragene Vollmacht (*ἐξουσία* Röm 13,2f., vgl. LXX für ‏שלטן‎ in Dan 7,14); er übt als Diener Gottes die Strafgerichtsbarkeit aus (13,4) und lehrt die Bösen das Fürchten (13,5). Deshalb soll man auch der Staatsgewalt nicht widerstehen (13,2), denn sie leistet ihrerseits dem Bösen Widerstand. Aber nach Dan 2,21 ist Gott nicht nur der Herr über die Zeit, sondern auch über die zeitlichen Herrscher; er setzt Könige ab und

andere ein. Auch das Ende des gottlosen Herrschers ist bestimmt (Dan
11,45), und dementsprechend hat auch der Antichrist seinen (von Gott
festgesetzten) Kairos (2 Thess 2,6).

g) Das von mir vorgeschlagene Verbum תמך = ›fassen‹ scheint zunächst der
aufhaltenden, niederhaltenden Aufgabe des Katechon nicht ganz gerecht zu
werden. Ich hatte es seinerzeit dem Mysterienbuch von Qumran (1 Q 27)
entnommen, das auch die Endzeitereignisse schildert und von Dan 9,24 ff.
beeinflußt ist. Das Mysterienbuch von Qumran ist m. E. für die Deutung
von 2 Thess 2 weit wichtiger als die von A. Strobel vorgeschlagene Stelle
1 Qp Hab 7,2 ff. In Targum Jes 41,10 wird תמך durch אחד wiedergegeben,
das die Bedeutung ›fassen, gefangennehmen, einsperren‹ usw. hat und von
A. Strobel als Äquivalent von κατέχειν vorgeschlagen wurde. In der jetzt
veröffentlichten Konkordanz zu den noch nicht publizierten Fragmenten aus
4 Q ist das Verbum תמך relativ häufig (S. 1945 f.); dabei taucht auch die
Wendung תומכי רזים = »Festhalter der Geheimnisse« noch einmal auf.

36. Die heilsgeschichtliche Rolle Israels bei Paulus

I. Der exegetische Kampf um Israel

Unser Thema wird heute heftig diskutiert. Als Vertreter diametral verschiedener Standpunkte haben sich vor allem Helmut Gollwitzer und Günter Klein exponiert. Mit welcher Erbitterung der Kampf um die Stellung Israels im Neuen Testament und die Bedeutung des Judentums für die christliche Kirche geführt wird, erhellt besonders aus dem Beitrag „Präliminarien zum Thema ‚Paulus und die Juden'", den Klein vor kurzem E. Käsemann gewidmet[1], aber vor allem gegen Gollwitzer gerichtet hat. Der letztere meint, nach Auschwitz müsse unser Reden und Denken über das Judentum grundlegend geändert werden. Auch der neutestamentliche Exeget habe „unter dem Schatten christlicher Mitverantwortung" für dieses grauenhafte Geschehen jeden Satz über die Juden scharf zu überdenken; dabei sei auch z. B. ein diesbezügliches Urteil des Apostels Paulus einer kritischen Prüfung zu unterziehen. Klein wehrt sich gegen ein „argumentatives Auftrumpfen mit dem Genozid", wo es um die Theologie des Paulus und damit um einen historischen Sachverhalt geht: „Methodische Klarheit und Nachprüfbarkeit der Exegese wären verspielt und Willkür behielte das Feld"; „auch Auschwitz präjudiziert nicht den Aussagewillen unserer Texte"[2]. Unbekümmert um die Aussicht, des „theologischen Antijudaismus" verklagt und als Häretiker auf den Scheiterhaufen gestellt zu werden, legt Klein folgendes Ergebnis einer vorurteilsfreien Exegese zum Thema „Paulus und die Juden" vor: Der Apostel konnte im Alten Bund und dem Volk der Juden keine heilsgeschichtlich notwendigen Größen sehen[3]. Wo er Gestalten wie Abraham oder Isaak erwähnt, werden sie nicht in ihrer hi-

---

1 Rechtfertigung. Festschrift für E. Käsemann, Tübingen 1976, S. 229—243. Klein nimmt darin Stellung gegen die Schrift H. Gollwitzer/M. Palmer/V. Schliski, Der Jude Paulus und die deutsche neutestamentliche Wissenschaft. Vgl. auch F. W. Marquardt, Die Juden im Römerbrief, in: Ev. Theol. 34 (1974), S. 276—304, ferner den schönen, in Jerusalem gehaltenen Vortrag von H. Gollwitzer: Das Judentum als Problem der christlichen Theologie, in: Treue zur Thora. Beiträge zur Mitte des christlich-jüdischen Gesprächs. Festschrift für Günther Harder zum 75. Geburtstag, Berlin 1977, S. 162—173; ferner F. W. Marquardt: Feinde um unseretwillen. Das jüdische Nein und die christliche Theologie, ebd., S. 174—193.
2 Klein, a. a. O., S. 231.
3 a. a. O., S. 234 f.

storischen Kontingenz, als Repräsentanten jüdischer Existenz dargestellt, sondern als Typoi der Glaubensgerechtigkeit bzw. als Träger einer auf die christliche Gegenwart bezogenen Verheißung[4]. Auch in Röm 9—11 entdeckt Klein, daß Israels geschichtliche Leistung nur in einer negativen, auf die kirchliche Paränese und paulinische Dogmatik bezogenen Bedeutung erscheint. | Sie veranschauliche den Irrweg der Gesetzesgerechtigkeit und die Notwendigkeit der Rechtfertigung des Gottlosen. Die durch viele Vorzüge und geistliche Gaben ausgezeichneten Juden (Röm 9,4 f) seien in der Gegenwart so weit vom Heil entfernt, daß Paulus in Trauer und Verzweiflung den auf Israel lastenden eschatologischen Fluch stellvertretend übernehmen möchte (9,3)[5]. Ähnlich kompromißlos verurteile Paulus das jüdische Gesetz: Jede Begegnung mit ihm stehe unter dem Apriori der Sünde, nach 2 Kor 3,14 f komme die Heilige Schrift in Israel geschichtlich stets ausschließlich in pervertierter Lesung zum Zug[6].

Merkwürdigerweise beklagt sich Klein über Gollwitzers »trübselige Tautologie«: „Das ‚Wesen' des Judentums sind die Juden selber[7]." Denn viel trübseliger erscheint mir das von ihm gezeichnete Bild der Juden bei Paulus, das nur noch die dunkle Folie zur Rechtfertigungslehre darstellt. Man muß sich wirklich fragen: Ist das alles, was Paulus von den Juden zu sagen hat? Wird hier nicht die tatsächliche Rolle Israels im Römerbrief mit Hilfe einer konsequent anthropologischen Paulusdeutung perspektivisch verkürzt? Wozu wären denn die Geschichte Gottes mit Israel und sein im Alten Testament überliefertes Wort überhaupt nötig gewesen, wenn sie nur dunkler Hintergrund für ein ganz anderes Geschehen sind? Werden denn nicht die Heillosigkeit des Menschen und die Notwendigkeit seiner Erlösung auch an der Existenz der Heiden evident (Röm 1,18 ff), zumal ihnen das Gewissen den Willen Gottes auch ohne geschriebenes Gesetz offenbart (2,14)? M. E. kann eine so einseitige Exegese gerade auch im Interesse der historischen Wahrheit nicht länger verantwortet werden, ganz abgesehen von dem zu Recht beschworenen Schatten von Auschwitz, aus dem wir uns nicht ungestraft entfernen. Es ist bedenklich, in welcher Weise Klein dieses Ereignis in seinem mit großer Lust geführten „Streit der Geister" anführt[8].

Um die Aussagen des Paulus über die Juden in ihrem historischen Kontext zu sehen, ist es erforderlich, auf das Selbstverständnis des zeitgenössischen Judentums zu achten und auch auf Jesu Stellung zu Israel kurz einzugehen.

---

4 a. a. O., S. 236 f.
5 a. a. O., S. 238.
6 a. a. O., S. 239 f.
7 a. a. O., S. 233.
8 a. a. O., S. 229; vgl. S. 231: „Mit Rücksicht auf wie immer greuelvolle zeitgeschichtliche Daten"; S. 233: „. . . wo der Massenmord berufen wird, um einschüchternd die eigene exegetische Position fortzuschreiben". Aber darum geht es Gollwitzer sicherlich nicht.

II. Die heilsgeschichtliche Rolle Israels nach R. Aqiba (Aboth 3,14)

Das Selbstverständnis der Juden in der neutestamentlichen Zeit wird durch ein dreigliedriges Wort R. Aqibas offenbar[9]: „Geliebt ist der Mensch, denn er wurde im Bilde Gottes geschaffen. Noch größere Liebe ist es, daß ihm kundgetan wurde, er sei im Bilde Gottes geschaffen; denn es wurde gesagt: ‚Im Bilde Gottes hat Er den Menschen erschaffen‘ (Gen 9,6). Geliebt sind die Israeliten, weil sie Gottes Kinder genannt wurden. Noch größere Liebe ist es, daß ihnen kundgetan wurde, daß sie Gottes Kinder genannt wurden; denn es wurde gesagt: ‚Kinder seid ihr für den Herrn, euren Gott‘ (Deut 14,1). Geliebt sind die Israeliten, weil ihnen das Werkzeug gegeben wurde, mit dem die Welt erschaffen ist. Noch größere Liebe ist es, daß ihnen kundgetan wurde, sie hätten das Werkzeug der Weltschöpfung erhalten. Denn es wurde gesagt: ‚Eine gute Lehre habe ich euch gegeben: mein Gesetz, verlaßt es nicht!‘ (Prov 2,4).“

Der Mensch, besonders der Israelit, verdankt der Liebe Gottes seine Würde und einzigartige Stellung in der Welt. Aqiba verkündigt eine Art von Evangelium, dem ein universales Geschichtsverständnis zugrundeliegt. Die Juden werden in den Rahmen der Menschheit gestellt, die Tora wird zum Werkzeug der Schöpfung erklärt, die Gegenwart Israels ist durch die heilvolle Zuwendung Gottes in der Vergangenheit und Zukunft bestimmt. Der Mensch ist nach dem Bilde Gottes geschaffen. Noch wichtiger ist es, daß er sich dieser Auszeichnung bewußt werden kann. Die Gleichgestaltigkeit mit Gott bedeutet offensichtlich auch, daß der Mensch von Gott angeredet, seine Liebe verstehen und erwidern kann. Dieser Vorzug tritt bei den Israeliten zutage, die Gott an Kindesstatt angenommen und denen er die Tora als gute Lehre gegeben hat. Die Tora ist als dritte die größte Auszeichnung, weil erst durch sie auch die beiden ersten als Liebeserweise Gottes einsichtig werden. Den Rabbinen galt die Tora als Weisheit Gottes. Sie war nach Prov 8,22—24 eine präexistente Größe, die vor der Erde und den Tiefen da war. Nach dem Midrasch war sie der Bauplan, in den Gott als Architekt die zu erschaffende Welt aufgezeichnet hatte (Ber. Rabba 1,1). Das Gesetz ermöglicht das rechte Selbstverständnis, Weltverständnis und Gottesverständnis. Im Besitz der Tora ist Israel gleichsam die Lichtung der Welt, der Ort, an dem die Welt als Kosmos, das Leben der Völker als ein von Gott gelenktes, zielgerichtetes Geschehen und menschliche Existenz als sinnvoll verstanden werden[10].

Man könnte dieses Lob der Liebe Gottes zu Israel als Selbstüberschätzung

---

9 Mischna Aboth (= Sprüche der Väter) 3,14. Aqiba lehrte am Anfang des 2. Jh. n. Chr.
10 Angesichts dieser Aussage Aqibas befremdet die Feststellung von U. Luz: „Das zeitgenössische Judentum hat m. W. nicht in derart indikativisch-präsentischer Weise von seinen Prärogativen gesprochen wie Paulus von den Privilegien Israels“ (Das Geschichtsverständnis des Paulus, München 1968, S. 270).

und überhebliche Äußerung eines Rabbi ansehen. Israel war zur Zeit Aqibas ein tief gedemütigtes, heimatloses, ganz auf die Erlösung Gottes angewiesenes Volk, und der Rabbi selbst starb von den Römern grausam gefoltert den Märtyrertod. Was Israel wirklich war, wurde nicht an seiner äußeren Lage erkannt. Es mußte vielmehr wider den Augenschein und die eigene Erfahrung geglaubt werden, und das macht Aqibas Aussage groß. Grundlage des Glaubens an Israel war die Tora, welche die Juden lehrte, daß sie als Gottes Kinder nicht nur eine große Vergangenheit hatten, sondern auch auf eine große Zukunft hoffen durften: Israel gestern und dasselbe auch in Ewigkeit. Über diesem Glauben konnte man die Not des Heute ertragen. Die *Vergangenheit* | wurde als ein von Gott geleitetes Geschehen empfunden, aus dem sich einige Punkte besonders hervorhoben. Die Väter wurden verherrlicht, und unter ihnen galt Abraham als erster Monotheist und als eine Säule der Welt. Die Mosezeit wurde besonders liebevoll exegesiert. Die Tora erschien als das Angebot Gottes an alle Völker, das am Sinai in den siebzig „Stimmen" (qôlôt = Sprachen) der Welt verkündigt worden war; aber nur Israel hatte es akzeptiert. In der *Zukunft* des Messias wird es die Mitte der Welt sein; von einigen wenigen, notorischen Sündern der Vergangenheit abgesehen, würde ganz Israel Anteil erhalten an der kommenden Welt[11].

Das Israel der *Gegenwart* aber verstand sich als lebendige Brücke zwischen Vergangenheit und Zukunft. Als Volk Gottes waren die Juden peinlich auf Distanz zur unreinen Welt der Heiden bedacht; sie machten den im römischen Reich zur Mode gewordenen Trend zum Synkretismus und zur Weltverbrüderung nicht mit. Im Kampf um die Selbsterhaltung wurde gerade das ausschlaggebend, was anachronistisch erschien, nämlich das Ritualgesetz: Die Speisen- und Reinheitsgebote galten den Juden als der eherne Wall, den Mose um das Gottesvolk aufgeführt hatte[12]; nur als ein heiliges Volk wurde Israel seiner heilsgeschichtlichen Rolle gerecht. An dieser Stelle setzte prompt der antike Antisemitismus ein: Die Juden wurden als Misanthropen und gottlose Menschen bezeichnet[13].

III. Die apokalyptische Gemeinde von Qumran

Neben diesem hellen Bild von der heilsgeschichtlichen Rolle Israels gab es noch ein anderes, dunkleres, nämlich das der Apokalyptik, die vor allem von

---

11 Mischna Sanhedrin 10,1 nach Jes 61,20: „Aber Dein Volk, sie alle sind Gerechte, auf ewig werden sie das Land ererben."
12 Aristeasbrief § 139.142.
13 So schon Apollonius Molon (1. Jh. v. Chr.); vgl. Josephus Contra Apionem II, 148 und M. Stern, Greek and Latin Authors on Jews and Judaism, Jerusalem 1974, S. 155.

der durch die Handschriften vom Toten Meer ins Licht der Geschichte ge-
rückten Gemeinde von Qumran verkörpert wird. In den Qumranschriften
wird eine streng systematische Geschichtsschau geboten, die Anfang und Ende
der Menschheitsgeschichte umfaßt und von dort her auch Israels Vergangenheit beurteilt. Das Urteil über die Gegenwart ist so negativ gehalten, daß
auch Vergangenheit und Zukunft dunkel erscheinen (CD 1,1—16; 1 Q 27).
Die Vergangenheit wird in ein Sündenbekenntnis einbezogen: „Wir haben
gesündigt, wir und unsere Väter vor uns, wir wandelten entgegen den Geboten der Wahrheit und Gerechtigkeit" (1 QS 1,24); der von Gott erweckte
Lehrer der Gerechtigkeit kündigt das Strafgericht über das letzte Geschlecht,
die treulose Gemeinde Israel, an (CD 1,11 f). Am Anfang alles Geschehens
steht Gottes Vorherbestimmung, die jeden Menschen entweder als Gerechten
oder als Gottlosen, als Kind des Lichtes oder als Kind der Finsternis prädestiniert (1 QS 3,15 f). Die von der Erwählung Gottes gezogene Scheidelinie ver-
läuft deshalb nicht zwischen Israel als Gottesvolk und den heidnischen Nationen, sondern geht mitten durch die Israeliten hindurch. Anstatt die Liebe
Gottes für Israel zu preisen, bieten die Qumranschriften den Segen für die
Kinder des Lichtes und den Fluch für die Kinder der Finsternis
(1 QS 2,1—10); der Beter der Loblieder dankt Gott für das Geschenk seiner
Erwählung.

Die Vergangenheit, Gegenwart und Zukunft Israels gleichen einander auffallend. Stets reagiert die Mehrheit des Volkes mit Unglauben und Ungehorsam auf Gottes Verheißung und Gebot, und nur eine kleine Schar von Gerechten hält sich an die Tora und den Bund. Das wahre Bundesvolk der
Gegenwart und der Zukunft ist die eschatologische Gemeinde als Sammlung
der durch Gott Erwählten; man könnte hier zum erstenmal von einer „Kirche" sprechen. Zwar wurden jüdische Abstammung, Abrahamskindschaft und
Beschneidung für die Mitglieder der Qumrangemeinde vorausgesetzt; aber
entscheidend waren die Beschneidung des Herzens (1 QS 5,5) und die Zugehörigkeit zu den Kindern des Lichts. Die Tora wurde streng als Gebot
Gottes geachtet. Aber ihre Auslegung war im damaligen Judentum kontro-
vers, und nur das eigene Gesetzesverständnis der Qumrangemeinde wurde
als Wahrheit und echter Ausdruck des Gotteswillens geglaubt, während man
sonst in Israel das Gesetz gleichsam mit einer Decke auf dem Herzen las
(1 QS 5,10—12). Jeder einzelne wurde deshalb aufgerufen, Buße zu tun,
und „Buße" meinte die Umkehr zur recht verstandenen Tora (1 QS 5,1—2).
Der Bußruf diente zur Sammlung der von Gott Erwählten, ihrer Zusammen-
führung in der Gemeinde des Heils.

Trotz der Kritik am empirischen Israel hörte aber der Glaube an Israels
Sendung nicht auf. Das endzeitliche Israel galt den Qumranleuten als eine
Größe, deren Aufrichtung ein Geheimnis und deren wahrer Umfang nur Gott
bekannt blieb. Es hängt zwar mit der voreschatologischen Sammlung der Er-

wählten in der Qumrangemeinde zusammen, ist aber keinesfalls mit ihr deckungsgleich: Einige der jetzigen Gemeindeglieder werden bis dahin verloren gehen, viele andere, noch unbekannte Erwählte kommen dann hinzu. Die Qumrangemeinde hat sich strukturell und organisatorisch auf die Aufnahme und Integration dieser noch ausstehenden zahlreichen Erwählten aus Israel vorbereitet (Gemeinschaftsregel 1 QS a).

IV. Jesus: Die Sammlung und Aufrichtung Israels

1. Jesu Dienst an den Juden

Jesus hat nicht das ganze Volk Israel selig gepriesen, sondern die geistlich Armen (Mt 5,3 f) und die Einfältigen, denen Gott das Geheimnis des endzeitlichen Geschehens offenbart (Mt 11,25 f). Dennoch war er von der heils- | geschichtlichen Rolle Israels fest überzeugt, trotz seiner prophetisch-apokalyptischen Kritik an der „ehebrecherischen", d. h. abtrünnigen, gegenwärtigen Generation (Mt 12,39). Sein Sendungsbewußtsein und seine Predigt vom Gottesreich waren darauf gerichtet, ganz Israel für die ihm in der Schrift zugewiesene eschatologische Aufgabe zu gewinnen. Und weil er das ganze Israel brauchte, darum fing Jesus an, in den Randgebieten und bei den Außenseitern zu wirken: Er ging in das Galiläa der Heiden und wurde ein Geselle der Zöllner und Sünder (Mt 11,19). Aber er zog auch in das fromme Jerusalem und rief die Gerechten, die Pharisäer und die Lehrer Israels zur Umkehr auf. Die Sünder lockte er mit Gottes Erbarmen, die selbstbewußten Frommen warnte er vor dem Gericht. Jesus hat sein Wirken auf Galiläa und Judäa beschränkt. Er wußte sich zu den verlorenen Schafen des Hauses Israel gesandt (Mt 15,24); dementsprechend sollten auch die ausgesandten Jünger nicht zu den Heiden und Samaritern gehen (Mt 10,5).

Diese Tatsache wird auch vom Heidenmissionar Paulus bestätigt: „Christus ist ein Diener der Beschneidung für die Wahrheit Gottes geworden" (Röm 15,8). Paulus denkt bei diesem Dienst Christi sicherlich auch an das Kreuz. Die Aufschrift auf dem Kreuz Jesu, der titulus, der die Schuld des Hingerichteten angab, lautete bekanntlich: „Der König der Juden" (Mk 15,26). Sie war von den Römern angebracht worden und sollte den Messiasanspruch Jesu bezeichnen, der nach römischem Recht als Rebellion verurteilt und mit dem Tod am Kreuz geahndet worden war. Die jüdische Version des titulus hätte lauten müssen: „Der Messias Israels" (vgl. Mk 15,32 und 1 QS 9,11). *Der Messias und das Volk Israel gehören zusammen;* nur in engster Verbindung mit der anderen wird jede dieser Größen ihrer von Gott gegebenen Auszeichnung und Bestimmung gerecht. Mit der Herrschaft des Messias erreicht Israel das Ziel der Geschichte und wird vor der Welt als das Volk Gottes offenbar; ohne Israel wäre der Messias ein König ohne Volk, ein „βασιλεὺς οὐ βασιλεύσας".

Israel war für Jesus *das empirische Volk der Juden,* nicht eine Gemeinde von Erwählten und Heiligen (vgl. Mk 12,29; Mt 10,8); die Abrahamskindschaft galt ihm als Auszeichnung (Lk 13,16; 19,9). Mit der Berufung der zwölf Jünger deutete Jesus seinen messianischen Anspruch auf das Großisrael der zwölf Stämme an; es soll aufgerichtet werden, in seiner ursprünglichen Ganzheit wieder erscheinen. Nach Mt 19,28 sollten die Jünger bei der Inthronisation des Menschensohnes die zwölf Stämme regieren. Bis dahin wurden sie an dem Dienst Jesu für Israel, an der Sammlung des Volkes für das Gottesreich beteiligt (vgl. Mt 10). Die Bergpredigt ist deshalb an die Jünger und an das Volk gerichtet; beide zusammen sollen Salz der Erde und Licht der Welt sein (Mt 5,13—16). Das Verhalten der Jünger nach Ostern zeigt deutlich ihre Bindung an Israel; sie wurde durch das Kreuz keineswegs gelöst. Die Jünger schlossen sich an die Jerusalemer Juden an, lebten jüdisch und glaubten an die Zukunft Israels. Ihre Erwartung wird in die Frage gekleidet: „Herr, richtest du jetzt für Israel die Königsherrschaft auf?" (Apg 1,6).

2. *Der Dienst Israels an der Welt*

Jesus hat die Geltung des Gesetzes und den Gottesdienst in der Synagoge, das Opfer im Tempel und die pharisäische Frömmigkeit nicht grundsätzlich verneint. Wenn er mit den gesetzestreuen Juden in Konflikt geriet und in seinem Verhalten zu den Zöllnern und Sündern von der landläufigen Moral abwich, so war das durch die Botschaft vom nahen Gottesreich bedingt. Dieses Reich bedeutet, daß Gott sein Volk braucht. Es soll alle Menschen vereinigen, aber es wird zuerst den Juden geoffenbart: sie sind die „Söhne des Reiches" (Mt 8,12), die Gäste, die zum Mahl des Gottesreiches geladen sind (Lk 14, 15 ff). Aber die Juden sind noch nicht das für die Basileia bereite Volk; darum hat Jesus auch von ihnen die Buße gefordert. Nach einem oft bezeugten und sicherlich echten Wort wollte Jesus in drei Tagen einen nicht mit Händen gemachten Tempel erbauen (Mk 14,58); dieser Tempel ist das lebendige Heiligtum des bußfertigen Israel. Denn mit dem Datum des Tempelbaus knüpft Jesus an Hos 6,1—3, eine Bußliturgie des alten Israel, an: „Kommt, laßt uns umkehren zum Herrn ... nach zwei Tagen wird er uns wieder beleben, am dritten Tag wieder aufrichten, daß wir leben vor ihm". Buße bedeutet für Jesus die Umkehr zu Gott, das Leben als Gottes Kind; Israel sollte nun das wirklich werden, was es seiner Bestimmung nach immer schon war, nämlich Gottes Volk. Hatte Aqiba gelehrt, das Wissen um die Gotteskindschaft zähle

zu den großen Privilegien Israels, so kämpfte Jesus um deren konkrete Verwirklichung: „Darum seid vollkommen, wie euer himmlischer Vater vollkommen ist!" (Mt 5,48). Jesus hat die Rolle des deuterojesajanischen Gottesknechtes auf sich selbst und auf Israel bezogen: Dieses Volk sollte durch sein
Leben vor Gott die Stadt auf dem Berge sein (Mt 5,14), die wie der Berg Zion
in den letzten Tagen zur großen Attraktion für die Völker der Welt werden
wird, sollte sie nach Jerusalem führen, wo der Tempel das „Bethaus für alle
Völker" sein soll (Mk 11,17)[14]. Der Friede des Gottesreiches bedeutet die
Einigung der Völker: Viele werden kommen und zu Tisch sitzen mit den
Stammvätern Israels (Mt 8,11).

V. Paulus: Gottes Weg mit dem erwählten Volk

1. Der Kampf um die Deutung von Röm 9—11

Wie Jesus so weist auch Paulus dem empirischen Israel als ganzem eine wichtige Rolle in Gottes Geschichtsplan zu. Zwar hat er zwischen Israel und der
Kirche begrifflich unterschieden: Er spricht von „Israel nach dem Fleisch"
(1 Kor 10,18) und der Kirche als dem „Israel Gottes" (Gal 6,16), der Ge- |
meinde des Neuen Bundes (2 Kor 3,6 ff). Aber gerade die endzeitliche Wirklichkeit der Kirche zwang Paulus zu einer theologischen Besinnung darüber,
wie sich die Kirche Christi zum Israel des Alten Bundes und zu den Juden
verhält. Das wird vor allem deutlich in Röm 9—11. Ehe man diese Kapitel
liest, muß man bedenken, daß Paulus in 1 Thess 2,14—16 mit scharfer Polemik die Juden verurteilt, sie in Anlehnung an antijüdische Parolen der heidnischen Antike der Absage an Gott und einer allen Menschen feindlichen Gesinnung beschuldigt hat: sie sind die „Gottlosen" unter den Menschen, erfüllt
vom „odium generis humani". Um so erstaunlicher ist es, daß der Apostel in
Röm 9—11 diesen Juden, trotz ihrer heillosen Gegenwart, eine durch Gottes
Zuwendung ausgezeichnete Vergangenheit zuschreibt und ebenso eine durch
die Zuwendung Israels zu Gott bestimmte große Zukunft verheißt.

Die Kapitel Röm 9—11 haben in der Exegese meist ein Aschenbrödeldasein
geführt; jahrhundertelang war die Haltung der Kirche den Juden gegenüber
eher von 1 Thess 2,14—16 als von den Ausführungen im Römerbrief bestimmt. Erst in den letzten Jahrzehnten, seitdem der Schatten von Auschwitz
auf der Kirche in Deutschland liegt, trat ihre Leuchtkraft stärker hervor. Bei
der katholischen Kirche zeigt dies das *Zweite Vatikanische Konzil,* bei dem

---

14 Vgl. dazu J. Jeremias, Jesu Verheißung für die Völker, Stuttgart ²1959, 69 ff; Neutestamentliche Theologie, Gütersloh 1971, S. 235—237.

Röm 9—11 gleichsam entdeckt und für das Selbstverständnis der Kirche fruchtbar gemacht worden ist: Die Kirche Christi ist in der Geschichte Israels und im Alten Bund vorbereitet; den Juden verdankt sie das Alte Testament. Diese bilden nach Röm 11 die Wurzel des guten Ölbaums, in den die Heiden als wilde Schößlinge eingepflanzt wurden; von dieser Wurzel werden auch sie auf wunderbare Weise genährt. Die Kirche ist freilich das neue Gottesvolk. Wie ist ihr Verhältnis zu den Juden von heute zu denken? Darauf hat die *französische Bischofskonferenz* eine deutliche Antwort gegeben: Das jüdische Volk ist nicht nur eine soziale oder historische Größe, eine ehrwürdige Reliquie aus grauer Vergangenheit, sondern eine fortdauernde, lebendige Wirklichkeit; seine göttliche Berufung beglaubigt es mit der Heiligung des Namens und mit priesterlichem Dienst. Seine Existenz stellt wichtige Fragen an die Kirche, z. B.: Was ist die spezielle Aufgabe Israels im Plan Gottes, von welcher Erwartung wird es beseelt und wie unterscheidet sich solche Zukunftserwartung von der unsrigen?[15]

In der *protestantischen Exegese*[16] von Röm 9—11 stehen andere Fragen im Vordergrund, so etwa ihre Beziehung zur Rechtfertigung des Sünders, dem eigentlichen Thema des Römerbriefs, dann das Geschichtsverständnis des Paulus: Erscheint nicht in diesen Kapiteln eine Art von heilsgeschichtlicher Linienführung, welche das Wirken Gottes in der Welt an der konkreten Größe „Volk Israel" sichtbar werden läßt? Wie kommt eine konsequent existentiale Auslegung der Rechtfertigungslehre mit solchen auf die Geschichte Israels bezogenen Ausführungen des Paulus zurecht, der sonst die objektivierende Geschichtsspekulation der Apokalyptik anthropologisch interpretiert haben soll? Während O. Cullmann[17] sein der existentialen Exegese entgegengerichtetes Interesse an einer heilsgeschichtlichen Deutung in Röm 9—11 bestätigt sieht, meint R. Bultmann[18], die im Alten Testament erzählte Geschichte Israels habe nur in ihrem Scheitern Bedeutung für das neue Gottesvolk, sie werde vom Geschehen in Christus aufgehoben; Christus sei

---

15 Erklärung des Komitees der französischen Katholischen Bischofskonferenz „Die Haltung der Christen gegenüber dem Judentum" vom 16. April 1973, in: Arbeitstext Nr. 14 V/1974 der Evangelischen Zentralstelle für Weltanschauungsfragen, Stuttgart, S. 3—10.

16 Zum Ganzen vgl. D. Zeller, Juden und Heiden in der Mission des Paulus, Stuttgart 1937, S. 13 ff. A. Schlatter meint zur lutherischen Römerbriefexegese: „Die Deutung des Israel bereiteten Schicksals (d. h. Röm 9—11) war vollends nur ein Anhang" (Gottes Gerechtigkeit, Stuttgart ⁴1965, S. 44; vgl. auch S. 292 Anm. 1).

17 Heil als Geschichte, Tübingen ²1967, S. 57 ff. Israels Erwählung ist das Zentrum der Heilsgeschichte im Alten Testament; diese Tatsache bleibt auch im Neuen Testament maßgebend, trotz der dort erfolgten Erweiterung des Heilsvolkes. In Röm 9—11 deutet Paulus den Gang der Christusmission heilsgeschichtlich: Der Plan Gottes komme dadurch zum Ziel, daß die Heidenchristen und Israel das ganze Israel von Röm 11,26 bilden.

18 Theologie des Neuen Testaments, Tübingen ³1958, S. 99.

auch das Ende der Geschichte. Dagegen spricht E. Käsemann[19] von einer
Geschichte des Gotteswortes, das Glauben findet oder Aberglauben verursacht;
er weist ferner auf den überindividuellen, apokalyptischen Horizont, der bei
Paulus auch als echte Zukunft, als „eschatologischer Vorbehalt"[20], sichtbar
wird. Die Heilsgeschichte ist die „geschichtliche Tiefe und kosmische Weite
des Rechtfertigungsgeschehens" und die Heidenmission ein großer Umweg
zum Heil Israels[21]. Allerdings wird in Röm 9—11 noch einmal exemplarisch
an den Juden der Holzweg des homo religiosus und die Notwendigkeit der
Rechtfertigung des Gottlosen demonstriert; aber wenn die zuerst Berufenen
als letzte heimgefunden haben, hat die Weltgeschichte ihr Ende erreicht[22].
Auch P. Stuhlmacher faßt das Geschehen der Rechtfertigung und die Mission
des Paulus systematisch zusammen: Mit beiden setzt Gott sein Recht auf die
Schöpfung durch. Er hat verheißen, daß sich die Völker am Ende der Zeit
anbetend vor Jerusalem versammeln; diesem Ziel dient die Heidenmission,
der am Ende die Erlösung Jerusalems folgen wird[23]. Am ausführlichsten hat
sich U. Luz mit dem Geschichtsverständnis des Paulus beschäftigt[24]. Er lehnt
die Heilsgeschichte als Ereigniszusammenhang ab. Auch Paulus bietet keinen
Gesamtentwurf der Geschichte, d. h. eine durch Offenbarung vermittelte
Sinngebung von Israels Vergangenheit, der Gegenwart des Christusgeschehens
und eines apokalyptisch verstandenen zukünftigen Ziels der Menschheits- |
geschichte. Gottes Herrschaft und Freiheit gestatten nicht, daß er in ein geschichtliches Kontinuum eingehe. Gott wirkt zwar durch sein Tatwort, aber
dieses bleibt der Geschichte der Menschen gegenüber stets in einer kritischen
Distanz. Gott offenbart und verbirgt sich in der Geschichte, was am Ungehorsam der Menschen deutlich wird[25]. Gerade Röm 9—11 rechtfertigen nach
Luz die dialektische, an Gott orientierte Deutung der Geschichte: Israels Vorzüge sind ganz das Werk Gottes, der sein Volk auch jederzeit preisgeben
kann[26]; die dogmatische Grundthese, daß Gott Gott bleibt, bewährt sich nach
Luz gerade auch in Röm 9—11.

---

19 Für ihn ist die Rechtfertigung des Sünders eine creatio ex nihilo; in der Treue Gottes zu
   Israel sieht E. Käsemann die Treue des Schöpfers offenbart, die allen Menschen gilt. Der
   Käsemann-Schüler Chr. Müller (Gottes Gerechtigkeit und Gottes Volk, Göttingen 1964)
   deutet die Gerechtigkeit Gottes und auch den Gedanken vom Gottesvolk von der Schöpfung her, die für Paulus ein ständig neues Schaffen und damit auch ein Wegwerfen und
   Töten meint: Die Neuschöpfung des Gottesvolkes bedingt, daß das natürliche Israel
   verworfen und auch neu gesetzt wird (S. 93—105).
20 Dieser Ausdruck ist m. E. viel zu schwach, als daß er die Zukunftshoffnung des Paulus
   angemessen ausdrücken könnte.
21 Paulinische Perspektiven, Tübingen 1969, S. 116 f.134.
22 Paulus und der Frühkatholizismus, in: Exegetische Versuche und Besinnungen, Band II,
   S. 224.
23 Das paulinische Evangelium, Göttingen 1968, Band I, S. 214. 281.
24 Das Geschichtsverständnis des Paulus, München 1968.
25 a. a. O., S. 177. 183. 226.
26 a. a. O., S. 277.

An diesen kontroversen Ausführungen zu Röm 9—11 fällt in erster Linie auf, daß sie mit theologischen *Begriffen* arbeiten, die *unbiblisch,* unjüdisch und darum Paulus fremd sind. Das gilt bereits für das Wort „Geschichte", auf das wir in der Exegese nicht gut verzichten können, das aber nicht zum Schlüsselbegriff einer biblischen Theologie werden sollte. Paulus spricht statt dessen von der Offenbarung der Gerechtigkeit Gottes (1,17; 3,21 f), vom Erweis seiner Wahrheit (15,8) und dem Geheimnis seiner Gerichte und Wege (11,25.33). Die Einheit von Offenbarung und Geheimnis erweckt zwar den Anschein einer Dialektik, ist aber vom paulinischen Schriftverständnis her notwendig. Bei einer *biblisch-jüdischen Interpretation* fallen moderne Alternativen wie existentielle oder apokalyptische Deutung, horizontal-heilsgeschichtliche oder vertikale Ausrichtung des Wirkens Gottes fort. Und wie die Vorzüge der Israeliten nach Röm 9,4 f biblisch bezeugte Tatsachen sind, so muß auch die Hoffnung des Apostels auf eine endzeitliche Bekehrung der Juden biblisch begründet sein. Die Absage der Juden an den Messias Gottes kommt zwar für Paulus unerwartet, trifft ihn mit einer geradezu tragisch anmutenden Härte, aber sie muß von Gott vorgesehen und irgendwo im Alten Testament ausgesprochen sein. Schließlich ist der *zeitgeschichtliche Rahmen* wichtig, in den wir hier die Ausführungen des Paulus gestellt haben. Das soll nun im Einzelnen gezeigt werden.

2. Die Vorrechte Israels nach Röm 9,4 f

Die Aufzählung der Vorrechte Israels in Röm 9,4 f erinnert zunächst an den Lobpreis, Aqibas, und zwar vor allem wegen der darin erwähnten Größen *Gotteskindschaft* und *Gesetzgebung.* Paulus hat sie als rechtlich wirksame Setzung Gottes, als Vorrechte, formuliert und dadurch aus der Reihe der anderen Auszeichnungen hervorgehoben (υἱοθεσία, νομοθεσία). Als Gotteskinder besitzen die Israeliten seit langer Zeit die Stellung vor Gott, wie sie jetzt den Christen gewährt wurde, die kraft des heiligen Geistes Gotteskinder sind (Röm 8,15). Aus diesem Grunde nennt Paulus die Juden nicht nur seine „Verwandten nach dem Fleisch", sondern auch seine Brüder (9,3), so wie ihm die Christen Brüder sind (8,12). Das bedeutet aber, daß der endzeitliche Stand der Christen durch die Juden des Alten Bundes proleptisch als Gabe Gottes sichtbar geworden ist.

Eine eschatologisch orientierte Heilsgabe für die Israeliten ist auch die *Herrlichkeit* (δόξα 9,4; vgl. 8,21.30). Sie geht über die von Aqiba erwähnte, allgemein menschliche Gottebenbildlichkeit hinaus: Gottes Lichtglanz hat das erwählte Volk am Sinai bei der Wüstenwanderung und im Tempel Jerusalems erleuchtet. In der Mitte von v 4 stehen die *Bündnisse,* die *Gesetzgebung* und der *Gottesdienst.* Diese drei Größen erinnern an den Grundsatz Simons des Gerechten (3. bzw. 2. Jh. v. Chr.): „Auf drei Dingen steht die Welt: auf der

Tora, auf dem Gottesdienst ('aᵇôdah) und der Erweisung von Liebestaten (gᵉmilûth chᵃsadîm; Aboth 1,2), wobei der Gottesdienst wie in Röm 9,4 zunächst den Kult im Tempel meint. Paulus hat noch vor der Gesetzgebung die für ihn so wichtigen Bündnisse erwähnt. Dabei hat er vor allem auch an den Bund Gottes mit Abraham (Gen 15,17) gedacht, wie die zuletzt genannten drei Größen: Die *Verheißungen,* die *Väter* und der *Messias,* vermuten lassen (v 4 f). Denn die durch den Beschneidungsbund besiegelte Verheißung für den Erzvater Abraham (Röm 4,11) schließt auch die Sendung des Messias mit ein (vgl. Gal 3,16). Gepriesen wird am Abschluß Gott, dessen Allmacht und erwählender Liebe diese Vorrechte Israels zu verdanken sind (9,5 b). Auch der rechte Gottesdienst muß von daher eine Gabe Gottes und Auszeichnung der Juden im Unterschied vom Götzendienst der Heiden sein (vgl. Röm 1,21—23).

3. Die Herkunft des Messias: Das Heil kommt von den Juden

In dieser Aufzählung der Vorrechte Israels treten weder Präferenzen noch Differenzen hervor, wie etwa die Spannung zwischen Verheißung und Gesetz, Altem und Neuem Bund, zwischen der Gotteskindschaft Israels und den Gotteskindern der Kirche aus Heiden und Juden. Auch ist keine Rede davon, daß Israel durch die Kirche in heilsgeschichtlicher Hinsicht abgelöst werde[27]. Vielmehr spricht die Gestalt des von den Juden stammenden Christus für eine Kontinuität: Mit dem Messias führt der Weg Gottes in der Geschichte Israels ans Ziel. Die Herkunft des Christus wird durch die Näherbestimmung „nach dem Fleisch" (Röm 9,5) keineswegs abgeschwächt. Es hat freilich den Anschein, als habe Paulus mit der messianischen Deutung der Abrahamsverheißung in Gal 3,16 die Geschichte Israels übergangen: Nicht die Juden, sondern die an Christus Glaubenden sind die Kinder Abrahams[28]. Denn er bezieht den „Samen Abrahams", dem die Verheißungen Gottes galten, auf Christus, und zwar deshalb, weil die Schrift nur vom Samen im Singular ($\sigma\pi\acute{\epsilon}\varrho\mu\alpha$) und nicht von Samen im Plural ($\sigma\pi\acute{\epsilon}\varrho\mu\alpha\tau\alpha$) redet (Gal 3,16; vgl. Gen 22,18). Diese Auslegung ist m. E. nicht so willkürlich, wie sie auf den ersten Blick aussieht, und vor allem nicht so exklusiv, daß sie zum Ausschluß des Volkes Israel führt. Das zeigt sich, wenn man der Behauptung des Paulus auf den — biblischen — Grund geht. Nach Gen 17,7[29] soll der Bund Gottes mit Abraham und dessen Samen[30] ein ewiger Bund sein; Paulus verstand ihn

---

27 So richtig U. Luz, a. a. O., S. 271.
28 So G. Klein, a. a. O., S. 234 f: In Gal 3,29 erscheine die Abrahamsnachkommenschaft als Folge der Christuszugehörigkeit; Paulus habe der Abrahamsverheißung eine Exklusivität unterstellt.
29 Diese Stelle hat Paulus in Gal 3,16 im Sinn, da er im folgenden Vers vom Vermächtnis ($\delta\iota\alpha\vartheta\acute{\eta}\varkappa\eta$) spricht; in Gen 17,7 wird auch der Bund Gottes mit Abraham erwähnt.
30 Targum Onqelos sagt dafür interpretierend: „Deine Söhne" (bᵉnakh), was auch singularisch gelesen werden kann.

deshalb als Bund, dessen Geltung gerade in der Endzeit offenbar wird. Er kannte die endzeitliche Deutung des „Samens" von ewig währender Geltung aus einer anderen, für den jüdischen und christlichen Messiasglauben grundlegenden Stelle, nämlich der Nathanweissagung 2 Sam 7,12—14 (vgl. Röm 1,3 f.)[31]. Der Apostel hat diese dem David gegebene Verheißung nach der rabbinischen Regel „Gleiche Bestimmung" (g^ezerah schawah) mit der Abrahamsverheißung Gen 17,7 verbunden: die gemeinsame Wendung „dein Same nach dir" (Gen 17,7; 2 Sam 7,12) meint in beiden Versen den Messias. Es wird demnach auch in Gal 3,16 Davids Dynastie und mit ihr ein wichtiges Stück der Geschichte Israels in die Verwirklichung der Abraham gegebenen „Messias"verheißung mit einbezogen. Außerdem weiß Paulus recht gut, daß der „Same Abrahams" in Gen 17,7 auch das jüdische Volk meint. Er sagt ja von sich selber, er stamme aus dem „Samen Abrahams" (Röm 11,1); desgleichen geht der Messias als „Same Abrahams" (Gal 3,16) deshalb aus den Israeliten hervor (Röm 9,5), weil diese selber Abrahams Same sind. Welche tragende Kraft Abraham und seine Treue für die ganze Geschichte Israels besaß, davon spricht eine rabbinische Aussage in der Mekhilta zu Ex 14,15: Die Spaltung des Schilfmeers und die Rettung Israels vor den Ägyptern ist letztlich dem Glauben Abrahams (Gen 15,6) verdankt[32]. Weil dieser der Verheißung einer großen Nachkommenschaft fest vertraut hat, darum läßt Gott den Samen Abrahams nie völlig untergehen. Ähnlich sieht das Paulus: Die Verheißung für Abraham und dessen Samen wirkte geschichtlich weiter, wurde nach 2 Sam 7,12—14 gleichsam für David bekräftigt; die Aussage, der Messias stamme „nach dem Fleisch" von den Israeliten ab (Röm 9,5), ist auch an 2 Sam 7,12 orientiert, wonach der Messias „nach dem Fleisch" Same Davids war (vgl. Röm 1,3). Mit dem Messias kommt das Heil von den Juden. Das sagt Paulus indirekt in Röm 15,12, wo er wieder das Messiaszeugnis des Alten Testaments ins Feld führt: „Es wird erscheinen der Wurzelschoß Isai's, und zwar er, der da aufsteht, um über die Heiden zu herrschen; auf ihn werden die Heiden hoffen". Während der erste Satzteil sich auf Jes 11,1, die Weissagung vom idealen König aus dem Stamm Isai, bezieht, ist die darauffolgende Aussage auf den Juda-Segen Gen 49,10 gegründet, der in der neutestamentlichen Zeit ebenfalls messianisch gedeutet wurde: „Nicht wird das Szepter von Juda weichen noch der Herrscherstab zwischen seinen Füßen, bis der ‚Schiloh' kommt, und die Völker werden ihm Gehorsam leisten". Der Evangelist Johannes erinnert an diesen Juda-Segen, wenn er Jesus der Samaritanerin am Brunnen erklären läßt: „Das Heil (d. h. der Messias) kommt von den Juden" (4,22)[33]. Auch Paulus hat — neben 2 Sam 7,12 — an Gen

---

31 Vgl. dazu meine Schrift: „Was wissen wir von Jesus?" Stuttgart ²1967, S. 59—68.
32 Traktak Beschallach, ed. Lauterbach, Band I, S. 220.
33 So richtig K. Haacker, Gottesdienst ohne Gotteserkenntnis, in: Wort und Wirklichkeit. Festschrift für E. Rapp. Meisenheim 1976, S. 121. Vor allem kommt in Joh 4,25 die Ver-

49,10 gedacht, wenn er sagt, der Christus gehe von den Israeliten = Juden hervor (Röm 9,5). Von ihnen kommt demnach das Heil; die Messiasverheißung führt nicht an Israel vorbei, sondern geht in dessen Geschichte ein[34]. Freilich hat Paulus nur einige markante Punkte dieser Geschichte erwähnt: Abraham und Isaak, den Stamm Juda und das Haus David, dazu die Propheten. Aber ähnlich tat man das in Qumran und bei den Rabbinen.

4. Der Dienst des Messias an Israel

Weil der Messias von den Juden stammte, wurde er auch zu den Juden gesandt. Wir sahen, daß Paulus in Röm 15,8 den Dienst des Christus für die Juden erwähnt und sich dabei wohl auf das Jesuswort Mk 10,45 bezieht: Der Menschensohn kam, um zu dienen und sein Leben für viele (= alle) als Lösegeld zu geben. Der Apostel bejaht die hier von Jesus ausgesprochene universale Geltung der Versöhnung, betont aber in Röm 15,8 die Diakonie des Christus an den Juden „zum Erweis der Wahrheit Gottes, damit er die den Vätern gegebene Verheißung erfülle". Den Juden gelten also in erster Linie die Väterverheißungen; Gott erweist sie als wahr und sich selbst als wahrhaftig, indem er den Juden — nicht den vielen! — den Messias als Diener schickt. Die messianische Zeit ist auch für ihn die letzte Frist, um sein Wort wahrzumachen, und das Wort an Abraham gilt in erster Linie Israel. Paulus denkt hier, wenn er von der „Wahrheit Gottes" und der messianischen Erfüllung der Väterverheißungen spricht, an die Grundbedeutung des hebräischen Wortes für Wahrheit = 'aemaet, nämlich ‚Verläßlichkeit, Beständigkeit, Treue': Gottes Wort verliert über die Jahrhunderte hinweg nichts von seiner Gültigkeit und ist deshalb wahr. Schon die Wendung „Wahrheit Gottes" deutet eine Zeitdauer und geschichtliche Dimension an, in der sich die Verheißung bewähren, bewahrheiten muß.

Der Dienst des Messias an den Juden bedeutet, daß auch für die Heiden das Heil heraufgeführt und Jesu Wort vom Lösegeld für die Vielen erfüllt wird. Denn in den folgenden Versen Röm 15,9—11 spricht Paulus vom Lobpreis der Heiden für Gottes Barmherzigkeit; dieses Lob ist die Antwort auf das in Christus erfahrene Heil. Besonders wichtig ist in diesem Zusammenhang das Zitat Deut 32,43 in Röm 15,10: „Freut euch, ihr Heiden samt seinem Volk!" |

---

heißung Gen 49,10 zur Geltung: Die Samaritanerin interpretiert das Rätselwort Schîlôh als Messias und sagt: „Ich weiß, daß der Messias *kommen* wird"; das „Kommen" bildet ein wichtiges Glied zwischen Joh 4,22.25 und Gen 49,10 ('ad jabô').

34 Diese geschichtliche Wirkung der Verheißung für Abraham entspricht mehr der bundestheologischen Deutung von promissio durch K. Barth als der Interpretation von Luther, der sie als promissio absolutionis, als eine im hic et nunc tröstende und rettende Zusage versteht, wobei er die Differenz zwischen promissio und praemissio, ἐπαγγελία und εὐαγγέλιον etwas verwischt. Vgl. dazu B. Klappert, Erwägungen zum Thema: Gesetz und Evangelium bei Luther und K. Barth, in: Theol. Beiträge 7 (1976), S. 142 f.

Das bedeutet: In der Gemeinschaft mit dem erlösten Israel bekunden die Heiden ihre endzeitliche Freude, bekennen und preisen den wahren Gott. Paulus steht hier nahe bei Jesus; denn er sieht in Israel auch den Knecht Gottes, der ein Helfer zum Heil der Heiden sein soll.

In Röm 11,26 f. verbindet Paulus die Erlösung Israels mit der Wiederkunft Christi: Wenn die Heiden in großer Zahl für die Gemeinde Gottes gewonnen sind, dann wird auch „ganz Israel gerettet werden, wie geschrieben steht: ‚Vom Zion wird der Erlöser kommen; hinwegschaffen wird er die Gottlosigkeit von Jakob (V. 27). Und dies ist von mir aus der Bund mit ihnen, wenn ich ihre Sünden wegnehmen werde‘“. Paulus zitiert hier Jes 59,20 f, ändert es aber in bezeichnender Weise ab: Während der Prophet vom Kommen des rettenden Gottes *für* Zion (leṣiôn = Jerusalem) spricht, verkündigt Paulus das Kommen des erlösenden Christus *aus* Zion für ganz Israel und erinnert dabei an das Orakel von der Völkerwallfahrt Jes 2,3: „Aus Zion geht Belehrung aus.“ Mit dem Zion meint er wohl das himmlische Jerusalem, das er aber sicher in Verbindung mit dem irdischen denkt. Das Werk der Erlösung liegt in der Tilgung der Sünden des Gottesvolkes, wobei Jesus seinen Namen bewahrheiten wird: „Er wird Sein Volk, d. h. das Gottesvolk, von ihren Sünden retten“ (Mt 1,21). Das zweite Kommen des Christus führt also nicht etwa zum Gericht an einem ungläubigen Israel, sondern zu dessen Rettung durch eine von Erfolg gekrönte messianische Diakonie. Nicht nur die Mehrzahl, wie bei den Heiden, sondern ganz Israel wird gerettet werden und in den ewigen Bund mit Gott einbezogen; Paulus verkündigt hier das Gleiche wie die Mischna: „Ganz Israel hat Anteil an der kommenden Welt“ (Sanhedrin 10,1). Auch die Mischna begründet ihre Zuversicht mit einem Wort aus Tritojesaja, das in der Nähe des von Paulus zitierten Satzes vom Erlöser für Zion (Jes 59,20 f) steht: „Und dein Volk: sie alle sind Gerechte, auf ewig werden sie das Land besitzen, als Sproß meiner Hände, Werk meiner Hände, um mich zu verherrlichen“ (60,21). Gottes Ehre wird durch Israels Rettung manifest werden, so wie für Paulus die Wahrheit Gottes.

Weil der Christus aus Israel stammt und „der Beschneidung“ gedient hat, deshalb sind auch die Juden die Adressaten des heilbringenden Evangeliums; ihnen wird zuerst das Kreuz des Messias als Erweis der heilbringenden Gerechtigkeit Gottes verkündigt (Röm 1,16) und die Treue Gottes[35] für den

---

35 So ist Röm 1,17 zu übersetzen, da die Wendung ἐκ πίστεως sich in dem von Paulus angeführten Vers Hab 2,4 nicht nur auf den Glauben des Gerechten (= Gerechtfertigten), sondern vor allem auf die Treue (πίστις = ’aemunâh) des gerecht machenden Gottes beziehen muß; sonst wäre Hab 2,4 nicht, wie Paulus versichert, ein Schriftbeweis für die Offenbarung von Gottes Gerechtigkeit (Röm 1,17). A. Schlatter muß sie hineinlesen: „Mit ἐκ πίστεως (1,17) ist angegeben, warum die rettende Kraft Gottes das Leben verleiht“ (Gottes Gerechtigkeit, S. 43).

Glaubenden offenbart. Diese Treue gilt deshalb zuerst den Juden, weil auch sie — in einer kleinen, aber kontinuierlichen Minderheit — sich dem Wort Gottes gegenüber als treu erwiesen haben.

5. Die Juden als Bewahrer des Gotteswortes

Die Juden sind für Paulus nicht zuletzt darum die ersten Adressaten des Evangeliums, weil sie die ersten Empfänger und Tradenten des Wortes waren, das zu Christus hinführt und sich mit dessen Wirken erfüllt. Sie haben einen großen Vorzug vor den Heiden, insofern sie die „Worte Gottes" glaubend angenommen haben (Röm 3,2). Bei Paulus gibt es ähnliche Stationen von Wortempfang und Tradition wie bei den Rabbinen. Nennen die letzteren: Mose, Josua, die Ältesten, die Propheten und die priesterlich-rabbinischen Lehrer der großen Synagogen (Aboth 1,1), so spricht Paulus, dem es besonders auf die Verheißung ankommt, von den Vätern, Mose, den Propheten und den jüdischen Eiferern um das Gesetz, zu denen er sich selbst zählt (Phil 3,6).

a) Die Treue zur Tora

Der ehemalige Pharisäer Paulus denkt bei den „Worten (λόγια) Gottes" in Röm 3,2 an die Gebote, der Christ Paulus vor allem an die Verheißungen für die Väter. Speziell die Zehn Gebote werden ausdrücklich als „Worte" (debarim Ex 20,1; rabbinisch: dibburoth) bezeichnet: Im Unterschied von den Heiden, denen nach rabbinischer Lehre die Gebote vom Sinai her in ihrer eigenen Sprache vergebens angeboten worden waren, hat Israel sie angenommen und sich dadurch zum Volk der Tora gemacht[36]. Das Toraverständnis des Paulus ist nicht durchweg pessimistisch, wie vielfach angenommen wird. Gerade in Röm 7, wo Paulus das Scheitern des Menschen an Gottes Forderung eindrücklich aufzeigt, betont er, das Gesetz sei „geistlich" (7,14), d. h. von Gottes Geist inspiriert[37]. Es liegt am fleischlich gearteten, unter die Sünde verkauften Menschen, daß er das geistliche Gesetz nicht erfüllt oder aber zum Erwerb einer eigenen Gerechtigkeit mißbraucht. Paulus will das Gesetz nicht etwa aufheben, sondern es „aufrichten" (Röm 3,31), es voll zur Geltung bringen. Denn der Christ kann durch den ihm geschenkten heiligen Geist, der die wahre Absicht des „geistlichen" Gesetzes, den Vollzug der Liebe (13,9 f), erkennen läßt, dem Gesetz entsprechen. So konvergieren Gesetz und

---

36 Vgl. dazu meinen Artikel φωνή etc. im Theologischen Wörterbuch zum Neuen Testament (ed. G. Kittel-G. Friedrich).

37 A. Schlatter: „Somit fällt auf das Gesetz kein Tadel; es ist heilig, als Gottes Eigentum gekennzeichnet" (Gottes Gerechtigkeit, S. 238).

Evangelium, weil das Liebesgebot als Summe des Gesetzes dem Evangelium von der Liebe Gottes zugeordnet werden kann. Evangeliumswidrig ist es freilich, wenn die gleichsam lieblose, weil die Menschen trennende Gewalt des Gesetzesbuchstabens in die Kirche eingelassen und über den ehemaligen Heiden aufgerichtet wird; sie wird z. B. durch die Beschneidung, den Sabbat und die Feste, dazu die Speisegebote ausgeübt (Gal 4,1—10). Solcher Gesetzesgehorsam wäre anachronistisch; Paulus hat ihn deshalb als Irrweg bekämpft (Gal 2,18 in Bezug auf Petrus). Denn das Gesetz als Scheidewand wurde mit dem Sühnetod Jesu beseitigt (Eph 2,14): „In Christus", „im heiligen Geist", beim Vollzug des Liebesgebots, werden Juden und Heiden eins (Kol 3,11), auch wenn sie hinsichtlich ihrer traditionsbedingten Gepflogenheiten verschieden sind. Und wenn Paulus im Gebot Gottes den Antrieb zur Übertretung, den Angriffspunkt der Sünde und die Ursache des Todesverhängnisses sieht (Röm 7,7—13), so weiß er das nicht nur aus eigener Erfahrung, sondern auch von der Tora. Denn das erste von Gott gegebene Verbot hat in Eva die Begierde geweckt und zum Ungehorsam der ersten Menschen geführt (Gen 3,1—6).

In Gal 3,15—22 wird die lebenschaffende Verheißung der durch Engel vermittelten und zum Tod führenden Tora gegenübergestellt. Aber auch Paulus wußte, daß nach der Schrift für den Toragehorsam das Leben verheißen war (vgl. Gal 2,12). Denn wenn er in Röm 10,6—9 die Verse Deut 30,11—14 anführt, so kennt er auch deren Fortsetzung Deut 30,15—20 „Bedenke wohl: Ich habe dir heute Leben und Glück und andererseits Tod und Unglück zur Wahl vorgelegt. Was ich dir heute gebiete, ist, den Herrn, deinen Gott, zu lieben, auf seinen Wegen zu wandeln und seine Gebote und Satzungen und Verordnungen zu bewahren, damit du am Leben bleibest ... das Leben und den Tod habe ich euch vorgelegt, den Segen und den Fluch". Paulus hat m. E. diese Mahnung zum Toragehorsam in den Horizont endzeitlicher Verwirklichung gestellt und wie die voraufgehenden Verse auf Christus hin orientiert: Das von Gott verheißene Leben ist das ewige Leben, und das „Bewahren" der Gebote versteht er auch als ein „Bewahrt-Werden, In-Gewahrsam-Gehalten-werden" unter dem Gesetz, dem Zuchtmeister auf Christus hin (Gal 3,23 f)[38]. Paulus weiß aber auch um die aktive Bedeutung dieser Wendung und setzt sie in Gal 3,23 voraus: Wir werden dadurch auf Christus hin „bewahrt", daß wir die Gebote „bewahren", sie zu halten versuchen. Eben das haben die Juden, die unter dem Gesetz stehen (1 Kor 9,20), im Lauf der Jahrhunderte getan. Ohne die Treue zur Tora gäbe es keinen Gottesdienst (Röm 9,4), keine Anbetung des wahren Gottes, die als letztes

---

38 Paulus liest die Wendung lischmôr miswôth in Deut 30,16 = „die Gebote zu halten" als Niphal = lischschamer miswôt = „Bewahrtwerden hinsichtlich der Gebote"; vgl. die Septuaginta „φυλάσσεσθαι".

Ziel der Geschichte alle Menschen vereinigen soll (Röm 14,11 nach Jes 45,23; vgl. Phil 2,10 f). Hätten nicht die Juden alle heiligen Schriften tradiert und befolgt, so gäbe es auch für die Kirche keine Lehre und keinen Trost (vgl. Röm 15,4). Der Eifer für Gott und sein Gebot verband den Pharisäer Paulus mit den Juden; auch sie streben nach der Gerechtigkeit, die durch untadeligen Gesetzesgehorsam gewonnen wird (Röm 10,2; Phil 3,6). Freilich wird vom Christen Paulus solch ein Streben als falsch, als Schaden, angesehen (Röm 10,3; Phil 3,7). Dennoch steht der homo religiosus des Gesetzes näher bei Gott als der gesetzlose Heide. Denn es sind die Heiden, über denen sich der Zorn Gottes in der Gegenwart offenbart und die der Götzendienst zur Unterdrückung der Wahrheit und zur Perversion der Sitten führt (Röm 1,18—32). Man muß ferner bedenken, daß die jüdische Ablehnung des Kreuzes Christi nicht zuletzt dadurch bedingt ist, daß man die Tora als maßgebliche Autorität | anerkennt und deshalb mit ihr einen „am Holz Hängenden" als von Gott Verfluchten verurteilen muß (Gal 3,13 nach Deut 21,23). Paulus hat nur in der polemischen Aussage 1 Thess 2,15 die Juden für die Kreuzigung Jesu verantwortlich gemacht. Sonst ist für ihn das Kreuz Gottes Sache, die der Apostel deutlich zur Opferung Isaaks in Beziehung setzt, wenn er in Röm 8,32 sagt, Gott habe seines eigenen Sohnes nicht geschont, sondern ihn für uns alle dahingegeben; das ist die Sprache von Gen 22,16, wo Gott den Gehorsam Abrahams mit den gleichen Worten anerkennt. Und wie nach rabbinischer Lehre Abraham aufgrund der „Bindung Isaaks" als ein Fürsprecher Israels vor Gott treten darf, so treten jetzt Gott und Christus aufgrund des Kreuzes für die Glaubenden ein (Röm 8,33 f). Paulus führt diesen Dienst des Eintretens für Israel weiter, wenn er in Röm 9,3 das eigene Leben und Heil für Israels Rettung anbietet. Er folgt dabei dem Beispiel Moses, der sich nach dem Abfall Israels zum Goldenen Kalb „in den Riß gestellt" und Gott gebeten hat: „Vergib ihnen doch ihre Sünde! Wo nicht, so streiche mich aus deinem Buche aus, das du geschrieben hast!" (Ex 32,32).

b) Die Geltung der Verheißung: Das Protevangelium der Propheten

Den Christen Paulus hat die in der Tora berichtete Verheißung für Abraham noch mehr berührt (vgl. Röm 4,13.16.20). Nun sieht ja Paulus in dieser Verheißung und ihrer glaubenden Annahme einen Hinweis auf das Heil, das ohne Beschneidung und Gesetzesgehorsam gewährt wird und deshalb auch den Heiden zugänglich ist: Abraham gilt ihm darum als Vater der glaubenden Heiden (Röm 4,11 nach Gen 17,7). Aber das bedeutet ebensowenig die Aufhebung seiner Rolle als des Vaters der Juden, wie die Kirche aus Heidenchristen das Volk Israel in heilsgeschichtlicher Hinsicht ablösen kann[39]. Abraham bleibt für Paulus auch der Vater der Juden, weil die ihm gegebene

---

39 Vgl. zum Letzteren G. Harder, in: Treue zur Thora, S. 151.

Verheißung neben den Kindern aus dem Glauben auch den Beschnittenen gilt (Röm 4,11 f; 9,5). Obwohl in der Vergangenheit nicht alle Juden zum wahren Israel gehörten (9,7 f) — und das gilt erst recht für die Gegenwart! — so hat doch Gott auch aus ihnen seine Kinder erwählt (9,24). Und wie Israel — im Gegensatz zu den Heiden (10,20) — das Heil erstrebt (11,7) und für Gott eifert (10,2), so sucht Gott sein Volk und streckt seine Arme nach den Ungehorsamen und Rebellierenden aus (10,21).

Vor allem ist es wichtig, daß Paulus das Evangelium von Christus durch die Propheten Gottes in den heiligen Schriften vorausverkündigt sah (Röm 1,2). Die dem Abraham gegebene messianische Verheißung wurde mit der Botschaft eines Nathan, Jesaja, Jeremia zu einer Art von Protevangelium. Ohne solche Vorausverkündigung blieben der endzeitliche Kairos und das Christusgeschehen letztlich unverstanden. Für Paulus ist demnach das Alte Testament nicht nur Gesetz, sondern auch Evangelium und die Gerechtigkeit Gottes für den Menschen eine heilschaffende Macht. Als solche wurde sie nach Röm 3,21 durch das Gesetz und die Propheten bezeugt. Paulus denkt neben Gen 15,6 und Hab 2,4 vor allem an Jes 56,1, wonach Gott parallel zum Kommen des Heils verheißt, seine Gerechtigkeit werde offenbar werden[40]. Der Messias wurde, wie bereits erwähnt, von Mose in Gen 49,10 (Röm 15,12), Nathan in 2. Sam 7,12—14 (Röm 1,3 f) und Jesaja in 11,1 ff (Röm 15,12) angekündigt; auch seinen heilbringenden Tod und die Auferstehung am 3. Tag fand Paulus im prophetischen Protevangelium angezeigt (1. Kor 15,3 f; vgl. Jes 53,8 f; Hos 6,2). Paulus hätte auch seine Berufung vor Damaskus nicht in ihrem vollen Umfang verstanden ohne den Schlüssel, den er in Jesaja 6 fand[41]. Der Apostel des Evangeliums von Christus ist ein rückwärts gewandter Prophet, ein Gottesbote der letzten Zeit, der im Tempus der Vergangenheit vom Messias und von Gottes Gerechtigkeit spricht, die von den Propheten des Alten Bundes im Futurum angezeigt wurden. Auch die Tora Moses enthält ein prophetisches Christuszeugnis. Die Juden könnten es vernehmen, läge nicht eine Decke auf ihren Herzen, fehlte ihnen nicht der heilige Geist, der den christologischen Sinn des Gesetzes erschließt (2 Kor 3,15 bis 17). Daß die Tora auch prophetisch redet, war für Paulus so selbstverständlich, daß er z. B. die Stelle Jes 28,11 f als ein Zeugnis des Gesetzes einführen konnte (1 Kor 14,21). Selbst der zum Tod führende Dienst der Tora geschah nach 2 Kor 3,7 in Herrlichkeit, ließ die Israeliten etwas von der Kraft und dem Glanz Gottes sehen, die am Ende der Zeit noch deutlicher in Christus hervortreten (2 Kor 3,18).

---

40 Vgl. dazu meinen Beitrag zur Festschrift für E. Käsemann, „Rechtfertigung in Qumran", S. 17—36, besonders S. 24—29.
41 Vgl. dazu meinen Aufsatz: Die Vision des Paulus im Tempel von Jerusalem, in: Verborum Veritas, Festschrift für G. Stählin, Wuppertal 1970, S. 113—123.

Freilich führt Paulus eine bewegliche Klage über die Verstocktheit, Blindheit und fehlende Einsicht der Juden (Röm 10,2.21; 11,7—10). Das Beieinander von Trauer über die Treulosigkeit Israels und Glauben an seine Zukunft darf nicht negativ, nach der Seite der Treulosigkeit und des Gerichtes, aufgelöst werden. Paulus fand es schon bei den Propheten und macht ausdrücklich darauf aufmerksam. Der gleiche Jesaja, der die Klage Gottes bot: „Ich habe meine Arme den ganzen Tag ausgestreckt nach einem ungehorsamen und rebellischen Volk" (Jes 65,2, zitiert in Röm 10,21), verkündigte auch die Verheißung von der Rettung des ganzen Volkes (Jes 60,21, vgl. Röm 11,26 und m Sanh. 10,1). Wie die Rabbinen baute auch Paulus auf die Möglichkeit der t^eschûbah, der Umkehr zu Gott, oder richtiger: auf die Macht Gottes, sein Volk zurückzugewinnen. Deshalb bleibt auch das ungläubige Israel die heilige Hebe im Teig der Völker (Röm 11,16), der edle Ölbaum, der die Kirche der Heiden trägt und ihr Kraft und Lebenssaft zuströmt (11,17—19); das tut er als der Träger und Bewahrer des Gottesworts.

c) Die Rettung Israels

Aber Israel ist auch der Gegenstand des Wortes: In seiner Geschichte werden die Verheißungen Gottes nicht nur bewahrt und tradiert, sondern auch bewährt, von Gott verwirklicht. Die Israeliten sind die von Gott Geliebten, von ihm Erwählten (Röm 11,28); deshalb kam der Messias zuerst zu Israel. Aber kam er umsonst? Die Ausführungen des Paulus in Röm 9—11 werden von der Frage bestimmt, ob nicht die Zusage Gottes an Israel durch den Unglauben der Juden Lügen gestraft und hinfällig geworden sei (9,6). Die Wahrheit Gottes, seine geschichtsbestimmende Macht, steht auf dem Spiel. Wie der Psalmist (Ps 51,6 in Röm 3,4) so will auch Paulus, daß Gott gerechtfertigt werde in seinen Worten und Sieger bleibe im Gericht der Weltgeschichte. Dazu braucht er ein Volk, das diesen Worten glaubt, in dessen Geschichte sie in Erfüllung gehen. Sollen die Juden, die das gebietende und verheißende Wort Gottes aufgenommen, überliefert und jeweils neu gedeutet haben, am Ziel der Geschichte für immer abseits stehen? Sollen sie weder Mittler des Wortes für die Heiden noch Empfänger der verheißenen Vergebung, des Friedens Gottes und der Fülle sein? Paulus hat das entschieden verneint. Das Ende der Zuchtmeisterrolle des Gesetzes (Röm 10,4), unter der Israel lange genug gelebt hat, kann nicht die Verstoßung aus dem Stand der Sohnschaft sein. Das widerspräche der Tatsache, daß Gott die Geschichte zu dem von ihm beschlossenen Ziel führt. Wie für die Theologen der Qumrangemeinde, so ist auch für Paulus das Schicksal jedes einzelnen Menschen prädestiniert, von Gottes erwählendem oder verwerfenden Willen bestimmt (Röm 9,14—21). Stets hat nur ein heiliger Rest von Erwählten die Sache Gottes durch die Zeiten hindurch vertreten und die Treue bewahrt (11,3—5). Aber Paulus ist jüdischer als die frommen Juden in Qumran, weil er an die

Rettung des ganzen Volkes Israel glaubt. Er betont zwar die souveräne Freiheit Gottes, dessen Willen niemand Widerstand leisten kann (Röm 9,19).
Aber ausschlaggebend ist für ihn die Treue Gottes, seine Bindung an die von
ihm getroffene Erwählung Israels (11,29). Auch die unerwartete Wendung
der Dinge, nach welcher der edle Ölbaum Israel mit wilden Schößlingen
besetzt wird (11,17) und die Fülle der Heiden vor den Juden in den Raum
des Heils hineingeht, ist in Gottes Weisheit vorhergesehen (Röm 11,25.33
bis 36). Die Kraft des Evangeliums (1,16) wird an Israel nicht zuschanden.
Gott respektiert die Freiheit seiner Kinder, seine Wahrheit überwältigt
keinen, aber letztlich kommt sie doch zum Ziel. Auch das ungläubige Israel
bleibt in Gottes Hand und wird, wie vorausverkündigt, zum wichtigen Fak-
tor bei der endzeitlichen Vollendung der Menschheitsgeschichte. Denn die
gegenwärtige Verstockung der Juden führt dazu, daß die Heiden in großer
Zahl zum Heil gelangen (11,11 f). Auch da, wo es den Messias für sich ab-
lehnt, dient Israel als ein Werkzeug des Heils, so wie Paulus auch als Heidenapostel seinen Stammesgenossen nützt: Mit der Bekehrung der Heiden macht
er die Juden auf den Kairos der Erlösung aufmerksam (11,13 f) und mit der
stürmisch betriebenen Heidenmission drängt er den Zeitpunkt der darauf
folgenden Heimkehr Israels herbei (11,25). Die Missionierung der Heiden,
sonst der Schlußpunkt der Heilsgeschichte (Jes 2,2—4), erscheint nun als ein
Zwischenspiel und großer Umweg Gottes zu Israel. Sie ist gleichsam eine List
der göttlichen Vernunft, die schließlich doch ihr Ziel, die Rettung Israels,
erreicht und so die Wahrheit des Wortes erweist. Die tragende Rolle in diesem
Prozeß der Heilsgeschichte bleibt Israel zugewiesen. Das zeigt das Bild vom
Ölbaum, der es vertragen kann, daß edle Zweige ausgebrochen und wilde
Schößlinge in ihn eingepflanzt werden. Durch den Zwischenspielcharakter
der Heidenmission wird Israel erst recht zum Ziel, seine Heimkehr zum
Schlußpunkt der Heilsgeschichte.

Man muß sich fragen, woher denn Paulus solches Wissen besitzt, wie er trotz
der trostlosen Gegenwart so zuversichtlich von der Zukunft Israels reden
kann. Die Antwort kann auch diesmal nur lauten: aus der Heiligen Schrift.
Man hat an das Orakel von der Völkerwallfahrt Jes 2,1—4, an den Endzeitkalender Dan 9,24—27 und ähnliche Traditionen gedacht. Aber diese Stellen
reichen m. E. nicht aus. Die in Röm 11 gewählten Begriffe: die Verstockung
der Juden, ihre Unfähigkeit, zu hören und zu sehen (vv 7—10.25), dann das
Bild vom Baum, der trotz aller Schädigungen durchhält, weisen auf eine
andere Perikope, die für die neutestamentlichen Autoren und speziell für
Paulus sehr wichtig war. Es ist dies die Geschichte von der Berufung Jesajas
Jes 6,1—13. Die Botschaft des Propheten soll nach Gottes offen ausgespro-
chenem Willen ihre Adressaten verstocken, so daß sie nicht sehen und hören
und nichts verstehen (Jes 6,9 f). Nach urchristlicher Auffassung hat das
Evangelium eine ähnlich verhängnisvolle Wirkung bei den Juden gehabt

(vgl. Mk 4,12 par; Joh 12,40; Apg 28,26 f). Auch Paulus hat so gedacht: Wie das Protevangelium Jesajas, so wurde seine apostolische Frohbotschaft von den Juden abgelehnt (vv 7—10). Aber der Apostel hat in dieser Jesaja-perikope auch die Verheißung von der endlichen Umkehr Israels entdeckt, wobei ihm wahrscheinlich seine pharisäische Erziehung zu Hilfe kam. Die Juden haben nämlich die endzeitliche Rettung Israels vor allem aus Jes 6,13 herausgelesen, wo es heißt, das weggeführte Volk und das verwüstete Land werden sein „wie eine Therebinthe und wie eine Eiche, von denen, wenn sie gefällt sind, ein Wurzelstock übrigbleibt; heiliger Same ist sein Wurzelstock". In der paraphrasierenden aramäischen Übersetzung dieses Verses hat man davon gesprochen, daß die Vertriebenen Israels gesammelt würden und um-kehren in ihr Land. Paulus, der nach Jes 6,9 f von der „Verstockung" Israels spricht (Röm 11,7 f, 25 f), betont dort, daß diese Verstockung begrenzt und auch zeitlich befristet sei; er denkt nämlich an die Rettung Israels nach Jes 6,13 und an den Schluß von Jes 6,10, wo von Umkehr und Heilung gespro-chen wird (vgl. Mt 13,15). Das Targum deutete dies: „Es wird ihnen (von Gott) vergeben werden"; Paulus läßt dementsprechend Gott selber sagen: „Wenn ich ihre Sünden wegnehmen werde" (11,27). Entscheidend ist für ihn das göttliche Erbarmen (11,31 f), das ja auch die Rechtfertigung des Sünders bewirkt.

Es wird somit deutlich: Die Juden sind für Paulus nicht nur die dunkle Folie, auf der sich das messianische Heil für die Heiden deutlich abheben soll. Trotz gegenwärtigen Unglaubens, ja gerade durch ihn, erweisen sie sich als ein wichtiges Glied in der Begegnung Gottes mit der Welt. Sie sind das als die Empfänger und Bewahrer des alttestamentlichen Wortes, das den Dienst der Versöhnung ermöglicht. Sieht man auf den Weg Gottes mit Israel, | so drängt sich einem das Wort von den Ersten auf, die letzte sein werden. Aber die Juden waren auch erste, nicht nur in der Geschichte des Alten Bun-des, sondern auch beim Geschehen der letzten Zeit: Aus Israel kamen die ersten Boten des Evangeliums und Diener des messianischen Heils. Deshalb denkt Paulus nicht daran, die Juden vom Heil der Endzeit auszuschließen, sondern schließt umgekehrt die bekehrten Heiden an Israel an, wenn er Röm 15,10 die Stelle Deut 32,43 zitiert: „Frohlocket ihr Heiden mit seinem Volk!"

Nachwort

Der Anschluß an Israel ist auch für uns moderne Heidenchristen wichtig. Wir vergessen leider nur zu oft, daß Jesus ein Jude war und Gesetz und Propheten ausgelegt hat. In diesem Geist waren auch seine Jünger und die Verfasser der neutestamentlichen Schriften erzogen. Paulus, der seine Erziehung zu den Füßen Gamaliels in strenger Befolgung des väterlichen Gesetzes erhalten hatte (Apg 22,3), hat auch als Christ seine jüdische Denkweise nicht einfach abgelegt. Mit der Art seiner Schriftauslegung hat er den heidenchristlichen Empfängern seiner Briefe und den Exegeten von heute viel zugemutet. Deshalb ist das Studium des Alten Testaments und des nachbiblischen jüdischen Schrifttums für die Auslegung des Neuen Testaments ungemein wichtig und ein enger Kontakt mit den jüdischen Exegeten und rabbinischen Gelehrten empfehlenswert. Die Fehler der neutestamentlichen Hyperkritik im Deutschland der letzten Jahrzehnte, auf die jetzt wieder P. Stuhlmacher aufmerksam gemacht hat[42], gehen m. E. nicht zuletzt auf eine unzureichende Kenntnis der jüdischen Umwelt Jesu zurück; in ihr hat man die Schrift synthetisch-konstruktiv und nicht analytisch-kritisch ausgelegt. Daß wir im Schatten von Auschwitz leben, spüren wir auch an der bitteren Tatsache, daß es bei uns in Deutschland zur Zeit kaum noch Juden gibt und unser Land von denen gemieden wird, aus denen der Christus hervorgegangen ist. Um so dringlicher ist die Verbindung mit Jerusalem, von dem auch heute noch die Lehre ausgeht. Gerade auch jetzt, im ökumenischen Zeitalter der christlichen Kirche, ist der Kontakt mit den Juden wichtig. Denn die Einigung der christlichen Kirchen muß ja von der gemeinsamen Grundlage, der Heiligen Schrift, ausgehen und an ihr die dogmatischen Differenzen kritisch prüfen. Eine historisch-theologische, die Christen zusammenführende Auslegung der Schrift kann nicht ohne eine Zusammenarbeit mit „Seinem Volk" geschehen, das die heilige Wurzel und der edle Ölbaum für die Zweige der Kirche ist und uns mit dem jüdischen Erbe das geschenkt hat, was uns trägt und eint.

Postscriptum

Die in dieser Studie dargelegten Beobachtungen zur heilsgeschichtlichen Rolle Israels bei Paulus wurden später von mir ergänzt, und zwar 1. im Beitrag »Israels Mission an der Welt – unsere Mission an Israel« (in: H. Kremers-E. Lubahn [Hg.] ›Mission an Israel‹, Neukirchen 1985, S. 55–64), 2. im letzten Kapitel meiner Schrift ›Jesus und das Danielbuch‹ (Bd. 2) ANTJ Bd. 6/II, Frankfurt/Bern 1985, S. 144–175.

In diesen Ausführungen spreche ich vor allem von einem endzeitlichen Dienst, den Israel nach der Auffassung des Apostels für das Leben der Welt zu leisten hat. Die heilsgeschichtliche Rolle des Gottesvolkes ist mit seiner endzeitlichen »Rettung« (Röm 11,26) m. E. nicht etwa beendet; vielmehr

---

42 In: Evangelische Kommentare 10 (1977), Heft 1, S. 21 f.

tritt sie dann in ihre wichtigste Phase ein. Paulus deutet dies zunächst mit einem qal-wachomer-Argument, einem Schluß a minori ad maius, an: »Wenn ihre (der Israeliten) Verwerfung die Versöhnung der Welt bedeutet, was kann dann ihre Annahme anders als Leben aus den Toten sein?« (Röm 11,15). Was meint hier ›Leben aus den Toten?‹ M. E. ist nicht an eine leibliche Auferstehung von den Toten gedacht, da diese 1. sonst als ἀνάστασις νεκρῶν bezeichnet wird (1 Kor 15,21) und 2. zur parallelen, eine Aufgabe einschließenden, Aussage ›Versöhnung der Welt‹ nicht paßt. Die von Gott ausgehende Versöhnung der Welt erfordert von seiten des Menschen den ›Dienst der Versöhnung‹ (2 Kor 5,18), das ›Wort von der Versöhnung‹ (2 Kor 5,19). Das Kreuz des Christus, durch das Gott die Welt mit sich versöhnte, muß ja der Welt als Heilsgeschehen verkündigt werden, damit diese von Gottes Erbarmen hört und es im Glauben annimmt. Es ist dies der Dienst, den die Apostel an Christi Statt vollziehen (2 Kor 5,20), und Paulus rühmt ihn in Röm 11,13. Er verweist dabei auf seine Rolle als »Apostel der Heiden«, mit der er indirekt auch Israel helfen, es eifersüchtig machen und wenigstens teilweise retten möchte (V. 14). Mit diesem apostolischen Dienst an den Heiden setzt Paulus die messianische Diakonie des irdischen Jesus an Israel fort. Denn für ihn ist »Christus ein Diener der Beschneidung geworden für die Wahrheit Gottes, um die Verheißungen für die Väter zu bekräftigen« (Röm 15,8).

Diese Kontinuität von messianischem Dienst an Israel und apostolischer Verkündigung des Evangeliums ist wichtig für die Bestimmung der heilsgeschichtlichen Rolle, die nach Röm 11 dem Gottesvolk Israel in der messianischen Zeit zufallen soll. Hilfreich für die Durchführung dieser missionarischen Aufgabe ist ferner das analoge Verhältnis, das Paulus zwischen seiner Berufung und seinem gegenwärtigen Dienst einerseits und der kommenden Rettung Israels sowie dessen künftiger Rolle bei der Versöhnung der Welt andererseits eingerichtet sieht. Israels ›Fall‹ (Röm 11,11), sein ›Ausfall‹ (11,12) und Sich-Versagen gegenüber Christus ist letztlich in der von Gott gewirkten Verstockung und Betäubung begründet (11,8); deshalb fällt das Gottesvolk heilsgeschichtlich nicht einfach aus, so wenig Gottes Wort dahinfällt (Röm 9,6). Seine Verwerfung dient ja der Versöhnung der Welt (V. 15), und zwar dadurch, daß das Evangelium an ihm vorbei zu den Heiden geht; so führen die Apostel für die Welt den Dienst der Versöhnung aus. Auch diese unerwartete Wendung im Gang der Heilsgeschichte beweist für Paulus, daß Gott sein Volk nicht verstoßen hat (11,1).

1. Aber Paulus nennt dafür in Röm 11,1 noch einen anderen Grund. Er verweist ausdrücklich auf seine Person: Gott hat keinesfalls sein Volk verstoßen, »denn auch ich bin ein Israelit, aus dem Samen Abrahams, aus dem Stamm Benjamin« (11,1b). Dieser in seiner Logik zunächst wenig einleuchtende Satz ist mit der zweiten Selbstaussage in Röm 11, der rühmenden Erwähnung des Dienstes in V. 13, zusammenzuhalten: Wie der Israelit Paulus als Eiferer für das Gesetz und als Verfolger der Kirche von Gott keineswegs verworfen, sondern aufgrund seiner Erwählung zum Apostel Jesu

Christi berufen wurde (Gal 1,15 f.), so hat Gott auch das von ihm erwählte Volk (11,28) trotz dessen Ungehorsams nicht verstoßen. Vielmehr wird er es retten durch ein Damaskuserlebnis großen Stils. Nach einer Begegnung mit dem aus Zion kommenden Retter wird Israel zum Volk des neuen Bundes (11,26 f.); denn Gottes Gnadengaben und seine Erwählung sind unkündbar (11,29).

2. Diese Rettung Israels schließt auch dessen Berufung zum Dienst mit ein. Paulus betont in 11,1 b, er stamme aus dem Samen Abrahams. Das ist kein Zufall. Ganz Israel hat ja Abraham als Vater. Aber es geht im Römerbrief nicht primär um die leibliche Herkunft von Abraham, da diese als solche nicht einfach das Heil garantiert (9,6 f.). Wichtig sind die ›Kinder der Verheißung‹ (9,8), an denen die Verheißung für Abraham und die Väter in Erfüllung geht. Die Israeliten sind geliebt um der Väter willen (11,28) und Abraham – nicht der Messias! – ist die Wurzel, die den Ölbaum Israel trägt und ihm Kraft und Lebenssaft zuströmt (11,16 f.). Christus hat der Beschneidung gedient, damit die Väterverheißungen für das Volk der Beschneidung (vgl. Gen 17,11) bekräftigt werden (Röm 15,8; vgl. Gen 17,11–14). Abraham ist jedoch auch ein Träger des Segens für viele Völker (Gen 12,3; 17,5 f.). Auch sie sollen ja – durch Christus – das Erbarmen Gottes erfahren (11,32); sie alle sollen, zusammen mit dem Gottesvolk, sich freuen (15,10), den Herrn rühmen (15,11). Dieses heilsgeschichtliche Ziel wird durch den Dienst der Apostel mit verwirklicht. Und Paulus rühmt sich der Tatsache, daß er aus Abrahams Samen stammt (11,1), nicht zuletzt auch darum, weil er als Apostel der Heiden (11,13) den Dienst Christi weiterführt und die Wahrheit der Abrahamsverheißung für die Heiden bekräftigt (vgl. 15,8).

3. Als Heidenapostel wollte er m. E. ein Vorläufer des angenommenen, restaurierten, Gottesvolkes, ein Vorbild für dessen Dienst an der Versöhnung der Welt sein. Als Nachkomme Abrahams wurde er ja nicht nur für den Glauben gewonnen, sondern auch aufgrund seiner Erwählung zum Apostel der Heiden berufen (Gal 1,15 f.). So wird es auch mit dem um der Väter willen erwählten Volk Israel geschehen (11,28): Seine Rettung durch den ihm erscheinenden Christus schließt eine Berufung zum Ebed-dienst an der Welt mit ein (vgl. Jes 49,6); Israel wird dann das Licht der Heiden, die Quelle des Segens für alle Geschlechter sein (Gen 12,3). Die Heiden werden ja zum Zeitpunkt der Erlösung Israels nicht alle gerettet, sondern nur bis zu der von Gott bestimmten Vollzahl in den Raum des messianischen Heils ›eingegangen‹ sein (Röm 11,25); der weitaus größere Teil wird noch zu den Fernen gehören. Gott will sich aber aller erbarmen (11,32). Israels »Leben von den Toten« (11,15) wird ein Leben aus der Vergebung (11,26 f.) und ein Leben für Gott sein (vgl. Gal 2,19). Ja, es ist noch mehr: Gott braucht sein Volk als lebendigen Zeugen seines Erbarmens, als Mittler des neuen Lebens an die Welt. Das Kommen des Erlösers aus Zion (11,26) ist nicht die alle Welt überwältigende Parusie zum Gericht, sondern die Zuwendung des Men-

schensohns zu seinem Volk, nicht eine Furcht gebietende Epiphanie, sondern eine Offenbarung des göttlichen Geistes und Lebens.

4. Wie jetzt die aus Israel Erwählten, die geistlichen Abrahamskinder, im Glaubensgehorsam den apostolischen Dienst der Wortverkündigung vollziehen (vgl. Röm 9,6–9; 10,14–17), so wird einst das ganze Israel, einschließlich »der Abrahamskinder nach dem Fleisch« (vgl. Röm 9,7f.), die Väterverheißung bekräftigen und durch sein Erlöst-Sein Leben schenken. Nur so läßt sich der scheinbare Widerspruch erklären, daß Paulus einerseits den Unglauben Israels beklagt und das eigene Heil zugunsten seines ungläubigen Volkes in die Waagschale werfen will (Röm 9,2f.), andererseits aber davon überzeugt ist, daß Gott sein Volk nicht verstoßen hat (11,1). Man könnte fragen: Warum solch ein Trauern um Israel, wozu dieses Opferangebot, wenn Gott ohnehin seinem Volk die Treue hält? M. E. leidet der Apostel deshalb, weil Israel nicht nur den Glauben an den lang erwarteten Messias verweigert, sondern damit auch den missionarischen Ebeddienst an der Welt (Jes 49,6) nicht vollzieht. Gott hält zwar seinem Volk die Treue, steht zu seiner Verheißung, aber Israel reagiert nicht: Nicht alle wurden dem Evangelium gehorsam (Röm 10,16 nach Jes 53,1), und nur wenige vollziehen den Botendienst (10,15). Mit seiner Annahme durch Christus, den lebenschaffenden Geist (1 Kor 15,45), wird das aus dem Tod zum Leben erweckte Israel zu einem Mitarbeiter Gottes, zu einem Mittler des Geistes und zu einem Leben schenkenden Volk.

VII. Gnosis

37. Was am Anfang geschah

DAS JÜDISCHE ERBE IN DEN NEUGEFUNDENEN KOPTISCH-GNOSTISCHEN SCHRIFTEN

Otto Michel zum 60. Geburtstag gewidmet

Der Jubilar hat manchmal davon erzählt, wie sehr es ihn freute, als ihm einer seiner Schüler einen Aufsatz überreichte, in dem er die enge Verbindung zwischen Spätjudentum und Gnosis in eindrucksvoller Weise aufzeigte [1]). Der Handschriftenfund von Nag Hammadi in Oberägypten, mit dem eine ganze Bibliothek gnostischer Originalwerke ans Tageslicht kam [2]), läßt es angebracht erscheinen, das Thema „Gnosis und Spätjudentum" noch einmal zu behandeln.

I. DIE REFLEXION AUF DEN URSPRUNG DES ALLS

Charakteristisch für einen Großteil der neugefundenen gnostischen Schriften ist die Besinnung auf das, was am Anfang geschah. Dieses Interesse am Ursprung des Seins hat die Gnosis nicht nur mit der griechischen Philosophie, sondern auch mit der *jüdischen Apokalyptik* gemein. Zwar blickt der Apokalyptiker angestrengt auf das Ziel der Geschichte und das Ende der Zeit, aber er wendet sich auch zum ersten Anfang zurück. Denn in der Schöpfung und in den vollkommenen Tagen der Frühe sieht er das Vorbild für den Äon der Vollendung mit seiner neuen, ewig währenden Welt. Noch mehr gilt das von dem Gnostiker, wie er in den Texten von Nag Hammadi erscheint. Er vertieft sich in das Studium der

---

[1]) G. Kretschmar, Zur religionsgeschichtlichen Einordnung der Gnosis, ETh 13, 1953, 354-361. Vgl. auch G. Kretschmars Beitrag „Christlicher Gnostizismus, dogmengeschichtlich", in RGG³, Bd. II, Sp. 1656-1661.

[2]) Die wichtigsten Ausgaben der bisher veröffentlichten Texte sind: 1) P. Labib, Coptic Gnostic Papyri in the Coptic Museum at Old Cairo, Vol. I, Cairo, 1956; 2) M. Malinine, H.-Ch. Puech, G. Quispel, Evangelium Veritatis, Zürich, 1956, dazu Supplementum Zürich, 1961; 3) A. Guillaumont, H.-Ch. Puech, G. Quispel u.a., Evangelium nach Thomas, Leiden, 1959; 4) A. Böhlig, P. Labib, Die koptisch-gnostische Schrift ohne Titel aus Codex II von Nag Hammadi, Berlin, 1962. Wichtig ist ferner: W. Till, Die gnostischen Schriften des koptischen Papyrus Berolinensis 8502, in TU 60, Reihe V, Bd. 5, Berlin, 1955.

Genesis von Himmel und Erde und meditiert dabei über die ersten Kapitel des Alten Testaments; denn sie sind für ihn voller Geheimnisse, die man aufdecken muß. Auch beim Gnostiker ist das Interesse am Anfang eschatologisch bedingt: Wer vom Ursprung weiß, kennt den Weg zum Ziel und besitzt damit den Schlüssel zum Himmelstor. Der Himmel ist ja die Heimat, zu der man zurückfinden muß; darum sind es himmlische Dinge, die der Gnostiker erfahren will. Wie der Apokalyptiker ist er davon überzeugt, daß man diese Dinge und mit ihnen das Geheimnis des Anfangs nur durch Offenbarung, eine revelatio specialissima, erfahren kann. Wie jener kennt er darum den καταβάς, den Gesandten Gottes, der als Offenbarer vom Himmel zur Erde kam. Der Apokalyptiker besitzt geheime Schriften, in denen Engel wie Michael und Gabriel, die vor Gottes Angesicht stehen, oder Männer wie Henoch und Elia, die einst lebend zum Himmel fuhren, Dinge berichten, die kein Auge gesehen und kein Ohr gehört hat. Auch die Bibliothek von Nag Hammadi enthält solche Apokalypsen, deren Helden und Offenbarer ganz nah beim Uranfang stehen, so Adam und besonders dessen Sohn Seth [1]). Dazu kennt der Gnostiker die geheimen Worte, die der lebendige, d.h. der auferstandene und zum Himmel erhöhte Christus seinen Jüngern gesagt hat. Füllt der Apokalyptiker die 40 Tage, die Mose auf dem Sinai mit Gott verbrachte, mit dem Empfang einer mündlichen Offenbarung aus [2]), so werden für den Gnostiker die 40 Tage, an denen der auferstandene Christus mit seinen Jüngern verkehrte, zur klassischen Zeit der Mitteilung einer geheimen, rettenden Erkenntnis. Denn Christus,

---

[1]) Vgl. etwa die Apokalypse „Offenbarung des Adam an seinen Sohn Seth" (Nr. 12 nach der Zählung von J. Doresse, The Secret Books of the Egyptian Gnostics, New York, 1960, 182) und besonders die lange und bemerkenswerte „Paraphrase des Seem" (= Seth) (Nr. 27, J. Doresse, a.a.O., 146 f.). Seem erzählt darin, wie seine Seele sich vom Leibe trennte und eine himmlische Stimme von den großen Mächten erzählen hörte, wie sie dann durch die himmlischen Regionen reiste und den Weg durch die von den Archonten bewachten Himmel erfuhr. Das erinnert sehr an die im äthiopischen Henochbuch beschriebenen Himmelsreisen des Henoch. Dem „Großen Seth" ist auch das „Evangelium der Ägypter" zugeschrieben (Nr. 2 und 7, vgl. J. Doresse, a.a.O., 180); die Schrift „Das Wesen der Archonten" ist in ihrem zweiten Teil eine von dem Engel Eleleth an Norea, die Frau des Seth, gegebene Offenbarung.

[2]) Das Jubiläenbuch wurde auf diese Weise geoffenbart. Auch ein gnostisches Werk soll auf dem Sinai dem Mose übergeben worden sein: Es ist dies die ἀρχαγγελική, ein Verzeichnis von Engeln, das R. Reitzenstein, Poimandres, 1904, 292 ff., veröffentlicht hat.

der „aus dem Unendlichen kam", weiß die Wahrheit, um die sich die Philosophen vergeblich mühen [1]), und gab sie den Seinen bekannt [2]). In der Schau des Gnostikers verkürzt sich die Weltgeschichte zu einem von Gott geförderten Offenbarungsprozeß [3]). Nach den von Adam an Seth gegebenen Enthüllungen erscheint eine ganze Reihe rettender Offenbarer, deren wunderbare Geburt ausführlich vorhergesagt wird [4]). Scheinbar im Widerspruch dazu wird die kontinuierliche Übergabe der Geheimnisse Adams durch Seth an dessen Nachkommen behauptet [5]). Aber schon das Jubiläenbuch und die Damaskusschrift von Qumran betrachten die Geschichte Israels als einen Offenbarungsprozeß, der von Gottes Gesandten — den Engeln, erleuchteten Patriarchen, Mose und den Propheten — getragen und gefördert wird. Doch steht auch dort neben der göttlichen Intervention die Kette der Tradition, die in der Urzeit, beim ersten Zeugen himmlischer Dinge, beginnt [6]).

Freilich sind die Spekulationen über den Anfang in der Gnosis noch stärker ausgebildet als im apokalyptischen Judentum; Gnosis ist im eminenten Sinne rückwärts, zum Ursprung sich wendende Prophetie. Sie fragt wie die Vorsokratiker nach der ἀρχή und geht darüber hinaus zum ἄναρχος zurück (Soph. J. C., B.G. 91, 1 ff.). Deutlich erkennt man die Steigerung der theosophischen und kosmogonischen Tendenz. Die *Oden Salomos* sprechen von der Schöpfung nur ein einziges Mal (Ode 16). Das ihnen verwandte *Evangelium Veritatis* [7]) dagegen erzählt schon nach dem kurzen Prolog vom Fall der Himmelswesen und der Bildung der irdischen Welt (17, 6-18, 11), ehe es die mit dem Titel angekündigte Frohbotschaft von Christus und dessen Lehre zu schildern beginnt

---

[1]) Wie die Rabbinen polemisieren gelegentlich auch die Gnostiker von Nag Hammadi gegen die Philosophen. Vgl. außer Soph. J. C., B.G. 81, 15-82, 3 auch den Eingang der titellosen Schrift: Der Gnostiker weiß mehr als die Götter der Welt und die Menschen (P. Labib, I, 145, 24-29).

[2]) B.G. 81, 17-82, 3. Die Soph. J. C. gehört zum Berliner Codex 8502 (abgekürzt B.G. = Berolinensis Gnosticus), ist aber auch als „Brief des Eugnostos" in dem Fund von Nag Hammadi vertreten.

[3]) Vgl. dazu H. Jonas, The Secret Books of the Egyptian Gnostics, JR 42, 1962, 262-273.

[4]) In der Schrift Nr. 12 „Offenbarung des Adam an seinen Sohn Seth".

[5]) J. Doresse, a.a.O., 183.

[6]) Die Kette der Tradenten fängt bei Henoch an und geht zu Methusalem, Lamech, Noah (Jub. 7, 38), Sems Söhnen (Jub. 8, 2), Abraham (Jub. 12, 27), zu Jakob (Jub. 19, 14), Levi (Jub. 45, 16), Joseph (Jub. 39, 6), Amram und Mose (Jub. 47, 9).

[7]) Das Evangelium Veritatis gehört zum Codex Jung.

(18, 12-22, 27). Ein zweitesmal behandelt es den gleichen Stoff. Denn die uranfängliche Emanation der Äonen und die Entfaltung der Trinität (22, 27-24, 20) sind Voraussetzung für Christi erlösendes Werk (24, 20-36, 35); ja, die Darstellung dieses Erlösungswerkes ist von einem Exkurs über Gottes anfängliches Schaffen durchsetzt (27, 9-28, 24). Im dritten und letzten Gang der zyklisch gebauten Schrift beansprucht die Himmelsmetaphysik den breitesten Raum (36, 35-43, 24).

Noch deutlicher erscheint dieser Zug in den *Hauptschriften des Berliner Codex* 8502, dem ,,Apokryphon des Johannes" [1]) und der ,,Sophia Jesu Christi", ferner dem Werk ,,Das Wesen der Archonten" und dem titellosen Traktat aus Nag Hammadi. Die beiden ersteren beginnen mit der Schilderung, wie sich der auferstandene Christus erstmals seinen betrübten Jüngern zeigt. Aber diese Ostererscheinung hat keinerlei Eigenwert. Christus steht nicht vom Grabe auf, sondern fährt vom Himmel herab, und zwar nur zu dem Zweck, die Jünger zu lehren, ihnen all das zu sagen, was er ihnen vorher nicht mitteilen konnte oder wollte. Ferner bilden nicht etwa Leiden und Kreuz des Meisters, sondern metaphysische Fragen das Problem für die verlassenen Jünger. Als sie sich auf dem Berg in Galiläa versammeln (vgl. Matth. 28, 16), sind sie deshalb bekümmert, weil sie über das ,,Wesen des Alls", die ,,Heilsveranstaltung", die ,,heilige Vorsehung" und die ,,Trefflichkeit der Mächte" im Unklaren sind (Soph. J. C. 78, 3-7; vgl. 80, 1-3); der Erhöhte enthüllt ihnen deshalb das Wesen Gottes und die Entstehung der himmlischen Welt. Ähnlich ist der Rahmen im ,,Apokryphon des Johannes". Es zeigt den bekümmerten Zebedaiden, der nach der Kreuzigung allein zum Tempel geht und dabei noch von einem Pharisäer angefochten wird: Der Nazarener hat euch betrogen und irregeführt, er hat euch von den Überlieferungen eurer Väter abspenstig gemacht (B.G. 19, 17-20, 3). Die Fragen, die später dem bedrängten Jüngerherzen entsteigen, drehen sich um den Grund der Sendung Christi, um den Vater und den Äon, zu dem die Jünger gehen werden (B.G. 20, 8-18). Der plötzlich erscheinende Christus belehrt ihn darum über das uranfängliche Sein, d.h. Gott, und über die Entfaltung Seines Wesens und Seiner Macht (B.G. 22, 19 ff.). Diese geheimnisvoll klingende Metaphysik

---

[1]) Das ,,Apokryphon des Johannes" ist auch dreimal im Fund von Nag Hammadi vertreten (Nr 1; 6; 36; J. Doresse, a.a.O., 201). Hier wird es nach dem Berliner Codex (B.G.) zitiert.

entbindet die missionarische Kraft, die nach neutestamentlichem
Zeugnis den Ostervisionen und dem Pfingsterlebnis entsprang:
Die Jünger geraten in große Freude im Geist und beginnen „an
diesem Tag das Evangelium Gottes, des ewigen Vaters, des bis in
Ewigkeit Unvergänglichen, zu predigen" (Soph. J. C., B.G. 127,
2-10; vgl. Evangelium nach Maria, B.G. 19, 1-2) [1]).

2. Der kosmologische Dualismus im Evangelium Veritatis

Mit dem steigenden Interesse für das Geschehen am Anfang
wächst die dualistische Tendenz. Sie bleibt nicht auf die Ethik
beschränkt, sondern erfaßt auch das Weltverständnis: Die Erde,
dazu alles, was mit ihr geschaffen ist, wird schon von Anbeginn
gänzlich von Gott gelöst. Gemessen an der Wirklichkeitsfülle des
Gottesreiches erscheint sie als Abfallsprodukt und Truggebilde,
geschaffen von einem verachtungswürdigen Gegengott. Aber diese
Gottlosigkeit der irdischen Welt wurde offensichtlich in den
gnostischen Kreisen nicht durchgängig behauptet. Denn der
Sänger der „*Oden Salomos*" preist im Geist Gottes nicht nur die
Herrlichkeit des Herrn, sondern auch die des Werkes Seiner Hände
(16, 5.6): Gott hat die Erde ausgedehnt und das Wasser im Meer
wohnen lassen, den Himmel ausgespannt und die Sterne aufgestellt (ebd. 10 f). Alle Geschöpfe laufen und wirken nach dem
Gesetz, nach dem sie angetreten sind: Die himmlischen Heerscharen gehorchen Seinem Wort; Licht und Finsternis haben
ihren Ort und sorgen für den rhythmischen Wechsel von Tag und
Nacht (ebd. 13-16). „Es gibt nichts, das abseits wäre vom Herrn"
(ebd. 18) — diese Feststellung klänge antignostisch, wenn der Verfasser eine konsequent dualistische Gnosis gekannt haben sollte.
Aber ist das der Fall?

Das „*Evangelium Veritatis*" ist von einer ganz anderen Kosmologie beherrscht. Nur das Pleroma, das himmlische Reich der
Äonen, gilt als wahrhaft existierende Welt. Aber dieses Reich ist
kein Werk des Schöpfers im eigentlichen Sinn. Seine Äonen waren
als geistige Potenzen von Anfang an in Gott (17, 6-8). Sie ent-

---

[1]) Die dem Zebedaiden Johannes geschenkte Gnosis von der Weltentstehung wird nicht als Evangelium gepredigt, sondern nur den Jüngern mitgeteilt (Ap. Joh., B.G. 77, 1-5). Das heißt: sie bleibt esoterische, auf einen
kleinen Kreis beschränkte, Lehre, was auch der Titel dieser Schrift „Apokryphon (Geheimlehre) des Johannes" zum Ausdruck bringt.

falteten sich, emanierten [1]), blieben aber wie die Glieder eines
Leibes in lebendiger Verbindung mit Ihm (18, 40). Von ,,Schaffen"[2])
und ,,Wirken" [3]) wird nur im Blick auf die sichtbare Welt, den
gestirnten Himmel und die Erde, geredet. Sie sind jedoch nicht
etwa das Ergebnis einer creatio ex nihilo, sondern gestaltete Materie
(ὕλη), und ihr Werkmeister ist die Person gewordene Kraft des
,,Irrtums", die πλάνη (17, 14-36). Diese Welt entsteht als Folge
einer verhängnisvollen Störung der himmlischen Harmonie, einer
Art von Sündenfall an der Peripherie und Schattenseite des Pleroma.
Die dort befindlichen Äonen waren nicht fähig, den zu erkennen,
in dem allein sie zu leben und weben vermögen: Gott (22, 27-33).
Über diesen ihr Dasein bedrohenden Mangel entsetzt, stürzten sie
in Erschrecken und Furcht (17, 10 f.), die sich gleichsam zu einem
die Gotteserkenntnis versperrenden Nebel verdichteten (17, 12 f.);
schließlich verharrten sie in lähmendem Vergessen (18, 1-11).
Eben dieser Zustand ermöglichte die Bildung der materiellen
Welt. Denn die zwischen dem Pleroma und der Hyle befindlichen
,,Wesen der Mitte" [4]) wurden von der ,,Plane" herabgezogen, in
die von ihr geschaffenen ,,Werke", die Menschenleiber, hinein-
gelockt. Gemeint sind mit den ,,Wesen der Mitte" die Seelen der
Gnostiker, das ordnende, lebenspendende Element, das den neuen
Kosmos im Innersten zusammenhält.

Was ist nun die ,,Plane", wie kommt es, daß sie als Schöpferin
der materiellen Welt ausgegeben wird?

Der ,,Irrtum" steht im Gegensatz zur ,,Wahrheit", die nach dem
überschriftartigen Einleitungssatz im ,,Evangelium der Wahrheit"
als Freudenbotschaft für den Gnostiker verkündigt wird (16, 31-33).
Die ,,Wahrheit" ist in Gott, dem ,,Vater der Wahrheit" (16, 33).
Christus, der als das Wort aus dem Pleroma hervorging, brachte
sie den Unwissenden und wird darum ,,Retter" genannt (16, 34-38).
Denn die ,,Wahrheit" bedeutet Erkenntnis des Vaters und damit
das Heil. Mit ihr findet die Seele, der gefangene Äon, zu Gott und
zur Heimat zurück; die ,,Wahrheit" ist der von Christus eröffnete
Weg aus der Verfallenheit innerhalb der materiellen Welt (18, 19 f.)
hin zur wahren Existenz.

---

[1]) Die Äonen sind Emanationen (22, 37).
[2]) 17, 15 f.: tplane asir hōb (wörtlich: ,,eine Sache machen").
[3]) 17, 32: essabte inhergon (ἔργον) = ,,Werke bereiten".
[4]) Nach Od. Sal. 22, 1 f., sind die ,,Wesen der Mitte" (wörtlich: Die
,,Mittleren", mĕṣaʿyātha) die zwischen der Höhe und den Tiefen befindlichen
Größen, die von dem Erlöser gesammelt und Gott übergeben werden müssen.

Was der „Irrtum" geschaffen hat, ist nur ein „Ersatz der Wahrheit" (17, 20). Seine Welt hat nicht teil am Vater, dem allein Seienden [1]), sondern ist gestaltgewordener Mangel [2]) (24, 21) und damit das Gegenteil vom „Pleroma", der Fülle der Gotteswelt. Die sie konstituierenden Kräfte: Erschrecken, Vergessenheit und das Gebilde der Lüge, sind ein Nichts (17, 23-25; vgl. 20, 35 f.); ja, die „Plane" selbst ist nichtig, weil nichts in ihr ist (26, 26 f.). Darum verdient sie Verachtung, durch die sie gleichsam bloßgestellt und „an der Wurzel" ihrer Existenz getroffen wird (17, 28-30).

Nur scheinbar ist die „Plane" eine gefährliche Macht. Sie war erzürnt über Christus, als er auf Erden erschien; sie verfolgte ihn, sodaß man ihn ans Kreuz schlug (18, 22-24). Aber auch diese Handlung war Torheit. Denn die Kreuzigung führte zur vollen Offenbarung, zur Öffnung des bis dahin im Vater verborgenen Buches der Lebendigen, in das sich Christus gekleidet hatte (20, 15-27).

3. Der Dualismus „Geist der Wahrheit" - „Geist des Irrtums" als Hintergrund

Die Herkunft der „Plane" wird im E.V. nicht erzählt. War sie uranfänglich wie die Wahrheit und das Sein, gleichsam dessen unwirkliches Schattenbild, oder entstand sie später als zur Gegenkraft verdichtete Unkenntnis und Finsternis? Der Verfasser des E.V. gibt darauf keine Antwort [3]). Es sieht so aus, als setze er diese Größe bei seinen Hörern als bekannt voraus, als seien ihm ihre Gestalt und Geschichte vorgegeben gewesen.

Nun werden „Wahrheit" und „Irrtum" in den Schriften von *Qumran* einander dualistisch gegenübergestellt. Nach dem Sektenkanon hat Gott die „Geister der Wahrheit und des Irrtums"

---

[1]) Gott wird geradezu petschoop = „der Seiende" genannt (28, 12. 14; vgl. 27, 9 f.).

[2]) P. Labib I ὑστέρημα; B.G.: schta. In der Welt hat der Mangel gleichsam Gestalt angenommen; er entspricht der Unkenntnis über den Vater.

[3]) Vielleicht hat man sich die Entstehung des „Irrtums" analog zu den Ausführungen im titellosen Werk (P. Labib I, 146, 16 ff.) zu denken: Der Äon der Wahrheit hat an seiner Außenseite einen Schatten, der die Finsternis erzeugt. Aus diesem Schatten, der Chaos genannt wird, sproßt das Geschlecht der Götter hervor, aber auch der Haß, der Neid und schließlich die Materie. Sie alle sind „Fehlgeburten", d.h. negative Größen, wie sie auch das E.V. kennt.

(רוּחוֹת הָאֱמֶת וְהָעָוֶל) für den Wandel des Menschen bestimmt (3, 18 f.), und zwar als sittliche Kräfte, zwischen denen er entscheiden muß. Auch Gott hat Seine Entscheidung ihnen gegenüber gefällt: Liebe und Wohlgefallen gelten dem einen, während Er dem anderen mit Abscheu und Haß entgegentritt (3, 26 f.). Schließlich herrscht zwischen den beiden Geistern selbst ein unüberbrückbarer Gegensatz hinsichtlich der gegenseitigen Neigung (4, 17), der sie bestimmenden Grundsätze (4, 18) und der Eigenschaften und Taten, die beide beim Menschen bewirken (4, 1-14). Diese Geister sind jedoch nicht nur anthropologisch, als psychologische oder ethische Kräfte, konzipiert. Denn sie werden zwei Engelführern zugeordnet: dem ,,Fürsten der Lichter'', der das Regiment über alle Gerechten innehat, und dem ,,Engel der Finsternis'', der die Kinder des Irrtums beherrscht (3, 20 f.). Sie sind gleichbedeutend mit den ,,Geistern des Lichtes und der Finsternis'' (3, 25) und damit Exponenten zweier über den Menschen hinaus greifender Bereiche.

Auch die *Testamente der Zwölf Patriarchen* kennen den ,,Geist der Wahrheit'' und den ,,Geist des Irrtums'' als die den Wandel des Menschen bestimmenden Mächte [1]; zwischen beiden steht der Geist der Einsicht des Verstandes, der sich neigen kann, wohin er will (T. Jud. 20, 1 f.). Hier sind die beiden Geister wesentlich innerseelische Kräfte. Aber in T. Benj. 6, 1 wird der ,,Geist des Irrtums'' Belial, dem Teufel, zugeordnet, und T. Iss. 4, 6 spricht vom ,,Irrtum der Welt'' (ἡ πλάνη τοῦ κόσμου). Wichtig ist die Aussage 1. Joh. 4, 6: ὁ γινώσκων τὸν θεὸν ἀκούει ἡμῶν, ὃς οὐκ ἔστιν ἐκ τοῦ θεοῦ οὐκ ἀκούει ἡμῶν. Ἐκ τούτου γινώσκομεν τὸ πνεῦμα τῆς ἀληθείας καὶ τὸ πνεῦμα τῆς πλάνης. Weil er als Merkmal des ,,Geistes der Wahrheit'' Gotteserkenntnis und Gotteskindschaft bezeichnet, steht der johanneische Text nicht nur zeitlich, sondern auch seinem Inhalt nach am nächsten bei dem im E.V. beobachteten Gegensatz von Wahrheit und Lüge. Aber er geht auf den zuerst in Qumran erscheinenden ethischen Antagonismus der beiden Geister zurück. Für die Annahme, daß er auch eine Vorstufe für den radikal durchgeführten, kosmologisch entfalteten Dualismus des E.V. darstellt [2],

---

[1] T. Jud. 20, 1: δύο πνεύματα σχολάζουσι τῷ ἀνθρώπῳ, τὸ τῆς ἀληθείας καὶ τὸ τῆς πλάνης.

[2] Der ,,Irrtum'' wird im E.V. nicht mehr als ,,Geist'' bezeichnet, weil er einmal Kontrahent Gottes bzw. des personhaft gedachten Logos-Christus ist, zum anderen, weil der Begriff ,,Geist'' ausschließlich für den heiligen Geist gebraucht wird (30, 17-37). Die Bezeichnung ,,Geist der Wahrheit''

sprechen noch andere Beobachtungen. Denn in den geistigen
Bereich von Qumran weist die Art, wie das E.V. die Wahrheit und
das Sein zu Gott in Beziehung setzt und demgegenüber den Irrtum
als Nichts, als ein im Eschaton entlarvtes und zerstörtes Schein-
gebilde, bewertet. Die Loblieder von Qumran bezeichnen Gott als
die Wahrheit (4, 40; 15, 25) und als Vater aller „Kinder Seiner
Wahrheit" (9, 35), die somit „aus Gott" sind. Ebenso geht das
Sein (הֹוֶה) und Werden (נִהְיָה) von Gott aus (1 Q.S. 3,15;vgl. 11, 11);
zum ersten Mal erscheinen solche philosophisch abstrakten Begriffe in der jüdischen Literatur. Beide erinnern an den „Seienden"
(petschoop = ὁ ὤν) in dem gnostischen E.V.

Andererseits gilt auch in *Qumran* der Gegenbereich mitsamt seinen
Exponenten als *Nichts*. Die Widersacher sind ein „Rat der Eitel-
keit" (סוֹד שָׁוְא), eine „Gemeinde des Nichtsnutz" (עֲדַת בְּלִיַּעַל; 1
Q.H. 2, 22); das im gleichen Liede begegnende Nebeneinander von
שָׁוְא und אֶפַע beweist, daß man die „Otter", die alte Schlange, dem
„Ende" (אֶפֶס) gleichstellen will (2, 27 f.). Es ist das Licht des
Eschaton, das diese Größen als Nichts entlarvt: Sie sind zum
Untergang bestimmt. Im sogenannten „Mysterienbuch" aus der
Höhle 1, das vom geheimnisvollen Endzeitgeschehen erzählt, wird
der harrende Gerechte so getröstet: „Die Gottlosigkeit wird weg-
ziehen vor der Gerechtigkeit, wie die Finsternis vor dem Licht
verzieht; und wie der Rauch verschwindet und nicht mehr da ist, so
verschwindet das Böse für immer. Und die Gerechtigkeit wird
geoffenbart werden wie die Sonne, die Norm der Welt" (1 Q.S. 27, 1,
5-7) [1]). Zeichen und Abglanz des endzeitlichen Sieges, in dem das
Licht der Wahrheit über die Nacht von Irrtum und Bosheit
triumphieren wird, ist der tägliche Sonnenaufgang, bei dem sich
die Gemeinde zum Gebet versammelt (1 Q.H. 4, 5 f.; vgl. Jos. B.J.
2, 128 f.).

---

meint in der Schrift „Wesen der Archonten" die gute Kraft, die in den vom
Himmel stammenden Menschen wohnt und sie gegen die Mächte schützt
(P. Labib 144, 30-35). Dort ist jedoch die „Plane" keine Hypostase.

[1]) Dieses Bild stammt aus dem für die Sekte wichtigen und in einem Pescher
endzeitlich interpretierten Psalm 37: Gott wird die Gerechtigkeit heraufführen wie das Licht und das Recht wie den Mittag (V. 6); die Gottlosen und
die Gottesfeinde werden dann vergehen wie Rauch (V. 20). Ähnlich wird der
Einbruch des Eschaton in 1Q.S. 4, 19 beschrieben: Die Wahrheit tritt für
immer heraus; sie erhellt die Welt wie die aufgehende Sonne. Nach 1Q.M.
1, 8 f. wird der Lichtglanz Gottes zum Heil der Kinder des Lichtes auf-
strahlen.

Ganz ähnlich beschreibt das *Evangelium Veritatis* die Wirkung der endzeitlichen Christusepiphanie. Mit ihr sieht der Gnostiker verwirklicht, was der Mann in Qumran von der nahen Zukunft erhofft: Wenn die in Christus verkörperte Gnosis naht, sinkt der „Irrtum" in ein Nichts zusammen; seine innere Hohlheit wird dabei enthüllt [1]). Die Wahrheit tritt offen auf und wird von allen Seelenfunken erkannt und freudig begrüßt (E.V. 26, 29-33). Damit vergeht die Gestalt der vom „Irrtum" erbauten Welt (E.V. 24, 20-33; vgl. 1 Kor. 7, 31): „Wie sich die Finsternis auflöst, wenn das Licht erscheint, so löst sich auch der Mangel (schta) in der Vollendung (tschōk) auf. Von diesem Augenblick an ist aber die Gestalt (schēma) nicht mehr offenbar" (E.V. 24, 37-25, 4). Wie im „Mysterienbuch" von Qumran bedeutet Offenbarung die Enthüllung des wahren Tatbestands und damit das Ziel der Wege Gottes. Und wie in der Gemeinde vom Toten Meer sieht man im Kreis der Gnostiker den Morgen als Bild für den endgültigen Sieg. Denn wer von der Weltenwende weiß, gleicht dem Menschen, der aus schreckenden Träumen erwacht (E.V. 28, 26-28): Leuchtet das Licht des Tages, so sieht er, daß alles, was ihn geängstet hat, ein Nichts ist (E.V. 28, 27-32; 29, 29-37).

Auch die *Oden Salomos*, die ja manches Motiv mit den Qumran-Lobliedern und andererseits mit dem Evangelium Veritatis gemeinsam haben, benutzen diese Bilder [2]).

4. DER „IRRTUM" (PLANE) UND DIE SOPHIA ALS SCHÖPFERISCHE MÄCHTE

Von diesem jüdischen Hintergrund her bleibt freilich ungeklärt, wie die materielle Welt zur minderwertigen Größe herabgewürdigt und als Schöpfung des Irrtums bezeichnet werden kann. Das Evangelium Veritatis kennt Christus als den Logos, aber es kann nicht mehr sagen, alle Dinge seien durch ihn gemacht (Joh. 1, 3). Seine Rolle wird auf den Dienst der Offenbarung begrenzt, und der

---

[1]) 26, 26: tplane sschuit emin laue inhētis („da nichts in ihr ist").

[2]) In Od. Sal. 5, 5 heißt es von den Verfolgern des Beters: „Eine Wolke des Dunkels wird auf ihre Augen fallen, eine Dunstschicht der Finsternis wird sie umschatten". In Od. Sal. 15,1-2 wird das Geschenk der Gnosis so gepriesen: „Wie die Sonne Freude ist für die, die ihren Tag begehren, so ist meine Freude der Herr. Denn er ist meine Sonne, und seine Strahlen haben mich aufstehen lassen, und sein Licht hat alle Finsternis von meinem Angesicht verscheucht". Das meint: Durch Gott bzw. Christus hat der Beter Zugang zur Wahrheit und die Besinnung auf die Gnosis erhalten; er hat den Weg des „Irrtums" (ṭā'yūthā') verlassen (ebd. 15, 2-6).

persongewordene Irrtum übernimmt das freigewordene Amt des
Schöpfungsmittlers.

Schuld an dieser Entwicklung trägt der konsequente Pessimismus gegenüber der materiellen Welt, ein Hauptmerkmal der
eigentlichen Gnosis. Zweifellos ist dabei ein popularisierter Platonismus im Spiel: Die wahre intelligible Welt ist rein geistiger Art und
darum unvergänglich; die aus der Materie gefertigten, sinnlich
faßbaren Räume und Dinge sind nur ihr vergängliches Abbild.
Der Übernahme solcher platonischer Gedanken kommen jedoch
gewisse Tendenzen innerhalb der spätjüdischen Theologie entgegen.
Dort sieht man z.B. Gottes Ordnung und Gesetz, dazu den rechten
Kult im Himmel in vorbildlicher Weise durchgeführt, und das
irdische Jerusalem hat sein ideales himmlisches Gegenstück.
Vor allem aber ist der Mensch selbst nach dem Bilde Gottes geformt; die Stelle Gen. 1, 26 f. war für den platonisierenden Philo
besonders wichtig [1]) und spielt auch eine große Rolle in den neugefundenen gnostischen Schriften [2]). Ich denke ferner an das
gesteigerte Gefühl für die göttliche Transzendenz, mit dem man im
Spätjudentum den großen Abstand und qualitativen Unterschied
zwischen Himmel und Erde deutlich empfand; dann an die Bele-
bung der Gotteswelt durch eine Fülle von Engeln und von hyposta-
sierten geistigen Kräften [3]); schließlich an die Tatsache, daß man
über der Feste eine Anzahl hierarchisch gestufter himmlischer
Räume annahm [4]).

a) *Das Reich Gottes als ideale, eigenständige Welt*

Hier zeichnet sich eine wichtige Wende im Weltverständnis ab,
die auch den Weg zur Gnosis sichtbar werden läßt. Bilden im alttestamentlichen Denken Himmel und Erde eine Einheit, das Ganze
der geschaffenen Welt, so treten sie im Spätjudentum mehr und mehr
als zwei in sich selbständige, toto coelo voneinander geschiedene
Bereiche hervor. Freut sich der Fromme des Psalters dankbar der
irdischen Güter, fühlt er sich in seinem Lande daheim, so trachtet
der Apokalyptiker mehr dem Himmelreich nach und sieht es als

---

[1]) Vgl. Philo, opif. mundi, 69 ff.
[2]) Vgl. dazu H. M. Schenke, Der Gott „Mensch" in der Gnosis, Göttingen,
1962, 38-63.
[3]) Vgl. W. Bousset-H. Greßmann, Die Religion des Judentums, Tübingen,
1926³, 342-357.
[4]) T. Lev. 2, 7-3, 8; 2 Kor. 12, 2-4; Eph. 3, 10; Hebr. 4, 14; 7, 26.

seine Heimat an. Nur eine gesundete, von himmlischen Kräften erneuerte Erde kann ihm genügen; nur die mit den Engelscharen vereinigte Heilsgemeinde hat ihr Ziel erreicht. Darum nimmt die kosmogonische Spekulation die himmlische Welt mit ihren Kräften und Wesen zum Gegenstand, die es nun im einzelnen zu gewinnen und nachzuweisen gilt. Oft werden Eigenschaften Gottes „herausgestellt" und fast als personhafte Wesen behandelt; sie gleichen den Engeln, die vor Seinem Angesicht stehen. So sagt die Damaskusschrift, Gott „liebe das Wissen (da'at = γνῶσις), Weisheit und Umsicht habe Er vor Sich gestellt, Klugheit und Wissen dienten Ihm" (2, 3 f.). Die spätjüdischen Exegeten ergänzen Genesis 1, indem sie die Erschaffung solcher Wesen in das Sechstagewerk einfügen oder im überschriftartigen בְּרֵאשִׁית בָּרָא den Hinweis auf einen besonderen.

vorzeitlichen Schöpfungsakt sehen. Das Jubiläenbuch erzählt, Gott habe am ersten Tag „alle Geister" geschaffen, die vor Ihm dienen. Es sind dies Engel, die für die mancherlei Vorgänge zwischen Himmel und Erde verantwortlich sind: für die Elemente und die atmosphärischen Erscheinungen, für Schnee und Reif, Donner und Blitz, die Jahreszeiten und die Tageszeiten (2, 2). Nach einem Ausspruch Rabs, der in b. Chag. 12 a berichtet ist, waren zehn geistige Kräfte an der Weltschöpfung beteiligt. In Gen. r. 1, 5 bezieht man das בְּרֵאשִׁית בָּרָא auf sechs Dinge, die der Weltschöpfung vorauf-

gingen, teils schon geschaffen, teils als Idee in Gottes Plan präsent. Geschaffen waren die Thora und der Thron der Herrlichkeit. Die Präexistenz der Thora wird mit Prov. 8, 22 begründet: Als „Erstling des Weges Gottes" war das mit der Weisheit identifizierte Gesetz sogar schon vor dem göttlichen Thronsitz da. In Gottes Plan existierten die Väter und Israel, der Tempel und der Name des Messias. Demnach war Gott von präexistenten Größen, teils realen, teils idealen, umgeben. Besonders bemerkenswert sind die letzteren: Die in Ewigkeit geplante [1]), in Gott gegenwärtige Idee der Väter, Israels, des Tempels und des Messias geht der irdischen, durch Raum und Zeit begrenzten und sogar vergänglichen (Tempel!) Größe voraus [2]).

---

[1]) Der in der Gnosis so oft begegnende Begriff οἰκονομία hat in der spätjüdischen מַחֲשָׁבָה, der Planung Gottes, sein Gegenstück.

[2]) Nach Gen. r. 1, 18 stiegen auch Himmel und Erde erst in Gottes Gedanken auf und lagen dort fertig vor, ehe sie in derselben Art in die Tat umgesetzt wurden. Das von der Sonne unabhängige, am ersten Tag erschaffene Licht soll nach Gen. r. 3, 6 bis zur messianischen Zeit aufbewahrt werden.

Ähnlich denkt man in den gnostischen Schriften über Art und Entstehung der himmlischen Welt; nur ist die spekulative Kraft verstärkt und außerdem durch nichtjüdische Elemente bestimmt. Die Oden Salomos wissen von Gottes „Welten" ('ālĕmīn). Sie sind personhaft dargestellt: Gott spricht zu ihnen, sie erkennen Ihn in Seiner Wahrheit und werden zu Verkündigern Seiner Herrlichkeit (Od. Sal. 12, 4-10) [1]. Das „Apokryphon des Johannes" nennt Gottes Welten „Äonen" (aion) [2] und sieht in ihnen Räume, Kräfte und Personen zugleich; Gott selbst ist das „Haupt aller Äonen" (B.G. 26, 9 f.). Wie im Evangelium Veritatis sind sie nicht geschaffen, sondern aus Gott emaniert. Sie „wurden offenbar", „traten in Erscheinung" (ouōnih), „stellten sich vor Ihn hin" (aherat-). So wird z.B. in Ap. Joh. 27, 5-21 geschildert, wie die Ennoia-Barbelo aus dem Glanz des Gott umgebenden Lichtes als vollkommener Äon und als Abbild des Unsichtbaren in Erscheinung tritt. Sie wird wirksam als „Kraft vor dem All" (B.G. 27, 9); sie ist der „jungfräuliche Geist" und zugleich der „erste Mensch", das Abbild des unsichtbaren Gottes (B.G. 27, 15 f. 19 f.). Diese Ennoia erbittet weitere solcher Wesen, die dann mit Gottes Zustimmung aus ihr hervorgehen (B.G. 28, 5 ff.); auf diese Weise entsteht ein Himmelreich von zehn — fünf männlichen und fünf weiblichen — Äonen (B.G. 29, 14-16). Im Unterschied zu diesen wird dann von der Ennoia, die sich liebend dem Vater zugewandt hat, ein seliger Lichtfunke „geboren"; er heißt darum der μονογενής, der „erstgeborene Sohn des Alls" (B.G. 29, 18-30, 7). Er, der Christus, weil mit Gottes „Güte" (χρηστότης) „Gesalbte" (B.G. 30, 14-19), setzt die Ausgestaltung des Gottesreichs fort.

b) *Der Fall der Sophia*

Das Spätjudentum kennt die Weisheit, bzw. die mit ihr gleichgesetzte Thora, als Mittler bei der Erschaffung der Welt; gerade diese Gestalt spielt auch in der Gnosis eine große, freilich verhängnisvolle und an den „Irrtum" des E.V. erinnernde Rolle. Nach Prov.

---

[1]) Diese Aussage mag von Ps. 19, 1 beeinflußt sein, wonach die Himmel die Ehre Gottes erzählen und das Firmament vom Werk Seiner Hände kündet.

[2]) Diese aus dem šemitischen Bereich stammende Bezeichung (αἰών = עוֹלָם) ist in den koptischen Texten unübersetzt beibehalten (Ap. Joh., B.G. 20, 13 ff.). Jüdisch ist es ferner, wenn man die Mächte der materiellen Welt ἐξουσίαι = רְשׁוּיוֹת nennt oder von ihnen als den „Archonten" spricht: in der Apokalyptik kennt man die „Engelfürsten" = שָׂרִים

8 entstand die Weisheit als „Erstling" des Weges Gottes (V. 22):
Als Er den Himmel, die Feste und die Wolken schuf, dem Meer seine
Grenzen setzte und der Erde Grundfesten gründete (V. 24-29), da
war sie Ihm zur Seite als Liebling (אָמוֹן V. 30), Seine Wonne Tag
für Tag. Die spätjüdischen Exegeten lasen das seltene Wort אמן
unter anderem als אָמָן =„Werkmann" (vgl. Cant. 7, 2) und sahen
in der mit der Thora gleichgesetzten Weisheit das Werkzeug des
göttlichen Schöpfers: Wie ein menschlicher König beim Bau seines
Palastes einen Architekten zu Rate zieht und dieser Pergamente
und Tafeln benutzt, so schaute Gott bei der Erschaffung der Welt
in die Thora (R. Hoschaja in Gen. r. 1, 1). Prov. 8, 22 wird dabei
durch Gezera Schawa mit Gen. 1, 1 verknüpft: Hat Gott die Weisheit (= Thora) als „Erstling" (רֵאשִׁית) Seines Weges geschaffen,
so meint das בְּרֵאשִׁית in Gen. 1, 1, daß Er „durch" diesen „Erstling"
Himmel und Erde schuf. Genau so interpretiert der Targum
Jeruschalmi den Anfang des Pentateuchs, wenn er das בְּרֵאשִׁית durch
בְּחוּכְמָתָא wiedergibt.

Im *Kreis der neugefundenen Schriften* erscheint die Sophia vor
allem im „Apokryphon des Johannes". Sie ist dort der zwölfte
und letzte unter den himmlischen Äonen (B.G. 34, 7). Die Sophia
beging eine ähnliche Sünde wie der „Irrtum" im E.V.: Sie maßte
sich an, zu sein wie Gott, gleich Ihm aus eigener Kraft schaffen zu
können. Wie Gott am Uranfang Sein Ebenbild als Ennoia-Barbelo
aus Sich heraustreten ließ und mit ihr die mütterliche Kraft des
Schöpfungsprozesses schuf, so versuchte die Sophia ihr Ebenbild
in Erscheinung treten zu lassen (B.G. 36, 20-37, 3), und diesem Versuch entsprang der Schöpfer der materiellen Welt. Weil aber der
Schritt der Sophia eigenmächtig, ohne die Zustimmung des Paargenossen, geschah, war das aus ihr emanierte Werk unvollkommen
und mißgestaltet (B.G. 37, 17-38, 6). Diese Ausgeburt der Torheit [1]
heißt Jaldabaoth, der mit dem Gott des Alten Testaments gleichgesetzt wird (B.G. 38, 14 ff.) [2]. Die von ihm geschaffene sichtbare

---

[1] mintatsuin (= das Gegenteil von Gnosis): B.G. 38, 6.
[2] Im Werk „Wesen der Archonten" heißt dieser Gott „Sammael" (vgl.
auch Ap. Joh. in der Fassung des Cairener Codex I, 59, 15-18 und Iren. adv.
haer. I, 23). Das ist der Name, der im apokalyptischen (vgl. Asc. Jes. 1,
8.11 ff.) und rabbinischen Schrifttum dem Teufel beigelegt wird. Im titellosen Werk von Nag Hammadi (P. Labib I, 148, 13 ff.) wird der Name
„Jaldabaoth" als aramäische Komposition verstanden und erklärt als

materielle Welt gilt als schlechte Kopie des göttlichen transzenden-
ten Äonenreichs [1]).

Es mag merkwürdig erscheinen, daß auch diese Spekulation vom
Fall der Sophia biblisch begründet sein soll. Und doch ist es so. Das
„Apokryphon des Johannes" gibt sich, besonders in seinem zweiten
Teil, geradezu als Kommentar zur Urgeschichte der Genesis [2]),
wobei sich Mose allerdings manche Zurechtweisung gefallen lassen
muß. Der himmlische Berichterstatter Christus bezieht sich aus-
drücklich auf eine Stelle des Schöpfungsberichts: Als die Sophia
den aus ihrem Fehltritt entstandenen Schaden sah, begann sie
„hin- und herzugehen" (ἐπιφέρεσθαι, 44, 19-45, 5). Der zuhörende
Zebedaide unterbricht gerade hier und stellt die Frage, was denn
das ἐπιφέρεσθαι bedeute. Er erhält darauf die Antwort: „Nicht wie
Moses sagte 'Über den Wassern'" (B.G. 45, 9 f.). Damit wird klar:
Die Sophia wird mit dem Geist Gottes von Gen. I, 2 gleichgesetzt:
Sein Hin- und Herschweben über dem Wasser war in Wirklichkeit
das reuevolle Hin- und Hergehen der Sophia, das Wasser aber die
„Finsternis der Unwissenheit" (B.G. 45, 14 f.) [3]).

Die Frage des Zebedaiden kommt nicht von ungefähr. Sie unterstreicht die Bedeutsamkeit der Stelle, den Stolz des Gnostikers auf
das exegetische Fündlein, das er mit dieser Entdeckung der Sophia
in Gen. I, 2 gemacht zu haben glaubt. Man hat sich in gnostischen
Kreisen um diese biblische Stelle fast eben so sehr gemüht wie um
Gen. I, 26 f., die Erschaffung des Menschen nach Gottes Bild; aber
das exegetische Resultat ist durchaus nicht gleich. Die „Megale
Apophasis", ein später dem Simon Magus zugeschriebenes Werk [4]),

---

„Jüngling setze über zu diesen Orten" (= יַלְדָּא בְּעוֹט ?); in 151, 24 wird die
von Hilgenfeld und Leisegang vermutete Deutung יַלְדָּא בָּהוּת = „Sohn des
Chaos" bestätigt, denn die Mutter Jaldabaoths ist der „Abgrund" (A.
Böhlig-P. Labib, a.a.O., 42).

[1]) Zwölf nach dem Vorbild der zwölf Äonen geschaffene „Gewalten" sind
Jaldabaoths erste Diener; gemeint sind die Tierkreisbilder, die fast alle
mehr oder minder verballhornte alttestamentliche Namen tragen (40, 4 ff.).
Das Gleiche gilt von den daraufhin hervorgebrachten Königen des Himmels
und Herrschern im Kosmos, den Planeten (B.G. 41, 16-42, 10).

[2]) Auch die Schrift „Das Wesen der Archonten" ist weitgehend ein Kommentar zu Kapiteln der Genesis.

[3]) Hier liegt eine feste Auslegungstradition der Gnosis vor. Denn auch bei
der Sintflut war nicht, wie Moses meinte, die Welt von Wasser über-
schwemmt, vielmehr lag Finsternis ausgegossen über allen Dingen der Erde
(Ap. Joh., B.G. 73, 16-18).

[4]) Vgl. Hippolyt, Elenchos VI, 14.

setzt den Geist von Gen. 1, 2 ebenfalls mit der Sophia gleich; dabei wird deutlich, daß man Prov. 8, 22 ff. im Auge hat [1]). Auch hier wird demnach, wie im Rabbinat, Prov. 8 mit dem Schöpfungs- bericht von Gen. 1 verknüpft, ja, die Rolle der Sophia ist in der Megale Apophasis positiv. Sie gilt als die vor allen Äonen entstan- dene siebente Kraft, als das Abbild der unbegrenzten Kraft und als Vorbild für die Gestalt des Menschen (Gen. 1, 26) [2]).

c) *Das Bündel spätjüdischer Traditionen*

Es ist unwahrscheinlich, daß diese gnostische Exegese einen alten außerjüdischen und vorchristlichen Erlösermythus nachträglich und gekünstelt mit dem biblischen Schöpfungsbericht verbinden will. Eher gehen die in der Darstellung vom Wirken und Fall der Sophia vereinigten Elemente auf spätjüdische Traditionen zurück. Die Weisheit ließ sich in Gen. 1, 2 entdecken, weil sie schon in der hellenistisch-jüdischen *Sapientia Salomonis* mit dem schöpferischen, alles durchwaltenden Gottesgeist gleichgesetzt wird (1, 6 f.). Denn nicht nur das apokalyptische und rabbinische, sondern auch das *hellenistische Judentum* kommt als Hintergrund für die gnostische Gedankenwelt wesentlich in Betracht. Das gilt vor allem für *Philo*, der lange vor den Gnostikern der neuentdeckten Schriften das jüdische Erbe im Geiste Platos und der Stoa neu gedeutet hat [3]). Philo hat Mühe, die Sophia in seinem System unterzubringen, da er die Stelle des Mittlers zwischen Gott und der Welt mit der be- herrschenden Figur des Logos besetzt hat [4]).

---

[1]) Man spricht von der „vor allen Äonen gezeugten" Kraft.

[2]) Die von Irenaeus in adv. haer. I, 30 erwähnten Gnostiker sehen im Geist von Gen. 1, 2 die dritthöchste Gottheit der Lichtwelt, den heiligen Geist, der zwischen dem ersten Menschen (Gott) und dem Sohn des Menschen einerseits und der Materie andererseits liegt (adv. haer. I, 30, 1).

[3]) Manche wichtigen Züge in der Theologie Philos lassen ihn als einen Vor- läufer der Gnosis erscheinen. Zu ihnen zählen seine dualistische Auffassung vom Menschen und von der Welt, ferner die Art, wie er Gott als Wirklichkeit und wahres Sein beschreibt und andererseits dessen Überweltlichkeit, An- dersartigkeit und Unzugänglichkeit behauptet (vgl. etwa die Stellen Cherubim 86; Somn. II, 253 mit Ap. Joh., B.G. 22, 19-26, 22). Philo kann die Seelen mit Engeln bzw. mit Dämonen gleichsetzen; er betrachtet den Logos als göttliche Eigenschaft und auch als ein neben Gott stehendes Wesen, als Engel und Gottes Ebenbild (confus. ling. 146; Leg. All. III, 175). Schließlich fordert Philo, der Weise solle sich von der Welt abkehren und sich existentiell der Suche nach Gott und nach der himmlischen Heimat zuwenden.

[4]) „Bald wird die σοφία als Ursprung des λόγος, bald der λόγος als Urheber

Dennoch verzichtet er nicht auf sie; schon das spricht für ihre starke Stellung in der spätjüdischen Tradition. Philo sieht in der präexistenten Weisheit die Mutter des Kosmos, den sie als geliebten Sohn aus Gottes Samen hervorgebracht hat (ebriate 30; vgl. Leg. All. II, 49). Ja, der Alexandriner nennt in einem — allerdings nur für Eingeweihte bestimmten — Satz Gott geradezu den Gatten der Sophia, der mit ihr alles, besonders die Ideen, erzeugt (Cherubim 48-50). Dabei gilt ihm die Weisheit auch als Mutter des Logos und Gottessohns (profugis I, 562 M; Somn. II, 242). Allerdings steht an manchen dieser Stellen nicht das Wort σοφία, sondern ἐπιστήμη. Aber gerade solch ein Wechsel macht es verständlich, daß im Apokryphon des Johannes der ἔννοια eine der philonischen Weisheit ähnliche Rolle übertragen wird. Denn die ἔννοια läßt dort im Einverständnis [1]) mit Gott die Ideen des gnostischen Himmels hervortreten (B.G. 28, 4 ff.) und gebiert den μονογενής, den himmlischen Christus (B.G. 30, 1 ff.), der im E.V. der Logos heißt [2]).

Das Problem des *Falls der Sophia* wird von diesen Zeugen des hellenistischen Judentums nicht geklärt; ihnen gilt ja die Weisheit als positive Kraft. Dagegen weiß die Apokalyptik viel vom Fall himmlischer Wesen; ja, der Bericht vom eigentlichen Sündenfall steht für die Männer von Qumran und für die Verfasser des Jubiläen- und des äthiopischen Henochbuches nicht in Gen. 3, sondern in Gen. 6. Das eigenmächtige Handeln gewisser Engel, ihr unerlaubter Abstieg zu den Menschen, brachte alles Unglück in die bis dahin vollkommene Welt (Jub. 4, 22; 5, 1-3; äth. Hen. 6-10; 14-16; Dam. 2, 17-19). Auch bei der gnostischen Sophia ist es der Eigen- wille, der zu ihrem Fehltritt führt. Sie wollte sein wie Gott; in dieser Hinsicht hat man auch Gen. 3, 5 mit aufgenommen.

Der Fehltritt der Sophia mag ferner darin begründet sein, daß sie als der letzte, unterste Äon von Gott am weitesten entfernt, mit ihm am wenigsten verbunden war. Wie das E.V. beweist, sind ja die Äonen am Rande des Gottesreiches besonders gefährdet, vom Fall

---

der σοφία gefaßt" (W. Bousset-H. Greßmann, a.a.O., 345, Anm. 4). In Leg. All. I, 65 sind beide einander gleichgesetzt.

[1]) Statt des Zeugungsaktes führt in der gnostischen Kosmogonie das „Einverständnis", die „Zustimmung" des Paargenossen zur Emanation neuer himmlischer Ideen und Kräfte.

[2]) Vgl. dazu auch Philos Lehre von den fünf Kräften Gottes (de fuga 91. 95) mit der männlich-weiblichen Fünferschaft der Äonen, die nach Ap. Joh., B.G. 29, 14 ff. den höchsten himmlischen Bereich ausmachen.

in die Unwissenheit und in das Vergessen bedroht. Diese exponierte Stellung der Weisheit mag mit durch die *jüdisch-rabbinische Exegese* bedingt sein, sowie durch die Tatsache, daß man die gnostische Weisheit mit dem Gottesgeist von Gen. 1, 2 verknüpft. Nach Gen. r. 2, 6 verglich Ben Zoma diesen über dem Wasser schwebenden Geist einem Vogel, der über seine Brut hinstreicht und diese fast mit seinen Flügeln berührt; denn nur zwei bis drei Finger breit war im Uranfang der Abstand zwischen den oberen und den unteren Wassern. Versteht man nun mit den gnostischen Exegeten die Wasser der Urflut als bedrohliche Macht des Chaos und der Finsternis, so wird leicht verständlich, welcher Gefahr der darüberschwebende Geist ausgesetzt war.

Aufs Ganze gesehen ist jedoch das exegetische Interesse der Rabbinen an der Stelle Gen. 1, 2 bei weitem nicht so stark wie das der Gnostiker [1]). Man könnte eher von einer gewissen Zurückhaltung sprechen, die je länger je mehr für das rabbinische Fragen nach dem Anfang überhaupt kennzeichnend wird. Man warnt davor, sich in grübelnden Betrachtungen über die Zeit vor der Welterschaffung und über die himmlischen Dinge zu ergehen (b. Chag. 11 b), und verrät dadurch, daß die Gnosis oder zumindest gnostisierende Tendenzen durchaus nicht unbekannt waren. Ja, sie tauchten gelegentlich in den eigenen Reihen auf, wie der Fall des Häretikers Elischa ben Abuja deutlich macht. Er war offenbar von der Frage umgetrieben, ob es im Himmel nicht doch zwei Mächte gebe (b. Chag. 15 a). Diese dualistische Lehre von zwei Gewalten oder Prinzipien der Weltschöpfung wird nun scharf verurteilt [2]). Freilich konnte man dadurch nicht verhindern, daß der Strom der theosophischen Spekulation unterirdisch weiterlief, bis er in der Kabbala des Mittelalters wieder machtvoll zum Durchbruch kam.

Sicherlich ahnten die Rabbinen all die Gefahren, die das schrankenlose Fragen nach dem Ursprung des Bösen heraufbeschwor; vielleicht war ihnen auch die antijüdische, pervertierende Exegese der christlichen Gnosis bekannt. Sie mußte geradezu als „Sünde wider den heiligen Geist" erscheinen. Denn Gottes heiliger Geist

---

[1]) R. Schim'on ben Laqisch sah in dem über dem Wasser schwebenden Geist den Messias angedeutet, während die Begriffe Tohu, Bohu, Finsternis und Tehom auf die vier heidnischen Weltreiche weisen (Gen. r. 2, 4). Ja, auch an dieser Stelle ist das Motiv der Buße gegeben, denn das Wasser wird auf die Flut der Bußtränen Israels bezogen, die das zu Gott zurückkehrende Volk vergießt. Über diesem Wasser erscheint der Erlöser.

[2]) Gen. r. 1, 10.13; vgl. auch Sifr. Dt. zu 32, 29 und Mekh. Ex. zu 20, 2.

wurde gleichsam als Geist des Widersachers verschrieen, ja Gott selbst in den Farben des spätjüdisch-christlichen *Teufels* gemalt. Schon bei der Gestalt des „Irrtums" des E.V. ist das klar. Als ohnmächtiger Widersacher Christi und als Regent über die verblendete Menschenwelt spielt der „Irrtum" die Rolle des Teufels im Evangelium des Johannes, der dort ὁ ἄρχων τοῦ κόσμου τούτου heißt (12, 31; 14, 30; 16, 11). Noch mehr gilt das von Jaldabaoth, dem Demiurgen und gnostischen Gott des Alten Testaments. Was das E.V. in der Gestalt des „Irrtums" noch zusammenfaßt, fällt in den anderen Schriften von Nag Hammadi in zwei Personen auseinander: die Sophia und den Demiurgen, der einem Fehltritt dieses letzten Äons entspringt. Damit ist die Frage nach dem Ursprung des Bösen besser beantwortet als im E.V., wo die Herkunft des „Irrtums" dunkel bleibt. Ferner wird so der Weg freigelegt zu einer Exegese des Alten Testaments, auf das der Verfasser des E.V. nicht eingehen will oder kann. Schließlich läßt sich auf diese Weise die Sophia und die Vollkommenheit der Welt der Äonen retten, da die Buße der Gefallenen den Weg zur Heimkehr bahnt. Hingegen lastet nun alle Schuld an dem Unheil der Welt auf Jaldabaoth, der deshalb die Züge des Antichrists und des Teufels erhält [1]).

Abschluss

Man sollte nicht in den Fehler verfallen, den Einfluß des Orients und der platonischen Philosophie auf die Gnosis zu unterschätzen. Selbst stoische Gedankengänge sind wichtig, vor allem zur Erklärung der Wesensverwandtschaft von Gott und Mensch und der organischen Verbindung zwischen Erlöser und Erlösten. Ernst zu nehmen ist jedoch auch die Ansicht von R. M. Grant, der die Gnosis mit den Essenern Qumrans in eine direkte genealogische Beziehung setzt. Nach der Katastrophe des Jahres 68 n. Chr. hätten manche dieser Frommen ihre Hoffnung auf einen Sieg des

---

[1]) Nach Asc. Jes. 4, 1-8 wird sich Beliar, der in der Gestalt des Antichrists auf Erden regieren soll, mit den Worten rühmen, die in den gnostischen Schriften den Hochmut Jaldabaoths beschreiben: „Ich bin Gott, und vor mir hat es keinen anderen gegeben"; in einer koptischen Schrift über das Leben der Apostel Andreas und Paulus tut das der Teufel als Herrscher der Unterwelt (erwähnt bei H. M. Schenke, a.a.O., 92 f.). Wird nach dem gnostischen Werk „Das Wesen der Archonten" Jaldabaoth durch einen Engel gefesselt und in den Tartarus geworfen, so ist das genau das Schicksal der gefallenen Engel im äth. Henoch, vor allem ihres Anführers Azazel in äth. Hen. 10, 4 ff., ferner des Teufels in Apok. 20, 10.

Messiasreiches in dieser Welt verloren und ihre Eschatologie um-
geprägt. Die Rückkehr des individuellen göttlichen Seelenfunkens
in die himmlische Heimat bildete nunmehr das existentielle Ziel [1]).

Die Gnostiker der neugefundenen Schriften beachteten nur die
ersten Kapitel des Alten Testaments; sie wollten wissen, was am
Anfang geschah, um dadurch des Endes, der Seelen Seligkeit,
gewiß zu sein. Sie strebten danach, Gott zu erkennen: Sein ewiges
Sein, die jenseits von Zeit und Raum vollzogene Entfaltung
Seiner Kraft, dazu die Wiederherstellung der gestörten Weltordnung
am Ende der Zeit. Den Gott der Mitte, der in Israels Geschichte
sich offenbarte, glaubten sie übergehen zu können. Das war jedoch
der fundamentale Fehler. Denn ,,Deum cognoscere est beneficia
eius cognoscere'': Gott hat Sich zuerst in Seinen Heilstaten, am
Schilfmeer, beim Sinai, in der Wüste, Seinem Volke gezeigt; die
Urgeschichte stellt nur den später hinzugefügten Vorbau des israeli-
tischen Credos dar, und die Eschatologie ist ein Epilog. Der Gott
der Geschichte, der ein kleines Volk in Gnaden führt und in Gerichten bestraft, war den Gnostikern zu gering, zu irdisch konzipiert;
darum schnitten sie das große Mittelstück des Alten Testaments
heraus. Aber mit dem Verlust der Mitte war alles verloren. Nun
fielen die Gnostiker in die von ihnen selbst so hart getadelte Sünde,
gegen Gottes Willen schöpferisch tätig zu sein. Sie erfanden den
fremden und fernen Gott der Liebe und machten aus dem creator
omnium des Alten Testaments eine vergängliche, neidische, ja
teuflische Kreatur, einen Verführer und Feind des Menschengeschlechts. Weil sie so die Herrlichkeit des unvergänglichen Gottes
verkehrten, wurden sie auch mit der von ihnen oft geschilderten
Strafe bestraft: Sie sind in ihrem Dichten eitel geworden, ihr un-
verständiges Herz wurde verfinstert; sie, die sich für weise hielten,
sind zu Narren geworden (vgl. Röm. I, 21-23).

---

[1]) R. M. Grant, The Secret Sayings of Jesus, New York ,1960, 18.

38. Das Problem der Gnosis seit der Entdeckung der Texte von Nag Hammadi

Sasagu Arai, Die Christologie des Evangelium Veritatis, Leiden 1964. — *Otto Böcher, Der johanneische Dualismus im Zusammenhang des nachbiblischen Judentums*, Gütersloh 1965. — *Jan A. Bühner, Der Gesandte und sein Weg im Johannesevangelium*, theol. Diss. Tübingen 1976. — *Hans-Georg Gaffron, Studien zum koptischen Philippusevangelium unter besonderer Berücksichtigung der Sakramente*, theol. Diss. Bonn 1969. — *Robert M. Grant, Gnosticism and Early Christianity*, New York 1959. — *Hans Jonas, Gnosis und spätantiker Geist*. Göttingen 1934. — *Ders., The Gnostic Religion*, 2. Aufl. Boston 1963. — *Le Origini dello Gnosticismo.* Colloquio di Messina 13—18 Aprile 1966, a cura *Ugo Bianchi*, Leiden 1970². — *Birger A. Pearson, Jewish Haggadic Traditions in the Testimony of Truth from Nag Hammadi* (CG IX, 3), in: FS für G. Widengren 1972, 458—470. — *Malcolm L. Peel, Gnostic Eschatology and the New Testament*, Nov Test 12, 1970, 141—165. — *S. Pétrement, Les Gnostiques et les Manichéens*, Paris 1947. — *Hans-Martin Schenke, Der Gott „Mensch" in der Gnosis*. Göttingen 1962. — *Walter Schmithals, Die Gnosis in Korinth.* Eine Untersuchung zu den Korintherbriefen (FRLANT 66) Göttingen (2., neu bearbeitete Aufl. 1965), 3. Aufl. 1969. — *Luise Schottroff, Der Glaubende und die feindliche Welt.* Beobachtungen zum gnostischen Dualismus und seiner Bedeutung für Paulus und das Johannesevangelium (WMANT 37), Neukirchener Verlag 1970. — *Frederik Wisse, The Epistle of Jude in the History of Heresiology*, NH-Studies 3. FS für A. Böhlig, Leiden 1972, 133—142. — *Ders.,* The Redeemer-Figure in the Paraphrase of Shem, Nov Test 12, 1970, 130—140. —

I. *Zur Definition von Gnosis und Gnostizismus*[1]

Die in koptischer Sprache abgefaßten Texte, die im Jahre 1945 oder 1946 in Nag Hammadi/Oberägypten (im folgenden: NH) entdeckt wurden und mitt-

---

[1] Einen guten Überblick über die verschiedenen Vorschläge zur Definition und religionsgeschichtlichen Herleitung der Gnosis seit F. Chr. Baur bietet die von *K. Rudolph* herausgegebene, chronologisch geordnete Aufsatzsammlung Gnosis und

lerweile zu einem großen Teil veröffentlicht sind, bieten in 13 Papyruscodices höchstwahrscheinlich 51 Traktate überwiegend gnostischen Inhalts[2]. Dank dieses unerwarteten Fundes ist das Phänomen der antiken Gnosis wieder höchst aktuell geworden. H.M. Schenke, einer der eifrigsten Interpreten der NH-Texte, sprach 1965 vom „Anfang einer ganz neuen Epoche der Gnosisforschung"[3]. Der Frage, inwieweit dieses Urteil zutrifft und worin das Neue gegenüber der bisherigen Bewertung der Gnosis besteht, soll hier nachgegangen werden.

1. Allzu kritisch beurteilt wird heute die im *19. Jdt.* von *F. C. Baur, K. A. Lipsius, A. Hilgenfeld* und *A. v. Harnack* gegebene Darstellung der Gnosis, die vor allem auf das Zeugnis der Kirchenväter gegründet ist; nach ihr war die Gnosis eine philosophisch-spekulative Entartung des frühchristlichen Glaubens[4]. Nun war zweifellos Baurs Deutung der Gnosis als „erster Versuch einer christlichen Religionsphilosophie"[5] zu modern gehalten und einem spekulativen Interesse entsprungen; auch A. v. Harnack hat das philosophische Element in der Gnosis zu stark betont. Er hielt bekanntlich die Gnostiker für die ersten Theologen und systematischen Denker der Alten Kirche, die versuchten, die einfache Wahrheit des Evangeliums mit dem Geist der griechischen Philosophie auszusöhnen und dabei so rasch zu Werke gingen, daß eine akute Hellenisierung und damit auch Verweltlichung des Christentums entstand[6]. Das systematische Denkvermögen der in den NH-Texten zur Sprache

Gnostizismus, Wege der Forschung CCLXII, Darmstadt 1975 (hier abgekürzt: GuG; leider ist sie nicht ganz frei von sinnentstellenden Druckfehlern, vor allem bei hebräischen Vokabeln, vgl. etwa 245. 432 f). Wichtig ist ferner der zum Gnosis-Kolloquium in Messina erschienene Aufsatzband: Le Origini dello Gnosticismo von *Ugo Bianchi*, Leiden 1967, 1970[2], den K. Rudolph bei der Auswahl der Aufsätze mitberücksichtigt hat (im Folgenden abgekürzt: Origini). Ungemein aufschlußreich ist *Rudolphs* Forschungsbericht Gnosis und Gnostizismus, in: ThR N.F. 34 (1969), 121—175. 181—231. 358—61 und in 36 (1971), 1—61. 89—124.

[2] Zum Stand der Forschung über die Nag Hammadi (im Folgenden abgekürzt NH) — Texte vgl. den Überblick von *H. M. Krause*, Der Stand der Veröffentlichung der Nag Hammadi Texte, in: Origini, 61—88, ferner *Berliner Arbeitskreis für koptisch-gnostische Schriften*, Die Bedeutung der Texte von Nag Hammadi für die moderne Gnosisforschung, in: Gnosis und Neues Testament, ed. K. W. Tröger, Berlin 1973, 13—76; dazu *D. Scholer*, Nag Hammadi Bibliographie 1948—1969 und die Monograph Series zu den NH-Texten, die bei Brill-Leiden erscheint.

[3] Hauptprobleme der Gnosis, in: Kairos 7 (1965), 114—123, jetzt in GuG, 585 ff, vgl. bes. 586. 599.

[4] Wertvoll ist noch heute die umsichtige Behandlung der Kirchenväterzeugnisse über die Gnosis durch *A. Hilgenfeld*, Die Ketzergeschichte des Urchristentums, Leipzig 1884, Nachdruck Darmstadt 1963.

[5] *F. Chr. Baur*, Die christliche Gnosis oder die christliche Religionsphilosophie in ihrer geschichtlichen Entwicklung, Tübingen 1835, Vorrede, VII.

[6] Lehrbuch der Dogmengeschichte, Bd. I, Freiburg/Br. 1886[1], 158—185, vgl. dazu GuG, 142—173, bes. 147 f. Auch *H. Jonas* überschätzt das philosophische Denkvermögen in der Gnosis, wenn er sie als eine „reine Bewegungs- und Ereignismetaphysik" bezeichnet, „die entschiedenste ‚historische' (sic) Konzeption des gesamten

kommenden Gnostiker ist begrenzt. Zwar haben sie die biblische Urgeschichte kompromißlos und konsequent in dualistischem Sinne ausgelegt und die Jesus-tradition der Evangelien gelegentlich in geistreicher Weise spiritualisiert. Andererseits wurde der für eine spekulative Philosophie gut geeignete Frei-raum der himmlischen Welt nicht eigentlich dazu benützt, eine einleuchtende, wohl geordnete Emanation von Ideen darzustellen.[7] Aber richtig gesehen haben mE. von Harnack und Hilgenfeld die beiden wichtigsten Komponenten der gnostischen Lehre, nämlich die jüdisch-christliche Überlieferung als den Gegenstand gnostischer Reflexion und die griechische, vor allem platonische Philosophie[8] als den Kanon gnostischer Interpretation[9]. Von daher haben sie auch zutreffend in der jüdisch-hellenistischen Literatur, besonders in Philo[10], einen Vorläufer der Gnosis gesehen. Denn es ist ein popularisierender, aber auch radikalisierter Platonismus, der die christlichen Exegeten der NH-Gnosis beseelt, so daß das Urteil, die Gnosis sei eine „akute Hellenisierung des Chri-stentums"[11], „un platonisme romantique"[12] bestätigt wird. Auch das Wissen

Seins vor Hegel", in: Typologische und historische Abgrenzung des Phänomens der Gnosis, Vortrag in Messina 1966, GuG, 629.

[7] Am ehesten gilt das für die pythagoräisch inspirierte, nach Zahlengruppen (Tetraden, Ogdoaden, Dekaden usw.) durchgeführte Ordnung der Ideen, wie sie bei Basilides und Valentin erscheint. Im Apokryphon des Johannes (abgekürzt AJ BG 39,6 f) werden 12 Äonen mit je 7 Engeln und 3 Kräften gebildet. Zur symmetrischen Anlage der kosmischen Größen in der NH-Gnosis vgl. auch *W. R. Schoedel*, Scrip-ture and the First Apocalypse of James, NovTest XIII,2 1970, 172 f.

[8] Vgl. dazu *A. D. Nock*, Gnostizismus (GuG, 580): „Die Beziehung dieser und anderer neuer Texte zum Neuen Testament scheint mir völlig die traditionelle Auf-fassung zu rechtfertigen, die den Gnostizismus als christliche, im spekulativen Den-ken wurzelnde, Häresie betrachtet." Die Orphik wird besonders von U. Bianchi be-tont (Das Problem der Ursprünge des Gnostizismus, GuG, 605).

[9] Wichtig ist, was *A. Böhlig* zum Bildungshintergrund der Gnostiker durch die Rhetoren- und Philosophenschulen der hellenistischen Zeit beiträgt (Zum Hellenis-mus in den Schriften von Nag Hammadi, Wiesbaden 1975), ferner *H. J. Krämer*, Der Ursprung der Geistmetaphysik, Amsterdam 1967².

[10] Schon *F. Chr. Baur* fand die Wurzeln der Gnosis in der alexandrinischen Rechts-philosophie, bei Philo, ferner im Platonismus und — was freilich nicht zutrifft — im Buddhismus (aaO., 36 ff. 54 ff).

[11] *H. M. Schenke* möchte in den philosophischen Systemen der Gnosis das Spätere und Sekundäre gegenüber einer mythologisch-religiösen, in Konventikeln gepflegten Anfangsphase sehen (GuG, 659). Aber die NH-Texte empfehlen die alternative Scheidung Religion — Philosophie nicht. Das Denkgerüst der Gnosis: Gott — Materie mit den vermittelnden Größen Seele, Sohn, Logos ist mittelplatonisch, vgl. *Krämer* aaO., 232; es findet sich auch in den NH-Texten, in denen freilich der Logos keine wichtige Rolle spielt (abgesehen vom Evangelium Veritatis CJ 23,18—24,20 und der Dreigestalten Protennoia NH XIII). Zum Einfluß des Mittelplatonismus auf die Gnosis vgl. auch *H. Langerbeck*, Aufsätze zur Gnosis, AAG 3. F. 69, 1967, 17 ff. 38 ff. Außer *A. v. Harnack* und *A. D. Nock* sahen vor allem *H. H. Schaeder*, *H. Leisegang* und *de Faye* im Platonismus die systembildende Kraft der Gnosis. Zu Basilides vgl. *G. Quispel* im Eranos-Jahrbuch XVI, 1948, 89 f.

[12] *S. Pétrement*, Les Gnostiques, 129.

der alten Häresiologen und deren Hinweis auf Plato wird heute oft allzu kritisch bewertet[13].

Beherrschend in der NH-Gnosis ist der platonische Dualismus von Geist und Stoff, Seiendem und Nichtseiendem, zwischen einem realen Reich von Ideen, die aus Gott hervorgegangen und personhaft dargestellt sind, und der materiellen Welt des Scheins, ein Dualismus, der in die Theologie hineinreicht und sich anthropologisch ausprägt als Gegensatz zwischen der vom Himmel stammenden Seele und dem stofflichen Leib; dieser Dualismus hat den in der jüdisch-christlichen Apokalyptik vorgegebenen Kampf zwischen Licht und Finsternis, guten und bösen Engelmächten mit übernommen und damit die Kategorie des Bösen eingeführt. Das Eigentümliche, Häretische der Gnosis besteht nun darin, daß es auch zu einem Bruch in der Gottesvorstellung kommt: Dem guten, aber fremden und ganz transzendent verstandenen Gott und Vater des Alls[14] wird der böse Demiurg Jaldabaoth, der Schöpfer der materiellen Welt, gegenübergestellt. Das geht über Plato hinaus und trennt den gnostischen Dualismus von dem biblischen Gegensatz zwischen der guten Schöpfung Gottes und der gefallenen Menschheit, zwischen Gottesherrschaft und Teufelsmacht oder auch zwischen Geist der Wahrheit und Geist des Irrtums.

2. Hochgeschätzt wird in der neuen NH-Ära der Gnosisforschung die Arbeit der *religionsgeschichtlichen Schule (F. W. Brandt, W. Anz, W. Bousset, R. Reitzenstein)*, die nach der Entdeckung gnostischer Originaltexte, vor allem der Mandäer und Manichäer, dann auch persischer, mesopotamischer und ägyptischer Handschriften ein reiches Arbeitsfeld vorfand. Diese am Anfang des 20. Jhdts. blühende Schule hat die Gnosis nicht als philosophische Spekulation elitärer Christen, sondern als religiöse Bewegung des heidnischen Volkes betrachtet, die nicht nur in die frühe Kirchengeschichte, sondern primär zur allgemeinen Religionsgeschichte gehört. Durch motivgeschichtliche Forschung wollte man den religionsgeschichtlichen Ursprung der Gnosis finden: Die vorchristlichen, babylonischen und besonders iranischen Wurzeln wurden betont, dazu die synkretistische Welt des Hellenismus als Nährboden dieser wild wuchernden „Pilzkultur" angesehen: Offenbarungsgläubigkeit und orientalische Mythologie und nicht der rationale Logos der griechischen Philosophie

---

[13] Sie haben bereits die Verbindung von Gnosis und griechischer Philosophie betont, vor allem bei den Valentinianern, so Iren. avd. haer. II,14,6 und Hipp. IV,51; VI,3 (Pythagoräer und Platoniker; vgl. auch Plotin Enn. II,9,6,10 ff: ὅλως γὰρ αὐτοῖς τὰ μὲν παρὰ τοῦ Πλάτωνος εἴληπται). Scharfe Kritik an ihrer Darstellungsweise übt *K. Koschorke*, Hippolyts Ketzerbekämpfung und Polemik gegen die Gnostiker, Göttinger Orientforschungen VI,4, Wiesbaden 1975; vgl. auch *Rudolph* in ThR 1969, 210 ff.

[14] Eine schöne Beschreibung des guten Gottes findet sich im Apokryphon des Johannes BG 22,20—26,19. Es ist vor allem die via negationis, mit der man sein alles Seiende transzendierendes Wesen deutet; außerdem werden Geist, Ewigkeit, Licht, Ruhe, u. ä. erwähnt.

galten nun als Merkmale der Gnosis, und das Streben nach Erlösung mehr als das Ideal der Bildung; in einem mysterienhaften Kult haben die Gnostiker ihr religiöses Gefühl symbolisch dargestellt. Es fällt auf, wie sehr man heute noch diesen Ansichten die Treue hält. *K. Rudolph* zB. meint, die Vertreter der religionsgeschichtlichen Schule seien auf der richtigen Spur gewesen; W. Bousset und R. Reitzenstein hätten das eigentliche „gnostische Problem erkannt, obwohl ihre Forschungsergebnisse und -methoden gerade in letzter Zeit verschiedentlich Gegenstand heftiger Kritik gewesen seien"[15]. Bei dieser Kritik ist wohl vor allem an *C. Colpes* Buch „Die religionsgeschichtliche Schule"[16] gedacht, in dem ein Lieblingskind von R. Reitzenstein **und R. Bultmann,** nämlich der gnostische Erlösermythos altiranischer Herkunft[17], durchleuchtet und radikal in Frage gestellt wird. Dennoch ist dieser Mythos von der Spielwiese einer spekulativen neutestamentlichen Exegese, auf der er jahrzehntelang sein Unwesen getrieben hatte, nicht völlig verschwunden. Selbst *H. M. Schenke* vertritt die noch immer unbewiesene Ansicht, Paulus, die Verfasser des Kolosser- und Epheserbriefes und der johanneische Kreis hätten die gnostische Erlösungsvorstellung in Terminologie und Vorstellungsgehalt zur Interpretation des Christusgeschehens und zur Gestaltung der Christologie verwendet[18]. Dabei hat er selbst anhand der NH-Texte gezeigt, daß zB. die gnostische Gestalt des Gottes „Mensch" nicht auf einen vorgegebenen Urmensch-Mythos zurückgeht, sondern einer „theologischen" Deutung der Stellen Gen 1,26 f und 2,7 entspringt: Das Urbild des gottähnlichen Adam muß ein Gott „Mensch" gewesen sein[19]. Die Rolle Adams wird zwar in der NH-Gnosis aufgewertet. Aber weder Adam, noch der Gott Mensch ist der verkörperte Sammelpunkt von Seelenfunken, die durch seinen Fall in die materielle Welt gelangen und durch ihn als Erlöser wieder befreit werden. Auch die Idee einer Weltseele (R. Reitzenstein) wird nicht durchgeführt. Wie Adam in seinem prometheischen Kampf gegen den Demiurgen Jaldabaoth das Vorbild aller Gnostiker ist, so ist das in den Schriften „Die Exegese über die Seele" und „Authentischer Logos" geschilderte Schicksal der Seele mehr oder

---

[15] Stand und Aufgaben in der Erforschung des Gnostizismus, GuG, 510—533, 511,

[16] Darstellung und Kritik ihres Bildes vom gnostischen Erlösermythus. FRLANT NF 60, Göttingen 1961.

[17] *R. Bultmann*, Das Evangelium des Johannes, Göttingen 1964[10], 8—12. Theologie des Neuen Testaments, Tübingen 1951, 162—182. Nach Bultmann stellt die griechische Tradition in den dualistischen Systemen der Gnosis nur ein sekundäres Element dar (Joh. Ev., 9).

[18] Das Wort „Erlöser" wird durch „Erlösung" ersetzt. Hauptprobleme GuG, 595. *Ph. Vielhauer* hat in seiner Geschichte der urchristlichen Literatur (Berlin 1975), einer glänzend geschriebenen Zusammenfassung der Ergebnisse einer von Bultmann beherrschten NT-Exegese, im 3. Kapitel (410 ff) die Bultmannsche Deutung des Joh. Ev. mit ihren unbewiesenen Voraussetzungen (Quelle gnostischer Offenbarungsreden mit Erlösermythos, Semeia-Quelle mit Theios Anthropos-Ideal) als zutreffend beurteilt.

[19] Der Gott „Mensch" in der Gnosis.

minder exemplarisch für die Seelen der Gnostiker, aber es schließt diese nicht zu einem Seelenkollektiv zusammen. Wer die NH-Texte unvoreingenommen liest, kommt schwerlich auf den Gedanken, der Mythos von einem Urmenschen oder „Erlösten Erlöser" bilde die geistige Mitte der Gnosis; auch von iranischen Wurzeln ist dort wenig zu sehen. Wenn W. Schmithals die entscheidende Wende zur Gnosis darin sieht, daß der Mensch sein eigentliches Selbst, seine Seele, als einen Teil des Gottes „Mensch" erkannte[20], so findet sich davon in den NH-Texten so gut wie nichts. Auch die Sophia ist in der Regel keine Erlösergestalt, wie *L. Schottroff* fälschlicherweise dem Apokryphon des Johannes entnimmt[21]. Recht problematisch ist der Versuch, mit Hilfe eines komplizierten Rückschlußverfahrens ein Ursystem der Gnosis herauszukristallisieren, hinter dem dann in archaischer Zeitlosigkeit die noch nicht verobjektvierte und sich ihrer selbst bewußt gewordene Gnosis gleichsam als Gefühl und Anschauung des Universums vorhanden gewesen sei[22]. Das Festhalten an Methode und Resultaten der religionsgeschichtlichen Gnosisforschung erklärt sich mE. nicht zuletzt aus der durchaus berechtigten Befürchtung, die Preisgabe einer archaischen, vorchristlichen Gnosis bedeute deren Abschied aus der neutestamentlichen Exegese und die Notwendigkeit der Neubesinnung.

3. Weiterhin stark verpflichtet fühlt sich die neue Gnosisforschung der *phänomenologischen Deutung der Gnosis,* wie sie vor allem *R. Bultmann* und sein Schüler *H. Jonas* angestellt hatten. Diese hatten zwar die Texte und Thesen der religionsgeschichtlichen Schule übernommen, stellten aber deren Suche nach dem chronologischen Anfang der Gnosis zurück hinter der existentialen Auslegung einer allen Gnostikern eigenen Grundhaltung, einem eigentümlich pessimistischen Selbst- und Weltverständnis, das in den vielfältigen Mythen und Vorstellungen gleichsam verobjektiviert ist und eine anthro-

---

[20] Die Gnosis in Korinth, 29.

[21] Der Glaubende und die feindliche Welt, 60 f. Die von ihr zitierte Belegstelle AJ BG 60,12—16 handelt von der den Adam gegen Jaldabaoth unterstützenden „Erkenntnis des Lichtes", die als „Mutter aller Lebenden" bezeichnet wird (vgl. dazu die Parallelversionen NH II, 70,28 ff und NH IV, 35,27 ff, wo die „Epinoia des Lichtes" erscheint). Sie ist nicht mit der gefallenen Sophia identisch, wie Frau Schottroff meint. Denn die Stelle BG 38,13, in der sie die Gleichsetzung von Sophia und Mutter aller Lebenden findet, handelt in Wirklichkeit vom hl. Geist, den man „Mutter Aller" nennt. Nur in dem ophitischen System Irenäus I,30 tritt die Sophia an die Stelle der „Erkenntnis des Lichtes"; in der „Titellosen Schrift" (NH II) hat die Pistis-Sophia die Rolle der Helferin Adams.

[22] So *H. M. Schenke*, Hauptprobleme GuG, 599 f. Ähnlich betont *Bianchi* das archaische Alter der pessimistisch beurteilten Weltentstehung und des antikosmischen Dualismus in der Gnosis (Das Problem der Ursprünge des Gnostizismus, GuG, 601—625, bes. 622 f). Dagegen sagt *Schenke* mit Recht, „die Theorie ... von einem weit vorchristlichen iranischen Ursprung der Gnosis ist unhaltbar geworden" (GuG, 592). Aber noch immer tritt *G. Widengren* für die iranische Herkunft ein (Der iranische Hintergrund der Gnosis, GuG, 410—425); zum Einfluß babylonischer und iranischer Elemente vgl. auch *Bianchi*, GuG, 618 ff.

pologische Deutung verlangt. Es ist dies das Gefühl des Unbehaustseins in
der als fremd empfundenen Welt. Es entzieht sich der Suche nach einer prima
causa, ist religionsgeschichtlich unableitbar, weil es auf einem Urerlebnis mit
„gewaltigen originalen Impulsen" beruht. Diese pessimistische Daseinshaltung
bestimmte den Menschen der hellenistischen Welt, in der sich griechische Philosophie und orientalische Mythen miteinander verbunden hatten; die Gnosis
bildete nach H. Jonas den „spätantiken Geist"[23]. Den Einfluß dieser mit Hilfe
von Heideggers Existenzanalyse vollzogenen Gnosisdeutung spürt man in den
neuen Bestimmungen von Gnosis und Gnostizismus, so etwa in der von
H. M. Schenke vorgetragenen Definition: „Wir verstehen unter Gnosis eine
religiöse Erlösungsbewegung der Spätantike, in der die Möglichkeit einer
negativen Welt- und Daseinsdeutung in besonderer und unverwechselbarer
Weise ergriffen ist und sich zu einer weltverneinenden Weltanschauung ver-
festigt hat, die sich ihrerseits wieder in Wortprägungen, Bildersprache und
Kunstmythen charakteristischen Ausdruck verleiht."[24] Dieser Satz scheint mir
sprachlich und auch sachlich nicht ganz glücklich zu sein[25]. Vor allem bietet
diese Definition nichts Neues. Schenke meint zwar, mit ihr würden bislang
übliche Gnosisdeutungen überholt[26], so etwa, daß die Gnosis ein entartetes
Christentum oder eine bestimmte Entwicklungsstufe der iranischen Volksreligion sei. Aber seine allgemein gehaltene Wesensbestimmung der Gnosis
schließt die hier erwähnten geschichtlichen Konkretionen keineswegs aus[27].
Mit Recht bestreitet Schenke die Gleichsetzung der Gnosis mit dem Geist der
Spätantike: Das Seinsverständnis der Gnostiker dürfte nicht ohne weiteres

[23] Gnosis und spätantiker Geist, 54. Aber in dem späteren Werk The Gnostic
Religion wird der Gnostizismus als antikosmischer und eschatologischer Dualismus
bestimmt.
[24] Im programmatisch titulierten Aufsatz Hauptprobleme der Gnosis, GuG, 585—
600, bes. 589. Vgl. auch 592: Die Hauptidee des Buches von *Jonas,* daß die Frage
nach der Daseinshaltung den Schlüssel zum geistesgeschichtlichen Verständnis liefere,
ist zu bejahen.
[25] Leer geblieben sind die Wendungen und Wörter: „In besonderer und unverwechselbarer Weise", „charakteristisch", „ihrerseits wieder". Außerdem wird der Begriff „Gnosis" nicht in die Definition hineinintegriert, obwohl er sich nach *Schenke*
zu einer zusammenfassenden Bezeichnung des gemeinten Sachverhalts „ganz vorzüglich eignet" (ebd.). Auch das Wort „Erlösungsbewegung" ist unscharf; es ließe sich zB.
auch auf den jüdischen Zelotismus oder den Aufruhr des Theudas anwenden.
[26] Zum griechischen Wort „Gnosis" vgl. *R. P. Casey*, Die Erforschung des Gnostizismus, GuG, 352—373, ferner *G. Kretschmar*, GuG, 463, Anm. 2. *Bultmann* hat die
Gnosis bestimmt als „Wissen um die Weltfremdheit und himmlische Herkunft der
Seele" (Theologie des Neuen Testaments, 174). Zur religionsgeschichtlichen Standortbestimmung der Gnosis: Orientalischer, meist iranischer Ursprung wird behauptet
von *Bousset, Greßmann, Reitzenstein, Jonas, Widengren;* heterodox-jüdische Herkunft von *A. D. Nock, K. Schubert, G. Quispel, R. M. Grant;* „Alchemie der Welt-
anschauungen" (*K. Stürmer*).
[27] Die Vermischung von phänomenologischer und religionsgeschichtlicher Methode
begegnet auch sonst. Vgl. *R. Bergmeier* zu L. Schottroffs Buch Der Glaubende und
die feindliche Welt, in: NovTest 16 (1974), 58—80.

für die Mysterienreligionen oder Plotin vorausgesetzt werden[28]; das hatten lange vor ihm schon *A. D. Nock* und *G. Kretschmar* gesagt[29]. Schließlich darf man die vor allem aus dem Perlenlied und aus mandäischen Texten erhobenen Motive des Rufes, der die Menschen aus dem Schlaf und der Trunkenheit des Vergessens weckt, sowie die Kenntnis geheimer Namen, mit der die heimkehrende Seele ihr entgegenstehende metaphysische Mächte zu überwinden hat, für die Gnosis nicht verallgemeinern; sie spielen in den meisten NH-Texten keine Rolle; eine Ausnahme bilden das Ev. Veritatis und die „Dreigestaltige Protennoia", die Offenbarerreden bietet. Auch die Maßlosigkeit im Emotionalen fällt nicht auf; eher ist ein Mangel an gutem Geschmack zu beklagen, vor allem wenn die Verlorenheit der Seele in der Welt geschildert wird[30]. Schließlich werden in den NH-Texten existentielle Anliegen und seelische Stimmungen nicht so sehr mit selbst geschaffenen Kunstmythen als vielmehr anhand einer Exegese biblischer Texte dargestellt, die freilich oft mythologisch ausgeschmückt[31] werden oder aber spiritualisiert sind.

4. Überprüft werden muß die bislang mehr oder minder selbstverständlich vollzogene *Zusammenschau von Gnosis und Mysterienreligionen.* Schon im 19. Jhdt. hat sie etwa G. Koffmane vertreten[32]; sie wurde dann von den Vertretern der religionsgeschichtlichen Schule übernommen und auch von R. Bultmann und H. Jonas gelehrt und für die neutestamentliche Exegese fruchtbar gemacht. Aber man hat zu differenzieren. Zwar herrscht in der NH-Gnosis eine große Vorliebe für heilige Handlungen von symbolischer Bedeutung; das Philippusevangelium kennt über Taufe und Abendmahl hinaus noch die Sakramente Salbung, Erlösung und Brautgemach. Aber *H. G. Gaffron* hat in seiner illuminierenden Bonner Dissertation[33] gezeigt, daß es zwischen den im 2. und 3. Jh. n. Chr. gleichzeitig zur Blüte gekommenen Bewegungen Gnosis und Mysterienreligionen zahlreiche Berührungen, Austausch und Übernahme von Ideen und literarischen Produkten gegeben hat, aber daneben auch beträchtliche Unterschiede. So wird zB. der Begriff μυστήριον im EvPhil und in der valentinianischen Gnosis vor allem auf die himmlische Welt des Pleroma bezogen; er ist nicht einfach t.t. für das Sakrament, und die fünf Sakramente des EvPhil sind keine mysterienhaften Weihen, auch fehlt die entsprechende mystische Terminologie. Alle sind im Neuen Testament be-

---

[28] GuG, aaO.
[29] *G. Kretschmar,* Zur religionsgeschichtlichen Einordnung der Gnosis, EvTh. 13 (1953), 354—361, jetzt GuG, 426—437, bes. 429, 434, wo Kretschmar auf Nock verweist.
[30] So vor allem in der „Exegese über die Seele" und im „Authentischen Logos".
[31] So etwa die Bildung Adams durch die Archonten oder die Evas durch Jaldabaoth.
[32] Die Gnosis nach ihrer Tendenz und Organisation. 12 Thesen, Breslau 1881, GuG, 120—141. *Koffmane* meinte, die Gnosis habe die spekulativen Gedanken des Christentums zu einer Geheimlehre und einem Geheimkult umgebildet, sich in mysterienhaften Kultgemeinschaften konkretisiert und in ϑίασοι organisiert.
[33] Studien zum koptischen Philippusevangelium, hier besonders 110—115.

gründet und haben den Sinn, die Gabe des hl. Geistes zu vermitteln[34]. Ob es eine Gnosis ohne Sakramente jemals gegeben hat, wie sie R. Bultmann und W. Schmithals postulieren[35], erscheint von Nag Hammadi her höchst fraglich zu sein, obwohl das zum Heil führende Erkennen nicht notwendig an ein Sakrament gebunden ist[36]. *H. M. Schenke* hat bei Mysterienreligionen und Gnosis eine verschiedene Begründung der Notwendigkeit und der Art der Erlösung festgestellt: Die Mysterienreligionen strebten nach Vergottung, die den Menschen substantiell verändert, etwas aus ihm macht, was er vorher nicht war; die Gnosis führt dagegen zu einem Wieder-Gott-Werden: „Der Mensch werde, was er ursprünglich war und eigentlich im Prinzip immer ist."[37]

5. Die Erkenntnis von der *Wesensgleichheit des gnostischen Menschen mit Gott* hat sich auch in den von H. Jonas stark beeinflußten Thesen des *Kolloquiums von Messina 1966* niedergeschlagen[38]. In diesen Thesen wird der Gnostizismus definiert als eine Erlösungsreligion, bei der die Wesensgleichheit von Erlöser und zu erlösendem Menschen vorausgesetzt ist; die einer Elite vorbehaltene rettende Erkenntnis betrifft eben die Identität des Erkennenden mit dem Erkannten, den göttlichen Ursprung der Seele und die Notwendigkeit ihrer Rückkehr in die himmlische Welt. Eine Abwärtsbewegung (Devolution) des Göttlichen und eine Krise, bei der ein Teil der göttlichen Substanz in die widergöttliche Materie geriet, erklärt das Schicksal des Menschen in der Welt und die Notwendigkeit seiner Erlösung. „Konsubstantialität" ist ein viel gebrauchtes Wort in der gegenwärtigen Gnosisdiskussion[39]. Aber die Bezeichnung ὁμοούσιος, die ursprünglich aus der Orphik stammt, ist nicht

---

[34] Der Begriff μυστήριον kann zwar auch das Geheimnis einer heiligen Handlung, zB. des Brautgemachs, bezeichnen (EvPhil § 59.77), aber deshalb, weil in ihm die Wirklichkeit des Pleroma und die Kraft des Geistes für die Glaubenden sichtbar werden. Häufig gebraucht wird μυστήριον in der „Dreigestaltigen Protennoia" NH XIII, das dort ein Geheimnis der göttlichen Welt bezeichnet.

[35] *Schmithals* meint, dem echten Gnostiker sei eine sakramentale Frömmigkeit fern (Gnosis in Korinth, 233), und *Bultmann* findet, in dem gnostisierend gedeuteten Joh. Ev. seien die sakramentalen Aussagen Zusätze eines kirchlichen Redaktors.

[36] *H. Gaffron* aaO., 279. Daß der Begriff „Gnosis" aus den Mysterienkulten stamme und allmählich spiritualisiert worden sei, nimmt zu Unrecht *R. Reitzenstein* an (Die hellenistischen Mysterienreligionen, Nachdruck der 3. Aufl. 1927, Darmstadt 1956, 66 f. 284. 308.)

[37] GuG, 591 f. Vgl. zur Gnosis Act. Thomae 15: ἵνα πά(?) ιν γένωμαι, ὃ ἤμην. Dagegen für die Mysterienreligionen C. H. XII 3: καί εἰμι νῦν οὐχ ὃ πρίν. Vgl. auch Irenäus I 6,1 f von der Gnosis: μὴ διὰ πράξεως, ἀλλὰ διὰ τὸ φύσει πνευματικοὺς εἶναι πάντῃ τε καὶ πάντως σωθήσεσθε.

[38] Die Verfasser dieser Thesen waren *U. Bianchi, C. J. Bleeker, C. Colpe, J. Danielou, H. J. Marrou, M. Simon, G. Widengren*. Vgl. dazu das Referat von *H. Jonas* „Delimitation of the Gnostic phenomenon typological and historical", in deutscher Übersetzung in GuG, 626—645. Vgl. auch *W. Eltester*, Christentum und Gnosis (BZNW 37), Berlin 1969, 127 ff.

[39] Vgl. Rudolph, GuG, 773: „Konsubstantialität des salvator und salvandus".

wichtig in den NH-Texten[40]. Der Mensch oder auch die Seele werden selten als göttlich bezeichnet, nirgends wird Vergottung als Ziel der Erlösung genannt, und das göttliche Pneuma ist streng genommen keine anthropologische Kategorie. Vor allem sollte die behauptete Wesensgleichheit von salvator und salvandus nicht zur Meinung verleiten, die Erlösung müsse wie naturnotwendig erfolgen[41]. Im EvPhil (Log. 4) wird zB. betont, gerade die Lebenden, dh. die zum Glauben Gekommenen, seien in Gefahr zu sterben, während den geistlich Toten solch ein Unglück nicht widerfahren kann. Der Gnostiker empfängt das Heil nicht schicksalhaft, sondern muß sich dafür entscheiden und kann seiner rettenden Erkenntnis verlustig gehen[42]. Im Traktat „Exegese über die Seele" spielen Buße und Reue die entscheidende Rolle, und durchweg stellt ein streng asketischer Lebenswandel die Vorbedingung für das Gelingen der Erlösung, der Vereinigung der Seele mit ihrem himmlischen Bräutigam, dar. Man weiß vom Abfall des Gnostikers, dessen Seele ein besonders schweres Strafgericht erwartet (Ap Joh BG 70,9—20).

Die wesensmäßige Verwandtschaft von Erlöser und Erlösten gilt schließlich nur für den *inneren Menschen, für dessen Seele* als eigentliches Ich[43]. Mit dieser Wesensverwandtschaft von Gott und Seele steht die Gnosis nicht allein. Man findet sie bei Plato und in der Stoa, darüber hinaus auch im damaligen Judentum. Der hellenistische Jude Philo kannte sie, ähnlich hat sie Josephus für die Seelenlehre der Essener behauptet[44]. Sie wird darüberhinaus von den *Rabbinen* deutlich ausgesprochen[45]. Der Leib des Menschen wird den Eltern verdankt; von Gott aber kommen Geist, Seele und Lebensodem (j Kil 8,4). Die Seele gleicht Gott, weil sie den ganzen Körper erfüllt so wie Gott die

[40] Im Ap Joh BG 22,13 f werden die „Gleichgeister" = Mitpneumatiker (nekhomopneuma) erwähnt, vgl. BG 63,16—19 „Wesenheit, die ihm gleicht". Nach dem Ev Phil hat der Mensch eine Verwandtschaft (συγγένεια) zu den wahrhaft Guten, dh. den Größen des Pleroma (Log. 13); er ist ein Abbild (εἰκών) der Engel (Log. 26). Die „Apokalypse des Petrus" (NH VII, 3) spricht von der Konsubstantialität mit dem Göttlichen (70,15—71,14), ähnlich die hermetische Schrift „Asklepius" (NH VI, 8).

[41] Nach Irenäus I, 6,1 f garantiert nicht etwa das Handeln, sondern das naturgegebene Pneumatiker-Sein das Heil.

[42] *L. Schottroff*, Animae naturaliter salvandae (BZNW 37), Berlin 1969, 89 (aufgrund des Apokryphon des Johannes).

[43] Es ist merkwürdig, daß die Stelle Gen 1,26 f in den NH-Texten nicht etwa die Konsubstantialität des Menschen mit Gott begründen half, sondern durch den Plural „Laßt uns machen!" die These von der Bildung Adams durch die Mächte stützte, die lediglich den seelischen Menschen nach dem Bilde Gottes schufen. Anders Philo Op. Mundi § 69: Die Gottähnlichkeit des Menschen bezieht sich auf dessen Geist, der gleichsam der Gott des Leibes ist.

[44] Im Unterschied vom sterblichen Leib mit seiner vergänglichen Materie sind die Seelen ewig bestehend und unsterblich; sie befinden sich im Leib wie in einem Gefängnis, bis der Tod sie von ihren fleischlichen Fesseln befreit, so daß sie sich in die Höhe schwingen können (*Bell* 2,154—158).

[45] Vgl. dazu *E. E. Urbach*, Chazal, Jerusalem 1971, 193—96.

Welt (b Ber 10 a); wie Gott nicht gesehen wird und doch sieht, so auch die Seele (Midr. Teh. zu 103,4). Die Grundfragen gnostischer Selbstbesinnung: „Wer waren wir, was sind wir geworden? Wo waren wir und wohin wurden wir gestellt? Wohin eilen wir und aus welcher Lage werden wir erlöst? Was ist Geburt, was Wiedergeburt?" werden formal ähnlich schon bei einem Zeitgenossen Hillels, Aqabja ben Mahalalel, erwähnt: „Wisse, woher du gekommen bist und wohin du gehst und vor wem du Rechenschaft und Rechnung abzulegen hast!" (Aboth 3,1). Aber diese Fragen werden dort eher antignostisch beantwortet: Der menschlich-allzumenschliche Ursprung aus dem Mannessamen und das Ende im Grab der Verwesung zeigen unsere Kreatürlichkeit; nicht die Herkunft von Gott, sondern die Verantwortung vor Gott macht die Würde des Menschen aus. Der besonders in der valentinianischen Gnosis und auch im „Apokryphon des Johannes" dargestellte Gedanke, die materielle Welt stelle eine Nachahmung der göttlichen dar, hat auch im Judentum seine Entsprechung. Aber gegenüber der Gnosis wird die Einheit der Schöpfung betont: „Was der Heilige, gepriesen sei Er, oben erschuf, das schuf er ähnlich auch unten" (Ex r 33,4)[46]. Vor allem ist die Himmelsreise der Seele in den Visionen der Apokalyptiker und in den rabbinischen Legenden vom Tode Moses präformiert. Daß sich die Rabbinen gnostisch-dualistischer Spekulationen erwehren mußten, beweist nicht zuletzt die scharfe Ablehnung einer Lehre von zwei Gewalten, einer Beteiligung der Engel an der Erschaffung Adams, und die Bitte um Vernichtung der Häretiker (Mînîm) im Achtzehn-Bitten-Gebet[47]. Die Tatsache, daß die Gnosis von den Rabbinen mit dem Stichwort „Zwei (göttliche) Gewalten" zusammengefaßt wurde, beweist, daß für sie nicht etwa die Anthropologie, wie heute meist behauptet wird, den articulus stantis et cadentis, das Merkmal des Häretischen, in der Gnosis ausgemacht hat, sondern die dualistische Theologie[48]. K. Rudolph führt deshalb in einem Abschnitt über die Ursprünge des Gnostizismus außer der substantiellen Gleichheit von Erlöser und Erlösten weitere „allgemein zugestandene" und auch in Messina berücksichtigte Kennzeichen ein, nämlich einen antikosmischen Dualismus, eine typische Erlösungslehre, sowie eine kühn gehandhabte Schriftexegese oder -allegorese[49]. Gerade so hat man auch bisher über die Gnosis gedacht.

6. Man hat in Messina schließlich unterschieden zwischen dem allgemeinen Wort „*Gnosis*" als dem Wissen um göttliche Mysterien und dem spezielleren

---

[46] Deshalb fehlt auch im Rabbinat das Urteil des Minderwertigen, das in der Gnosis die Nachahmung bis hin zur Ebenbildlichkeit des Menschen erhält.

[47] Zur Auseinandersetzung der Rabbinen mit der Gnosis vgl. *Urbach*, aaO., 162—189.

[48] Elischa ben Abuja, der Häretiker, soll nach b Chag 15 a in einer Vision den Metatron gesehen und ausgerufen haben: „Wahrhaftig, zwei göttliche Gewalten sind im Himmel!"; vgl. auch 3 Hen 16,2. Dazu *M. Hengel*, Der Sohn Gottes, Tübingen 1975, 75.

[49] GuG, 773.

Begriff „*Gnostizismus*", der den großen Systemen im 2. und 3. Jh. n. Chr. vorbehalten bleiben soll. Ferner wurden dem voll entfalteten Gnostizismus („Hochgnosis") ein „*Prä-Gnostizismus*" und ein „*Proto-Gnostizismus*" vorangestellt (These 3). Der erste Begriff gilt den Vorläufern, also Anschauungen oder Texten, die einzelne Motive des späteren Gnostizismus bieten, zB. die jüdische Apokalyptik, die geistige Welt Ägyptens oder Mesopotamiens. Der „Proto-Gnostizismus" hingegen enthält bereits das Wesen der Sache (die indoiranische Welt, die Orphik, der Platonismus). Diese Differenzierung hat sich jedoch nicht überall durchgesetzt; sie ist in der Tat höchst problematisch. K. Rudolph möchte ihr zwar grundsätzlich zustimmen und hat dies mit dem Titel seines Sammelbandes und Forschungsberichtes „Gnosis und Gnostizismus" dokumentiert; aber er macht dann doch Einwände geltend[50]. Einmal widerspreche diese Definition dem herkömmlichen Gebrauch, dem auch die späten Systeme als gnostisch galten. Andererseits sei auch die Gnosis der Anfänge „gnostizistisch", weil es bereits in ihr ein gewisses System des Denkens, eine Theologie gab. An solchen Erwägungen wird deutlich, daß das Wesen der Gnosis noch unpräzis bestimmt ist[51]. ME. müßte von dem Merkmalen und Themen der Gnosis der Dualismus an der Spitze stehen, ein Dualismus, nach dem sich Geist und Materie gegenüberstehen, nach dem ein guter Vatergott über der Himmelswelt wohnt und die Erschaffung des sichtbaren Kosmos einem Demiurgen zugeschrieben wird, der — im Unterschied zum Weltschöpfer Platos — geradezu verteufelt und mit dem Gott der Genesis gleichgesetzt wird. Nur dieser Dualismus erlaubt es, zB. in Marcion einen Gnostiker zu sehen, obwohl diesem andere Themen und Kennzeichen der Gnosis, wie kosmologische Spekulation oder allegorisierende Exegese, dazu die Himmelsreise der Seele, unbekannt oder uninteressant gewesen zu sein scheinen. Legt man diesen strengen Maßstab an, so fallen u. a. Philo, die Mysterienreligionen, oder der Neuplatonismus aus dem Bereich der Gnosis heraus. Aber auch die problematische Unterscheidung zwischen Gnosis und Gnostizismus oder zwischen Gnostizismus und seinen Vorläufern Prä- und Proto-Gnostizismus ist dann nicht mehr erforderlich: Qumran, das Johannesevangelium, die jüdische Esoterik, aber auch große Teile des Corpus Hermeticum, einschließlich des mE. monistischen 13. Traktates, sind nicht gnostisch. Denn Gnosis ist nur da, wo die dualistische Scheidelinie nicht nur zwei verschiedene Welten, sondern auch zwei antagonistische Gottheiten trennt.

---

[50] GuG, 770—772.

[51] Noch anders S. *Arai*, Zur Definition der Gnosis (GuG, 646—653). Für ihn ist gerade „Gnosis" ein bestimmtes geschichtliches Phänomen, nämlich eine an den Mittelmeerraum und die Zeit der Spätantike gebundene religiöse Erscheinung, während er als „Gnostizismus" zB. auch die im Hinduismus, Buddhismus und Taoismus auftretenden „gnostisierenden" Weltdeutungen bezeichnet. Er scheint englisch zu denken und das Wort „Gnostizismus" mit „gnosticising" zu verbinden.

II. *Zur Entstehung der Gnosis*

Diese radikale, den monistischen Gottesglauben aufhebende Fassung des platonischen Dualismus stellt ein besonderes Problem dar. Wie konnte sie entstehen, wo wurde sie erstmals gelehrt? Sie wird anhand einer Exegese von Gen 1–9 durchgeführt; man kann deshalb fragen: Hat die Enttäuschung hochgespannter apokalyptischer Erwartungen, etwa durch den Fall Jerusalems im Jahre 70 n. Chr., sie ausgelöst, so daß die Gnosis in einem heterodoxen Judentum ihren Ursprung hätte?[52] Aber trotz der ketzerischen Lehre von den „Zwei Gewalten" scheint es mir ausgeschlossen zu sein, daß ein Jude den Schöpfergott der Genesis derart verteufeln und die ersten Kapitel dieses Buches exegetisch so auf den Kopf hätte stellen können, wie das in den NH-Texten geschah. Diese verhängnisvolle Wendung der Dinge ist mE. eher im Christentum denkbar, dem nach einem solchen Angriff auf das Alte Testament die neutestamentlichen Schriften und nach der Verteufelung Jaldabaoths der Vater Jesu Christi als Gott blieben. Das Christentum des 2. Jhs. ist ja ein heterodoxes Judentum, übrigens das einzige, das wir genauer kennen.

K. Rudolph meint schließlich, die Gnosis sei eine „kosmopolitische Bewegung", die sich an bereits vorhandene Religionen anschließt, eine parasitäre Existenz führt[53]. Schon A. v. Harnack hatte in der Gnosis den Anspruch entdeckt, Weltreligion bzw. absolute Religion sein zu wollen; neu ist die Behauptung ihrer parasitären Rolle. Aber wann und wo wurde diese Rolle erstmals gespielt? Die Häresiologen der Alten Kirche sind dieser Frage nicht ausgewichen. Ihnen galt *Simon Magus* als der Urheber der Gnosis, eine Ansicht, die Schule gemacht hat. Nach A. Hilgenfeld hat Simon die „christliche Erlösungsidee als Weltprinzip gefaßt, dazu auch den Gedanken eines in der Gottheit selbst entstandenen Falles eingeführt"[54]. Auch heute noch gilt Simon Magus vielfach als der Ausgangspunkt der Gnosis[55]; die ihm zugeschriebene „Apophasis Megale" (Hipp Ref VI, 9,3–18,7) wird freilich eher als pseudosimonianisch angesehen[56]. W. Schmithals aber entnimmt ihr eine vorchristliche Christusgnosis, in der das Kollektiv der Gnostiker mit dem gnostischen Erlöser gleichgesetzt wurde[57]. Nun hat aber neuerdings K. Beyschlag die christliche Überlieferung vom Gnostiker Simon kritisch geprüft. Dabei ist er zum Urteil gelangt, die „Gnosis" des Simon, wie sie im Syntagma des Justin und in Zitaten des Epiphanius als den primären Quellen sichtbar wird, gehe auf das Konto der christlichen Überlieferung: Der Gnostiker Simon habe mit dem Magier aus Gitta ebensowenig zu tun wie der gnostische Christus mit Jesus von Nazareth. Während man bisher eher den samaritanischen Magier in der

[52] So *R. M. Grant*, Gnosticism and Early Christianity, 37.
[53] GuG, 772.
[54] GuG, 182.
[55] ZB. bei *G. Quispel, G. Kretschmar, H. J. Schoeps, W. Förster.*
[56] *H. M. Schenke*, GuG, 599.
[57] Die Gnosis in Korinth, 32 ff.

Apostelgeschichte (8,9—13.18—24) als eine Karikatur des echten Simon anzusehen geneigt war[58], müßte man nach Beyschlag umgekehrt den Gnostiker Simon für ein Phantasieprodukt halten, das die frühe Kirche in ihrem Abwehrkampf gegen die Ketzerei des 2. Jhs. geschaffen hat. Aber ich frage mich, ob nicht Beyschlag bei der Bewertung Simons etwas zu weit gegangen ist[59].

Obwohl K. Rudolph im Anschluß an H. Jonas die Ansicht vertritt, eine geistesgeschichtliche Standortbestimmung der Gnosis sei nicht möglich[60], so denkt er doch über deren Ursachen nach und nennt einen *geographischen Raum*, in dem sie zuerst greifbar wird. Das Problem der Ursache der Gnosis läßt sich nach seiner Meinung „nur durch eine komplexe Forschung von Sozial-, Wirtschafts-, Kultur- und Rechtswissenschaft" lösen; diese müßte im Raum der römischen Provinz Syria einsetzen, die Palästina und auch das östlich angrenzende Mesopotamien mit einschließt[61]. Auch diese These ist nicht neu, abgesehen von dem allzu zeitgemäß anmutenden Vorschlag einer umfassenden Erforschung des Milieus der Gnostiker; die NH-Texte geben dazu nicht viel her. Schon A. v. Harnack hatte für die Gnosis auf Syrien verwiesen und gemeint, dort hätten sich schon vor dem Auftreten des Christentums „Gärungen" synkretistischer Art, eine Mischung assyrisch-babylonischer Mythen mit der griechischen Volksreligion gezeigt[62]. Eine syrische Herkunft der Gnosis läßt sich mit den Namen belegen, welche die alten Häresiologen für führende Gnostiker nannten: Simon aus Gitta, Menander aus Kapparatea, Satornil aus Antiochia, Cerdon aus Syrien. Man pflegt auch für manche Nag Hammadi-Texte syrische Herkunft anzunehmen, so etwa für das Evangelium nach Thomas[63] oder nach Philippus[64]. Aber mit gleichem Recht könnte man auch auf Ägypten oder Kleinasien schließen. Denn die NH-Texte wurden aus dem Griechischen in das Koptische übersetzt, und die ersten Logien des Thomasevangeliums sind in griechischer Version durch die in Ägypten gefundenen Oxyrhynchus-Papyri bekannt[65]; schließlich gehören die Gnostiker, die

---

[58] Vgl. *E. Haenchen*, Simon Magus in der Apostelgeschichte, in: Gnosis und Neues Testament, Berlin 1973, 267 ff: Der Zauberer Simon ist ein „understatement" des Lukas; Simon habe sogar beansprucht, der menschgewordene Gott zu sein (275).

[59] *K. Beyschlag*, Simon Magus und die christliche Gnosis (WUNT 16), Tübingen 1974. Vgl. auch *I. H. Frickel*, Die Apophasis Megale, eine Grundschrift der Gnosis? dazu *Rudolph*, ThR 1969, 212 f. Simon trat öffentlich als „Große Kraft" auf; das sei ebensowenig ein gnostischer Begriff wie der „Stehende". ME. schließt aber der „Stehende" (qa'em) einen ähnlichen Anspruch ein wie die in den NH-Texten öfter ausgedrückte Idee, die Gnostiker seien das Geschlecht, das nicht wankt (zB. BG 75,20—76,1 genea ete maskim pe); vgl. auch BG 83,5 f: Gott ist der Seiende (petschoop). Zur Kritik an der Geschichtlichkeit Simons vgl. *A. v. Harnack*, GuG, 166.

[60] GuG, 773.   [61] GuG, 774 f.   [62] GuG, 164 f.

[63] *H. Montefiore* und *H. W. Turner*, Thomas and the Evangelists, Studies in Biblical Theology 35, Naperville 1962.

[64] *J. É. Ménard*, L'Évangile selon Philippe, Straßburg 1967, 35.

[65] Vgl. die Zusammenstellung bei *R. M. Grant/D. N. Freedman*, The Secret Sayings of Jesus, New York 1960, 40—54.

in den Johannesbriefen und der Offenbarung bekämpft werden, in die christlichen Gemeinden Kleinasiens.

Die Vertreter der religionsgeschichtlichen Schule sprachen von einer heidnischen Gnosis, die sich schon in vorchristlicher Zeit[66] mit dem *Judentum* verbunden hatte, ehe sie schließlich in der christlichen Kirche Fuß fassen konnte. Die sieben Weltherrscher — ursprünglich die sieben Planeten der babylonischen Astrologie — habe man in der jüdischen Gnosis mit Engeln gleichgesetzt, die jüdische Sophia in einer neuen Rolle zur Mittlerin der Schöpfung gemacht, der Gott der Genesis wurde zum Demiurgen Jaldabaoth. M. Friedländers Buch „Der vorchristliche jüdische Gnostizismus"[67] wird heute wieder aktuell. Zu Recht betont M. Hengel, apokalyptische Anschauungen, vor allem essenischer Ausprägung, hätten möglicherweise die Herausbildung der späteren jüdisch-christlichen Gnosis beeinflußt[67a]. Bei vielen NH-Texten fällt die starke Benützung des Alten Testaments auf; das zentrale Thema vom Los des Menschen in der Welt wird anhand einer Exegese von Gen 1—3 behandelt. Ferner haben die himmlischen Wesen oft hebräisch klingende Namen; im EvPhil gibt es auch Wortspiele mit aramäisch-syrischen Begriffen[68]. Aber all dies reicht mE. nicht dazu aus, die Existenz einer vorchristlich-jüdischen Gnosis sicherzustellen, obwohl der Einfluß vor allem der jüdischen Apokalyptik und Weisheit auf die Gnosis groß ist[69]. Jüdische Gottes- und Engelnamen wurden zB. in der Zauberei häufig gebraucht[70], und schon die paulinischen Gemeinden waren mit einer pneumatischen Auslegung des Alten Testaments vertraut; die Wortspiele im Ev Phil und anderen Texten setzen vor allem die Kenntnis des Syrischen voraus. Die antijüdische Tendenz ist nicht nur gegen den Schöpfergott, sondern auch gegen das jüdische Gesetz gerichtet, während andererseits die Psalmen und die Propheten positiv bewertet werden; in ihnen hat man offensichtlich den wahren Gott und nicht etwa den heidnischen Demiurgen Jaldabaoth gefunden. Diese differenzierte Stellung zum Alten Testament läßt sich am ehesten aus der christlichen Tradition erklären, dh. Gnosis ist in ihrer Komplexität und Radikalität doch wohl die akute Hellenisierung des Christentums.

[66] Zum vorchristlichen Gnostizismus vgl. *W. Bousset*, PW VII, 1507—1524; *P. Wendland*, Die hellenistische und römische Kultur, Tübingen 1912², 163—187; *R. Reitzenstein*, Hell. Myst., 74.

[67] Göttingen 1898.

[67a] *M. Hengel*, Judentum und Hellenismus (WUNT 10), Tübingen 1967, 417.

[68] Vgl. Ev Phil Log 53 und meinen Aufsatz: Der Name als Offenbarung des Heils (Jüdische Traditionen im koptisch-gnostischen Philippusevangelium), in: Jahresbericht des Institutum Judaicum, Tübingen 1972, 121—129.

[69] Vgl. meinen Beitrag zur Festschrift Otto Michel (Leiden 1960), Was am Anfang geschah (Das jüdische Erbe in den neugefundenen koptisch-gnostischen Schriften), 24—43.

[70] *R. Wünsch*, Antike Fluchtafeln, Kl. Texte 20, 1912, 17 ff. Dazu *M. Margalioth*, Sefär Ha-Razîm, Jerusalem 1967, bes. 72—109.

III. _Zur Frage der Eschatologie_

Die christliche Gnosis gilt gewöhnlich als theologische Denkbewegung, welche die Erwartung von der Wiederkunft Christi, der Auferstehung der Toten und des Weltgerichtes vergeistigt, vergegenwärtigt und auf die Existenz des Einzelnen bezogen hat: Das Zeitdenken ist verdrängt, der Erlöser gekommen, der Glaubende schon auferstanden, das Gottesreich inwendig in jedem Gnostiker da. In der Tat werden eine kosmische Wirkung des Kommens Christi etwa im „Evangelium der Wahrheit" und ein verinnerlichtes Gottesreich im Thomasevangelium verkündigt, ferner die bereits ergriffene Auferstehung im Philippusevangelium und in „De Resurrectione", schließlich die Himmelfahrt der Seele im „Evangelium nach Maria" geschildert. Aber in den NH-Texten fehlt auch die Dimension der Zukunft nicht[71], obwohl das Drängende der apokalyptischen Enderwartung nicht spürbar wird. Die gnostische Zukunft bringt das, was nach der traditionellen jüdisch-christlichen Eschatologie im Gericht geschehen soll, nämlich die Aufhebung des materiellen Kosmos, die Wiederherstellung der ursprünglich einheitlichen Gotteswelt[72]. Die störenden Kräfte: Zorn, Neid, Furcht, Begierde, Übersättigung und der nachahmerische Gegengeist müssen in einer consummatio futura beseitigt werden: Alles, was aus dem Untergang (p-tako) entstanden ist, soll wieder untergehen[73]. Auch gibt es ein Gericht an den Seelen der abgefallenen Gnostiker: Sie werden bis zu dem Tag aufbewahrt, an dem sie bestraft werden sollen[74]. Ferner wird den fleischlichen Menschen und den Verächtern der Gnosis ein schlimmes Schicksal angedroht[75]. Schließlich offenbart die „Protennoia" (NH XIII) eine ganz in apokalyptischen Farben gemalte Zukunft[76]. Das Ende des jetzigen Äons[77] und der Anfang der kommenden Weltzeit werden angekündigt (42,19ff): Die großen Mächte und die Elemente werden erschüttert werden (p. 43–44); auf der anderen Seite wird den „Kindern der Einsicht" die Veränderung ihrer äußeren Gestalt, die Herrlichkeit und Herrschaft im Licht verheißen (44,29–

[71] Vgl. dazu den wichtigen Aufsatz von _Malcolm L. Peel_, Gnostic Eschatology and the New Testament, NovTest XII,2 1970, 141 ff. Peel wehrt sich mit Recht gegen die Auffassung, Gnosis sei generell "instant eschatology" und ein Ersatz für enttäuschte Naherwartung.

[72] Vgl. dazu Irenäus adv. Haer I,30,14: Der Geist des Lichtes muß gesammelt und in den unvergänglichen Äon zurückgebracht werden. Zu dieser Restauration vgl. die große Zahl der von _Peel_ auf den Seiten 157–159 gesammelten Belege, bei denen noch die apokalyptischen Aussagen von NH VI,36,1–48,15 (vgl. _Rudolph_, ThR 1969, 134, eine Beschreibung des fleischlichen, seelischen und zukünftigen Äons) und NH XIII (Die dreigestaltige Protennoia mit der zweiten apokalyptischen Rede) fehlen.

[73] Sophia J Chr BG 89,10 f.

[74] Apokryphon des Johannes BG 70,20.

[75] Buch des Thomas NH II,7, 141,33–144,30.

[76] _Y. Janssens_, Nag Hammadi Codex XIII, in: Le Muséon 87 (1974), 341 ff.

[77] Vgl. auch die Wendung synteleia m-paion 44,33 f. Auch in der Schrift „NBRONTE", oder der vollkommene Nous, NH VI,2, 13,1–21,32 findet sich offensichtlich eine apokalyptische Offenbarerrede (vgl. Rudolph, ThR 1969, 134).

45,35). Es ist bezeichnend, daß gerade diese NH-Schrift, in der sich endlich auch die viel berufenen, für das Johannesevangelium geltend gemachten, gnostischen Offenbarerreden finden, einer der traditionellen jüdisch-christlichen Eschatologie stark verpflichteten Botschaft einen wichtigen Platz einräumt. Analog dazu erscheint in NH eine zeitliche Staffelung in der gnostischen Protologie. Eigentlich dürfte es ja in der rein geistig konzipierten Welt des Pleroma keine präexistenten Größen geben. Denn diese ist ja als ganze der materiellen Welt gegenüber vorzeitig, ja allein wirklich. Aber die emanative Entfaltung gestattet ein zeitliches Nacheinander und ihm entsprechend eine unterschiedliche Qualität: Gott ist der Vorvater (pro-pator) und der Anfanglose (anarchos).

Problematisch ist mir deshalb das Postulat, eine unter gnostischem Einfluß stehende Eschatologie müsse präsentisch sein, so etwa im ursprünglichen, unkorrigierten Johannesevangelium. Ist es wirklich so, daß der Glaube an die Auferstehung der Toten und das Jüngste Gericht unvereinbar sind mit der angeblich gnostisierenden Theologie des Johannes, so daß sie in das Evangelium und den 1. Johannesbrief erst sekundär eingetragen wurden? Johannes kann bekanntlich sagen, daß Jesus die Auferstehung und das Leben ist (11,24) und daß ein jeder, der auf sein Wort hört, jetzt schon das ewige Leben hat (5,24), schließlich, daß sich mit dem Kommen des Lichtes und dem ihm entgegengebrachten Glauben oder Unglauben das Gericht vollzieht (3,19). Aber auch in der jüdischen Apokalyptik, zB. in Qumran, gilt die Gegenwart als kritischer Kairos, in dem die Entscheidung für ewiges Leben (1QS 4,7) oder ewige Schmach (1QS 4,12) fällt, obwohl sie noch nicht, wie bei Johannes, bereits gegenwärtige Realitäten sind. Andererseits sieht auch Johannes im ewigen Leben eine Gabe, die man jetzt im Glauben ergreift, die aber erst im kommenden Gericht und der ihm folgenden Zeit ganz als solche offenbar wird. Man darf einen Satz wie Joh 5,24 nicht einfach als Aussage einer Quelle gnostischer Offenbarerreden ansehen, in dem das traditionelle Verständnis von Gericht, Tod und Leben preisgegeben ist, sondern muß ihn in erster Linie vom Alten Testament her verstehen. Wenn der johanneische Jesus versichert, der an ihn Glaubende habe das ewige Leben und gehe nicht in das Gericht, sondern sei aus dem Tod in das Leben hinübergeschritten, so aktualisiert er das für Paulus so wichtige Prophetenwort Hab 2,4: „Der Gerechte wird seines Glaubens leben." Dieses Wort wurde in Qumran auf die Täter des Gesetzes bezogen: Gott wird sie aus dem Haus des Gerichts erretten (hiṣṣîl = σῴζειν)[78] wegen ihrer Mühe und ihres Glaubens an den Lehrer der Gerechtigkeit (1Qp Hab 8,1). In Qumran und im JohEv bewahrt der Glaube an den von Gott

---

[78] Vgl. dazu Röm 1,16, wo Paulus im Blick auf Hab 2,4 von der Rettung (σωτηρία) für den Glaubenden spricht, bei der natürlich auch er an Gott als Retter denkt. Übrigens scheint der Apostel das hebräische Wort bä'ämûnatô in Hab 2,4 sowohl auf die Treue Gottes als auch auf den vertrauenden Glauben zu beziehen, wenn er in Röm 1,17 die Offenbarung der Gerechtigkeit Gottes mit Hab 2,4 belegt.

Gesandten vor dem Tod in Gottes Gericht und gewinnt so das durch Habakuk verheißene Leben. Auch Johannes hat das Gericht als zukünftig gedacht[79] und das „ewige Leben" durchaus nicht auf die neue Existenz in der Gegenwart reduziert. Die Verse Joh 5,28 f sind deshalb keine spätere Korrektur einer radikal vergegenwärtigten Eschatologie, sondern unterstreichen den auch in 5,24 vorhandenen Zukunftsaspekt. Das Johannesevangelium ist nicht etwa gnostisiert; vielmehr hat die Theologie dieses Evangelisten die christlichen Gnostiker inspiriert. Im Ev Phil ist die Auferstehung vergegenwärtigt und individualisiert: Bei der Taufe, der Salbung und beim Abendmahl empfängt der gnostische Christ das „himmlische Fleisch" als Seinsweise der Auferstehung; gemeint ist der heilige Geist[80]. Diese spiritualisierende Deutung des Fleisches stammt mE aus Joh 6,51—58: Das Essen des Fleisches Jesu kann ja nur bildlich gemeint sein und soll sich auf den Geist beziehen.

IV. *Zur Ethik der Gnosis*

Aus der gnostischen Verachtung der materiellen Welt konnte in ethischer Hinsicht beides gefolgert werden: entweder eine asketische Enthaltsamkeit gegenüber den Gütern und Freuden des Lebens („Entweltlichung") oder aber eine Indifferenz gegenüber der geltenden oder auch überkommenen Moral bis hin zum Libertinismus. Die Häresiologen pflegten das letztere hervorzuheben, wozu auch die sexuelle Sprache in manchen Traktaten herausfordern konnte. Sie folgten ferner einer im Judentum und auch frühen Christentum gehandhabten Art der Polemik, die eine neue Lehre mit dem Verdikt falscher Prophetie belegt und deren Folgen an schlechter Moral registriert[81]. Aber in den NH-Texten ist kein Zeichen von Libertinismus zu sehen oder von einer Freiheit, die moralische Schranken durchbricht. Die Parole „Alles ist mir erlaubt" (1Kor 6,12), die gern als gnostisch angesehen wird[82], taucht nicht auf; Gnosis und fleischliche Sünden schließen einander aus. Die Freiheit des Christen wurde auf die Autorität von Paulus und Johannes gegründet. Denn der angeblich gegen gnostisierende Pneumatiker gerichtete Satz: „Die Erkenntnis bläht auf, die Liebe aber baut auf" (1Kor 8,1) wird im Ev Phil Log 110 zustimmend aufgenommen und unter Heranziehung von Joh 8,32.34 folgendermaßen ausgelegt: Die Erkenntnis der Wahrheit (gnosis n-t-me) macht den

---

[79] Das Verbum ἔρχεται in Joh 5,24 ist futurisch zu verstehen.

[80] Vgl. Ev Phil Log 95: „Wer die Salbung hat, hat das All, er hat die Auferstehung, das Licht, das Kreuz, den Heiligen Geist", dazu Log 90, wonach man die Auferstehung bei Lebzeiten erhalten muß, vgl. Log 76: Die Taufe hat die Auferstehung und die Erlösung.

[81] *Frederik Wisse*, The Epistle of Jude in the History of Heresiology, NH-Studies III. FS für A. Böhlig. Leiden 1972, 133—142.

[82] So wird sie von *Schmithals* verstanden (Die gnostischen Elemente im NT als hermeneutisches Problem, in: Gnosis und Neues Testament, ed. K. W. Tröger, Berlin 1973, 367).

Menschen frei. Der Freie aber sündigt nicht; denn wer Sünde tut, der ist der Sünde Knecht. In einer Art Kommentar zu 1Kor 8,1 werden dann als Kennzeichen einer libertas Christiana die Kraft der Gnosis und der Dienst der Liebe genannt: Die echte Erkenntnis „erhebt" — so wird φυσιοῖ verstanden — den Menschen über das All und macht ihn frei gegenüber der Welt; der Freie aber ist der von der Knechtschaft der Sünde Befreite, weil ihm das Sündigen verwehrt ist (125,15—25). Und zum aufbauenden Dienst der Liebe wird ausgeführt, sie mache den durch Gnosis Befreiten zum Sklaven all derer, die sich noch nicht zu dieser Freiheit erheben konnten. — Das klingt paulinisch und könnte, falls man „Gnosis" durch „Glauben" ersetzt, auch von M. Luther gesagt sein.

V. Die gnostische Schriftauslegung

Die Eigenart des Gnostizismus und seine Gefährlichkeit für die frühe Kirche treten vor allem beim Umgang mit dem *Alten Testament und der christlichen Überlieferung* hervor. Für die Verfasser der meisten NH-Texte bewährte sich die wahre Gnosis am rechten Verstehen der Schrift, und die Debatte mit der apostolischen Kirche wurde auf dieser, beiden gemeinsamen Grundlage geführt. Nichtchristliche Texte, so etwa Homers Odyssee, wurden von den NH-Christen auch als Zeugnisse empfunden, in denen sich menschliche Existenz auslegt; aber ihr Einfluß war, gemessen an dem der biblischen Bücher, gering. Seit langem wird gesagt, die Gnostiker hätten ein gebrochenes Verhältnis zum Alten Testament gehabt, das deshalb die apostolische Kirche umso bewußter aufgenommen und bei der Abwehr hellenisierender Häresien ins Feld geführt habe[83]. Das ist so nicht ganz richtig. Denn für die Verfasser der NH-Texte blieb das Alte Testament weiterhin Heilige Schrift; sie haben die Tora ausgelegt und aus den Propheten und Hagiographen zitiert[84].

Allerdings wurde die Geschichte des Gottesvolkes übergangen und die Intention des Textes bei der Exegese der Urgeschichte dem dualistischen Kanon der Gnosis entsprechend umgebogen, teilweise geradezu auf den Kopf gestellt; in einer Art von gnostischem ‚al tiqre' („Lies nicht!") wird Moses Darstellung gelegentlich korrigiert: „Nicht so, wie Mose sagte!" Man war jedoch davon überzeugt, die Genesis selbst zeige dem erleuchteten Leser den Schöpfergott als neidischen Demiurgen, der trotz seiner Unterlegenheit und minderwertigen Moral seinen Alleinvertretungsanspruch vor Gott und Menschen eifersüchtig betont und der Verbreitung der Gnosis unter den Menschen von Anfang an widerstanden hat. Der Gnostiker aber kennt den wahren Gott, auf den der Neid des Demiurgen gerichtet ist, ja, den dieser im Alten Testament mehrfach

---

[83] So *A. v. Harnack*, Dogmengeschichte 1888[1], 1931[5], 162.
[84] So etwa in der „Exegese über die Seele". Allerdings sind dort den Propheten und Psalmen lediglich Beweistexte für das Schicksal der Seele entnommen, die nicht eigens ausgelegt werden.

betonte Neid Gottes geradezu postuliert. Deshalb stellt er vor die biblische
Schöpfungsgeschichte eine Kosmogonie himmlischer Größen, die den wahren
Gott und „Vater des Alls" (Pleroma) zum Urheber hat. Er erzählt von der
Entfaltung Gottes in geistige Größen und erklärt die Entstehung des Demiur-
gen als Folge einer Devolution und einer Krise im himmlischen Pleroma; der
die Krise auslösende Fall des untersten Äons Sophia wird zum eigentlichen
Sündenfall, der mit der Entstehung der materiellen Welt endet. In dieser
Wiedergabe der Genesis sind griechische und biblische Elemente verbunden:
Wenn nach dem Naassenerpsalm (Hipp V, 10,2) der πρωτότοκος νοῦς das
erste Prinzip, das χυθὲν χάος das zweite darstellt und zwischen beiden die
ψυχή steht, so ist diese Dreiheit am mittelplatonischen Schema νοῦς, ψυχή
(Weltseele), χάος orientiert[85]. In der NH-Gnosis wird es durch die Größen
Gott—Sophia—Materie ersetzt. Der Anfang von Gen 1 bot dazu die uranfäng-
liche Dreiheit: Gott — Chaoswasser — der über den Wassern schwebende Geist,
den die Gnosis mit der Sophia gleichgesetzt hat, die in Prov 8, Sirach 24 und
bei den Rabbinen als präexistente Gestalt und Schöpfungsmittlerin existiert.
Freilich wurde die jüdische Gleichsetzung ‚Sophia = Tora' aufgehoben. Aber
der durch die Propheten redende und im Psalter angerufene Gott kann in den
NH-Texten zur Sprache kommen, ohne daß etwas von Kritik zu hören wäre:
Er ist „der Vater, der oben im Himmel ist"[86], also der wahre Gott und nicht
etwa der Demiurg von Gen 1—9. Das bedeutet, daß sich die marcionitische
Scheidung zwischen dem Gott des Alten Testaments einerseits und dem Vater
Jesu Christi andererseits in den NH-Schriften so nicht durchführen läßt.

„Gnosis" bedeutet demnach vor allem Erkenntnis der vollen, bislang
großenteils geheim gebliebenen Wahrheit der jüdisch-christlichen Überlieferung. Sie wurde der Theorie nach vom auferstandenen Christus offenbart,
praktisch aber durch spekulative Exegese gefunden. Selbst die Jünger Jesu
besaßen diese Gnosis zunächst nicht, was ihr Fehlen in der Kirche der Normalchristen erklärt; erst nach langer pädagogischer Bemühung des auferstandenen
Christus wurde sie gewonnen und in geheim gehaltenen Evangelien und
apokryphen Schriften niedergelegt. Diese Tatsache wird in den NH-Texten
mit Genugtuung aufgezeigt[87]; am Verhalten der Jünger wird gleichsam das
Manko des Normalchristen gegenüber dem Gnostiker deutlich gemacht.

ME. haben vor allem die *Abschiedsreden des Joh Ev* die gnostische Exegese
animiert und das Vorgehen der Gnostiker legitimiert[88]. Denn in ihnen tritt

---

[85] So in den Chaldäischen Orakeln, bei Numenius, Plutarch, vgl. *Krämer*, Geistmetaphysik, 231.

[86] Exegese über die Seele, 128,28 ff.

[87] Besonders im „Apokryphon des Jakobus" und im Thomasevangelium.

[88] Der Erste Johannesbrief will dagegen die richtige Ausführung der Verheißung
Jesu in den Abschiedsreden bieten. Johannes versteht sich als einer der Jünger und
Augenzeugen, die nach Joh 15,26 f neben dem Geist von Jesus berichten (vgl. 1 Joh
1,1 f; 3,4—10), wo der Reihe nach die Themen Sünde, Gerechtigkeit, Gericht von
Joh 16,8—11 aufgenommen und für die Gemeinden ausgelegt werden.

sowohl das Unverständnis der Jünger zutage[89], als auch die Verheißung Jesu, der Geist werde sie in alle Wahrheit leiten (Joh 16,13) und vor allem, Jesus werde ihnen einst frei vom Vater verkündigen[90] (16,25). Diese Worte sind nach gnostischer Ansicht nicht leer geblieben; sie wurden nach der Auferstehung Jesu und mit der ihr folgenden Belehrung der Jünger[91] erfüllt. Ihr Ergebnis liegt in den Offenbarungen an Maria Magdalena, Johannes, Thomas, Philippus, Jakobus usw. oder auch im „Evangelium der Wahrheit" vor, das seinen Titel sicherlich von Joh 16,13 her erhalten hat. Auch die Auslegungsweise der NH-Gnostiker ist an der johanneischen Art, die Jesusüberlieferung in ein neues Licht zu rücken, geschult. Das Streben des gnostischen Christen, der aus der johanneischen Gemeinde hervorgegangen ist (1 Joh 2,19), wird in 2 Joh 9 sachgemäß angegeben: Er bleibt nicht bei der traditionellen Lehre Christi stehen, sondern geht über sie hinaus (προάγει).

Nach F. C. Baur wurde der Begriff „Gnosis" speziell für ein Wissen gebraucht, das auf *allegorischer Schriftauslegung* beruht[92], und nach A. v. Harnack haben die Gnostiker den Stoff des Alten Testaments philosophisch, dh. durch das Mittel der Allegorie, bearbeitet und den Komplex an mythologischen Vorstellungen in Ideen überführt[93]; schon Irenäus hatte das behauptet[94]. An dieser Ansicht hat sich nichts geändert. K. Rudolph spricht von einer kühn gehandhabten Schriftexegese oder -allegorese[95]; E. Haenchen urteilt, das Thomasevangelium habe Jesusworte allegorisch gedeutet, denn nur so konnte der Gnostizismus die biblische Tradition benützen[96]. P. Porkorný meint, der Mythus vom Urmenschen sei, wie H. M. Schenke überzeugend nachgewiesen habe, aus einer allegorischen Auslegung von Gen 1,26ff entstanden[97]. Aber Allegorese, wie sie etwa Philo betrieben hat und wie sie in der synkretistischen Naassenerpredigt erscheint, war nicht immer die exegetische Methode der NH-Gnostiker und schon gar nicht bei der Auslegung von Gen 1,26 ff. Vielmehr haben sie die Gottebenbildlichkeit Adams wörtlich verstanden und für ein Rückschlußverfahren auf eine göttliche Größe verwertet: Es muß im Pleroma einen Gott „Mensch" gegeben haben, wenn der Mensch Gottes Ebenbild ist. Vor allem wurde der biblische Plural „Lasset uns einen

---

[89] Vgl. etwa Joh 16,18: „Wir wissen nicht, was er redet."
[90] Im „Apokryphon des Jakobus" wird deutlich an Joh 16,25 angespielt (p. 7,1—5).
[91] Vgl. Apg 1,3 ff.   [92] GuG, 5.   [93] GuG, 176.
[94] Adv. Haer. III,12,11: ea, quae ab apostolis de Deo dicta sunt, allegorizanda.
[95] GuG, 773.
[96] Neutestamentliche und gnostische Evangelien, in: W. *Eltester* (ed.), BZNW 37, Berlin 1969.
Vgl. auch W. *Foerster*: Die ganze Welt der Religion werde von den Gnostikern für eine allegorische Auslegung beschlagnahmt; als Beispiel dafür bringt er ein Wortspiel zwischen naós = „Tempel" und naḥaš = „Schlange". Auch ist es nicht zutreffend, wenn man die polemische Umdeutung der biblischen Paradiesgeschichte als Allegorese bezeichnet (GuG, 454).
[97] Petr *Pokorný*, Der Ursprung der Gnosis, GuG, 754.

Menschen machen!" ernst genommen und als Aufforderung des Demiurgen Jaldabaoth an seine sieben Archonten und Bildner des Menschen erklärt[98]. Auch die Gleichnisse und Logien Jesu, die das Ev Thom bietet, sind nicht immer durch Allegorese in die gnostische Ideenwelt übersetzt. Charakteristisch ist zunächst einmal die Verbindung verschiedener Jesusworte oder -traditionen zu einem neuen Ganzen, ein Verfahren, das gelegentlich auch im Johannesevangelium erscheint[99].

B. A. *Pearson* sieht Beziehungen in der gnostischen Exegese von Gen 3 zur *jüdischen Haggada*, und zwar in einem noch unveröffentlichten Stück aus Codex IX (NH IX,3)[100], in dem sich u. a. eine Abhandlung über Gen 3 (45,23—49,28) und über die Verwendung von Dämonen beim Bau des salomonischen Tempels befindet (72,5—30). Obwohl das letztere Thema, das auch in der rabbinischen Haggada begegnet, eine Beziehung zwischen gnostischer und jüdischer Exegese nahelegt, vermag ich Pearsons Ansicht, auch die Darstellung von Gen 3 sei im Stil eines jüdischen Auslegungsmidraschs mit teilweise targumischer Paraphrase gehalten und verwende inhaltlich jüdische Traditionen[101], nicht zu teilen. Noch bedenklicher erscheint mir der daraus gezogene weitreichende Schluß, dieser Traktat biete eine primitive, recht aufschlußreiche Gnosis: Er verrate die Rebellion gegen den Gott des Alten Testaments, wie sie nach der Katastrophe des Ersten Jüdischen Krieges gegen Rom (66—70 n. Chr.) in manchen jüdischen Kreisen ausgebrochen sein soll; der Traktat gehöre deshalb wohl in das Syrien-Palästina des 1. Jhs. n. Chr.[102]. Tatsächlich aber unterscheidet sich die in diesem gnostischen Text gebotene Exegese nach Form und Inhalt wesentlich von der jüdischen; ferner sind die gnostische Animosität gegen den Schöpfergott und die Sympathie für die Schlange im Paradies keineswegs noch in einem Anfangsstadium, sondern voll entwickelt. *Formal* verschieden von der Art jüdischer Schriftauslegung ist die Tatsache, daß in einem ersten exegetischen Schritt eine freie, stark verkürzte und doch schon mit gnostischen Lichtern versehene Nacherzählung der biblischen Versuchungsgeschichte geboten wird[103], der dann eine exegetische

---

[98] Nach dem Bild des unvergänglichen Gottes, das sich im Wasser des Chaos spiegelt, wird der erste Mensch zunächst als seelisches Wesen gebildet und dann aus Erdenstaub geformt (WA 87, 11 ff).

[99] ZB. wird im Ev. Veritatis 31,35 ff Jesus als der gute Hirte dargestellt, der die 99 Schafe verläßt, um nach dem verlorenen zu suchen. Dieses war in eine Grube gefallen; Jesus half ihm heraus, obwohl es Sabbat war. Vgl. dazu Joh 5,9: Die Heilung des Lahmen (vgl. Mk 2,1—12) fand nach Joh am Sabbat statt.

[100] Jewish Haggadic Traditions in the Testimony of Truth from Nag Hammadi (CG IX,3) in: Festschrift für G. Widengren, 1972, 458—470.

[101] AaO., 459. 470.

[102] AaO., 470

[103] 45,23—47,14. Die Nacherzählung beginnt mit dem Verbot, vom Baum in der Mitte des Paradieses zu essen und führt bis zum Beschluß Gottes, Adam und Eva aus dem Paradies zu vertreiben (Gen 3,22). Die Schlange hat die wahre Eigenschaft des Baumes offenbart, indem sie ihn als „Baum der Erkenntnis" bezeichnet (45,39),

Auswertung folgt[104]. Die letztere hat das Ziel, den Neid, die Unwissenheit und Bosheit hervorzuheben, die der Gott von Gen 3 angeblich an den Tag legt; demgegenüber erscheint die Schlange als die Gehilfin des Menschenpaars. Diese Auslegung entspricht sachlich der sonst in den NH-Texten üblichen Auffassung von Gott und Schlange in Gen 3[105]. Formal gleicht sie weder der Auslegungsart in den älteren jüdischen Midraschim, wie Sifra, Sifre oder Mekhilta, in denen nur kurze Textstücke — freilich exakt und vollständig — zitiert sind und dann ausgelegt werden, und schon gar nicht dem späteren Homilienmidrasch mit seiner kunstvollen Behandlung von Peticha- und Sedervers. Ferner weicht diese Auslegung von den Targumen ab, in denen allenfalls eine freie Übersetzung, nicht aber auch eine freie Wiedergabe des Textes mit folgender Auslegung geboten wird. Sie läßt sich schließlich auch nicht mit dem Midrasch Pescher von Qumran vergleichen, in dem kleinere Schriftabschnitte unverkürzt zitiert werden und dann von der aktualisierenden Auslegung gefolgt sind. Am ehesten könnte man noch an die freie Nacherzählung von Genesis oder Exodus im Jubiläenbuch oder in Pseudo-Philos Liber Antiquitatum denken; aber dort gibt es keine Trennung von Nacherzählung und Kommentar. ME. liegt in dem von Pearson behandelten Textstück ein ad hoc gewähltes Verfahren des christlichen Gnostikers vor, das der polemisch-lehrhafte Zweck durchaus nahelegt.

Eine *inhaltliche* Abhängigkeit von jüdisch-rabbinischer Exegese findet Pearson in der Tatsache, daß in diesem koptischen Text ein Spiel mit den Wörtern ḥawwā = Eva, ḥäwja' (aram-syrisch = Schlange) und ḥawwî (aram.-syr. Pael, hebr. ḥiwwā) = „erzählen, zeigen" gemacht wird, das aus einer jüdischen Vorlage stammen soll. In Gen r 20,11 zu Gen 3,20 werde nämlich der Name „Eva" mit der Absicht Gottes erklärt, „um ihn (sc. Adam) zu lehren" (lᵉḥawwôtô); Pearson sieht darin einen Anknüpfungspunkt für die gnostischen Exegeten, die in Eva und der Schlange die Lehrer der heilbringenden Gnosis verkündigten. Aber diese Deutung des Midraschs ist nicht richtig. ME. ist an der fraglichen Stelle das hebräische lᵉhajjôtô zu lesen (Piel von ḥaja). Das ergibt sich aus der gegenteiligen Fortsetzung: Gott hatte Eva (ḥawwā) dazu erschaffen, um Adam „leben zu lassen"[106], sein Leben durch die Gehilfin lebenswert zu machen; diese aber riß ihn ins Verderben. Eine andere rabbinische Erklärung des Namens „Eva" geht dahin, sie sei für Adam zur „Schlange" geworden (ḥawwā wurde zur ḥäwja' lᵉ'adam). Beides widerspricht der gnostischen Darstellung, nach der Eva und die Schlange als Mittler der

---

während Gott selbst nur dessen Standort in der Mitte des Gartens angegeben hatte (Gen 2,17 ist bewußt abgeändert, vgl. 2,19).

[104] 47,15—48,25.

[105] Vgl. vor allem das „Apokryphon des Johannes" und das „Wesen der Archonten".

[106] Auch in der neuen englischen Übersetzung des Midrasch Rabba (*H. Freedman/ M. Simon* Vol. I, 169 f) ist dieses Verbum irrig als ḥiwwā = „informieren" übersetzt, was Pearsons Kombinationen begünstigt hat.

rettenden Erkenntnis verstanden wurden[107]. Die selbständige christlich-gnostische Exegese von Gen 3 hat mit der jüdischen nur die Liebe für das Wortspiel gemein, die im übrigen durch Gen 3,20 angeregt ist. Die rabbinische Auslegung mutet eher antignostisch an, die gnostische setzt die Kenntnis des Syrischen voraus[108].

VI. *Zum kompositorischen Charakter der NH-Texte: Tradition und Redaktion*

Der Inhalt der NH-Texte ist oft schwer verständlich; der Gedankengang scheint nicht immer geradlinig und frei von Wiederholungen, Nahtstellen bzw. Brüchen zu sein. Deshalb wird für manche dieser Schriften vermutet, es könnten verschiedenartige Traditionen bzw. Quellen aufgenommen und nicht homogen verarbeitet sein. Das Problem von Tradition und Redaktion tritt auf: Einige Texte sollen nur sekundär und äußerlich christlich gestaltet worden sein, so etwa durch einen Rahmen, der den Inhalt als eine Offenbarung des Auferstandenen an die Jünger ausweist, oder aber durch die Einfügung biblischer Zitate. M. Krause rechnet mit einer ganzen Gruppe gnostischer NH-Schriften, die „christlich verkleidet" sind[109]. Der Phantasie oder auch dem Scharfsinn von Freunden literarkritischer Operationen bietet sich mit den NH-Texten ein weites Feld. Jedoch sollte man diese mE. zunächst interpretieren und nicht verändern, dh. sie als ganze zu begreifen suchen, ehe die Schere der Literarkritik angesetzt wird. Vor allem aber ist der Tatbestand einer christlichen Redaktion noch kein Beweis dafür, daß die jüdische oder heidnische Quellenschrift wirklich vorchristlich ist und die Existenz einer Gnosis ante Christum natum sicherstellt[110]. Abgesehen davon könnte ein gnostischer Text durchaus christlich sein, auch wenn er Christus überhaupt nicht oder nur am Rande erwähnt. Denn ein Thema wie die Entstehung des Pleroma oder die Geschichte von Schöpfung und Fall nach Gen 1–3 bieten ja für Christus wenig Raum[111].

Der Nachweis einer *vorchristlichen* Vorlage scheint mir gerade da nicht ganz gelungen zu sein, wo er ausführlich angestellt und nicht etwa nur

---

[107] Zum gnostischen Wortspiel mit den Wörtern für Schlange, Tier, Eva vgl. *A. Böhlig*, Der Name Gottes im Gnostizismus und Manichäismus, in: Der Name Gottes, Düsseldorf 1975, 149 f.

[108] Das hebräische higgîd in Gen 3,11 wurde im Syrischen durch ḥawwî wiedergegeben, vgl. *Brockelmann* s. v.

[109] Vgl. den Überblick bei *Rudolph*, ThR 1969, 132.

[110] Dazu *Böhlig*, BZNW 37, 2.

[111] Problematisch erscheint mir deshalb die Festsetzung von *Krause* zu sein: Ursprünglich nichtchristlich-gnostische Texte sind diejenigen, „in denen das gnostische Gut das christliche an Umfang übertrifft und das wenige christliche Material den Eindruck späterer Zufügung macht" (S. 132). In der „Schrift ohne Titel" hat *Böhlig* verschiedene Traditionsstücke festgestellt, vgl. dazu ThR 1969, 148 f.

pauschal behauptet worden ist. So meint zB. *S. Arai*, die Erlöserrolle Christi
im Evangelium Veritatis sei sekundär, weil nicht eigentlich gnostisch[112]; das
ist höchst unwahrscheinlich. *M. Krause* hält den „Eugnostosbrief" für eine
vorchristliche Schrift[113]; aber dürften dann Begriffe wie „Reich des Menschensohnes, Soter, Kirche" darin verwendet werden? *William C. Robinson* urteilt,
die „Exegese über die Seele" enthalte, was die symbolische Erzählung anlangt,
nichts Christliches, Jüdisches oder auch Gnostisches[114]; erst die Einsetzung von
Beweistexten aus dem Alten und Neuen Testament mache diesen Traktat
christlich, ebenso ein hinzugefügter paränetischer Teil. Aber der Vergleich des
Schicksals der Seele mit dem einer mißbrauchten Frau war im Hellenismus
weit verbreitet und bedurfte keiner Quellenschrift[115]; außerdem verrät die
Darstellung von der Umkehr der Seele und von Gottes Erbarmen christliches
Denken, und außer den biblischen Beweisstellen hätte man beim Christiani-
sierungsprozeß auch die aus Homers Odyssee sekundär eingefügt. *F. Wisse*
hält den apokalyptischen Rahmen der „Paraphrase des Shem" für spätere
Zutat und den eigentlichen Traktat für ursprünglich vorchristlich[116]. Dieser
biete mit seiner Erlösergestalt, die durch ihren Abstieg in das Reich des Chaos
das Licht des Geistes retten will, einen vorchristlichen Erlösermythus. Aber,
wie der Verfasser selbst sieht[117], enthält dieser Traktat manche jüdische und
auch christliche Elemente. Daß Christus mit dem Erlösungsvorgang nichts zu
tun hat, erklärt sich aus der für ihn vorausgesetzten Situation, die noch vor
der Erschaffung von Himmel und Erde einsetzt und deshalb außerhalb der
traditionellen christlichen Soteriologie liegt. Krampfhaft wirken die Bemü-
hungen, die von W. Schrage überzeugend nachgewiesene Abhängigkeit des
Thomasevangeliums von der synoptischen Tradition[118] in Zweifel zu ziehen;
man möchte die übereilte Annahme einer eigenständigen Überlieferung von
Jesusworten für die Gnostiker aufrecht halten[119].

VII. *Gnosis und Neues Testament*

Die schwierige Frage, ob es im Neuen Testament gnostische Elemente gebe,
ob man also für diese Zeit eine ausgebildete Gnosis voraussetzen dürfe, oder
ob nicht umgekehrt das neutestamentliche Christentum zu den Wurzeln der
Gnosis gehöre, sucht W. Schmithals durch das Kriterium der Verstehenshilfe
zu lösen: Können gnostische Vorstellungen oder Begriffe den Sinn einer neu-

[112] *S. Arai*, Die Christologie des Evangelium Veritatis, 121.
[113] Mullus JbAG I, 1964, 215—233.
[114] NovTest XII,2, 1970, 102—117.
[115] So bei Philo, De Cherub. § 46—52, im „Authentischen Logos" und bei Plotin.
[116] The Redeemer-Figure in the Paraphrase of Shem, 130—140.
[117] AaO., 135.
[118] Das Verhältnis des Thomasevangeliums zur synoptischen Tradition und zu
den synoptischen Evangelien, Berlin 1964.
[119] *Rudolph*, ThR 1969, 188—190.

testamentlichen Aussage erhellen, so sei die gnostische Deutung sachgemäß; wer sie bestreite, solle eine bessere Lösung bieten[120]. Dieser Vorschlag scheint auf den ersten Blick recht vernünftig zu sein, und ich möchte mich im Folgenden auf ihn einlassen. Dennoch ist Vorsicht geboten: Selbst wenn sich die Gnosis als eine hermeneutische Amme für die Auslegung neutestamentlicher Texte bewähren sollte, so ist damit das genealogische Problem, die Tatsache einer vorchristlichen Gnosis, noch nicht gelöst. Denn auch wenn umgekehrt die Gnosis ein entartetes Christentum und vom Neuen Testament abhängig wäre, müßten ihre Ideen sinnverwandt und infolgedessen auch für das Verstehen neutestamentlicher Texte brauchbar sein. Man könnte gnostische Priorität behaupten, wo in Wahrheit eine Abhängigkeit gegeben ist, und zwar mit dem Argument, der neutestamentliche Autor habe als ehemaliger Jude und Monotheist den gnostischen Mythus reduziert, den Dualismus domestiziert und seine kosmische Ausrichtung durch eine ethische ersetzt. Dieser methodische Verstoß eines Hysteron-Proteron wurde des öfteren begangen; hier seien einige Beispiele neueren Datums genannt.

1. Zu 1Kor 2,6—3,4

Dieser Abschnitt wird vielfach als ein gnostischer Exkurs des Paulus bewertet, der seine Gegner in Korinth gleichsam mit deren Waffen schlagen möchte. Der zuerst von R. Reitzenstein[121] vorgetragenen These sind u. a. W. *Schmithals*[122], U. *Wilckens*[123], D. *Lührmann*[124], E. *Käsemann*[125], L. *Schottroff*[126] gefolgt. Auch *M. Winter* hat neuerdings in einer monographischen Untersuchung dieses Abschnitts und besonders des Begriffspaars ψυχικός-πνευματικός mehr oder minder an ihr festgehalten[127]. Aber die Behauptung, Paulus habe hier gnostisch argumentiert und mit der Unterscheidung zwischen psychischem und pneumatischem Menschen eine schroff dualistische Anthropologie eingeführt, stellt die Dinge auf den Kopf. Es ist bezeichnend, daß in der „heidnischen" Gnosis des Corpus Hermeticum, die Reitzenstein als Kronzeugen für seine These angeführt hat, das Begriffspaar Psychiker—Pneumatiker gar nicht erscheint[128]. Dagegen wird es in den christlichen, kosmogonisch orientierten NH-Schriften „Wesen der Archonten" (WA) und „Apo-

---

[120] W. *Schmithals*, Die gnostischen Elemente im Neuen Testament als hermeneutisches Problem, in: K.-W. Tröger (ed.) Gnosis und Neues Testament, Berlin 1974, 359 ff, hier 359.

[121] Die hellenistischen Mysterienreligionen, 338—340.

[122] Die Gnosis in Korinth, 143.

[123] Weisheit und Torheit, Tübingen 1959, 53—96.

[124] Das Offenbarungsverständnis des Paulus, Neukirchen 1965, 143.

[125] Exegetische Versuche und Besinnungen, Göttingen 1965⁴, I, 267.

[126] Der Glaubende und die feindliche Welt, 170—227.

[127] Pneumatiker und Psychiker in Korinth, Marburger Theol. Studien Bd. 12, Marburg 1975, 180 ff.

[128] AaO., 157.

kryphon des Johannes" gebraucht, und zwar im Zusammenhang mit der Erschaffung Adams und in Anlehnung an die Stellen Gen 1,26 f und 2,7. Nach WA 135,17—20 konnten die Mächte des Demiurgen das Bild der Unvergänglichkeit nicht fassen, weil die psychischen Wesen die geistigen nicht erreichen können; jene stammen von unten, diese von oben. Nach WA 136, 3—17 blies der Demiurg Adam ins Gesicht, so daß dieser „ein Psychiker wurde auf der Erde" (vgl. Gen 2,7). Erst als das Pneuma sich in Adam niederließ, wurde er eine lebendige, dh. bewegungsfähige Seele[129].

Auch bei Paulus beruht die Unterscheidung „psychischer-geistiger Mensch" auf der *Exegese von Gen 2,7*. Das geht aus 1Kor 15,45ff hervor: Der erste Adam war als lebendige Seele lediglich ein psychischer Mensch mit irdischem, dh. fleischlichem Leib, und nicht etwa ein pneumatikos oder gar lebenschaffender Geist. Schon Paulus hat die in WA 135,20 erscheinende räumliche Dimension ‚oberer—unterer Mensch' eingeführt (1Kor 15,48 f). Die gnostische Anthropologie ist mE. der paulinischen gegenüber deutlich sekundär. In der o. a. These, die unteren psychischen Wesen könnten die oberen, pneumatischen, nicht erreichen (WA 135,17—20), wird mE. der paulinische Grundsatz 1Kor 15,50 interpretiert. Ferner ist der Dualismus in den NH-Aussagen gegenüber Paulus verschärft. Denn der Demiurg bzw. seine Mächte erschaffen den seelischen Adam, und dessen Lebendigkeit wird nicht durch den Lebensodem erreicht, wie es Gen 2,7 entspricht, sondern erst durch den Geist, der deshalb — gegen Gen 2,7 und 1Kor 15,46 — bereits bei der Erschaffung Adams gewährt werden muß und nicht erst die von Christus geschenkte Kraft der Endzeit sein kann. Aber auch diese, dem Gefälle gnostischer Enteschatologisierung entsprechende Transposition ist von Paulus mit beeinflußt, der in 1Kor 15,45 vom lebenschaffenden Geist spricht. Wenn bei Paulus das Psychische als Gabe des Schöpfers die Vorstufe des Geistigen darstellt und das Wesen des natürlichen, freilich zum Tod bestimmten Menschen ausmacht, erscheint es in den gnostischen Schriften als eine minderwertige Kraft, als ein Schatten des Geistigen. Schließlich sind für Paulus die Psychiker und Pneumatiker nicht wie in der Gnosis zwei Menschenklassen innerhalb der Kirche, sondern dienen der Charakterisierung der Glaubenden gegenüber den Ungläubigen[130].

---

[129] Später wird zwischen einer „geistigen Frau" (t-hime m-p pneumatikos), dh. der Eva, die aus Adams Rippe herausgeholt und zur „Mutter der Lebendigen" wurde (137,11—15) und der fleischlichen Frau (t-hime ensarkike) unterschieden; die letztere kann auch „psychisch" genannt werden wie Adam, als ihm das Pneuma genommen war (138,15). Denn psychische Menschen sind solche, denen das Pneuma fehlt (138,17 f). Im „Apokryphon des Johannes" (BG 49,9 ff) wird die Erschaffung der vegetativen Seele Adams durch die sieben Mächte des Demiurgen geschildert, von denen eine jede eine bestimmte, auf den Leib bezogene Seelenkraft beisteuert. Diese Seele ist natürlich nicht identisch mit dem hylischen Soma, wie etwa *E. Brandenburger* (Adam und Christus", Neukirchen 1962, 90) meint, da dieses erst später vom Demiurgen gegeben wird (vgl. Gen 2,7). Vielmehr handelt es sich um die niedere hylische Seele (vgl. etwa Exc ex Theod. 50,1; 51,1).

[130] Gegen *Winter*, aaO., 204.

Ganz offenkundig, weil durch entsprechende Zitate belegt, ist das Begriffspaar ‚Psychiker—Pneumatiker' in der Naassenerpredigt (Hippolyt Ref V,
7,3—9,9) an Paulus und auch Johannes orientiert[131]. In 7,40 wird mit expli-
zitem Hinweis auf Joh 3,6 von pneumatischen und sarkischen Menschen
gesprochen. Und wenn nach 8,7 nur der pneumatische Mensch das in Schweigen gesprochene Geheimnis hören kann und nach 8,9 das Gleiche von den
„Vollkommenen" gilt, wenn schließlich in 8,26 von den unaussprechlichen
Geheimnissen des Geistes gesprochen und dabei 1Kor 2,13 f zitiert wird, so
ist es klar, daß dieser Sprachgebrauch an 1Kor 2,6—3,4 orientiert ist und nicht
umgekehrt für die paulinische Theologie vorausgesetzt werden darf. Schließlich wird in der Baruchgnosis (Hippolyt Ref V,27,3)[132] zwischen den irdischen,
seelischen Menschen einerseits und den pneumatischen, lebendigen Menschen
andererseits unterschieden; wieder erscheint dabei ein Zitat von 1Kor 2,9
(27,2). Man kann die Priorität des Paulus auch durch ein argumentum e
silentio erweisen: Bezeichnenderweise fehlt das Begriffspaar Psychiker—Pneumatiker nach M. Winter in einigen gnostischen Texten, in denen es von der
Sache her eigentlich erscheinen müßte[133]. Dieses Fehlen kann man mE. damit
erklären, daß dort auch keine Verbindung zu Gen 2,7 und zu 1Kor 2,6—3,4
hergestellt ist. Offensichtlich hat dieses Begriffspaar kein gnostisches Eigenleben; ohne den Anstoß des Paulus ist es nicht da. Paulus war eben der
„haereticorum apostolus"[134].

Sucht man nach einer weiteren Vorstufe für die Seelenlehre der Gnosis, so
kommt dafür vor allem *Philo* in Frage, der seinerseits viel von *Plato* gelernt
hat. Denn Philo hat wie die Gnostiker platonische Vorstellungen mit der
Genesisexegese verbunden; seine große Bedeutung für die Kosmologie und
Anthropologie der NH-Gnosis müßte dringend im Einzelnen aufgezeigt werden[134a]. In den gnostischen Traktaten „Exegese über die Seele" und „Authentischer Logos" werden der Fall und die Wiederherstellung der Seele geschildert, die zunächst im Himmel weilte, dann aber herabstieg und in einen Leib
einging; in diesem wurde sie von den Begierden überwältigt, befleckt und
ihrer himmlischen Heimat entfremdet. Dieses Schicksal der Seele wird weitgehend als die Geschichte einer jungen Frau dargestellt, die von zahlreichen

---

[131] *Winter*, aaO., 185 ff. Nach 6,6 ist Adam dreiteilig: vernünftig, psychisch und
choisch; dementsprechend gibt es engelhafte, psychische und choische Menschen (6,7).
In 7,6 wird auch auf die in Nag Hammadi bekannte Bildung Adams als Golem
durch die Engelmächte hingewiesen.

[132] *Winter*, aaO., 196 f.

[133] *Winter*, aaO., 199 ff. So Epiphanius Panarion I, 7,2 f (sethianische Gnosis),
im Ev Phil und Ev Ver, der Sophia J. Chr.

[134] Tertullian adv. Marc. III,5. Vgl. dazu *H. Langerbeck*, Aufsätze zur Gnosis,
Göttingen 1962, 23 (nicht 22)!): „Marcion ist ein Epigon des Paulus; dies Verhältnis
ist in keiner Weise umkehrbar."

[134a] *M. Simon* hat sich neuerdings dieser Frage zugewendet: „Éléments gnostiques
chez Philon", in: Le Origini, 359—374; vgl. auch *R. McL. Wilson:* The Gnostic
Problem, 1964², 30—63.

Liebhhabern mißbraucht und betrogen wird. Dann aber leitet die Reue der Seele, ihr Flehen zum himmlischen Vater, die Wende ein: Sie wird durch die Taufe gereinigt und im Brautgemach mit ihrem himmlischen Bruder vereinigt.

In diesen Traktaten wird nicht der Mythus von der Weltseele vorausgesetzt, sondern exemplarisch das Schicksal der Seele des Gnostikers erzählt, so wie das in allegorisch-märchenhafter Form im Perlenlied der Thomasakten geschieht. Man muß zunächst an die Seelenlehre *Platos* erinnern. Dieser spricht im Phaidon, Phaidros und Timaios von der nicht zusammengesetzten und darum unsterblichen Seele, die aus Mangel an Einsicht und von der Begierde gezogen in den Leib fällt; Plato steht damit in der Tradition der Orphiker, des Epimenides und Pythagoras[135]. Die Seele hat ihren Platz in der Mitte zwischen dem Reich der Ideen und den körperlichen Dingen. Aber ihr Abstieg geschieht nach Gottes Plan; denn ohne sie gäbe es in der Welt keine Bewegung, da die Seele dem Leib die Kraft der Bewegung mitteilt[136]; dieses Motiv erscheint in der gnostischen Darstellung der Bildung Adams. Die Seele, die nach Plato auf die reine Kraft des Denkens hin angelegt ist, wird im Leib durch die Leidenschaften verunreinigt. Sie muß sich durch Buße von ihm lösen, wird im Hades geläutert und geht dann wieder in einen anderen, von ihr gewählten Leib; sie kann auch in einem Tier verkörpert werden. Es gibt jedoch auch die Möglichkeit eines Aufschwungs in den Raum der Erkenntnis, nämlich die Schau der oberen Dinge[137].

Philo zeigt gerade auch durch seine Gegenüberstellung von Leib und Seele, Seele und Geist, wie stark er vom platonischen Dualismus beeinflußt ist. In De Cherub § 46—52 sagt er, daß Gott mit der Seele wie mit einer Jungfrau verkehren wolle, wobei er sie in die edlen Tugenden einführt und alle Eigenschaften und Begierden des Weibes wegschafft; es ist die Sinnlichkeit, die zügellose Leidenschaft, welche die jungfräuliche Seele befleckt, sie zum Weibe macht. Philo sieht die Seele aus verschiedenen Kräften zusammengesetzt: Ihr führender Teil ist das Pneuma oder der Nous, der nach Gen 2,7 von Gott eingehaucht ist; im Anschluß an Lev 17,11 LXX: „Die Seele allen Fleisches ist das Blut" weist er auf das niedere vegetative Seelenvermögen hin, das zur Fleischeslust neigt[138]. Nach der Art, in welcher das höhere oder das niedere Seelenvermögen das ethische Handeln des Einzelnen bestimmt, könnte man im Sinne Philos von einem pneumatischen oder psychischen Menschen sprechen; jedoch fehlt dieses Begriffspaar noch. Die *gnostische* Seelenlehre stimmt weitgehend mit der philonischen überein. Die vom Demiurgen bzw. dessen Mächten geschaffene Seele ist das Aufnahmeorgan für das göttliche Pneuma[139], das der Gnostiker als die ihn führende Macht anerkennt und in den Sakra-

---

[135] Vgl. *E. Rohde*, Psyche, Nachdruck der 2. Aufl. Freiburg 1898, Darmstadt 1961, II, 270 ff.

[136] Phaidros 245C—246A.   [137] Politeia VII, 517B.

[138] Quis rer. div. her. § 54—57, Opif. § 152—156.

[139] Exc ex Theod. 53,3,63; Iren I,7.

menten seiner Kirche empfängt. Die entscheidende Rolle des heiligen Geistes in der gnostischen Anthropologie ist der christlichen Tradition zuzuschreiben.

2. *Fleisch und Geist bei Paulus*

Beim Versuch, das große X der von ihm postulierten vorchristlichen Gnosis auf hermeneutischem Wege aufzulösen, will W. Schmithals den Gegensatz von Geist und Fleisch in Röm 8,2—11 als unjüdisch, näherhin gnostisch, bestimmen[140]. Denn das Fleisch, das für den Juden zur guten Schöpfung Gottes gehöre, werde in Röm 8,2—4 mit „Sünde" gleichgesetzt und als teuflische Machtsphäre der göttlichen Sphäre des Geistes entgegengesetzt. Dieser Dualismus sei gnostisch; denn in der Gnosis werde das Pneuma als das eigentliche menschliche Selbst von den dämonischen Mächten in den Kerker des fleischlichen Leibes gebannt[141]. Aber mE. wird damit weder der gnostische, noch der jüdische und erst recht nicht der paulinische Sachverhalt richtig gesehen.

a) In den NH-Schriften ist nämlich die Seele das eigentliche Selbst des Menschen und der Geist — wie auch im Neuen Testament — die Kraft und Substanz der göttlichen Welt. Der Terminus „Fleisch" aber meint nicht in jedem Falle den Widersacher des Geistes. Denn als das wahre Fleisch des Auferstehungsleibes kann es sogar pneumatisch sein[142]; das Gegenteil des Geistes ist die Materie (ὕλη)[143], das Gefängnis der Seele, der Leib. Paulus hat eigentlich den Gegensatz „Geist-Fleisch" schärfer pointiert als die Gnosis von Nag Hammadi.

b) Daß das Fleisch des Menschen Gottes gute Schöpfung sei, wird im Judentum der neutestamentlichen Zeit nirgends betont. Denn schon in Gen 6,3 wird das Fleisch als die hinfällige Natur des Menschen dem Geist Gottes gegenübergestellt; Philo hat diese Stelle im Sinne eines Gegensatzes von Fleisch und Seele interpretiert[144]. In Qumran findet sich die beste Entsprechung zum paulinischen Sprachgebrauch, wenn nämlich in 1 QS 11,9 vom „Fleisch des Frevels" (beſar 'aväl) gesprochen und dieses zur gottlosen Menschheit parallel gestellt wird.

c) Für Paulus schließlich ist das Fleisch weder mit der Sünde identisch noch eine Machtsphäre[145]. Vielmehr meint es vor allem das, was jeder Mensch normalerweise darunter versteht, W. Schmithals aber ausdrücklich verwirft,

---

[140] Die gnostischen Elemente im Neuen Testament, 358—381.

[141] AaO., 360 f.

[142] Nach Ev Phil Log 23 ist das Fleisch (σάρξ) Christi der Logos, sein Blut der hl. Geist, vgl. Joh 6,56. Dazu Log 72: Christus spricht vom wahrhaftigen Fleisch; das menschliche Fleisch ist dessen schlechtes Abbild. Auch zum πνεῦμα gibt es einen Gegengeist, das ἀντίμιμον πνεῦμα. vgl. BG 55,7 f. Die paulinischen Wendungen κατὰ πνεῦμα · κατὰ σάρκα fehlen im Ev Phil.

[143] Man spricht deshalb auch vom Hyliker in der Gnosis.

[144] Gen 6,3 LXX: οὐ καταμενεῖ τὸ πνεῦμά μου ἐν τοῖς ἀνθρώποις εἰς τὸν αἰῶνα, διὰ τὸ εἶναι αὐτοὺς σάρκας. vgl. dazu Philo, De gigant, 29 ff.

[145] Auch *Bultmann* behauptet im Blick auf Röm 8,7, „Fleisch" sei bei Paulus eine Sphäre des Sündigen (Theologie des Neuen Testaments, 232).

nämlich das körperliche Fleisch, die Substanz des Leibes, der sterblich und für die Sünde anfällig ist (Röm 6,12). Nicht die Macht, sondern die Ohnmacht des Fleisches zum Guten, ist für Paulus charakteristisch. Die den Menschen qua Fleisch beherrschende Macht ist die Sünde, und erst dadurch, daß das Fleisch dem Gesetz der Sünde gehorcht, wird es zu einem Bollwerk, dem gegenüber sich das pneumatische Gesetz Gottes nicht durchsetzen kann.

3. Zur gnostischen Deutung des Johannesevangeliums

L. *Schottroff*[146] erschließt eine vorchristliche, für das Johannesevangelium bestimmend gewordene Gnosis aus der Tatsache, daß beiden ein ganz unjüdischer Gegensatz von Gott und Welt und eine diesem Gegensatz entsprechende Vorstellung von Erlösung gemeinsam seien. Die Welt werde in der Gnosis als ein widergöttlicher Machtbereich verstanden, dem der Mensch nicht entrinnen könne; ihre Wirklichkeit sei von der göttlichen völlig verschieden. Das Gleiche gelte für das Johannesevangelium. Aber das ist nicht richtig. Frau Schottroff liest einen vom „Apokryphon des Johannes" abgeleiteten Dualismus in das Vierte Evangelium hinein, der dessen eigentliche Basis sei; richtiger wäre es, dieses vom Alten Testament und zeitgenössischen Judentum her zu verstehen[147].

a) Zweierlei ist zu beachten: Für das gnostische Denken ist es nicht ratsam, den Begriff „Welt" von vornherein in einem antagonistischen Gegensatz zu Gott zu sehen. Man muß differenzieren: „Kosmos" kann — freilich seltener — in der Gnosis auch die ideale, vom wahren Gott stammende Welt der Ideen meinen[148]. Ferner ist für das „Apokryphon des Johannes" nicht der Antagonismus Gott—Welt, sondern der von Geist—Materie, Gott—Demiurg konstitutiv.

b) Vor allem aber hat Frau Schottroff die neutestamentliche Theologie zu stark an der Gnosis orientiert. Bei Paulus und Johannes ist der Gegensatz zwischen Gott und Welt anders begründet als in der Gnosis. Während der transzendente Gott der Gnosis nichts mit der Erschaffung der materiellen Welt zu tun hat, gilt im Neuen Testament die Welt des Menschen als die Schöpfung des einen Gottes Himmels und der Erde und ist deshalb als solche gut. Mißbraucht und mißverstanden wird die Welt seit dem Fall Adams, der dem Teufel die Herrschaft über die Menschen ermöglicht hat. Das Weltverständnis des Paulus und des Johannes ist jüdisch-apokalyptisch, nicht gnostisch, und dementsprechend ist die Erlösung nicht als Himmelfahrt der Seele, sondern als Auferstehung der Toten gedacht.

c) Frau Schottroff hat auch die Rolle der johanneischen Wunder (= Semeia) gnostisierend mißverstanden. Sie meint, die innerweltliche Wirklichkeit der

---

[146] Der Glaubende und die feindliche Welt.

[147] O. *Böcher*, Der johanneische Dualismus.

[148] Basilides nach Hipp. VII, 20,2; 21,1: Gott brachte als Seinsgrund die Welt der Ideen hervor: ὁ οὐκ ὢν θεὸς ἐποίησεν κόσμον οὐκ ὄντα ἐξ οὐκ ὄντων. Im Apokryphon des Johannes BG 27,1 meint κόσμος die Räume des Pleroma.

Wundertaten Jesu im Vierten Evangelium sei scharf zu trennen von der ganz unweltlichen, himmlischen Wirklichkeit Jesu. Der Evangelist habe bewußt die seiner Theologie widersprechende Quelle der Semeia benützt, weil er an ihnen ein falsches, am äußeren Erfolg des massiv wunderbaren Geschehens interessiertes Verständnis der Taten Jesu aufzeigen und auch korrigieren wollte. Das habe er dadurch erreicht, daß er diese Wunder in ein gnostisch-dualistisches Bezugssystem eingezeichnet habe[149]. Es gelte, Jesus als den himmlischen Offenbarer und Geber des Lebens zu sehen. Das Letztere ist richtig. Aber Frau Schottroff kann mE. nicht zeigen, wie denn ein Augenzeuge des Wunders, etwa der Königliche von Kapernaum, den himmlischen Offenbarer erkennen und den Schritt des Glaubens vollziehen konnte. Es ist Folgendes einzuwenden:

(1) Es gibt keine „primitive", am hellenistischen Ideal des „Göttlichen Menschen" orientierte, Semeiaquelle; vielmehr hat der Evangelist selbst die Wunder Jesu als „Zeichen" (semeia, 'ôtôt) gestaltet, die schon vom Begriff her das glaubende Sehen und Anerkennen des von Gott Gesandten verlangen.

(2) Der Glaubende sieht nicht vom äußeren Wundergeschehen ab, sondern erkennt gerade am Detail des Hergangs den zeichenhaften Hinweis auf den handelnden Gott, der sich durch seinen Gesandten offenbart. Das Wunder recht sehen, es als Zeichen verstehen, heißt deshalb nicht, von seinem innerweltlichen Hergang absehen, sondern es im Licht der alttestamentlichen Heilsgeschichte als eine von Gott gewollte Tat des Christus verstehen[150]. Der Semeion-Charakter ergibt sich durch den Bezug zum Alten Testament, in dessen Licht die Wunder Jesu als Werke des von Gott Gesandten, des vom Vater bevollmächtigten Sohnes sichtbar sind[151]. Das gnostische Erkenntnisproblem ist zwar vom johanneischen inspiriert, letztlich aber doch am platonischen Urbild-Abbild-Denken orientiert; das zeigt etwa das Philippusevangelium[152].

4. Der gnostische Gesandte und die johanneische Theologie

Noch immer wird die Sendung eines himmlischen Boten als eine der Gnosis eigene und im Neuen Testament von dort entlehnte Vorstellung angesehen;

---

[149] AaO., 256.

[150] Falsch ist zB. das besonders eingehend behandelte Wunder Joh 4,46—53 verstanden, in dem das „Leben" des geheilten Sohnes nicht etwa die Heilung, sondern das ewige Leben bedeuten soll (262—267). Daß Johannes für „Heilung" „Leben" sagt, ist aber zunächst durch den Bezug zu 1Kön 17,23 bedingt; der Hinweis auf den Gottesmann Elia gehört mit zur Zeichenhaftigkeit.

[151] Vgl. dazu meinen Aufsatz: Das Problem des Wunders bei Flavius Josephus im Vergleich zum Wunderproblem bei den Rabbinen und im Johannesevangelium, in: Josephusstudien, Göttingen 1973, 23 ff, hier besonders 38—43.

[152] Vgl. dazu *K. Koschorke:* Die „Namen" im Philippusevangelium. Beobachtungen zur Auseinandersetzung zwischen gnostischem und kirchlichem Christentum, ZNW 64 (1973), 307—322.

ferner wird von einem Wegschema des gnostischen Gesandten: Himmel–
Erde–Himmel gesprochen[153]. Vor allem für den Weg und die Sendung Jesu
im Johannesevangelium soll die gnostische Gesandtenlehre maßgebend gewesen sein. Aber selbst wenn es eine vorchristliche Gnosis gegeben haben sollte,
so ist der gnostische Gesandte nichts anderes als eine bestimmte Ausprägung
des weit verbreiteten Botendienstes, geregelt nach einem Botenrecht, das vor
allem in babylonischen Texten und im Alten Testament bezeugt und von
dessen Einzelheiten im rabbinischen Schrifttum viel zu lesen ist. Die Tatsache
der Sendung des Sohnes reicht deshalb als solche keineswegs dazu aus, den
religionsgeschichtlichen Standort des Johannesevangeliums präzis zu bestimmen, in ihm einen gnostischen Mythos verarbeitet zu sehen[154]; sie ist zunächst
in einen viel weiteren kulturgeschichtlichen Kontext zu stellen, der mit dem
semitischen Botenrecht gegeben ist. Das hat *Jan A. Bühner* in seiner Tübinger
Dissertation: „Der Gesandte und sein Weg im Johannesevangelium" (1976)
getan, in der er vor allem die Rechte und Pflichten des Boten, wie sie in den
rabbinischen Texten im Detail sichtbar werden, auf die Sendung Jesu im
Johannesevangelium angewendet hat. Denn die Stellung des Boten, der in
der Regel dem Haushalt seines Herrn als Sklave angehört und dessen besonderes Vertrauen genießt, die Beauftragung und Ausrichtung des Auftrags, der
Gehorsam gegenüber dem Sendenden und die Selbstvorstellung des Boten bei
den Empfängern, schließlich seine Rückkehr und sein Botenbericht — all das
spiegelt sich im Wirken des johanneischen Jesus: Sein Weg (Joh 16,28) ist der
eines vom Himmel gesandten Boten. Im Einzelnen seien als wichtige Punkte
genannt: a) Die johanneischen „Ego-Eimi-Worte" haben — ebenso wie das
„Ich bin gekommen" des synoptischen Jesus — ihren „Sitz im Leben" in der
Selbstvorstellung dessen, der von Gott gesandt ist.

b) Nach der rabbinischen Stellvertretungslehre konnten der Haussklave
(bän bajit = οἰκονόμος) und der Sohn den sendenden Hausherrn als Generalbevollmächtigte vertreten. Besonders der Sohn repräsentiert den Vater und
vertritt ihn in allen Belangen; er handelt zu dessen Vorteil und kann seinen
Auftrag einem anderen übertragen. Im Rahmen dieses Rechtsverhältnisses hat
Johannes die theologische Konzeption von der Einheit Jesu mit dem Vater,
dessen Verherrlichung durch den Sohn und die Sendung des Parakleten ge-

---

[153] Nach *H. Conzelmann* (Grundriß der Theologie des Neuen Testaments, München 1968, 371) hat sogar das Beieinander von Gott und Logos im Prolog des Johannesevangeliums die nächste Analogie im Nebeneinander von jenseitigem Gott
und Gesandten in der Gnosis. Dabei verweist Conzelmann zunächst auf den Logos
Philos, den er aber im Unterschied vom joh. Logos als Geschöpf versteht (vgl. aber
Quis div. her § 205 f: Der Logos ist weder ungeboren wie Gott, noch geboren wie
wir). Auch die Hauptgestalt der mandäischen Gnosis, Manda d'Hajje, wird als Beispiel genannt: Conzelmann übersetzt diesen Namen als „Sohn (sic) des großen (sic)
Lebens".
[154] Das Senden (tnnou) spielt in den NH-Texten nicht die große Rolle wie bei
den Mandäern.

staltet, ferner eschatologische Motive wie das ewige Leben und das Gericht dadurch vergegenwärtigt, daß sie Teil des Auftrags Jesu werden. Diese konsequente Anwendung des Botenrechtes auf das irdische Wirken Jesu erübrigt die Zuhilfenahme einer gnostischen Mythologie. Denn der Gebrauch dieses Rechtes auch im religiösen Bereich erscheint ja nicht erst in der späten Gnosis der Mandäer, sondern bereits im Alten Testament, wo Propheten und Engel die Gesandten Gottes sind. In der nachbiblischen jüdischen Exegese hat man besonders in Mose den Bevollmächtigten Gottes gesehen und auf ihn auch das Motiv des Gesandten, des Aufstiegs in den Himmel und der Herabkunft zu den Menschen übertragen. In diese Traditionslinie gehört das Johannesevangelium, in dem Jesus seine Mission vor den Juden bezeugt und dabei verständlicherweise Argumente des jüdischen Rechtes und nicht etwa eines gnostischen Mythus benützt.

Abschluß

Die „neue Epoche" der Gnosisforschung hat manche bisher nicht möglichen Einsichten in das Wesen der Gnosis geschenkt. Aber sie hat noch keine revolutionäre Wendung, keine Kehre des Denkens und erst recht keine Abkehr von bisherigen Positionen gebracht. Denn jeder kann in den NH-Texten eine Stütze für das finden, was er vor ihrer Entdeckung als Wesensmerkmale der Gnosis bezeichnet hat, auch wenn diese manchmal ein Strohhalm oder ein zerstoßenes Rohr ist. Die Komplexität der Ideen ist kennzeichnend für die Gnosis. Die Funde von Nag Hammadi liefern ein Schulbeispiel dafür, wie sich Gedanken der griechischen Philosophie mit jüdischen Traditionen und auch einzelnen ägyptischen Motiven zu einem neuen Ganzen verbinden konnten. Die integrierende Kraft war der Glaube an Christus als Offenbarer und Erlöser; die NH-Gnosis ist in der Tat ein entartetes, akut hellenisiertes Christentum. Der starke Hang zur Hellenisierung manifestiert sich nicht zuletzt in der Tatsache, daß neben der Bibel auch Homer zitiert wird und daß hermetische Schriften, dazu ein Fragment aus Platos Politeia zur Bibliothek von Nag Hammadi gehören. Das geschieht so nicht mit der jüdischen und erst recht nicht der ägyptischen, iranischen oder babylonischen Überlieferung. Die apokalyptischen Vorstellungen, deren Häufigkeit überrascht, dazu die große Rolle der mythologisch gedeuteten Sophia, werden doch wohl durch das Christentum vermittelt sein, in dem auch der Bruch in der Gottesvorstellung und der antijüdische Schriftgebrauch am ehesten denkbar sind. Das wohl älteste Zeugnis über die Herkunft der Gnosis steht mE. in 1 Joh. 2,19: „Sie (dh. die gnostisch-christlichen Antichristen) sind von uns ausgegangen, aber sie waren (ihrem Wesen nach) nicht von uns."

Freilich muß man stets bedenken, daß noch nicht alle NH-Texte veröffentlicht sind (vor allem aus den Codices VII—XIII) und daß wir vieles in den bereits bekannten nicht recht durchschauen und verstehen; man braucht nur an die Beschreibung von NH VI,48,16—51,23 zu denken, ehe H. M. Schenke

erkannte, daß es sich um eine Übersetzung von Platons Politeia 588b—589
handelt! Die „neue Epoche" der Gnosisforschung steht noch an ihrem Anfang;
sie bietet ein nicht weniger verwirrendes Bild als die neuen Texte selbst.

39. Der Name als Offenbarung des Heils

(Jüdische Traditionen im koptisch-gnostischen Philippusevangelium)

1. Die gnostische Deutung der Namen Jesu

a) Nach rabbinischer Anschauung kommt in den Namen Gottes die Art seines Wirkens zum Ausdruck (לפי מעשי אני נקרא). Die Offenbarungsformel Ex 3,6 ist nicht etwa auf das Sein oder Werden Gottes, sondern auf sein Handeln am Menschen zu beziehen[1]. Der Name ›J.‹ deutet auf die huldvolle Hinwendung zum Menschen, ›Elohim‹ bezeichnet die Rolle des Richters, ›Zebaoth‹ dessen Kampf gegen die Gottlosen usw. Dieser Gedanke wurde später von der jüdischen Kabbala aufgenommen und besonders liebevoll ausgearbeitet: Die Manifestation des verborgenen Gottes in den ›Abglänzen‹ (›Sephiroth‹) seines Wesens und Willens erfolgt gleichzeitig als Offenbarung der verschiedenen Gottesnamen[2].

b) Auch im koptisch-gnostischen Philippusevangelium (Ev Phil), das in Codex II der Handschriften von Nag Hammadi enthalten ist, werden die Namen als offenbarende Hinweise auf das Wirken – in diesem Falle auf das Heilshandeln Gottes in Christus – verstanden; dabei verrät der Verfasser, der sein Werk auf Griechisch geschrieben haben muß, eine Vertrautheit mit der hebräischen und syrisch-aramäischen Sprache. In Logion 47 dieses Evangeliums sagt er:

»Die Apostel, die vor uns waren, nannten (ihn) auf diese Weise: Jesus, der Nazoräer (p-nazoraios), Messias; das ist: Jesus, der Nazoräer, der Christus. Der letzte Name ist ›Christus‹, der erste ›Jesus‹, der in der Mitte ›der Nazarener‹ (p-nazarenos). ›Messias‹ hat zwei Bedeutungen: sowohl ›der Christus‹ als auch ›der Gemessene‹. ›Jesus‹ ist im Hebräischen ›die Erlösung‹, ›Nazareth‹ (nazara) = ›die Wahrheit‹ (t-aletheia), ›der Nazarener‹ ist ›der

---

[1] Schemoth r. zu 3,6. Vgl. E. E. URBACH, Chakhamim z '' l, Jerusalem 1971, S. 29. Vom Namen Gottes gilt nicht das heidnische Sprichwort: Nomen est omen, sondern: Opus Dei nomen eius revelat.

[2] Das ist besonders gut dargestellt im Werk des Kabbalisten J. GIKATILLA, Sha'arê 'Orah = »Tore des Lichts«. Gikatilla lebte von 1248–1325.

Mann der Wahrheit‹. Der ›Christus‹ ist derjenige, der gemessen wurde; ›der
Nazarener‹ und ›Jesus‹ sind diejenigen, die ihn gemessen haben.«[3]

Die ›apostolischen‹ Namen des Herrn der Kirche enthalten nach Ansicht
dieses Gnostikers wichtige Geheimnisse und rettende Kräfte; diese werden
vor allem in den Sakramenten der gnostischen Gemeinden enthüllt und
erfahren (Logion 68).

c) Der Name ›Jesus‹ wird in Logion 47 richtig mit dem hebräischen
Stamm יֵשַׁע in Verbindung gebracht und als ›Rettung‹, ›Erlösung‹ gedeutet:
›Jesus‹ ist das heilsgeschichtliche Werkzeug Gottes, das den Menschen aus
der Knechtschaft der materiellen Welt befreit. Das zum Namen ›Jesus‹ =
›Retter‹ gehörende Sakrament ist das der ›Erlösung‹ (sōte), das vierte unter
den fünf Sakramenten der im Philippusevangelium zur Sprache kommenden Gnostiker (Logion 68). Aber auch »die Eucharistie ist Jesus« (Logion
53).

d) Der ›syrische‹ (Logion 19) Hoheitstitel ›Messias‹ wird ohne Kommen-
tar als ›Christus‹ übersetzt; er wurde schon in Logion 19 erklärt. Eine
Übertragung ins Koptische fehlt, denn die Bedeutung dieses Namens war
bekannt. Zu den im Ev Phil erwähnten Sakramenten zählt die Salbung =
Chrisma; sie macht den Gnostiker zum Christos (Logion 67)[4]. Der Name
›Messias‹ wird unter den dreien als letzter aufgeführt, aber bei der Erklärung
an erster Stelle behandelt und zweifach ausgelegt; dies ist wohl auch der
Grund dafür, daß er als aramäisches Fremdwort mᵉshîchā’ = ›Messias‹
erscheint. Dieser Name wird somit als passives Partizipium (Peʻil) des
Verbums mᵉshach erklärt, das in der Regel wie im Hebräischen ›salben‹
meint, aber in einer zweiten Form – vor allem im Syrischen – ›messen‹,
›ausstrecken‹ (= hebr. madad) bedeutet. Vom Inhalt her ist diese zweite
Auslegung: Messias = ›der Gemessene, Ausgestreckte‹ schwer verständlich.
Vielleicht darf man ihr das gleichfalls rätselhafte Logion 53 an die Seite
stellen, in dem – ebenfalls unter Hinweis auf ein aramäisches Verbum,
nämlich parash = ›ausbreiten‹ – auf die ausgestreckten Arme des Gekreuzigten aufmerksam gemacht wird, die nach gnostischer Anschauung ein besonders bedeutendes Heilswerk zustande brachten[5]: Der ›gemessene‹ Christus

---

[3] Statt ñtauschitou = »die gemessen wurden« ist zu lesen: ñtauschitif = »die ihn gemessen
haben«.

[4] Vgl. H. G. GAFFRON, Studien zum koptischen Philippusevangelium unter besonderer
Berücksichtigung der Sakramente. Bonn 1969, S. 149ff.

[5] Nach der gnostischen Kreuzestheologie hat Jesus mit den am Kreuz ausgebreiteten Armen
die Sphäre der oberen, geistlichen Welt von der unteren, hylischen, geschieden und damit der
unseligen Vermischung beider ein Ende gemacht (Logion 125). Vgl. dazu die Ansicht des
Valentinianers Ptolemäus: Der obere Christus rettete die Sophia, indem er sich durch das Kreuz
ausstreckte und dieser Gestaltung gab (Irenäus adv. haer. I,4–8; A. HILGENFELD, Die Ketzergeschichte des Urchristentums, Neudruck Darmstadt 1963, S. 355).

wäre dann derjenige, der am Kreuz mit ausgestreckten Armen für uns gestorben ist. Nun wird freilich am Ende von Logion 47 – gleichsam als Höhepunkt der Namensdeutung – behauptet, der ›Nazarener‹ und ›Jesus‹ hätten ihn (den Christus) gemessen. Es könnte sein, daß das Bild von den siegbringenden Armen Moses, die rechts und links von Aaron und Hur gestützt wurden (Ex 17,11 f.), auf das Kreuz Christi übertragen wurde: ›Jesus‹ als ›Retter‹ und ›der Nazarener‹ als ›Mann der Wahrheit‹, machten das Kreuz des Christus zu einem heilbringenden Geschehen. Die drei Namen: ›Jesus‹, ›der Nazarener‹, ›der Messias‹, waren ja nach Joh 19,19 auf dem titulus, der von Pilatus angebrachten Kreuzesinschrift, aufgezeichnet; nur dort erscheinen sie in dieser Reihenfolge, und zwar u. a. auf hebräisch (= aramäisch, Joh 19,20); sie waren also unmittelbar über den ausgebreiteten Armen des Christus zu sehen. Freilich stand auf der Kreuzesinschrift statt des Titels ›Messias‹ die Bezeichnung ›der König der Juden‹. Aber diese, die römische Auffassung wiedergebende Bezeichnung hätte in jüdisch-heilsgeschichtlicher Form lauten müssen: ›Der Messias Israels‹ (vgl. 1 QS 9,11).

e) Schwer zu begreifen ist auch die Erklärung des in der Mitte der Trias erwähnten Namens ›der Nazoräer‹, bzw. ›der Nazarener‹. Beide Bezeichnungen scheinen in gleicher Bedeutung gebraucht zu sein. Aber nach Logion 19 ist ›der Nazarener‹ die offenbare Version des verborgenen Namens ›der Nazoräer‹. Sie bezeichnet den ›Mann der Wahrheit‹, da Nazareth (Nazara) auf hebräisch[6] = ›Wahrheit‹ bedeuten soll (Logion 47). Dabei hat man wahrscheinlich an das Verbum naṣar = ›beachten‹, ›bewahren‹ gedacht. Bei den Mandäern war der ›Observant‹ (naṣurajā’) der Vollkommene, in die geheime Offenbarung Initiierte; das Nomen naṣîrûthā’ konnte eine Bedeutung wie ›Wahrheit‹ gewinnen[7]. Irenäus hat diese auffallende, symbolische Bedeutung von Nazareth, das in geographischer Hinsicht keine Rolle mehr zu spielen scheint, ebenfalls bezeugt. In seinem Bericht von den Sakramenten der Markosier – in Wirklichkeit handelt es sich um eine Darstellung der für die Valentinianer allgemein geltenden Sakramentspraxis – sagt er, man habe beim Vollzug der Taufe hebräische Bekenntnisformeln ausgerufen; am Schluß einer Kette von dunklen Wörtern nennt er Jesou Nazaria und übersetzt dies als Soter Aletheias (adv. haer. I, 21,3). Reihenfolge und Deutung beider Namen decken sich mit Logion 47 des Ev Phil.

Mit welchem Sakrament wurde der gnostisch gedeutete Name ›der Nazarener‹ verbunden? Ich denke an das dritte der spezifisch gnostischen Sakramente, nämlich an das »Brautgemach«, in dem man ein vollkommenes

---

[6] Die für die voraufgehende Gleichung: ›Jesus‹ = ›Erlösung‹ gegebene Umstandsbestimmung ›im Hebräischen‹ gilt wohl auch für die Deutung ›nazara‹ = Wahrheit.

[7] Vgl. dazu K. Rudolph, Die Mandäer, Bd. I, Das Mandäerproblem, S. 305; H. H. Schaeder, Art. Naziraios, ThW NT IV, 877–884; J. E. Ménard, L'Évangile selon Philippe, Straßburg 1967, S. 139.

Symbol der Wahrheit sah. Nach Logion 124 ist die Wahrheit die Weise, mit der Gott die Welt regiert. Aber sie ist verhüllt und erscheint in der Form von Abdrücken (typoi) und Bildern, die eher schwach und verächtlich aussehen. Träger der Wahrheitsoffenbarung sind auch die fünf Sakramente, die vor allem den Heiligen Geist verleihen. Weil die Namen Jesu das Heil anzeigen und die Sakramente dieses Heil vermitteln, darum sind beide eng aufeinander bezogen. Der johanneische Christustitel ›Logos‹ ist gleichsam in das Sakrament der Eucharistie eingegangen. Denn nach Logion 23 ist das Fleisch des Christus, das der Glaubende in der Eucharistie genießt, in Wirklichkeit der Logos, und das Blut ist der heilige Geist. Dieser Anschauung liegt wahrscheinlich die feierliche Erklärung Jesu Joh 6,56 zugrunde: »Wer mein Fleisch ißt und mein Blut trinkt, bleibt in mir und ich in ihm.« Als Logos und Geist wohnt Christus im Glaubenden; das Sakrament bietet eine geistige Kommunion. Das materielle Fleisch wird in Logion 23a abgelehnt; hinter der Gleichsetzung von Fleisch und Logos mag ein Wortspiel zwischen den hebräischen Begriffen basar = ›Fleisch‹ und bisser = ›verkündigen‹ stehen.

f) Solche Deutung der Jesusnamen war für die gnostischen Gemeinden ein esoterisches Geheimnis, dessen Wahrheit es zu wahren galt. Alles Irdische galt ihnen als Gleichnis, jeder Name als ein Symbol, das viele täuscht, die Einsichtigen aber zur überirdischen Wahrheit führt (Logion 11). Wie in Logion 47 wird auch in Logion 19 über die drei Namen Jesu gerätselt. Der Name ›Jesus‹ gilt als geheim, weil er in keiner anderen Sprache vorkommt im Unterschied zu ›Christus‹, der griechischen Übersetzung des aramäischen ›Messias‹ (meshicha). Vom Namen ›der Nazarener‹ wird jetzt gesagt, er sei das ›Geoffenbarte des Verborgenen‹.

2. Der biblische Hintergrund der gnostischen Jesusnamen

a) Im Mund der Apostel begegnen diese drei Namen bzw. Titel Jesu nirgends in der hier erwähnten Reihenfolge. Grundlegend für Logion 47 des Ev Phil sind jedoch Apg 3,6 und 4,10, wo auch das Wort ›Name‹ erscheint: Die Apostel Petrus und Johannes heilen den Lahmen an der Pforte des Tempels ›im Namen Jesu Christi des Nazoräers‹. Das Fremdwort ›Messias‹ ist im Neuen Testament nur Joh 1,41 gebraucht und dort wie in Ev Phil 47 ins Griechische übersetzt.

b) Auch die gnostische Deutung der Namen Jesu schließt sich an neutestamentliche Aussagen an, führt aber auch über sie hinaus zu alttestamentlichen Orakeln und nachbiblisch-qumranitischen Bildern zurück. Matthäus sah im Namen ›Jesus‹ den Messias als Instrument des göttlichen Heilshandelns angezeigt: »Er wird Sein Volk retten von ihren Sünden« (1,21), und Paulus spricht von Jesus als ›dem Retter‹ (1 Thess 1,10). Spezifisch gnostisch ist die Interpretation vom Messias als ›dem Gemessenen‹; ebensowenig wird im Neuen Testament ›Nazareth‹ als ›Wahrheit‹ gedeutet. Immerhin hat man sich schon im Kreis der ersten Christen um eine Erklärung für die Tatsache bemüht, daß der Christus aus dem im Alten Testament unbekannten Orte Nazareth kam; eigentlich mußte die Davidsstadt Bethlehem seine Heimat sein (Joh 7,42). Dennoch hat die Kirche Nazareth zum messianischen Zeugnis der Schrift in Beziehung gesetzt. So konnte Matthäus behaupten, die Propheten hätten von Jesus verkündigt, er werde ein Nazoräer heißen (2,23). Er hat dabei an das Orakel Jes 11,1, die Verheißung vom ›Schößling‹ (neṣär, נֵצֶר) aus den Wurzeln Isais gedacht; Jes 11 wurde schon in Qumran messianisch gedeutet (vgl. 4 Q mess ar; 1 QS b 5,21 ff.). Die christlichen Exegeten argumentierten: Der ›neṣär‹ (Jes 11,1) (aram.: ›niṣra‹) ist ein ›Noṣrî‹, ein ›Mann aus Nazareth‹ (aram.: Neṣôrai‹, griech. Nazōraios). Auch in der Erzählung Mk 6,1—4, die von der Verwerfung Jesu in seiner Heimatstadt Nazareth berichtet, wird die sprachliche Beziehung zwischen dem Namen ›Nazareth‹ und dem messianischen Schößling (neṣär) von Jes 11,1 vorausgesetzt: Die Landsleute Jesu konnten es nicht verstehen, daß aus ihrer Mitte der messianische Davidssohn hervorgehen sollte, obwohl das Wirken Jesu von dessen Kennzeichen, nämlich von Weisheit und Kraft, unmißverständlich geprägt war (vgl. Mk 6,2 mit Jes 11,2). Noch deutlicher zog der Evangelist Johannes diese Linie aus: Die Frage Nathanaels, ob denn aus Nazareth etwas Gutes, d. h. Heilbringendes, kommen könne (1,46), wird durch die Weisheit, die wunderbare Einsicht und Personenkenntnis, Jesu bejaht (1,48 f.). Denn diese Fähigkeit verriet dem Frager und unvoreingenommenen Forscher in der Schrift, daß er dem Manne begegnet war, der »es nicht nötig hatte, daß jemand über den Menschen Zeugnis ablege, weil er selbst erkannte, was im Menschen war« (Joh 2,25). Dieser von Gottes Geist inspirierte, unbestechliche Richter und Künder der Wahrheit mußte nach Jes 11,3 der davidische Messias, der »Sohn Gottes und König von Israel« sein (Joh 1,49). Der Mann aus Nazareth war demnach der neṣär, von dem Jesaja gesprochen hatte.

c) Von dieser neutestamentlichen Verbindung zwischen Nazareth und neṣär in Jes 11,1 führt auch ein Weg zur gnostischen Gleichung Nazara = ›Wahrheit‹. Denn der messianische Schößling und Träger des Gottesgeistes ist nach Jes 11,3 ein Mann, der die Wahrheit im Menschen intuitiv erkennt, und nach Jes 11,4 der Inbegriff von Recht und Gerechtigkeit, die er als messianischer König bei Freund und Feind durchsetzen wird; bildlich gesprochen sind Gerechtigkeit und Treue der Gurt seiner Lenden (Jes 11,5). Damit wird auch die Wahrheit der Welt offenbart. Der Prophetentargum sagt zu Jes 11,4: Er wird die Armen in der Wahrheit (bequshtā’) richten«, und die Septuaginta geben ’aemûnah in Jes 11,5 durch Wahrheit *(ἀλήθεια)* wieder.

So ist der neṣär tatsächlich ein ›Mann der Wahrheit‹, wie das in Ev Phil vom Nazarener Jesus behauptet wird.

d) Es mag sein, daß die gnostische Gleichung Nazara = ›Wahrheit‹ von der christlichen Deutung des neṣär in Jes 11 beeinflußt ist. So wird in der gnostischen Schrift »Apokryphon des Johannes« vom Christus gesagt, Gott habe ihm alle Vollmacht gegeben (vgl. Dan 7,14; Matth 28,18) und ihm auch die in ihm befindliche Wahrheit (t-me) unterstellt, damit er das All erkenne[8]. Dadurch wird Christus zum Mann der Wahrheit gemacht; diese aber ist Weg und Ziel zur vollkommenen Erkenntnis, wie sie der neṣär und Mann aus Nazareth nach Joh 1,47f.; 2,25 besitzt. Man darf sich deshalb den Weg zur Deutung von Nazareth (nazara) = ›Wahrheit‹ umgekehrt vorstellen als er im Logion 47 des Ev Phil beschrieben ist: Vom Nazarener Jesus gelangte man zunächst zum neṣär in Jes 11,1 und zum johanneischen Künder der Wahrheit; erst später, in den gnostischen Kreisen, kam man darauf, Nazareth (nazara) mit der ›Wahrheit‹ gleichzusetzen und von daher den Nazarener (p-nazare-nos) als einen ›Mann der Wahrheit‹ zu verstehen.

e) Nun wird auch in einem der Loblieder von Qumran vom neṣär als einer von Gott gesetzten, endzeitlichen Größe gesprochen, deren Bedeutung der Welt jetzt noch verborgen ist; und auch dieser neṣär ist eng mit der Wahrheit verbunden (1 QH 8,4ff.). Die Heilsgemeinde von Qumran ist in einem mit biblischen Farben versehenen Bild als Garten in der Steppe dargestellt, wobei wohl auch ein Stück qumranitischer Kulturarbeit gerühmt wird. Unter hohen ›Wasserbäumen‹ verborgen stehen ›Lebensbäume‹, die von einer geheimnisvollen Quelle gespeist werden; diese lassen einen neṣär sprossen und Wurzel schlagen, bevor sie ihn zum Blühen bringen (1 QH 8,6f.). Hier wird ebenfalls die Weissagung Jes 11,1 aufgenommen. Aber der neṣär ist in die Weissagung Jes 60,21 eingebunden, in welcher er die Schar der Gerechten, das Israel Gottes, bedeutet: Der Schößling meint nicht etwa die Einzelgestalt des Messias, sondern das Kollektiv der Heilsgemeinde. Diese ist jetzt noch schwach und unbedeutend, vor der Welt gleichsam unter dem Gegenteil verborgen. Aber als Gottes Pflanzung hat sie die eschatologische Zukunft und Offenbarung der verhüllten Wahrheit vor sich: Sie wird einst das ganze Land einnehmen und in paradiesischer Schönheit blühen. An das Paradies und den Baum des Lebens erinnert, was vom Wesen dieses neṣär und von seiner Bewachung gesagt wird: Gott hat seine Frucht umhegt durch das Geheimnis von kraftvollen Helden und heiligen Geistern und durch die lodernde Feuerflamme (Z. 12). Denn er ist der »heilige Sproß, der Blüten treibt zur Pflanzung der Wahrheit« (maṭṭa'at 'ämät Z. 10). Aber er ist verborgen, sein geheimnisvolles Siegel wird nicht als solches geachtet und erkannt

---

[8] 55,25ff. nach der Textausgabe und Übersetzung von S. Giversen, Apocryphon Johannis, Kopenhagen 1963, S. 59; vgl. ed. Schmidt-Till, Codex Berolinensis 8502, Kol 32,14ff.

(Z. 11). Der Kontrast zwischen geringer Erscheinung in der Gegenwart und großer eschatologischer Zukunft kennzeichnet diese bildliche Darstellung der Qumrangemeinde auf ähnliche Weise wie er in den sogenannten »Kontrastgleichnissen« Jesu vom Gottesreich erscheint. Entscheidend ist die Echtheit, ›Wahrheit‹, dieser Pflanzung[9]. Sie wird gegenüber dem Anspruch von Gesamtisrael geltend gemacht, das sich ebenfalls auf die Verheißung Jes 60,21 berufen hat (m Sanh 10,1). Der neṣär ist ein Träger der Wahrheit, weil er von Gott gesetzt ist und vom Quell der Wahrheit, der recht ausgelegten Tora, gespeist wird. Aber nur den Eingeweihten, den Angehörigen der Gemeinde, ist das Geheimnis des neṣär und damit die Wahrheit bekannt; für sie bedeutet er die »Offenbarung des Verborgenen« wie der ›Nazarener‹ Jesus nach dem Ev Phil.

f) Über den Namen des Messias haben sich die Rabbinen bei ihrer erbaulichen Schriftauslegung Gedanken gemacht, d. h. dafür Hinweise in ihrer Bibel gesucht. Auch hier weist der Name auf Wesen und Werk des Erlösers hin. Der Messias soll etwa ›Menachem‹ heißen (Klgl. 1,16), also ein ›Tröster‹ sein; oder er ist ›Shilo‹ (Gen 49,10), der Mann, ›dem (die Herrschaft?) gehört‹; daneben werden ›Jinnon‹ (Ps 72,17) = (sein Name) ›soll sprossen‹ und ›Chanina‹ — ›Begnadigung‹ (Jer 16,3) erwogen. Die Anfangsbuchstaben dieser vier Namen ergeben die Bezeichnung ›mᵉshîcha‹ — ›Messias‹ (b Sanh 98b). Dem Namen ›Menachem‹ wurde Ṣämach = ›Sproß‹ (Jer 23,5) an die Seite gestellt, da dieses Wort den gleichen Zahlenwert wie ›Menachem‹ aufweist (= 138; j Ber II,4,5a). Aber auch ›Cholaja‹ = »der Kranke« taucht auf; nach Jes 53,4 trug der Gottesknecht ›unsere Krankheiten‹ (cholajenu), ist also ›unser Cholaja‹ (b Sanh 98b). Die heilsgeschichtliche Bedeutung des Messiasnamens geht auch aus der Meinung hervor, dieser Name sei schon vor der Erschaffung der Welt dagewesen; denn nach Ps 72,17 ist er ewig (b Pes 54a).

3. Die Offenbarung des Gottesnamens durch den Gottessohn

a) Bei den apostolischen Jesusnamen im Logion 47 des Ev Phil fehlt der Gottessohn. Aber das Geheimnis, mit dem in der christlichen Gnosis die Bedeutung dieser Namen umgeben wurde, erfuhr eine höchste Steigerung dadurch, daß Jesus als Sohn Gottes auch den Namen des Vaters trug (Logion 12). Es ist dies der Name, der – wie bei den Juden – nicht ausgesprochen werden durfte (Evangelium Veritatis 38,6 ff.). Der Sohn offenbart diesen Namen, mit dem er bekleidet ist; die Gnostiker kennen ihn, nennen ihn aber

---

[9] J. Licht, Megillath Ha-Hodayoth, Jerusalem 1957, S. 132.

nicht (Logion 12). Auch diese eigenartige Lehre hat ihren Ausgangspunkt im Neuen Testament. Nach Phil 2,10 wurde dem Erhöhten der Name verliehen, der über allen Namen steht, und nach dem Vierten Evangelium hat Jesus schon während seines Erdenwirkens den Namen des Vaters erhalten (Joh 17,12). Er wird von Johannes vor allem als der Gesandte Gottes dargestellt, der vom Vater ausgegangen und in die Welt gekommen ist (16,28). Dabei wird als Inbegriff seiner Botschaft die Wahrheit genannt: Jesus ist dazu geboren und in die Welt gekommen, um für die Wahrheit Zeugnis abzulegen (18,37; vgl. 5,30). Die Menschwerdung des eingeborenen Sohnes macht es möglich, daß man seine Herrlichkeit schauen kann, eine Herrlichkeit voller Gnade und Wahrheit (1,14). Er selbst ist der Weg, die Wahrheit und das Leben (14,6); die Gnade und Wahrheit geschehen durch ihn (1,17). Der Mann aus Nazareth und messianische neṣär stellt sich als den wahren Weinstock vor (15,1.5). Jes 11,3−5 wird in Joh 5,30−37 ausgelegt: Jesus rettet und richtet gerecht; sein Zeugnis ist wahr, und Gott selbst tritt für ihn als Zeuge auf. Denn der Sohn kam im Namen des Vaters (5,43). Was ist nach Johannes die Wahrheit und wo wird sie am klarsten offenbar? Sie besteht in Gottes unbegreiflicher Liebe zur Welt und wird vor allem am Gekreuzigten erkannt (19,35). Wie in der Lehre der Rabbinen wird durch den Namen Gottes, den Jesus offenbart (17,6.26), dessen rettendes und richtendes Handeln angezeigt.

b) Besonders bezeichnend für den Christus des Vierten Evangeliums ist die Vollmacht, mit der er ein absolutes »Ich bin« = $\dot{\epsilon}\gamma\dot{\omega}\ \epsilon\dot{\imath}\mu\iota$ spricht (8,24.29; 13,19). Dabei übernimmt er das 'Anî Hû', mit dem Gott bei Deuterojesaja seine Wirklichkeit bezeugt und die Offenbarungsformel Ex 3,6 neu interpretiert. Die Gottesrede Jes 43 muß für Johannes besonders wichtig gewesen sein:

V. 10 »Ihr seid meine Zeugen und mein Knecht, den ich erwählt habe, damit ihr erkennt und mir glaubt und einseht, daß Ich es bin (*ὅτι ἐγώ εἰμι*)
V. 11 Ich, Ich bin J., und außer mir ist kein Retter (môshî'a).
Siehe, siehe, Ich habe es verkündigt
und habe mich als Retter erwiesen.
V. 12 Ich habe es verkündigt und geredet. «

Das göttliche 'Anî Hû' ist auf das Heilshandeln an Israel gegründet. Das zukünftige, rettende Tun wird darin bestehen, daß Gott nach Jes 43,3f aus Liebe einen Menschen als Lösegeld für Israel gibt[10]. Dieser Mensch ist nach Joh 3,16 Gottes einziger Sohn; der Evangelist hat die Summe seiner Botschaft im Anschluß an Jes 43; Mk 10,45 formuliert. Diese Botschaft wird nicht wie bei den Synoptikern als Evangelium verkündigt − das Verbum $\epsilon\dot{\upsilon}\alpha\gamma\gamma\epsilon\lambda\dot{\iota}\zeta\epsilon\sigma\theta\alpha\iota$ fehlt −, sondern im Anschluß an Jes 43,10 zuerst von Jesus, dem Gesandten und Gottesknecht kat exochen, und dann von den Boten

---

[10] Vgl. dazu den Beitrag von W. Grimm, Weil ich dich lieb habe, Inst. Jud. 1968−70, S. 28−37.

und Knechten, dem Parakleten und ›Geist der Wahrheit‹ sowie den Jüngern, als Wahrheit bezeugt *(μαρτυρεῖν* Joh 15,26f) und als Botschaft gebracht *(ἀναγγέλλειν* Joh 16,13–16, vgl. Jes 43,12). Das göttliche *ἐγώ εἰμι* hat Johannes deshalb Jesus in den Mund gelegt, weil es wie in Jes 43,10–12 den endzeitlich rettenden Gott offenbart und somit das Heilshandeln bezeugt, das im Namen ›Jesus‹ = ›Gott wird retten‹ angezeigt ist. Darin stimmt das EvPhil mit Johannes überein. Aber die bewußte Geheimhaltung, wie sie schon von der Qumrangemeinde und erst recht von den gnostischen Christen betrieben wurde, trifft für den johanneischen Jesus nicht zu. Für ihn ist die öffentliche Verkündigung kennzeichnend; Jesus, der die Wahrheit bezeugte (18,37), hat öffentlich, in den Synagogen und im Tempel gelehrt (Joh 18,20) und wird auch in Zukunft offen vom Vater reden (16,25).

c) Im Vierten Evangelium wird der Erste Jesaja mit dem Zweiten, der neṣär mit dem 'Anî Hû', verbunden und der Messias als Offenbarer der heilschaffenden Wahrheit Gottes bezeugt. Das geschieht gerade in Situationen, die allzumenschlich und erniedrigend aussehen könnten, etwa bei der Gefangennahme Jesu im Garten Gethsemane (18,4–9). Johannes betont dabei, daß Jesus schon im voraus wußte, was ihm zustoßen werde (V. 4). Solch ein Wissen ist sowohl Kennzeichen des messianischen neṣär aus Nazareth (1,47–49) als auch Erweis des göttlichen *ἐγώ εἰμι* (13,19). Nach Joh 18,5 wurde die Frage: »Wen sucht ihr?« von den Häschern beantwortet: »Jesus den Nazoräer.« Daraufhin sprach Jesus das *ἐγώ εἰμι.* Dieses Wort hatte die Wirkung einer Theophanie: Die Häscher wichen zurück und fielen zu Boden, so wie nach Mekh. Ex zu 20,1 die Berge zitterten und die Hügel wankten, als Gott am Sinai sprach: »Ich bin der Herr, dein Gott.« Aber das *ἐγώ εἰμι* enthüllte auch ›Jesus‹, den ›Retter‹, der sich stellvertretend für die Menschen in den Tod gibt: »Ich habe es euch gesagt, daß Ich es bin. Sucht ihr mich, so laßt diese gehen!« (Joh 18,8, vgl. Jes 43,3f.). Auch in der johanneischen Darstellung des Wunders vom Seewandel spricht Jesus das *ἐγώ εἰμι,* und zwar an der Stelle des rettenden Gottes (Joh 6,21). Denn Gott ist mit denen, die durch das Wasser gehen, so daß sie nicht von den Wellen verschlungen werden (Jes 43,2). Das gleiche tut Jesus, der den ›Retter‹ und ›Heiligen Israels‹ auf Erden vertritt (Jes 43,3; vgl. Joh 6,69). Von daher erklärt es sich, daß der johanneische Jesus auch in den zusammengesetzten *ἐγώ εἰμι*-Worten sich als eschatologischen Heilbringer und Gesandten Gottes offenbart: Er ist das Brot des Lebens (6,35), das Licht der Welt (8,12; 12,46), der gute Hirte (10,11.14) und die Tür zu den Schafen (10,7.9), die Auferstehung und das Leben (11,25), der Weg, die Wahrheit und das Leben (14,6), der wahre Weinstock (15,1.6). In solchen Bildworten wird das absolute *ἐγώ εἰμι* der Wahrheit Gottes expliziert, mit den endzeitlichen Heilsgütern gefüllt. Ihr Bringer ist Jesus, der Nazarener, der Christus; in diesen ›apostolischen‹ Namen haben die Gnostiker nicht zu Unrecht Hinweise auf die rettende Wahrheit Gottes gesehen.

VIII. Zur exegetischen Methode

40. Die traditionsgeschichtliche Exegese als Beitrag zur theologischen Toleranz

1. Versuch einer Definition: Das AT als die Juden und Christen vorgegebene Tradition

Zunächst ist zu erklären, wie die traditionsgeschichtliche Exegese neutestamentlicher Texte verstanden werden soll. Ihr Thema ist wesentlich weiter als in R. Bultmanns »Geschichte der synoptischen Tradition«, in der Weg und Wandlung der Jesusüberlieferung in den ersten christlichen Gemeinden aufgespürt und nachgezeichnet werden. Gegenstand der traditionsgeschichtlichen Exegese ist das Alte Testament[1], die Bibel Jesu und der Apostel, seine Rolle im Wirken Jesu und sein Gebrauch in den Texten des Neuen Testaments; dabei ist auch der Vergleich mit der zeitgenössischen jüdischen Schriftauslegung sehr wichtig. R. Bultmann und seine Schüler wollten in den Evangelien die ursprüngliche Lehre Jesu entdecken; diese blieb aber wegen des hypothetischen Charakters der dabei angewandten formgeschichtlichen Methode stets eine zweifelhafte Größe. Dagegen war das Alte Testament die bekannte, Jesus und den Juden gemeinsame, Überlieferung des Gotteswortes. Sie bildete die Grundlage des Glaubens und Lebens, deren aktualisierende Auslegung im frühen Judentum begann und im Urchristentum fortgesetzt wurde. Im Wirken Jesu und in der apostolischen Verkündigung von Christus machte das AT Geschichte; wie die Geschichte des Judentums ist auch die des frühen Christentums wesentlich eine Geschichte der Auslegung der Heiligen Schrift. Jesus wußte sich von Gott dazu gesandt, um als Messias das Gesetz und die Propheten zu erfüllen (vgl. Mt

---

Vortrag gehalten in der Sektion Neues Testament beim Europäischen Theologenkongreß in Wien 1981. Gesamtthema: Toleranz.

[1] Die Wendung »traditionsgeschichtliche Exegese« ist nicht nur am rabbinischen Gebrauch von Tora (mündlich tradierter Lehre, vgl. Mk 7,8) orientiert, sondern auch am Begriff qabbalah, der bei den Rabbinen speziell die prophetischen Bücher bezeichnet (W. BACHER, Exegetische Terminologie der jüdischen Traditionsliteratur, Leipzig 1899, I, 165 ff.; II, 185). Paulus sah ja gerade durch die Propheten das Evangelium vorausverkündigt (Röm 1,2). Ferner ist die Rede von »traditionsgeschichtlicher Methode« insofern berechtigt, als der biblische Text für die Autoren des NT bereits ausgelegt war und ihre Deutung ein Stück solcher Auslegungsgeschichte wurde.

5,17). Nach Röm 15,8 wurde die Wahrheit Gottes durch den Dienst des Christus an den Juden bewährt; dieser hat dabei die den Vätern des Alten Bundes, vor allem dem Abraham, gegebenen Verheißungen befestigt, verwirklicht. Für die Apostel waren die grundlegenden Heilsereignisse, der Sühnetod des Christus und seine Auferstehung von den Toten, schriftgemäß (1 Kor 15,3f.). Das Evangelium von seinem Sohn hatte Gott durch seine Propheten in den heiligen Schriften vorausverkündigen lassen (Röm 1,2); auch die durch das Kreuz des Christus verwirklichte Gerechtigkeit Gottes wurde vom Gesetz und den Propheten geoffenbart (Röm 3,21). Nach Lk 24,25−27.44−46 wies der auferstandene Christus die beiden Emmausjünger und danach den Zwölferkreis auf das prophetische Zeugnis der Schrift: Die heilsgeschichtliche Notwendigkeit seines Leidens, die Auferstehung des Messias und das Eingehen in seine Herrlichkeit sind dort vorgegeben, obwohl sie in der jüdischen Messiaserwartung so nicht erscheinen. Alles kommt darauf an, die heiligen Schriften mit offenem Sinn zu verstehen (Lk 24,45) und sich vom Geist des Herrn leiten zu lassen, der die Decke auf dem Herzen und über dem Alten Testament für uns entfernt (2 Kor 3,14−18). Lukas zeigt dann in der Apostelgeschichte, wie Petrus, Stephanus oder Paulus in großen, programmatischen Reden das Christusgeschehen als Erfüllung der alttestamentlichen Weissagung und als letztes Ziel der Geschichte Gottes mit Israel verkündigten (Kp 2; 7; 13). Paulus argumentierte in der Synagoge von Thessalonich an drei Sabbaten von den Schriften her, wobei er eröffnete und auslegte, daß der Messias leiden und von den Toten aufstehen müßte, und daß dieser Jesus, den er verkündige, der Christus sei (Apg 17,2f.). Solche Argumentation wiederholt sich in der Schrift Justins »Dialog mit Thryphon«. Dort wird der jüdischen Erwartung eines menschlichen Messias, dem der wiederkommende Elia als prophetischer Wegbereiter voraufgehen muß, der christliche Glaube an den präexistenten, jungfräulich geborenen, leidenden, auferstandenen und wiederkommenden Christus entgegengestellt. Dabei stützt sich Justin durchweg auf das Zeugnis der Schrift, die von Christus spricht.

Solche Sätze und Tatsachen bieten dem Exegeten des NT eine Art von apostolischer Hermeneutik, an der die von uns »traditionsgeschichtliche Exegese« genannte Methode der Schriftauslegung sich orientiert. Wir werden gleichsam eingeladen, die Schriftgemäßigkeit des Christusgeschehens zu reflektieren, das apostolische Evangelium bei Mose und den Propheten aufzuspüren und die heilsgeschichtliche Einheit von AT und NT zu konstruieren, ferner auf ihre Übereinstimmung bzw. Abweichung von der zeitgenössischen jüdischen Auslegung der Schrift zu achten. Dieser Art von Auslegung gebührt der Vorzug vor allen anderen Methoden und hermeneutischen Richtlinien, weil sie wirklich »schriftgemäß« und apostolisch ist: Die Eigenart der christlichen Theologie, die den messianischen Anspruch Jesu und die Christusbotschaft der Apostel als historisch und existentiell bedeutsame Wahrheit übernimmt, beruht auf der christologischen Auslegung der Heiligen Schriften, auf Mose und den Propheten; sie ist »biblische« Theologie. Wären die Apostel anders verfahren, so hätte das Evangelium gerade auch unter den Juden keinen Erfolg gehabt. Seine Verwurzelung im Alten Testament ermöglichte ferner beides: die Einheit der neutestamentlichen Schriften und auch ihre Vielfalt, die durch den Reichtum und die Verschiedenheit der hebräischen Bibel sowie ihrer Auslegung im frühen Judentum zustande kam. Deutlich sichtbar wird bei der traditionsgeschichtlichen Exegese die Einheit und Kontinuität der Botschaft Jesu und des Evangeliums der Apostel. Sie beruht nicht zuletzt auf der Tatsache, daß auf beiden Seiten gleiche Schriftworte von grundlegender Bedeutung sind, so etwa 2 Sam 7,12−14 und in Verbindung damit Ps 2; 110,1 und Jes 55,3; dann vor allem Jes 42; 43; 52,7.13−53,12; 56,1; 61,1f. aber auch Jes 2,1−4; 11; 28,10−16; dazu Dan 7,13f.

Traditionsgeschichtliche Exegese heißt, den Dingen auf den Grund gehen, die alttestamentlich-jüdische Tiefendimension der neutestamentlichen Texte aufhellen. Das hat praktische Konsequenzen:

a) Die heute so oft geübte Kritik an den neutestamentlichen Autoren − Paulus oder Jakobus, Matthäus oder Lukas − tritt dabei in den Hintergrund oder hört ganz auf. Vielfach entspringt sie dem Unvermögen, diese ersten Zeugen Christi auch als Ausleger ihrer Bibel zu verstehen und die alttestamentliche Basis ihrer Aussagen zu sehen. Selbst die angeblich gravierenden Unterschiede, die beim Vergleich ihrer Lehren auftreten, erweisen sich angesichts der grundlegenden Gemeinsamkeit des Glaubens an Christus und seiner Begründung in der Bibel eher als Bereicherung denn als Brüche im Gesamtbild der neutestamentlichen Christologie.

b) Auch im heute oft leidenschaftlich geführten Streit um die rechte Hermeneutik tritt dann eine Beruhigung und eine Art von getroster Gelassenheit ein. Man wird bei der traditionsgeschichtlichen Exegese eher sehen und verstehen als richten und verschmähen, den Text interpretieren wie er dasteht und ihn nicht gleich verändern; man will lieber konstruieren und spekulativ verbinden als kritisieren, scheiden und zerschneiden. Wir wollen bauen und nicht einreißen (vgl. 2 Kor 13,10), anderen in der Erkenntnis dienen und nicht uns selbst profilieren. An den Früchten, nicht primär an den Methoden und Prinzipien, wird man die Richtigkeit der Auslegung erkennen, obwohl natürlich beides nicht grundsätzlich voneinander zu trennen ist. Vor allem gilt es immer, die Grenzen der einzelnen Methoden der Exegese und auch der eigenen Erkenntnis zu sehen und einzugestehen, und damit auch die Toleranz gegenüber der Arbeit unserer exegetischen Weggenossen zu ermöglichen. Wir müssen vor allem zugeben, daß wir von der geschichtlichen Situation der neutestamentlichen Autoren und ihrer Adressaten − abgesehen von Paulus und seinen Gemeinden − nur wenig wissen; vor allem gilt dies hinsichtlich der Verfasser der Evangelien. Auch vom Judentum der neutestamentlichen Zeit verstehen wir Heidenchristen des 20. Jh.s meist zu wenig, so daß wir oft irren können und für ein Umdenken bereit sein müssen. Allerdings unterscheidet sich die neutestamentliche Exegese der letzten hundert Jahre von der davor liegenden grundlegend durch die Erschließung des frühen Judentums und der rabbinischen Schriften. Große Judaisten sowie die Entdeckung vieler Inschriften und Handschriften, besonders die Funde am Toten Meer, haben uns näher zu Jesus geführt.

Dennoch sind manche Grundtatsachen und Schlüsselbegriffe der Jesusüberlieferung für uns rätselhaft und lassen sich auch durch scharfsinnige Überlegungen oder Computerdaten nicht eindeutig erhellen. Ich denke etwa an die Frage der Quellen für unsere vier Evangelien oder für die Apostelgeschichte, die seit 150 Jahren eigentlich keine weitere Klärung erfahren hat; auch die Entdeckung neuer Evangelien wie des Thomas- und Philippusevangeliums, des Evangeliums der Wahrheit usw. hat uns nicht vorangebracht. Die Chronologie des Apostels Paulus ist nach wie vor umstritten, ebenso die Art seiner Gegner in Korinth, Galatien und Philippi; schließlich bleibt die Entstehung und Definition der Gnosis – trotz der wichtigen Handschriftenfunde in Nag Hammadi – weiterhin ungeklärt. Angesichts solcher Defizite und Unsicherheiten sollte man vorsichtig und demütig sein. Ganz unangebracht war z. B. das Urteil, die Kirche lebe davon, daß sie die Ergebnisse der neutestamentlichen Wissenschaft nicht kenne (H. Conzelmann); dabei handelte es sich damals weitgehend um eine Vermutungswissenschaft mit »könnte – dürfte«- und »vielleicht«-Urteilen, die z. B. vom Judentum und von Jesu Muttersprache keine authentische Kenntnis besaß.

2. Die Diskussion über die Echtheit der Menschensohnworte

Ein Beispiel für die Aporien der neutestamentlichen Wissenschaft bietet der Streit um die Menschensohnworte Jesu; dabei geht es um die exakte Deutung des Begriffs »Menschensohn« und um die Echtheit der in den vier Evangelien berichteten Aussagen über diesen Menschensohn. Es ist ein Streit, der immer neue Wendungen nimmt; man muß befürchten, daß er in diesem Äon kaum zu Ende kommen wird. Augenblicklich sind freilich Ermüdungserscheinungen festzustellen. Ich greife auf eine schon etwas weiter zurückgehende Phase zurück, nämlich auf die Auseinandersetzung zwischen H. E. Tödt, E. Schweizer und Ph. Vielhauer[2]; dieser mit viel Scharfsinn und schwerem Geschütz durchgeführte Kampf mutet heute eher

---

[2] PH. VIELHAUER, Jesus und der Menschensohn. Zur Diskussion mit Heinz Eduard Tödt und Eduard Schweizer, ZThK 60 (1963), S. 133f.; H. E. TÖDT, »Der Menschensohn in der synoptischen Überlieferung«, 1959; E. SCHWEIZER, in: ZNW 50 (1959), S. 185–209; JBL 7, 9 (1960), S. 119–129.

wie ein Gefecht im Nebel an. Tödt versuchte die von Bultmann behauptete Echtheit einiger Worte vom zukünftigen Menschensohn zu verteidigen, während Vielhauer alle Menschensohnworte für Bildungen der Gemeinde hielt. Aber auf beiden Seiten wurde mit Voraussetzungen, Vorstellungen und Alternativen operiert, die es in der neutestamentlichen Zeit so gar nicht gab. Beide Kontrahenten gingen von der Annahme aus, in der Apokalyptik habe die Idee eines himmlischen Menschensohns und Weltenrichters bestanden, der die Erwartung eines irdischen, national-jüdischen Messias gegenüberzustellen sei. Mit beiden unvereinbar hielt Ph. Vielhauer das Evangelium Jesu von der endzeitlichen Herrschaft Gottes, die keines Menschensohns oder Messias bedürfe, ja diesen von vornherein ausschließe. Aber man darf den Menschensohn ebensowenig zu einer selbständigen, für das Neue Testament voraussetzbaren, Größe machen, wie etwa den gnostischen »Urmensch-Erlöser« oder den hellenistischen »göttlichen Menschen« (Theios Aner), mit denen Bultmann und dessen Schüler exegetisch operierten. Die letzteren waren Phantomgebilde der »Religionsgeschichtlichen Schule«, die Bultmann – wie schon W. Bousset – ungeprüft für die neutestamentliche Glaubenswelt vorausgesetzt hat. Vielhauer argumentierte gegenüber Tödt mit diesem »Theios Aner« sowie mit der ebenfalls fragwürdigen Größe der »Sätze heiligen Rechts«, die nach E. Käsemann von den Gemeindepropheten verkündigt worden sein sollen. Diese dubiosen Konstrukte wurden gegen Tödt mit kritischer Wirkung eingesetzt (S. 149 f.), und dieser wies ganze Gruppen von Jesusworten urgemeindlichen Propheten zu (S. 147). Mit diesem Mischmasch von religionsgeschichtlichem Irrtum und formgeschichtlicher Gewalt wollte man die Jesusüberlieferung in den Evangelien wissenschaftlich analysieren, wobei die Skepsis, und nicht das Einverständnis, den methodischen Vorrang erhielt. Angesichts solcher Evangelienkritik fühlt man sich an die dunklen Worte ṣawlaṣaw, qawlaqaw zʿer sham zʿer sham, in ihrer targumischen Deutung erinnert: »Was er (sc. Jesus) befohlen hat, das hat er nicht befohlen; was er erhoffte, hat er nicht erhofft; da ein bißchen, dort ein bißchen – (das ist alles, was wir von ihm wissen können!).« In Wirklichkeit wissen wir von Jesu Wirken weit mehr als von irgendeinem anderen seiner Zeitgenossen.

Die Intoleranz ist ein weiteres Merkmal solcher exegetischen Debatten. Das Überzeugt-Sein von der eigenen kritisch erprobten Infallibilität entsprang einmal dem blinden Vertrauen, das man solchen angeblich festen, über jeden Zweifel erhabenen und deshalb ungeprüft übernommenen, Vorstellungen entgegenbrachte, und andererseits den zu Hypothesen verleitenden exegetischen Methoden, vor allem der Formgeschichte; beides zwang zu rücksichtslosen Operationen und führte zu einer Art von Glaubenskrieg. Das verrät schon der Stil und der Stilbruch bei der exegetischen Argumentation. Beim Angriff auf die letzten, von Tödt für echt gehaltenen, Menschensohnworte konnte Vielhauer sagen: »Diese Formulierung ist wohl sekundär« (zu Lk 12,8 f.) ». . . Mk 8,38 b dürfte ein Zusatz sein«; »das Verbum

›Sich-Schämen‹ in Mk 8,38a erweckt den Eindruck einer sekundären Verallgemeinerung« (S. 142). Aber unversehens wird man aus diesem Markt der
Möglichkeiten herausgeführt. Je mehr es dem Ende zugeht, desto zuver-
sichtlicher, assertorischer wird der Ton: »Alles spricht dafür, daß auch für Lk
12,8f. par ein solcher Ursprung (nämlich: urgemeindliche Propheten) anzunehmen ist«, dann grundsätzlich: »Gegen jedes Menschensohnwort sind
schwere Bedenken zu erheben« (S. 153) und letztendlich siegesgewiß: »Die
Auseinandersetzung mit Tödt und Schweizer hat zum Ergebnis geführt:
kein Menschensohnwort ist authentisch« (S. 150). Dieser Stilbruch, dieses
Umschlagen vom exegetischen Konjunktiv (Potentialis) zum dogmatischen
Indikativ, war deshalb möglich, weil für diese exegetischen Operationen
Ph. Vielhauers das Ergebnis im voraus feststand: Gottesherrschaft einerseits
und Messias und Menschensohn andererseits sind sowohl im Alten Testament als auch in der Apokalyptik streng getrennte Größen; deshalb kann
Jesus nicht das Gottesreich verkündigt und zugleich vom Menschensohn
gesprochen haben. Aber diese These ist falsch formuliert. Der »Messias« ist
ja im AT kein Titel für den endzeitlichen Erlöser, und der »Menschensohn«
war weder im AT noch im frühen Judentum eine feste Vorstellung oder ein
Hoheitsprädikat; er konnte das schon vom Begriff her gar nicht sein. Vielmehr handelt es sich beim »Menschensohn« um eine Umschreibung für den
Messias, für den kommenden, von Gott selbst eingesetzten König der
Endzeit. In Dan 7,13 erscheint er »wie ein Menschensohn« = »Mensch«,
weil er anders als die durch wilde Tiere repräsentierten Weltreiche eine
wahrhaft »menschliche«, dem Heil der Menschen dienende, Herrschaft über
die Völker beginnen wird. Der Begriff bar'ᵃᵉnasch(a) bedeutet ja einfach
»Mensch«; er ist unbestimmt und offen und lädt somit zu einer Verbindung
mit anderen Überlieferungen, mit der des Messias oder des Gottesknechts
ein, wie das z. B. in den Bilderreden des äthiopischen Henoch geschieht. Er
ließ sich sowohl individuell als auch kollektiv deuten und schloß im Danielbuch die Erwartung der Gottesherrschaft nicht aus (vgl. Kap. 2 mit Kap. 7).
Er ist nicht exklusiv, sondern auf ein Inkludieren hin angelegt, wie überhaupt die jüdische Exegese kombiniert und toleriert: Was von der Schrift her
auf sie zukommt, wird nicht hinausgeworfen. Es ist z. B. Theudas, ein
wichtiger Zeitgenosse Jesu, nach Apg 5,36 mit dem Anspruch aufgetreten,
»einer zu sein« (Θευδᾶς λέγων εἶναί τινα ἑαυτόν); diesem τις entspräche im
Aramäischen ein bar'ᵃᵉnasch, »Menschensohn«. Josephus sagt, Theudas
habe behauptet, ein Prophet zu sein. Aber richtiger ist wohl das von Lukas
berichtete τις = bar'ᵃᵉnasch(a), das den Anspruch des von Gott Beauftragten
bewußt unbestimmt läßt und offen hält: Gott selbst wird dieses offene,
rätselhafte Wort prophetisch oder messianisch »interpretieren«, wenn die
Zeit der Offenbarung gekommen ist. Auch Jesus hat in diesem offenen Sinne
von sich als bar'ᵃᵉnasch(a) gesprochen. Andererseits legt schon sein erstes
Menschensohnwort (Mk 2,10) die Beziehung zu Dan 7,13f. nahe, und der
Kontext von Mk 2,10 weist auf Ps 103,3, von dem her *der* Menschensohn als

Stellvertreter Gottes auf Erden handelt. Jesus hat mit der Selbstbezeichnung »*der* Menschensohn« indirekt auf sein messianisches Sendungsbewußtsein hingewiesen: Er konnte sich ja nicht selbst als Messias verkündigen.

Ferner sollte man zugunsten von mehr Toleranz die herkömmliche Einteilung der synoptischen Menschensohnworte in a) gegenwärtiger, b) zukünftiger, c) leidender und auferstehender Menschensohn aufgeben. Einmal ist sie formal unklar, weil an zwei verschiedenen Schemata orientiert: a) an dem der Zeit = gegenwärtig-zukünftig, b) an dem des Aussageinhalts = leidender und auferstehender Menschensohn. Zum anderen lädt diese Gliederung zu pauschalen Unechtheitsurteilen ein: a) Die Gruppe der Leidensankündigungen enthält nur vaticina ex eventu; b) sind die Worte vom zukünftigen Menschensohn echt, scheiden die vom gegenwärtigen aus und umgekehrt. Das ist ein Übermaß an kritischer Konsequenzmacherei, der es ihrerseits an konsequenter Selbstkritik fehlt. Denn die so vielgepriesenen Unechtheitskriterien bleiben ausgerechnet bei der Beurteilung der Menschensohnworte Jesu unbeachtet (M. Hooker). Bultmann und Tödt finden nämlich die wenigen echten Menschensohnworte da, wo Jesus vom kommenden Menschensohn spricht. Sie haben offenbar vergessen, daß man im Judentum gerade diesen zukünftigen Menschensohn, den endzeitlichen Herrscher und Weltenrichter, kannte; als solcher erscheint er in Dan 7,13 ff. Neu und unerhört müßten dagegen das gegenwärtige Wirken des Menschensohnes sowie sein Dienst am Menschen, seine Lebenshingabe und die Auferstehung, für Jesu Hörer sein und somit diejenigen Worte, die man als unecht, als spätere Bildung der Gemeinde, einschätzt.

Aus traditionsgeschichtlicher Sicht sollte man eher biblische Begriffe als Kriterien für die Gliederung der Menschensohnworte einsetzen. Ich habe vorgeschlagen, »Vollmachtsworte« und »Verwerfungsworte« voneinander zu unterscheiden: Jesus weist in den Menschensohnworten auf sein Sendungsbewußtsein hin, auf seine Vollmacht und auf die Ablehnung, die er in Israel findet. Bei solcher Gliederung steht man dann nicht mehr im Bannkreis der produzierenden Gemeinde, genausowenig wie bei den Jesusworten vom »Gekommen-Sein« (ἦλθον), die Bultmann als Erzeugnis einer Jesu Wirken reflektierenden Kirche ansieht. Aber diese Gemeinde hat in christologischen Bekenntnissätzen nie das Wort »Menschensohn« verwendet; sie hätte auch nicht ein Wort wie Mt 11,19 par hervorgebracht, in dem der Menschensohn vom Volk als »Fresser und Weinsäufer« beurteilt wird. Vielmehr legitimiert sich Jesus in den ἦλθον-Worten als der Gesandte Gottes, indem er seinen Auftrag, den Zweck des Gekommen-Seins beschreibt.

3. Die formgeschichtliche Methode im Licht der traditions-geschichtlichen Exegese

Die vom Neuen Testament selbst nahegelegte traditionsgeschichtliche Auslegung soll die in der gegenwärtigen wissenschaftlichen Exegese üblichen Methoden keinesfalls aufheben. Sie bedeutet nicht etwa das »Ende der historisch-kritischen Methode« (G. Maier). Sie wird allerdings als »schrift-gemäße« Auslegung auch kritisch gegen diese Methoden auftreten und da zum unparteiischen Richter werden, wo deren Resultate einander unver-söhnlich gegenüberstehen; sie kann einen Beitrag zur »Methodik«[3] als der kritischen, transzendentalen Besinnung auf die Auslegungsmethoden der Exegese liefern. Man darf von ihr her zur theologischen Toleranz ermahnen und statt eines »sic et non«, »aut Caesar aut nihil«, »Fisch oder Fleisch«, eher im Sinne eines »Sowohl-Als auch« entscheiden. Die traditionsgeschichtli-che Methode ist »Midrasch«, d. h. Auslegung der »Suchenden«, die in der Schrift forschen ($\zeta\eta\tau\epsilon\tilde{\iota}\nu$ = שׁרד), weil sie meinen, darin das ewige Leben zu haben, die aber auch wissen, daß sie fehlsame Menschen sind. Mit ihren Ergebnissen ruft sie nicht das Urteil »falsch – richtig«, sondern den Eindruck des mehr oder minder Einleuchtenden hervor. Und sie vermeidet Begriffe, die nicht schriftgemäß und im Hebräischen undenkbar sind; auch gegenüber dem Wort »Hermeneutik« hat sie Vorbehalte.

Doch dazu einige konkrete Beispiele. Blickt man zunächst auf die Metho-de der Formgeschichte, die man ja gern als epochalen Einschnitt in der Evangelienexegese ansieht, so zeitigt sie da die besten Früchte, wo der neutestamentliche Text durch einen entsprechenden Begriff zur Besinnung auf die Form einlädt. Das gilt etwa vom Gleichnis ($\pi\alpha\rho\alpha\beta\omega\lambda\acute{\eta}$ = maschal), dem Zeichen ($\sigma\eta\mu\epsilon\tilde{\iota}o\nu$ = 'ôt), den Seligpreisungen, Segenssprüchen, Gebeten usw. A. Jülicher hat mit seinem Werk »Die Gleichnisreden Jesu« eigentlich das einzige, ›gültige‹, »formgeschichtliche« Werk geschrieben, dessen Ergebnis-se auch R. Bultmann übernahm. Dabei hat er den Begriff »Formgeschichte« noch gar nicht gebraucht und zudem den Fehler begangen, sich zu sehr an der griechischen Definition von »Gleichnis« zu orientieren anstatt auch an den hebräischen Maschal zu denken. Die radikalen Formgeschichtler M. Dibelius[4] und R. Bultmann[5], die als »Sitz im Leben« der in den Evangelien überlieferten Formen die uns kaum bekannten ersten Gemeinden bestimm-ten, führten darüber hinaus neue, selbstgewählte Formbegriffe ein, so etwa Paradigmen und Apophtegmen, Novellen, Legenden usw. Schon die Wahl

---

[3] Der Begriff »Methodik« wird in der neueren biblischen Exegese unsachgemäß im Sinne von »Methode« gebraucht. Nach I. Kant meint er die transzendentale, kritische, Besinnung auf die Methoden, die Lehre von den Methoden.

[4] M. Dibelius, Die Formgeschichte des Evangeliums, 5. Aufl. Tübingen 1966.

[5] R. Bultmann, Die Geschichte der synoptischen Tradition, 3. Aufl. Tübingen 1957.

dieser biblisch nicht vorgegebenen Formbegriffe differiert bei beiden Forschern und weist das Hypothetische beim Gebrauch dieser exegetischen
Methode auf. Der offene Streit wurde nur durch das Eingeständnis von
mancherlei Unsicherheiten und Aporien vermieden, so etwa des methodischen Zirkels, der »Mischformen«, oder auch der »Formlosigkeit« wie etwa
in den großen Reden des Johannesevangeliums. Darüber hinaus stimmen die
herauskristallisierten Entwicklungsgesetze der synoptischen Tradition, welche der längeren Version ein späteres Entstehungsdatum zuweisen, schon
beim Vergleich des Markusevangeliums mit dem des Matthäus nicht und
erst recht nicht für die oft recht kurzen Logien des Thomasevangeliums von
Nag Hammadi. Diese führten auch prompt zum falschen Urteil, man habe
in diesen neuen Evangelien ursprünglichere Versionen oder gar echte, bis
dahin unbekannte, Jesusworte entdeckt; statt dessen hätte man zunächst die
Möglichkeit eines gnostisierenden Exzerptes oder Elaborates ins Auge fassen sollen.

Sogar selbstverständliche Formen wie Schul- und Streitgespräche oder
Wundergeschichten werden bei ihrer exegetischen Anwendung problematisch; denn auch für sie fehlt ein entsprechender biblischer (hebräischer, z. B. rabbinischer) Begriff. In der Perikope Markus 2,1—12 kann man
beide Formen miteinander verbunden finden; an der Behandlung dieses
Textes scheiden sich die Geister. Während M. Dibelius die Einheit dieser
Perikope – freilich mit unzulänglichen Mitteln! – zu behaupten sucht[6], bildet
sie nach R. Bultmann[7] eine nachträglich vollzogene, künstliche Kombination zweier ursprünglich selbständiger Formen: a) V. 1—5a. 10—12, einer
Wundergeschichte, b) V. 5b—10 eines Streitgespräches, mit dem die Gemeinde ihr Recht zur Sündenvergebung auf Jesus zurückführen wollte. Aber
diese formgeschichtliche Teilung Bultmanns ergibt eine »Wundergeschichte« mit ausführlicher Einleitung und fehlender Dramatik, und ein »Streitgespräch«, das keine Lösung aufweist. Nur in der jetzt vorhandenen und
darum auch ursprünglichen Einheit hat diese Geschichte einen Sinn. Ein
traditionsgeschichtlich orientierter Exeget wird etwa fragen: Worauf gründen die Schriftgelehrten ihren Einwand, Gott allein könne Sünden vergeben
(V. 6f.)? Und woher erhält die merkwürdige Frage Jesu: »Was ist leichter,
Sünden zu vergeben oder einen Gelähmten zu heilen?« ihren Sinn (V. 9)?
Wieso kann die Vollmacht des Heilens auch das Recht auf Sündenvergebung
(V. 10f.) implizieren und demonstrieren? Und warum geben sich die
Schriftgelehrten mit dem Erweis des Heilens offensichtlich zufrieden? Die
Antwort auf diese Fragen liegt in der Heiligen Schrift, in der Jesus und seinen
Gegnern gemeinsamen Überlieferung. Beide denken an Ps 103: Gott ist es,
der alle Sünden vergibt und alle Gebrechen heilt (V. 3), der sich wie ein Vater

---

[6] M. Dibelius, a.a.O. S. 65, Anm. 1: »An der Behandlung der Perikope Mk 2,1 ff. zeigt sich
die zwischen Bultmann und mir bestehende Differenz aufs deutlichste.«
[7] R. Bultmann, a.a.O. S. 12—14. 68—70.

über seine Kinder erbarmt (V. 13, vgl. die Anrede τέκνον Mk 2,5). Auch die Menge antwortet im Geist dieses Psalms des Gotteslobs, wenn sie nicht etwa den Wundertäter, sondern Gott preist (V. 2; Mk 2,12). Und die erstmals hier gebrauchte, rätselhafte Selbstbezeichnung »Menschensohn« erhält von Ps 103,3 eine erste Näherbestimmung: Sie meint den Menschen, der an Gottes Stelle handelt, von ihm gesandt und bevollmächtigt ist und die Macht der Liebe unter den Menschen offenbart (vgl. Mt 9,8). Bis in die Abfolge und in das Detail hinein spiegelt diese Perikope die Theologie von Ps 103, ohne aber eine konstruierte christologische Geschichte der Gemeinde zu sein.

Die hier angewandte, auf das Alte Testament sich stützende Exegese ist tolerant. Man könnte auch auf andere Schriftworte verweisen, die den engen Zusammenhang von leiblichem und seelischem Heil bestätigen. Solche Hinweise sind durchaus zu tolerieren, ja willkommen zu heißen. Sie leuchten freilich um so weniger ein, je weniger sie im Ganzen und im Detail erklären und für das sonstige Wirken Jesu maßgeblich sind. Beim Gebrauch dieser traditionsgeschichtlichen Exegese entfernt man sich aus dem von Bultmann postulierten Bereich der überliefernden und frei schaffenden Gemeinde und findet sich bei Jesus und seinen Jüngern wieder; man läßt dann gern die anderen Exegeten die breiten, vollen, aber recht dunklen Straßen der Gemeindebildung wandern.

Man darf mich freilich nicht mißverstehen. Es geht mir nicht darum, aus lauter Rücksichtnahme auf die exegetische Toleranz die Frage nach der Wahrheit des Evangeliums zu unterdrücken. Paulus hat diese Wahrheit leidenschaftlich verteidigt (Gal 1,8), und im Ich-bin-Wort Joh 14,6 wird sie ins Zentrum gestellt: »Ich bin der Weg, die Wahrheit und das Leben. Niemand kommt zum Vater denn durch mich« (vgl. die Barmer Erklärung These 1). Auf die Frage nach dem Heil gibt es nicht mehrere mögliche Antworten, sondern nur eine: Im Kreuz des Christus liegen für uns die Wahrheit und das Leben begründet, und das Evangelium von Christus war für Paulus identisch mit dem »Wort vom Kreuz« (1 Kor 1,18; 2,2). Hinsichtlich dieser Wahrheit gibt es keine Toleranz; kein anderes Evangelium darf geduldet werden (Gal 1,8). Aber als Exegeten der Heiligen Schrift, die diese Wahrheit mit Paulus verstehen, ihren Wurzeln im Alten Testament nachgehen wollen, sind wir nicht unfehlbar, sondern Wanderer, die Wegweiser übersehen, Umwege und Irrwege gehen können. Deshalb haben wir nach Weggefährten Ausschau zu halten, für ihre Hilfen dankbar und ihnen gegenüber, sofern sie nicht unverständige Kritik an Jesus und den Aposteln üben, tolerant zu sein. Es ist ja nicht immer leicht zu entscheiden, welches Schriftwort bei Worten Jesu oder Aussagen des Paulus im Hintergrund steht. Aber grundsätzlich ist das Alte Testament ein viel sicherer Boden als manche vermutete nicht-christliche Quelle, da es die Bibel Jesu und der neutestamentlichen Autoren war. Problematisch ist auch der mit formgeschichtlichen Kriterien gemachte Versuch, in den Briefen des NT vorgegebene Stücke kultischer Art verwendet zu finden, Bekenntnisse oder Hymnen, die bei der Taufe oder sonst im Gottesdienst gesprochen oder gesungen wurden. Abgesehen davon, daß wir vom Ablauf einer urchristlichen Tauffeier so gut wie nichts wissen, enthalten solche postulierten und herauskristallisierten Lieder vielfach nicht den Aufbau und die Formelemente, die einen Hymnus nach H. Gunkel konstituieren; sogar das grundlegende Merkmal aller hebräischen Poesie, der Parallelismus membrorum, ist manchmal nicht gegeben. Dabei gibt es im NT durchaus echte, den Gattungen des Psalters entsprechende Stücke, besonders in Lk Kap. 1–2. Ein wundervoller Lobgesang ist das Magnificat der Maria, die ihren Herrn »groß macht« (Lk 1,46); vielleicht hat ihr dieses kühne Unterfangen bei den Rabbinen die zweideutige Bezeichnung »mᵉgaddᵉlāh« (Großmacherin – Frauenhaarflechterin) eingetragen.

4. Redaktionsgeschichtliche Rekonstruktion

Auf die Schwierigkeiten redaktionsgeschichtlicher Rekonstruktionen habe ich in einer Studie zu Mk 6,1–6 hingewiesen. Es ist naturgemäß besonders gewagt, bei Markus zwischen Tradition und Redaktion zu unterscheiden, wenn man ihn als erstes Evangelium und als eine Quelle für die beiden Großevangelien ansieht. R. Pesch hat aus Markus eine »vormarkinische Passionsgeschichte« als »ältestes Überlieferungsgut der Jerusalemer Urgemeinde« herauskristallisiert und ihr Alter mit 37 n. Chr. als Terminus ante quem eingegrenzt[8]. Gegen diese Rekonstruktion wurden zahlreiche Einwände erhoben; Pesch setzte sich daraufhin mit seinen Kritikern eingehend auseinander[9]. Dabei zeigt sich, wie wenig fundiert die kritischen Zweifel sein können, wie schwer es auf der anderen Seite ist, mit den herkömmlichen exegetischen Methoden eine literarische Einheit – wie dieses vormarkinische Passionsevangelium – plausibel zu machen. Die von R. Pesch zusammengestellte Liste über die möglichen Varianten der Abendmahlsworte Jesu ist eindrucksvoll, aber aus grammatikalischen Gründen fehlerhaft. Die Varianten 31 ff. sind nicht durchkonstruiert, vgl. ἐν τῷ αἵματι τὸ (statt τῷ) ὑπὲρ ὑμῶν ἐκχυννόμενον (statt ἐκχυννομένῳ) usw.[10]. Die innere Logik solch einer Einheit bedarf noch anderer exegetischer Methoden und Beweise, z. B. der Grundlage bestimmter Traditionen der heiligen Schriften. Ich habe das für Mk 14,53–65 gezeigt[11].

Auch die Perikope Mk 6,1–6 erweist sich von ihrem biblischen Hintergrund her als eine von Anfang an geschlossene Einheit. Den Formgeschicht-

---

[8] R. Pesch, Das Evangelium in Jerusalem, in: P. Stuhlmacher (ed.), Das Evangelium und die Evangelien, WUNT 28, 1983, S. 113–155.

[9] A.a.O. S. 116–130.

[10] A.a.O. S. 134.

[11] Probleme des Prozesses Jesu, in ANRW 25,2.

lern machte sie große Schwierigkeiten: K. L. Schmidt, M. Dibelius, R. Bultmann kamen zu recht verschiedenen Lösungen bei der Analyse dieser Erzählung[12]. E. Gräßer[13] hat sie auf redaktionsgeschichtlichem Wege erklärt und als theologische Schöpfung des Markus verstanden, der verschiedene Überlieferungsstränge frei zusammenkomponierte, um seiner eigenen Christologie Geltung zu verschaffen: In einer paradoxen Einheit liegen nun nach Gräßer sowohl wahre Gottheit als auch wahre Menschheit in Christus ineinander; eben dieses Paradox, diese »absconditas sub contrario«, konnten die Landsleute Jesu in Nazareth nicht erkennen. Aber dabei wird m. E. literarisch herumgekünstelt und theologisch zu hoch gegriffen; die christologische Entwicklung der kommenden Jahrhunderte ist unnötigerweise antizipiert. In Wahrheit wurde den Synagogenbesuchern aus Nazareth der »Neṣär«, der davidische Sproß von Jes 11,1f., vorgestellt[14]. Die Nazarener konnten diesen messianischen »Sproß« in ihrem Landsmann Jesus nicht sehen; sie wollten nicht glauben, daß aus Nazareth etwas Gutes, Heilbringendes hervorgehen soll. Jesu Beweise des Geistes und der Kraft (vgl. Mk 6,2; Jes 11,2) waren eher anstößig für sie; ihr Unglaube ließ ihn in seiner Heimatstadt kein Wunder tun (Mk 6,5). So behielt die Volksweisheit des Sprichworts recht gegenüber dem verheißenden Gotteswort, das mit dem Neṣär aus der Wurzel Isais so deutlich auf Nazareth weist (Mk 6,6a). Von Jes 11,1–3 her betrachtet, stellt Mk 6,1–6 eine Einheit ohne Risse und Brüche dar. Dabei braucht man nicht vorauszueilen und die Christologie des Chalcedonense oder eines M. Luther für Markus zu reklamieren; vielmehr genügt der Rückgriff auf die jüdische Messiasvorstellung und das Alte Testament.

Allen redaktionsgeschichtlichen Reflexionen müssen traditionsgeschichtliche Untersuchungen voraufgehen. Denn die theologische Erkenntnis eines Evangelisten wächst aus dem Boden der Schrift wie der Neṣär aus der Wurzel Isais. Die ohnehin problematische Scheidung zwischen Tradition und Redaktion wird dann zwar noch etwas erschwert, aber die theologische Toleranz gegenüber den neutestamentlichen Autoren gemehrt. Man redet heute viel von der Vielfalt verschiedener konkurrierender neutestamentlicher Theologien bzw. Typen neutestamentlicher Theologie: Paulus und Lukas, Markus, Matthäus, Johannes usw. (E. Käsemann; G. Haufe). Die traditionsgeschichtliche Exegese läßt aber eher ihre gemeinsame Grundlage und damit ihre Einheitlichkeit – trotz der Vielfalt – erkennen[15]. Manche

---

[12] K. L. SCHMIDT, Der Rahmen der Geschichte Jesu, Berlin 1919, S. 153 f.; Dibelius a.a.O. S. 94. 107 f.; BULTMANN a.a.O. S. 30 f.

[13] E. GRÄSSER, Jesus in Nazareth (Mc 6,1–6a), in: W. ELTESTER (ed.), Jesus in Nazareth, BZNW 40 (Berlin 1972), S. 1 ff.

[14] O. BETZ, Jesus in Nazareth, jetzt in: Jesus, der Messias Israels, WUNT 42, Tübingen 1987, S. 301–317.

[15] Vgl. dazu meinen Aufsatz: The Problem of Variety and Unity in the New Testament, in: Horizons in Biblical Theology, Vol. 2, Pittsburgh 1980, S. 3–14.

messianisch verstandenen Schriftworte wie etwa 2 Sam 7,12—14; Ps 2,7 und Ps 110, und vor allem Jesaja 53 haben eine von Jesus ausstrahlende, das gemeinsame Bekenntnis tragende und die theologische Darstellung des Christusgeschehens belebende Kraft[16]. Die Differenz zwischen irdischem Jesus und kerygmatischem Christus ist gering. Die Adäquatheit und Folge-richtigkeit der apostolischen Verkündigung treten immer deutlicher hervor; Auferstehung und Erhöhung sind nicht etwa symbolische Steigerung des irdischen Jesus, sondern göttliche Bestätigung seines Messiasanspruchs.

5. Zur Quellenscheidung

Was ist der Nutzen und der Nachteil einer quellenkritischen Arbeit im Neuen Testament? Die naive Ernsthaftigkeit, mit der am Anfang unseres Jahrhunderts oft Quellenscheidung betrieben wurde, kann heute nur noch belächelt werden; ihre Ergebnisse werden in Einleitungen und Kommenta-ren höchstens noch als Kuriosa erwähnt. Wie die Formgeschichte wurde auch die Quellenscheidung aus dem Methodenrepertoire der alttestamentli-chen Exegese bezogen. Bei solchen Übertragungen sollte man stets beden-ken, daß das Neue Testament das Alte nicht so sehr als methodisches Lehrbuch, sondern vor allem als inhaltlich maßgebende Tradition, als Gottes Wort voraussetzt. Vorrang hat deshalb die traditionsgeschichtliche Metho-de. Bevor man unübersichtliche Texteinheiten mit Hilfe der Quellenschei-dung bewältigt, sollte man fragen, ob der Verfasser nicht von biblischen Aussagen abhängig ist, sich auf sie stützt und mit der jüdischen Exegese sich auseinandersetzt. Das hat R. Bultmann bei seiner Auslegung des Johannes-evangeliums nicht beachtet, zumal er meinte, der vierte Evangelist habe sich vom Alten Testament und der jüdischen Exegese weitgehend distanziert. Statt dessen versuchte Bultmann, die Eigenart dieses Evangeliums mit der Annahme verschiedener Quellen zu erklären, die der Verfasser verarbeitet und kommentiert haben soll: einer christlichen Semeia (= Zeichen) – Quelle, einer nicht-christlichen, gnostisierenden Quelle von Offenbarungsreden und einer Sonderquelle für die Leidensgeschichte. Den Bericht von der Berufung der ersten fünf Jünger (Joh 1,35—51) habe der Evangelist vor allem der Semeia-Quelle entnommen, in der Jesus nach der Art eines »göttlichen Menschen« geschildert werde, eines Weisen und Wundertäters, wie ihn die hellenistische Volksfrömmigkeit gekannt und bewundert habe. Für J. Bek-ker hat dieser Christus kaum noch biblische Züge, so daß man wirklich fragen müsse, ob er der von Mose und den Propheten angekündigte Heil-

---

[16] Vgl. dazu meine Studie: »Wie legen wir das Neue Testament aus?«, Wuppertal 1961.

bringer sei (1,45)[17]. Aber solch ein Hinweis auf die Schrift sollte vom Exegeten ganz ernstgenommen werden. Tut man das, so entdeckt man Jes 11,1—4 als die den Abschnitt tragende Weisung, die durch den Messias Jesus erfüllt wird. Auch die Aussagen Joh 2,25 und 5,30 sind von Jes 11, speziell von V. 3, geprägt. R. Bultmann sieht in 2,25 einen redaktionellen Vers des Evangelisten, während 5,30 aus der von ihm postulierten Quelle der gnostisierenden Offenbarungsreden stammen soll. Damit wird aber die ganze, mit viel Scharfsinn durchgeführte, Quellenscheidung R. Bultmanns in Frage gestellt. Denn es ist zwar denkbar, daß ein in der Quelle verwendetes Schriftwort auch vom Evangelisten auf eine ähnliche Weise benutzt und für die Christologie verwertet wird, aber ganz unwahrscheinlich, daß es so in einer Quellenschrift ganz anderer Art und Herkunft erscheint[18]. Auch bei einer traditionsgeschichtlichen Betrachtung von Joh Kap. 4 habe ich gezeigt, daß die von Bultmann vollzogene Quellenscheidung für das Johannesevangelium nicht haltbar ist, weil mit ihr Linien durchschnitten werden, die mit Hilfe des Alten Testaments gezogen sind[19]. Die Benutzung einer außerchristlichen Quelle gnostisierender Offenbarungsreden durch den Evangelisten hat man auch schon früher bezweifelt, zumal die Existenz einer frühen, vor- und außerchristlichen Gnosis recht fragwürdig ist. Aber auch die eher anerkannte christliche Semeia-Quelle muß als solche abgelehnt werden, genauso wie der für sie in Anspruch genommene Typos eines hellenistischen Theios Aner. Die »Zeichen« im vierten Evangelium waren nicht etwa ursprünglich primitive Mirakel, die der Evangelist redaktionell seiner hochstehenden Christologie angepaßt hat. Vielmehr standen sie von Anfang an ganz auf der Höhe der johanneischen Theologie, weil sie als ganze echt johanneisch sind. Dabei erhielten sie ihren theologischen Tiefgang durch eine stärkere Rückbindung an das Alte Testament. Das johanneische »Semeion« wird zum zeichenhaften Hinweis auf den Christus, der sich durch das Wunder selbst bezeugt; die Entsprechung zu ähnlichen alttestamentlichen Geschichten macht die Zeichenhaftigkeit des Semeion aus. Die Wunder Jesu werden von den Taten Moses und der Gottesmänner Elia und Elisa her neu beleuchtet; dadurch erscheint Jesus als der bevollmächtigte Gesandte und Gottessohn[20].

Auch im 1. Johannesbrief sollte man nicht nach einer gnostisierenden Quelle suchen[21] oder eine zugrunde liegende alttestamentlich-qumranitisch

---

[17] Wunder und Christologie, in: NTS 16 (1970), S. 130—144. Vgl. dagegen meinen Artikel: »Kann denn aus Nazareth etwas Gutes kommen?«, in: FS K. Elliger, jetzt in: Jesus der Messias Israels, S. 387—397.

[18] Siehe meinen Artikel in Anm. 17.

[19] »To Worship God in Spirit and in Truth.« Reflections on John 4,20—26, in: »Jesus der Messias Israels«, S. 420—438.

[20] Vgl. meinen Aufsatz: Das Problem des Wunders bei Flavius Josephus . . ., jetzt in: Jesus, der Messias Israels, S. 398—419.

[21] R. BULTMANN, Die Johannesbriefe, Göttingen 1967, 7. Aufl.

gefärbte Sammlung von Rechtssätzen vermuten[22]. Vielmehr setzt sein Verfasser den gnostisierenden Tendenzen in der Kirche des ausgehenden ersten Jahrhunderts die im Johannesevangelium enthaltene Lehre Jesu und auch alttestamentliche Grundsätze, wie etwa das Tun der Gerechtigkeit, entgegen. Er übernimmt vor allem das Vermächtnis Jesu in den johanneischen Abschiedsreden und die den Jüngern dort gegebene Aufgabe, zusammen mit dem »Geist der Wahrheit« für Jesus Zeugnis abzulegen; er erhebt den Anspruch, wie diese »von Anfang an« *(ἀπ'ἀρχῆς)* bei Jesus gewesen, ein Augenzeuge zu sein (vgl. Joh 15,26f. mit 1 Joh 1,1f.). Sein Brief will demnach ein parakletisches Zeugnis für Jesus sein, in dem an das anfängliche Christuszeugnis erinnert wird. Der rechtliche Charakter einzelner Satzreihen im Konditional- oder Partizipialstil hat seine Ursache in der forensischen Aufgabe des Parakleten gegenüber der Welt. Dies zeigt etwa der Abschnitt 1 Joh 3,4−8. Die dort auftretenden Partizipialsätze stammen nicht aus einem benutzten Quellenstück, sondern sind Auslegung von Joh 16,8−11: Wenn nach dem Wort Jesu der Geist der Wahrheit die Welt überführen wird wegen der Sünde, der Gerechtigkeit und des Gerichts, so tut das jetzt der Verfasser des 1. Johannesbriefes vor einer von Verweltlichung bedrohten Christenheit. Dabei aktualisiert und interpretiert er die schwierigen Aussagen von Joh 16,9−11 und zeigt, worin konkret die Sünde (1 Joh 3,4−6), die Gerechtigkeit (V. 7) und das Gericht (V. 8) bestehen, wobei wie in Joh 16,11 durch Christus der Fürst dieser Welt, der Teufel, verurteilt wird. Ferner ist das Liebesgebot, das Jesus in den Abschiedsreden als neues Gebot den Jüngern gab, in 1 Joh 2,7 mit klarem Hinweis auf Joh 13,34 aufgerichtet.

Während die quellengeschichtliche Analyse meist das Werk eines Einzelgängers ist, der auch keine alternative Lösung duldet, bleibt der traditionsgeschichtliche Exeget stets offen für weitere Hinweise und fordert diese geradezu heraus. Solche Angaben können die eigenen ergänzen und sogar in den Hintergrund treten lassen; aber umsonst war diese Arbeit nicht. So ergibt sich ein kollegiales Gespräch, eine Zusammenarbeit im Team, ein Höchstmaß an Freiheit und Kommunikation, wie es zum Wesen der Toleranz gehört. Diese Arbeit ist konstruktiv, erbaulich; sie sieht in der Bibel ein organisches, vom Geist belebtes Ganzes ähnlich wie das Soma Christou. Sie ist einerseits »demokratisch«, da jeder die Verbindungslinien zwischen Altem und Neuem Testament aufspüren kann, wenn er die Bibel auf dem Schoß oder im Kopf hat. Sie ist andererseits »aristokratisch«, weil auf umfassende Sprachkenntnisse angewiesen. Denn man muß auch die Literatur des Judentums einbeziehen und darf den Hellenismus nicht vernachlässigen.

Der Exeget des Neuen Testaments sollte auch gegenüber den Gesetzen der

---

[22] W. Nauck, Die Tradition und der Charakter des 1. Johannesbriefes, WUNT 3, Tübingen 1953.

modernen Linguistik vorsichtig sein. So darf etwa der Grundsatz der neuen Sprachwissenschaft, die Grundeinheit der sprachlichen Kommunikation sei nicht etwa das einzelne Wort sondern der ganze Satz, bei der exegetischen Erhellung neutestamentlicher und rabbinischer Aussagen nur bedingt Anwendung finden. Denn die Methode »Gleiche Bestimmung« (gezerah shawah) verknüpft Aussagen miteinander, in denen lediglich ein Wort gemeinsam ist, und zwar mit Recht. Denn ein Begriff wie »Sabbat« oder »Glaube« genügt vollauf als Stichwort, das den Vergleich zweier diesbezüglicher Aussagen rechtfertigt.

Theologische Interessen müssen nicht notwendig historische Sachverhalte vernachlässigen bzw. geschichtliche »Tatsachen« erfinden. Ein sonst recht besonnener Exeget wie C. K. Barrett meint zu den Nägelmalen des Christus in Joh 20,20: »Belief that wounds were inflicted by nails might have arisen out of the theological significance ascribed to the blood of Christ.«[23] Aber beim Weltkongreß für Jüdische Studien in Jerusalem 1969 hörte ich zu meinem Erstaunen, wie in einer archäologischen Vorlesung gerade die Stelle Joh 20,20 von einem jüdischen Referenten zitiert wurde: V. Tsaferis berichtete über einen Grabfund im Nordosten Jerusalems. Er hatte dort die Gebeine eines Mannes Jonathan gefunden. Die Fersenknochen waren von einem langen Nagel durchbohrt (ca. 15 cm lang); auch durch die Hände müssen solche Nägel geschlagen worden sein. Für diese Art der Kreuzigung durch Annagelung – datiert wurden die damals entdeckten Gräber in die Zeit des Herodes – bot die Stelle Joh 20,20 eine willkommene literarische Bestätigung[24].

Abschluß

Für die nt.liche Exegese ist die jüdische Traditionsliteratur sehr wichtig. Bei den Rabbinen gab es zwar Differenzen zwischen den Lehrentscheidungen der verschiedenen Schulrichtungen, etwa zwischen den Schulen von Hillel und Schammai, oder zwischen Aqiba und Jischmael, besonders in den Fragen der Halacha. Aber im traditionellen Schulbetrieb, in den solche Differenzen vielfach ungelöst eingingen, herrschte die Toleranz, wie die undogmatische, sammelnde und nicht etwa scheidende, Tendenz der rabbinischen Werke zeigt. Die Vielfalt der Schrift, dazu die Überzeugung, diese sei in jeder Einzelheit inspiriert, nötigte zur exegetischen Spekulation. Bei einander scheinbar widersprechenden Aussagen der Bibel suchte man nach

---

[23] C. K. BARRETT, The Gospel according to St. John, London 1965, S. 473.
[24] V. TSAFERIS, Jewish Graves from the Time of Herod in North-East Jerusalem, in: Proceedings of the Fifth World Congress of Jewisch Studies, Jerusalem 1969, S. 221.

einer Lösung, meist durch ein weiteres, den Ausgleich ermöglichendes Wort. Man kann bei den Rabbinen von einem organischen und spekulativen Denken sprechen, von Vorstellungen, die ineinandergreifen und auch bei verschiedenen Urteilen gleiche Grundlage haben[23]. Z. B. wurden die Auswirkungen des Sündenfalls Adams verschieden beurteilt, aber gleich war die Überzeugung, daß die Freiheit des Willens erhalten blieb und jedermann für sein Handeln voll verantwortlich sei. An diesem Punkt hat Paulus freilich anders gedacht und Genesis 3 und vor allem Genesis 4,7 so verstanden, daß der Mensch seit Adams Fall der Macht der Sünde und des Todes unterliegt, sofern er nicht das neue Leben in Christus ergreift. Wahrscheinlich hat Paulus die rabbinische Lehre gekannt, aber im Licht des Christusgeschehens abgelehnt und mit der Lehre von der Rechtfertigung des Sünders den Stolz auf eigene Leistung und damit auch die Gefahr der theologischen Intoleranz gebannt. Intolerant wurde Paulus nur da, wo er die am Kreuz offenbarte »Toleranz« gegenüber dem Sünder gefährdet sah; Intoleranz ist gerechtfertigt gegenüber der Intoleranz.

Aufschlußreich ist es, wenn man auf die Schriftworte achtet, die von beiden, Paulus und den Weisen, interpretiert und verschieden verstanden wurden. Das hat z. B. E. P. Sanders in seinem viel beachteten Buch »Paul and Palestinian Judaism« (London 1977) versäumt. Er hat vor allem die Targume außer acht gelassen; gerade sie hätten ihm den von ihm bestrittenen bzw. relativierten »Nomismus« des damaligen Judentums deutlich zeigen können (Tg zu Gen 3,5; Jes 53). Der von Sanders angestrebte Nachweis für den Vorrang von Erwählung und Bund in der Theologie des neutestamentlichen Judentums ist leider mißlungen, wie die dafür von ihm ins Feld geführten Stellen aus der tannaitischen Literatur selbst am besten zeigen[25]. Gerade darum lassen die Angriffe gegen die deutschen Judaisten wie Weber, Billerbeck u. a. die Toleranz vermissen, die stets da fehlen wird, wo man die schwächere Sache mit Gewalt zur stärkeren machen will.

Diese Toleranz kann man von den jüdischen Weisen lernen. In der Mischna und Tosefta hat man die mündlich tradierten halachischen Lehren dieser Weisen gesammelt und in ihrer Verschiedenheit nebeneinandergestellt; ebenso verfuhr man auch bei der haggadischen Exegese. Man empfahl allerdings für den eigenen Gebrauch die Meinung der Mehrheit und dazu auch die »Sitte des Landes« (minhag ha'aräṣ), d. h. die lokale Praxis des Toravollzugs. Grundsätzlich galt aber, daß jede überlieferte Lehrentscheidung aus der Schrift abgeleitet sei und sich von ihr her begründen ließ; die mündliche Tradition war in der schriftlichen Tora enthalten, von Gott gleichsam mitgegeben. Deshalb wurde der Lehrstreit zwischen den Schulen Hillels und Schammais durch eine Himmelsstimme so entschieden, daß beide Gottes Wort sind, freilich dann auch der Rat gegeben, der Halacha Hillels zu folgen (Erubin 13b). Wichtig war den Weisen die Stelle Prediger

---

[25] Vgl. E. P. SANDERS, Paul and Palestinian Judaism, London 1977, S. 71 ff.

11,12 – wir pflegen meist den folgenden V. 13 zu zitieren: »Des vielen Büchermachens ist kein Ende, das viele Studieren ermüdet den Leib« – in der es heißt: »Die Worte der Weisen sind von *einem* Hirten gegeben.« Die Rabbinen bezogen diesen Vers auf die Tora als Lehre im umfassenden Sinn und speziell auf die Worte der Weisen. Sie meinten dazu: »Sie alle hat ein Gott geschaffen, ein Hirte hat sie gegeben, der Herr aller Werke, gepriesen sei er, hat sie gesagt« (Tos Sota 7). Oder: »Auch du mache dein Herz zu vielen Kammern und führe darein ein die Worte Hillels und Schammais, die Worte derer, die für rein und die für unrein erklären« (vgl. bChag 3b), oder: »Alle Lehren der Weisheit hat ein Gott gegeben, und Mose hat sie gesprochen aus dem Munde des Herrn; der eine hat diesen Geschmack (ṭaᶜam), der andere jenen« (Tanch. Behaᶜalothecha 15); d. h. der eine Lehrer beruft sich auf dieses, der andere auf jenes Wort der Schrift. Lehrdifferenzen führten demnach in der Regel nicht zur Spaltung[26], sondern dienten der Entfaltung der schriftlichen Tora. Diese Arbeit war nie abgeschlossen, Gott selbst nahm an ihr teil.

---

[26] Deshalb ist Paulus über die Spaltungen der Gemeinde in Korinth so bekümmert. Und er selbst wird unnachgiebig, wenn die Wahrheit des Evangeliums, d. h. die Heilsbedeutung des Kreuzes, gefährdet ist, sei es, daß sie durch jüdische Gesetzlichkeit oder durch griechische Weisheit relativiert wird. Aber die von ihm erbittert bekämpften falschen Brüder werden nicht aus der Gemeinde ausgeschlossen; Paulus versucht vielmehr, sie mit theologischen Argumenten zu überzeugen.

41. Firmness in Faith:
Hebrews 11:1 and Isaiah 28:16

The Problem of Faith in the Epistle to the Hebrews

In his recent work *The Living Utterances of God*, Anthony T. Hanson rightly remarks on the eleventh chapter of the Epistle to the Hebrews: 'If one examined that eleventh chapter in detail, one would learn much about our author's understanding of scripture' (p. 111). Stimulated by this statement I am going to consider that famous chapter on faith, and in particular the definition with which it begins: 'Now faith is the assurance of things hoped for, the conviction of things not seen' (Heb.11:1; RSV). This will involve an examination of that translation in order to see whether it renders the difficult terms ὑπόστασις and ἔλεγχος correctly,[1] a discussion of the possible background to this beautiful definition, and a search for the way in which it is confirmed by the 'cloud of witnesses' (12:1) who are 'well attested by their faith' (11:39).

In his monograph on faith in Hebrews, E. Graesser reports that many exegetes emphasise the Hellenistic character of both the form and content of Heb.11:1.[2] He himself seems to agree with their judgment, which he confirms by the following argument: the very fact that the author of Hebrews in this important statement about the nature of faith has used a term such as ὑπόστασις with its many shades of meaning is quite awkward. In Graesser's view the use of this word shows both that salvific Christian faith is subordinated to the arguments of speculating reason and that its author belongs to the thought-world of the Greek. That is why faith in Hebrews is different from faith as understood by Paul. It is no longer saving faith in Christ's atoning sacrifice, but is |

---

1. The translations of these two terms show considerable differences, especially of ὑπόστασις: *substantia* (Vulgate), *Zuversicht*, (Luther, Erasmus, W. M. L. de Wette, F. F. Bruce, H. W. Montefiore and others), *Unterpfand* (O. Michel), *Feststehen* (E. Graesser, O. Kuss), *Wirklichkeit* (H. Koester), *Verwirklichung* (H. Braun). See the survey in H. Braun, *An die Hebraeer* (Handbuch für das Neue Testament, vol. 4, Tübingen, 1984) pp. 336–9.
2. E. Graesser, *Der Glaube im Hebraerbrief* (Marburg, 1965) pp. 102–3.

directed to the sphere of things hoped for (11:1; p. 77). In Hebrews there
is no affirmation analogous to that of Jesus: 'Your faith has saved you'
(p. 78). Rather, faith is the necessary link between promise and fulfilment, a bridge between the perishable world in which we live and the
unshakeable realm of heavenly reality; faith is the equipment necessary
for the wandering people of God (ibid.). Graesser holds that in Hebrews
faith has become an abstract attitude without any personal relation to
God or to Christ. To me, this would mean that the author of Hebrews has
abandoned both the nature of faith in the Old Testament and its personal
character as evoked by the historical Jesus and as understood by Paul and
John.

In fact, I doubt whether faith in Hebrews has really become so
hellenized. Following the methodology of A. T. Hanson, I want to raise
the question whether the definition of faith in Heb.11:1, introducing such
a long and impressive series of Old Testament witnesses of faith, might
not in itself correspond to a Jewish concept by bringing a prophetic
passage into a new, precise and definition-like form. We must admit that
the terms 'faith' (ʾĕmûnāh) and 'believe' (heʾĕmîn) do not often appear in
the Old Testament; faith does not have there the importance characteristic of its use by New Testament authors. Although the latter use only a
few of the sayings about faith in the Torah and in the prophetic books,
those few became highly influential for them and their understanding of
faith: Gen.15:6; Isa.7:9; 28:16; 53:1, and Hab.2:4. These five sayings are
the ones best suited to describe the saving faith which leads to righteousness (Gen.15:6 in Rom.4; Gal.3), the saving power of God by faith
in the gospel of Christ (Isa.53:1 in 1 Cor.15:1–4; Phil.2:5–11; Rom.1:16–
17; 4:25; 10:16), the gift of (eternal) life (Hab.2:4 in Rom.1:17; Gal.3:11;
Heb.10:35–37; John 5:24–25), and the maintaining of steadfastness in the
trials at the end of the world (Isa.7:9 in 1 Cor. 13:7,13) and Isa.28:16. Of
these five sayings, that in Isa.28:16 is the one on which I am going to
concentrate here. It speaks about a precious foundation stone laid by
God himself, and was 'a favourite text with early Christians', 'very
popular with the New Testament.'[3] It is quoted in Rom.9:33;10:11;
Eph.2:20; 1 Pet.2:6, it is often linked with other 'stone'-passages such as
Isa.8:14; Ps.118:22, and it is usually applied to Jesus Christ as the
cornerstone or foundation of the church.

3. A. T. Hanson, *The Living Utterances of God* (1983) pp. 17, 98, see also 34,
98, 120, 141.

The Meaning of Isa.28:16

The precious stone and firm foundation promised by God in Isa.28:16 is opposed to the establishment made by the rulers of Jerusalem. They have boasted of having made a covenant with Sheol, the realm of death. Therefore they believe they are going to live in security: the overwhelming power and destructive force of chaos will not come upon them; constructions made of lies and falsehood will offer them refuge and shelter (Isa.28:14–15). But God declares that this covenant with death will not stand, and that the flood of chaos will pass through (28:18). God will rise and himself do the strange deed of judgment (28:21). The prophet, who is permitted to listen to the heavenly council (see Isa.6:7–8), has 'heard a decree of destruction' from God upon the whole land (28:22). The only reliable refuge can be found in the building which will be raised by God himself: 'Therefore thus says the Lord God, Behold, I am laying in Zion for a foundation a stone, a tested stone, a precious cornerstone, of a sure foundation (*mûsād mûssād*): "He who believes will not be in haste" '[4] (28:16; RSV).

There is no agreement among scholars on the meaning of this oracle. Does it refer to a real building, such as the Solomonic temple in Jerusalem, being the true refuge for the believers (A. Bentzen)?[5] Is it the new Zion which will replace the old temple with its official, meaningless cult (H. Gese)?[6] Must the oracle be understood figuratively, the building being a picture for the true religion of Israel in which faith, justice, and order are fundamental (J. Lindblom)?[7] Or does the prophet point to the new congregation of believers, whose foundation will be laid on Mt Zion (S. Mowinckel,[8] A. Weiser[9] and others)? But the character of faith is clear: the believer will not be in haste, will not flee, but will remain firm; this is meant by the root *ʾāman–heʾĕmîn* = to be firm, to believe: there is thus a correspondence with the object of faith in Isa.28:16, the strong foundation of God.

---

4. From *ḥûš* = 'to hurry'. The Hiphil *yāḥîš*, used here, means 'to flee', 'to make haste'. The Septuagint translates καταισχυνθῇ; did it read *yābôš*?
5. *Jesaja* vol. 1 (Kobenhaven, 1949), ad loc.
6. 'Der Messias', *Zur biblischen Theologie* (München, 1977) p. 134.
7. J. Lindblom, 'Der Eckstein in Jes.28,16', *Interpretationes*, Festschrift S. Mowinckel (Oslo, 1955) pp. 123–32, esp. 130.
8. S. Mowinckel, *Profeten Jesaja* (Oslo, 1925) esp. p. 189.
9. A. Weiser, article πιστεύω etc., *TWNT* vol. 6, pp. 182-97, esp. p. 189.

The Translation and Interpretation of Isa.28:16 in Early Judaism

The Targum of the Prophets abandons the terminology of building (stone, foundation) and understands the oracle figuratively. The prophet speaks of a mighty king whom God will install on Mt Zion, strengthen and fortify: undoubtedly, the Messiah is meant.[10] Faith is the attitude of the righteous ones (*ṣaddîqayyāʾ*), who become the subject of the second half of Isa.28:16: they 'believe in these words; when distress will come, they will not be shaken' (*yizdaʿzĕʿûn*).[11] I think that Hab.2:4b, which offers a similar succinct statement about the power of faith, has influenced the Targumic rendering of Isa.28:16 and strengthened its eschatological outlook: 'The righteous will live by his faith', which means that his faith will save him, will lead him to eternal life.

The Septuagint sees God laying a chosen, precious cornerstone (λίθον ἀκρογωνιαῖον) upon the foundations (εἰς τὰ θεμέλια). The often repeated root *yāsad* is rendered by a plural (θεμέλια). But it is the cornerstone in which one has to believe in order not to be put to shame (καταισχυνθῇ) in the Last Judgment. As in the Targum Hab.2:4b had influenced the rendering of the similar verse Isa.28:16, so in the Septuagint Isa.28:16 has enriched the statement in Isa.8:14. For there the phrase: 'And if you believe in it' has no basis in the Hebrew text, but must have been inspired by Isa. 28:16. The tendency to link prophetic passages about faith, which we find in the New Testament (see 1 Pet.2:5–8; Matt.21:42; Acts 4:11), has its antecedent in those early versions of the Hebrew Bible.

The eschatological orientation of these two versions is obvious. To believe means to be steadfast, firmly grounded on God's promise, and to stand as a righteous one in God's judgment.

Isa.28:16 played an important role in the self-understanding of the Qumran Community. We find strong allusions to it in the *Hodayot*

---

10. So Rashi ad loc. Interesting is the Aramaic *mannî* = 'He (God) has established' the king; ὁρισθέντος Rom.1:4. The Targum of Isa.28:16 may have been used in Jubilees 17:17–18, where the faith and steadfastness of Abraham are praised in a kind of summary. See Jubilees 17:17: 'And the Lord knew that Abraham was faithful in all his afflictions'; 17:18: 'And in everything wherein he had tried him, he was found faithful, and his soul was not impatient (cf. *lōʾ yāḥîš* in Isa.28:16), and he was not slow to act, for he was faithful and a lover of the Lord.'

11. See Heb.12:27–28: the Last Judgment will reveal 'what cannot be shaken '(τὰ μὴ σαλευόμενα), i.e. 'the unshakable kingdom' (βασιλείαν ἀσάλευτον). As in Qumran (1QH 3:13 ff.), the Last Judgment will be an act of 'shaking' heaven and earth (Heb.12:26).

(1QH) and in the *Serek Ha-Yahad* (1QS), the so-called 'Manual of Discipline'. The Qumran exegetes have retained the building terminology, but it is made to refer to the congregation set up by God. He has laid its foundation and constructs it with stones chosen by him. As in the Septuagint, the terms mentioned twice in the Isaiah text have been rendered in the plural: God lays the foundations (*yĕsôdôt* from *mûsād mûssād*) and is building with chosen stones (*ʾăbanîm* from *ʾeben ʾeben*; see 1QH 6:26). The building and its stability are decisive. 'He who believes' is not mentioned at all, but included as a living stone in the building of God. His steadfastness has become a quality of this building.

1. In the *Hodayot* the community is praised as a refuge of salvation over against the 'gates of Sheol' and the power of death, which threatens man's life just as the roaring sea threatens that of a sailor in a small boat | (1QH 6:24). The city of salvation is a fortress with a high wall, a city of God on earth: 'For you lay a foundation on a rock (*sôd ʿal selaʿ*) and a pillar (*kapîs*) . . . so that they will not be shaken and all that enter it will not tremble' (6:26–27). As in Isa.28:16, we have here the contrast between the power of death and the fortress of God. It is even heightened by the eschatological colouring of the whole scene, into which Isaiah's oracle is integrated. The strength of the foundation (*sôd = yĕsôd*) is emphasised by the fact that it is laid on a rock – the term *selaʿ* is added in line 26 – and has a strong wall (line 26, the lacuna must be filled out by the word *ḥômāh*). God does not merely lay the foundation but is erecting a whole fortress, a fortified city. He uses chosen stones (line 26), which means that the members of the Qumran Community are elected from the mass of perdition. The promise of Isaiah's oracle is fulfilled in the present, in the existence of the community of salvation. But the process of God's building goes on (*ʾattāh tāśîm*, lines 25–26). The spiritual values of order and truth (line 26, see Isa.28:17) are used as the norm of God's construction, which is confirmed in a twofold way: its wall cannot be shaken (*titzaʿzaʿ*) and those entering it will not tremble (line 27). To believe means to follow God's call and to enter his community.

2. In the *Serek Ha Yahad* (1QS) the stability and the holiness of the Qumran Community is described by using Isa.28:16. As in 1QH 6:24 ff. the geographical connotation 'in Zion' is omitted. The community is compared with a temple because in its view the Jerusalem temple does not fulfil its proper task any more. It is 'a holy house for Israel and a foundation of the Holy of Holies for Aaron, witnesses of truth for judgment and chosen ones by God's will, in order to make atonement for the land and to pay back to the wicked their deeds' (1QS 8:5–6). But this holy house is, at the same time, a kind of fortress: 'This is the tested wall,

the precious cornerstone; its fundaments shall not be shaken (*yizdaʿzěʿû*) nor move (flee = *yāḥîšû*) from their place' (lines 7–8). Here again, 'he who believes' is not explicitly mentioned, and the firmness of the building, its foundations, and wall, is emphasised. But the building consists of the community and its members; they are God's living temple, performing worship in spirit and in truth (1QS 9:3), offering the atoning sacrifices of prayers of praise (9:4–5). Faith manifests itself in a life of holy and atoning service for God and his people; the community built by God is the eschatological *continuum* between the dark present and the bright future.

Isa.28:16 in the New Testament

Isa 28:16 is used especially by Paul, who quotes it in Rom.9:33 and 10:11. As in the Targum, a messianic interpretation is given to that oracle, and here again it is combined with other Old Testament passages, especially with Isa.8:14. For Christ is the stone laid by God in Zion; he has become to the Jews a stumbling stone and a rock (πέτρα) that makes them fall; 'but he who believes in him will not be put to shame' (Rom.9:33). The location 'Zion' is retained, because Christ's crucifixion and resurrection happened in Jerusalem; these are the events by which God has laid the foundation of the church.

In the New Testament the second part of Isa.28:16, the firmness of faith, became very important, especially for Paul. Both Christ's role and Christian faith were discovered in Isa.28:16 and considered to be the work of God. Faith is directed to Christ (see Col.2:5); it means to believe in his saving deeds and atoning sacrifice (Col.1:22–23).

1. This may explain why in the writings of Paul the oracle Isa.28:16 figures as a favourite prophetic prediction of the gospel. Like the author of Hebrews, Paul also teaches a lesson about the origin and nature of faith (Rom.10). He inserts the second half of Isa.28:16 as a proof-text into this lesson: 'no one who believes in him will be put to shame' (Rom.10:11). The Septuagint version, used here and in Rom.9:33, supports both faith in Christ (ἐπ' αὐτῷ) and the eschatological outlook: faith will protect against condemnation and 'being put to shame' in the Last Judgment. For Christ will acknowledge the believer before God and his holy angels (cf. Luke 12:8–9; Mark 8:38).

Isa.28:16 is alluded to in Paul's account of the Corinthian church in 1 Cor.3. Since he is its founder, he compares himself with a wise architect who has laid the foundation (θεμέλιον ἔθηκα), while another is building upon it (3:10). But actually 'no other foundation can anyone lay than that which is laid, which is Jesus Christ' (3:11). Since God is the ultimate subject who 'laid' the foundation, here again the christological interpretation of Isa.28:16 must be presupposed, Jesus being himself the foundation of the church established by God. But the apostles become co-workers of God. The goal of their mission can be described in terms of building on this foundation, and the criterion of their value and success will be the stability and endurance of their work, tested by the fire of the Last Judgment (3:13–14). The work has to 'remain' (the verb is μένω = | *ne'ĕman*, 3:14). Its strength is made up by the faith (*'ĕmûnāh*) of the church-members, the believers (*ma'ămîn* (-*îm*) in Isa.28:16).

Very important are the passages Col.1:23 and 2:5b, where the firmness of faith is extolled in terms which are borrowed from Isa.28.16. By his death, Christ can present the members of the Church holy before God provided that they 'remain (the verb is ἐπιμένω =*ne'ĕman*) in the faith, stable and steadfast (τεθεμελιωμένοι καί ἑδραῖοι: see *mûsād mûssād*), not shifting (see *lō' yāḥîš*) from the hope of the gospel' (Col.1:22–23), and in Col.2:5 there is praise for 'your order and the firmness of your faith in Christ' (ὑμῶν τὴν τάξιν καὶ τὸ στερέωμα τῆς εἰς Χριστὸν πίστεως ὑμῶν).

In Eph.2:20 the 'foundation' of Isa.28:16 is referred to in a different way: the church is 'built upon the foundation of the apostles and the prophets, Christ Jesus himself being the cornerstone.' Here the Old Testament prophets, such as Isaiah, must be meant, since they had announced the gospel of the Son of God (Rom.1:2).

In 1 Pet.2:4–8 we find Isa.28:16 quoted in the context of the doctrine on the origin and nature of the church: it is a spiritual house in which Christ is the precious stone laid by God on Mt Zion (2:4–6). He is also the stone rejected by the builders (Ps.118:22 in 2:7) and a stumbling stone for Israel (Isa.8:14 in 2:8). As in the Targum, disobedience to the word of proclamation is the real reason for stumbling and downfall (cf. 1 Pet.2:8).

2. *Isa.28:16 and the Faith of Peter (Matt.16:18; Luke 22:31–32).*

It may be that the Pauline emphasis on Christ as the sole foundation of the church (1 Cor.3:11) contains an implicit criticism of the party of Cephas in Corinth (1 Cor.1:12) and its claim that Cephas was the 'rock' (*kêpā'*) of the church. This would point to an early origin of the famous saying of Jesus in Matt. 16:18, and I cannot see any reasonable objection to its authenticity. No one, except Jesus himself, had the authority to give a new significant name to one of his disciples. I also think that there is a reference to Isa.28:16 in this response to Peter's messianic confession, as is already evident from the context. For the rock (*kêpā* = *selaᶜ*) as the foundation of the church is to protect this building of the Messiah against the aggressive power of death (16:18). For this power the term 'gates of Hades (*šᵉʾôl*)' is used here. Although it does not occur in Isa.28, it is in the Qumran passage IQH 6:24 (*šaᶜārê māwet*) which is built upon Isa.28:15–18. So Peter is the foundation laid by God himself, protecting the church against the power of death. His confession is an act of faith, which makes him a spokesman of God's revelation (Matt.16:17). That this Isaiah oracle was familiar to Jesus may be concluded from the parable of the house 'founded on rock' (Matt.7:24–25), which remains unshaken in the tempest of the *eschaton*. In Luke the wording is even closer to its Old Testament model: 'He laid a foundation upon rock', which the flood could not 'shake' (6:48).

3. The fact that Matt.16:18 is only reported in the first gospel and is not to be found in Mark 8:29 or its parallel passages does not necessarily speak against its authenticity.[12] There is also a saying of Jesus to Peter mentioned by Luke alone, which like Matt.16:18 betrays the influence of Isa.28:16: 'Simon, Simon, behold, Satan demanded to have you, that he might sift you like wheat, but I have prayed for you that your faith may not fail; and when you have turned again, strengthen your brethren' (Luke 22:31–32). In this saying Jesus presupposes that Simon is *kêphāʾ*, 'the rock', the foundation laid by God (Isa.28:16). For this rock is attacked by Satan, whose role of an accuser at the throne of God is intended here. He represents the aggressive power of destruction, similar to that of death and Sheol in Matt.16:18 and in Isa.28:15,18. Satan has asked God that he may test the strength of this rock ('sift him like wheat'), and shake him terribly, just as the foundation in Isa.28:16 will be shaken and tested by the power of chaos in the turmoil of the *eschaton* (see also 1QS 8:7–8; 1HQ 6:22–27). A further element of Isa.28:16 which reappears in Luke 22:32 is faith. Jesus has prayed as the intercessor for Peter and as the main adversary of Satan, that the faith of his disciple may not fail (μὴ ἐκλίπῃ). God's word of assurance, 'he who believes will not be in haste' (Isa.28:16b), is alluded to, and perhaps also the faith (*ʾĕmûnāh*) that must 'remain' (*neʾĕman*, see 1 Cor.13:13) in Isa.7:9. Peter's behaviour in Antioch, where he 'drew back' from eating with the gentiles, fearing the circumcision party of Jerusalem (Gal.2:12),

---

12. It is interesting to note that because of *formgeschichtliche* considerations R. Bultmann holds that Matthew offers the answer to Peter's confession which was omitted by Mark (*Die Geschichte der synoptischen Tradition*, Göttingen, 1957, p. 277).

is a perfect example of failing faith. When trusting in his own strength, this disciple was lost (Matt.14:31; 16:22–23; 26:69–75). Jesus has had to lay his hand upon *kêphā*, 'the rock', holding him during the attacks of Satan and Sheol. The Messiah himself becomes a kind of *maʾămîn*, 'making firm' (Hiphil of *ʾāman*), strengthening his disciple. Through him, Simon is able to take over the role of the *maʾămîn*, 'making firm' the faith of his brethren (Luke 22:32). Thus the promise of Isa.28:16b: 'he who believes will not be in haste' becomes true only because of the work of Jesus, and the term *maʾămîn* is rendered in a causative way: to strengthen faith, to make the brethren firm.

The saying in Luke 22:31–32 confirms my view that Jesus used Isa.28:16 and that this oracle may be the 'foundation' of the sayings to Simon Peter in both Matt.16:18 and Luke 22:31–32. We have to turn to Matt.16:18 again. In an interesting article, P. Lampe[13] holds that the Greek πέτρος and the Aramaic *kêpāʾ* mean 'stone', Peter being merely a stone in the building of the church or one of the three 'pillars' (Gal.2:9). But one should not omit the traditio-historical analysis of a saying such as Matt.16:18 which is as important as philological inquiry. One has to realise that the Old Testament oracle Isa.28:16 is used in Matt.16:18. There the foundation (upon a rock) is decisive; that is why the Qumran-Hodayah 1QH 6, alluding to this oracle, says: God 'lays the foundation upon a rock' (*ʿal selaʿ* 1QH 6:25–26) and then builds a strong wall with tested stones (ibid.). The term *selaʿ* = 'rock' is introduced, despite the fact that Isa.28:16 mentions *ʾeben* = 'stone'. And in Isa.8:14 we have 'stone' and 'rock' as parallel terms: this passage is used in 1 Pet.2:8 which has both λίθος and πέτρα. Jesus wanted to build his church not on stone, but 'upon (ἐπί) a rock'. Like the prophet in Isa.28:16, he certainly had in mind the sacred rock on Mt Zion, the foundation of the Holy of Holies in the temple. The rabbis speculated about the 'foundation-stone' (*ʾeben šĕtiyyāh*) and its cosmic meaning.[14] I think that the term 'foundation-stone' and the ideas connected with it are derived from Isa.28:16 and are related to the sacred rock on Mt Zion, for the rabbis the starting-point and firm ground of the creation of the world.

Finally, the admonition of Jesus to his disciples in John 14:1 clearly reflects Isa.28:16: 'Let not your heart be troubled; believe in God,

---

13. P. Lampe, 'Das Spiel mit dem Petrusnamen Matth 16:18', *NTS* 25 (1978/9) 227–45. See R. Pesch *Simon-Petrus* (Stuttgart, 1980) pp. 102–3. R. Bultmann is correct in assuming a Semitic background for Matt.16:17–19 (op.cit., p. 277).

14. Mishna Yoma 5:6; Babyl. Talmud Yoma 44b; Midrash Tanchuma §444, 15–18.

believe also in me.' Faith that 'will not be in haste' (Isa.28:16b) is not afraid of the impending pressures. In John 14:1 the object of faith (see ἐπ' αὐτῷ in the Septuagint version of Isa.28:16b) is both God and Jesus Christ, who has overcome the world and its tribulations (John 16:33).

Heb.11:1 and Isa.28:16

After this long journey through early Judaism, the gospels, and the letters of Paul we now may return to Hebrews 11. I intend to examine the definition of faith in 11:1 and its context, in order to find out whether they can be linked with Isa.28:16 and evaluated in its light.

We have first to consider the form of Heb.11:1. Although it gives the impression of a philosophical definition belonging to the thought-world of the Greeks, the famous sentence 'Now faith is the assurance of things hoped for, the conviction of things not seen' has the form of a Hebrew *parallelismus membrorum*, consisting of two nominal clauses. Such a nominal sentence of definition-like character is not alien to the Old Testament and is often used in Wisdom literature. For instance, there are the well-known famous statements 'the fear of the Lord is the beginning of knowledge but fools despise wisdom and instruction' (Prov.1:7) and 'the fear of the Lord is hatred of evil' (Prov.8:13).[15] These proverbial sentences describe the value of wisdom and piety, not that of faith. But the latter is praised in brief verbal clauses such as Isa.28:16: 'he who believes will not be in haste', and Hab.2:4 'the righteous shall live by his faith.' The character of a definition seems to be stronger in Heb.11:1 than in those Old Testament statements about wisdom, fear of the Lord, and faith. The latter are not mere definitions. They must also be understood as utterances of confession, praise, and exaltation; they are intended to extol their subject, to make it attractive for others.

This is true for Heb.11:1, too, as it is the continuation of the confession in 10:39 and the introduction and theme of a long and beautiful testimony to outstanding men of faith. The character of this 'definition' may be compared with the hymnic praise of love in 1 Cor.13: 'Love is patient and kind' (13:4) . . . 'love never ends' (13:8) . . . 'so faith, hope, love abide, these three; but love is the greatest of these' (13:13).[16]

I think that Isa.28:16 forms the background of Heb.11:1. Paul in

---

15. See also Prov.10:29–31, Eccles.1:11; 7:11; 9:16.
16. See Heb.13:1: 'Let brotherly love continue' (μενέτω).

1 Cor.13:13 clearly alludes to Isa.7:9: 'If you do not believe, you will not abide', bringing the admonition of the prophet to a more general and abstract assertion of praise. So the author of Hebrews has compressed the verbal statement in Isa.28:16 into an admirable, brief and definition-like nominal sentence, describing and extolling the nature of faith. That the author of Hebrews could draw a general, definition-like consequence from a saying in the Old Testament is shown in 10:38–39, the verses which precede 11:1. From Hab.2:4a in the Septuagint, which discloses the nature of unbelief in terms of 'shrinking back' (ἐὰν ὑποστείληται 10:38), he derived a kind of confession (10:39) in which he uses the noun ὑποστολή as the opposite of ὑπόστασις; he also showed the eschato- | logical consequence of both firm faith and failing faith. By a similar procedure Heb.11:1 came into existence. There the oracle Isa.28:16 was the basic text; even the nouns ὑπόστασις and ἔλεγχος were suggested by it. This I am going to explain in detail.

1. The term 'faith' (πίστις) in Heb.11:1 corresponds to the participle *maʾămîn* ('he who believes', ὁ πιστεύων in the Septuagint version of Isa.28:16b); the desire to describe and to praise the character of faith has caused the change from the verb 'to believe' to the noun 'faith'. The object of faith in Isa.28:16a, i.e. the firm foundation laid by God, and the subjective attitude of the one who believes are in perfect agreement: to believe (*heʾĕmîn*), to have faith (*ʾĕmûnāh*), means to be firm (*ʾāman, neʾĕman*) and faithful (*neʾĕman*), to ground oneself in the firmness of God and to believe in his faithfulness. This reciprocal working of faith is illustrated by Sarah, whose faith participated in the creative power of God: 'Through faith' she received the strength to bear a son despite her old age, 'because she held faithful the one who had made the promise' (Heb.11:11). Besides Isa.28:16 (see Heb.11:10) the author of Hebrews thought of Hab.2:4 (see Heb.10:38), which he understood in the follow-ing way: Sarah 'gives life (*tĕḥayyeh*) through her faith'.

2. The difficult noun ὑπόστασις expresses first the attitude of the one who believes according to Isa.28:16b: he will 'not be in haste' (*lōʾ yāḥîš*). It is necessary to take into account the translations of this statement in the Septuagint and in the Targum, and in addition the passages in the Qumran texts and in the New Testament in which Isa.28:16b is freely used or alluded to: he who believes will 'not be ashamed' (Septuagint), not be 'shaken' or 'embarrassed' (Targum; Qumran; John 14:1; Col.1:23; 2:5); his faith 'will not fail' (Luke 22:32). He will stand steadfast in the troubles of the *eschaton*, he will not yield to the attacks of Satan and Hades, or 'shrink back' (Heb.10:38–39) – all this is indicated in the promise of '*lōʾ yāḥîš*' and meant by ὑπόστασις. The nature of faith

as expressed by the noun ὑπόστασις is Heb.11:1 is illustrated by the attitude of Abraham, who believed the promise of an inheritance (11:8) and of descendants through his own son (11:18); Abraham even trusted in the power of God to raise men from the dead (11:19) – all these being 'things not seen', but hoped for.

3. But ὑπόστασις in Heb.11:1 is also suggested by the first part of Isa.28:16. I think that the term 'founded foundation' (Isa.28:16a) has influenced the choice and meaning of the nouns ὑπόστασις and ἔλεγχος in Heb.11:1. As a foundation laid by God is firm, so is faith that is founded by God and grounded in him.

Faith itself is (1) a foundation (ὑπόστασις), laid by God himself.[17] The term ὑπόστασις can have the meaning 'foundation' (of a building) in the Septuagint (Nahum 2:7; Ezek.43:11), and 'foundation, ground for existence, conviction, hope' is a translation suitable for almost all its occurrences there.[18] The usage of this word is in perfect agreement with that in the Epistle to the Hebrews, especially in 11:1. This is hardly surprising since the quotations in Hebrews usually reproduce the text of the Septuagint. Faith is a kind of base and platform, 'standing under' (ὑφισταμένη) and bearing the heavy load of the promise of God, the 'things hoped for and not seen.' The meaning of ὑπόστασις in Heb.11:1

---

17. See Heb.6:1: 'A foundation . . . of faith' is laid by human teaching. But the author of Hebrews sees God as a kind of architect and builder of things seen and unseen, especially at the beginning and at the end of the world: 'thou didst found the earth in the beginning' (Heb.1:10, see Ps.102:25) and he is 'the builder and maker' of the heavenly city with its 'foundations' (Heb.11:10). These foundations will be revealed at the end, when the removal of the visible earth and heaven takes place; then 'the kingdom that cannot be shaken' will 'remain' (Heb.12:27–28). Faith as the foundation of God is directed to this kingdom.

18. See Liddell and Scott, s.v. The article by H. Koester on ὑπόστασις is misleading (*TWNT* vol. 8, pp. 571–88, cf. esp. pp. 579–80). His rendering of ὑπόστασις as *Wirklichkeit* (reality) or *Plan* (plan), which he finds confirmed by many passages in the Septuagint, is dictated by his philosophical preference. In my understanding this term in the Septuagint means *sub-stantia* = 'that which is lying under'; in Nahum 2:7 and Ezek.43:11 it is the foundation of the temple, in other passages the 'ground of existence' (for *yĕqûm* in Deut.11:6; Job 22:20), the 'basic support of life' (Judg.6:4; Ezek.19:5), of strength (Ezek.26:11; cf. Ps.88:47; T. Reub.2:7). Interesting is Jer.23:22; εἰ ἔστησαν ἐν τῇ ὑποστάσει μου for: *wĕ'im – ʿāmdû bĕsôdî*. The Septuagint seems to have taken the Hebrew *sôd* as *yĕsôd* as in 1QH 6:26. Ὑπόστασις can also render the Hebrew *tiqwāh* (Ezek.19:5; Ruth 1:12), or *tôḥelet* (Ps.39:7) which means 'hope' as the attitude of man, which corresponds to the firmness of God's foundation.

is more literal and illustrative than philosophical and abstract; it must be related to the foundation, built by God according to Isa.28:16a. It therefore designates a substructure, *sub-stantia*, laid by God. Faith is the place and platform where the word of God can be deposited, carried and kept. ὑπόστασις as 'foundation' reveals the objective character of faith: it is given by God, it is his creation.

Faith is (2) the subjective attitude of one 'who believes' (Isa.28:16b). Without faith there would be no starting point[19] for the promises of God, no house for his wisdom on earth. In the term (ὑπόστασις) of Heb.11:1 the objective act of God 'laying a foundation' is combined with the subjective attitude of man, who believes in it.[20] This becomes evident from the context of Heb.11:1. The series of Old Testament heroes in chapter 11 discloses faith as the attitude of courage and firmness, by which men of old have accepted and held the word of God and grounded their lives upon it (πίστει = 'by faith'). Furthermore, the ὑπόστασις of faith in Heb.11:1 is the opposite of the ὑποστολή of unbelief in Heb.10:39, which means the attitude of 'shrinking back', of cowardice, faithlessness. Therefore, ὑπόστασις also means standing firmly upon the foundation laid by God, to receive the things hoped for, to be assured of them. Luther's translation *Zuversicht*[21] and 'assurance' in the RSV are better than *Wirklichkeit* or *Verwirklichung* (H. Koester; H. Braun). ὑπόστασις cannot be the 'reality' of things hoped for, because the Old Testament men of faith could not realise such a reality. This is shown by the remarks of Heb.11: 'These all died in faith, not having received what was promised, but having seen it and greeted it from afar, and having acknowledged that they were strangers and exiles on the earth' (11:13); | 'and all these, though well attested by their faith, did not receive what was promised, since God had forseen something better for us' (11:39–40a). They had received and kept the word of promise, 'the things

---

19. M. Luther: '*Fides est creatrix divinitatis . . . in nobis*' (Weimar Edition, vol. 40, 1911, p. 360).
20. The same relation between the subject and the object of faith is implied by the term *shĕmû'āh* ('message') in Isa.53:1, which due to its Aramaic rendering *bĕsôrāh* ('good news') became the Old Testament model for the important Christian noun εὐαγγέλιον (see Rom.10:16; 1 Cor.15:1–4). For *shĕmû'āh* is the message that demands 'obedience of faith' (Rom.1:5); 'to hear' (*šāma'*) implies the attitude of obeying (*šāma'*).
21. E. J. Kissane says: 'Jahwe has provided a safe refuge which can withstand both storm and flood. Its foundation-stone is confidence in Jahwe, its wall the upright conduct of the people' (*The Book of Isaiah*, vol. 1–2, Dublin, 1941, on Isa.28:16; quoted by J. Lindblom, note 7 above, p. 124.).

hoped for and not seen', despite the fact that they did not realise its fulfilment. They lived by the ὑπόστασις, a 'confidence' which they 'held firm to the end' (Heb.3:14). So the ὑπόστασις of faith in Heb.11:1 is the attitude of being firm and faithful to the foundation as in Heb.3:14. This Greek word must be linked with the Hebrew roots ʾāman and qûm, especially in the passive and intransitive forms neʾĕman = 'to remain steadfast' (Isa.7:9), in Aramaic ʾitqayyam (see the noun qĕyāmāʾ = 'endurance, existence'). To believe means 'not to be in haste' but to 'run with perseverance the race that is set before us' (Heb.12:1).

4. The parallel noun ἔλεγχος in Heb.11:1b appears to be strange also. Its Hebrew equivalent tôkaḥat = 'reproof, admonition, threat of punishment', must mean in Heb.11:1 the attitude of being admonished, 'convinced' by God, of being 'convicted' by the reality of things unseen. Ἔλεγχος occurs especially in the Book of Proverbs for the teaching of wisdom. In Prov.6:23 we find it in a nominal clause and definition-like statement: 'For the commandment is a lamp and the teaching a light, and the reproofs of discipline (tôkḥôt mûsār = ἔλεγχος καὶ παιδεία in the Septuagint) are the way of life.' Here ἔλεγχος is closely connected with παιδεία, the Septuagint rendering of the important Hebrew word mûsār = 'discipline, chastisement', which describes both the method and the result of teaching wisdom, which is good education in the fear of God. The author of Hebrews gives a whole lesson on how God educates: he disciplines and punishes those whom he loves (12:3–11). This passage includes the quotation of Prov.3:11–12, in which mûsār (παιδεία) and tôkaḥat (ἔλεγχος) stands together: 'My son, do not reject the discipline of the Lord (παιδείας κυρίου), nor lose courage through his reproof' (ὑπ᾽ αὐτοῦ ἐλεγχόμενος; Heb. bĕtôkaḥtô). The choice of the word ἔλεγχος = 'reproof, admonition', which in Heb.11:1 has the meaning of 'conviction', may have been suggested by the fact that the term mûsād in Isa.28:16a could have been read as mûsār ('admonition, discipline, reproof') which is similar to tôkaḥat (ἔλεγχος).[22] The teaching on faith in Heb.11 is thus connected with a lesson on discipline in Heb.12. As faith, Christian discipline is oriented towards the final revelation of God; and a statement concerning its pain in the present and its reward in the future is made (12:11). This is followed by the admonition to strengthen the weak knees (12:12, cf. Isa.35:3), which is mean to encourage the faith of the Christians.

5. I am therefore convinced that the terms ὑπόστασις and ἔλεγχος in

---

22. In Isa.53:5 the noun mûsār ('chastisement') is translated by the Septuagint as παιδεία, by the Targum as ʾitmĕsar '(the Servant) was delivered'.

Heb.11:1 were suggested by the strange and powerful repetition of the root *yāsad* in Isa.28:16a, where the words *mûsād mûssād* mean 'a founded foundations'. Like the Septuagint (which has θεμέλια), the author of Hebrews understood the repetition in a plural sense ('foun- dation') and related it to faith as an attitude achieved with the help of God. So ὑπόστασις is the fundamental assurance of things hoped for and ἔλεγχος means the fundamental conviction of things not seen. The 'divine passive', strongly emphasised in *mûsād mûssād* in Isa.28:16a, is effective in the terms ὑπόστασις and ἔλεγχος in Heb.11:1: faith involves being founded by God, in God, being assured by him and by the reality of things not seen.[23] Therefore, 'he who believes will not be in haste' (Isa.28:16b).

6. The best parallels to Heb.11:1 are the passages Col.1:23 and 2:5,7. In them, ample use of Isa.28:16 is made. I also think that the Hebrew terms *mûsād mûssād* and *lōʾ yāḥîš* are rendered there in a way similar to Heb.11:1 in order to illustrate the firmness of faith. In Col.2:5 there is praise for 'your order and the firmness of your faith in Christ' (ὑμῶν τὴν τάξιν καὶ τὸ στερέωμα τῆς εἰς Χριστὸν πίστεως ὑμῶν); these two fundamentals of faith reflect the strength of God's foundation (*mûsād mûssād*) in Isa.28:16. This passage helps to explain the connection of Heb.11:1 with Isa.28:16, the translation 'foundation' for the noun ὑπόστασις there, and the objective, God-given character of faith (see Col.2:7). Its subjective nature is evident from Col.1:23. There the Colossians are reconciled through Christ's death if they 'remain in faith, stable and steadfast and not shifting from the hope of the gospel.' As in Heb.11:1, faith is here linked with hope and its firmness: εἴ γε ἐπεμένετε (= *neʾĕman*) τῇ πίστει (*ʾĕmûnāh*) . . . μὴ μετακινούμενοι (cf. *lōʾ yāḥîš.* Isa.28:16) ἀπὸ τῆς ἐλπίδος τοῦ εὐαγγελίου, while the words τεθεμε- λιωμένοι καὶ ἑδραῖοι are the equivalents of *mûsād mûssād*, reminding us that faith is the firm attitude of the Christians because it is the foundation laid by God.

7. The objects of faith as defined by the terms ὑπόστασις and ἔλεγχος in Heb.11:1 are 'things hoped for' and 'things not seen', which are then illustrated by the examples of Old Testament faith given in the rest of the chapter. God created the world 'out of things which do not appear' |

---

23. In Targum Isa.28:16 the terms *mûsād mûssād* are rendered freely and understood as the act of God's strengthening the messianic king. The Christian teacher 'lays the foundation . . . of faith', i.e. the basic content of the doctrine of the church; God lays the foundation of faith as an attitude of man.

(11:3); Noah was warned by God concerning 'events as yet unseen' (11:7); Abraham and Sarah had faith that was contrary to all expectations (11:8–19), and the faith of Isaac, Jacob and Moses was directed toward the future (11:20, 21, 26). The things hoped for and unseen in this chapter are thus not only events in the history of salvation but also realities of the heavenly world. The main object of faith in Heb.11:1 becomes clear later on: it is the city of God, the heavenly Jerusalem, i.e., the construction built by him. We must remember that faith in Isa.28:16 has an object, too, but only in the Septuagint. There we read ὁ πιστεύων ἐπ' αὐτῷ ('he who believes in him (it)'). Since God is the speaker in Isa.28:16, faith must be directed toward the work promised by him. According to the Septuagint, this is the chosen and precious stone to be laid on the foundation of Mt Zion. The author of Hebrews knew this Septuagint text, as we can see from 11:10. There he speaks of the 'city which has foundations, whose builder and maker is God.' This shows that for him the oracle in Isa.28:16 foretells the 'city of the living God, the heavenly Jerusalem' (12:22), which 'is to come' (13:14). It cannot be seen, but the Christians seek it; it is the lasting place of rest for the wandering people of God (13:14). Faith has always been oriented toward this city, even that of the fathers of Israel.

The Context of Heb.11:1

Our argument that the definition of faith in Heb.11:1 is not influenced by any Greek ideas but is rather strongly reminiscent of the Old Testament and a free rendering of Isa.28:16 can be supported by the context of Heb.11:1, especially by 11:10 and other passages speaking of the city of God, and by 10:34–39, which is based upon Hab.2:4 and prepares the way for 11:1.

1. According to Heb.11:8–10, Abraham, together with Isaac and Jacob, was an example of those who live by the promise that they will receive an inheritance, without seeing its fulfilment: 'By faith he sojourned in the land of promise ... living in tents with Isaac and Jacob' (11:9), 'for he looked forward to the city which has foundations (θεμελίους), whose builder and maker is God' (11:10). The Old Testament does not tell us explicitly anything about such an expectation of Abraham. But the author of Hebrews takes it for granted that the city of God was the real object of his faith.[24] For Abraham neither the land of Canaan nor the

---

24. Philo tells us that Abraham thanked God for the things to come, because 'his

land which God was going to show him could have been the promised inheritance (Gen.12:1). Rather this was the city built by God 'which has foundations' (11:10), and is thus the true counterpart of the tents in which Abraham lived with Isaac and Jacob as a sojourner in the land (11:9). Abraham must have known an oracle similar to Isa.28:16 or seen the city of God in a vision.[25] Its foundations are emphasised as in the Septuagint and in Qumran (1QS 8:7). God is declared to be its 'builder and maker' (11:10) which means that the term ʾeben = 'stone', mentioned twice in Isa.28:16, suggested the act of building (bānāh), as in 1QH 6:24–25. In that Hodayah and in Heb.11:10, God sets up a whole city. Abraham's faith is that of the Christians who 'seek the city which is to come' (13:14). The Old Testament witnesses had not received what had been promised to them (11:39), but saw it and greeted it from afar (11:13). The Christians have come to it (12:22) through the death of Christ, the mediator of a new covenant (12:24). That is why the readers of Hebrews could tolerate the plundering of their property, since they knew that they themselves 'had a better possession and an abiding one' (10:34). But the Old Testament heroes of faith, too, shall receive it and become perfect together with the Christians (11:40). Therefore they, too, must have longed for this place of fulfilment and perfection.

Thus Heb.11:10 can serve as an illustration and as confirmation for my contention that Isa.28:16 stands behind the 'definition' of faith in

---

soul was made firm ... by good hope', reckoning with the fact that the things not yet present were present (*De Migr. Abr.*43–44). Philo may have been thinking of Gen.12:1, for he emphasises the future tense (δείξω) of God's promise to 'show' Abraham a homeland (loc. cit.).

25. Perhaps for the author of Hebrews Abraham had a vision similar to that of John, the seer on the island of Patmos, who saw Jerusalem 'coming down out of heaven' (Rev.21:10) having foundations adorned with jewels (21:14, 19–20). The Epistle to the Hebrews does not explain when God showed the heavenly city to Abraham. Perhaps this happened in the night when God brought him outside the tent and told him to look toward heaven and to number the stars (Gen.15:5). For the promise which followed this event was answered by Abraham's faith (Gen.15:6). In Hebrews the 'things not seen' are heavenly things (τὰ ἐπουράνια, 9:23; see 3:1; 8:5). Therefore faith is always restless until it finds its rest in God and his city (Heb.11:8, 13–14, 34–40). The expression 'foundation ... of faith in God' (6:1) may also have been derived from Isa.28:16. The idea of the heavenly Zion and the city of God may have been mainly suggested by Isa.28:16. The opposite of a heavenly city is a place such as Jericho whose walls fell down 'by faith' (Heb.11:30). Faith that is given by God and strengthened by the visionary sight of his heavenly city can become a destructive force against gentile cities such as Jericho.

Heb.11:1. Moreover, the author of Hebrews related this oracle about the foundation of God on Mt Zion to the heavenly Jerusalem, which was the promised place of rest for the wandering people of God. Faith that is directed toward this heavenly city is also founded by God and gets its stability and strength by being attached to[26] and hoping for this ever-lasting city.[27] It is because he is a citizen of the new Zion that 'he who believes' (Isa.28:16) does not flee. The New Testament idea of a heavenly Jerusalem may be originated from or been supported by this oracle in Isa.28:16.

2. The definition of faith in Heb.11:1 is preceded in Heb.10:37–38 by a free and abbreviated quotation of Hab.2:3–4, followed by a brief confession (10:39):

> For yet a little while, and the coming one shall come and shall not tarry (Hab.2:3 in 10:37); but my[28] righteous one shall live by faith (Hab.2:4b in 10:38a). And if he shrinks back, my soul has no pleasure in him (Hab.2:4a in 10:38b). But we are not of those who shrink back and are destroyed, but of those who have faith and keep their souls.

With these words of the prophet Habakkuk, the author reminds his readers of the parousia of the Lord, the 'coming one', and strengthens their faith in the future perfection. Because he wants to emphasise the firmness of that faith, he changes the sequence of the two parts of Hab.2:4. The first part, twice omitted by Paul (Rom.1:17 and Gal.3:11), stands here as a climax at the end: if the believer 'shrinks back',[29] God has no pleasure in him. The translation of the Septuagint is used and commented on in 10:39: 'shrinking back', forsaking one's faith, will lead to destruction, to condemnation in the judgment of God. But those who

---

26. See the attitude of desiring the heavenly city (Heb.11:16) and of looking to Jesus, the pioneer and perfector of faith (12:2).

27. 'Mit der Vokabel hae᾽ᵃᵉmin ist stets die Vorstellung verknüpft, daß jemand durch seine Teilnahme an fremder Festigkeit selbst festen Halt für sein Leben hat' (L. Bach, *Der Glaube nach der Anschauung des Alten Testament*, 1900, p. 52), quoted in the article 'Glaube' by K. Haacker in *Theologische Realenzyklopädie*, vol.13 (1984), p. 279. Unfortunately, this illuminating study appeared too late to be used extensively in this article.

28. The author has the Septuagint in mind: 'The righteous one shall live by my faith(fulness)'. But instead he says: 'My righteous one shall live by faith', because he wants to stress man's attitude and firmness of faith.

29. The Hebrew text is difficult: 'Behold, his soul is puffed up; it is not upright in him', or 'behold, he whose soul is not upright in him shall fail'. The Targum is very free: 'Behold, the wicked say: "All these things do not exist".'

remain faithful will 'keep their souls', i.e. they will have eternal life.[30] For the righteous will live by his faith (Hab.2:4b).

The whole passage Heb.10:34–39 is a good introduction to the praise of faith in chapter 11 and its definition in 11:1. It may serve as a further proof of my thesis that the concept of faith in Hebrews is built upon Old Testament prophecy, in which Hab.2:4 and Isa.28:16 play an important role. For we should remember that these two succinct statements on faith, which are often quoted in the New Testament, were already combined in the Targum of Isa.28:16 and in the Septuagint of Hab.2:4.[31] This seems to be the case in the Epistle to the Hebrews, too, especially in 11:11: through her faith in God, the faithful one (Isa.28:16), Sarah not only lived, but also gave life (Hab.2:4 = *tĕḥayyeh bĕʾ ĕmûnatah*). Since Hab.2:3–4 is quoted and explained in 10:37–39, Isa.28:16 may be found in the following verse 11:1, which means that it has become the foundation of the so-called definition of faith. And the strange verb ὑποστέλλω in the Septuagint version of Hab.2:4 and in Heb.10:38 means practically the same as the Hebrew *ḥûš* in Isa.28:16, 'to be in haste, to flee'; it is the opposite of ὑφίσταμαι, which in the Septuagint renders Hebrew *ʿāmad* = 'to stand, to survive' (1 Sam.30:10; Ps.129:3), and of the related noun ὑπόστασις. Thus Heb.10:39 is a statement parallel to 11:1, defining faith negatively by revealing the nature and consequences of its opposition, faithlessness.

To what extent is the concept of faith in Hebrews different from that in the letters of Paul?

In Hebrews there is a shift of emphasis with regard to the object of faith, from the Christ-event in the past to the work of God in the future, and from the open manifestation of the righteousness of God at the cross to the things not seen. Although the author knows the burning issue of justification by faith over against righteousness through works of the law, it has for him become part of the elementary doctrine of 'repentance from dead works' and of 'faith in God' (Heb.6:1). On the other hand, for Paul, too, faith in the present will be followed by sight in the future (2 Cor.5:7). Christians believe in the promise (Gal.3:22), and Abraham is the outstanding example of faith, whose blessing for the gentiles is realised through Christ (Rom.4; Gal.3:14). Moreover, Paul admonishes

---

30. They have a strong heart (Heb.13:9b); they are not 'led away by diverse and strange teachings' (13:9a).
31. In the Targum of Isa.28:16 'the righteous' of Hab.2:4 is inserted (in the plural form); in the Septuagint version of Hab.2:4 the verb ὑποστέλλομαι = 'to shrink back' is influenced by the Hebrew *ḥûš*, *hēḥîš* = 'to be in haste', 'to flee' in Isa.28:16.

the Corinthians to 'stand firm' in their faith (1 Cor.16:13), and praises the abiding force of faith (1 Cor.13:13; see Col.1:23; 2:5,7). This means that he is fully aware of the root ʾāman = 'to be firm' in the biblical terms for faith. As we have seen, he quotes Isa.28:16 twice in Romans (9:33; 10:11), and he uses the noun ὑπόστασις and the verb καταισχύνομαι. The word ὑπόστασις occurs twice in a kind of stereotyped phrase (ἐν ταύτῃ τῇ ὑποστάσει καυχήσεως, 2 Cor.11:17, and similarly in 2 Cor. 9:4), in both cases being related to pride and boasting. In 2 Cor. 9:4 Paul is proud of the Corinthians and praises them, before they actually have the chance to confirm his 'confidence'. Then he asks the Corinthians to allow him to boast a little 'in this boastful confidence', before he then actually does so (2 Cor.11:16–17, see 22–29). Thus ὑπόστασις means the 'foundation' for boasting, the 'confident' assumption that it will be allowed and justified to some extent.

Besides this, Paul describes a failure of faith in a way similar to that of Heb.10:37–39. With regard to the conflict at Antioch he uses the verb ὑποστέλλω = 'to shrink back' for the behaviour of Peter, which was contrary to firmness and freedom of faith in Christ (Gal.2:12,16). It is possible that Paul here has Isa.28:16 and Hab.2:4 in mind. For over against the withdrawal of Peter, he emphasised righteousness by faith and life with Christ. He is perhaps also using Isa.28:16 in Gal.2:18: 'If I build up again those things which I tore down, then I prove myself a transgressor.' For Peter had tried to 'build up' righteousness through works of the law (2:16, 21); this is against the 'truth of the gospel' (2:14) which proclaims the death of Christ (2:20) as the gift of justification for those who believe (2:16–17). Besides this, Paul is drawing on Hab.2:4 when he combines faith with life: 'I live by faith in the Son of God' (Gal.2:20). For him, the life-giving, saving power of faith is attested by Hab.2:4.

I think that this also holds true for the much debated passages John 5:24–25, 11:25–26, 40 (see 1QpHab. 7:17–8:3): faith in Christ means new life in the present and leads to eternal life. Moreover, Hab.2:4 became actualised in the crucial word of Jesus: 'Your faith has saved you (made you well)' (Mark 5:34; 10:52; Luke 7:50; 17:19). For faith, created by Jesus and confirmed by him, helps to restore physical life and leads to eternal life; this is the way Jesus understood Hab.2:4 in the light of the Kingdom. We saw that the author of Hebrews quoted Hab.2:4. Could he have forgotten the life-giving, saving, power of faith as offered by Jesus and proclaimed in the gospel? That would have been strange, indeed.

Postscriptum

1. Die hier vorgetragene These, der Verfasser des Hebräerbriefs habe seine rühmende Kurzbeschreibung des Glaubens in 11,1 im Anschluß an das Gotteswort Jes 28,16 gestaltet, hat außer freudiger Zustimmung auch Widerspruch gefunden: Eine Berührung zwischen der im Neuen Testament an mehreren Stellen verwendeten Verheißung vom Bau Gottes auf dem Zion und der Bestimmung des Glaubens in Heb 11,1 sei nicht wahrzunehmen. Dagegen möchte ich einwenden:

1. Den von mir vorausgesetzten freien Gebrauch dieser wichtigen Jesajastelle – nämlich den einer Anspielung mit Auslassungen und Einschaltungen – möchte ich in gleicher Weise auch für Mt 16,18 und Lk 22,31 f. behaupten. Vor allem liegt er auch in 1 QS 8,7 f.; 1 QH 6,24–27 vor, wo er allgemein zugestanden wird[1]. Dabei bildet in 1 QS 8,7 f. das Zentrum der auf Jes 28,16 gegründeten Aussage eine erprobte Mauer, obwohl diese in der Jesajastelle gar nicht erscheint. In 1 QH 6,25 f. gehört diese Mauer zu einer befestigten, Zuflucht bietenden Stadt, deren Stabilität durch die Gründung auf einem Felsen (סלע) und durch einen Balken (כפיס) illustriert wird (Z. 26). Auch diese beiden Begriffe fehlen in Jes 28,16; aber sie passen zu dieser Aussage und sind in sie voll integriert.

2. Der zweite Teil von Jes 28,16: »... der Glaubende wird nicht weichen« scheint in beiden Qumranstellen überhaupt nicht berücksichtigt zu sein, obwohl er fest zur Weissagung vom Bau auf dem Zion gehört. Und während diese in Qumran als Erweis für die Stabilität der von Gott erbauten Heilsgemeinde dienen sollte, galt sie bei den ersten Christen vor allem als messianische Weissagung: Christus ist der erprobte, ›köstliche‹, Eckstein (vgl. Eph 2,20), der für viele freilich zum Stein des Anstoßes und Fels des Ärgernisses wurde (Röm 9,33). Im Neuen Testament wird gerade die in Qumran nicht ausdrücklich hervorgehobene Haltung des Glaubenden betont. Und auf sie kommt es dem Verfasser des Hebräerbriefs an. Das zeigen schon die 11,1 voraufgehenden VV. 10,36–39, in denen Hab 2,3 f. zitiert, ausgelegt und auf das Lob des Glaubens in 11,1 ausgerichtet ist (V. 39). Eine eher stillschweigend vollzogene Kombination von Hab 2,4 und Jes 28,16 könnte auch der Stelle 1 QH 6,25 ff. zugrunde liegen. Denn es wird dort gezeigt, wie der Glaubende dadurch endzeitlich ›lebt‹, aus dem Tod ins Leben hinüberschreitet, daß er aus größter Todesgefahr errettet wird und in der Gottesstadt der Heilsgemeinde Zuflucht findet.

3. Für beide, die Qumrangemeinde und die ersten Christen, war angesichts der endzeitlichen Wehen und kosmischen Erschütterungen die Festigkeit der Gottesstadt und ihrer Bewohner von besonderer Bedeutung. Das kommt auch dadurch zum Ausdruck, daß der Begriff ›Fels‹ (*πέτρα* = סלע) in

---

[1] Vgl. E. Lohse, Die Texte aus Qumran, Darmstadt 1964, S. 281, Anm. 64; S. 289, Anm. 33.

das Bild Jes 28,16 eigens eingefügt wird (1 QH 6,25 f.; Röm 9,33; 1 Petr 2,8); er steht parallel zum dort erwähnten ›Stein‹ und hat eine ›fundamentale‹ Funktion. Schon aus diesem Grunde sollte ›Petrus‹ = ›Kephas‹ in Mt 16,18 nicht zu einem ›Stein‹ degradiert werden (gegen P. Lampe); auch in Lk 22,31 f. wird seine Rolle als die eines Felsens vorausgesetzt.

4. In Jes 28,16 wird die für den Glaubensbegriff des Alten Testaments kennzeichnende Tatsache, daß »jemand durch seine Teilsnahme an fremder Festigkeit selbst Halt für sein Leben hat« (L. Bach), besonders klar zum Ausdruck gebracht. Denn der Glaubende weicht nicht, weil er sich auf das von Gott gelegte Fundament gegründet weiß, auf die noch verborgene Gottesstadt seine Hoffnung setzt und deshalb allen Stürmen und Widrigkeiten trotzt. Die im frühen Judentum aufkommende Erwartung eines himmlischen Jerusalem (syr. Bar 4,1−6; 4 Esr 7,26; 8,52; 10,7; 13,36), das ›obere Jerusalem‹ der Rabbinen (b Taanith 5 a), das mit dem unteren in Verbindung steht, könnte wohl auch auf die Verheißung Jes 28,16 gegründet sein. Freilich wurde diese Gottesstadt nach syr. Bar 4,3−5 schon Adam, Abraham und Mose gezeigt; nach 4 Esr 10,7 ist das himmlische Zion ›die Mutter von uns allen‹ (vgl. Gal 4,26), nach 4 Esr 13,36 wird die kommende Stadt einst allen Menschen offenbar.

42. Das Gnadenamt des Apostels Paulus und des Jüngers Johannes

Peter Beyerhaus zum 60. Geburtstag

1. Paulus, der begnadete Apostel und Schuldner der Griechen

Paulus hat seine Berufung zum Apostel Jesu Christi als einen Akt der göttlichen Gnade verstanden; Gnade und Apostelamt bilden eine feste Einheit, ein Hendiadyoin (Röm 1,5; 15,15). Für ihn war alles, was er als Apostel sein und leisten konnte, das Werk der göttlichen Gnade, die mit ihm ging und durch ihn wirkte (1 Kor 15,10f.). Das bedeutete eine große Wende im Selbstverständnis des Paulus, wenn man an seine von eigener Leistung geprägte und von ehrgeizigem Eifer beseelte Vergangenheit denkt (Phil 3,5f.). Wie beim Pharisäer bildeten auch beim Apostel Leben und Lehre eine feste Einheit. Jedoch wurde mit der Berufung zum Apostel die untadelig bewährte Gerechtigkeit des Gesetzesgehorsams vom Dienst am Evangelium abgelöst: Die freie Gnade »durch die Erlösung, die in Christus geschah« (Röm 3,24), und die unverdient gerecht machende Gerechtigkeit Gottes wurden der Welt verkündigt (Röm 3,20f.). Diese Wandlung in der Lehre stimmt ganz mit dem sola gratia der Berufung bei Damaskus überein. Der Apostel diente von nun an Gott nicht mehr mit der zelotischen Kraft, mit der einst die Kirche verfolgte (Phil 3,6), und mit dem Eifer, mit dem Israel die eigene Gerechtigkeit sucht (Röm 10,2f.); denn solcher Einsatz ist blind, ohne Erkenntnis (ibid.). Vielmehr lebte Paulus aus der Gnade, die ihn zum Dienst an der frohen Botschaft ermächtigt hatte. Die Gnade kennt keine Schranken, weder bei der Auswahl der Boten noch hinsichtlich der Hörer des Evangeliums (Röm 1,14f.); denn sonst wäre sie nicht die überreiche Macht, die durch den Christus als zweiten Adam Gerechtigkeit und ewiges Leben in die von Sünde und Tod beherrschte Welt bringen will (Röm 5,18–21).

Aber die Gnade verpflichtet. Sie läßt den von ihr Berufenen (Röm 1,5) zu einem »Schuldner« (ὀφειλέτης) werden, der dienen muß: »Ich bin ein Schuldner den Griechen und Barbaren, den Weisen und Unverständigen« (Röm 1,14f.).

Dieser Gebrauch der Wortgruppe ὀφειλ- scheint mir neu und noch zu wenig gewürdigt zu sein. Für einen Juden ist es vor allem das Gesetz Gottes, das den Menschen verpflichtet und ihn nach einem Versagen schuldig werden (Gal 5,3; vgl. Mt 6,12) bzw. ihn den Lohn für seinen Gehorsam empfangen läßt (Röm 4,4); dabei gilt die Gerechtigkeit als Maßstab, nicht die Gnade. In Röm 1,14 versteht sich aber Paulus als ein Schuldner, insofern als er Griechen und Barbaren das Evangelium zu predigen hat; diese Schuldigkeit entstand als Wirkung der Gnade, der er sein Amt und seinen Auftrag zur Verkündigung verdankt (Röm 1,5). Läßt das Gesetz Gottes den Menschen schuldig werden, der als Diener seinem Herrn viel schuldig bleibt (vgl. Mt 18,23–35; ḥajjab im Gegensatz zu ṣaddîq), so macht die Gnade den Paulus zum Schuldner der Menschen, denen er die frohe Botschaft vom Angebot dieser Gnade zu verkündigen hat. Das im Namen des Gesetzes ausgesprochene Urteil »schuldig!«[1] belastet und ist außerdem unwiderruflich, weil es sich auf eine versäumte oder verfehlte Vergangenheit bezieht. Dagegen entlastet das Urteil der Gnade den Berufenen; ihr »schuldig!« ist Aufruf, Verpflichtung zu einem beglückenden Dienst am Menschen, in der Gegenwart und der Zukunft.

Nun verwendet Paulus die Wortgruppe ὀφειλ- auch in Röm 13,7f. In V. 7 bezeichnet er damit die staatsbürgerlichen »Schuldigkeiten« (ὀφειλαί) des Christen: Er soll jedermann erstatten, was er schuldig ist und dem Empfänger gebührt: Steuer, Zoll, Furcht und Ehre (ἀπόδοτε πᾶσιν τὰς ὀφειλάς). Hier handelt es sich um eine gesetzlich bedingte, von der weltlichen Obrigkeit vorgeschriebene Schuldigkeit. Anders ist es in Röm 13,8: Die Christen sollen einander nichts schuldig bleiben, außer daß sie sich gegenseitig lieben. Dieses gemeinchristliche Schuldig-Sein läßt sich insofern dem des Apostels vergleichen, weil es wie dieses in der durch Christus erwiesenen Gnade begründet ist: Wir sind dazu verpflichtet, einander zu lieben, weil Gott uns zuerst geliebt hat. Beides, die vom Gesetz geforderte und die von der Gnade erwartete Schuldigkeit sind da vereinigt, wo Paulus das Liebesgebot als die Erfüllung des Gesetzes beschreibt: Was wir aufgrund der Gnade Gottes und der Liebe Christi unseren Mitmenschen schuldig sind, ist im Grunde auch das, was das Gesetz von uns will (Röm 13,9f.).

Das gilt nicht von der Steuerzahlung an die staatlichen Behörden. Paulus verwendet jedoch für das Erstatten dieser Schuldigkeit das Verbum ἀποδιδόναι, das auch ein »Zurückzahlen« der Schuld bedeuten kann (Mt 5,26; 18,23–35; Lk 7,42; 12,59; 19,8). Und Jesus gebrauchte es in seiner berühmten und bedeutungsvollen Antwort auf die Frage nach der Kaisersteuer: »Gebt (ἀπόδοτε) dem Kaiser, was des Kaisers ist, aber Gott, was Gottes ist!« (Mk 12,17). Dem Kaiser gibt man mit der Bezahlung der Steuer gleichsam

---

[1] חייב = ›der Schuldige, Schuldner‹ bezeichnet oft den schuldig Gewordenen, der Gesetzesübertretung Überführten, den Sünder und Gottlosen. Seine Schuldigkeit besteht meist darin, das Gesetz bzw. ein bestimmtes Gebot zu halten, ein Opfer darzubringen, das Schᵉma ›Jisrael‹ zu sprechen usw. In diesem Sinne gebraucht Paulus das Nomen ὀφειλέτης in Gal 5,3; Röm 4,4; vgl. 1 Kor 7,3.

das Seine »zurück«. Denn der Denar, mit dem man die Kopfsteuer begleicht, trägt sein Bild und gibt sich dadurch als Eigentum des Kaisers zu erkennen, in dessen Herrschaftsbereich er gilt und kursiert. Was aber meint der zweite, analoge und wichtigere Teil der Weisung Jesu: »Gebt Gott zurück, was Gottes ist?« Offensichtlich haben die Jesus befragenden Pharisäer und Herodianer sofort begriffen, was uns heute änigmatisch vorkommt. Ich habe diesen Sachverhalt damit erklärt[2], daß nach pharisäischer Ansicht der Mensch eine Münze Gottes ist: »Der Mensch prägt viele Münzen mit einem einzigen Prägestock, und alle sind einander gleich. Aber der König der Könige, der Heilige, gepriesen sei er, hat jeden Menschen mit dem Siegel des ersten Menschen geprägt. Und doch gleicht kein einziger dem anderen. Deshalb soll jeder sagen: ›Um meinetwillen wurde die Welt geschaffen‹« (m Sanh 4,5). Der Mensch gehört Gott; wie Adam trägt er das Bild Gottes. Und doch ist er individuell verschieden von jedem anderen, einzigartig wie der erste Adam, aus dem eine ganze Welt von Menschen hervorging.

Weil der Mensch als Münze Gottes durch seine Gottesbildlichkeit sichtbar bekundet, daß er nicht sein eigener Herr ist, sondern Gott gehört, muß er diesem zurückgegeben werden. Wie geschieht das? M. E. hat Paulus das Wort Jesu von der Rückzahlung der »Steuer Gottes« in Röm 13,7 f. richtig gedeutet; diese Verse sind gleichsam ein Kommentar zu Mk 12,17. In V. 7 richtet der Apostel den ersten Teil der Weisung Jesu seinen römischen Christen aus: Sie sollen den kaiserlichen Behörden die Steuer zahlen, ihre Abgaben entrichten (vgl. Mk 12,17 a). Im folgenden V. 8 bietet Paulus den zweiten Teil von Mk 12,17 b gleichsam im Klartext: Das Eigentum Gottes zurückzuzahlen, bedeutet, die Menschen zu ihrem Schöpfer und Herrn zurückzubringen; das geschieht durch die Nächstenliebe (Röm 13,8–10). Diese sind wir einander schuldig, weil auf solche Weise nicht nur die zweite Tafel des Dekalogs, sondern auch jedes andere Gebot erfüllt wird (Röm 13,9 f.). Vor allem aber bringt die Liebe den Menschen zu Gott zurück. Denn sie ist ja Antwort auf die Liebe Gottes, der durch das Kreuz seines Sohnes die Welt mit sich selbst versöhnt hat (2 Kor 5,20); die Botschaft von der Versöhnung lädt den Gott entfremdeten, mit ihm verfeindeten Menschen (Röm 5,10) zur Rückkehr ein. Der Apostel, der als Schuldner von Griechen und Barbaren, Weisen und Unverständigen, das Evangelium vom Kreuz verkündigt (Röm 1,14 f.), »zahlt« damit auch die »Steuer« zurück, die er Gott zu entrichten hat. Ist der Pharisäer darauf stolz, daß er Gott einen zweiten Zehnten entrichtet, so rühmt sich der Apostel Jesu Christi dessen, daß er eine zweite Steuer zahlt, und zwar mit der Ausrichtung des Evangeliums. Das ist die Steuerschuld der Gnade, durch die Paulus das Apostelamt erhalten hat.

Der Dienst der Versöhnung und die Erfüllung des Liebesgebots haben im

---

[2] Vgl. dazu meinen Aufsatz »Jesus und die Zeloten«. Zur Perikope von der Kaisersteuer Mark 12,13–17, in: P. BEYERHAUS-W. KÜNNETH (Hg.), »Gewalt in Jesu Namen?«, Bielefeld 1987, S. 30–45.

Kreuz und in der Auferstehung des Christus ihren Grund. Das große Leit-
bild des Apostels ist der Dienst Jesu. Er hat Gott zurückgezahlt, was Gottes
ist; er war, um im Bild zu bleiben, der beste Steuerzahler Gottes. Jesus
vollendete den Eliadienst der Versöhnung (Mal 3,23 f.; 4,5 f.), den schon
Johannes der Täufer verrichten sollte (Lk 1,17). Jesus hat der Beschneidung
gedient (Röm 15,8). Schon der Kreis der zwölf Jünger und Richter der
Stämme Israels war eine Gemeinschaft der versöhnten Gegensätze. Jesus
selbst wußte sich zu den verlorenen Schafen Israels gesandt (Mt 15,24) und
suchte als messianischer Hirte das Verlorene (Lk 15,1−7); so sandte er auch
seine Jünger aus, zu sammeln, zu heilen und möglichst viele für die Herrschaft Gottes zu gewinnen (Mt 10,6−8). Vor allem aber gab er sie dadurch
Gott zurück, daß er sein Leben als ein Lösegeld für die Vielen in den Tod gab
(Mk 10,45) und dadurch für Gott loskaufte, was der Macht der Sünde und
des Todes verfallen war, daß er als der Stärkere dem Starken dessen Beute,
die gefangenen Menschen, abnahm (Mt 12,29); so »zahlte« er zurück, was
Gottes ist.

2. Johannes, der geliebte Jünger und gewandelte Eiferer

Eine ähnliche Wandlung wie Paulus hat m. E. der sogenannte »Lieblingsjünger« im Johannesevangelium erlebt. Freilich bleibt diese Tatsache zunächst weitgehend verborgen, weil uns die Geschichte dieser Gestalt und
auch ihr Name unbekannt sind. Der vierte Evangelist legt offensichtlich
großen Wert darauf, die Anonymität des Lieblingsjüngers zu wahren, so wie
er auch den Namen der Mutter Jesu nicht nennt. Dennoch darf man danach
fragen, wen das vierte Evangelium mit diesem Jünger meint, den Jesus liebte
und der beim letzten Mahl an seiner Brust lag (Joh 13,23.25; 21,20), der dann
von seinem Meister Zeugnis abgelegt und es auch aufgeschrieben hat
(21,24). Schon im 2. Jh. wurde auf diese Frage eine klare Antwort gegeben:
Irenäus bezeichnet den Verfasser des vierten Evangeliums als »Johannes, den
Jünger des Herrn, der an seiner Brust lag«[3], und im Papyrus Bodmer II
(p. 66) erscheint als Überschrift: Ἐυαγγέλιον κατ' Ἰωάννην.

---

[3] Adv. haer. 3,1,1; 11,1,3. Im fragmentarisch erhaltenen Brief an Florinus (H.E. 5,20) rühmt
Irenäus den Bischof Polykarp, der noch Umgang mit Johannes hatte, und erwähnt auch andere,
»die den Herrn gesehen hatten« *(καὶ μετὰ τῶν λοιπῶν τῶν ἑορακότων τὸν κύριον)*. Vgl. Th. Zahn,
Einleitung in das Neue Testament Bd. II, Leipzig 1907, S. 453. Zahn spricht von einer »lücken-
losen Kette von Jesus zu Irenäus«; die Zwischenglieder sind Johannes von Ephesus und
Polykarp. Vgl. auch ders., Forschungen VI,1, Leipzig 1900; dazu E. Ellis, Background and
Christology of John's Gospel: Selected Motifs, in: Southwestern Journal of Theology 31 (1988),
S. 24−31; bes. S. 24; R. Riesner, Adolf Schlatter und die Geschichte der Judenchristen Jerusa-
lems, in: K. Bockmühl (ed.), Die Aktualität der Theologie Adolf Schlatters, Gießen 1988,
S. 34 ff.

Mit diesem Johannes war sicherlich der jüngere Sohn des Zebedäus gemeint; er steht also nach der Tradition der Kirche hinter dem anonymen Lieblingsjünger und Autor des Evangeliums; ihm wurden auch die drei Johannesbriefe und das Buch der Offenbarung zugeschrieben[4]. Nur selten wurde in der Alten Kirche dieser Ansicht widersprochen[5], während in der Forschung der Gegenwart die Skepsis dominiert: Johannes, der Sohn des Zebedäus und Jünger Jesu, komme als Verfasser des vierten Evangeliums schlechterdings nicht in Betracht. Denn dieses »pneumatische«, theologisch durchreflektierte und von der Geschichte des Menschen Jesus von Nazareth weitgehend abgezogene Werk könne unmöglich der Bericht eines Augenzeugen sein. In der Tat kam kaum ein Exeget auf die Idee, seiner Darstellung des historischen Jesus, des Lehrers und Heilands, das vierte Evangelium als Quelle zugrunde zu legen (ich habe das auch nicht getan)[6]. Aber gerade für dieses Werk, ja nur für dieses Evangelium, wird ausdrücklich der Anspruch erhoben, es sei von einem Augenzeugen, ja vom Lieblingsjünger Jesu abgefaßt (Joh 21,24).

Trotz der streng gehüteten Anonymität[7] dieses Jüngers bietet das vierte Evangelium manche Indizien dafür, daß es sich beim Unbekannten tatsächlich um den Zebedaiden Johannes handeln könnte. Hat man diese Hinweise aufgespürt und ausgewertet, so braucht man nicht länger an ein bloß fiktives Idealbild eines Jüngers zu denken (R. Bultmann), obwohl der Lieblingsjünger sicherlich auch ideale Züge aufweist; er ist auch nicht außerhalb des Zwölferkreises zu suchen (R. Schnackenburg und andere). Eine Gleichsetzung mit Lazarus, dem Bruder von Maria und Martha, scheidet ohnehin gleich aus[8]. Denn Lazarus wurde zwar von Jesus geliebt (11,3), zählte aber nicht zu seinen »Jüngern«; *ὁ μαθητής* ist jedoch eine feste Bezeichnung des

---

[4] So von Clemens Al., Tertullian, dem Canon Muratori, Hippolyt, Origenes. Erst Euseb zählte den 2. u. 3. Joh.-Brief zu den Antilegomena. Vgl. dazu TH. ZAHN, Einleitung II, S. 479 (vgl. 488): »Die alte Kirche hat von jeher geantwortet: Dieser namenlose Jünger ist der Evangelist, und dieser ist der Apostel Johannes.« Vgl. auch S. 455 f.: Johannes hat das Evangelium spät und auf Drängen der Bischöfe Asiens und gegen die Häresie des Kerinth und des Nikolaos von Ephesus geschrieben.

[5] So von den Alogern, einer Sekte, welche die Bücher des Johannes verwarf (*ἡ αἵρεσις ἡ ἀποβάλλουσα Ἰωάννου τὰς βίβλους*), und zwar mit der Behauptung, sie stammten von Kerinth, der sich fälschlicherweise des Namens »Johannes« bedient habe (TH. ZAHN, Einleitung II, S. 454—456).

[6] Vgl. O. BETZ, Was wissen wir von Jesus? Stuttgart 1965.

[7] J. A. BENGEL, Gnomon zu Joh 13,23: »Magna cura vitat Johannes expressum sui appellationem. Optabilius est, amari ab Jesu, quam nomine proprio celebrari.« Zum Lieblingsjünger vgl. Jes 41,8: Gott bezeichnet Abraham als »meinen Freund« (אֹהֲבִי), besser: den von mir Geliebten (prps אֲהוּבִי). Diese Beziehung zu den Gottesreden Dtjes ist deshalb wahrscheinlich, weil ja Jesus unmittelbar davor, in Joh 13,19, an Jes 41,26—29 anspielt.

[8] Neuerdings wird sie wieder von H. Thyen vertreten (»Seht, euer Gott!« Vorbereitungsheft zur Bibelwoche, Neukirchen-Vluyn 1988, S. 27). Aber sie findet sich schon bei J. N. SANDERS, B. A. MASTIN, A Commentary on St. John, London 1968, S. 31 f.

Lieblings»jüngers«[9]. Dieser gehört eher nach Galiläa und nicht nach Bethanien in Judäa: Er war in der Gruppe der sieben Jünger, denen der Auferstandene am See von Tiberias erschien (Joh 21; vgl. V. 2.20—23), und zählte näherhin entweder zu den Zebedaiden oder zu zwei anderen namenlosen Jüngern (V. 2). Außerdem war der Lieblingsjünger einer der Zeugen, die sich »von Anfang an« zu Jesus hielten (15,27). Er könnte deshalb hinter dem namenlosen ehemaligen Jünger Johannes des Täufers stehen, der als erster zusammen mit Andreas Jesus nachfolgte und dann bei ihm blieb (1,37—40). Denn diese Verse haben stark betonte Einzelzüge mit dem Abschnitt 21,20—23(24) gemein, in dem der Lieblingsjünger zum letzten Mal in Erscheinung tritt[10]. Man darf schließlich auch darauf verweisen, daß es der Lieblingsjünger im vierten Evangelium besonders mit Petrus zu tun hat[11]. Nun bildete aber der Zebedaide Johannes nach Apg Kapp 3—4.8 mit Petrus ein apostolisches Gespann und zählte für Paulus zu den Säulen der Jerusalemer Urgemeinde (Gal 2,9). Besonders wichtig für unsere Untersuchung ist es, daß nach Lk 22,8 Petrus und Johannes von Jesus den Auftrag erhielten, das letzte Mahl vorzubereiten, bei dem nach Joh 13,23—26 Petrus und der Lieblingsjünger zusammen im Vordergrund stehen.

Mit diesen Hinweisen ist freilich noch kein stringenter Beweis dafür zu liefern, daß der Lieblingsjünger Johannes der Zebedaide gewesen sein muß; immerhin rückt diese Annahme in den Bereich des Möglichen. Es gilt deshalb weiter zu suchen, um der frühen kirchlichen Johannes-Tradition eine feste, aus dem Evangelium exegetisch gewonnene Grundlage zu geben. Dabei möchte ich den hermeneutischen Hinweis aufnehmen, den der vierte Evangelist für die Lösung schwieriger Probleme angibt: Man muß »der Schrift und dem Wort Jesu glauben« (2,22), d. h. sich der Jesusüberlieferung und dem Alten Testament anvertrauen.

---

[9] Vgl. auch Irenäus 3,1,1: »Johannes, der Jünger des Herrn.« μαθητής Joh 18,15.16; 19,26.27 (bis); 20,2.3.4.8; 21,7.20.23.24. ὁ μαθητής τοῦ κυρίου ist regelmäßige Bezeichnung des Lieblingsjüngers bei Irenäus, vgl. Th. Zahn, Forschungen VI, S. 75. Nach Joh 12,2 war Lazarus bei denen, die mit Jesus zu Tisch saßen; aber es wird dort nicht gesagt, daß er an Jesu Brust lag. Der Ehrenplatz ist ein weiteres Charakteristikum des Lieblingsjüngers (Joh 21,20; Iren. ad. haer. 3,1,1).

[10] So das »Nachfolgen« (1,37.40; vgl. 21,20) und das »Bleiben« (3× in 1,38f.; vgl. 21,22f.), dann auch das »Sich-Umwenden« zu diesem Jünger (1,38; vgl. 21,20). Hat dieser Anonymus etwa auch den Philippus gefunden (1,43)? Denn in Joh 1 sind es jeweils die Jünger, die einen Bruder oder Bekannten zu Jesus führen; davon abweichend scheint es in 1,43 Jesus zu tun. Aber die Erzählweise in diesem Vers ist merkwürdig: »Er (Jesus) findet Philippus. Und Jesus sagt zu ihm.« Anders argumentiert Th. Zahn, obwohl auch er in diesem ungenannten Jünger Johannes, den Sohn des Zebedäus, sieht. Er ergänzt nach Mk 1,16—20: Nach Andreas und Petrus wurden Johannes und Jakobus zu Jüngern Jesu berufen (Einleitung II,478). Damit würde aber die Fünfzahl von Jüngern in Joh 1 überschritten; sie scheint indes wichtig zu sein (vgl. b Sanh. 43 a).

[11] Joh 13,23—25; 18,15 f.; 20,3—10; 21,20—30.

3. Jesu Weg-weisendes Wort: Die synoptische Tradition und das vierte Evangelium

a) Der Lieblingsjünger wird erstmals in Joh 13, unmittelbar nach der Fußwaschung und der Ansage des Verrats, erwähnt (VV. 23–25). Das »Wort Jesu«, das im Hintergrund von Joh 13 steht, ist zunächst in der Darstellung des letzten Mahls zu suchen, wie sie die synoptischen Evangelien bieten; zu denken ist vor allem an Markus und Lukas. Mit der Fußwaschung in Joh 13 wird das Wort Lk 22,27 in die Tat umgesetzt[12]: »Denn wer ist größer, der zu Tisch Liegende oder der Dienende? Ich bin unter euch wie der Dienende« (διακονῶν). Jesus hat dieses Wort vom Dienst des Messias während des letzten Mahls gesprochen, nach der Deutung und Austeilung von Brot und Wein (Lk 22,17–20) und der Ankündigung des Verrats, der »Auslieferung« des Menschensohns (Lk 22,21–23). Diese Abfolge der Ereignisse hat auch im vierten Evangelium ihre Spuren hinterlassen. Von ihr her kann man verstehen, warum nach Joh 13,4 Jesus *während* des Mahls den Sklavendienst der Fußwaschung vollzog; eigentlich sollte dies *vor* Beginn einer Mahlzeit geschehen. Mit der »Diakonie«, von der Jesus in Lk 22,27 sprach, antwortete der Meister auf den *während* des Mahls ausgebrochenen Rangstreit seiner Jünger (Lk 22,24). Nach Joh 13 kam Jesus mit der Ausführung solchen Dienens in der Fußwaschung einem möglichen Rangstreit zuvor und sorgte mit dieser beispielhaften Tat dafür, daß Rivalitäten und Reibereien auch in Zukunft unterblieben (Joh 13,12–17). Außerdem scheint die Rangordnung der Jünger beim Mahl Joh 13 festgelegt und »definitiv« zu sein. Petrus, der Sprecher der Jünger, ergreift zwar noch immer in deren Interesse das Wort (so 13,24, aber auch schon VV. 6–10). Aber seine Frage nach dem Verräter muß über den Lieblingsjünger gehen, der den ersten Platz innehat und als der von Jesus Geliebte an dessen Brust liegt (13,23–26; vgl. 1,18).

b) Die bei Lukas dem Rangstreit und der Verratsansage unmittelbar vorausgehende Deutung der Mahlelemente Brot und Wein (22,17–20) ist im vierten Evangelium vom letzten Mahl getrennt und viel früher erwähnt: Jesus hatte sie schon in Galiläa, am Schluß der Brotrede, gegeben (Joh 6,51–58). Charakteristisch für den vierten Evangelisten und wichtig für die Näherbestimmung des Lieblingsjüngers ist eben solch ein Vordatieren von Ereignissen, die in den drei ersten Evangelien mit der Leidensgeschichte verbunden sind, so etwa der Reinigung des Tempels (Joh 2,13–22) oder der

---

[12] Zur Fußwaschung vgl. Midr. Tanchuma bᵉ Schallach 10 (ed. Buber II,58): Es ist Brauch des Landes, daß der Sklave seinen Herrn wäscht (מרחיץ את רבו); aber der Heilige, g.s.E., hat uns gewaschen (הרחיץ אותנו); denn es ist gesagt: »... Hinweis auf Hes 16,10. Diese Stelle besagt, daß er uns auch mit Kleidern und Schuhen versehen hat. Das Ganze wird als Kommentar zu Ex 19,4, dem Tragen auf Adlersflügeln, geboten.

Verurteilung Jesu durch das Synhedrium unter der Leitung des Kaiphas
(11,47–53). Auch das stellvertretende Leiden des Gottessohnes am Kreuz
wirft seinen Schatten weit voraus; schon der Täufer (1,29) und dann Jesus
selbst (vgl. 2,19–22; 3,14–16) haben es angekündigt. Vor allem wird jetzt
mit dem Wirken Jesu (2,11) und in den Leidensansagen seine göttliche
Herrlichkeit (*δόξα*) offenbart (12,28; 13,31; vgl. Mk 10,37). Und gerade in
Kap. 13 betont der johanneische Jesus, daß solche Vorgriffe auf das Kommende seine Hoheit und Einheit mit dem allwissenden Vater enthüllen: Wie
dieser Seine Gottheit und Wirklichkeit nach Jes 41,26–29 durch das Voraus-
wissen und Ansagen des zukünftigen Geschehens erweist, so macht es Jesus
nach Joh 13,19: Er kündigt seinen Jüngern »jetzt«, »bevor es geschieht«, das
Kommende an, »damit dann, wenn es geschieht, sie glauben, daß Ich es bin«
(*ὅτι ἐγώ εἰμι*, vgl. 8,28; Jes 43,10). Und wie in den eigentlichen Abschiedsreden (Kap. 14–17) trifft Jesus auch beim letzten Mahl (Kap. 13) Vorsorge-
maßnahmen für die Zeit, in der die Jünger ohne die beschützende Gegenwart
des Meisters der Welt gegenübertreten müssen (13,20.33–35.36f.); er gibt
ihnen die Dienst- und Lebensordnung an, die sie nach seinem endgültigen
Scheiden als seine Boten und Zeugen untereinander beachten sollen, damit
ihre Gemeinschaft fest bleibt (13,15–17.20.34f.). Er weiß jetzt schon um die
Stunde, in der er die Welt verlassen und zum Vater gehen wird, und kennt
seinen Verräter (13,1–3). Schließlich spricht er das proleptische, sein Geheimnis enthüllende und auch bewahrende Wort: »Jetzt (*νῦν*) ist der Menschensohn verherrlicht und Gott verherrlicht durch ihn« (13,31); nach 12,28
hat der Vater seinen Namen durch den Sohn schon verherrlicht und wird das
wiederum tun. Diese Vergegenwärtigung der zukünftigen messianischen
Herrlichkeit bietet m. E. eine große Hilfe bei unserem Versuch, die Anonymität des Lieblingsjüngers aufzuheben[13].

c) Das wird deutlich, wenn wir von Joh 13 über Lk 22,24–27 zum Evangelium des Markus gehen. Dieses bietet gegenüber Lukas eine Vorausdatie-
rung: Vom »Rangstreit« der Jünger und der Reaktion Jesu wird als einem
Vorfall erzählt, der vor dem letzten Mahl und der eigentlichen Passionsgeschichte geschah (Mk 10,35–45)[14]. In diesem Bericht des Markus wird

---

[13] Nach dem vierten Evangelium hat schon der inkarnierte Logos Anteil an der Herrlichkeit
des erhöhten Gottesknechts (*ὑψωθήσεται καὶ δοξασθήσεται* Jes 52,13 LXX) und an der Vollmacht
des inthronisierten Menschensohns (Dan 7,14 LXX), freilich auf eine unweltliche Weise: Jesus
ist König, aber seine Herrschaft ist nicht von dieser Welt (Joh 19,37); er wird – wie der
Gottesknecht – durch Leiden verherrlicht. Diese Vorwegnahme und Verwandlung der Motive
der messianischen Herrlichkeit hat vielleicht mit der ungewöhnlichen Reihenfolge von Erhö-
hungsansage und Leidensbericht (Totenklage) in Jes 52,13–53,10(12) zu tun. Ähnlich ist die
Abfolge von himmlischer Herrlichkeit, Leiden und Erhöhung in Phil 2,6–11; vgl. auch Mk
9,2–13.

[14] In Wirklichkeit hat Lukas die von Mk/Mt vor der eigentlichen Passionsgeschichte vorgetragene Bitte der Zebedaiden als einen Rangstreit der Jünger dargestellt und in seine Wiedergabe
des letzten Mahles aufgenommen.

ebenfalls von der Herrlichkeit Jesu, der *δόξα* des Messias, gesprochen. Die Zebedäussöhne Jakobus und Johannes – nach Mt 20,20 trat deren Mutter als Fürsprecherin auf – trugen Jesus die Bitte vor: »Gib uns, daß wir in deiner Herrlichkeit *(ἐν τῇ δόξῃ σου)*[15] bei dir sitzen, der eine zu deiner Rechten, der andere zu deiner Linken!« (Mk 10,37). In seiner Antwort wies Jesus die beiden auf das Martyrium hin, das vor der Erfüllung ihrer Bitte in seiner Nachfolge erlitten werden muß; grundsätzlich aber sind diese endzeitlichen Ehrenplätze denjenigen vorbehalten, »denen es bereitet ist« (Mk 10,38–40)[16]. Die Zebedaiden waren dennoch entschlossen, den Leidensweg Jesu mitzugehen: Sie wollen den Kelch trinken, den er trinkt, und mit der Taufe getauft werden, mit der er getauft wird (Mk 10,38 f.). Sie gehören demnach besonders in die Geschichte des Leidens und der Verherrlichung Jesu hinein, in welcher dann der Lieblingsjünger nach Johannes erscheint.

M. E. ist beim letzten Mahl Jesu, wie es in Joh 13 berichtet wird, die Bitte Mk 10,37 zum Teil bereits erfüllt und die endzeitliche Rangordnung der Jünger ihr entsprechend festgelegt: Der Menschensohn ist schon verherrlicht (Joh 12,28; 13,31), und einer der Jünger liegt an seiner Brust (13,23), hat also einen der Ehrenplätze beim Mahl in der messianischen Herrlichkeit erhalten. Er hat freilich nicht nach der *πρωτοκλισία* gestrebt (vgl. Mt 23,6; Lk 14,7 ff.) noch sie durch die Bereitschaft zum Martyrium verdient; diese hätte ja nach Mk 10,40 dafür auch nicht ausgereicht. Auch ist dieser Ehrenplatz nicht etwa erbeten, sondern einzig und allein der Liebe Jesu verdankt; er wird vom Jünger eingenommen, »den Jesus lieb hatte« (*ἠγάπα* 13,23). Während nach Mk 10,40 Jesus nicht für sich das Recht in Anspruch nimmt, die Ehrenplätze beim messianischen Mahl zu vergeben, handelt er im vierten Evangelium als der generalbevollmächtigte Sohn (vgl. das Ego Eimi in 13,19), als der Gesandte und Stellvertreter Gottes (13,20). Er hat seine Jünger erwählt (vgl. V. 18; 15,16), gesandt (V. 16), geliebt (V. 34). Sie sind sein (V. 35); er befähigt sie zu ihrem eschatologischen Dienst (15,16). Kraft dieser Vollmacht hat er nach Joh 13 offensichtlich das, was nach Mk 10,37 ausdrücklich erbeten, aber nicht erlangt wurde, einem seiner Jünger aus Liebe gewährt. Von Mk 10,37 her muß dieser »Lieblingsjünger« zu den Zebedaiden zählen; aber welcher von beiden mag es gewesen sein?

d) Der exegetische Rückgang von Joh 13,23 zum Wort Jesu in Mk 10,37 kann zunächst einmal erklären, warum der Lieblingsjünger des vierten Evangeliums beim letzten Mahl Jesu erstmals in Erscheinung tritt: Er nimmt dort den Ehrenplatz an der Seite des Messias ein, der durch Leiden verherr-

---

[15] Der endzeitliche »Tisch der Herrlichkeit« (שׁוּלחן כבוֹד) wird in der Kriegsrolle von Qumran erwähnt (1 QM 2,6). Vgl. auch den Wunsch Isaaks im Segen für Levi (Jub 31,16: »Sein [d. h. Gottes] Tisch sei der deine!«). Damit ist allerdings zunächst der Altar im Tempel gemeint.

[16] *ἡτοίμασται* ist ein passivum divinum; Matthäus ergänzt zutreffend: ». . . von meinem Vater« (20,23).

licht wird. Noch weiter hilft das wichtige Jesuswort Lk 22,27. Wir sahen,
daß Lk 22,27 b in Joh 13 aktualisiert, als wirkliche Handlung berichtet wird:
Der Meister war unter den Jüngern als ein Dienender, indem er ihnen beim
Mahl die Füße wusch. Aber auch die Frage Jesu in Lk 22,27 a wird m. E. in
Joh 13 aufgenommen und mit der Tat beantwortet: »Wer aber ist größer, der
zu Tisch Liegende oder der Dienende? Ist es nicht derjenige, der zu Tisch
liegt *(ὁ ἀνακείμενος)*?« In Joh 13,23 wird ja einer der von Jesus bedienten
Jünger als ein *ἀνακείμενος* beschrieben: Es ist der, den Jesus liebgewonnen
hatte und der darum an seiner Brust lag *(ἦν ἀνακείμενος ... ἐν τῷ κόλπῳ τοῦ
Ἰησοῦ)*. Von Lk 22,27 her mußte er dem Kreis der Zwölf angehören. Nun hat
Lukas in Kap. 22 auch von einem Dienst der Jünger für Jesus berichtet: Nach
VV. 8–13 hatten Petrus und Johannes in Jesu Auftrag das letzte Mahl zubereitet (V. 8.12; V. 13: *καὶ ἡτοίμασαν τὸ πάσχα*). Nach V. 23 wird das Dienstver-
hältnis Jünger – Meister umgekehrt: Jesus will den Jüngern, den *ἀνακείμενοι*,
dienen; eben das geschieht auch in Joh 13. Sehen wir diese Stellen – Mk
10,37; Lk 22,8–13.27 und Joh 13,23 – in eins zusammen und fragen von
ihnen her nach dem Namen des Lieblingsjüngers, so kommt dafür Petrus
wegen Mk 10,37 nicht in Frage, ebensowenig Jakobus, weil er in Lk 22,8–13
nicht erwähnt wird. Übrig bleibt allein der jüngere Zebedaide Johannes, der
in Mk 10,35 und in Lk 22,8 beim Namen genannt ist. Könnte nicht er mit
dem *ἀνακείμενος* in Lk 22,27 und in Joh 13,23 gemeint, also der Lieblingsjünger sein, der beim letzten Mahl Jesu den Ehrenplatz innehatte? Freilich mag
mancher zögern, die Brücke von der synoptischen Tradition Mk 10,35–45
über den wichtigen Mittelpfeiler Lk 22,8–27 zu Joh 13 zu schlagen und den
Lieblingsjünger durch solch ein syllogistisches Verfahren als Johannes, den
Sohn des Zebedäus, zu bestimmen.

e) Das Jesuswort Lk 22,29 f. läßt solche Bedenken etwas zurücktreten; es
weist zudem in eine neue Richtung. Gleich nach der für Joh 13,23 wichtigen
Erklärung von der Diakonie des Meisters (Lk 22,27) verheißt Jesus denen,
die mit ihm in seinen Versuchungen treu geblieben sind *(οἱ διαμεμενηκότες
μετ᾽ ἐμοῦ* V. 28 a), die Teilnahme am endzeitlichen Mahl: »Ich vermache euch,
wie mir mein Vater die Königsherrschaft vermacht hat, daß ihr esset und
trinket an meinem Tisch in der Königsherrschaft, und ihr werdet auf Thron-
stühlen sitzen und die zwölf Stämme Israels richten« (V. 28 b–30). Lukas hat
demnach nicht nur den Rangstreit Mk 10,35–37 in das Gespräch beim
letzten Mahl verlegt, sondern auch die Verheißung vom Sitzen am Tisch des
Gottesreichs (Mt 8,11 f.) und vom Regiment über das neue Gottesvolk (Mt
19,28). Das Sitzen an der Seite des Messias, das nach Mk 10,35 ff. von den
Zebedaiden begehrt und mit dem Hinweis auf die alleinige Verfügungsge-
walt Gottes eher abschlägig beschieden wurde (Mk 10,39 f.), wird nach Lk
22,29 f. den Jüngern verheißen: Jesus selber wird die Plätze beim Mahl der
Messiasherrschaft anweisen, so wie wir das für Joh 13,23 als bereits geschehen, als realisierte Eschatologie voraussetzen. Das letzte Mahl Jesu, wie es in

Joh 13 geschildert wird, entspricht weitgehend dem Mahl der Vollendung, zumal Jesus jetzt schon als endzeitlicher König (Joh 18,37: βασιλεύς εἰμι) und als der von Gott Verherrlichte erscheint (13,31). Wichtig für die Fortsetzung unserer Untersuchung ist schließlich, daß in Lk 22,30 (vgl. Mt 19,28) auch die endzeitliche Aufgabe der zwölf Jünger Jesu offenbart wird: Sie werden die wieder vollzählig restituierten zwölf Stämme des neuen Israel richten = regieren. Die Jünger Jesu sollen als Leiter der zwölf Stämme des Gottesvolkes – das zeigt ihre Zwölfzahl – Gehilfen und Ko-Regenten des Messias sein; sie sind somit den zwölf Söhnen Jakobs = Israels, den Repräsentanten der zwölf Stämme, zu vergleichen. Dieser Vergleich ist für den weiteren Gang unserer Untersuchung sehr wichtig. Er führt uns von den Weg-weisenden Worten Jesu zur zweiten Grundlage des vierten Evangeliums, nämlich zur »Schrift«, zum Alten Testament. Diese wird dazu beitragen, die im vierten Evangelium nur indirekt gegebene und damit dem Exegeten aufgegebene Gleichsetzung des Lieblingsjüngers mit dem Zebedaiden Johannes einleuchtend zu machen.

4. Das Zeugnis der Schrift

Mit seiner Diakonie, die durch die Hingabe des eigenen Lebens gekrönt wurde (Mk 10,45), folgte Jesus dem Vorbild des göttlichen Vaters und dem Weg des Gottesknechts von Jes 53, den er – wie auch das zeitgenössische Judentum – mit dem Messias gleichgesetzt hat. In Jes 43,22−25 wird von einer Umkehrung des Dienstes gesprochen, wie sie ähnlich auch Jesus als Menschensohn vollzog (vgl. Mk 10,45; Joh 15,16): Israel hat sich nicht um Gott bemüht und ihn durch Opfer geehrt (V. 22−24a), sondern Ihn durch seine Sünden zum Diener erniedrigt und Ihm durch seine Vergehen Arbeit gemacht (V. 24b). Dennoch will Er selbst die Frevel des Volkes auslöschen und seiner Sünden nicht mehr gedenken (V. 25). Gott will das tun »um meinetwillen« (למעני V. 25), d. h. ohne Verdienst und Würdigkeit Israels; geschichtlich verwirklicht wird diese Tilgung der Sünden durch die Hingabe des Gottesknechts, der stellvertretend die Schuld der Menschen auf sich lädt und für sie stirbt (Jes 53). Diesen Dienst der Rechtfertigung des Sünders samt der Bereitschaft zur Lebenshingabe (vgl. Jes 43,3f.; 53) hat Jesus als Messias übernommen; das wird besonders auch beim Abendmahl deutlich gezeigt (Mk 14,22−24, vgl. Jes 53,12). An diesem Leidensweg sollten sich auch die Jünger Jesu beteiligen, ehe sie in die messianische Herrlichkeit eingehen; dazu hatten sich die beiden Söhne des Zebedäus nach Mk 10,39 bereit erklärt, und Jakobus, der ältere von ihnen, starb bald den Märtyrertod (Apg 12,1f.).

a) Betrachten wir das Bild, das die synoptische Tradition von den Söhnen

des Zebedäus bietet, mit der Darstellung des Lieblingsjüngers im vierten
Evangelium, so besteht eine erhebliche, uns zunächst entmutigende, Differenz. Jakobus und Johannes hatten nach Mk 3,17 von Jesus den Beinamen
»Boanerges« = »Donnersöhne«[17] erhalten, der den stürmischen Eifer dieser
beiden Jünger zum Ausdruck bringt. Dieser Beiname »Boanerges« erinnert
seinem Inhalt nach an die Wendung כלי חמס (»Werkzeuge der Gewalttat«) die
in einem fragmentarisch erhaltenen, für das NT wichtigen Text aus Qumran, den 4 Q Testimonia, erscheint. Dort wird der »Fluch Josuas über
Jericho« (Jos 6,26) neu interpretiert und aktualisiert. Er gilt den zwei Söhnen
eines »Teufelsmannes« (איש בליעל), die eine »Stadt der Gottlosigkeit, einen
Greuel in Ephraim und Juda« erbauen; wahrscheinlich sind Aristobul und
Hyrkan, die Söhne von Alexander Jannäus gemeint, die Jerusalem ausbau-
ten. Der Ausdruck »Werkzeuge der Gewalttat« ist dem Spruch über Simeon
und Juda im Jakobs-Segen Gen 49 entnommen. Er bezeichnet dort die
Waffen dieses ungestümen Brüderpaares, das »Männer getötet hat« (Gen
49,5−7). Das war beim Überfall auf die Stadt Sichem geschehen (Gen
34,25−29), einer Tat, die der Vater verurteilte (34,30; 49,7). Im frühen
Judentum hat man freilich diesen Überfall der Jakobssöhne, die ihre entehrte
Schwester Dina rächen wollten, manchmal verherrlicht[18]. Daneben zeigt
sich die Tendenz, diese Gewalttat vor allem dem älteren Bruder Simeon
anzulasten, während der jüngere, Levi, in neuem Glanze erstrahlt. Diese
Tendenz wird vom Segen Moses für Levi bestärkt (Dtn 33,8−11): Während
dort Simeon überhaupt nicht mehr erwähnt ist, setzt Levi seinen ganzen
Eifer für die Ehre Gottes und den Dienst an Israel ein.

   b) M. E. hat die alttestamentliche Simeon-Levi-Tradition die Darstellung
der Zebedaiden in den vier Evangelien mitbestimmt. Jakobus und Johannes
stehen in der Liste der zwölf Jünger (Mk 3,16−19) merkwürdigerweise
zwischen Petrus und Andreas an zweiter und dritter Stelle (V. 17; vgl.
dagegen die Berufung der beiden Brüderpaare in Mk 1,16−20). Diese Plätze
zwei und drei in der Ordnung der zwölf Söhne Jakobs nehmen Simeon und
Levi ein (Gen 49,5−7); in beiden Fällen ist der jüngere Bruder, Levi bzw.
Johannes, der heilsgeschichtlich Bedeutendere. Auch das Verhalten der Zebedaiden entspricht in etwa dem des Brüderpaares in der Jakobsfamilie.
Simeon und Levi richteten im kanaäischen Sichem, dem späteren Zentrum
der Samaritaner, Unheil an, weil diese Stadt das Gastrecht gröblich verletzt
hatte (Gen 34,25−29); Jakobus und Johannes wollten Feuer fallen lassen auf
ein samaritanisches Dorf, das sich Jesus gegenüber als ungastlich erwies (Lk

---

[17] Der Beiname »Boanerges« wurde bei der Übersetzung »Donnersöhne« *(vioì βροντῆς)* mit
dem Nomen רעם = »Donner« verbunden. Zugrunde liegt wohl eher das Verbum רגש: Die
בני רגיש = »Boanerges« sind »die Söhne des unruhigen Lärms«, des brausenden Meeres, also
»Sturmgesellen«.
[18] Judith 9,2−4; Jub 30,23f.; T Levi 6,3−11; Jos As 23,14f.

9,51—54). Ferner hatte Johannes einem im Namen Jesu wirkenden Exorzisten sein Handwerk verboten (Mk 9,38); jedesmal hatte Jesus diesen Eifer gerügt (Lk 9,55; Mk 9,39). Man muß auch die Nachfolge der Zebedaiden auf dem Hintergrund des Levisegens im Deuteronomium verstehen: Die Leviten hatten ihre Eltern und Verwandten nicht berücksichtigt, als es galt, die Sache Gottes auszurichten (Dtn 33,9)[19]. Jakobus und Johannes verließen ihren Vater Zebedäus und folgten Jesus nach (Mk 1,19f.).

c) Der Jakobssegen für Simeon und Levi und der Segen Moses für Levi unterscheiden sich beträchtlich voneinander. In Dtn 33,8 erscheint der gewalttätige Levi von Gen 49,5—7 als frommer Priester, der die Urim und Tummim verwaltet, nachdem ihn Gott bei der Versuchung von Massa und Meriba erprobte; nach den Targumen wurde er als »fromm« bzw. »treu« (מהימנא) »erfunden«. Die Leviten halten Gottes Rechte und seinen Bund (V. 9); sie lehren das Volk die Weisung Gottes und bringen Weihrauch und Opfer dar (V. 10)[20]. Im (fragmentarischen) Testament Levi erscheint Levi als der liebe Sohn seines Vaters Jakob und als heilig dem höchsten Herrn (griech. 58); er ist »nahe bei Gott und nahe bei allen seinen Heiligen« (aram. 18). Das Jubiläenbuch berichtet von einem Segen des greisen Isaak für seinen Enkel Levi (Kap. 31). Nach ihm werden die Leviten wie die Engel des Angesichts Gott in seinem Heiligtum dienen, das Wort des Herrn in Wahrheit verkündigen und den Segen des Herrn sprechen (13—16). Levi leuchtet als ein Licht der Weisheit in Jakob, als Sonne gilt er allen Stämmen Israels (T Levi 4,3); er ißt vom Tisch des Herrn (T Levi 8,16; vgl. Jub 31,16). Nach dem Targum setzen die Leviten ihre Brüder als Priester ein. Gott soll die Kraft Levis segnen, am Werk seiner Hände Wohlgefallen haben und die Gegner zerschlagen (zu Dtn 33,11). Der Targum Jer I bezieht diesen Wunsch speziell auf Johannes Hyrkan. Diese Deutung läßt einmal das hohe Alter der Targumtradition erkennen, zum andern die Tatsache, daß man die Überlieferung von den Jakobssöhnen auch auf die eigene Gegenwart bezog. Das geschah vor allem in den Testamenten der Zwölf Patriarchen, aber auch im Neuen Testament.

Der großen Wandlung des in Gen 49,6 so hart gerügten Levi entspricht in etwa die Läuterung des Zebedaiden Johannes, wenn man diesen mit dem Lieblingsjünger in Joh Kap. 13—21 gleichsetzt und sein Bild mit dem Verhalten der »Donnersöhne« in den ersten drei Evangelien vergleicht. Jesus hat nun nichts mehr an ihm auszusetzen, vielmehr liebt er ihn und gibt ihm den Ehrenplatz an seiner Seite. Dieser Jünger macht seinem Namen »Johannes« = Jochanan = »Gott ist gnädig« alle Ehre; bei seiner Darstellung geht der

---

[19] Die Leviten rächten nach der Verehrung des Goldenen Kalbs die Ehre Gottes mit dem Schwert (Ex 32,25—28); dabei schonten sie auch Bruder, Freund und Nächsten nicht (V. 27).
[20] Diese Aussage wurde in das Lob Aarons in Jes Sir 45,17 aufgenommen.

vierte Evangelist über manche Tugenden Levis hinaus bzw. vollzieht bedeutsame Korrekturen.

Levi war an der Seite Moses und Aarons zum idealen, Gott ganz ergebenen und in den Versuchungen Israels treu verbliebenen Stamm der Lehrer und Priester Israels geworden; davon wird auch in den Büchern Exodus, Leviticus und Numeri berichtet. Nach rabbinischer Tradition Pes r 4,2 erstanden auch zwei Propheten für Israel aus dem Stamm Levi: Mose und Elia, der erste und der letzte Prophet (vgl. Mal 3,24). Beide hatten den Auftrag, Israel zu erlösen. Der erste befreite das Volk von der Knechtschaft in Ägypten, der wiederkommende Elia führt es aus dem 4. Exil, dem von Edom (= Rom), heraus.

d) Der Name »Levi« (bzw. »Leviten«) wird in Num 18,2.4 und dann auch in der Damaskusschrift von Qumran (CD 4,3) mit dem Verbum לוה (Niph.) = »sich anschließen« erklärt: Die »Leviten« (הלויים) sind diejenigen, die sich Aaron »anschlossen« (הנלוים), weil sie der Sache Gottes dienen wollten[21]. Das ist der Grund dafür, daß sie Vater und Mutter, Brüder und Kinder, »nicht ansahen« (Dtn 33,9). Solch eine Entschiedenheit wird in den Evangelien von den Söhnen des Zebedäus erzählt. Auch sie waren נלוים, d. h. Männer, die ihren Vater verließen und hinter Jesus hergingen (Mk 1,20), ihm nachfolgten (Mt 4,22). Ebenso tat dies nach ihnen der Zöllner Levi (Mk 2,13f.), der dadurch auch seinem Namen gerecht wurde bzw. – aufgrund seines »Sich-Anschließens« – zusätzlich zu seinem eigentlichen Namen Matthäus (Mt 9,9), den Beinamen »Levi«, der »Nachfolger« erhielt[22]. Für den Zebedaiden Johannes war die Nachfolge schlechthin entscheidend; nur, wer Jesus nachfolgt, darf in seinem Namen wirken (Mk 9,38). Besonders hat sich der Lieblingsjünger des Johannesevangeliums in der Nachfolge bewährt: Er ist der »Nachfolgende« (ἀκολουϑῶν Joh 21,20), der auch in den bedrohlichen Stunden von Gefangennahme, Verhör (vgl. ἠκολούϑει 18,15) und Kreuzigung (19,26) bei Jesus geblieben war. Denn das Nachfolgen führt zum Bleiben (Joh 21,22); beide zusammen machen das charakteristische Verhalten des Lieblingsjüngers aus (21,20). Von ihm gilt im besonderen Maße, was Jesus in Lk 22,28 rühmt: das Durchhalten und Treu-Verbleiben (διαμένειν) in den Versuchungen Jesu. Für die Passionsgeschichte Jesu hatte dieses Lob des Durchhaltens der Jünger keine Gültigkeit – mit einer Ausnahme: der des Lieblingsjüngers. Auch die in Mk 10,39 bekundete Bereitschaft zum Leiden bis in den Tod wurde vom Lieblingsjünger bewährt. Was Petrus enthusiastisch, aber vergebens, versprochen hatte (13,37), wurde vom Lieblingsjünger – ohne verbale Versicherungen – einfach getan: Er war bei Jesus

---

[21] Vgl. Jub 31,16: »Deine Mutter nannte dich Levi, und mit Recht hieß sie dich so. Du wirst dem Herrn anhangen und ein Genosse aller Jakobssöhne sein. Sein Tisch sei der deine!«

[22] Als nach dem Petrusevangelium (60) Simon Petrus mit seinem Bruder Andreas zum Fischen an den See Tiberias ging, »war bei ihnen auch Levi, der Sohn des Alphäus«.

geblieben. Dagegen mußte Petrus ein zweites Mal beauftragt und in die Nachfolge gerufen werden (Joh 21,15—17.19.22). Und ist der Lieblingsjünger ein Mann der ersten Stunde (ἀπ' ἀρχῆς bei Jesus 15,27) und mit dem anonymen zweiten Jünger neben Andreas gleichzusetzen (1,35.40), so war er derjenige, der Jesus spontan nachfolgte ohne von diesem eigens berufen zu sein (Joh 1,37f.). Damals schon hatte das Nachfolgen zum Bleiben (μένειν) geführt: Wie Andreas wollte dieser Jünger von Jesus wissen, wo er »bleibe«, und als er es erfahren und gesehen hatte, »blieb« er bei ihm (1,39). Diese Entschlossenheit, die Anhänglichkeit und das Durchhaltevermögen des anonymen Jüngers mögen dazu beigetragen haben, daß er beim Mahl mit Jesus den Ehrenplatz erhielt und nach Jesu letztem Willen »bleiben« sollte bis zur Wiederkunft (Joh 21,22)[23].

Die Verbindung zwischen Lk 22 und Joh 21 ist auch im Blick auf Petrus lohnend. Hinsichtlich des nachösterlich gegebenen Auftrags für Petrus (Joh 21,15—19) sind die vorösterlich gesprochenen Jesusworte Lk 22,28 und Lk 22,31f. zu bedenken. Petrus bedurfte der besonderen Fürbitte Jesu, damit er den Prüfungen des Satans standhalte, sein Glaube festbleibe und er nach seiner Umkehr die Brüder stärken könne (Lk 22,31f.). Die dreimalige Frage Jesu und die Antwort des Petrus in Joh 21,15—17 lassen die Wahrheit der Vorhersage und Mahnung Jesu in Lk 22,31f. erkennen, ebenso auch der Auftrag des Auferstandenen (nach der Umkehr), die Herde Jesu zu weiden. Anders als Petrus war der Lieblingsjünger unentwegt Jesus nachgefolgt; er soll deshalb bleiben bis zur Parusie (Joh 21,20—23). Zu ihm und zur Weisung Joh 21,20—23 paßt das vorösterliche Wort Lk 22,28 von den Jüngern, die in den Versuchungen Jesu durchhielten. Neben Petrus wird aber in Lk 22 der Jünger Johannes mit Namen erwähnt (VV. 8—13).

e) Im Kraftfeld der Liebe Jesu werden auch wichtige Unterschiede zwischen dem Mosesegen für Levi und dem johanneischen Bild des Lieblingsjüngers sichtbar; sie entsprechen der Differenz, die zwischen dem Gesetz Moses und der durch Christus verwirklichten Gnade und Wahrheit besteht (Joh 1,17). Denn der Lieblingsjünger konnte auch anders handeln als der von Mose gepriesene Levi, in dem wir den alttestamentlichen Typos für den Zebedaiden Johannes sehen; freilich ist trotz der Verschiedenheit die Beziehung zum Levisegen da. Der unbekannte Jünger versah nicht wie Levi priesterliche Dienste; aber er war dem Hohenpriester bekannt und durfte deshalb ohne weiteres dessen Haus betreten (Joh 18,15f.). Levi wollte aufgrund seines frommen Eifers Vater und Mutter, Geschwister und Kinder nicht mehr sehen (Dtn 33,9), dagegen nahm der Lieblingsjünger die Mutter Jesu nach dessen Weisung »in sein Eigentum« auf (Joh 19,27). Vor allem aber wird der übers Ziel hinausschießende Eifer der Leviten und der Zebedaiden

---

[23] Diese Erklärung, das letzte Wort Jesu im vierten Evangelium, hatte in den Gemeinden starke Beachtung, aber auch eine falsche Deutung gefunden (Joh 21,22f.).

beim Lieblingsjünger geradezu in sein Gegenteil verwandelt. Dieser weiß, »wes Geistes Kind er ist« (Lk 9,55), nämlich des Geistes helfender, demütiger Diakonie, die er nach dem Beispiel des dienenden Christus ausübt (vgl. Joh 13,14; Mk 10,45; Jes 43,22f.). Gerade weil der Lieblingsjünger am Tisch des Messias den Ehrenplatz einnimmt[23a], wird er wie dieser (Joh 13,4f.) zum Diener von allen (vgl. Joh 13,16; Mk 10,44), insbesondere von Petrus. Er respektiert dessen Rolle als eines Sprechers der Jünger[24], als des ersten Zeugen der Auferstehung und als des Hirten der Herde Jesu. Denn er gibt die Frage des Petrus nach dem Verräter an Jesus weiter (Joh 13,24f.) und führt den Jünger in das Haus des Hohenpriesters (18,16); obwohl er beim Wettlauf am Ostermorgen vor Petrus ans Ziel kommt, läßt er diesem den Vortritt beim Betreten des Grabes[25] (20,2−8). Am See von Tiberias erkennt er als erster den auferstandenen Herrn, aber Petrus schwimmt allein zu diesem hin (21,7); bescheiden steht der Lieblingsjünger im Hintergrund, als Petrus mit dem Weiden der Schafe Jesu beauftragt wird (21,15−18, vgl. VV. 20−23). Von daher begreift man auch, warum im vierten Evangelium weder von einer Bitte um den Ehrenplatz noch von der Martyriumsbereitschaft als einer Vorbedingung etwas erwähnt wird. Denn Nachfolge und Bleiben bei Jesus sind bei diesem Jünger alles, was er begehrt; sie schließen das Durchhalten in kritischen Situationen mit ein. Auch in Apg Kap. 3−4 sowie in Gal 2,9 bleibt Johannes Petrus gegenüber im Hintergrund. Aber er ist im vierten Evangelium der einzige, der beständig geblieben ist und die Liebe Jesu durch Treue erwidert hat, und gerade als der Rücksichtsvolle und Gentleman unter den Jüngern kam er ans Ziel. Am leeren Grab »sah er[26] und glaubte« an die Auferstehung seines Herrn (Joh 20,8). Und als der Glaubende und Getreue sollte er »bleiben« bis zur Wiederkunft (21,21f.); wie Levi wurde er als »treu erfunden« (vgl. Tg Dtn 33,8 mit Joh 21,20−22)[27]. Vorbildlich lebte er die unweltliche, eschatologische Existenz des Glaubens und der Treue. Die verschiedenen Bedeutungen der Wurzel אמן werden für ihn voll ausgenützt: Der Glaubende (מהימן, מאמין) wird zum Bleibenden, Getreuen (נאמן, vgl.

[23a] Nach Num 1,47−54 lagerten sich die Leviten rings um die Stiftshütte, und zwar als Hüter und Diener des Heiligtums, bei dem sie blieben (Num 3,5ff.). Nach Joh 13,23 »lagert« (הסב = ἀνακεῖσθαι) der Lieblingsjünger bei Jesus, der nach Joh 1,14; 2,21 das lebendige Heiligtum für die Einwohnung Gottes darstellt.

[24] Petrus nimmt unter den zwölf Jüngern eine Stellung ein, die man der des Juda im Kreis der zwölf Söhne Jakobs vergleichen kann. Denn wie Juda Sprecher seiner Brüder war, so ist Petrus der Sprecher der Zwölf.

[25] Nach T Juda 2,2−5 rühmt sich Juda, er sei ein schneller Läufer und ein großer Jäger gewesen: Im Lauf ergriff er die Gazelle und alles in der Ebene holte er ein. Nach Gen 49,9 ist Juda ein junger Löwe; dieses Charakteristikum wurde in T Juda 2,2−5 ausgedeutet.

[26] Das Sehen (ראה) wurde ihm zum Erweis (ראיה) der Auferstehung; die Lage von Binden und Tuch deuteten darauf hin, daß das Grab durch den Lebendig-gewordenen verlassen worden war (E. AUER, Die Urkunde der Auferstehung Jesu, Wuppertal 1959).

[27] Vgl. Jub 19,9 von Abraham: »Denn er ward als gläubig erfunden und als Gottesfreund auf die himmlischen Tafeln geschrieben.«

Jes 7,9); deshalb ist auch sein Zeugnis »wahr« (אמת Joh 19,35; 21,24). Wurde Petrus der Leiter der Kirche, so Johannes der Hüter der Jesustradition, und auch auf Petrus wendete der vierte Evangelist manchmal das Mittel der indirekten und bildhaften Kennzeichnung des Berufes an[28].

f) Der Zebedaide Johannes war nicht nur der Jünger, den Jesus liebte, sondern auch der wahrhaftige Evangelist Joh 21,24 (vgl. Iren adv. haer. 3,1.1). Wie Jesus (Mt 1,21), und vor diesem Levi, machte er seinem Namen alle Ehre: Sein im Evangelium nicht erwähnter, von Irenäus genannter Name »Johannes« = »Gott ist gnädig« wird zum Thema seines Zeugnisses, ist eine Art von Programm[29]. Mit dem Inhalt seines Evangeliums und dem Themasatz Joh 1,17 gibt der Lieblingsjünger indirekt sich als »Johannes« zu erkennen, als Mann, der Gottes Gnade erfahren hat und sich von Jesus in besonderer Weise geliebt wußte. Sein Zeugnis, die Niederschrift »dieser Dinge« (21,24), verkündigt die Erweise von Gottes Gnade, die durch Jesus Christus Wirklichkeit wurden. Die Liebe ist die Kraft, mit der sich die Gnade geschichtlich offenbart: die Liebe Gottes zur Welt (Joh 3,16; vgl. Jes 43,3f.), die Liebe des Vaters zum Sohn (3,35; 8,42; 15,9) und des Sohnes zum Vater (14,31); die sich am Kreuz vollendende Liebe Jesu zu den Seinen (13,1; 17,23) und die Liebe der Glaubenden zu Jesus, die auch Gottes Liebe gewinnt (14,21–23); schließlich die Liebe der Jünger untereinander (15,12.17). Gerade von Kap. 13 an, in dem der Lieblingsjünger zum erstenmal ausdrücklich erwähnt ist, wird von der Liebe besonders eindrücklich geredet; in ihrer Darstellung spiegelt sich die Zuwendung, die dieser Jünger und Zeuge von Jesus erfahren hat. In den für das vierte Evangelium charakteristischen »Ich bin-Worten« offenbart sich der Gottessohn als ein Mittler der Gnade und als Bringer des ewigen Lebens; diese Heilsgabe ermöglicht er dadurch, daß er sein eigenes Leben niederlegt und es wieder zu sich nimmt (Joh 10,18). Der Evangelist war ein Augenzeuge des Heils[30]: Er »sah« die helfende Herrlichkeit des fleischgewordenen Logos (1,14; vgl. 2,11), dazu die Zeichen der gnädig gewirkten Erlösung in Wasser und Blut, die aus dem Leib des Gekreuzigten heraustraten (Joh 19,34). Diese Zeichen sind Hinweis auf die

---

[28] Petrus wurde durch seine zweite Berufung zum »Menschenfischer«. Im vierten Evangelium fehlt dieses Bildwort, das nach Mk 1,17 den von Jesus bestimmten neuen Beruf für Petrus und Andreas bezeichnet. Statt dessen gibt Johannes den ausdrücklichen Hinweis auf den Herkunftsort, nämlich »Bethsaida« (Joh 1,44), d. h. »Ort des (Fisch-)Fangs«. Bei der Zahl der 153 Fische in Joh 21,11 denke ich an eine gematrische Auflösung. Der Zahlenwert der Wendung בני אמן = »Söhne des Amen« (vgl. Offbg 3,14: Christus ist der »Amen«, der treue und wahrhaftige Zeuge) oder der »Söhne des Glaubens« (בני אמן) ist 153. Möglich ist auch die Deutung בני האלהים = »die Kinder Gottes«.

[29] Clemens Al. bei Euseb H.E. VI,14,7: Ἰωάννην πνευματικὸν ποιῆσαι εὐαγγέλιον. Vgl. Th. Zahn, Einleitung II, S. 467.

[30] Nach Irenäus (Brief an Florinus) war er ein »Augenzeuge (αὐτόπτης) des Lebens des Logos«. Vgl. Th. Zahn, Forschungen Bd. VI,1, Leipzig 1900, S. 75.

Sakramente Taufe und Abendmahl, in denen die Gnade Gottes und die Gabe des ewigen Lebens angeboten wird.

g) Setzen wir den Lieblingsjünger mit dem Zebedaiden Johannes gleich, der das irdische Wirken Jesu miterlebt und aufgeschrieben hat, und nehmen wir an, dieser Johannes sei der ungenannte Jünger, der zusammen mit Andreas als erster in die Nachfolge Jesu eintrat, so lassen sich weitere Merkmale des vierten Evangeliums besser erklären. Ich denke vor allem an den ihm eigentümlichen Dualismus von Licht und Finsternis, Kindern des Lichts und Kindern der Finsternis, von Wahrheit und Lüge, Geist der Wahrheit und Geist der Lüge (1 Joh 4,6). Auch der Gegensatz von Geist und Fleisch, von Gottes Sohn und dem Teufel, gehört bis zu einem gewissen Grade hierher, ebenso auch die schroffe Verurteilung der ungläubigen Juden[31], die zu dem von uns herausgestellten Charakter des Lieblingsjüngers nicht recht passen will. Man hat noch vor wenigen Jahrzehnten den johanneischen Dualismus der Gnosis zugeschrieben, obwohl diese eher das ontologische, näherhin platonische, Gegenüber von Geist und Materie übernommen hat und dann auch einen guten Gott und Schöpfer der geistigen Welten von einem böswilligen Demiurgen der materiellen Welt und dessen Archonten trennt. Mit der Entdeckung der Schriften von Qumran hat man jedoch sowohl einen ethisch orientierten Dualismus von Licht und Finsternis, Wahrheit und Lüge usw. gefunden, der dem des Johannesevangeliums recht nahe steht, als auch eine ähnlich scharfe Polemik gegen die Mehrheit der Juden, die nicht zu den Kindern des Lichts und den von Gott Erwählten zählen, sondern eher dem Reich der Finsternis und des Teufels angehören. Johannes der Täufer, der das nahe bevorstehende Gericht Gottes verkündigte und eine Taufe zur Buße anbot, scheint eine Zwischenstellung zwischen der Qumrangemeinde und Jesus eingenommen zu haben. Gehörte der Jesusjünger und Evangelist Johannes ursprünglich zum Kreis Johannes des Täufers, so könnte man damit die Sprache und Heimat des johanneischen Dualismus mit seiner antijüdischen Polemik erklären; dieser wäre dann nicht spezifisch hellenistisch, sondern eher auf dem Boden Palästinas entstanden[32].

h) Die Wandlung des Johannes, der von einem stürmischen Eiferer zum Lieblingsjünger Jesu wurde, entspricht der Wende vom Alten zum Neuen Bund, von Mose, dem Mittler des Gesetzes, zu Jesus Christus, durch den die

---

[31] Mose hatte die Leviten zum Totschlagen der abgefallenen Israeliten aufgefordert: »Gürte ein jeglicher sein Schwert um seine Lenden und gehe hin von einem Tor zum anderen und erwürge ein jeglicher seinen Bruder, Freund und Nächsten!« (Ex 32,27). Nach dem Philosophen K. R. Popper ist dies ein besonders krasser Ausdruck von Intoleranz (Rede bei der Verleihung des Leopold-Lucas-Preises 1981 in Tübingen).

[32] Vgl. A. SCHLATTER, Sprache und Heimat des Vierten Evangelisten. B F Chr Th 6 (1902), Heft 4.

Gnade und die Wahrheit geschahen (1,17) und von dessen Fülle die Jünger und Zeugen Gnade um Gnade nahmen (1,16). In Joh 1,14.16—18 denkt der Evangelist an die Sinaitradition, die schon in 1,11 im Hintergrund steht: Das Gottesvolk Israel hatte die am Sinai angebotene Offenbarung des Logos nicht angenommen (vgl. Ex 20,1 ff.); das bewies der Abfall zum Goldenen Kalb (Ex 32,1—6). Aber Mose wurde gewürdigt, mit Gott zu reden, der vor dem Zelt der Begegnung mit ihm sprach (Ex 33,9). Er hatte bei Gott Gnade gefunden (Ex 33,12—17), die Gnade und Wahrheit des Herrn erfahren (34,6; vgl. Joh 1,14.16 f.). Mose durfte jedoch die Herrlichkeit Gottes nicht sehen (33,18—20). Dagegen konnte Johannes bezeugen, daß der Logos und »einge-borene Gott« Fleisch wurde und so – »menschlicher« als Gott in der Stifts-hütte (Ex 34,34; 40,34—38) – unter den Seinen zeltete (Joh 1,14). Mit ihm war die Herrlichkeit Gottes voller Gnade und Wahrheit in der Welt sichtbar geworden (ibid.); diese Gnade und Wahrheit wurde durch Jesus Christus in reichem Maße verwirklicht (1,16 f.). Deshalb hatte Johannes nicht nur ein geistliches und vom Geist geleitetes (15,26; 16,13) Evangelium geschrieben, sondern auch ein Werk, das die Gnadenfülle Gottes bezeugt (1,16) und deshalb ganz »jo-hanneisch« ist. Insofern ist diese Darstellung eines Augen-zeugen weit davon entfernt, nur nackte Tatsachen zu bieten. Sie entstand nach kirchlicher Tradition spät in Ephesus, als der Zeuge ein hohes Alter erreicht hatte und die Jesusüberlieferung ganz in das Licht der Gnade und des Kreuzes stellen konnte.

i) Auch Paulus wurde aus Gnaden in sein Apostelamt berufen. Aber für ihn zeigte sich die verwandelnde Kraft der Gnade nicht an einem Vorbild wie Levi und erst recht nicht an einem Eiferer wie Pinehas, sondern an Mose und an Elia. Paulus erinnerte sich daran, daß Mose zur Rettung des abgefallen Israel sein Leben dahinzugeben bereit war (Röm 10,3; vgl. Ex 32,30—32). Gott hatte damals dieses Angebot nicht angenommen und den Mose neu beauftragt (Ex 32,34), sich ihm als gnädiger, erbarmender Gott geoffenbart (33,12.19—23; 34,6 f.). Und Paulus hatte diesem todbringenden Eifer abge-sagt, seitdem er den eigenen Irrtum und die Gnade Gottes in Christus erkannt hatte. Auch Elia wurde nach der Einsicht, sein eifernder Einsatz für Gott auf dem Kamel sei nutzlos geblieben, erneut ausgesandt (1 Kön 19,15 ff.; vgl. Röm 11,2—6). Am Bild dieses Propheten hatte Paulus das Wesen der berufenden Gnade erkannt (Röm 11,5 f.) und sein Damaskuser-lebnis recht einzuschätzen gelernt. Als »Paulus«, als der »Geringste« aller Apostel, war er durch die Gnade Gottes geworden, was er jetzt war, und dank dieser Gnade leistete er mehr als die anderen (1 Kor 15,9—11).

Bibliographische Nachweise

Stellenregister

I. Altes Testament

II. AT-Apokryphen

III. Pseudepigraphen

IV. Qumranschriften

V. Neues Testament

VI. Jüdisch-hellenistische Schriften

VII. Gnostische Schriften

Apokryphon des Jakobus (ApJak)

Evangelium Veritatis (EvVer)

Philippusevangelium (EvPhil)

Oden Salomos

VIII. Altchristliches Schrifttum

IX. Rabbinisches Schrifttum

X. Griechisch-römische Schriften

Autorenregister

Wissenschaftliche Untersuchungen zum Neuen Testament

Alphabetisches Verzeichnis der ersten und zweiten Reihe

APPOLD, MARK L.: The Oneness Motif in the Fourth Gospel. 1976. *Band II/1.*
BAMMEL, ERNST: Judaica. 1986. *Band 37.*
BAUERNFEIND, OTTO: Kommentar und Studien zur Apostelgeschichte. 1980. *Band 22.*
BAYER, HANS FRIEDRICH: Jesus' Predictions of Vindication and Resurrection. 1986. *Band II/20.*
BETZ, OTTO: Jesus, der Messias Israels. 1987. *Band 42.*
− Jesus, der Herr der Kirche. 1989. *Band 52.*
BEYSCHLAG, KARLMANN: Simon Magus und die christliche Gnosis. 1974. *Band 16.*
BITTNER, WOLFGANG J.: Jesu Zeichen im Johannesevangelium. 1987. *Band II/26.*
BJERKELUND, CARL J.: Tauta Egeneto. 1987. *Band 40.*
BOCKMUEHL, MARKUS N. A.: Revelation and Mystery in Ancient Judaism and Pauline Christianity. 1989. *Band II/36.*
BÖHLIG, ALEXANDER: Gnosis und Synkretismus 1. Teil: 1989. *Band 47.* 2. Teil: 1989. *Band 48.*
BÜCHLI, JÖRG: Der Poimandres − ein paganisiertes Evangelium. 1987. *Band II/27.*
BÜHNER, JAN A.: Der Gesandte und sein Weg im 4. Evangelium. 1977. *Band II/2.*
BURCHARD, CHRISTOPH: Untersuchungen zu Joseph von Aseneth. 1965. *Band 8.*
CARAGOUNIS, CHRYS C.: The Son of Man. 1986. *Band 38.*
Das Evangelium und die Evangelien. Hrsg. von P. Stuhlmacher. 1983. *Band 28.*
DOBBELER, AXEL VON: Glaube als Teilhabe. 1987. *Band II/22.*
Drei hellenistisch-jüdische Predigten. Erl. von F. Siegert. 1980. *Band 20.*
EBERTZ, MICHAEL N.: Das Charisma des Gekreuzigten. 1987. *Band 45.*
ECKSTEIN, HANS-JOACHIM: Der Begriff der Syneidesis bei Paulus. 1983. *Band II/10.*
EGO, BEATE: Im Himmel wie auf Erden. 1989. *Band II/34.*
ELLIS, E. EARLE: Prophecy and Hermeneutic in Early Christianity. 1978. *Band 18.*
FELDMEIER, REINHARD: Die Krisis des Gottessohnes. 1987. *Band II/21.*
FOSSUM, JARL E.: The Name of God and the Angel of the Lord. 1985. *Band 36.*
GARNET, PAUL: Salvation and Atonement in the Qumran Scrolls. 1977. *Band II/3.*
GRÄSSER, ERICH: Der Alte Bund im Neuen. 1985. *Band 35.*
GREEN, JOEL B.: The Death of Jesus. 1988. *Band II/33.*
GUNDRY VOLF, JUDITH M.: Paul and Perseverance. 1990. *Band II/37.*
HAFEMANN, SCOTT J.: Suffering and the Spirit. 1986. *Band II/19.*
HEILIGENTHAL, ROMAN: Werke als Zeichen. 1983. *Band II/9.*
HEMER, COLIN J.: The Book of Acts in the Setting of Hellenistic History. 1989. *Band 49.*
HENGEL, MARTIN: Judentum und Hellenismus. ³1988. *Band 10.*
HOFIUS, OTFRIED: Katapausis. 1970. *Band 11.*
− Der Vorhang vor dem Thron Gottes. 1972. *Band 14.*
− Der Christushymnus Philipper 2,6−11. 1976. *Band 17.*
− Paulusstudien. 1989. *Band 51.*
KAMLAH, EHRHARD: Die Form der katalogischen Paränese im Neuen Testament. 1964. *Band 7.*
KIM, SEYOON: "The 'Son of Man'" as the Son of God. 1983. *Band 30.*
− The Origin of Paul's Gospel. ²1984. *Band II/4.*
KLEINKNECHT, KARL TH.: Der leidende Gerechtfertigte. ²1988. *Band II/13.*

KLINGHARDT, MATTHIAS: Gesetz und Volk Gottes. 1988. *Band II/32.*

KÖHLER, WOLF-DIETRICH: Rezeption des Matthäusevangeliums in der Zeit vor Irenäus. 1987. *Band II/24.*

KUHN, KARL G.: Achtzehngebet und Vaterunser und der Reim. 1950. *Band 1.*

LAMPE, PETER: Die stadtrömischen Christen in den ersten beiden Jahrhunderten. ²1989. *Band II/18.*

MAIER, GERHARD: Mensch und freier Wille. 1971. *Band 12.*

– Die Johannesoffenbarung und die Kirche. 1981. *Band 25.*

Markus-Philologie. Hrsg. von H. Cancik. 1984. *Band 33.*

MARSHALL, PETER: Enmity in Corinth: Social Conventions in Paul's Relations with the Corinthians. 1987. *Band II/23.*

MEADE, DAVID G.: Pseudonymity and Canon. 1986. *Band 39.*

MENGEL, BERTHOLD: Studien zum Philipperbrief. 1982. *Band II/8.*

MERKEL, HELMUT: Die Widersprüche zwischen den Evangelien. 1971. *Band 13.*

MERKLEIN, HELMUT: Studien zu Jesus und Paulus. 1987. *Band 43.*

NIEBUHR, KARL-WILHELM: Gesetz und Paränese. 1987. *Band II/28.*

NISSEN, ANDREAS: Gott und der Nächste im antiken Judentum. 1974. *Band 15.*

OKURE, TERESA: The Johanninie Approach to Mission. 1988. *Band II/31.*

RÄISÄNEN, HEIKKI: Paul and the Law. ²1987. *Band 29.*

REHKOPF, FRIEDRICH: Die lukanische Sonderquelle. 1959. *Band 5.*

REISER, MARIUS: Syntax und Stil des Markusevangeliums. 1984. *Band II/11.*

RIESNER, RAINER: Jesus als Lehrer. ³1988. *Band II/7.*

RISSI, MATHIAS: Die Theologie des Hebräerbriefs. 1987. *Band 41.*

RÖHSER, GÜNTER: Metaphorik und Personifikation der Sünde. 1987. *Band II/25.*

SÄNGER, DIETER: Antikes Judentum und die Mysterien. 1980. *Band II/5.*

SATO, MIGAKU: Q und Prophetie. 1988. *Band II/29.*

SCHIMANOSWSKI, GOTTFRIED: Weisheit und Messias. 1985. *Band II/17.*

SCHLICHTING, GÜNTER: Ein jüdisches Leben Jesu. 1982. *Band 24.*

SCHNABEL, ECKHARD J.: Law and Wisdom from Ben Sira to Paul. 1985. *Band II/16.*

SCHUTTER, WILLIAM L.: Hermeneutic and Composition in I Peter. 1989. *Band II/30.*

SIEGERT, FOLKER: Nag-Hammadi-Register. 1982. *Band 26.*

– Argumentation bei Paulus. 1985. *Band 34.*

– Philon von Alexandrien. 1988. *Band 46.*

SIMON, MARCEL: Le christianisme antique et son contexte religieux I/II. 1981. *Band 23.*

SNODGRASS, KLYNE: The Parable of the Wicked Tenants. 1983. *Band 27.*

SPEYER, WOLFGANG: Frühes Christentum im antiken Strahlungsfeld. 1989. *Band 50.*

STADELMANN, HELGE: Ben Sira als Schriftgelehrter. 1980. *Band II/6.*

STROBEL, AUGUST: Die Stunde der Wahrheit. 1980. *Band 21.*

TAJRA, HARRY W.: The Trial of St. Paul. 1989. *Band II/35.*

THEISSEN, GERD: Studien zur Soziologie des Urchristentums. ³1989. *Band 19.*

WEDDERBURN, A. J. M.: Baptism and Resurrection. 1987. *Band 44.*

WEGNER, UWE: Der Hauptmann von Kafarnaum. 1985. *Band II/14.*

ZIMMERMANN, ALFRED E.: Die urchristlichen Lehrer. ²1988. *Band II/12.*

Ausführliche Prospekte sendet Ihnen gerne der Verlag
J. C. B. Mohr (Paul Siebeck), Postfach 2040, D-7400 Tübingen.